혼자 공부하는 데이터 분석

with 파이썬

혼자 공부하는 데이터 분석 with 파이썬

1:1 과외하듯 배우는 데이터 분석 자습서

초판 1쇄 발행 2023년 1월 2일
초판 4쇄 발행 2025년 1월 2일

지은이 박해선 / **펴낸이** 전태호
펴낸곳 한빛미디어(주) / **주소** 서울시 서대문구 연희로2길 62 한빛미디어(주) IT출판1부
전화 02-325-5544 / **팩스** 02-336-7124
등록 1999년 6월 24일 제25100-2017-000058호
ISBN 979-11-6921-028-7 94000 / 979-11-6224-194-3(세트)

총괄 배윤미 / **책임편집** 박민아 / **기획 · 편집** 김선우 / **진행** 권소정
디자인 박정화 / **일러스트** 이진숙 / **전산편집** 김현미 / **용어노트** 김선우, 박해선
영업 김형진, 장경환, 조유미 / **마케팅** 박상용, 한종진, 이행은, 김선아, 고광일, 성화정, 김한솔 / **제작** 박성우, 김정우

이 책에 대한 의견이나 오탈자 및 잘못된 내용은 출판사 홈페이지나 아래 이메일로 알려주십시오.
파본은 구매처에서 교환하실 수 있습니다. 책값은 뒤표지에 표시되어 있습니다.

한빛미디어 홈페이지 www.hanbit.co.kr / 이메일 ask@hanbit.co.kr
소스 코드 www.hanbit.co.kr/src/11028 / 학습 사이트 hongong.hanbit.co.kr

지금 하지 않으면 할 수 없는 일이 있습니다.
책으로 펴내고 싶은 아이디어나 원고를 메일(writer@hanbit.co.kr)로 보내주세요.
한빛미디어(주)는 여러분의 소중한 경험과 지식을 기다리고 있습니다.

혼자 공부하는 데이터 분석 with 파이썬

박해선 지음

혼자 공부하는 시리즈 소개

누구나 혼자 할 수 있습니다! 야심 찬 시작이 작심삼일이 되지 않도록 돕기 위해서 〈혼자 공부하는〉 시리즈를 만들었습니다. 낯선 용어와 친해져서 책장을 술술 넘기며 이해하는 것, 그래서 완독의 기쁨을 경험하고 다음 단계를 스스로 선택할 수 있게 되는 것이 목표입니다.
지금 시작하세요. 〈혼자 공부하는〉 사람들이 '때론 혼자, 때론 같이' 하며 힘이 되겠습니다.

HB 한빛미디어
Hanbit Media, Inc.

첫 독자가 전하는 말

'어떻게 하면 파이썬으로 데이터 분석을 배우기 시작한 학습자가 더 쉽고 빠르게 익힐 수 있을까'라는 고민에서 시작한 이 책은 독자 30명의 실제 학습 결과를 기반으로 만들어졌습니다. 독자의 의견을 적극적으로 반영하여 한 단계 더 업그레이드한 데이터 분석 입문서를 지금 만나 보세요.

이 책은 단순히 '데이터 분석 방법'만을 가르쳐 주는 책이 아닙니다. 문제 해결에 적절한 데이터를 찾는 법, 스크래핑이나 API를 활용해 웹에서 직접 데이터를 가져오는 방법 등, 그야말로 **실전에 적용할 수 있는 데이터 분석 지식을 알려 주는 책**입니다. 학습하다 보면 다소 어렵게 느껴지는 부분도 있을 수 있지만, 그 산을 넘으면 그 어떤 것보다 값진 지식을 머릿속에 남기게 될 것입니다.

_ 베타리더 김재훈 님

파이썬 기초를 배웠고, 데이터 수집과 분석에 대해 알고 싶은 독자를 대상으로 한 입문서입니다. 이 책은 인터넷 곳곳에 있는 **데이터를 어떻게 파이썬으로 모을 것인지, 모은 데이터로 어떻게 분석할 것인지 아주 쉬운 개념부터 하나씩** 짚어 나갑니다. 그래서 입문자뿐 아니라 단순히 코드를 복사, 붙여 넣기 하여 데이터 분석을 하던 분도 기초 개념을 다질 때 읽기 좋은 책입니다.

_ 베타리더 박종헌 님

데이터 분석을 공부하고 싶은데 어떤 책을 보아야 할지, 어떤 내용을 공부해야 할지 막막했습니다. 책을 고를 때는 혼자 공부해야 하다 보니 공부하면서 생기는 의문점을 충분히 해소해 주는지, 내용은 이해가 잘 가는지가 가장 중요했습니다. 이런 부분에서 **이 책은 내용을 읽어 나가며 생기는 독자의 생각 흐름을 잘 캐치하고, 핵심 내용들을 충분히 가이드** 해 주어서 정말 좋았습니다.

_ 베타리더 박준영 님

이 책은 복잡한 이론보다는 **핵심을 콕 짚는 쉬운 설명과 친절한 보충 설명**이 있어 데이터 분석에 대해 막연한 두려움이나 어려움을 느끼는 분들에게 많은 도움이 될 것입니다. 특히나 **현실적이면서도 흥미로운 스토리를 중심으로 내용이 전개**되어 자연스럽게 페이지를 넘기게 되는 경험을 할 수 있는 책입니다. 데이터 분석을 처음 시작해 보려는 분들에게 적극적으로 추천합니다.

_ 베타리더 이대광 님

실제 데이터 분석의 관점에서 있을 법한 스토리와 함께 주어진 문제를 천천히 풀다 보면 자연스럽게 데이터 분석 지식을 쌓을 수 있습니다. 특히 **주어진 코드를 따라 치면서 스토리대로 책을 읽어 나가면 비슷한 상황에도 응용**할 수 있고, 어느새 데이터 분석이 어렵지 않다고 느끼실 겁니다.

_ 베타리더 이정훈 님

초보자의 눈높이에 맞춘 훌륭한 데이터 분석 입문서입니다. 파이썬을 설치할 필요 없이 **코랩 환경에서 쉽고 빠르게** 시작할 수 있고, **부담스럽지 않은 수준의 코드**를 단계별로 몇 줄 입력하다 보니 어느새 1개 장이 금방 끝나버렸습니다. **오류가 발생할 수 있는 상황에 대해 원인과 그에 대한 적절한 해결 방법**도 알려 주어 실제 데이터 분석의 과정을 경험해 볼 수 있어서 좋았습니다.

_ 베타리더 최경산 님

『혼자 공부하는 데이터 분석 with 파이썬』 책이 만들어지기까지

김미수, 김민규, 김재훈, 김종원, 김진형, 김태웅, 김형훈, 도윤, 박윤아,
박종헌, 박준영, 박지연, 배윤성, 유승화, 이기창, 이대광, 이동훈, 이석곤, 이정훈, 이종원,
이진규, 임혁, 전영식, 전지민, 조여진, 조현석, 최경산, 한재민, 홍준용, 홍창수

30명의 독자가 함께 수고해 주셨습니다.

감사합니다.

"현실에 있을 법한 스토리로 쉽고 재미있게"

Q 『혼자 공부하는 데이터 분석 with 파이썬』은 '어떤 책이다'라고 설명해 주세요.

A 파이썬을 활용하여 데이터 분석을 수행할 때 필요한 기초 지식을 제공하는 책입니다. 데이터 분석은 광범위한 분야이므로 이를 전부 다룰 수는 없지만, 데이터 분석을 공부할 때 꼭 필요한 기본기를 다질 수 있도록 구성했습니다. 대신 책 중간중간 해당 주제에 대해 더 깊이 알고 싶은 독자를 위해 참고 자료를 소개합니다. 가능하면 수학은 최소한으로 줄였습니다. 데이터 분석을 하다 보면 불가피하게 수학을 사용하게 되는데요. 수학을 잘 몰라도 다른 책을 읽을 때 도움이 될 수 있도록 기본적인 수학 기호와 개념을 그림을 사용해 설명합니다. 또한 학습 내용이 너무 지루하지 않도록 간단한 이야기와 삽화를 곁들여 독자들이 끝까지 책을 읽을 수 있도록 만들었습니다. 이 책의 목표는 파이썬 데이터 분석을 위한 기본서로서 독자들의 데이터 분석 기초 체력을 탄탄하게 만드는 것입니다.

Q 어떤 독자를 생각하며 이 책을 집필하셨나요?

A 데이터 분석에 관심이 있는 비전공자나 컴퓨터 과학 전공자를 위해 썼습니다. 파이썬을 조금 알고 있는 수준에서 어렵지 않게 책을 읽을 수 있도록 컴퓨터 과학의 중요한 개념이나 데이터 분석을 위해 필요한 상식을 모두 포함했습니다. 컴퓨터 과학 전공자여도 데이터 분석에 필요한 여러 가지 라이브러리를 한꺼번에 배우려면 부담됩니다. 각각의 라이브러리에 관한 책을 한 권씩 보려면 정말 많은 시간이 듭니다. 이런 독자를 위해 넘파이, 판다스, 맷플롯립, 사이킷런에서 꼭 알아야 할 핵심 내용을 추려서 책에 실었습니다. 이 책은 쿡북이나 매뉴얼 같이 만들지 않았기 때문에 훨씬 쉽게 읽을 수 있을 것입니다. 『혼자 공부하는 머신러닝+딥러닝』을 읽은 독자들의 문의 사항을 들으면서 처음 이 분야에 발을 디딘 독자들에게 필요한 것이 무엇인지 조금 더 잘 이해하게 되었습니다. 이런 점을 잘 반영하여 비전공자도 마지막 장까지 포기하지 않고 완주할 수 있도록 세심하게 배려했습니다.

"데이터 분석 기본기는 탄탄하게"

Q 이 책을 보려면 어떤 선행 지식이 필요할까요?

A 기본적인 파이썬 문법과 프로그래밍에 대해 조금 알고 있어야 합니다. 넘파이, 판다스, 맷플롯립같이 데이터 분석에 꼭 필요한 파이썬 라이브러리들은 책을 읽어 가면서 점진적으로 배울 수 있도록 구성했습니다. 따라서 미리 많은 것을 알 필요는 없습니다. 프로그래밍에 익숙하지 않다면 다소 생소할 수 있는 스크래핑, 기술통계와 같은 기술도 소개하지만, 이런 기술을 처음 배운다고 가정하고 용어 설명부터 필요한 라이브러리를 사용하는 방법까지 자세하게 설명합니다. 이 책은 구글 코랩Google Colab 환경에서 예제를 실습합니다. 코랩을 사용하면 파이썬을 컴퓨터에 설치하지 않아도 웹 브라우저에서 바로 파이썬 코드를 실행할 수 있어서 아주 편리합니다. 다만 코랩을 처음 사용한다면 익숙해질 시간이 필요할 수 있습니다. 이럴 때는 01-2절에서 소개하는 코랩 사용 방법을 꼭 읽어 보세요.

Q 독자 여러분께 꼭 당부하고 싶은 말이 있다면?

A 데이터 분석에 대한 정의는 다소 추상적이라 사람마다 조금씩 다르게 정의할 수 있습니다. 그래서 데이터 분석을 위해 무엇을 배울지, 앞으로 어떤 커리어를 쌓아야 할지 결정하기 어렵죠. 이 분야는 과학적인 측면과 엔지니어링 측면이 모두 공존합니다. 통계나 머신러닝을 더 배울지 데이터베이스, 클라우드, 운영에 대해 더 공부할지 판단하기 어렵습니다. 하지만 이런 점 때문에 이 분야가 더욱 매력적인 것 같습니다. 배울 것이 많다는 것은 다양한 경력과 경험을 가진 사람들이 함께 일할 수 있는 좋은 기회가 되기 때문입니다. 마음을 열고 유연함을 잃지 마세요. 내가 알고 있던 것이 틀릴 수 있고 다른 사람에게 배울 기회가 있다는 사실을 안다면 어느새 크게 성장한 자신의 모습을 볼 수 있을 것입니다. 처음 닻을 올리고 바다로 나가는 사람은 바다가 얼마나 넓은지 모릅니다. 육지가 사라지고 먼바다에 이르게 되면 그제야 세상이 얼마나 넓은지 몰랐다는 사실을 깨닫게 되죠. 마찬가지로 이 분야를 공부할수록 끝도 없는 망망대해로 나가는 심정이 들지 모릅니다. 하지만 두려워하기만 할 수는 없죠. 처음 공부를 시작한 때를 기억하세요. 방향을 정하고 오늘 하루 바로 이 순간 한 걸음 나아가는 것으로 충분합니다.

『혼자 공부하는 데이터 분석 with 파이썬』 7단계 길잡이

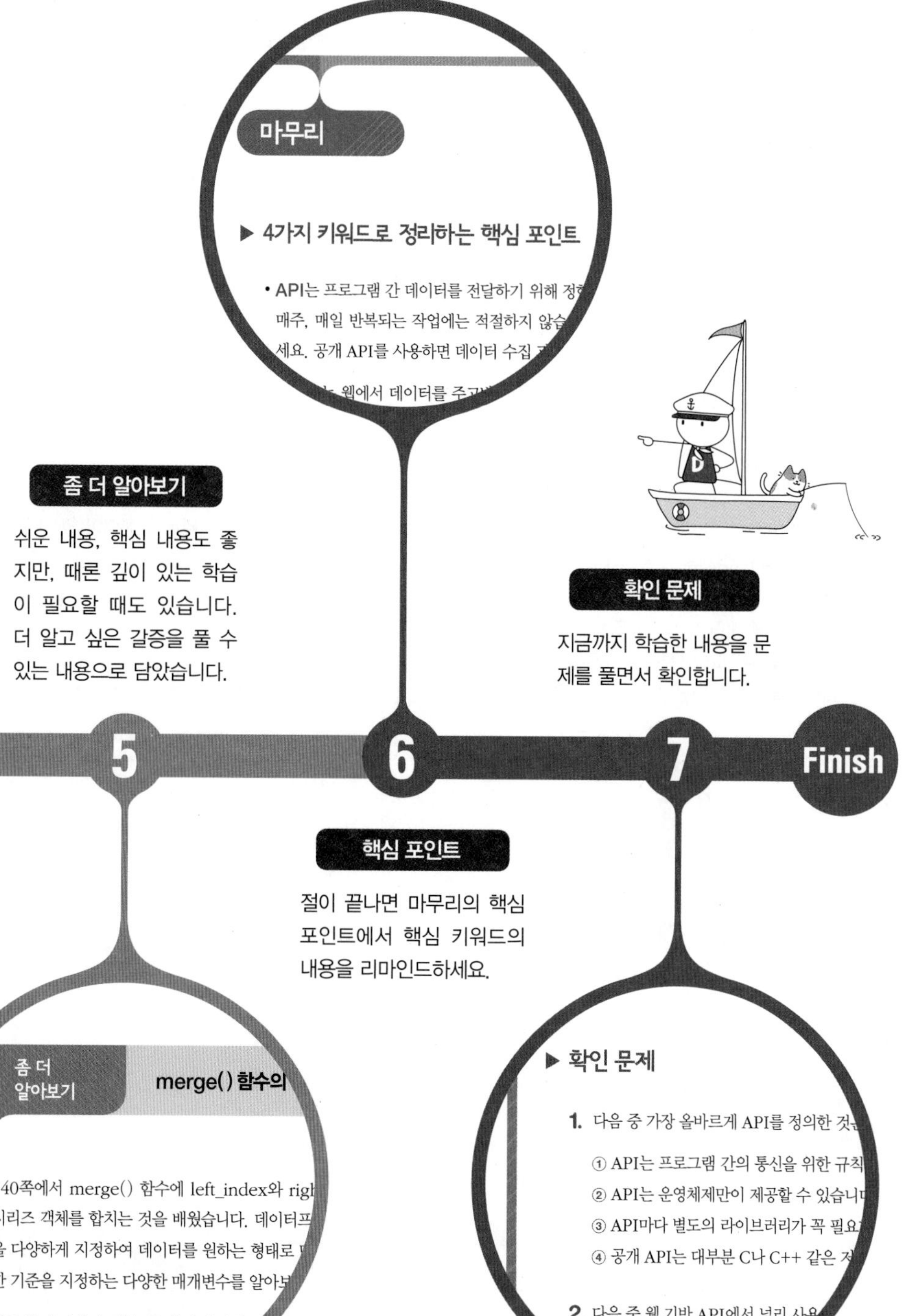
마무리
▶ 4가지 키워드로 정리하는 핵심 포인트
• API는 프로그램 간 데이터를 전달하기 위해 정
매주, 매일 반복되는 작업에는 적절하지 않습
세요. 공개 API를 사용하면 데이터 수집
웹에서 데이터를 주고
좀 더 알아보기
쉬운 내용, 핵심 내용도 좋지만, 때론 깊이 있는 학습이 필요할 때도 있습니다. 더 알고 싶은 갈증을 풀 수 있는 내용으로 담았습니다.
확인 문제
지금까지 학습한 내용을 문제를 풀면서 확인합니다.
5
6
7
Finish
핵심 포인트
절이 끝나면 마무리의 핵심 포인트에서 핵심 키워드의 내용을 리마인드하세요.
좀 더 알아보기
merge() 함수의
140쪽에서 merge() 함수에 left_index와 rig
시리즈 객체를 합치는 것을 배웠습니다. 데이터프
을 다양하게 지정하여 데이터를 원하는 형태로
한 기준을 지정하는 다양한 매개변수를 알아보
예를 들어 다음과 같은 두 개의 데이터프
합쳐지는지 살펴보겠습니다
▶ 확인 문제
1. 다음 중 가장 올바르게 API를 정의한 것
① API는 프로그램 간의 통신을 위한 규칙
② API는 운영체제만이 제공할 수 있습니
③ API마다 별도의 라이브러리가 꼭 필요
④ 공개 API는 대부분 C나 C++ 같은
2. 다음 중 웹 기반 API에서 널리 사용
① CSV

『혼자 공부하는 데이터 분석 with 파이썬』 100% 활용하기

때론 혼자, 때론 같이 공부하기!

학습을 시작하기 전부터 책 한 권을 완독할 때까지, 곁에서 든든한 러닝 메이트Learning Mate가 되어 드리겠습니다.

본격적으로 학습을 시작하기 전에

선행 학습

이 책은 파이썬으로 데이터 분석을 처음 시작하는 분을 위한 입문서입니다. 여러분이 꼭 알아야 할 파이썬 지식은 import, print, for, if와 같은 기초 명령어입니다. 만약에 이러한 명령어에 대한 이해가 부족하다면 이 책을 읽기 전에 『혼자 공부하는 파이썬(개정판)』을 비롯한 파이썬 입문서로 파이썬을 학습하기를 권합니다.

절 단위의 코딩 학습

이 책의 손코딩은 절 단위로 구성되어 있습니다. 앞의 손코딩 내용이 있어야 뒤의 코드가 정상적으로 동작합니다. 각 절의 코드는 깃허브에서 한 번에 볼 수 있습니다.

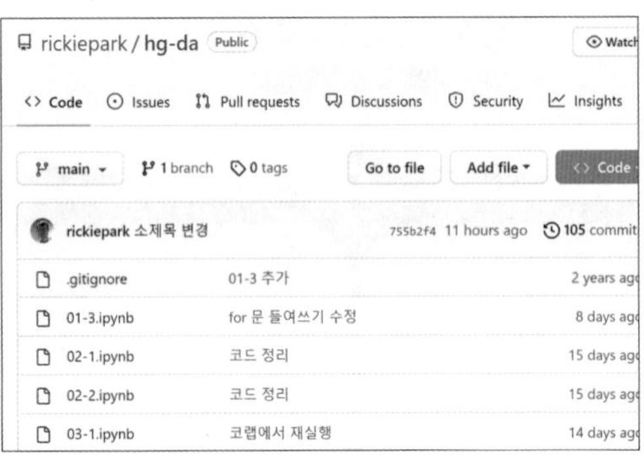

https://github.com/rickiepark/hg-da

학습 사이트 100% 활용하기

동영상 강의 보기,
저자에게 질문하기를 **한번에!**

hongong.hanbit.co.kr go

사이트 바로가기

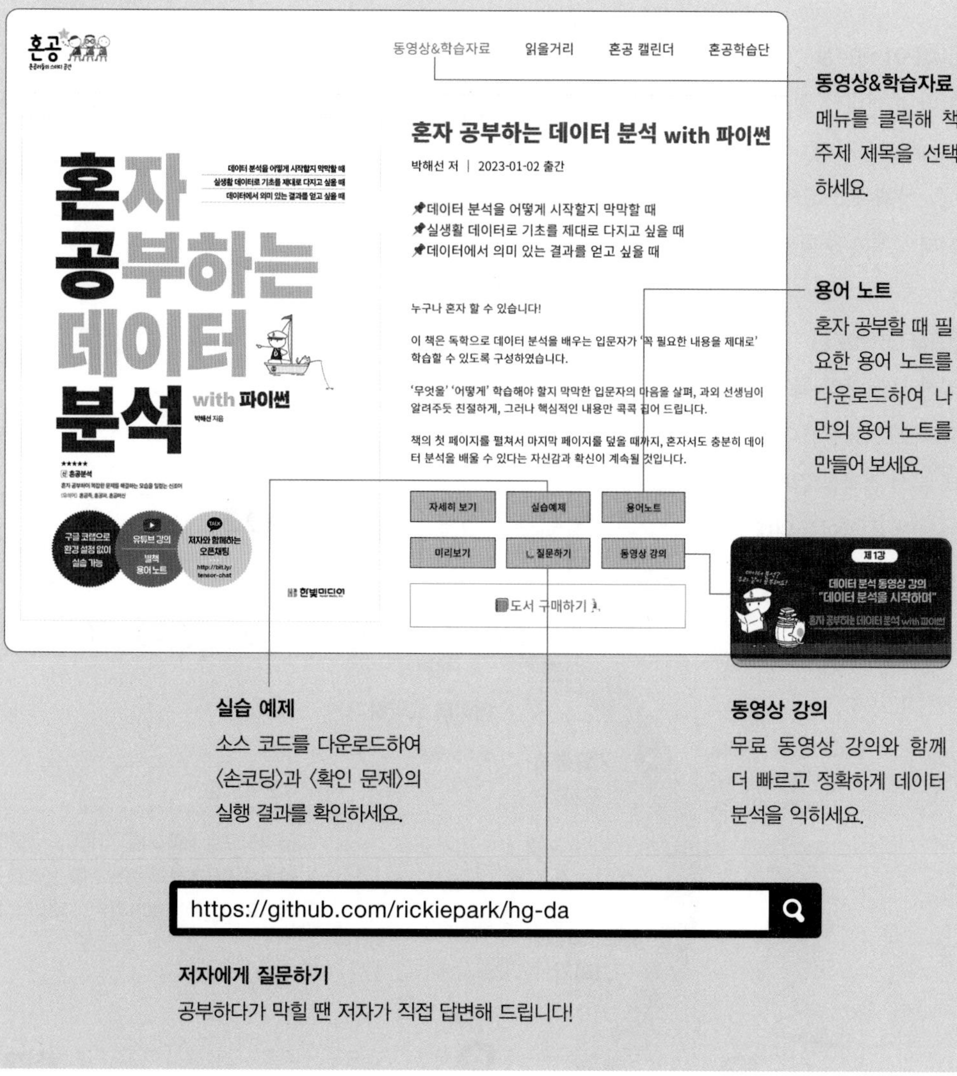

동영상&학습자료　읽을거리　혼공 캘린더　혼공학습단

혼자 공부하는 데이터 분석 with 파이썬

박해선 저 | 2023-01-02 출간

📌데이터 분석을 어떻게 시작할지 막막할 때
📌실생활 데이터로 기초를 제대로 다지고 싶을 때
📌데이터에서 의미 있는 결과를 얻고 싶을 때

누구나 혼자 할 수 있습니다!

이 책은 독학으로 데이터 분석을 배우는 입문자가 '꼭 필요한 내용을 제대로' 학습할 수 있도록 구성하였습니다.

'무엇을' '어떻게' 학습해야 할지 막막한 입문자의 마음을 살펴, 과외 선생님이 알려주듯 친절하게, 그러나 핵심적인 내용만 콕콕 짚어 드립니다.

책의 첫 페이지를 펼쳐서 마지막 페이지를 덮을 때까지, 혼자서도 충분히 데이터 분석을 배울 수 있다는 자신감과 확신이 계속될 것입니다.

자세히 보기　실습예제　용어노트
미리보기　질문하기　동영상 강의
도서 구매하기

동영상&학습자료
메뉴를 클릭해 책 주제 제목을 선택하세요.

용어 노트
혼자 공부할 때 필요한 용어 노트를 다운로드하여 나만의 용어 노트를 만들어 보세요.

실습 예제
소스 코드를 다운로드하여 〈손코딩〉과 〈확인 문제〉의 실행 결과를 확인하세요.

동영상 강의
무료 동영상 강의와 함께 더 빠르고 정확하게 데이터 분석을 익히세요.

https://github.com/rickiepark/hg-da

저자에게 질문하기
공부하다가 막힐 땐 저자가 직접 답변해 드립니다!

때론 혼자, 때론 같이! '혼공 학습단'과 함께 하세요.

한빛미디어에서는 '혼공 학습단'을 모집합니다.
혼공 학습자들과 함께 학습 일정표에 따라 공부하며 완주의 기쁨을 느껴 보세요.

✉ 한빛미디어 홈페이지에서 '메일 수신'에 동의하면 학습단 모집 일정을 안내 받으실 수 있습니다.

학습 로드맵

일러두기

기본편 **01~04장**

데이터 분석의 정의를 알아보고 데이터를 다루어 봅니다. 직접 데이터를 수집한 후 정제하고 요약하는 과정을 통해 데이터의 특징을 확인할 수 있습니다.

고급편 **05~07장**

수집한 데이터의 특징을 시각화를 통해 직관적으로 표현합니다. 마지막으로 데이터 분석 결과를 검정하고, 미래를 예측하는 방법을 알아봅니다.

난이도 ●●●●●

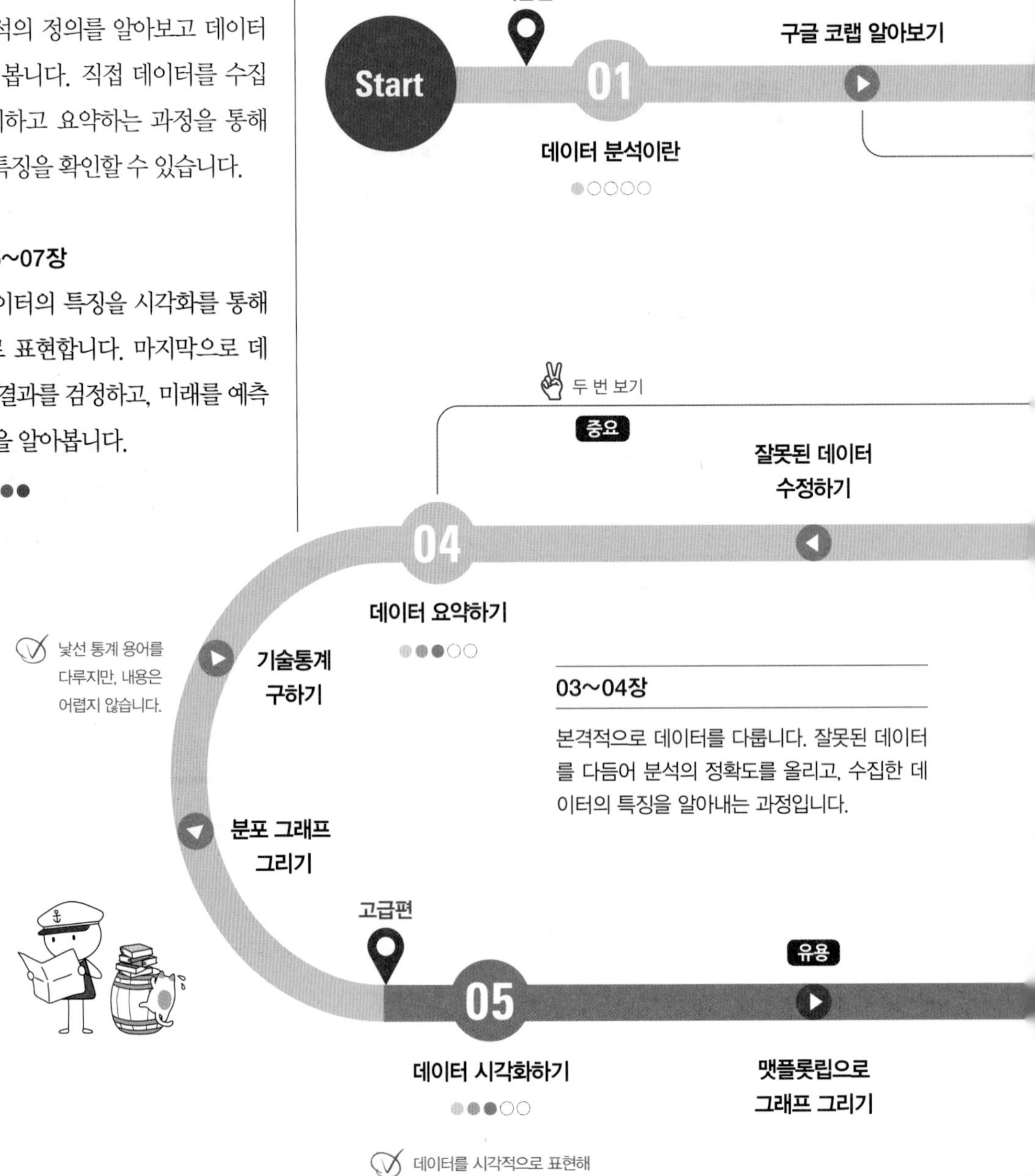

01~02장

현실에 있을 법한 재미있는 스토리와 함께 파이썬으로 데이터를 어떻게 다루는지 알아봅니다. API와 웹 스크래핑으로 인터넷상의 실제 데이터를 수집해 봅니다.

데이터 찾기

데이터 분석을 시작하기 전에 실습 환경에 익숙해져 볼까요?

02

데이터 수집하기

파이썬으로 JSON과 XML 데이터 다루기

유용 API 사용하기

웹 스크래핑 하기

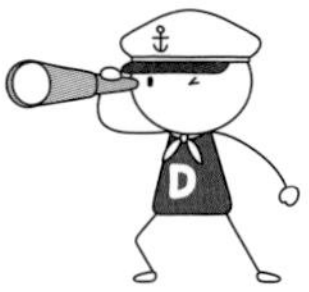

뷰티플수프 사용하기

03

데이터 정제하기

원활한 데이터 분석을 위해 수집된 데이터의 문제점을 파악해 수정합니다.

불필요한 데이터 삭제하기

06

복잡한 데이터 표현하기

맷플롯립의 고급 기능 배우기

07

통계적으로 추정하고 머신러닝으로 예측하기

Goal

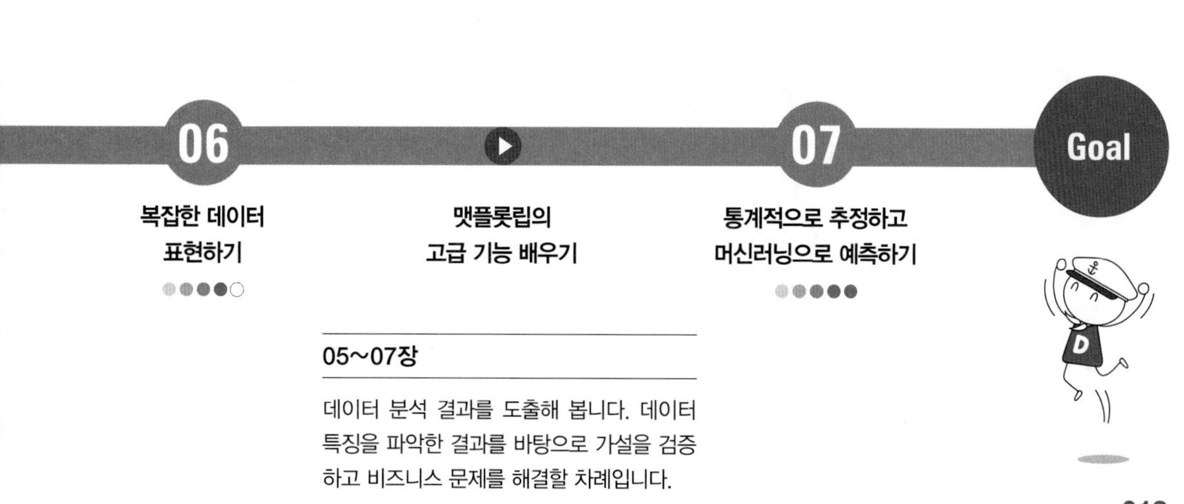

05~07장

데이터 분석 결과를 도출해 봅니다. 데이터 특징을 파악한 결과를 바탕으로 가설을 검증하고 비즈니스 문제를 해결할 차례입니다.

목차

Chapter 01 데이터 분석을 시작하며

Chapter 02 데이터 수집하기

Chapter 03 데이터 정제하기

Chapter 05 데이터 시각화하기

Chapter 06 복잡한 데이터 표현하기

06-1 객체지향 API로 그래프 꾸미기 328

06-2 맷플롯립의 고급 기능 배우기 348

Chapter 07 검증하고 예측하기

자! 이제 시작해 볼까요?

Chapter 01

본격적으로 데이터 분석을 배우기 전에 꼭 알아야 할 기초 개념을 소개합니다. 이를 통해 데이터 분석이 무엇인지 어떤 것을 배워야 하는지 알게 될 것입니다. 또 책 전체에 걸쳐 사용하게 될 코랩 환경과 판다스 라이브러리에 대해 알아보겠습니다.

데이터 분석을 시작하며

학습목표

- 데이터 분석과 데이터 과학을 비교하면서 데이터 분석이 무엇인지 알아 봅니다.
- 예제를 실습하기 위해 구글 코랩과 주피터 노트북을 다뤄 봅니다.
- 판다스를 사용해 첫 번째 데이터를 다운로드하고 내용을 확인해 봅니다.

01-1 데이터 분석이란

핵심 키워드

데이터 분석 | 데이터 과학 | 파이썬

데이터 분석이 무엇인지 알아봅니다. 데이터 분석의 정의와 데이터 분석에 관련된 기술에 대해 개략적인 개념을 이해하면 이후 장을 공부할 때 이해하기 훨씬 쉽습니다.

시작하기 전에

책이나 뉴스, 인터넷 등 다양한 매체에서 **데이터 분석**data analysis이란 단어를 들어 보았을 것입니다. 특히 **인공지능**AI; artificial intelligence이 시대의 흐름이 된 요즘, 데이터 분석은 거의 매일 빠지지 않고 등장하는 뉴스거리입니다.

그럼 데이터 분석은 무엇일까요? 안타깝게도 데이터 분석은 한마디로 정의하기 어렵습니다. 물론 사전적 의미로만 보면 데이터는 자료, 정보를 의미하고, 분석은 복잡한 대상을 정확하게 이해하기 위해 단순한 요소로 나누어 설명하는 것을 의미하죠. 그런데 두 단어를 합쳐 놓으면 콕 꼬집어 정의하기 어려운데요, 분야나 상황에 따라 데이터 분석의 역할 수행과 범위가 달라지기 때문에 그렇습니다.

1장에서는 데이터 분석을 배우기 전에 구체적인 정의와 역할을 정리해 보겠습니다. 데이터 분석이 무엇인지 알아야 비로소 앞으로 배울 내용을 명확하게 이해하고 방향을 잡아 나갈 수 있습니다.

좋습니다! 그럼 데이터 분석이 무엇인지 그 정의부터 알아보죠.

데이터 분석과 데이터 과학

위키피디아에서는 **데이터 분석**을 '유용한 정보를 발견하고 결론을 유추하거나, 의사 결정을 돕기 위해 데이터를 조사, 정제, 변환, 모델링하는 과정'으로 정의합니다. 데이터 분석은 다양한 접근 방법과 형태로 여러 비즈니스와 과학 분야에서 사용합니다. 현대 사회에서 데이터 분석은 비즈니스 결정을 과학적으로 내리기 위한 도구로 사용되는 경향이 있습니다.

데이터 분석과 함께 자주 언급되는 용어는 **데이터 과학**data science입니다. 대부분 데이터 분석과 데이터 과학을 동일하게 취급하지만, 두 용어를 분리해서 비교해 보면 데이터 과학은 **통계학**statistics **데이터 분석**, **머신러닝**machine learning, **데이터 마이닝**data mining 등을 아우르는 큰 개념으로 볼 수 있습니다. 그렇다면 먼저 데이터 과학이 무엇인지 조금 더 자세히 알아보고 데이터 분석의 영역을 간접적으로 확인해 보죠.

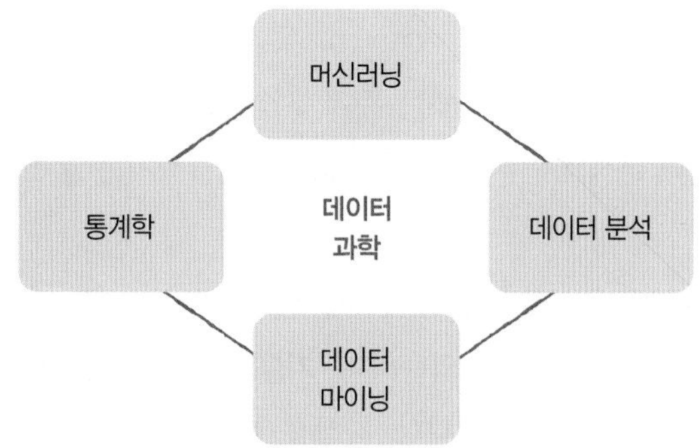

note 위키피디아에서 정의한 자세한 내용이 궁금하다면 다음 링크에서 확인해 보세요.

- 데이터 분석 URL https://en.wikipedia.org/wiki/Data_analysis
- 데이터 과학 URL https://en.wikipedia.org/wiki/Data_science

먼저 쿼라Quora라는 질의응답 웹사이트에서 데이터 과학자 지 리Ji Li가 적은 답변을 보면 데이터 과학이란 무엇인가라는 질문에 대한 명쾌한 해답을 얻을 수 있습니다.

"데이터 과학은 데이터 세계와 비즈니스 세계를 잇는 다리입니다. 데이터 과학을 활용해서 소프트웨어나 제품을 개발할 수 있지만 이것이 전부는 아닙니다. 또 데이터 과학이 통계학과 관련이 많다지만 통계학 자체는 아니며, 학술적인 분야 또한 아닙니다. 멋진 그래프를 그리기도 하지만 이것이 데이터 과학의 전부는 아닙니다. 오히려 데이터 과학은 이 모든 것을 포함합니다. 데이터 과학을 하려면 프로그래밍, 통계학, 시각화와 더불어 비즈니스 감각을 갖추어야 합니다."

note 데이터 과학자 지 리의 답변 URL https://bit.ly/4iEAE7x

이 설명은 데이터 분석에도 충분히 적용할 수 있습니다. 데이터 분석과 데이터 과학이 가장 크게 다른 점은 두 분야가 만들어 내는 '결과물'입니다. **데이터 분석**은 올바른 의사 결정을 돕기 위한 **통찰**insight을 제공하는 데 초점을 맞추고, **데이터 과학**은 한 걸음 더 나아가 문제 해결을 위한 최선의 **솔루션**solution을 만드는 데 초점을 맞춥니다.

특징	데이터 분석	데이터 과학
범주	비교적 소규모	대규모
목표	의사 결정을 돕기 위한 통찰을 제공하는 일	문제 해결을 위해 최선의 솔루션을 만드는 일
주요 기술	컴퓨터 과학, 통계학, 시각화 등	컴퓨터 과학, 통계학, 머신러닝, 인공지능 등
빅데이터	사용	사용

note 데이터 과학 vs 데이터 분석 URL https://www.sisense.com/blog/data-science-vs-data-analytics

이 책에서는 데이터 분석에 필요한 프로그래밍, 통계, 시각화 기술을 설명합니다. 머신러닝에 대해서도 조금 다루겠지만, 데이터 분석의 범위를 고려하여 많이 언급하지는 않겠습니다.

데이터 과학과 마찬가지로 데이터 분석은 통계학과 관련이 많습니다. 따라서 통계적 관점에서 보면 데이터 분석을 크게 세 가지로 나눌 수 있습니다. **기술통계**descriptive statistics, **탐색적 데이터 분석**EDA; exploratory data analysis, **가설검정**hypothesis testing입니다. 각각을 조금 자세히 정리하면 다음과 같습니다.

- **기술통계**(222쪽): 관측이나 실험을 통해 수집한 데이터를 정량화하거나 요약하는 기법입니다. 예를 들면 평균을 계산하거나 최솟값, 최댓값을 찾습니다.
- **탐색적 데이터 분석**(254쪽): 데이터를 시각적으로 표현하여 주요 특징을 찾고 분석하는 방법입니다. 이 책에서도 다양한 그래프를 사용해 데이터를 살펴보겠습니다.
- **가설검정**(382쪽): 주어진 데이터를 기반으로 특정 가정이 합당한지 평가하는 통계 방법입니다. 가설이나 검정이란 용어가 어렵게 느껴질 수 있지만, 기본 원리는 간단하므로 너무 겁낼 필요는 없습니다.

이제 데이터 분석이 무엇인지 어떤 내용을 다루는지 조금 명쾌해졌을 것이라 생각합니다.

데이터 분석가

데이터 분석가data analyst는 무엇을 하는 사람일까요? 먼저 데이터 과학의 정의에 빗대어 데이터 분석가의 일을 잠시 엿보도록 하죠.

데이터 분석가는 프로그래머나 통계학자, 그래픽 디자이너가 아닙니다. 프로그래밍 기술을 갖추고 있고 통계학을 이해하면서 정보를 시각적으로 잘 표현할 수 있는 사람입니다. 물론 해당 비즈니스 문제에 대한 깊은 이해는 필수입니다.

아래 그림은 드류 콘웨이Drew Conway가 그린 '데이터 과학 벤 다이어그램'입니다. 데이터 과학자 혹은 데이터 분석가에게 필요한 기술을 잘 나타내고 있습니다.

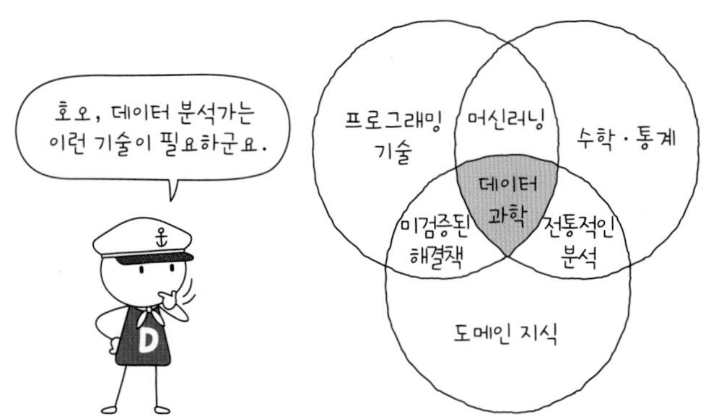

note 드류 콘웨이의 데이터 과학 벤 다이어그램

URL http://drewconway.com/zia/2013/3/26/the-data-science-venn-diagram

데이터 분석가는 프로그래밍, 수학 · 통계, 도메인 지식(비즈니스 문제에 대한 전문 지식)이 모두 필요합니다. 벤 다이어그램에서 이것들을 하나씩 빼면서 생각해 봅시다. 수학 · 통계 없이 프로그래밍 기술과 도메인 지식만으로 문제 해결 방안을 내놓았다면 검증되지 않은 해결책이므로 위험합니다. 도메인 지식 없이 프로그래밍과 수학 · 통계 지식만 사용한다면 비즈니스 목표에 맞지 않는 결과를 만들 수 있습니다. 또 프로그래밍 없이 도메인 지식을 수학 · 통계에 적용한다면 '전통적인 분석'만 수행하는 것입니다.

이 책으로 데이터 분석에 필요한 프로그래밍과 기본적인 수학 · 통계는 배울 수 있습니다. 하지만 도메인 지식은 맞닥뜨린 문제에 따라 다르므로 일반화하여 설명하기 어렵습니다. 해당 분야에서 직접 경험을 쌓거나 경험이 많은 전문가의 도움을 받아야 합니다. 이러한 이유로 경영이나 사회 과학 등 다른 분야를 전공한 데이터 분석가도 많이 볼 수 있습니다.

note 데이터 분석가에 필요한 수학에 대해 더 공부하고 싶다면 『개발자를 위한 필수 수학』(한빛미디어, 2024)를 참고하세요.

그렇다면 데이터 분석가의 작업 과정은 어떨까요? 데이터 수집, 데이터 처리, 데이터 정제, 데이터 분석, 모델링까지 포함됩니다. 좁은 의미로는 기술통계, 탐색적 데이터 분석, 가설검정 등을 넓은 의미로는 데이터 수집부터 모델링까지를 말합니다.

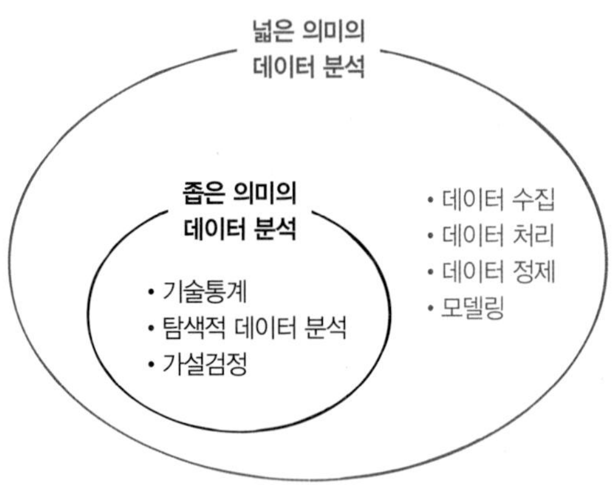

데이터 분석 작업을 하기 위해서는 다양한 도구가 필요합니다. 이어서 데이터 분석에 필요한 기본 도구를 알아보겠습니다.

데이터 분석을 위한 도구

데이터 분석을 도와주는 도구란 어떤 종류의 소프트웨어를 말합니다. 소프트웨어를 자유자재로 다루려면 적어도 하나 이상의 프로그래밍 언어를 사용할 수 있어야 합니다. 먼저 데이터 분석에 널리 사용하는 프로그래밍 언어가 무엇인지를 알아보겠습니다. 그런 다음 그중에서 언어를 하나 선택하고 이 언어로 만든 분석 도구를 소개하겠습니다.

프로그래밍 언어: 파이썬과 R

데이터 분석에 많이 사용하는 프로그래밍 언어는 **파이썬**Python과 **R**입니다. 물론 다른 프로그래밍 언어로도 할 수 있지만, 이미 사용자가 많고 다양한 도구가 있는 파이썬과 R을 사용하는 편이 필요한 도구를 찾거나 궁금한 점을 물어보기에 좋습니다.

데이터가 **데이터베이스**DB; database 형태로 있다면 **SQL**Structured Query Language을 사용할 수 있습니다. 다만 SQL은 범용적인 프로그래밍 언어가 아니고 데이터베이스를 다루기 위해 고안된 언어로 시각화나 통계적인 분석을 수행하기는 어렵습니다.

note 데이터베이스는 데이터를 여러 사람이 공유하며 사용하기 위해 통합 관리하는 데이터의 집합, SQL은 데이터베이스의 데이터를 다룰 수 있는 언어입니다.

파이썬은 귀도 반 로섬Guido van Rossum이 1991년에 만든 범용 프로그래밍 언어입니다. 다른 프로그래밍 언어보다 문법이 단순해서 처음 프로그래밍을 접하는 사람이 쉽게 배울 수 있는 언어 중 하나입니다. 또한 오픈소스이고, 마이크로소프트 윈도우Microsoft Windows, 맥OSmacOS, 리눅스Linux 어디에서나 실행할 수 있습니다.

파이썬 홈페이지

URL https://www.python.org

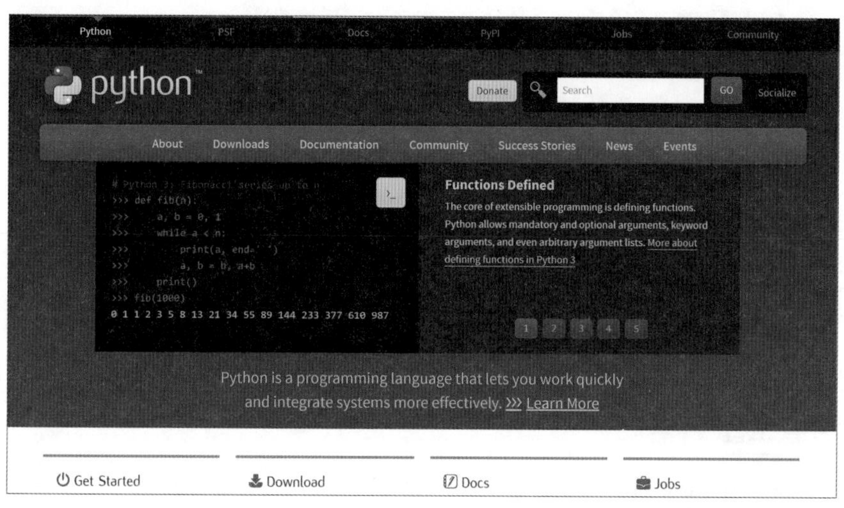

파이썬은 과학 계산 분야에서 오래 사용해 왔고 데이터 처리에 사용할 패키지가 풍부한 덕에 지난 10년간 학계와 산업 분야를 포함한 모든 분야의 데이터 과학에서 가장 중요한 언어가 되었습니다. 지금은 데이터 분석이나 머신러닝에서 표준 언어처럼 사용되고 있습니다. 이런 이유로 이 책에서도 파이썬을 사용하겠습니다.

note 파이썬에 아직 익숙하지 않다면 『혼자 공부하는 파이썬(개정판)』(한빛미디어, 2022)을 추천합니다.

R은 1995년에 통계 계산을 위해 개발된 언어로 범용 프로그래밍 언어는 아닙니다. R은 아주 많은 통계 패키지와 훌륭한 그래프를 만들 수 있는 도구를 제공합니다. 하지만 데이터 수집, 전처리 등을 수행하기 까다롭고, 만들어진 모델을 제품 환경에 적용하기도 어렵습니다. 대신 통계 관련 패키지는 파이썬보다 R이 더 많아서 아직도 학교나 기업에서 많이 사용합니다.

R 홈페이지

URL https://www.r-project.org

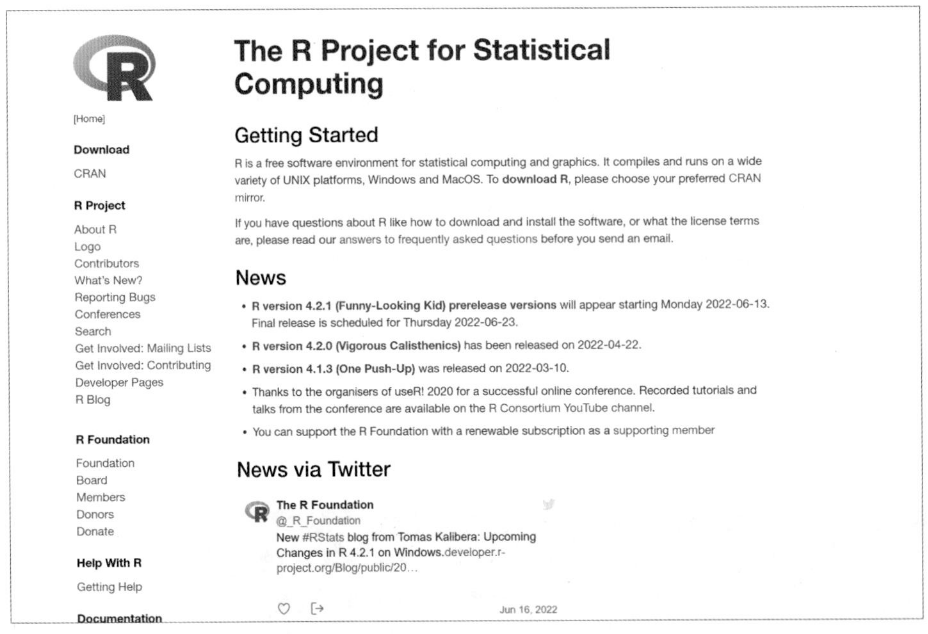

반면 머신러닝과 관련된 패키지는 파이썬이 더 뛰어납니다. 딥러닝은 파이썬이 거의 필수라 할 수 있습니다. 이런 이유로 요즘엔 데이터 분석을 처음 접하는 사람에게는 파이썬을 권장합니다.

파이썬은 데이터 처리에 사용할 패키지가 풍부하여 데이터 분석에서 표준 언어처럼 사용됩니다.

프로그래밍 환경: 구글 코랩

파이썬은 공식 사이트에서 다운로드하여 설치할 수 있습니다. 하지만 독자의 환경은 다양해서 조금씩 차이가 있을 수 있으니 이 책에서는 설치 과정이 필요 없는 **구글 코랩**Google Colab 환경에서 프로그래밍을 바로 시작하겠습니다. 코랩은 01-2절에서 자세히 다룹니다.

구글 코랩 홈페이지

URL https://colab.research.google.com

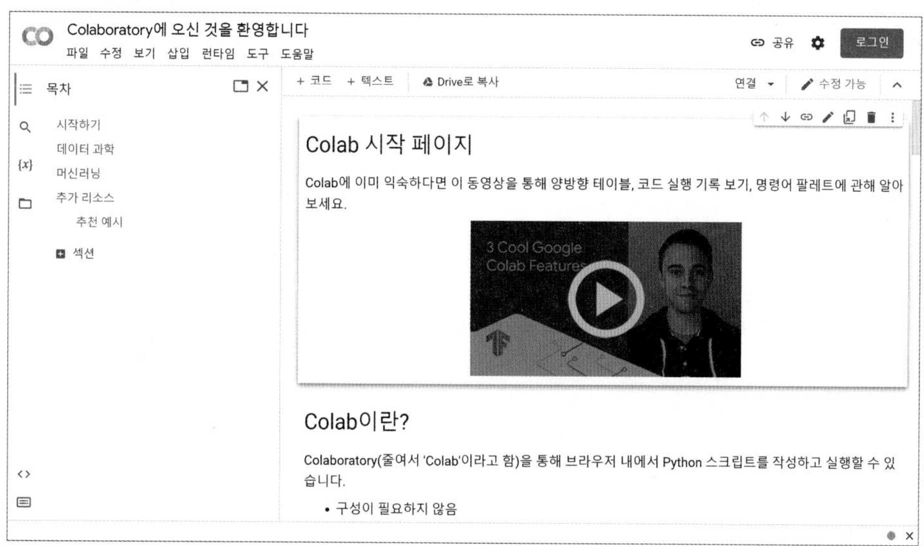

파이썬 필수 패키지

데이터 분석에 사용할 프로그래밍 언어로 파이썬을 선택했으니 데이터 분석에 대표적으로 사용하는 **파이썬 패키지**를 소개합니다. 여기서 소개한 패키지는 책에서 차례대로 알아가겠습니다.

✚ 여기서 잠깐 **패키지가 무엇인가요?**

패키지(package)는 파이썬에서 유용한 기능이 구현된 파일을 묶어서 유통시키는 단위입니다. 다른 언어에서는 **라이브러리**(library)라고도 부르며 종종 두 용어를 혼용해서 사용합니다. 파이썬 패키지는 PyPI에서 찾을 수 있고 R 패키지는 CRAN에서 찾을 수 있습니다.

- **파이썬 패키지 웹사이트** URL https://pypi.org
- **R 패키지 웹사이트** URL https://cran.r-project.org

■ 넘파이

넘파이NumPy는 numerical python의 줄임말로 고성능 과학 계산과 다차원 **배열**array을 위한 파이썬 패키지입니다. 대부분의 파이썬 데이터 분석 패키지는 데이터를 다룰 때 넘파이 배열을 사용합니다. 넘파이 기능을 잘 배워 두면 다른 패키지를 사용하는 데 큰 도움을 받을 수 있죠. 이 책에서도 다양한 넘파이 기능을 다룰 텐데, 차원이나 배열이란 용어가 낯설더라도 걱정 마세요. 책을 끝마칠 즈음이면 넘파이에 대해 많이 익숙해질 것입니다.

■ 판다스

판다스pandas는 파이썬 데이터 분석을 위한 전문 패키지입니다. 판다스는 넘파이 배열과 다르게 마이크로소프트 엑셀Excel의 시트sheet처럼 숫자와 문자를 섞어서 표 형태로 저장할 수 있는 **데이터프레임**DataFrame을 사용합니다. 넘파이가 과학 계산에 초점을 맞추고 있다면, 판다스는 편리한 데이터 처리와 분석 작업을 위해 많은 기능을 제공합니다. 또 다양하고 미려한 그래프 출력 기능도 갖추고 있습니다. 파이썬 데이터 분석에서 기본 자료 구조로 넘파이와 판다스를 자주 사용합니다.

■ 맷플롯립

맷플롯립matplotlib은 파이썬 데이터 시각화를 위한 기본 패키지입니다. 정적 혹은 동적인 그래프를 그릴 수 있고, 고품질의 매우 다양한 그래프를 제공합니다. 또한 파이썬의 다른 과학 패키지와 호환성이 높습니다. 파이썬에서는 맷플롯립 외에도 시본seaborn, 보케bokeh 같은 시각화 패키지를 많이 사용합니다.

■ 사이파이

사이파이SciPy는 넘파이를 기반으로 구축된 수학과 과학 계산 전문 패키지입니다. 미분, 적분, 확률, 선형대수, 최적화 등을 알고리즘으로 구현합니다. 이 책에서도 사이파이를 사용해 다양한 기본 통계 지식을 배웁니다. 통계를 설명할 때는 수식만 사용하지 않고 이해하기 쉽게 예를 들거나 비유로 설명할 테니 미리 걱정하지 마세요.

■ 사이킷런

사이킷런scikit-learn은 파이썬의 독보적인 머신러닝 패키지로 넘파이와 사이파이에 크게 의존합니다. 파이썬뿐만 아니라 전체 데이터 과학 분야에서 가장 널리 사용하는 머신러닝 패키지라고 해도 과언이 아닙니다. 이 책에서는 사이킷런을 사용해 간단한 머신러닝 모델을 만들어 보겠습니다.

지금까지 데이터 분석이 무엇인지 알아보고 데이터 분석에서 어떤 작업을 수행하는지, 데이터 분석을 위해 어떤 기술이 필요한지 개략적으로 살펴보았습니다.

다음 절에서는 파이썬 프로그래밍 환경 중 하나인 **구글 코랩**을 소개합니다. 코랩을 사용하면 내 컴퓨터에 직접 파이썬을 설치하지 않고 브라우저만으로 파이썬 프로그래밍을 할 수 있습니다. 또 코랩은 앞서 언급한 파이썬 패키지를 모두 기본 제공하므로 별도로 설치하지 않아도 됩니다.

좀 더 알아보기 데이터 마이닝과 머신러닝

데이터 마이닝과 머신러닝은 공유하는 영역이 많고, 데이터 분석과 데이터 과학만큼이나 명확하게 구분하기 어렵습니다. 하지만 차이점은 분명히 존재합니다. 이 둘을 구분해 보고, 각 개념이 데이터 과학 범위 안에서 어떤 역할을 담당하는지 알아보겠습니다.

데이터 마이닝은 데이터에서 패턴 혹은 지식을 추출하는 작업을 말합니다. 머신러닝, 통계학, 데이터베이스 시스템database system과 관련이 많습니다. 이러한 패턴과 지식은 사람이 의사 결정을 내리기 위해 활용됩니다.

note 데이터베이스는 엑셀처럼 가로 세로 열을 잘 맞춘 데이터라고 생각해 주세요.

그런데 왜 데이터 마이닝이라고 할까요? 비슷한 단어로 금을 채취하는 작업을 골드 마이닝gold mining이라고 하죠. 하지만 모래에서 금을 찾는다고 샌드 마이닝sand mining이라고 부르지 않습니다. 비슷한 맥락에서 봤을 때 어쩌면 데이터 마이닝이라는 용어보다 찾으려는 대상을 강조한 패턴 분석pattern analysis이나 지식 추출knowledge extraction이라는 용어가 더 어울릴 수도 있습니다. 그럼에도 데이터 마이닝이라 한 이유는 많은 데이터를 분석한다는 점을 강조하기 위해서일 것입니다.

note 데이터 마이닝 정의 URL https://en.wikipedia.org/wiki/Data_mining

note 참고 도서 『Data Mining: Concepts and Techniques 3rd Edition』(Morgan Kaufmann, 2011)

머신러닝은 데이터에서 자동으로 규칙을 학습하여 문제를 해결하는 소프트웨어를 만드는 기술입니다. 요즘 뉴스에서 자주 등장하는 **딥러닝**deep learning도 머신러닝 알고리즘의 한 종류입니다.

머신러닝은 데이터 마이닝과 다르게 규칙이나 패턴을 사용하는 주체가 사람이 아닌 컴퓨터입니다. 또한 데이터 마이닝 알고리즘은 비교적 규칙을 만드는 과정이 투명한 데 비해 머신러닝 알고리즘은 마치 블랙박스처럼 결정이 내려진 이유를 알기가 어려운 경우가 많습니다.

머신러닝으로 학습한 소프트웨어 객체를 **모델**model이라 부릅니다. 데이터 과학자가 하는 일은 데이터를 분석하고 이런 모델을 만드는 것입니다. 그러나 모델 과학자라고 부르지 않고 데이터 과학자라고 부르는 이유는 데이터를 모으고 분석하는 일이 더 중요하기 때문일지도 모르겠습니다.

note 참고 도서 『머신러닝 파워드 애플리케이션』(한빛미디어, 2021)

즉, 좋은 데이터가 준비되어 있다면 머신러닝 모델을 만드는 과정은 비교적 쉽습니다. 하지만 데이터가 엉망이라면 아무리 알고리즘이 좋아도 제대로 동작하는 모델을 만들 수가 없습니다.

머신러닝에 대해 자세히 알고 싶다면 필자가 쓴 『혼자 공부하는 머신러닝+딥러닝』(한빛미디어, 2020)을 참고하세요.

마무리

▶ 3가지 키워드로 정리하는 핵심 포인트

- **데이터 분석**은 데이터를 수집, 처리, 정제, 분석, 모델링하여 의사 결정을 내리는 데 도움을 주는 작업입니다. 통계학과 머신러닝의 기술을 사용하고 비즈니스 문제를 해결하기 위해 도메인 지식이 필요합니다.
- **데이터 과학**은 데이터 분석, 머신러닝을 아우르는 개념입니다. 데이터 분석에 비해 머신러닝 모델을 만들어 문제를 해결하는 데 많은 비중을 둡니다.
- **파이썬**은 데이터 분석, 데이터 과학, 머신러닝 작업에 사용할 수 있는 인기 있는 프로그래밍 언어입니다. 넘파이, 판다스, 맷플롯립 등 데이터 분석에 필요한 다양한 패키지를 손쉽게 사용할 수 있습니다.

▶ 학습에 꼭 필요한 핵심 패키지

- **넘파이** URL https://numpy.org
  과학 계산과 배열에 필요한 수학 패키지입니다.
- **판다스** URL https://pandas.pydata.org
  숫자와 문자를 섞어 표처럼 사용할 수 있는 데이터프레임을 제공합니다.
- **맷플롯립** URL https://matplotlib.org
  동적, 정적 그래프를 만들 수 있는 시각화 패키지입니다.
- **사이파이** URL https://docs.scipy.org/doc/scipy
  수학과 과학 계산 전문 패키지입니다. 미적분, 선형대수 등을 포함합니다.
- **사이킷런** URL https://scikit-learn.org
  파이썬에서 사용할 수 있는 대표적인 머신러닝 패키지입니다.

▶ 확인 문제

1. 다음 중 데이터 분석과 가장 거리가 먼 분야는 무엇인가요?

① 데이터 과학
② 디자인 패턴
③ 통계학
④ 머신러닝

2. 다음 중 데이터 분석에 사용하는 파이썬 패키지가 아닌 것은 무엇인가요?

① 넘파이
② 판다스
③ 사이파이
④ 플라스크

3. 다음 그림의 빈칸을 채워 데이터 분석의 의미를 완성해 보세요.

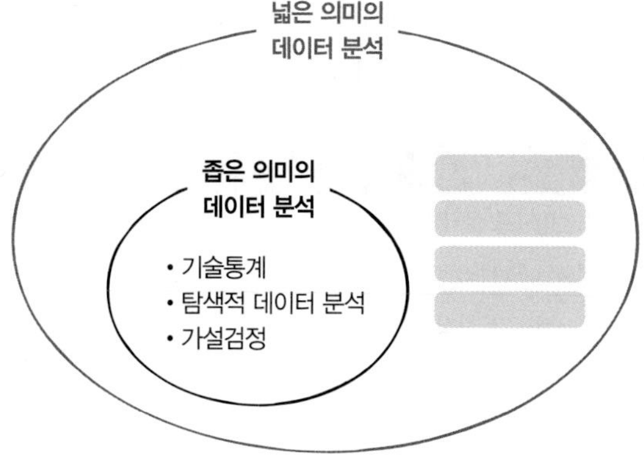

hint 3. 데이터 분석가의 작업 과정을 떠올려 보세요.

01-2 구글 코랩과 주피터 노트북

핵심 키워드

코랩 노트북 구글 드라이브 깃허브 마크다운

이 책의 모든 코드는 웹 브라우저에서 파이썬 코드를 실행할 수 있는 구글 코랩을 사용하여 작성되었습니다. 본격적으로 데이터 분석을 배우기 전에 구글 코랩을 소개하고 간단한 사용법을 익혀 보겠습니다.

시작하기 전에

이 책은 **구글 코랩**을 사용하여 실습을 진행합니다. 코랩은 구글이 대화식 프로그래밍 환경인 **주피터 노트북**Jupyter notebook을 커스터마이징한 것으로 웹 브라우저에서 파이썬 코드를 작성하고 실행할 수 있습니다. 따라서 컴퓨터에 파이썬 배포판을 설치하고 환경을 구축하는 데 시간을 쏟지 않고도 바로 실습을 진행할 수 있습니다. 또한 코랩에서는 데이터 분석에 필요한 중요한 패키지를 모두 제공합니다.

특징	구글 코랩	주피터 노트북
설치	클라우드 기반이므로 설치 불필요	내 컴퓨터에 설치
실행 환경	인터넷이 연결된 웹 브라우저	오프라인 상태의 웹 브라우저
파일 저장	구글 드라이브에 자동 저장	내 컴퓨터 하드 디스크에 저장
패키지	사전 설치되어 제공	패키지 관리자로 직접 설치

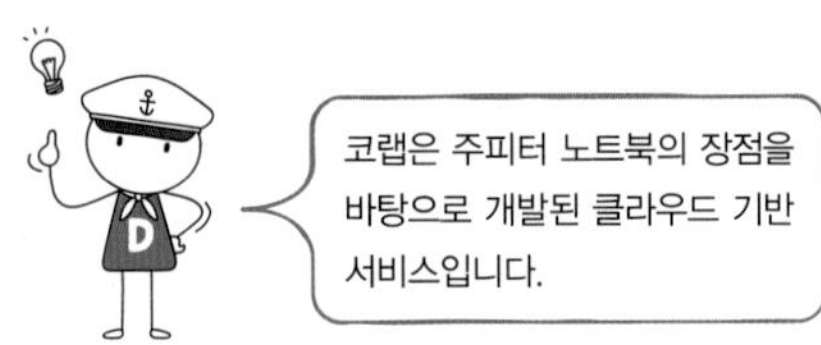

구글 코랩

구글 코랩은 웹 브라우저에서 무료로 파이썬 프로그램을 테스트하고 저장할 수 있는 서비스입니다. 웹 브라우저에서 텍스트와 프로그램 코드를 자유롭게 작성할 수 있는 온라인 에디터라고 생각하면 이해하기 쉽습니다. 작성한 코랩 파일은 **노트북**notebook 혹은 코랩 메모장이라고도 부릅니다. 이 책에서는 짧게 노트북이라고 부르겠습니다.

> 코랩의 노트북은 노트북 컴퓨터를 의미하는 것이 아닌 코드 실행 파일을 의미합니다.

먼저 구글 코랩 웹 페이지에 접속해 보겠습니다.

01 구글 코랩 웹 페이지의 오른쪽 상단에서 [로그인] 버튼을 클릭하여 구글 계정에 로그인해 주세요.

구글 코랩 웹 페이지

URL https://colab.research.google.com

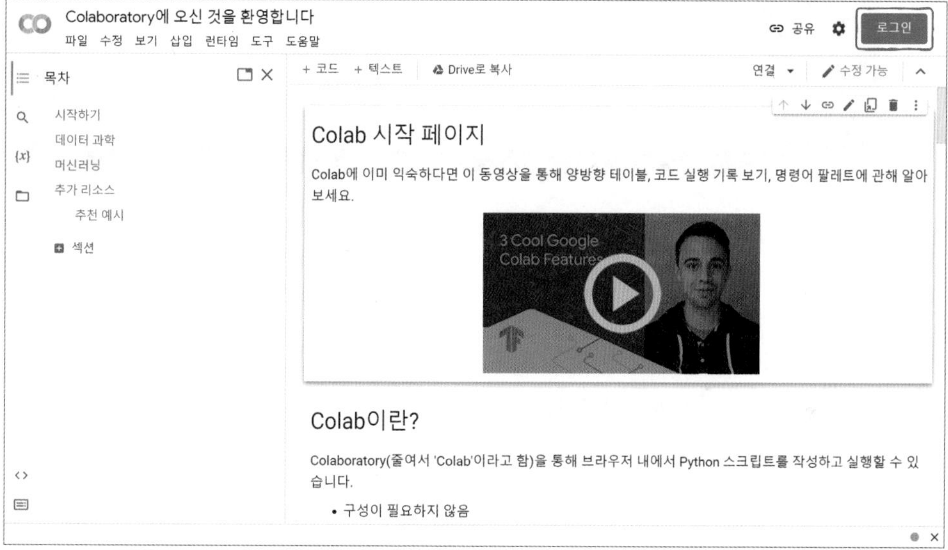

note 아직 구글 계정이 없다면 구글 홈페이지에 접속해서 손쉽게 만들 수 있습니다.

URL https://accounts.google.com/signup

02 이미 구글 계정에 로그인한 상태라면 코랩 웹 페이지에 접속했을 때 다음과 같은 팝업 창을 볼 수 있습니다. 팝업 창의 [최근 사용] 탭이 자동으로 선택되어 있는데요. 일단 [취소] 버튼을 클릭하거나 ESC 키를 눌러 팝업 창을 닫아 주세요. 기본 시작 페이지부터 살펴보겠습니다.

note 로그인하지 않아도 코랩에 접속할 수는 있지만 코드를 실행할 수 없습니다. 실습을 위해서는 꼭 구글 계정에 로그인하세요.

기본 시작 페이지 맨 위에는 노트북의 제목이 쓰여 있습니다. 코랩의 기본 시작 페이지 제목은 'Colaboratory에 오신 것을 환영합니다'입니다. 노트북의 제목은 파일 이름으로도 사용됩니다. 제목 아래에는 메뉴바가 있고, 화면 왼쪽에는 현재 노트북의 목차가 있습니다.

화면 오른쪽에는 노트북의 셀이 있습니다. 노트북에서 **셀**cell은 코드 또는 텍스트의 덩어리라고 보면 됩니다. 노트북은 보통 여러 개의 코드 셀과 텍스트 셀로 이루어집니다. 시작 페이지 첫 부분에는 텍스트 셀만 나와 있지만, 아래로 조금 스크롤해서 화면을 내리면 다음처럼 코드 셀과 텍스트 셀을 함께 볼 수 있습니다.

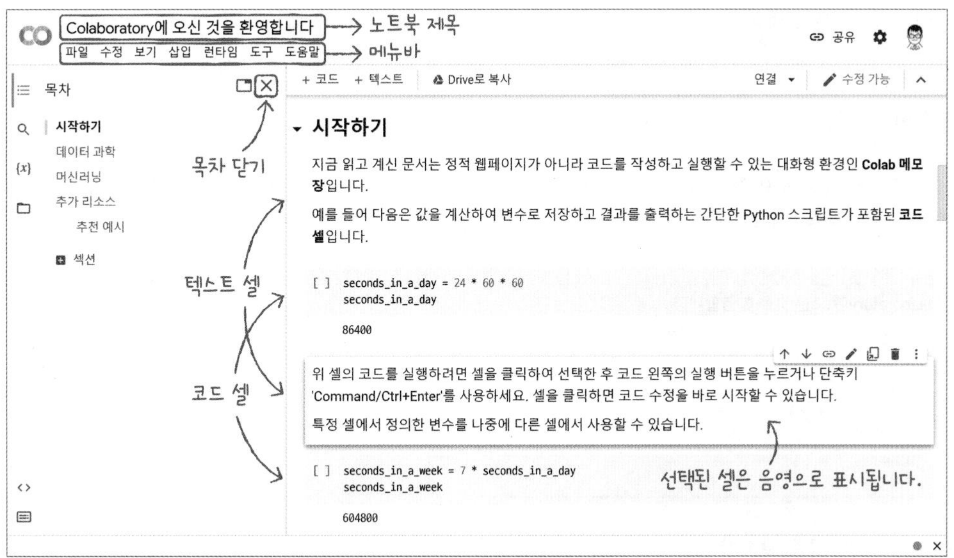

선택된 셀은 그림자가 나타나기 때문에 쉽게 알아챌 수 있습니다. 셀은 키보드 [↑], [↓] 키를 누르거나 마우스를 클릭해서 이동할 수 있습니다. 또한 목차 창의 [X] 아이콘을 클릭하여 목차를 닫으면 셀 화면을 확장할 수 있습니다.

+ 여기서 잠깐 노트북을 사용하는 장점이 무엇인가요?

노트북을 사용하면 코드를 설명하는 문서를 따로 만들지 않고 코드와 텍스트를 함께 담을 수 있습니다. 심지어 코드의 실행 결과도 노트북과 함께 저장됩니다. 따라서 다른 사람에게서 노트북을 받으면 코드를 실행할 필요 없이 코드 설명과 실행 결과를 바로 확인할 수 있습니다.

그럼 노트북의 텍스트 셀과 코드 셀을 사용하는 방법에 대해 알아보겠습니다.

텍스트 셀

셀cell은 코랩에서 실행할 수 있는 최소 단위입니다. 즉, 셀 안에 있는 내용을 한 번에 실행하고 그 결과를 노트북에 나타냅니다. 하지만 텍스트 셀은 코드처럼 실행되는 것이 아니기 때문에 자유롭게 사용해도 괜찮습니다. 한 셀에 아주 긴 글을 써도 되고 여러 셀에 나누어 작성해도 괜찮습니다.

텍스트 셀을 수정하려면 원하는 셀로 이동한 후 [Enter] 키를 누르거나 마우스로 더블 클릭하면 편집 화면으로 들어갈 수 있습니다.

텍스트 셀에는 HTML Hypertext Markup Language과 마크다운 Markdown을 혼용해서 사용할 수 있습니다. 왼쪽 창에서 텍스트를 수정하면 오른쪽 미리보기에서 수정된 결과를 바로 볼 수 있습니다. 아무 텍스트나 추가하고 미리보기에 나타나는 결과를 확인해 보세요.

note HTML은 웹 페이지를 표시하는 데 사용하는 마크업(markup) 언어입니다. 마크다운은 HTML과 같은 마크업(markup) 언어의 하나로 서식있는 문서를 작성하는 데 사용합니다. 마크다운 서식은 55쪽을 참고하세요.

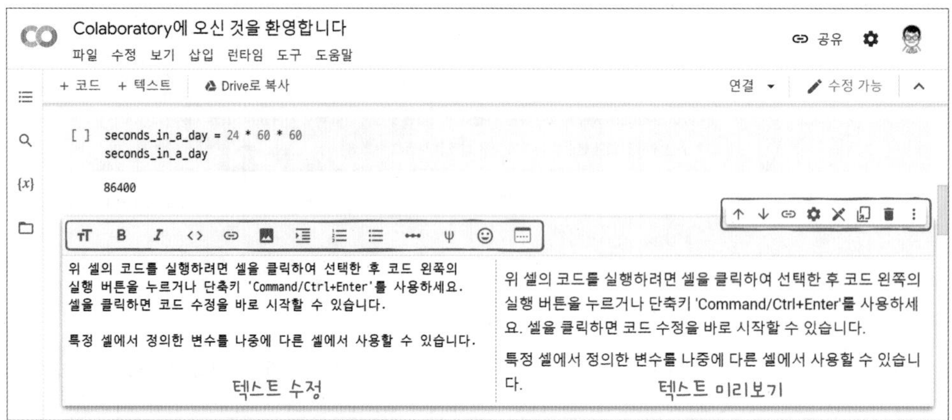

게다가 코랩에서 제공하는 텍스트 셀 툴바를 사용하면 다양한 형태로 글을 꾸밀 수 있습니다. 입력한 텍스트에 하나씩 적용해 보세요.

❶ **제목 전환**(TT): 현재 라인을 제목으로 바꿉니다. 코랩은 여러 단계의 제목 스타일을 지원합니다. 아이콘을 클릭하면 순서대로 제목 크기가 바뀝니다.

❷ **굵게**(B): 선택한 글자를 굵은 글자로 바꿉니다. 글자를 선택하지 않고 아이콘을 클릭하면 현재 커서 위치에 있는 단어를 바꿉니다.

❸ **기울임꼴**(I): 선택한 글자를 이탤릭체로 바꿉니다. 글자를 선택하지 않고 아이콘을 클릭하면 현재 커서 위치에 있는 단어를 바꿉니다.

❹ **코드로 형식 지정**(<>): 코드 형식으로 바꿉니다. 글자를 선택하지 않고 아이콘을 클릭하면 현재 커서 위치에 코드를 입력할 수 있는 코드 블록을 만듭니다.

❺ **링크 삽입**(⊖): 선택한 글자를 링크로 만듭니다. 글자를 선택하지 않고 아이콘을 클릭하면 커서 위치에 새로운 링크를 추가합니다.

❻ **이미지 삽입**(▣): 현재 커서 위치에 이미지를 추가합니다.

❼ **들여쓰기**(☰): 현재 커서 위치에 들여 쓴 블록을 추가합니다.

❽ **번호 매기기 목록 추가**(☰): 현재 커서 위치에 번호 매기기 목록을 추가합니다.

❾ **글머리기호 목록 추가**(☰): 현재 커서 위치에 글머리기호 목록을 추가합니다.

❿ **가로줄 추가**(⋯): 현재 커서 위치에 가로줄을 추가합니다.

⓫ **LaTeX**(Ψ): 수식을 작성할 수 있는 레이텍 문자를 추가합니다.

⓬ **이모티콘 삽입**(☺): 이모티콘을 추가합니다.

⓭ **마크다운 미리보기 위치 변경**(▭, ▯): 미리보기 창의 위치를 오른쪽에서 아래로 또는 아래에서 오른쪽으로 바꿉니다.

note 레이텍은 수식, 그래프, 다이어그램 등을 그리는 데 유용한 문서 저작 도구입니다. 보통 논문 작성에 많이 사용합니다.

현재 선택한 셀의 오른쪽 위에는 현재 셀에 적용할 수 있는 기능이 아이콘으로 표시됩니다.

❶ **위(아래)로 셀 이동**(↑, ↓): 셀을 화면 위아래로 이동시킵니다.

❷ **셀에 연결**(⊖): 셀 위치로 바로 이동할 수 있는 하이퍼링크를 만들 수 있습니다.

❸ **편집기 설정 열기**(⚙): 편집기 설정 창을 실행합니다.

❹ **수정**(✗): 텍스트 셀 수정 화면으로 들어가거나 마크다운 편집기를 닫을 수 있습니다. Enter 키를 눌렀을 때와 동일합니다.

❺ **탭에서 셀 미러링**(⧉): 텍스트 셀의 미리보기가 탭 화면으로 열립니다.

❻ **셀 삭제**(🗑): 현재 선택한 셀을 삭제합니다.

❼ **셀 작업 더 보기**(⋮): 셀 복사와 셀 잘라내기 기능을 선택할 수 있습니다.

마지막으로 텍스트 셀의 수정을 끝내려면 ESC 키를 누르거나, 마우스로 노트북의 다른 셀을 클릭하면 됩니다.

이제 코드 셀에 대해 알아보겠습니다.

툴바나 마크다운 서식을 활용해서 텍스트 셀의 텍스트를 꾸며 보세요.

코드 셀

코드 셀은 파이썬 코드를 입력하고 실행할 수 있는 셀입니다. 텍스트 셀과 마찬가지로 코드 셀로 포커스를 이동한 후 Enter 키를 누르거나 마우스로 한 번 클릭하면 바로 코드 셀을 편집할 수 있습니다.

다음 그림처럼 시작하기 페이지의 가장 첫 번째 코드 셀에 적힌 seconds_in_a_day 변수를 seconds_in_a_week로 바꾸고 24 * 60 * 60 * 7을 입력하여 값을 출력해 보세요. 코드 셀을 실행할 때는 셀 왼쪽의 [셀 실행(●)] 아이콘을 클릭하거나 Ctrl+Enter 키를 누릅니다.

```
seconds_in_a_week = 24 * 60 * 60 * 7
seconds_in_a_week
```

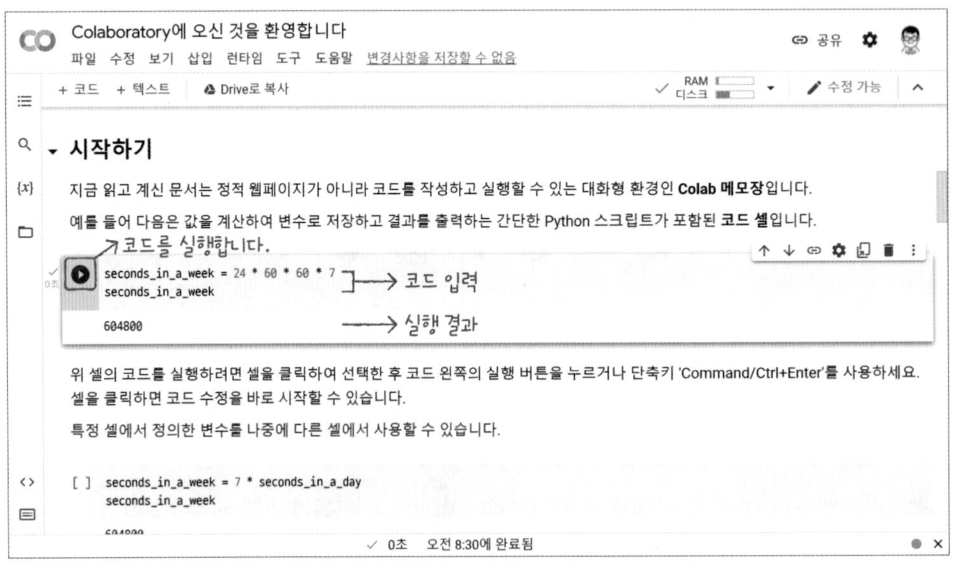

note 맥OS 사용자라면 Ctrl 키 대신 Command 키를 누르세요.

코드 셀은 마지막 라인의 실행 결과를 자동으로 셀 아래에 출력합니다. 따라서 마지막 라인에 print (seconds_in_a_week)라고 쓰지 않고 seconds_in_a_week만 써도 변수 값 604800이 출력됩니다.

이번에는 새로운 코드 셀을 추가해 보겠습니다. 메뉴바 아래에 있는 [+ 코드] 버튼을 클릭하면 선택한 코드 셀 아래에 빈 코드 셀이 추가됩니다. 또는 다음 그림처럼 현재 셀 아래로 마우스 커서를 가져가면 코드 셀과 텍스트 셀을 추가할 수 있는 [+ 코드]와 [+ 텍스트] 버튼이 나타납니다.

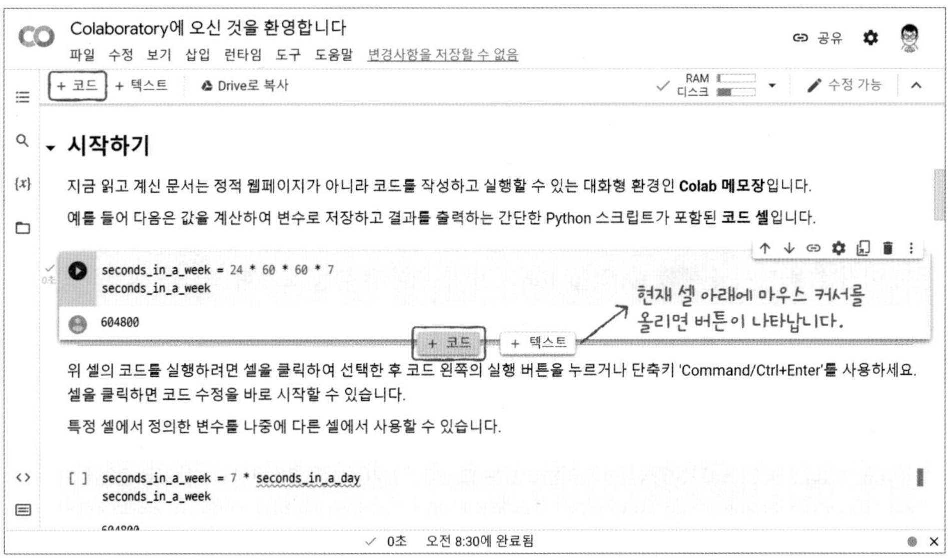

[+ 코드] 버튼을 클릭하여 새로운 코드 셀을 추가한 다음 seconds_in_a_week의 값을 다음처럼 바꾸어 보세요. 그리고 [셀 실행] 아이콘을 클릭하거나 Ctrl+Enter 키를 눌러 코드 셀을 실행해 보세요.

```
seconds_in_a_week = 0
seconds_in_a_week
```

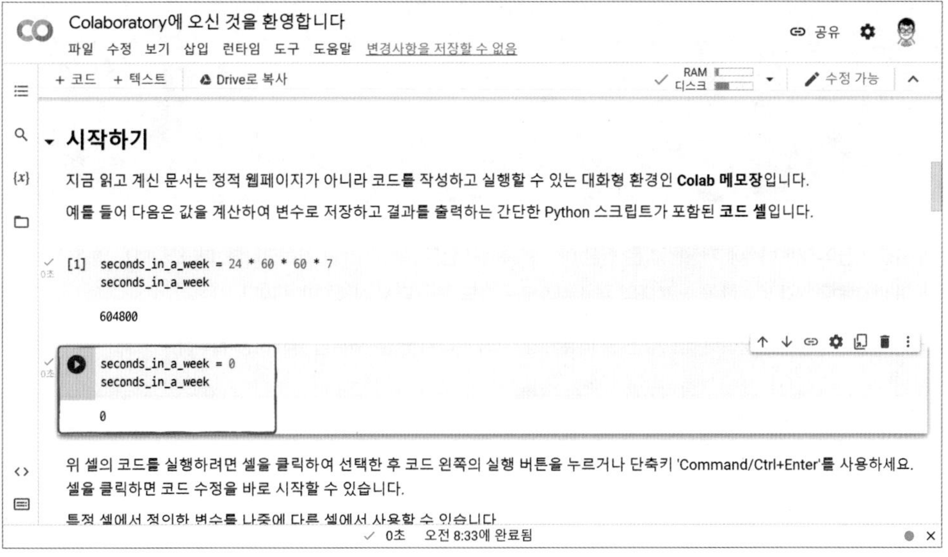

seconds_in_a_week의 값이 0이 됩니다. 하지만 바로 위의 셀을 다시 실행하면 어떻게 될까요? seconds_in_a_week 값은 다시 604800으로 바뀌게 됩니다.

여기에서 일반 프로그램과 노트북의 중요한 차이점을 눈치챘나요? 일반 프로그램은 처음부터 끝까지 순서대로 모든 코드가 실행됩니다. 그래서 변수 값이 거꾸로 수정될 수가 없죠. 하지만 노트북은 셀 단위로 코드를 실행할 수 있기 때문에 얼마든지 이전 셀을 다시 실행할 수 있습니다. 이렇게 위아래 셀을 오가며 코드를 실행하면 변수 값이 기대한 것과 다른 값을 가지게 될 수 있으므로 코드를 실행할 때 항상 순서에 주의하세요.

노트북은 셀 단위로 코드를 실행할 수 있습니다.

?! 문제해결

런타임 연결이 끊어졌다고 떠요. 노트북에 작성한 파이썬 코드는 웹 브라우저가 실행한 것이 아닙니다. 구글 클라우드에서 제공하는 가상 서버에서 실행됩니다. 이를 **런타임**(runtime)이라고 부릅니다. 노트북에서 일정 시간 아무 작업을 하지 않으면 다음과 같이 자동으로 런타임과 연결이 끊깁니다.

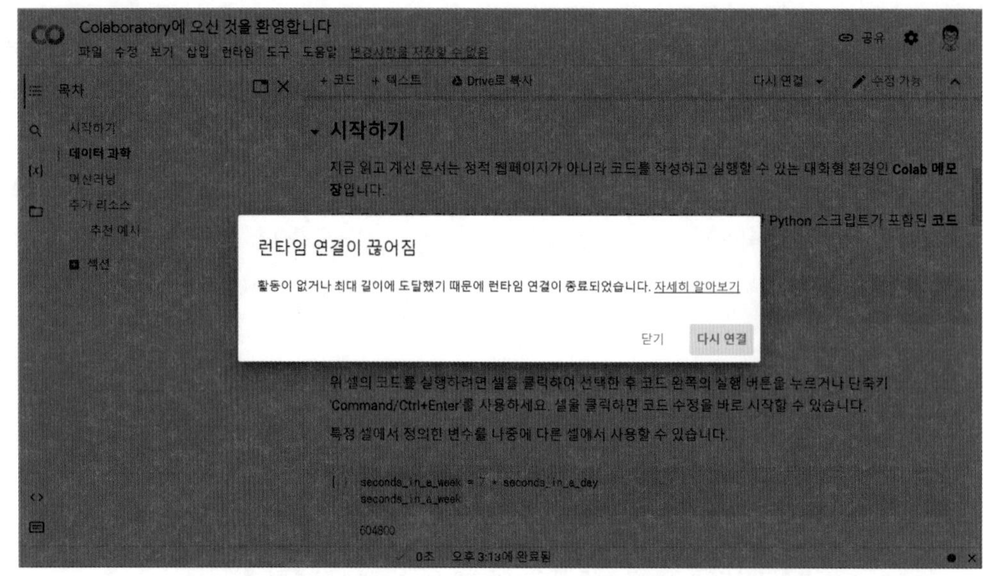

런타임과 연결이 끊어지면 변수에 저장한 값은 물론 이 노트북에서 만든 모든 객체가 사라집니다. 따라서 [다시 연결] 버튼을 클릭하여 다시 런타임과 연결한 후 노트북의 처음부터 모든 코드 셀을 다시 실행해야 합니다.

만약 팝업 창의 [닫기] 버튼을 클릭해 버렸다면 셀 메뉴바에 나타난 [다시 연결] 버튼을 클릭하면 됩니다.

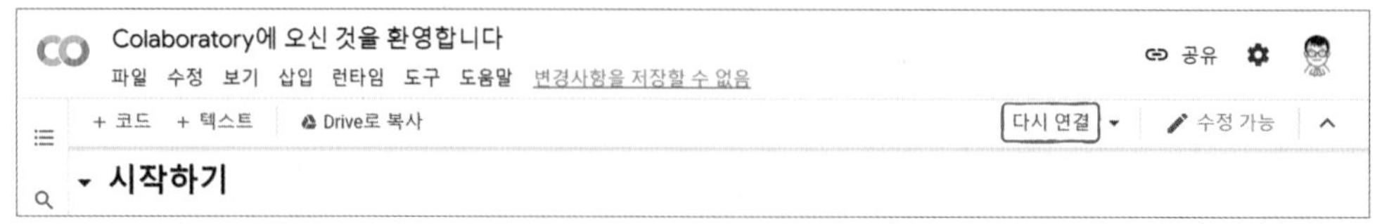

런타임이 연결되면 다음과 같이 아이콘이 변경됩니다.

코드 셀을 실행하면서 바로 다음 셀로 포커스를 이동할 수도 있습니다. 코드 셀을 실행할 때 Ctrl+Enter 키 대신에 Shift+Enter 키를 눌러 보세요. Shift+Enter 키를 연속해서 누르면 현재 셀을 실행하고 바로 다음 셀을 이어서 실행할 수 있어 편리합니다. 만약 코드 셀을 실행하면서 바로 다음에 새로운 코드 셀을 추가하고 싶다면 Alt+Enter 키를 누르면 됩니다.

지금까지 텍스트 셀과 코드 셀에 대해 차례대로 알아보았습니다. 이제 코랩 노트북에 대해 조금 더 자세히 알아보고 새로운 노트북을 만들거나 저장하는 방법을 배워 보겠습니다.

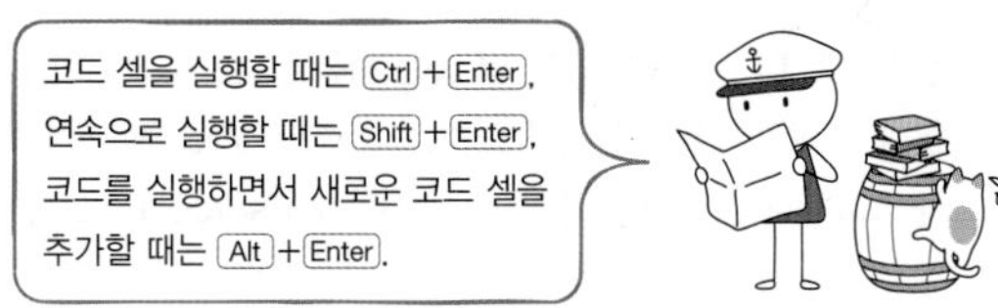

노트북

코랩 노트북은 구글 클라우드의 가상 서버를 사용합니다. 노트북 메뉴바의 오른쪽에 있는 RAM, 디스크 아이콘에 마우스 커서를 올리면 연결된 **런타임**에 대한 자세한 정보를 확인할 수 있습니다.

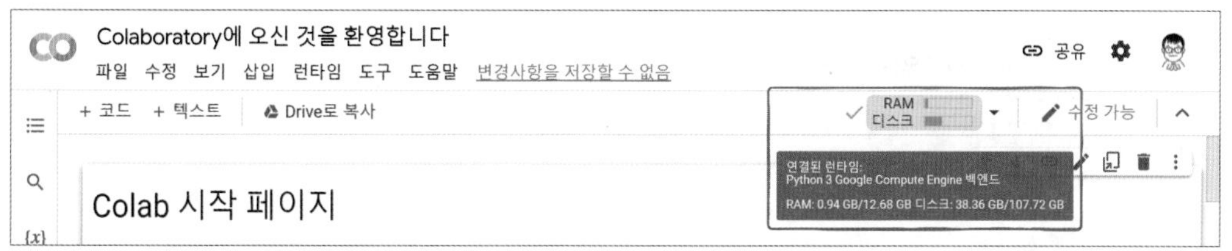

note RAM, 디스크 아이콘이 [연결]이라고 되어있다면 클릭해서 런타임을 연결해 주세요.

이 노트북은 구글 클라우드의 컴퓨트 엔진Compute Engine에 연결되어 있습니다. 서버의 메모리는 약 12GB이고 디스크 공간은 100GB입니다. 구글 계정만 있으면 코랩 노트북을 사용해 무료로 가상 서버를 활용할 수 있습니다.

무료라 부담 없는 반면 제한 사항도 있습니다. 코랩 노트북으로 동시에 사용할 수 있는 구글 클라우드의 가상 서버는 최대 다섯 개입니다. 다섯 개 이상의 노트북을 열어야 한다면 실행 중인 노트북을 저장하고 런타임과 연결을 끊어야 합니다. 또한 한 개의 노트북을 12시간 이상 실행할 수 없습니다.

+ 여기서 잠깐 **이미 실행 중인 코랩 노트북이 다섯 개면 새로운 노트북을 어떻게 만들죠?**

코랩 노트북이 다섯 개 이상 실행 중이라면 메뉴바에서 [런타임] – [세션 관리]를 클릭하여 실행 중인 노트북을 종료할 수 있습니다.

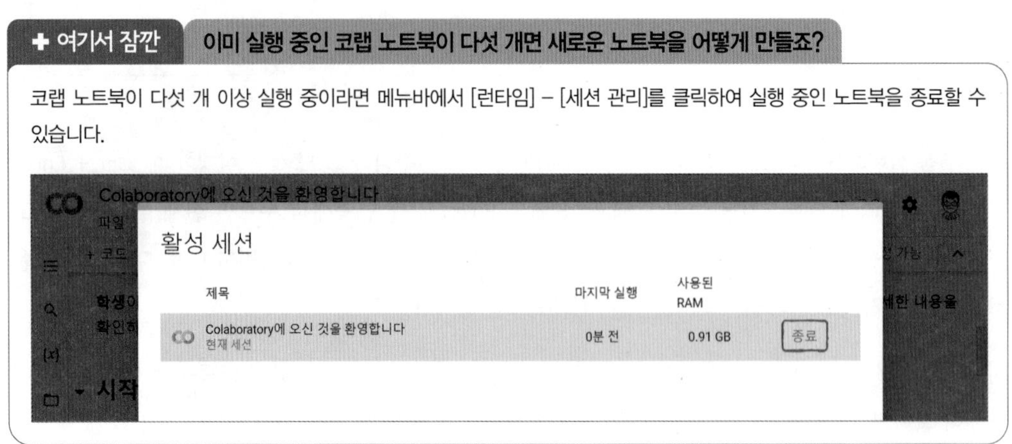

note 구글은 더 많은 메모리와 더 좋은 컴퓨팅 파워를 제공하는 코랩 프로(Colab Pro)와 코랩 프로+(Colab Pro+)를 유료로 제공합니다. 또한 사용한 만큼 지불하는 Pay As You Go 서비스도 있습니다. 코랩의 유료 서비스에 대한 자세한 내용은 다음 링크를 참고하세요. 코랩 가입 페이지 URL https://colab.research.google.com/signup

새 노트북 만들기

이제 코랩에서 새로운 노트북을 만들고 저장하는 방법을 알아보겠습니다.

01 노트북 화면에서 [파일] – [새 노트] 메뉴를 선택하면 새로운 노트북을 만들 수 있습니다.

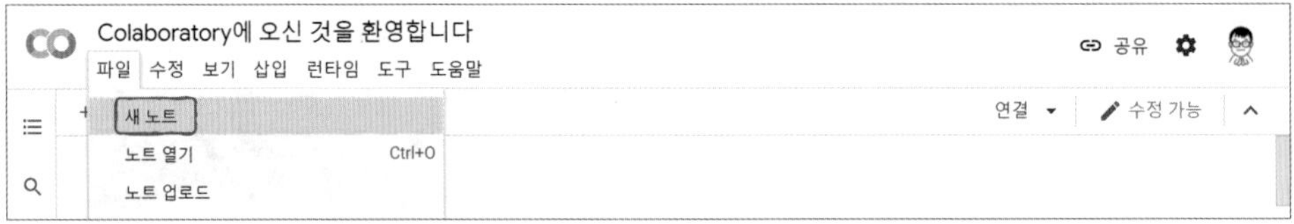

note 코랩 페이지에 접속하여 로그인했을 때 맨 처음 뜨는 팝업 창(40쪽)에서 [새 노트] 버튼을 클릭해도 새로운 노트북을 만들 수 있습니다.

02 웹 브라우저의 새로운 탭에 Untitled0.ipynb란 이름의 새로운 노트북이 열립니다. 노트북에는 빈 코드 셀 하나가 들어 있습니다.

03 코드 셀에 'Hello World'를 출력해 보겠습니다. print() 함수를 작성하고 앞서 설명한 대로 Ctrl+Enter 키를 누르거나 [셀 실행] 아이콘을 클릭하면 문자가 출력됩니다.

```
print('Hello World')
```

04 노트북 이름을 바꾸어 보겠습니다. 제목을 마우스로 클릭한 후 [Hello World]를 입력해 보세요.

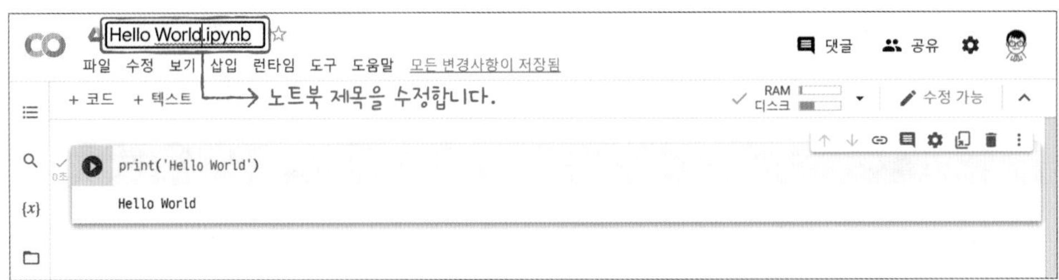

05 노트북은 컴퓨터에 다운로드하거나 구글 드라이브에 저장할 수 있습니다. 컴퓨터에 다운로드하려면 [파일] – [다운로드] 메뉴를 선택합니다. 확장자가 ipynb인 주피터 노트북 파일이나 일반 파이썬 스크립트인 py 파일로 다운로드할 수 있습니다. 구글 드라이브에 저장하고 싶다면 [파일] – [저장] 메뉴를 선택합니다.

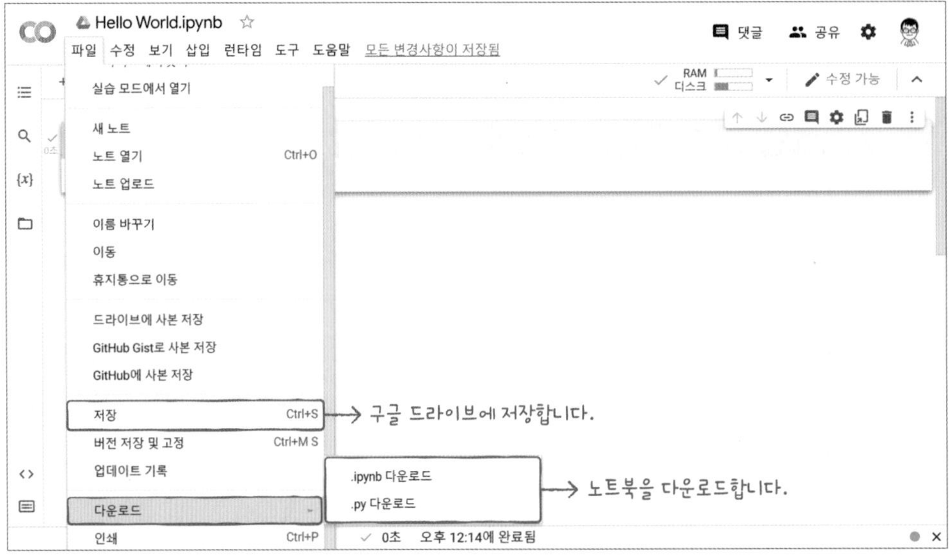

06 노트북을 구글 드라이브에 저장하면 내 구글 드라이브의 [내 드라이브] – [Colab Notebooks] 폴더에서 확인할 수 있습니다. 노트북을 저장한 후 내 구글 드라이브에 접속하여 확인해 보세요.

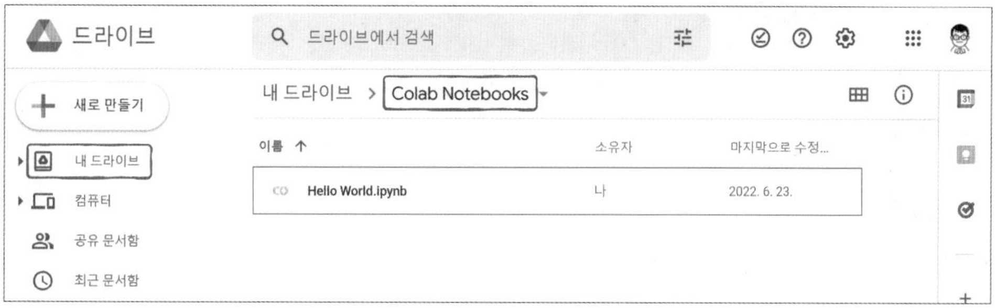

note 구글 드라이브 웹 페이지 URL https://drive.google.com

07 저장된 노트북을 코랩으로 불러올 수도 있습니다. 구글 드라이브에서 노트북을 더블 클릭합니다. 또는 노트북을 선택한 후 마우스 오른쪽 버튼을 클릭하여 [연결 앱] – [Google Colaboratory]를 선택하면 노트북을 구글 코랩에서 열 수 있습니다.

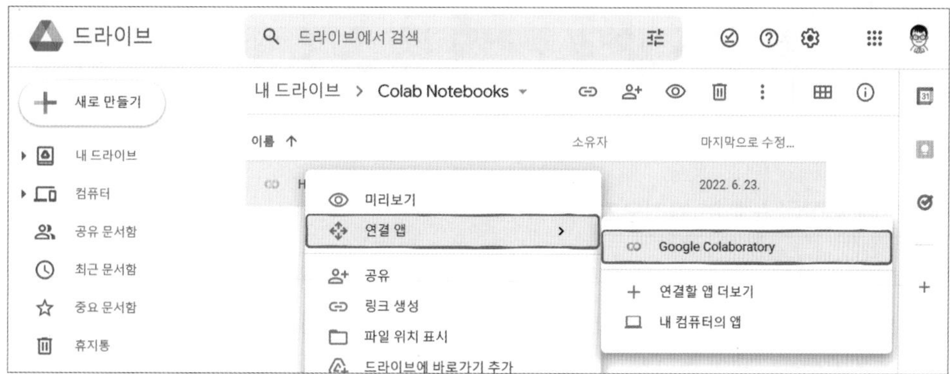

note 연결 앱 목록에서 [Google Colaboratory]가 보이지 않는다면, 그 아래 [+ 연결할 앱 더보기]를 클릭하고 Colaboratory를 검색해 설치해 주세요.

✚ 여기서 잠깐 **구글 코랩에서 구글 드라이브 노트북 열기**

구글 드라이브에 저장된 노트북은 코랩에서 바로 불러올 수 있습니다. 구글 코랩의 메뉴바에서 [파일] – [노트 열기]를 선택합니다. 나타난 팝업 창의 [Google Drive] 탭을 클릭하면 구글 드라이브에 저장된 노트북을 불러올 수 있습니다.

깃허브에 저장된 노트북 불러오기

이 책의 모든 코드는 코랩 노트북으로 작성되어 **깃허브**GitHub에 저장되어 있습니다. 깃허브에 있는 주피터 노트북을 다운로드하거나 깃허브 저장소를 클론(복제)clone하여 사용할 수 있지만 간단하게 코랩에서 바로 실행하는 방법도 있습니다.

note 책의 예제를 실습하다가 오류가 발생하면 먼저 깃허브에 있는 주피터 노트북을 코랩에서 실행해 보고 내가 작성한 코드와 비교해 보세요.

✚ 여기서 잠깐 **깃허브는 뭔가요?**

깃허브는 버전 관리 도구인 깃(git)의 저장소(repository)를 무료로 호스팅해 주는 웹사이트 중 하나입니다. 여러 사람이 동시에 코드를 수정할 수 있고 다양한 기능을 제공하기 때문에 인기가 많습니다. 이 책에서 사용하는 넘파이, 판다스, 맷플롯립을 포함하여 많은 유명한 오픈소스 라이브러리들이 깃허브를 사용합니다.

01 먼저 웹 브라우저로 이 책의 깃허브 저장소에 접속합니다. 깃허브 저장소의 [Code] 탭에서 각 절의 노트북을 볼 수 있습니다. 예를 들어 01-3절의 코드는 01-3.ipynb 파일에 저장되어 있습니다. 01-3.ipynb 파일을 클릭해 보세요.

혼자 공부하는 데이터 분석 깃허브 저장소

URL https://github.com/rickiepark/hg-da

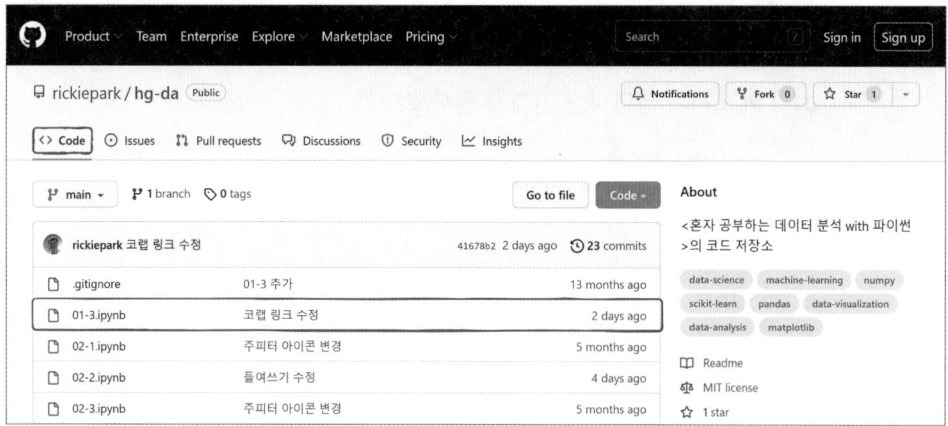

note 깃허브에 로그인하지 않아도 실습 코드를 코랩에서 실행할 수 있습니다.

02 깃허브에서 노트북 내용을 바로 확인할 수 있습니다. 각 절의 노트북 제목 아래에는 코랩에서 열 수 있는 링크가 포함되어 있습니다. [구글 코랩(Colab)에서 실행하기] 링크를 클릭해 보세요.

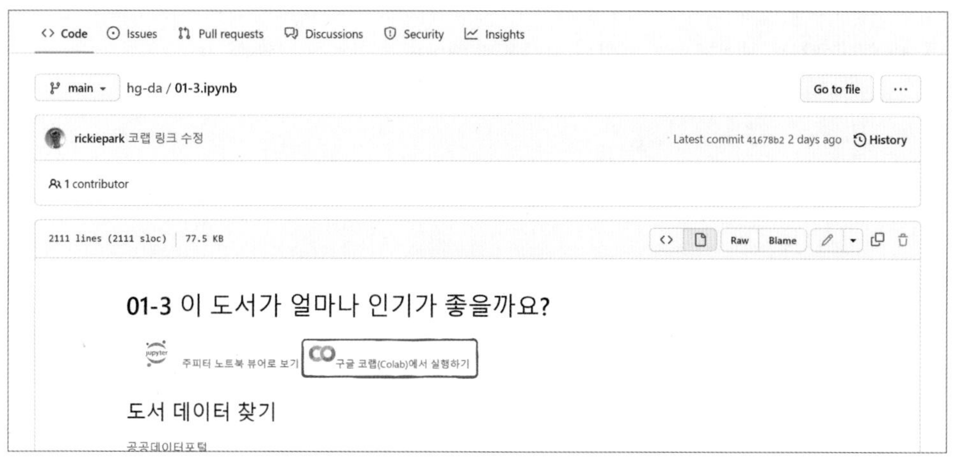

note 깃과 깃허브 사용법에 대해 궁금하다면 『팀 개발을 위한 Git, GitHub 시작하기』(한빛미디어, 2020) 도서를 참고하세요.

03 코랩 페이지가 열리고 깃허브에 있는 노트북을 자동으로 불러옵니다. 이제 코랩에서 01-3절의 코드를 실행할 수 있습니다. 여기서 실행하고 수정한 내용은 이 책의 깃허브 저장소에 저장되지 않으므로 마음껏 코드를 수정하고 실험해도 괜찮습니다. 만약 이 노트북을 따로 보관하고 싶다면 앞서 설명한 대로 자신의 구글 드라이브에 저장하세요.

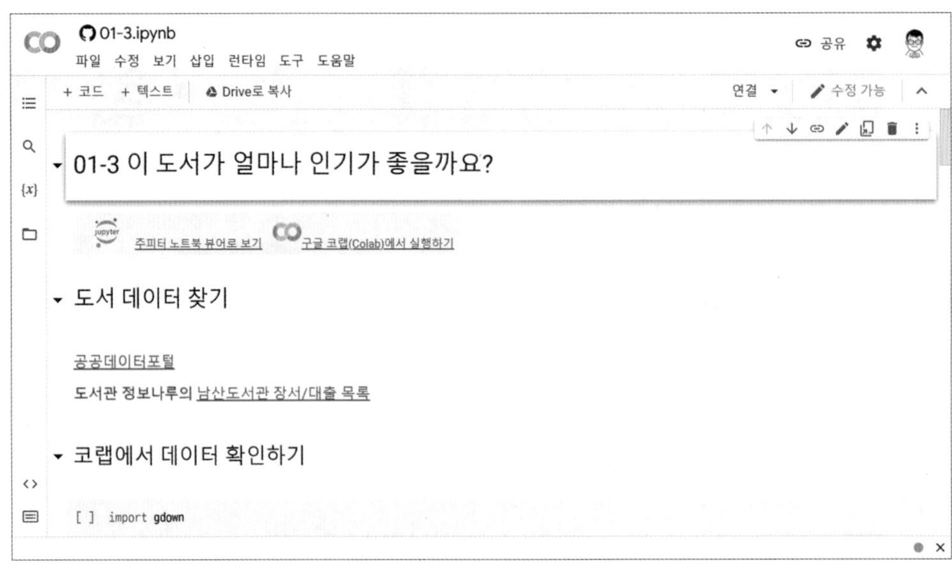

note 깃허브에서 노트북을 불러올 때 '이 노트는 Google에서 작성하지 않았습니다.'라는 경고 창이 나타나면 [무시하고 계속하기]를 클릭하세요.

지금까지 구글 코랩을 사용하여 파이썬 코드를 실행하고 구글 드라이브에 저장하는 방법을 배웠습니다. 또 깃허브에 저장된 이 책의 주피터 노트북 파일을 구글 코랩에서 불러오는 방법을 알아보았습니다. 다음 절에서는 본격적으로 파이썬을 사용해 데이터를 다루어 보겠습니다.

좀 더 알아보기

마크다운 서식

텍스트 셀의 텍스트는 툴바로 편집할 수 있지만, 마크다운을 활용하여 편집할 수도 있습니다. 코랩에서 사용할 수 있는 마크다운 서식은 다음과 같습니다. 마크다운 서식을 텍스트 셀에 직접 입력해 보고 어떻게 출력되는지 살펴보세요.

마크다운 서식	설명	예시
# 제목1	<h1> 태그와 동일합니다.	제목1
## 제목2	<h2> 태그와 동일합니다.	제목2
### 제목3	<h3> 태그와 동일합니다.	제목3
#### 제목4	<h4> 태그와 동일합니다.	제목4
##### 제목5	<h5> 태그와 동일합니다.	제목5
혼공분석	굵게 씁니다.	**혼공분석**
혼공분석 또는 _혼공분석_	기울임꼴로 씁니다.	*혼공분석*
~~혼공분석~~	취소선을 추가합니다.	~~혼공분석~~
`print("Hello World!")`	코드 서체로 씁니다.	print("Hello World!")
> 혼공분석	들여쓰기합니다. 여러 단계를 들여쓸 수 있습니다.	혼공분석
* 혼공분석 – 혼공분석	글머리기호 목록을 만듭니다.	• 혼공분석
[한빛미디어](http://www.hanbit.co.kr/)	링크를 만듭니다.	한빛미디어
`![한빛미디어](http://www.hanbit.co.kr/images/common/logo_hanbit.png)`	이미지를 추가합니다.	한빛출판네트워크
$ y = x \times z$	레이텍을 추가합니다.	$y = x \times z$

마무리

▶ 5가지 키워드로 정리하는 핵심 포인트

- **코랩**은 구글 계정을 가지고 있다면 누구나 사용할 수 있는 웹 브라우저 기반의 파이썬 코드 실행 환경입니다.
- **노트북**은 코랩의 프로그램 작성 파일입니다. 일반 프로그램 파일과 달리 대화식으로 프로그램을 만들 수 있기 때문에 데이터 분석이나 교육에 매우 적합합니다. 노트북에는 코드, 코드 실행 결과, 문서를 모두 저장하여 보관할 수 있습니다.
- **구글 드라이브**는 구글이 제공하는 클라우드 파일 저장 서비스입니다. 코랩에서 만든 노트북을 구글 드라이브의 'Colab Notebooks' 폴더에 저장할 수 있고 필요할 때 다시 코랩에서 열 수 있습니다.
- **깃허브**는 분산 버전 관리 툴인 깃의 저장소를 호스팅하는 웹 서비스입니다. 코드 수정 이력을 버전별로 관리할 수 있고 여러 사람이 공동으로 작업하기 편리한 환경을 제공합니다.
- **마크다운**는 HTML과 같이 일반 텍스트로 서식있는 문서를 작성하는 데 사용합니다.

▶ 표로 정리하는 텍스트 셀 툴바

TT	제목 전환	B	굵게
I	기울임꼴	<>	코드로 형식 지정
(링크)	링크 삽입	(이미지)	이미지 삽입
(들여쓰기)	들여쓰기	(번호 목록)	번호 매기기 목록 추가
(글머리 목록)	글머리기호 목록 추가	•••	가로줄 추가
Ψ	LaTeX	☺	이모티콘 삽입
(미리보기 위치), (미리보기 위치)	마크다운 미리보기 위치 변경		

▶ 확인 문제

1. 구글에서 제공하는 웹 브라우저 기반의 파이썬 실행 환경은 무엇인가요?

① 주피터 노트북
② 코랩
③ 크롬
④ 아나콘다

2. 코랩 노트북은 어디에서 실행되나요?

① 내 컴퓨터
② 구글 드라이브
③ 구글 클라우드
④ 아마존 웹 서비스

3. 코랩의 텍스트 셀에서는 마크다운을 사용할 수 있습니다. 각 예시에 해당하는 마크다운 서식을 연결해 보세요.

① **혼공분석** •	• _혼공분석_
② *혼공분석* •	• – 혼공분석
③ • 혼공분석 •	• ~~혼공분석~~
④ ~~혼공분석~~ •	• **혼공분석**

hint 2. 마크다운 서식은 55쪽을 참고하세요.

01-3 이 도서가 얼마나 인기가 좋을까요?

핵심 키워드

공개 데이터 세트 | CSV | 판다스 | 데이터프레임 | 시리즈

데이터 분석으로 비즈니스 문제를 어떻게 해결하는지 알아보기 위해 가상의 예를 소개합니다. 문제에 맞는 데이터를 구하고 코랩에서 판다스 데이터프레임으로 CSV 파일을 읽고 쓰는 방법에 대해 배웁니다.

시작하기 전에

혼공출판사는 오랫동안 좋은 도서를 많이 출간했습니다. 새로운 도서를 출간할 때마다 얼마나 판매될지 궁금합니다. 때로는 십여 년 차의 편집자들이 이런저런 추측을 하지만, 판매 결과를 정확하게 예측하기는 어렵습니다.

이 문제에 데이터 분석을 적용할 수 있을까요? 최근 혼공출판사에 합류한 유능한 데이터 분석가인 혼공분석이라면 이 문제에 합리적인 해결책을 제시할 수 있을 것 같습니다. 책을 읽어 가면서 혼공분석이 혼공출판사 직원들의 궁금증을 어떻게 해결해 나가는지 함께 알아보겠습니다.

도서 데이터 찾기

그동안 혼공출판사에서 출간한 도서는 많지만, 시중에 판매되는 전체 도서에 비하면 매우 적습니다. 또 혼공출판사에는 혼공출판사의 판매 데이터만 있기 때문에 어떤 도서가 인기가 많은지 분석하기에는 데이터가 부족합니다. 혹시 대형 서점에서 도서 판매 데이터를 받을 수 있을까요? 판매 데이터가 있다면 분석에 도움이 될 것 같습니다.

혼공분석이 영업팀을 통해 서점에 문의를 했지만 다른 출판사 도서의 판매 데이터를 제공하기 어렵다는 대답을 들었습니다. 혹시나 했지만 예상했던 대로군요. 도서 판매에 대한 정보가 없으니 어느 도서의 인기가 많은지 알 수 없다고 보고해야 할까요?

사실 이렇게 문제에 맞는 데이터가 없는 상황은 종종 발생합니다. 이럴 때는 딱 맞는 데이터는 아니더라도 어느 정도 비슷한 데이터를 찾을 수 없는지 생각해 봐야 합니다. **공개 데이터 세트**를 찾아보거나 데이터 과학과 관련된 온라인 포럼에 질문을 올려서 도움을 요청할 수도 있습니다. 여기서는 국내 대표적인 데이터 포털인 공공데이터포털에서 도서 관련 데이터가 있는지 찾아보겠습니다.

note 78쪽 〈좀 더 알아보기〉에 공개 데이터 세트를 찾을 수 있는 국내외 사이트를 정리했으니 참고하세요.

공공데이터포털 홈페이지에 접속하여 [도서 판매 데이터]를 검색해 보았습니다. 원하는 판매 데이터는 없었지만 검색 결과에 도서관 데이터가 있습니다.

공공데이터포털 홈페이지

URL https://www.data.go.kr

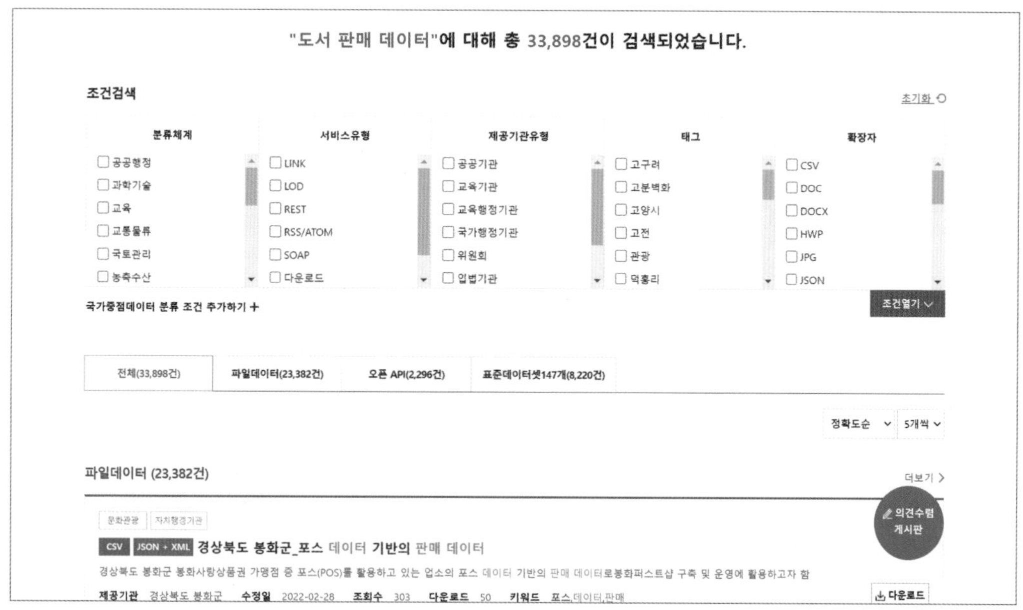

혼공분석은 검색 결과를 보자마자 도서관에서 대출이 많이 된 도서라면 인기가 높은 도서일 것이라고 생각했습니다. 도서관 대출 데이터가 충분하다면 서점의 도서 판매 데이터를 대신할 수 있을 것입니다. 검색 방향을 도서 판매 데이터에서 [도서관 대출 데이터]로 바꾸어 네이버에서 검색해 도서관 정보나루 사이트를 발견했습니다.

도서관 정보나루는 공공 도서관에서 발생하는 다양한 데이터를 제공하는 서비스로 국립중앙도서관이 운영하고 있습니다. 정보나루 홈페이지에서 도서관별 대출 데이터를 찾아볼까요?

비즈니스 문제에 맞는 데이터가 없는 상황은 종종 발생합니다. 딱 맞는 데이터는 아니지만 공개 데이터 세트에서 비슷한 데이터를 찾아보거나, 관련 온라인 포럼에 도움을 요청해 보세요.

01 도서관 정보나루 웹사이트에 접속해서 상단 메뉴에 있는 [데이터 제공]을 클릭하면 도서관별로 대출 데이터를 확인할 수 있습니다.

도서관 정보나루 홈페이지

URL https://www.data4library.kr

NO	도서관명	주소
1	2.28도서관	대구광역시 중구 2.28길 9
2	U보라작은도서관	경상남도 김해시 전하로176번길 71, 반도보라아파트 주민공동시설 2층
3	가락몰도서관	서울특별시 송파구 양재대로 932
4	가수원도서관	대전광역시 서구 가수원로 91-11
5	가슴따뜻한작은도서관	서울특별시 서대문구 응암로1길 10
6	가오도서관	대전광역시 동구 동구청로 147
7	가온누리작은도서관	울산광역시 북구 신천소공원로 15, 108동 1층
8	가온도서관	서울특별시 중구 동호로 14길 18
9	가창면 참꽃 작은도서관	대구광역시 달성군 가창면 가창로220길 8
10	가평군 설악도서관	경기도 가평군 설악면 자잠로 65

02 많은 도서관 중에 어느 도서관의 데이터를 사용해야 할까요? 모든 도서관의 데이터를 합쳐서 사용해야 할까요? 혼공분석은 보유 도서가 많은 남산도서관의 대출 데이터면 충분하다고 판단하여 [장서/대출데이터] 탭의 [데이터 검색]란에 [남산]을 입력해서 데이터를 검색합니다. 검색 결과 중에서 [서울특별시교육청남산도서관 장서/대출 데이터]를 클릭하여 남산도서관 데이터를 확인해 보죠.

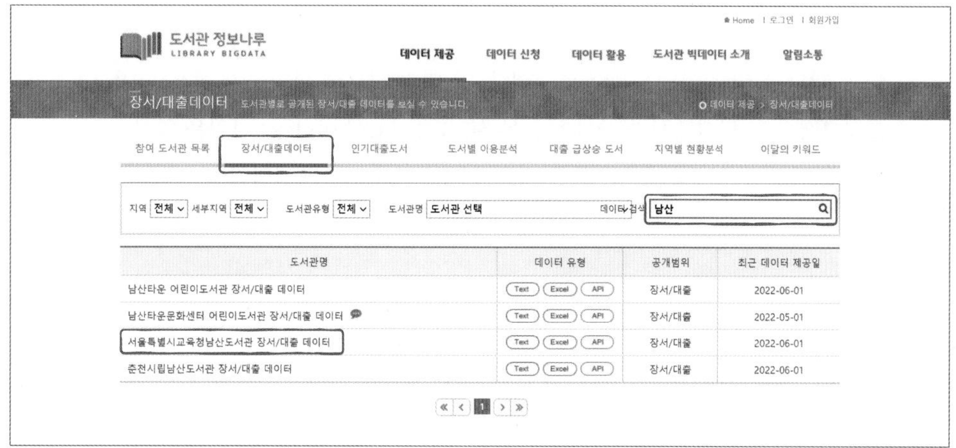

도서관명	데이터 유형	공개범위	최근 데이터 제공일
남산타운 어린이도서관 장서/대출 데이터	Text Excel API	장서/대출	2022-06-01
남산타운문화센터 어린이도서관 장서/대출 데이터	Text Excel API	장서/대출	2022-05-01
서울특별시교육청남산도서관 장서/대출 데이터	Text Excel API	장서/대출	2022-06-01
춘천시립남산도서관 장서/대출 데이터	Text Excel API	장서/대출	2022-06-01

03 이 페이지에서는 몇 가지 사실을 알 수 있습니다. [제공포맷] 항목을 보면 도서 대출 데이터는 **CSV, 엑셀**Excel**, API**로 제공됩니다. CSV나 API가 무엇인지 지금은 몰라도 괜찮습니다. 앞으로 자세히 소개하겠습니다. 그 아래 [적재주기] 항목을 보니 매월 데이터가 제공되는 것 같습니다. 데이터 목록에서도 매월 데이터가 추가된 것을 볼 수 있습니다. 도서를 집필하는 시점의 버전인 [남산도서관 장서 대출목록(2021년 04월)]의 [텍스트(Text)] 버튼, [엑셀(Excel)] 버튼을 클릭하여 CSV와 엑셀 파일을 다운로드합니다.

note 실제로는 한 번에 원하는 데이터를 찾기가 쉽지 않습니다. 데이터 포털이나 검색 엔진 등을 사용하더라도 입맛에 맞는 데이터를 찾는 데 오랜 시간이 걸릴 수 있습니다. 데이터 과학과 관련된 온라인 포럼에 도움을 요청하는 방법도 잊지 마세요.

04 CSV 파일과 엑셀 파일을 다운로드했나요? 먼저 한눈에 파악하기 좋은 마이크로소프트 엑셀 프로그램으로 [남산도서관 장서 대출목록(2021년 04월).xlsx] 파일을 열어 보죠. 엑셀 파일을 보니 도서명, 저자, 출판사와 같은 정보가 있습니다. 총 13개의 열이 있고 L 열에 대출건수가 있습니다. 바로 혼공분석이 원하는 데이터입니다!

번호	도서명	저자	출판사	발행년도	ISBN	세트 ISBN	부가기호	권	주제분류번호	도서권수	대출건수	등록일자
1	인공지능과 흙	김동훈 지음	민음사	2021	9788937444319					1	0	2021-03-19
2	가짜 행복 권하는 사회	김태형 지음	갈매나무	2021	9791190123969					1	0	2021-03-19
3	나도 한 문장 잘 쓰면 바랄 게 없겠네	김선영 지음	블랙피쉬	2021	9788968332982					1	0	2021-03-19
4	예루살렘 해변	이도 게펜 지음, 임재희	문학세계사	2021	9788970759906					1	0	2021-03-19
5	김성곤의 중국한시기행 : 장강·황하 편	김성곤 지음	김영사	2021	9788934990833					1	0	2021-03-19
6	처음 읽는 음식의 세계사	미야자키 마사카츠 지음	탐나는책	2021	9791189550370					1	0	2021-03-19
7	아르센 벵거 자서전 My Life in Red and	아르센 벵거 지음, 이성	한즈미디어(한스미	2021	9791160075793					1	0	2021-03-19
8	쓰고 달콤한 직업	천운영 지음	마음산책	2021	9788960906679					1	0	2021-03-19
9	일잘러의 노션 100% 활용법	제레미 강 지음	위키북스	2021	9791158392512					1	0	2021-03-19
10	타이난 골목 노포 산책	천구이팡 지음, 심혜경	페이퍼스토리	2021	9788998690557					1	0	2021-03-19
11	이디스 워튼의 환상 이야기	이디스 워튼 지음, 성소	레인보우퍼블릭북	2021	9791190978088					1	0	2021-03-19
12	질서 너머	조던 B. 피터슨 지음, 김	웅진지식하우스	2021	9788901249599					1	0	2021-03-19
13	성장을 꿈꾸는 너에게	우쥔 지음, 이지수 옮김	오월구일	2021	9791196756987					1	0	2021-03-19
14	스티븐 호킹	레너드 믈로디노프 지음	까치	2021	9788972917335					1	0	2021-03-19
15	벌의 사생활	소어 핸슨 지음, 하윤숙	에이도스	2021	9791185415420					1	0	2021-03-19
16	지브리의 천재들	스즈키 도시오 지음, 이	포레스트북스	2021	9791189584887					1	0	2021-03-19
17	베르디 오페라	박종호 지음	풍월당	2021	9791189346201					1	0	2021-03-19
18	인간의 탐험	앤드루 레이더 지음, 민	소소의책	2021	9791188941605					1	0	2021-03-19
19	의도하지 않은 결과	클라이브 윌스 지음, 김	프롬북스	2021	9791188167432					1	0	2021-03-19
20	내가 대학원을 가게 된다면	정재엽 지음	원앤원북스	2021	9791170431725					1	0	2021-03-19
21	기술의 시대	브래드 스미스.캐럴 앤	한빛비즈	2021	9791157844531					1	0	2021-03-19
22	청소년을 위한 에이트	이지성 지음	생각학교	2021	9791191360073					1	0	2021-03-19
23	노가다 칸타빌레	송주홍 지음	시대의창	2021	9788959407569					1	0	2021-03-19

note 이 책은 파이썬과 CSV 파일을 주로 사용하여 데이터 분석을 진행하며 엑셀 파일은 단순히 파일 내용을 확인하는 용도로 사용합니다. 엑셀 프로그램이 없으면 이 부분을 건너뛰어도 좋습니다.

코랩에서 데이터 확인하기

앞으로는 엑셀 파일(.xlsx) 대신에 실습에 적합한 CSV 파일을 사용하겠습니다. **CSV**comma-separated values 파일은 **콤마(,)**로 구분된 텍스트 파일입니다. 한 줄이 하나의 **레코드**record이며 레코드는 콤마로 구분된 여러 **필드**field로 구성됩니다. 데이터는 엑셀처럼 표 형태여야 하기 때문에 레코드에 있는 필드 개수는 모두 동일합니다.

CSV 파일은 메모장과 같은 일반 텍스트 편집기에서도 열어 볼 수 있습니다. 앞서 엑셀 화면에서 보았던 표가 CSV 파일에는 어떻게 저장되어 있는지 확인해 보죠.

```
남산도서관 장서 대출목록 (2021년 04월).csv - Windows 메모장
파일(F) 편집(E) 서식(O) 보기(V) 도움말(H)
번호,도서명,저자,출판사,발행년도,ISBN,세트 ISBN,부가기호,권,주제분류번호,도서권수,대출건수,등록일자,
"1","인공지능과 흙","김동훈 지음","민음사","2021","9788937444319","","","","","1","0","2021-03-19",
"2","가짜 행복 권하는 사회","김태형 지음","갈매나무","2021","9791190123969","","","","","1","0","2021-03-19",
"3","나도 한 문장 잘 쓰면 바랄 게 없겠네","김선영 지음","블랙피쉬","2021","9788968332982","","","","","1","0","2021-03-19",
"4","예루살렘 해변","이도 게펜 지음, 임재희 옮김","문학세계사","2021","9788970759906","","","","","1","0","2021-03-19",
"5","김성곤의 중국한시기행 : 장강·황하 편","김성곤 지음","김영사","2021","9788934990833","","","","","1","0","2021-03-19",
```

→ 레코드(행)

→ 필드(열)

엑셀에서 보았던 **행**row은 CSV 파일에서 한 줄로 표현됩니다. **열**column은 콤마로 구분되는군요. 엑셀은 행과 열이 셀로 구분되어 보기 편한데, 콤마로 구분된 CSV 파일은 보기에 불편합니다. 하지만 텍스트를 단순하게 나열한 구조라서 파이썬 같은 프로그래밍 언어에서는 오히려 사용하기 더 편리합니다.

코랩에 데이터 다운로드하기: gdown 패키지

그럼 이제 파이썬으로 남산도서관 대출 데이터가 담긴 CSV 파일을 읽어 보겠습니다. 01-2절에서 배웠던 **코랩**을 처음 사용합니다.

01 코랩에 접속한 후 [파일] - [새 노트] 메뉴를 선택해서 빈 코랩 노트북을 만듭니다.

코랩 홈페이지

URL https://colab.research.google.com

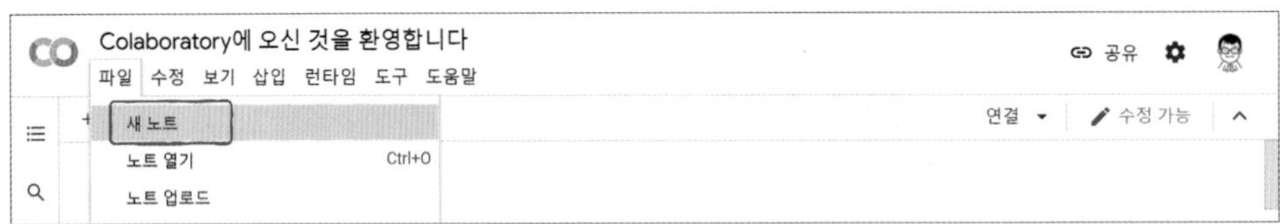

note 새 노트를 만들기 위해서는 구글 계정 로그인이 필요합니다.

+ 여기서 잠깐 **파이썬에서 엑셀 파일은 사용하지 못하나요?**

아니요. 사용할 수 있습니다. 파이썬에서 엑셀 파일을 읽고 쓸 수 있도록 도와주는 여러 가지 패키지가 있습니다. 대표적으로 openpyxl 패키지와 xlsxwriter 패키지가 있습니다. 잠시 후에 설명할 판다스 패키지도 read_excel() 함수로 엑셀 파일을 읽을 수 있습니다. 하지만 데이터 과학 분야에서는 응용 프로그램을 사용해 파일 내용을 봐야 하는 엑셀보다는 단순한 텍스트 파일인 CSV 파일을 더 선호합니다.

02 이 책의 실습 파일은 이미 모두 구글 드라이브에 올려져 있습니다. 구글 드라이브에서 코랩으로 다운로드하는 방식을 사용해 보겠습니다. 빈 코드 셀에서 다음과 같이 **gdown 패키지**를 임포트하는 코드를 작성하고 [셀 실행] 아이콘 또는 Ctrl+Enter 키를 눌러 코드를 실행합니다. 구글 드라이브에 있는 CSV 파일이 다운로드됩니다.

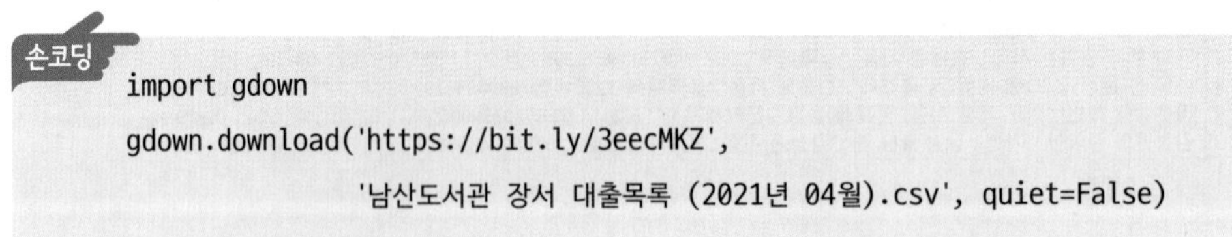
손코딩

```
import gdown
gdown.download('https://bit.ly/3eecMKZ',
               '남산도서관 장서 대출목록 (2021년 04월).csv', quiet=False)
```

note gdown 패키지는 구글 드라이브를 포함하여 웹에서 대용량 파일을 다운로드할 수 있는 패키지입니다. 코랩에 이미 설치되어 있기 때문에 편리하게 사용할 수 있죠.

03 이 코드를 실행한 결과는 다음 화면과 같습니다. 이 방식을 사용하면 다운로드 코드가 노트북에 저장되기 때문에 노트북을 다시 열 때 이 코드 셀을 실행해 주기만 하면 CSV 파일이 자동으로 준비됩니다. 이 책에서는 앞으로 이 방법을 사용하여 필요한 데이터를 준비하겠습니다.

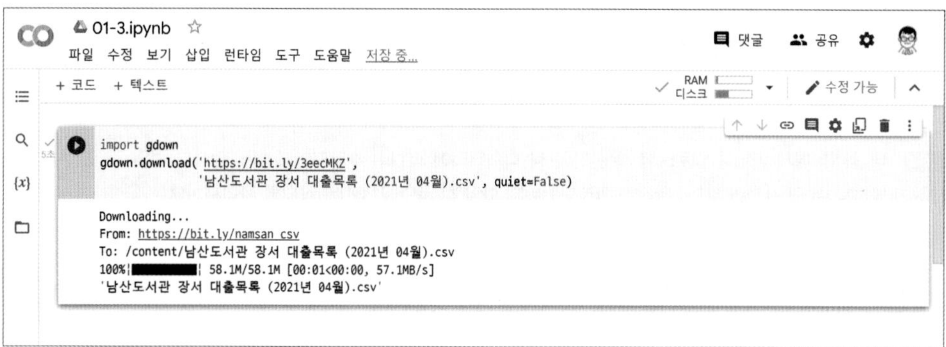

```
import gdown
gdown.download('https://bit.ly/3eecMKZ',
               '남산도서관 장서 대출목록 (2021년 04월).csv', quiet=False)

Downloading...
From: https://bit.ly/namsan_csv
To: /content/남산도서관 장서 대출목록 (2021년 04월).csv
100%|██████████| 58.1M/58.1M [00:01<00:00, 57.1MB/s]
'남산도서관 장서 대출목록 (2021년 04월).csv'
```

내 컴퓨터 파일을 업로드하기

남산도서관 대출 데이터를 최근 날짜 데이터로 실습하고 싶은 독자도 있을 것입니다. 이때는 도서관 정보나루에서 내 컴퓨터에 직접 다운로드한 데이터를 코랩에 업로드해야 합니다.

01 코랩에 파일을 업로드하려면 목차 창의 왼쪽에 위치한 [파일(🗀)] 아이콘을 클릭하여 파일 창을 엽니다. 그다음 내 컴퓨터에 있는 CSV 파일을 마우스로 드래그하여 파일 창 안에 놓습니다.

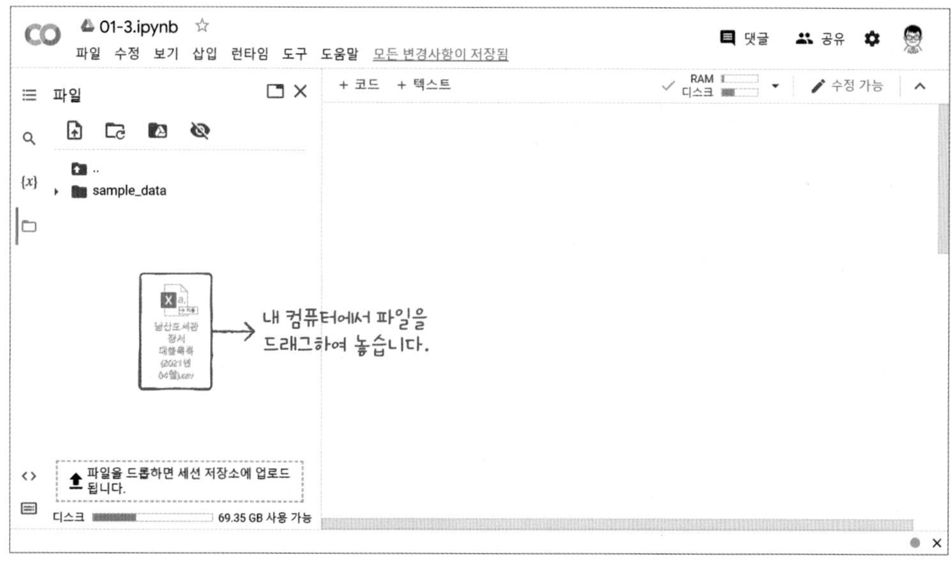

note 파일 창 안에 있는 [파일 업로드(🗎)] 아이콘을 클릭해도 내 컴퓨터에 있는 파일을 업로드할 수 있습니다.

02 코랩에 파일을 업로드할 때는 다음과 같은 경고 메시지가 나타납니다. 코랩은 구글에서 무료로 제공하는 자원이기 때문에 일정 시간(약 90분) 동안 사용하지 않으면 자동으로 런타임과 연결이 끊어집니다. 이때 업로드한 파일도 함께 삭제됩니다. 따라서 나중에 코랩에서 이 파일을 사용하려면 다시 업로드해야 합니다.

> 이 런타임이 재활용되면 업로드된 파일은 삭제됩니다.
> 추가 정보
>
> 확인

note 내 컴퓨터에서 파일을 업로드할 때는 파일 창 디렉터리에 파일이 추가되어도 아직 업로드 중일 수 있습니다. 실습 중에 오류가 발생할 수 있으니 업로드가 완전히 완료되었는지 파일 창 하단에서 진행 상태를 확인하세요.

이제 코랩에서 새 노트북을 열고 CSV 파일을 준비했습니다. 드디어 파이썬으로 CSV 파일을 읽을 차례입니다.

파이썬으로 CSV 파일 출력하기

CSV 파일은 텍스트 파일이므로 파이썬의 **open() 함수**로 읽을 수 있습니다. **with 문**으로 파일을 연 다음 **readline() 메서드**로 파일에서 한 줄을 읽어서 출력해 보죠.

open() 함수에는 gdown 패키지로 다운로드한 파일과 같은 이름을 적어 줍니다. 파일 이름을 다르게 쓰면 파일을 찾을 수 없다는 FileNotFoundError 오류가 발생하니 주의하세요.

손코딩

```
with open('남산도서관 장서 대출목록 (2021년 04월).csv') as f:
    print(f.readline())
```

```
UnicodeDecodeError                          Traceback (most recent call last)
<ipython-input-5-99fd1fbe7757> in <module>
      1 with open('남산도서관 장서 대출목록 (2021년 04월).csv') as f:
----> 2     print(f.readline())
~/anaconda3/lib/python3.7/codecs.py in decode(self, input, final)
    320         # decode input (taking the buffer into account)
    321         data = self.buffer + input
--> 322         (result, consumed) = self._buffer_decode(data, self.errors,
                final)
    323         # keep undecoded input until the next call
    324         self.buffer = data[consumed:]
```

```
UnicodeDecodeError: 'utf-8' codec can't decode byte 0xb9 in position 0:
invalid start byte
```
→ 오류 메시지

이런, 시작부터 오류군요. UnicodeDecodeError라는 오류가 발생했는데요, 다행히 혼공분석은 이런 경험이 있습니다. 오류 메시지의 마지막 줄을 자세히 보니 UTF-8 코덱이 어떤 바이트를 읽을 수 없다는군요.

파이썬의 open() 함수는 기본적으로 텍스트 파일이 **UTF-8** 형식으로 저장되어 있다고 가정합니다. 하지만 한글 텍스트는 여전히 완성형 인코딩인 **EUC-KR**을 사용하는 일이 잦습니다. 아무래도 도서관 정보나루에서 제공하는 CSV 파일의 인코딩이 어떤 형식인지부터 확인해야겠습니다.

파일 인코딩 형식 확인하기: chardet.detect() 함수

파이썬에서 **chardet 패키지**의 **chardet.detect() 함수**를 사용하면 문자 인코딩 방식을 알아낼 수 있습니다. 편리하게도 이 패키지도 코랩에 이미 설치되어 있습니다.

코드를 작성하면 다음과 같습니다. open() 함수로 텍스트 파일을 열 때 mode 매개변수를 바이너리binary 읽기 모드인 'rb'로 지정합니다. 바이너리 모드로 지정하면 문자 인코딩 형식에 상관없이 파일을 열 수 있으므로 오류가 발생하지 않습니다.

open() 함수 mode 매개변수의 기본값은 텍스트 읽기 모드인 'r'입니다.

note 다만, 텍스트 파일을 바이너리 모드로 읽으면 모든 글자를 1바이트로 인식하기 때문에 한글과 같은 유니코드 문자를 화면에 올바르게 출력할 수는 없습니다.

그다음 chardet.detect() 함수에 데이터를 넣어 어떤 인코딩을 사용하는지 출력합니다. [셀 실행] 아이콘을 클릭하여 확인해 볼까요?

손코딩

```python
import chardet
with open('남산도서관 장서 대출목록 (2021년 04월).csv', mode='rb') as f:
    d = f.readline()
print(chardet.detect(d))
```

```
{'encoding': 'EUC-KR', 'confidence': 0.99, 'language': 'Korean'}
```

예상대로 EUC-KR이 맞군요. 이 CSV 파일은 UTF-8이 아니라 EUC-KR로 인코딩되어 있어서 open() 함수에서 오류가 발생했습니다. 그렇다면 EUC-KR 인코딩 파일을 오류없이 출력하려면 어떻게 해야 할까요?

+ 여기서 잠깐 **인코딩, UTF-8, EUC-KR이 도대체 뭔가요?**

인코딩(encoding) 혹은 문자 인코딩은 문자를 컴퓨터가 이해할 수 있는 0과 1의 이진(binary) 형태로 바꾸는 것을 말합니다. **UTF-8**은 전 세계 모든 문자를 컴퓨터에 표현하기 위해 만들어진 유니코드(unicode)를 인코딩하는 방식 중의 하나로 최대 4바이트까지 사용합니다. **EUC-KR**은 한글을 위한 완성형 인코딩 중 하나로 2바이트를 사용합니다.

인코딩 형식 지정하기

파일의 인코딩 형식을 알고 있으면 문제를 해결하는 방법은 간단합니다. open() 함수로 파일을 읽을 때 **encoding 매개변수**로 인코딩 형식을 'EUC-KR'로 지정하면 됩니다. 다시 파일을 읽어 보겠습니다. 이번에는 처음 두 줄을 읽어 출력해 보죠.

손코딩

```
with open('남산도서관 장서 대출목록 (2021년 04월).csv', encoding='EUC-KR') as f:
    print(f.readline())
    print(f.readline())
```

```
번호,도서명,저자,출판사,발행년도,ISBN,세트 ISBN,부가기호,권,주제분류번호,도서권수,
대출건수,등록일자,  —> 실제로는 한 줄로 출력됩니다.

"1","인공지능과 흙","김동훈 지음","민음사","2021","9788937444319","","","","","1",
"0","2021-03-19",  —> 실제로는 한 줄로 출력됩니다.
```

성공이군요! 텍스트 내용이 올바르게 출력되었습니다. 첫 번째 줄은 CSV에 있는 각 항목의 이름을 나타냅니다. 출력 내용을 63쪽의 엑셀 화면과 비교해 보세요. 실행 결과 마지막에 콤마(,)가 있는 게 좀 이상하지만 데이터는 같습니다. 이 콤마는 73쪽에서 설명하겠습니다.

아주 큰 CSV 데이터를 열어 볼 때는 파이썬의 open() 함수와 readline() 메서드로 처음 몇 줄을 출력해 보세요. 파일 내용을 빠르게 확인할 수 있습니다.

사실 CSV 파일은 판다스 같은 도구로 읽는 것이 조금 더 편리합니다. 그러나 아주 큰 파일을 열 때는 오랜 시간이 걸리거나 아예 열 수 없을 때도 있습니다. 그럴 때는 파이썬의 open() 함수와 readline() 메서드로 처음 몇 줄을 출력해 보는 것이 빠르게 파일의 내용을 확인할 수 있는 좋은 방법입니다.

지금까지 인기 도서 분석을 위해 도서관 대출 데이터를 찾아 CSV 파일과 엑셀 파일을 다운로드했습니다. 그리고 코랩으로 CSV 파일을 업로드해서 파일을 읽는 방법까지 성공적으로 실습했습니다.

하지만 CSV 파일은 한 줄씩 읽어서 데이터 분석하기 어렵기 때문에 CSV 파일을 읽고 처리하는 데 유용한 함수를 많이 제공하는 **판다스** 패키지를 사용해 보겠습니다. 다만 새 노트를 만들지 말고 앞서 만든 코랩 노트북에 이어서 코드를 작성하세요. 이 책은 한 절에 있는 코드는 하나의 코랩 노트북에서 작성한다고 가정합니다.

+ 여기서 잠깐 **파일명이 한글인데 인식을 못 해요**

한글을 유니코드로 표현할 때 글자 단위로 저장하거나 자음, 모음을 따로따로 저장할 수 있습니다. 예를 들어 '혼공'을 'ㅎㅗㄴㄱㅗㅇ'처럼 저장할 수 있죠. 전자를 NFC 방식이라 하고 후자를 NFD 방식이라 합니다. 이렇게 두 가지 방식이 있는 이유는 유니코드에 한글의 자음, 모음 코드가 별도로 있기 때문입니다.

윈도우와 리눅스는 NFC 방식을 사용하지만 맥OS는 NFD 방식을 사용합니다. 이 때문에 맥OS에서 만든 파일을 윈도우에서 보면 파일 이름의 자음, 모음이 모두 분리되어 보이게 됩니다. 만약 맥OS 사용자에게 파일을 받았거나 NFD 방식의 이름이라고 의심된다면 다음 코드를 실행하여 NFC 방식의 이름으로 바꿀 수 있습니다.

```
import os
import glob
import unicodedata
for filename in glob.glob('*.csv'):
    nfc_filename = unicodedata.normalize('NFC', filename)
    os.rename(filename, nfc_filename)
```

코랩의 파일 브라우저나 주피터 노트북은 NFD 방식의 파일 이름이 NFC처럼 보인다는 점에 주의하세요!

데이터프레임 다루기: 판다스

01-1절에서 소개했듯이 **판다스**는 파이썬으로 데이터를 분석할 때 빼놓을 수 없는 아주 유명한 파이썬 패키지입니다. 판다스는 CSV 파일을 읽어 **데이터프레임**DataFrame이라는 표 형식 데이터tabular data로 저장합니다.

표 형식 데이터는 **행**과 **열**로 구성된 데이터 구조를 말합니다. CSV, 엑셀, 판다스 데이터프레임도 여기에 속합니다. 그림을 보면 쉽게 이해할 수 있습니다. 앞에서 본 엑셀의 시트와 매우 비슷하죠.

열 ↓ (저자 열)

행 → (1 행)

번호	도서명	저자	출판사	
1	인공지능과 흙	김동훈 지음	민음사	
2	가짜 행복 권하는 사회	김태형 지음	갈매나무	…
3				
4				
	⋮			

판다스 데이터프레임(2차원 배열)

판다스에는 데이터프레임 외에 **시리즈**series라는 데이터 구조도 있습니다. 데이터프레임과 시리즈를 배열에 비유해서 살펴보겠습니다.

프로그래밍 언어에서 **배열**은 같은 종류의 데이터가 순서대로 나열된 데이터 구조를 말합니다. 배열은 나열된 축이 하나인 경우 1차원 배열, 축이 2개인 경우 2차원 배열이라고 합니다.

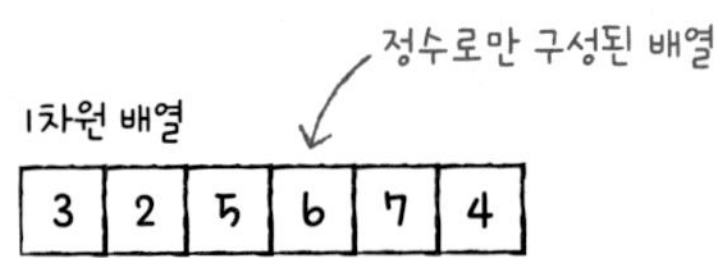

판다스 시리즈는 그림과 같은 1차원 배열과 매우 비슷합니다. 이때 시리즈에 담긴 데이터는 모두 동일한 종류여야 합니다. 예를 들면 모두 정수이거나 문자열이어야 하죠.

note 파이썬에도 이와 비슷한 리스트가 있지만 시리즈와는 다릅니다. 리스트는 정수나 문자열을 섞어 쓸 수 있는 훨씬 유연한 데이터 구조입니다.

반면에 판다스 데이터프레임은 데이터를 가로 세로로 나열한 2차원 배열과 비슷합니다. 앞의 첫 번째 그림처럼 데이터프레임은 열마다 다른 **데이터 타입**data type을 사용할 수 있습니다. 예를 들면 '저자' 열은 문자열이고 '번호' 열은 정수일 수 있습니다.

대신에 데이터프레임의 같은 열에 있는 데이터는 모두 같은 종류여야 합니다. 즉 '저자' 열에 문자열과 정수를 섞어 쓸 수 없죠. 그래서 데이터프레임의 한 열을 따로 선택하면 시리즈 객체라고 할 수 있습니다. 이제 판다스의 데이터프레임과 시리즈가 무엇인지 감이 잡히나요? 그럼 CSV 파일을 직접 다루어 보며 익혀 보겠습니다.

CSV 파일을 데이터프레임으로 읽기: read_csv() 함수

판다스에서 CSV 파일을 읽을 때는 **read_csv() 함수**를 사용합니다. 앞에서 남산도서관 데이터가 EUC-KR로 저장되어 있다는 것을 알았으므로 **encoding 매개변수**를 'EUC-KR'로 지정하겠습니다.

read_csv() 함수를 호출하려면 판다스를 임포트해야 합니다. 재미있는 것은 파이썬 프로그래머들은 임포트하는 파이썬 패키지 이름을 짧게 줄여 쓰는 것을 좋아합니다. 예를 들어 pandas.read_csv() 함수를 pd.read_csv()처럼 짧게 쓰는 거죠. 이렇게 하려면 파이썬의 **as 키워드**로 임포트할 패키지 이름을 pd로 바꿉니다.

+ 여기서 잠깐 　이름을 pd 말고 ps로 바꾸면 안 되나요?

바꿔도 됩니다. 하지만 거의 모든 파이썬 프로그래머들이 관례적으로 pandas를 pd로 줄여 씁니다. 관례를 따르면 혼동을 피할 수 있고 다른 사람에게 코드를 공유할 때도 좋습니다. 책을 읽다 보면 이런 짧은 이름에 대한 관례를 더 볼 수 있습니다. 대표적으로 넘파이는 np, 맷플롯립은 plt로 줄여 씁니다.

손코딩

```
import pandas as pd  ⟶ as 키워드를 사용하여 임포트할 패키지 이름을 넣어 줍니다.
df = pd.read_csv('남산도서관 장서 대출목록 (2021년 04월).csv', encoding='EUC-KR')
```

```
/usr/local/lib/python3.7/dist-packages/IPython/core/interactiveshell.py:2882:
DtypeWarning: Columns (5,6,9) have mixed types.Specify dtype option on import
or set low_memory=False.
  exec(code_obj, self.user_global_ns, self.user_ns)
```

코드를 실행하면 DtypeWarning: Columns (5,6,9) have mixed types.Specify dtype option on import or set low_memory=False라는 경고가 발생합니다. 이런 경고가 발생하는 이유는 조금 복잡합니다.

판다스는 CSV 파일을 읽을 때 '도서명'과 '대출건수' 같은 열에 어떤 종류의 데이터가 저장되어 있는지 자동으로 파악합니다. 가령 '도서명'은 문자열로 인식하고 '대출건수'는 정수로 인식하는 식이죠. 그런데 메모리를 효율적으로 사용하기 위해 CSV 파일을 조금씩 나누어 읽습니다. 이때 자동으로 파악한 데이터 타입이 달라지면 경고가 발생합니다.

note 데이터 타입(또는 자료형)은 프로그래밍 언어나 패키지에서 다루는 데이터 종류를 말합니다. 데이터 타입마다 저장할 수 있는 값과 수행할 수 있는 연산이 다를 수 있습니다. 판다스는 정수, 실수, 문자열, 불리언(boolean), 날짜 등의 데이터 타입을 제공합니다.

이 파일에서는 'ISBN', '세트 ISBN', '주제분류번호'에 해당하는 5, 6, 9 열 때문에 오류가 발생했습니다. 해결 방법은 **low_memory 매개변수**를 False로 지정하여 파일을 나누어 읽지 않고 한 번에 읽는 것입니다.

손코딩

```
df = pd.read_csv('남산도서관 장서 대출목록 (2021년 04월).csv', encoding='EUC-KR',
                 low_memory=False)
```

좋습니다. 경고가 발생하지 않고 정상적으로 코드 실행이 완료됩니다.

+ 여기서 잠깐 **dtype 매개변수**

low_memory 매개변수를 False로 지정하면 경고는 발생하지 않지만, CSV 파일을 한번에 모두 읽기 때문에 많은 메모리를 사용합니다. CSV 파일이 아주 큰 경우 메모리 부족 오류가 발생할 수 있죠. low_memory 매개변수를 사용하지 않는 다른 방법은 열의 데이터 타입을 자동으로 찾지 않도록 아예 **dtype 매개변수**로 데이터 타입을 지정하는 것입니다. 경고가 발생했던 5, 6, 9 열에 해당하는 'ISBN', '세트 ISBN', '주제분류번호' 열의 데이터 타입을 문자열로 지정하여 읽는 코드는 다음과 같습니다.

```
df = pd.read_csv('남산도서관 장서 대출목록 (2021년 04월).csv', encoding='euc-kr',
                 dtype={'ISBN': str, '세트 ISBN': str, '주제분류번호': str})
```

이제 데이터를 제대로 가져왔는지 확인해 보겠습니다. **head() 메서드**를 사용하면 데이터프레임의 처음 다섯 개 행을 확인할 수 있습니다.

```
df.head()
```

열 이름

인덱스

	번호	도서명	저자	출판사	발행년도	ISBN	세트 ISBN	부가기호	권	주제분류번호	도서권수	대출건수	등록일자	Unnamed: 13
0	1	인공지능과 흙	김동훈 지음	민음사	2021	9788937444319	NaN	NaN	NaN	NaN	1	0	2021-03-19	NaN
1	2	가짜 행복 권하는 사회	김태형 지음	갈매나무	2021	9791190123969	NaN	NaN	NaN	NaN	1	0	2021-03-19	NaN
2	3	나도 한 문장 잘 쓰면 바랄 게 없겠네	김선영 지음	블랙피쉬	2021	9788968332982	NaN	NaN	NaN	NaN	1	0	2021-03-19	NaN
3	4	예루살렘 해변	이도 게펜 지음, 임재희 옮김	문학세계사	2021	9788970759906	NaN	NaN	NaN	NaN	1	0	2021-03-19	NaN
4	5	김성곤의 중국 한시기행 : 장강·황하 편	김성곤 지음	김영사	2021	9788934990833	NaN	NaN	NaN	NaN	1	0	2021-03-19	NaN

note 이번 절에서는 CSV 파일과 데이터프레임의 구조를 익히는 것이 중요합니다. 데이터프레임은 2장에서 더 자세히 알아보겠습니다.

판다스는 데이터프레임을 표 형식으로 행과 열을 맞추어 출력합니다. 코랩이나 주피터 노트북에서는 행에 교대로 배경색을 넣어 출력해 주기 때문에 더욱 알아보기 좋습니다.

첫 번째 열은 데이터프레임의 **인덱스**index입니다. 판다스는 행마다 0부터 시작하는 인덱스 번호를 자동으로 붙여 줍니다. 그리고 CSV의 첫 번째 행은 열 이름으로 인식합니다. 만약 첫 행에 '번호'라는 열 이름이 중복해서 등장한다면 자동으로 이름 뒤에 숫자를 붙여 고유한 이름으로 만듭니다. 예를 들면 '번호.1', '번호.2'와 같습니다.

CSV 파일의 첫 행이 열 이름이 아니라면 read_csv() 함수를 호출할 때 **header 매개변수**를 None으로 지정해서 데이터 첫 행에 열 이름이 없다는 것을 알리고, **names 매개변수**에 열 이름 리스트를 따로 전달해 줍니다. 이때 names 매개변수에 전달하는 열 이름에 중복된 이름이 있어서는 안 됩니다.

CSV를 데이터프레임으로 읽으면 첫 행을 열 이름으로 자동 인식합니다. 열 이름이 없다는 것을 알려주려면 header 매개변수에는 None, names 매개변수에는 열 이름을 리스트로 전달합니다.

그런데 실행 결과의 마지막 열에 원래 CSV 파일에는 없던 'Unnamed: 13' 열이 생겼습니다. 이 열이 왜 생겼을까요? 68쪽에서 CSV 파일을 열어봤을 때 각 라인의 끝에 콤마(,)가 있었습니다. 판다스는 이 콤마를 보고 마지막에 하나의 열이 더 있다고 판단해서 이 'Unnamed: 13' 열을 표시한 것입니다. CSV 파일이 올바르게 만들어지지 않은 셈이죠. 이를 처리하는 방법은 2장에서 자세히 알아보고 일단 넘어가겠습니다.

✚ 여기서 잠깐 **판다스의 read_table() 함수**

CSV 파일을 읽을 때는 read_table() 함수도 사용할 수 있습니다. read_table() 함수는 read_csv() 함수와 매우 비슷합니다. 콤마(,) 대신 탭(\t)으로 구분된 파일을 읽는 데 사용하죠. 사실 read_table() 함수는 구분자로 탭을 사용하는 read_csv(sep='\t')와 같습니다.

데이터프레임을 CSV 파일로 저장하기: to_csv() 메서드

판다스의 데이터프레임을 CSV로 저장할 때는 **to_csv() 메서드**를 사용합니다. to_csv() 메서드는 기본적으로 **UTF-8** 형식으로 저장하기 때문에 나중에 open() 함수로 파일의 내용을 읽을 때 따로 encoding 매개변수를 사용하지 않아도 됩니다.

다음과 같이 to_csv() 메서드로 데이터프레임을 ns_202104.csv 파일로 저장합니다. 실행 결과는 없지만, 파일 창의 디렉터리에 ns_202104.csv 파일이 생성되어 있는 것을 확인할 수 있습니다.

```
손코딩
df.to_csv('ns_202104.csv')
```

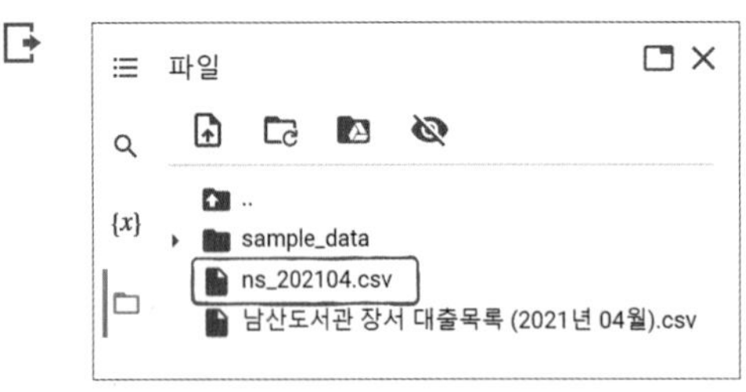

그럼 저장한 CSV 파일을 다시 **open() 함수**로 확인해 보죠. 이번에는 readline() 메서드를 세 번 적는 대신 **for 문**으로 세 번 반복합니다.

68쪽에서는 print() 함수가 자동으로 줄바꿈 문자(\n)를 출력해서 CSV 파일의 라인 끝에 있는 줄바꿈 문자와 중복되어 한 줄씩 건너뛰어 출력되었습니다. print() 함수에 end=''를 지정하면 줄바꿈 문자를 출력하지 않기 때문에 CSV 파일에 저장된 그대로를 출력할 수 있습니다.

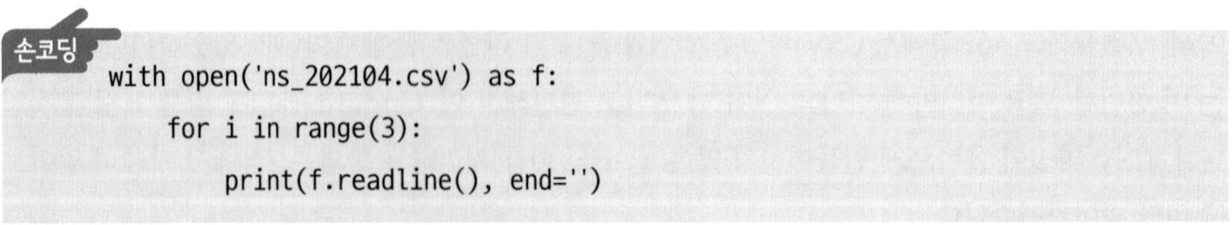

```
손코딩
with open('ns_202104.csv') as f:
    for i in range(3):
        print(f.readline(), end='')
```

```
,번호,도서명,저자,출판사,발행년도,ISBN,세트 ISBN,부가기호,권,주제분류번호,도서권수,
대출건수,등록일자,Unnamed: 13 ⟶ 실제로는 한 줄로 출력됩니다.
0,1,인공지능과 흙,김동훈 지음,민음사,2021,9788937444319,,,,,1,0,2021-03-19,
1,2,가짜 행복 권하는 사회,김태형 지음,갈매나무,2021,9791190123969,,,,,1,0,2021-03-19,
```

그런데 앞서 출력했던 CSV 파일 결과와 다르게 CSV 파일 맨 왼쪽에 데이터프레임에 있던 행 인덱스가 함께 저장되었군요. 이 CSV 파일을 다시 데이터프레임으로 읽으면 어떻게 될까요?

손코딩

```
ns_df = pd.read_csv('ns_202104.csv', low_memory=False)
ns_df.head()
```

⟶ 새로 생성된 인덱스 열

	Unnamed: 0	번호	도서명	저자	출판사	발행년도	ISBN	등록일자	Unnamed: 13
0	0	1	인공지능과 흙	김동훈 지음	민음사	2021	9788937444319	2021-03-19	NaN
1	1	2	가짜 행복 권하는 사회	김태형 지음	갈매나무	2021	9791190123969	2021-03-19	NaN
2	2	3	나도 한 문장 잘 쓰면 바랄 게 없겠네	김선영 지음	블랙피쉬	2021	9788968332982	2021-03-19	NaN
3	3	4	예루살렘 해변	이도 게펜 지음, 임재희 옮김	문학세계사	2021	9788970759906	2021-03-19	NaN
4	4	5	김성곤의 중국한시기행: 장강·황하 편	김성곤 지음	김영사	2021	9788934990833	2021-03-19	NaN

이런, 인덱스가 다시 생성되면서 'Unnamed: 0'이라는 첫 번째 열과 중복됩니다.

CSV 파일에 인덱스가 이미 있다는 것을 알려 주려면 **index_col 매개변수**를 사용합니다. ns_202104.csv 파일에는 첫 번째 열에 인덱스가 있으므로 0으로 지정합니다.

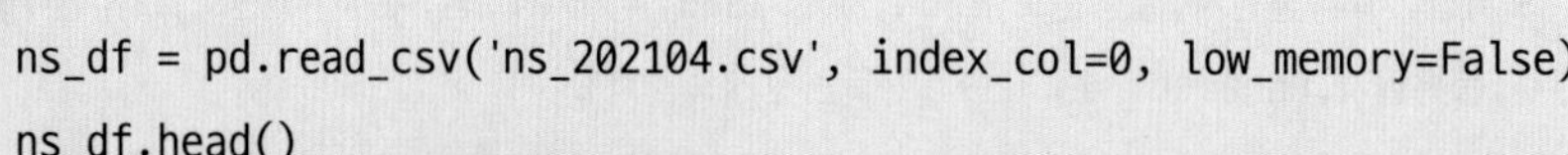

```python
ns_df = pd.read_csv('ns_202104.csv', index_col=0, low_memory=False)
ns_df.head()
```

	번호	도서명	저자	출판사	발행년도	ISBN	등록일자	Unnamed: 13
0	1	인공지능과 흙	김동훈 지음	민음사	2021	9788937444319	2021-03-19	NaN
1	2	가짜 행복 권하는 사회	김태형 지음	갈매나무	2021	9791190123969	2021-03-19	NaN
2	3	나도 한 문장 잘 쓰면 바랄 게 없겠네	김선영 지음	블랙피쉬	2021	9788968332982	2021-03-19	NaN
3	4	예루살렘 해변	이도 게펜 지음, 임재희 옮김	문학 세계사	2021	9788970759906	2021-03-19	NaN
4	5	김성곤의 중국한시기행: 장강·황하 편	김성곤 지음	김영사	2021	9788934990833	2021-03-19	NaN

ns_202104.csv 파일의 첫 번째 열이 데이터프레임의 인덱스로 지정된 것을 알 수 있습니다.

또 다른 방법은 애초에 데이터프레임을 CSV 파일로 저장할 때 인덱스를 빼고 저장할 수도 있습니다. 이렇게 하려면 다음처럼 to_csv() 메서드에 **index 매개변수**를 False로 지정합니다.

```python
df.to_csv('ns_202104.csv', index=False)
```

+ 여기서 잠깐 **데이터프레임을 엑셀로 저장할 수도 있나요?**

네. 가능합니다. **to_excel() 메서드**로 데이터프레임을 엑셀로 저장할 수 있습니다. to_csv() 메서드와 사용법이 비슷합니다.

```python
ns_df.to_excel('ns_202104.xlsx', index=False)
```

판다스는 엑셀 파일을 만들기 위해 기본적으로 openpyxl **패키지**를 사용합니다. 그런데 이 패키지로 한글 데이터를 쓰면 이따금 오류가 발생합니다. 이때는 대신 xlsxwriter **패키지**를 사용할 수 있습니다. 코랩에서 pip **명령어**로 xlsxwriter 패키지를 먼저 설치한 후 to_excel( ) 메서드에 engine='xlsxwriter'를 지정합니다.

```
!pip install xlsxwriter
ns_df.to_excel('ns_202104.xlsx', index=False, engine='xlsxwriter')
```

적절한 데이터를 찾아서 업로드하고 읽기 문제 해결 과정

혼공출판사는 출간할 도서가 얼마나 인기있을지 항상 궁금합니다. 이 책의 주인공인 혼공분석은 문제를 해결하기 위해 적절한 데이터를 찾았습니다. 서점의 도서 판매 데이터를 구할 수는 없었지만, 도서관의 대출 데이터를 사용하면 문제 해결에 도움이 되겠네요.

먼저 공공데이터포털과 검색 엔진을 사용하여 남산도서관 대출 데이터를 찾았습니다. 그다음 **CSV** 파일을 다운로드했고, CSV 파일의 구조를 살펴보았습니다. 파이썬과 **판다스 데이터프레임**으로 CSV 파일을 다룰 때 고려할 여러 가지 사항에 대해서도 자세히 살펴보았습니다. 한글 인코딩, 열의 데이터 타입, 인덱스 등입니다. 마지막으로 데이터프레임을 CSV 파일이나 엑셀 파일로 저장하는 방법도 알아보았습니다.

이 절에서는 CSV 파일을 읽고 저장하는 데 초점을 맞추었지만 벌써 판다스와 데이터프레임에 대해 많은 것을 배웠습니다. 앞으로 책을 계속 읽어가면서 판다스를 더 많이 알게 될 것입니다.

데이터가 준비되었으니 바로 분석에 들어가고 싶지만 그전에 데이터를 수집하는 다른 방법을 조금 더 알아보겠습니다. 2장에서는 데이터를 수집하기 위해 알아야 할 기술을 소개합니다. 바로 API와 웹 스크래핑web scraping입니다. 적절한 데이터를 찾는 일은 늘 어렵기 때문에 이런 기술에 대해 잘 알고 있다면 데이터 수집 시간을 효율적으로 사용할 수 있을 것입니다.

그럼 2장에서 계속 배워 보겠습니다. 다음 장을 기대해 주세요!

좀 더 알아보기

공개 데이터 세트 대표 사이트와 유명 포럼

공개 데이터 세트를 찾을 수 있는 대표 사이트와 도움을 받을 수 있는 유명 포럼을 소개합니다.

국내 사이트

- **공공데이터포털** URL https://www.data.go.kr

  공공데이터포털은 행정안전부에서 운영하는 공공 데이터 통합 제공 시스템입니다. 국가에서 보유한 다양한 공공 데이터를 개방하여 편리하고 손쉽게 활용할 수 있습니다.

- **통합 데이터 지도** URL https://www.bigdata-map.kr

  통합 데이터 지도는 과학기술정보통신부와 한국지능정보사회진흥원에서 운영하며 국가와 민간 분야에서 운영 중인 여러 빅데이터 플랫폼의 데이터를 한곳에서 검색할 수 있는 서비스입니다.

- **AI 허브** URL https://aihub.or.kr

  AI 허브는 한국지능정보사회진흥원에서 운영하는 AI 통합 플랫폼으로 다양한 AI 학습용 데이터를 제공합니다.

- **국가통계포털** URL https://kosis.kr

  국가통계포털은 경제, 사회, 환경 등 30개 분야의 국내외 통계 데이터를 한 번에 찾을 수 있도록 통계청이 제공하는 대표적인 통계 포털 사이트입니다.

note '서울 열린 데이터 광장'(https://data.seoul.go.kr/)과 '서울 빅데이터 캠퍼스'(https://bigdata.seoul.go.kr/)에서도 많은 데이터를 제공하고 있습니다.

해외 사이트

- **구글 데이터 세트 검색** URL https://datasetsearch.research.google.com

  구글 데이터 세트 검색은 무료로 사용할 수 있는 데이터를 검색할 수 있는 검색 엔진입니다. 검색 결과를 필터링하거나 구글 학술 검색과 연계하여 데이터 세트를 사용한 논문을 손쉽게 찾을 수 있습니다.

- **캐글 데이터 세트** URL https://www.kaggle.com/datasets

  캐글Kaggle은 데이터 과학자를 위한 머신러닝 경진 대회 플랫폼입니다. 전 세계 많은 과학자와 엔지니어가 대회에 참가하여 경쟁합니다. 캐글에는 경진 대회에 사용된 데이터 세트를 포함하여 많은 자료가 공개되어 있습니다.

- **허깅 페이스 데이터셋** URL https://huggingface.co/datasets

  트랜스포머스 기반 오픈 소스 모델을 호스팅하는 것으로 유명한 허깅 페이스 사이트는 자연어 처리와 컴퓨터 비전 작업 등에 활용할 수 있는 다양한 데이터셋을 제공합니다.

- **Data.gov** URL https://data.gov/

  미국 정부에서 운영하는 공개 데이터 포털로서, 다양한 주제에 걸쳐 30만 개 이상의 데이터셋을 제공합니다.

- **위키피디아 머신러닝 데이터 세트**

  URL https://en.wikipedia.org/wiki/List_of_datasets_for_machine-learning_research

  머신러닝 연구에 널리 사용되는 데이터 세트가 주제별로 정리되어 있습니다.

- **UCI 머신러닝 데이터 저장소** URL https://archive.ics.uci.edu/ml

  UC 얼바인Irvine 대학교에서 운영하는 머신러닝 데이터 저장소입니다.

온라인 포럼

- **데이터 분석 커뮤니티** URL https://www.facebook.com/groups/datacommunity

  데이터 분석과 관련된 유용한 자료와 좋은 팁을 공유하는 목적을 가진 페이스북 그룹입니다.

- **캐글 코리아** URL https://www.facebook.com/groups/KaggleKoreaOpenGroup

  캐글 대회 참여한 경험과 아이디어를 공유하기 위한 페이스북 그룹입니다.

- **AGI 코리아** URL https://www.facebook.com/groups/TensorFlowKR

  머신러닝과 딥러닝에 관련한 다양한 이야기를 나눌 수 있는 페이스북 그룹입니다.

- **파이토치 코리아** URL https://www.facebook.com/groups/PyTorchKR

  오픈소스 머신러닝 라이브러리인 파이토치PyTorch의 페이스북 그룹입니다.

- **사이킷런 코리아** URL https://www.facebook.com/groups/ScikitLearnKR

  사이킷런scikit-learn에 대한 소식과 질문/답변을 올릴 수 있는 페이스북 그룹입니다.

마무리

▶ 5가지 키워드로 정리하는 핵심 포인트

- **공개 데이터 세트**는 기업이나 정부 등이 무료로 공개하는 데이터 세트입니다. 누구나 저작권에 상관없이 다운로드하여 데이터 분석이나 제품 개발에 활용할 수 있습니다.
- **CSV** 파일은 콤마(,)로 구분된 텍스트 파일입니다. 한 줄이 하나의 레코드이며, 레코드는 콤마로 구분된 여러 필드 혹은 열로 구성됩니다. 데이터가 엑셀처럼 표 형태를 가져야 하기 때문에 레코드에 있는 필드 개수는 모두 동일해야 합니다.
- **판다스**는 표 형식 데이터를 위한 편리한 도구를 다양하게 제공하는 강력한 데이터 분석 패키지입니다. CSV나 엑셀 파일을 읽거나 쓸 수 있으며 데이터 분석을 위한 많은 기능을 제공합니다.
- **데이터프레임**은 판다스의 핵심 데이터 구조로 행과 열로 구성됩니다. CSV 파일이나 엑셀 파일로부터 데이터프레임을 만들 수 있습니다.
- **시리즈**는 1차원 배열과 흡사한 판다스의 객체입니다. 시리즈는 한 종류의 데이터만 포함할 수 있습니다.

▶ 표로 정리하는 핵심 함수와 메서드

함수/메서드	기능
pandas.read_csv()	CSV 파일을 읽어 데이터프레임을 만듭니다.
DataFrame.head()	데이터프레임에서 처음 다섯 개의 행을 반환합니다.
DataFrame.to_csv()	데이터프레임을 CSV 파일로 저장합니다.

▶ 확인 문제

1. 다음 중 공개 데이터 세트를 찾을 수 없는 곳은 무엇인가요?

① 공공데이터포털
② 구글 데이터 세트 검색
③ 유튜브
④ 캐글

2. 다음 중 CSV 파일에 대해 올바르게 설명된 것은 무엇인가요?

① CSV 파일은 콤마로 구분된 텍스트 파일입니다.
② CSV 파일은 바이너리 파일이므로 텍스트 편집기로 열 수 없습니다.
③ 파이썬 open() 함수로 CSV 파일을 열려면 mode 매개변수를 'rb'로 지정해야 합니다.
④ CSV 파일은 한 줄에 여러 레코드를 저장할 수 있습니다.

3. 다음 중 표 형식 데이터(tabular data)가 아닌 것은 무엇인가요?

① CSV
② JSON
③ 엑셀
④ 데이터프레임

4. 판다스 read_csv() 함수의 매개변수 설명이 옳은 것은 무엇인가요?

① header 매개변수의 기본값은 1로 CSV 파일의 첫 번째 행을 열 이름으로 사용합니다.
② names 매개변수에 행 이름을 리스트로 지정할 수 있습니다.
③ encoding 매개변수에 CSV 파일의 인코딩 방식을 지정할 수 있습니다.
④ dtype 매개변수를 사용하려면 모든 열의 데이터 타입을 지정해야 합니다.

5. 판다스의 데이터프레임을 CSV 파일로 저장하는 메서드는 무엇인가요?

① write_csv()
② save_csv()
③ csv()
④ to_csv()

Chapter 02

데이터 분석에서 주어진 문제를 파악한 후 가장 먼저 해야 할 일은 필요한 데이터를 수집하는 일입니다. 데이터 분석에서 데이터는 매우 중요하며 문제마다 수집 방법이나 데이터 종류가 다를 수 있습니다. 이 장에서는 데이터 수집 방법을 크게 API, 웹 스크래핑 두 가지로 나누어 설명하겠습니다.

데이터 수집하기

학습목표

- 웹 서비스 API에서 데이터를 가져오는 방법을 배웁니다.
- 웹 페이지를 웹 스크래핑하여 데이터를 가져오는 방법을 배웁니다.

02-1 API 사용하기

핵심 키워드

API HTTP JSON XML

API 방식은 사내외를 가리지 않고 웹사이트나 다른 팀의 협조 없이도 가장 편리하게 데이터를 수집할 수 있는 방법입니다. 공공 데이터 세트는 API를 사용해 제공하는 경우가 많습니다. 이 절에서는 API 개념과 웹 기반 API를 사용하는 방법을 배웁니다. 또한 CSV 외에 JSON, XML 같은 새로운 데이터 포맷도 소개합니다.

시작하기 전에

이사님이 예정 없이 데이터 분석을 요청하기 때문에 혼공분석은 언제든지 최신 데이터를 바로 얻고 싶어 합니다. 그런데 회사 데이터베이스 관리자와 논의해 보니 데이터베이스 접근 권한을 혼공분석에게 주기 어렵다고 하는군요. 개발팀에서 정기적으로 CSV 파일을 만들어 줄 수 있다고는 하지만, 이사님은 항상 최신 데이터를 사용한 결과를 원하니 난감한 상황입니다.

그런데 개발팀장이 흔쾌히 **API** 방식으로 데이터를 얻을 수 있도록 도와주겠다고 합니다. 어이쿠 API는 뭘까요. 혼공분석이 새롭게 배워야 할 게 생겼군요.

API란

데이터 분석가가 종종 데이터베이스에 직접 접근하기 어려울 때가 있습니다. 데이터베이스 접근 권한이 엄격히 관리되거나, 민감한 개인 정보가 있거나, 아예 네트워크가 분리되어 물리적인 접근이 불가능할 수도 있습니다. 데이터베이스와 네트워크는 물론 개발 문화와 철학에 따라 상황은 다를 수 있겠지만, 데이터베이스 접근 권한은 복잡한 문제가 될 가능성이 높습니다. 이럴 때 인증된 URL만 있으면 언제든지 필요한 데이터에 편리하게 접근할 수 있는 방식이 있습니다. 바로 API입니다.

APIApplication Programming Interface는 두 프로그램이 서로 대화하기 위한 방법을 정의한 것입니다. 당연하지만 프로그램 A와 프로그램 B가 데이터를 주고받는 규칙이 다르다면 올바르게 데이터를 처리하지 못합니다.

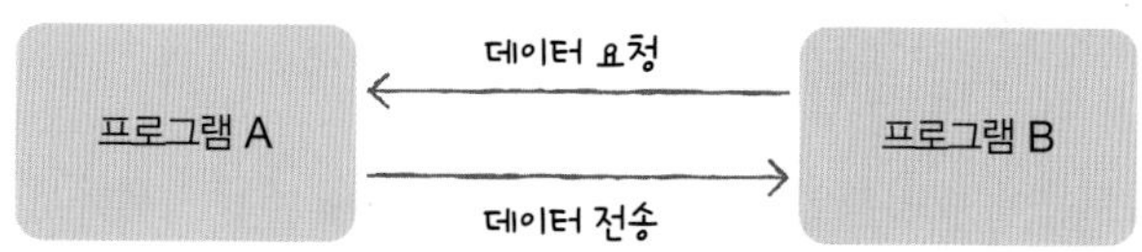

예를 들어 우리가 사용하는 윈도우나 맥OS 같은 운영체제는 문서 작성 프로그램이 디스크에 있는 파일을 읽고 쓸 수 있도록 API를 제공합니다. 또 기상청에서 제공하는 API를 사용하면 지역별, 실시간 날씨 정보를 얻을 수 있습니다.

API를 구현하는 방법은 다양하고 각기 장단점이 있습니다. 애플리케이션 간의 통신을 위해서는 웹 기반의 API가 널리 사용됩니다. 따라서 이 책에서도 웹 기반의 API에 초점을 맞추어 설명하겠습니다.

웹 페이지를 전송하기 위한 통신 규약: HTTP

웹사이트는 웹 페이지를 서비스하기 위해 웹 서버web server 소프트웨어를 사용합니다. 대표적인 웹 서버 프로그램으로는 엔진엑스NGINX, 아파치Apache 등이 있습니다. 이런 웹 서버 프로그램은 웹 브라우저와 통신할 때 HTTP란 프로토콜protocol을 사용합니다.

note 프로토콜이란 통신 규약을 의미합니다.

HTTPHyper Text Transfer Protocol는 인터넷에서 웹 페이지를 전송하는 기본 통신 방법입니다. 다음 그림을 보면 웹 브라우저가 웹 서버에 웹 페이지를 요청하고, 웹 서버는 요청에 맞는 웹 페이지를 웹 브라우저에게 전송합니다. 웹 서버는 네이버 같은 웹사이트에서 운영하고, 웹 브라우저는 내 컴퓨터에 설치되어 있습니다.

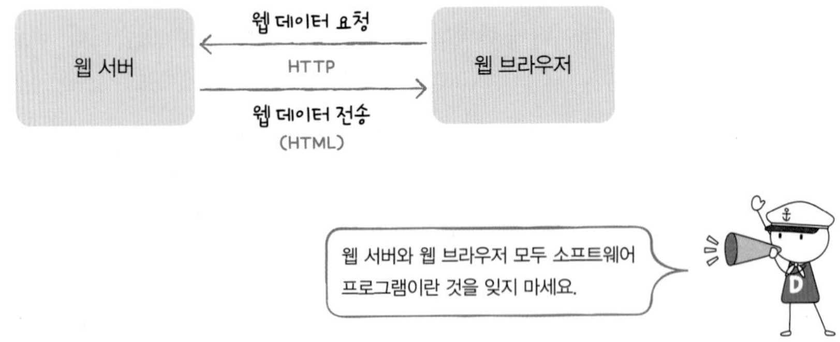

여기서는 HTTP 프로토콜이 주요 관심사가 아니기 때문에 대해 너무 자세하게 설명하지 않겠습니다. 중요한 것은 HTTP 프로토콜을 사용해 API를 만드는 것이 웹 기반 API라는 거죠. 왠지 어렵게 느껴지겠지만 다행히 웹 기반 API를 만드는 일은 프로그래머의 몫입니다. 데이터 분석가는 웹 기반 API를 사용하는 방법을 아는 것이 중요합니다.

웹 페이지 문서: HTML

웹 서버와 웹 브라우저 두 프로그램은 물리적으로 아주 멀리 떨어져 있지만 HTTP 프로토콜을 사용해 안정적이고 편리하게 웹 페이지를 구성하는 HTML 데이터를 주고받을 수 있습니다.

HTMLHypertext Markup Language은 웹 브라우저가 화면에 표시할 수 있는 문서의 한 종류이자 웹 페이지를 위한 표준 언어입니다. 만약 현재 보고 있는 웹 페이지의 HTML 내용을 보고 싶다면 크롬 브라우저의 경우 마우스 오른쪽 버튼을 클릭하고 [페이지 소스 보기] 메뉴를 선택하면 됩니다.

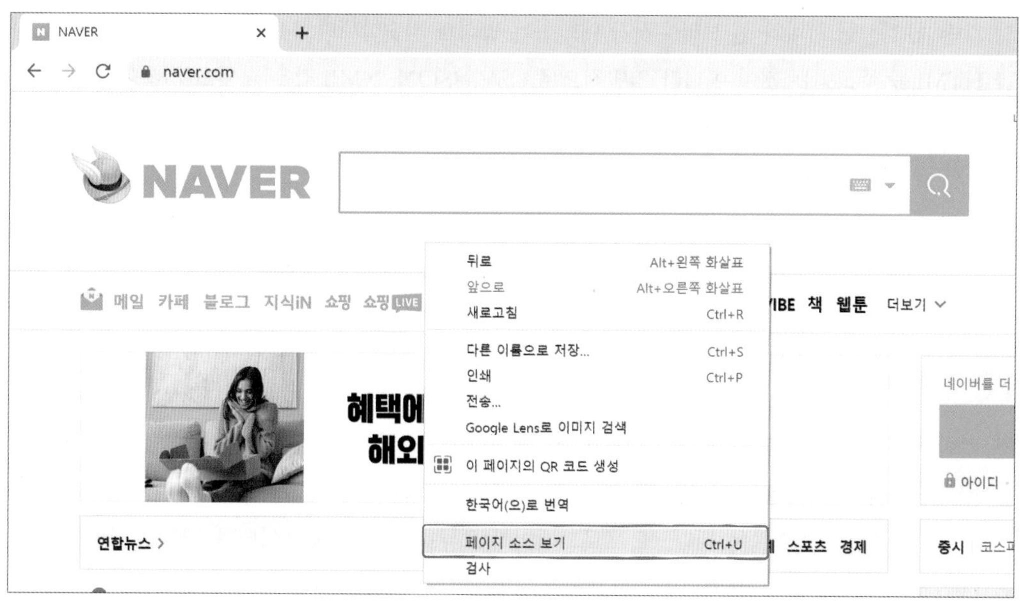

note 엣지 브라우저에서는 마우스 오른쪽 버튼을 클릭하고 [페이지 원본 보기] 메뉴를 선택합니다.

출력된 HTML 소스를 보면 굉장히 복잡해 보이네요. HTML은 CSV처럼 단순한 텍스트이지만 웹 브라우저 프로그램이 이해할 수 있도록 체계적으로 구성되어 있습니다. HTML 같은 언어를 **마크업**markup 언어라고 부르며 <div>와 같은 표시를 **태그**tag라고 부릅니다.

NAVER | view-source:https://www.naver.com

자동 줄바꿈

```
<!doctype html>                <html lang="ko" data-dark="false"> <head> <meta charset="utf-8"> <title>NAVER</title> <meta http-equiv="X-UA-
useId: null,   daInfo: {"BEAUTY":{"menu":"BEAUTY","childMenu":"","adType":"singleDom","multiDomAdUrl":"","multiDomUnit":"","infoList":[{"adposId":"100
svt: 20220620144120,
}; </script> <script> window.nmain.newsstand = {
rcode: '09410116',
newsCastSubsInfo: '',
newsStandSubsInfo: ''
};
window.etc = {  };
window.svr = "<!--aweb25-->"; </script> <script src="https://ssl.pstatic.net/tveta/libs/assets/js/pc/main/min/pc.veta.core.min.js" defer="defer"></scr

<div class="special_bg">
<div class="group_flex">
<div class="logo_area">
<h1 class="logo_default">
<a href="/" class="logo_naver" data-clk="top.logo"
><span class="blind">네이버</span></a
>
</h1>
</div>
```

태그

HTML 문법에 대해 자세히 소개하는 것은 이 책의 범위가 아닙니다. 관심 있다면 145쪽에서 소개하는 도서를 참고하세요. 여기서는 웹 기반의 API를 조금 더 자세히 살펴보죠.

웹 기반 API는 웹 서버와 웹 브라우저가 대화하는 방식과 비슷합니다. HTTP 프로토콜을 사용하지만 HTML을 주고받는 것이 아니라 일반적으로 CSV, JSON, XML 같은 파일을 사용합니다. 다음 그림은 간단한 웹 기반 API를 보여줍니다.

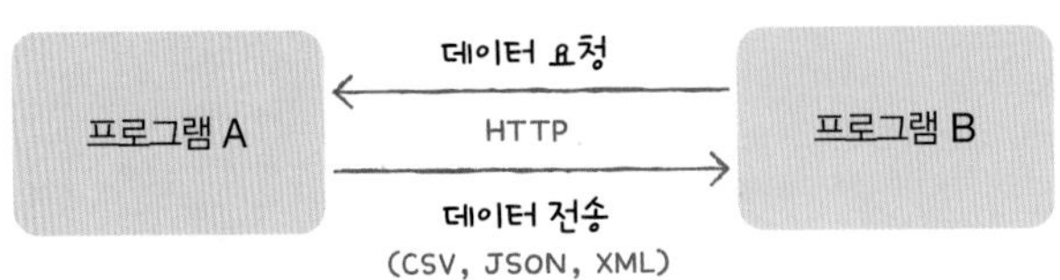

웹 기반 API에서 HTML 대신 CSV나 JSON, XML을 선호하는 이유는 앞의 HTML 소스에서 볼 수 있듯이 구조가 비교적 복잡하기 때문입니다. 주고받는 데이터가 복잡한 구조를 가지면 프로그램에 버그가 생길 가능성이 높습니다. 또 프로그래머가 오류를 찾기 위해 데이터를 확인할 때도 HTML은 너무 장황해서 쉽게 이해하기 어렵습니다.

지금까지 설명한 것을 잠시 정리해 보죠. API는 프로그램 사이의 대화 방식을 결정합니다. 다양한 API 중 HTTP 프로토콜을 사용하는 웹 기반 API가 널리 사용됩니다. 마치 웹 브라우저가 웹 서버의 웹 페이지를 요청하여 보여주는 방식과 비슷합니다. HTTP나 웹 서버에 대해 자세히 알지 못해도 괜찮습니다. 혼공분석에게 필요한 것은 이런 웹 기반 API를 호출하여 데이터를 받는 것뿐이니까요.

웹 기반 API는 주로 CSV, JSON, XML 형태로 데이터를 전달한다고 했습니다. JSON과 XML은 CSV와 마찬가지로 텍스트 파일입니다. 컴퓨터에 설치된 텍스트 편집 프로그램으로 쉽게 열어서 내용을 확인할 수 있습니다. 보통 웹 기반 API에는 CSV보다는 JSON이나 XML을 많이 사용합니다. CSV는 각 행마다 항목의 개수가 정확하게 맞지 않으면 읽을 수가 없습니다. 또 행과 열로만 구성되기 때문에 복잡한 데이터 구조를 표현하기 어렵습니다. 이에 비해 JSON이나 XML은 다양한 구조를 생성할 수 있습니다. 이전 장에서 CSV에 대해 알아보았으니 이 절에서는 JSON과 XML에 대해 살펴보겠습니다.

파이썬에서 JSON 데이터 다루기

JSON은 JavaScript Object Notation의 약자입니다. 이름에서 알 수 있듯이 원래는 자바스크립트 언어를 위해 만들어졌지만 현재는 범용적인 포맷으로 사용합니다. 대부분의 프로그래밍 언어는 JSON 형태의 텍스트를 읽고 쓸 수 있습니다. 당연히 파이썬도 가능합니다.

JSON은 마치 파이썬의 **딕셔너리**dictionary와 **리스트**list를 중첩해 놓은 것과 비슷합니다. 예를 들어 〈혼자 공부하는 데이터 분석〉이라는 도서명을 JSON 객체로 나타내면 다음과 같이 중괄호를 사용하고 파이썬의 딕셔너리와 비슷하게 **키**key와 **값**value을 **콜론(:)**으로 연결합니다.

```
  ↙ 키         ↙ 값
{"name": "혼자 공부하는 데이터 분석"}
```

note 책에서는 눈여겨볼 문자를 강조하기 위해 중괄호에 색을 넣었습니다. 실제 코드를 작성하실 때는 텍스트 색을 신경 쓰지 마세요.

여기에서 도서명에 해당하는 키는 "name"으로 정했습니다. 키와 값에 문자열을 쓰려면 항상 **큰따옴표("")**로 감싸 주어야 합니다. 그럼 코랩을 열어 위와 같은 JSON 형식으로 파이썬 딕셔너리를 만들어 보겠습니다.

JSON 객체는 파이썬 딕셔너리와 아주 유사한 형태를 가집니다.

손코딩

```
d = {"name": "혼자 공부하는 데이터 분석"}  ⟶ JSON 형식은 키와 값에 큰따옴표를 사용합니다.
print(d['name'])  ⟶ 파이썬은 작은따옴표, 큰따옴표 둘 다 사용할 수 있지만, 이 책에서는 주로
                    작은따옴표를 사용합니다.
```

```
혼자 공부하는 데이터 분석
```

예상대로 JSON 포맷은 파이썬 딕셔너리와 잘 호환되는군요. 다만, 웹 기반 API로 데이터를 전달할 때는 파이썬 딕셔너리가 아니라 텍스트로 전달해야 합니다.

파이썬 객체를 JSON 문자열로 변환하기: json.dumps( ) 함수

파이썬의 json 패키지를 사용해 딕셔너리 d를 JSON 형식에 맞는 문자열로 바꾸어 보겠습니다. 먼저 json 패키지를 임포트합니다.

```
import json
```

json 패키지에서 파이썬 객체를 JSON 형식에 맞는 텍스트로 바꿀 때는 **json.dumps( ) 함수**를 사용합니다. 앞에서 만든 딕셔너리 d를 변환해 보겠습니다.

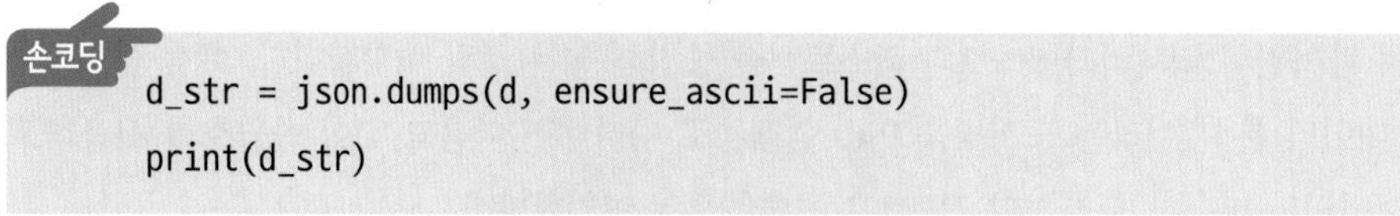

손코딩

```
d_str = json.dumps(d, ensure_ascii=False)
print(d_str)
```

```
{"name": "혼자 공부하는 데이터 분석"}
```

중괄호 안에 키와 값이 있는 JSON 형식의 문자열로 잘 변환되었습니다.

json.dumps() 함수를 사용할 때 **ensure_ascii 매개변수**를 False로 지정한 이유는 딕셔너리 d에 한글이 포함되어 있기 때문입니다. 기본적으로 json.dumps() 함수는 아스키ASCII 문자 외의 다른 문자를 16진수로 출력하기 때문에 한글이 제대로 보이지 않습니다. 그래서 ensure_ascii 매개변수를 False로 지정하여 원래 저장된 문자를 그대로 출력하도록 했습니다.

d_str이 문자열 객체인지 파이썬의 **type() 함수**로 확인해 보겠습니다.

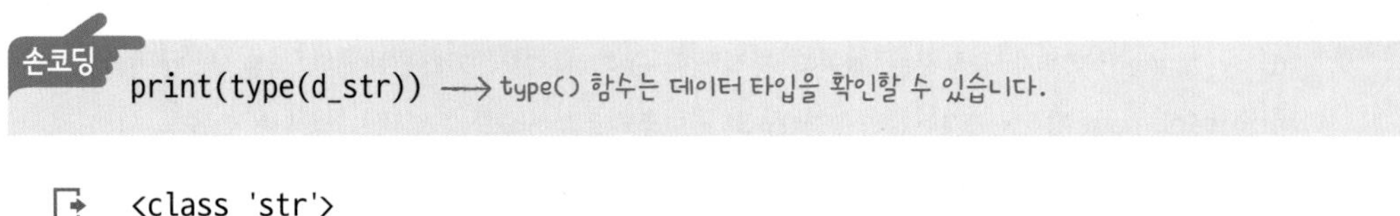

손코딩

```
print(type(d_str)) ⟶ type() 함수는 데이터 타입을 확인할 수 있습니다.
```

```
<class 'str'>
```

딕셔너리가 문자열로 제대로 바뀌었네요.

웹 기반 API는 전송하려는 파이썬 객체를 json.dumps() 함수를 사용하여 JSON 문자열로 변환하여 전송합니다. 그런데 이런 JSON 문자열을 파이썬 프로그램에 사용하려면 다시 파이썬 딕셔너리로 바꾸어야 합니다.

JSON 문자열을 파이썬 객체로 변환하기: json.loads() 함수

json.loads() 함수를 사용하면 JSON 문자열을 파이썬 객체로 변환할 수 있습니다. 다음 그림에 이런 과정이 잘 나타나 있습니다.

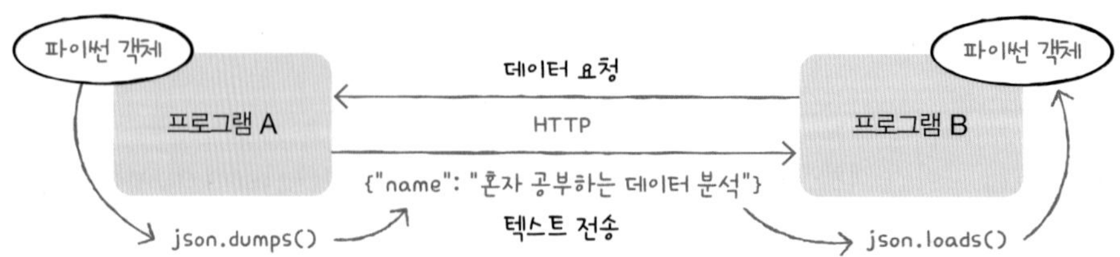

+ 여기서 잠깐 **왜 바로 파이썬 객체를 전송하지 않고 문자열로 바꾸어 전송하나요?**

웹 기반 API가 사용하는 HTTP 프로토콜이 텍스트 기반이기 때문입니다. 웹 브라우저에서 HTML 소스를 보았을 때 텍스트로 출력되었던 것을 기억하시죠? 그래서 HTTP 프로토콜로 데이터를 전송하려면 먼저 객체를 텍스트로 변환해야 합니다. 이렇게 프로그램 상의 객체를 저장하거나 읽을 수 있는 형태로 변환하는 것을 직렬화(serialization)라고 합니다. 반대로 직렬화된 정보를 다시 프로그램에서 실행 가능한 객체로 변환하는 것을 역직렬화(deserialization)라고 합니다.

그럼 json.loads() 함수로 d_str 문자열을 파이썬 딕셔너리로 바꾸어 보겠습니다. 딕셔너리로 잘 변환되었는지 확인하기 위해 d2에서 'name' 항목도 출력해 봅니다.

손코딩

```
d2 = json.loads(d_str)
print(d2['name'])
```

```
혼자 공부하는 데이터 분석
```

d2의 타입도 확인해 보죠.

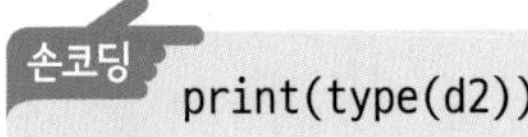

```
print(type(d2))
```

```
<class 'dict'>
```

기대했던 대로 문자열이 json.loads() 함수를 통해서 파이썬 딕셔너리로 바뀌었습니다. 웹 기반 API에서 전달되는 데이터가 JSON 문자열이라면 혼공분석은 json.loads() 함수를 사용해 파이썬 객체로 변환한 다음 분석 프로그램에서 사용하면 되겠군요.

혼공분석은 이제 JSON을 사용해 데이터를 주고받는 방식을 이해했습니다. 그런데 조금 더 복잡한 구조도 가능할까요? 이번에는 여러 개의 항목이 들어 있는 딕셔너리나, 딕셔너리 안에 리스트를 포함할 수 있는지 알아보겠습니다. 먼저 도서명 외에 저자와 발행 연도를 추가해 보겠습니다.

```
{
    "name": "혼자 공부하는 데이터 분석",
    "author": "박해선",
    "year": 2022
}
```

값을 정수로 취급하려면 큰따옴표로 감쌀 필요가 없습니다.

앞에서는 파이썬 딕셔너리를 먼저 만들고 json.dumps() 함수로 문자열로 변환한 다음 json.loads() 함수를 사용했습니다. 매번 이렇게 하는 것은 번거로우니 JSON 문자열을 **json.loads() 함수**에 직접 전달해 보겠습니다.

손코딩

```
d3 = json.loads('{"name": "혼자 공부하는 데이터 분석", "author": "박해선", \
                 "year": 2022}')
print(d3['name'])
print(d3['author'])
print(d3['year'])
```

```
혼자 공부하는 데이터 분석
박해선
2022
```

여러 개의 항목을 가진 JSON 문자열을 json.loads() 함수에 전달하여 성공적으로 딕셔너리로 변경했습니다.

이번에는 조금 더 복잡한 경우를 다루어 보죠. "author" 키에 여러 항목이 들어가려면 어떻게 하면 될까요? JSON은 대괄호 안에 여러 항목을 나열하여 배열을 표현할 수 있습니다. 마치 파이썬의 **리스트**와 비슷하죠.

```
{
    "name": "혼자 공부하는 데이터 분석",
    "author": ["박해선", "홍길동"],
    "year": 2022
}
```

이 모습은 딕셔너리 안에 리스트가 중첩된 것으로 볼 수 있습니다. json.loads() 함수에 넣어 확인해 보겠습니다.

손코딩

```
d3 = json.loads('{"name": "혼자 공부하는 데이터 분석", "author": ["박해선","홍길동"], \
                "year": 2022}')
print(d3['author'][1])
```

```
홍길동
```

파이썬 딕셔너리로 변환한 후 "author" 키의 값인 리스트에서 두 번째 항목을 출력해 보았습니다. 예상대로 '홍길동'이 출력되었네요.

마지막으로 여러 개의 도서를 포함시킬 수 있는 더 복잡한 구조를 만들어 보죠. 앞에서 저자를 대괄호 안에 나열한 것처럼 JSON 객체를 대괄호 안에 나열하면 〈혼자 공부하는 데이터 분석〉 도서와 〈혼자 공부하는 머신러닝+딥러닝〉 도서를 하나의 **JSON 배열**로 나타낼 수 있습니다.

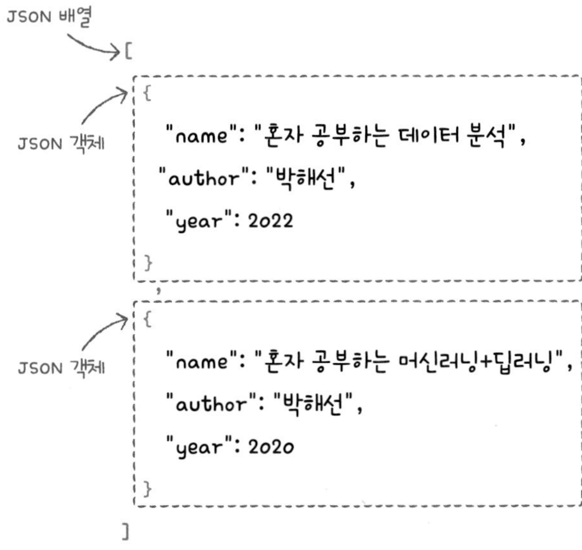

이제 JSON 구조에 익숙해졌을 것 같네요. 도서 두 권을 JSON 객체로 표현하고 이를 대괄호 안에 콤마(,)로 나열했습니다. 이 문자열을 json.loads() 함수를 사용해 파이썬 객체로 변환시켜 보겠습니다. 문자열이 길기 때문에 파이썬 **세겹따옴표(""")**를 사용해 여러 줄에 걸친 문자열을 만들겠습니다.

손코딩

```
d4_str = """ ⟶ 세겹따옴표를 사용하면 긴 문자열을 줄바꿈하여 입력할 수 있습니다.
[
  {"name": "혼자 공부하는 데이터 분석", "author": "박해선", "year": 2022},
  {"name": "혼자 공부하는 머신러닝+딥러닝", "author": "박해선", "year": 2020}
]
"""
d4 = json.loads(d4_str)
print(d4[0]['name'])
```

```
혼자 공부하는 데이터 분석
```

JSON 배열은 파이썬 리스트로 변환됩니다. d4[0]은 파이썬 리스트의 첫 번째 딕셔너리가 됩니다. 따라서 d4[0]['name']은 첫 번째 딕셔너리의 "name" 키에 해당하는 값을 잘 반환했습니다.

JSON 문자열을 데이터프레임으로 변환하기: read_json( ) 함수

이번에는 JSON 문자열을 데이터프레임으로 바꾸어 보겠습니다. 편리하게도 판다스는 JSON 문자열을 읽어서 데이터프레임으로 변환하는 **read_json( ) 함수**를 제공합니다. 앞에서 만든 d4_str 문자열을 판다스 데이터프레임으로 변환해 보겠습니다.

note 판다스 2.1 버전부터는 read_json() 함수와 read_xml() 함수에 파일 경로나 파일 객체를 전달해야 하며, 원시 문자열을 넣으면 경고가 발생합니다. 이런 경우 StringIO 클래스로 감싸면 문자열을 파일 객체처럼 다룰 수 있습니다.

손코딩

```
from io import StringIO
import pandas as pd ⟶ 판다스를 임포트합니다.
pd.read_json(StringIO(d4_str))
```

	name	author	year
0	혼자 공부하는 데이터 분석	박해선	2022
1	혼자 공부하는 머신러닝+딥러닝	박해선	2020

JSON 객체 두 개가 데이터프레임의 각 행에 잘 매핑mapping되었네요.

JSON을 데이터프레임으로 바꾸는 또 다른 방법은 JSON 문자열을 파이썬 객체로 만든 다음 DataFrame 클래스를 사용하는 것입니다. 앞에서 d4_str을 파이썬 객체로 변환한 d4를 사용해 데이터프레임을 만들어 보겠습니다.

손코딩

```
pd.DataFrame(d4) ⟶ DataFrame 클래스에 파이썬 리스트를 넣어 줍니다.
```

	name	author	year
0	혼자 공부하는 데이터 분석	박해선	2022
1	혼자 공부하는 머신러닝+딥러닝	박해선	2020

역시 파이썬 객체에서 데이터프레임이 잘 만들어졌습니다.

지금까지 JSON 데이터를 파이썬 객체와 판다스 데이터프레임으로 변환하는 방법을 배웠습니다. JSON은 비교적 읽기 쉽고 간결하기 때문에 최근 웹 기반 API에서 많이 사용합니다. 웹 기반 API를 사용해 데이터를 수집하는 경우 JSON을 만날 가능성이 아주 높기 때문에 이 내용을 잘 이해하는 것이 좋습니다.

다음에는 JSON과 함께 널리 사용되는 또 다른 텍스트 포맷인 XML에 대해 알아보겠습니다.

파이썬에서 XML 데이터 다루기

XML은 eXtensible Markup Language의 약자입니다. HTML은 웹 페이지를 표현하는 데는 뛰어나지만, 구조적이지 못하기 때문에 프로그램 간의 약속대로 전송하는 API에서는 적절하지 않습니다. 대신 XML은 컴퓨터와 사람이 모두 읽고 쓰기 편한 문서 포맷을 위해 고안되었습니다. 일단 간단한 XML의 예를 한 번 보죠.

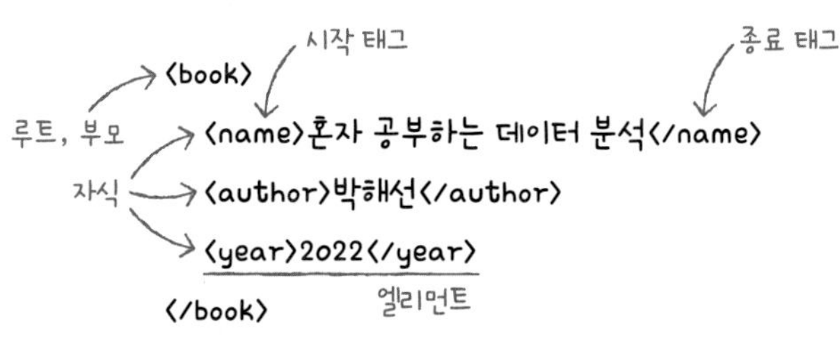

XML은 **엘리먼트**element들이 계층 구조를 이루면서 정보를 표현합니다. 엘리먼트는 시작 태그와 종료 태그로 감쌉니다. **태그**는 〈기호로 시작해서 〉기호로 끝나며 태그 이름은 영문자와 숫자를 사용합니다. 시작 태그와 종료 태그의 이름은 같아야 합니다.

예를 들면 〈name〉이 시작 태그이고 〈/name〉은 종료 태그입니다. 하나의 엘리먼트는 '〈name〉혼자 공부하는 데이터 분석〈/name〉'와 같이 시작 태그와 종료 태그로 구성됩니다. 따라서 〈book〉 엘리먼트가 세 개의 하위 엘리먼트를 가지고 있음을 알 수 있습니다. 이때 〈book〉 엘리먼트를 **부모 엘리먼트**parent element 혹은 **부모 노드**parent node라고 부릅니다. 〈name〉, 〈author〉, 〈year〉 엘리먼트는 〈book〉 엘리먼트의 **자식 엘리먼트**child element입니다.

〈book〉 엘리먼트는 맨 먼저 등장하기 때문에 루트 엘리먼트(root element)라고도 부릅니다.

+ 여기서 잠깐 **태그 이름을 정하는 규칙이 있나요?**

태그 이름은 안에 담긴 정보가 잘 드러나도록 정하는 것이 좋습니다. 이는 마치 데이터프레임의 열 이름이나 파이썬의 변수 이름을 정하는 것과 비슷하죠. 또 동일한 자식 엘리먼트를 여러 개 포함하는 부모 엘리먼트는 복수형으로 사용하는 것이 이해하기 쉽습니다. 예를 들어 〈book〉 엘리먼트를 여러 개 포함하는 부모 엘리먼트의 태그 이름은 〈books〉라고 정합니다. 태그 이름은 특수 문자와 공백 문자를 포함할 수 없고 '–', '.' 와 숫자로 시작할 수 없습니다.

XML 문자열을 파이썬 객체로 변환하기: fromstring() 함수

XML을 파이썬의 세겹따옴표로 문자열로 만든 다음, 파이썬에서 제공하는 xml 패키지를 사용해 읽어 보겠습니다. 먼저 XML 문자열을 x_str 변수에 저장합니다.

손코딩

```
x_str = """
<book>
    <name>혼자 공부하는 데이터 분석</name>
    <author>박해선</author>
    <year>2022</year>
</book>
"""
```

파이썬에서 기본으로 제공되는 **xml 패키지**는 XML 문서를 읽고 쓸 수 있는 간편한 API를 제공합니다. 여기서는 xml.etree.ElementTree 모듈의 **fromstring() 함수**를 사용해 x_str 문자열을 파이썬 객체로 변환해 보겠습니다.

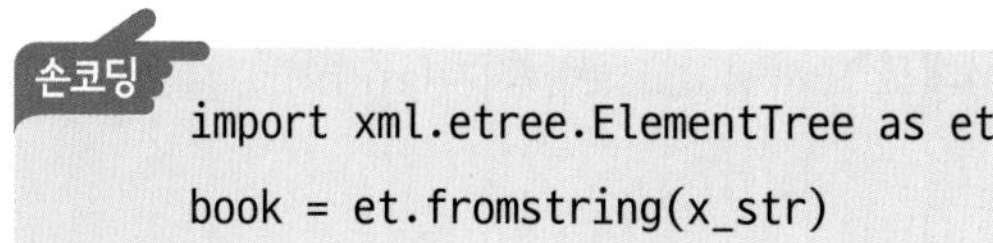

```
import xml.etree.ElementTree as et
book = et.fromstring(x_str)
```

json 패키지는 JSON 문자열을 파이썬 객체로 변환하지만, fromstring() 함수가 반환하는 객체는 단순한 파이썬 객체가 아니라 ElementTree 모듈 아래에 정의된 Element 클래스의 객체입니다. type() 함수로 fromstring() 함수가 어떤 객체를 반환하는지 book 변수의 타입을 확인해 보면 다음과 같습니다.

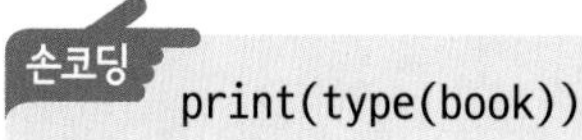

```
print(type(book))
```

```
<class 'xml.etree.ElementTree.Element'>
```

또한 book 객체는 x_str에서 가장 먼저 등장하는 부모 엘리먼트인 〈book〉에 해당합니다. book 객체의 tag 속성을 출력하면 엘리먼트 이름을 쉽게 확인할 수 있습니다.

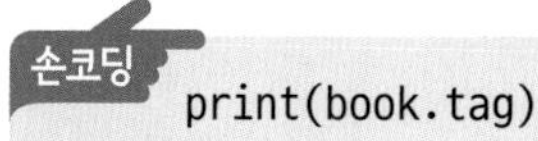

```
print(book.tag)
```

```
book
```

자식 엘리먼트 확인하기: findtext( ) 메서드

이 XML 문서에서 추출하고 싶은 것은 도서명(name), 저자(author), 발행 연도(year)입니다. 이를 위해 먼저 〈book〉 엘리먼트의 자식 엘리먼트를 구한 다음, 각각의 자식 엘리먼트에 담긴 텍스트를 읽을 수 있습니다. 먼저 book 객체를 리스트로 변환하여 자식 엘리먼트를 구해보죠.

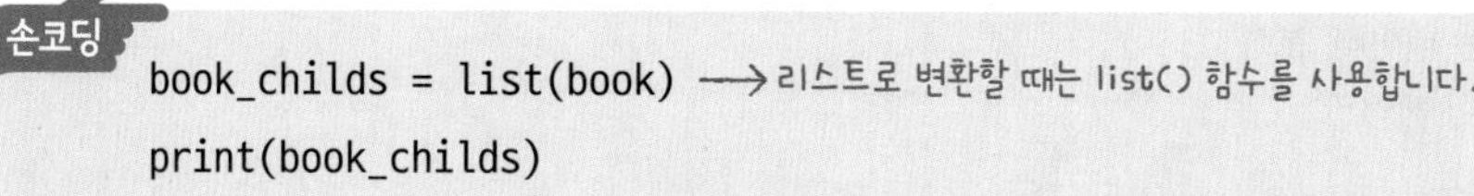


```
book_childs = list(book)
print(book_childs)
```

```
[<Element 'name' at 0x7f8d78d3dc28>, <Element 'author' at 0x7f8d481ea2c8>,
<Element 'year' at 0x7f8d481ea048>]
```

실행 결과에서 볼 수 있듯이 book_childs에는 순서대로 도서명(name), 저자(author), 발행 연도(year) 엘리먼트가 담겨 있습니다.

이 book_childs 리스트 각 항목을 name, author, year 변수에 할당하고 text 속성으로 엘리먼트에 있는 텍스트를 출력합니다.

손코딩

```
name, author, year = book_childs
print(name.text)
print(author.text)
print(year.text)
```

```
혼자 공부하는 데이터 분석
박해선
2022
```

성공적으로 XML 문서에 있는 세 가지 텍스트가 잘 출력되었습니다. 그러나 XML은 자식 엘리먼트 순서가 항상 일정하다는 것을 보장하지 않습니다. 위처럼 book_childs에서 순서대로 자식 엘리먼트를 찾는 것은 위험하죠.

book 객체의 **findtext() 메서드**를 사용하면 해당하는 자식 엘리먼트를 탐색하여 자동으로 텍스트를 반환할 수 있습니다. 어떻게 사용하는지 다음 코드를 한 번 보죠.

손코딩

```
name = book.findtext('name')
author = book.findtext('author')
year = book.findtext('year')
print(name)
print(author)
print(year)
```

```
혼자 공부하는 데이터 분석
박해선
2022
```

findtext() 메서드에 찾으려는 태그 이름을 넣어 주니 자동으로 해당 엘리먼트를 찾아 텍스트를 반환합니다. 이런 방식은 자식 엘리먼트의 순서가 어떻게 되어 있든지 상관없기 때문에 안전합니다.

좋습니다! 그럼 조금 더 복잡한 XML 문서를 만들어 보죠. 두 개의 〈book〉 엘리먼트가 있다면 어떻게 표현해야 할까요? JSON과 달리 XML은 배열 같은 구조가 없습니다. 대신 다음처럼 두 개의 〈book〉 엘리먼트를 감싸는 부모 엘리먼트를 만듭니다.

손코딩

```
x2_str = """
<books>  ──> 부모 엘리먼트를 만듭니다.
    <book>
        <name>혼자 공부하는 데이터 분석</name>
        <author>박해선</author>
        <year>2022</year>
    </book>
    <book>
        <name>혼자 공부하는 머신러닝+딥러닝</name>
        <author>박해선</author>
        <year>2020</year>
    </book>
</books>
"""
```

여기에서는 〈books〉 엘리먼트 안에 두 개의 〈book〉 엘리먼트를 포함시켰습니다. 이제 x2_str의 부모 엘리먼트는 〈book〉이 아니라 〈books〉가 됩니다. fromstring() 함수를 사용해 부모 엘리먼트를 확인하면 다음과 같습니다.

손코딩

```
books = et.fromstring(x2_str)
print(books.tag)
```

```
books
```

여러 개의 자식 엘리먼트 확인하기: findall( ) 메서드와 for 문

이제 ⟨books⟩ 안에 포함된 두 개의 ⟨book⟩ 엘리먼트를 찾아서 도서명, 저자, 발행 연도를 출력해 보겠습니다.

동일한 이름을 가진 여러 개의 자식 엘리먼트를 찾을 때는 **findall() 메서드**와 **for 문**을 함께 사용하면 편리합니다. 다음 코드는 findall() 메서드가 반환하는 자식 엘리먼트 ⟨book⟩에서 'name', 'author', 'year'를 찾아 출력합니다.

손코딩

```
for book in books.findall('book'):
    name = book.findtext('name')
    author = book.findtext('author')
    year = book.findtext('year')
    print(name)
    print(author)
    print(year)
    print()
```

```
혼자 공부하는 데이터 분석
박해선
2022

혼자 공부하는 머신러닝+딥러닝
박해선
2020
```

성공입니다. ⟨books⟩의 자식 엘리먼트를 모두 찾아 그 안에 담긴 텍스트를 잘 출력했습니다. 이제 JSON과 XML까지 이해했으니 웹 기반 API를 사용하는데 문제가 없을 것 같군요.

JSON의 경우 API에서 전달한 텍스트를 json.loads() 함수를 사용해 파이썬 객체로 바꾸어 내용을 추출했다면, XML은 xml.etree.ElementTree 모듈에 있는 fromstring() 함수를 사용하여 부모(루트) 엘리먼트를 얻고, findall() 메서드로 자식 엘리먼트에 담긴 텍스트를 추출할 수 있다는 것을 기억하세요.

✚ 여기서 잠깐 **JSON처럼 XML을 바로 판다스로 바꾸는 방법이 있나요?**

판다스 read_json() 함수를 사용하면 JSON 문자열을 바로 판다스 데이터프레임으로 변환할 수 있습니다. XML도 비슷하게 **read_xml()** 함수를 사용하면 XML을 데이터프레임으로 변환해 줍니다. read_xml() 함수는 판다스 1.3.0 버전부터 지원됩니다. 만약 개인 컴퓨터에서 주피터 노트북으로 실습을 한다면 판다스 버전을 확인한 후 다음과 같이 x2_str을 데이터프레임으로 변경할 수 있습니다.

```
pd.read_xml(x2_str)
```

	name	author	year
0	혼자 공부하는 데이터 분석	박해선	2022
1	혼자 공부하는 머신러닝+딥러닝	박해선	2020

이제 혼공분석은 JSON과 XML에 대해 자신감이 생겼습니다. 개발팀과 API 협의를 시작해도 괜찮을 것 같네요. 아이고, 그런데 이사님이 갑자기 다른 일을 시킵니다. 이런 일이 종종 있지만 개발팀에는 뭐라고 얘기를 해야 할지 난감하네요….

API로 20대가 가장 좋아하는 도서 찾기

이사님의 통찰력으로 20대가 좋아할 만한 도서를 골랐습니다. 이 도서와 실제 20대의 선호 도서와 비교해 보려는데요. 아쉽게도 회사의 판매 데이터에는 구매자의 나이가 들어 있지 않습니다. 큰일이네요. 어떻게 하면 해결할 수 있을까요? 혹시 도서관 정보나루 사이트에서 나이별로 대출 데이터를 조회할 수 있는지 알아보죠.

01 도서관 정보나루에 접속합니다. 메인 페이지 메뉴에 [데이터 활용] 탭을 클릭한 후 메뉴 아래에 [Open API 활용방법] 탭을 클릭합니다. 이 탭에는 정보나루 웹사이트에서 제공하는 API가 정리되어 있습니다. 스크롤로 화면을 조금 내려 [이용절차] 항목을 보니 회원가입 후 인증키를 발급받아 API를 사용하라고 나오는군요. 앞서 API에 대해 배웠으니 큰 문제 없이 헤쳐나갈 수 있을 것 같습니다.

02 인증키를 받기 전에 다시 스크롤로 화면을 올려 이용안내 항목 옆의 [API매뉴얼다운로드] 버튼을 클릭합니다. 다운로드한 PDF에서 연령별 대출 데이터를 제공하는 API가 있는지 알아보겠습니다.

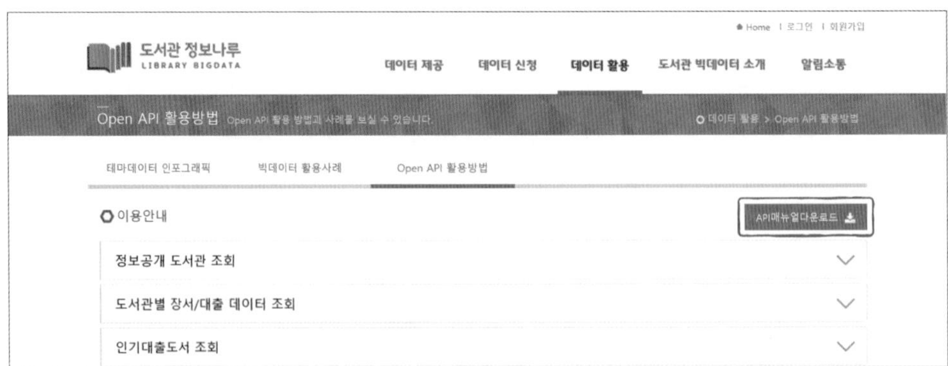

03 도서관 정보나루 API 매뉴얼 PDF의 7쪽을 살펴보면 '3. 인기대출도서 조회'에서 연령별 데이터를 제공한다고 쓰여 있습니다. 정말 다행입니다. 이 API는 기본적으로 인기 대출 도서 200권을 제공합니다. 이사님에게 제시하기에는 충분한 개수 같습니다.

> **3. 인기대출도서 조회**
>
> · 주요기능
>
> ▪ 빅데이터 분석 플랫폼에서 수집된 대출정보를 기반으로 분석한 인기대출도서 정보를
>
> · 활용예제
>
> ▪ 아래와 같이 오픈 API 프로토콜 입력 규칙에 따라 베이스 URL, 타겟 DB, 질문식, 검색항목 등을 조합하여 오픈 API 를 호출하면 검색결과를 XML 로 제공합니다(푸른색은 필수입력 항목).
>
> ▪ 선택조건을 통해 대출기간, 성별, 연령별, 지역별, ISBN 부가기호별, KDC 주제분류별 데이터를 조회할 수 있습니다. 자세한 조건은 아래 메뉴얼을 참조해주시기 바랍니다.

API를 호출하는 URL 작성하기

도서관 정보나루 공개 API를 사용하려면 **호출 URL**이 필요합니다. [3. 인기대출도서 조회] 항목에서 호출 URL 형식을 보면 http로 시작합니다. HTTP 프로토콜을 사용한다는 의미입니다. 호출 URL이 아주 길어서 혼공분석이 데이터 조회에 필요한 것을 다음과 같이 정리해 보았습니다.

호출 URL 형식
http://data4library.kr/api/loanItemSrch?authKey=[발급받은키]&startDt=2022-01-01&endDt=2022-03-31&gender=1&age=20®ion=11;31&addCode=0&kdc=6&pageNo=1&pageSize=10

- **호출 URL**: http://data4library.kr/api/loanItemSrch
- **파라미터**
    - **format**: 지정하지 않으면 XML 문서로 반환됩니다. 여기에서는 json으로 지정하여 JSON 문서로 받겠습니다.
    - **startDt**: 검색 시작 일자. 2021년 4월 1일로 지정합니다.
    - **endDt**: 검색 종료 일자. 2021년 4월 30일로 지정합니다.
    - **age**: 연령대. 20으로 지정하여 20대 대출 도서를 조회합니다.
    - **authKey**: 인증키. 정보나루 사이트에서 인증키를 신청하여 받아야 합니다.

조회할 값은 호출 URL 뒤에 파라미터를 뒤에 연결하면 됩니다. 파라미터와 값은 **= 문자**로 연결하고 파라미터 사이는 **& 문자**로 연결합니다. 호출 URL과 파라미터는 **? 문자**로 연결합니다. 이러한 방식을 **HTTP GET 방식**이라고 합니다. 검색 사이트나 포털 사이트의 주소에서 흔히 볼 수 있죠.

✚ 여기서 잠깐 HTTP GET 방식이 뭔가요?

웹 브라우저가 웹 서버에 요청을 할 때 URL로 파라미터 값이나 데이터를 전달할 수 있습니다. 이를 **GET 방식**이라고 합니다. **?** 문자 뒤에 연결된 파라미터와 값들은 **쿼리 스트링**(query string)이라고 합니다. 다음 예의 경우 "startDt=2021-04-01&endDt=2021-04-30"이 쿼리 스트링입니다.

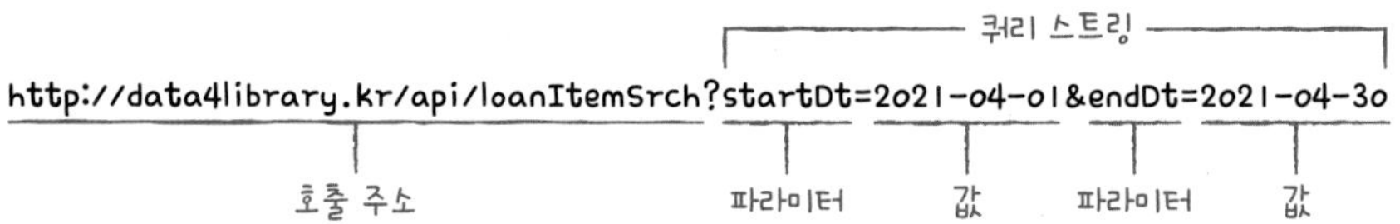

하지만 웹 브라우저와 웹 서버 모두 URL 길이에 제한을 두고 있기 때문에 무한정 길게 쓸 수는 없습니다. 보통 2,000자 이내면 안전한 길이입니다.

만약 이보다 긴 데이터를 보내야 하는 경우는 어떻게 할 수 있을까요? 예를 들면 온라인 쇼핑몰에 들어가 상품 구매 리뷰를 쓰거나 위키백과 사이트에 문서를 등록할 때는 부족할 것입니다. 이럴 때는 **HTTP POST 방식**을 사용합니다. 이 방식은 URL 뒤에 파라미터나 데이터를 붙이지 않습니다. HTTP 프로토콜 안에 있는 별도의 공간에 데이터를 실어 보내기 때문에 길이 제약없이 보낼 수 있습니다. 이러한 이유로 POST 방식은 URL만 봐서는 어떤 데이터를 전달했는지 알 수 없습니다.

좋습니다. 앞에서 혼공분석이 정리한 파라미터를 연결하여 호출할 URL을 완성하면 다음과 같습니다. 이제 URL 마지막에 API 인증키만 추가하면 호출 URL은 완성입니다.

```
http://data4library.kr/api/loanItemSrch?format=json&startDt=2021-04-01&endDt=
2021-04-30&age=20&authKey=인증키
```

API 인증키 발급하기

호출 URL을 사용하려면 API 인증키가 필요합니다. 지금부터 확인해 보겠습니다.

01 도서관 정보나루 사이트 오른쪽 상단에 있는 [마이페이지]를 클릭합니다.

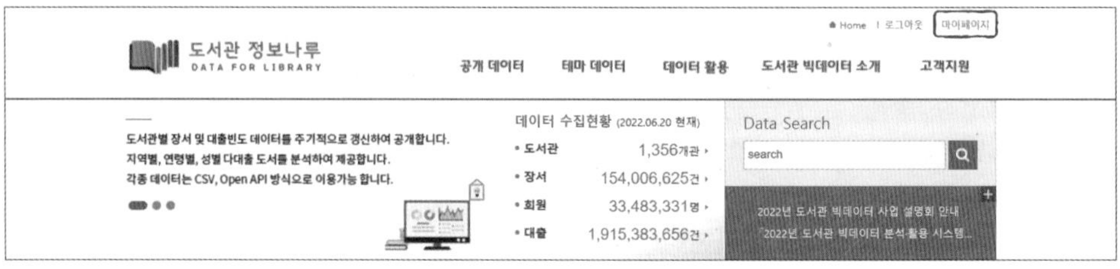

note 마이페이지 확인을 위해 도서관 정보나루 사이트에서 로그인을 진행하세요. API 인증키는 도서관 정보나루 회원이어야 확인할 수 있습니다.

02 마이페이지 화면 중앙의 인증키 정보 항목에서 먼저 ❶ [개인정보 수집 및 이용에 관한 안내]의 [선택항목 : 동의]를 체크하고, ❷ [사용목적]에서 '목적'을 선택합니다. 그다음 ❸ [인증키]의 [인증키발급] 버튼을 클릭하면 인증키 발급이 신청됩니다.

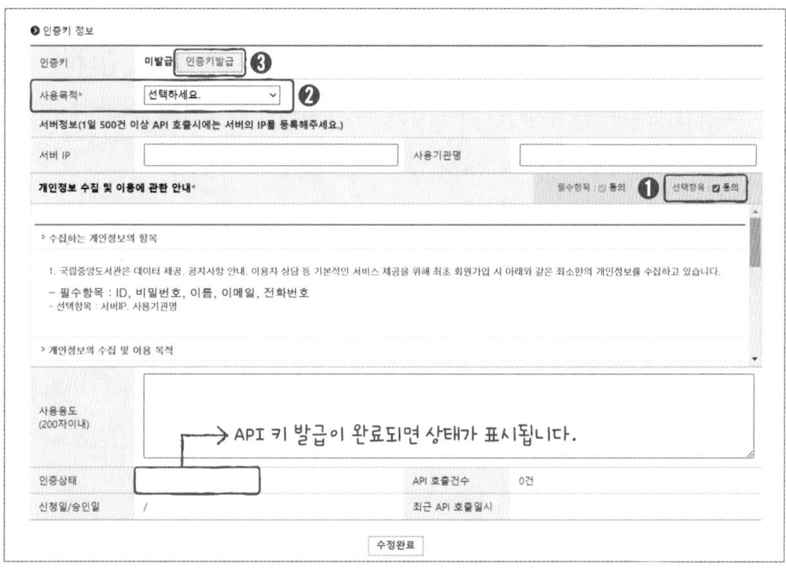

note 인증키 발급 신청 후 인증상태 항목이 '승인완료(사용중)'이 되어야 API가 활성화됩니다.

03 인증키를 복사한 후 앞에서 만든 URL 마지막 authKey= 이후에 붙여 넣어 호출 URL을 완성합니다. 이 주소를 웹 브라우저 주소 표시줄에 넣고 접속하면 다음과 같은 화면을 확인할 수 있습니다.

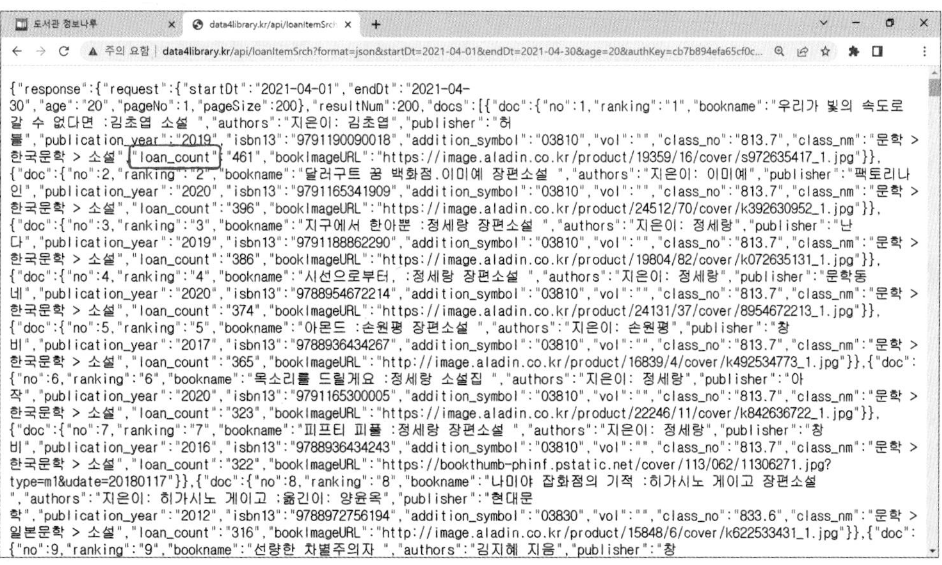

들여쓰기가 되어 있지 않아 보기 힘들지만, 이 API가 반환한 값은 JSON 형태가 맞습니다. 위 스크린샷의 다섯 번째 줄을 보면 대출 횟수를 나타내는 loan_count라는 키가 있군요. 이 정보로 이사님이 원하는 20대 인기도서를 찾을 수 있습니다.

그런데 매번 브라우저에 이 주소를 입력해서 JSON 데이터를 다운로드하는 것은 너무 수동적인 방법이네요. 만약 매일 아침에 이런 자료를 뽑아야 한다면 이런 방식은 바람직하지 않습니다. 웹 브라우저를 사용하지 않고 도서관 정보나루 공개 API에서 JSON 데이터를 자동으로 추출하는 프로그램을 만드는 게 좋겠습니다.

파이썬으로 API 호출하기: requests 패키지

파이썬에서 URL을 호출하여 데이터를 받을 수 있는 방법은 많습니다. 그중에서 간편하고 널리 사용하는 **requests 패키지**를 사용해 보죠. 이 패키지도 코랩에서 바로 사용할 수 있습니다. 먼저 requests 패키지를 임포트합니다.

```
import requests
```

그다음 앞에서 만든 도서관 정보나루 API 인증키를 넣은 호출 URL을 변수에 저장하겠습니다.

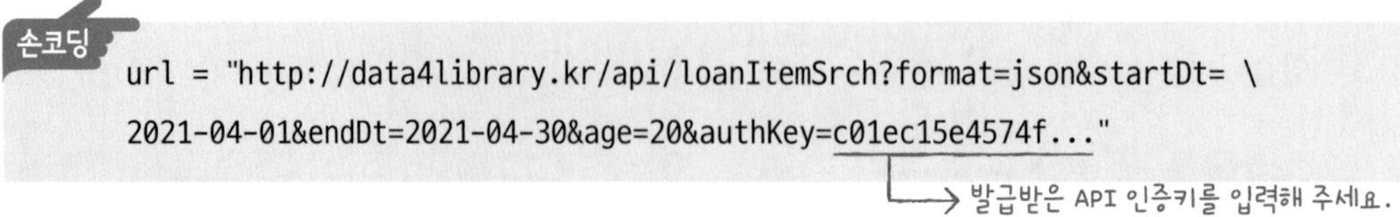


```
url = "http://data4library.kr/api/loanItemSrch?format=json&startDt= \
2021-04-01&endDt=2021-04-30&age=20&authKey=c01ec15e4574f..."
```

사용법은 아주 간단합니다. 이 URL은 HTTP GET 방식으로 파라미터 값을 전달하기 때문에 URL을 **requests.get() 함수**에 전달하는 것이 전부입니다.

```
r = requests.get(url)
```

get() 함수가 반환하는 값은 API 호출의 결과를 담고 있는 requests 패키지의 Response 클래스 객체입니다.

이 객체는 유용한 여러 메서드를 제공합니다. 이 중 **json() 메서드**는 편리하게도 웹 서버로부터 받은 JSON 문자열을 파이썬 객체로 변환하여 반환합니다. 이 메서드를 사용해 브라우저에서 보았던 것과 받은 데이터가 같은지 확인해 보죠.

손코딩
```
data = r.json( )
print(data)
```

```
{'response': {'request': {'startDt': '2021-04-01', 'endDt': '2021-04-30', 'age':
'20', 'pageNo': 1, 'pageSize': 200}, 'resultNum': 200, 'docs': [{'doc': {'no': 1,
'ranking': '1', 'bookname': '우리가 빛의 속도로 갈 수 없다면 :김초엽 소설 ', 'authors':
'지은이: 김초엽', 'publisher': '허블', 'publication_year': '2019', 'isbn13':
'9791190090018', 'addition_symbol': '03810', 'vol': '', 'class_no': '813.7',
'class_nm': '문학 > 한국문학 > 소설', 'loan_count': '461',...
```
→ 실제로는 한 줄로 출력됩니다.

실행 결과를 보면 앞서 브라우저에 URL을 직접 입력하여 보았던 내용(105쪽)과 일치하는 것을 알 수 있습니다. 성공입니다. 파이썬으로 공개 API를 호출해서 데이터를 받아 냈군요. 이제 이 데이터를 적절히 변형하여 보기 좋은 형태로 만드는 작업만 남았습니다.

+ 여기서 잠깐 **JSON 말고 그냥 원본 데이터를 받으려면 어떻게 해야 하나요?**

requests.get( ) 함수로 얻은 응답 객체는 유용한 여러 속성을 제공합니다. r.text에는 응답으로 받은 원본 텍스트를 담고 있습니다. r.content도 비슷하게 응답받은 데이터를 제공하지만 파이썬 바이트 객체(bytes)로 제공됩니다. 이미지와 같은 바이너리 데이터를 수신할 때 유용하게 사용할 수 있습니다. r.status_code는 HTTP 상태 코드를 담고 있습니다. 404이면 파일을 찾을 수 없다는 뜻이고 200이면 정상 응답을 의미합니다.

코랩이나 주피터 노트북의 편리한 기능 중 하나는 print() 함수를 사용하지 않아도 코드 셀의 마지막 라인의 실행 결과를 자동으로 출력해 주는 것입니다. 그래서 코드 셀에 변수 이름만 써도 변수에 담긴 내용이 출력됩니다. 더욱이 다음처럼 JSON 형식이면 들여쓰기가 잘 되어 보기 쉬운 형태로 바꾸어 주기까지 합니다.

```
data
```


```
{'response': {'request': {'startDt': '2021-04-01',
   'endDt': '2021-04-30',
   'age': '20',
   'pageNo': 1,
   'pageSize': 200},
   'resultNum': 200,
   'docs': [{'doc': {'no': 1,
     'ranking': '1',
     'bookname': '우리가 빛의 속도로 갈 수 없다면 :김초엽 소설 ',
     'authors': '지은이: 김초엽',
     'publisher': '허블',
     'publication_year': '2019',
     'isbn13': '9791190090018',
     'addition_symbol': '03810',
     'vol': '',
     'class_no': '813.7',
     'class_nm': '문학 > 한국문학 > 소설',
     'loan_count': '461',
     'bookImageURL': 'https://image.aladin.co.kr/product/19359/16/cover/
                      s972635417_1.jpg'}},
   {'doc': {'no': 2,
    'ranking': '2',
    'bookname': '달러구트 꿈 백화점.이미예 장편소설 ',
    'authors': '지은이: 이미예',
    'publisher': '팩토리나인',
```


들여쓰기 된 JSON 출력은 코랩과 주피터 노트북 버전에 따라 조금 다를 수 있습니다.

정렬되면 JSON의 전체 구조를 파악하기 쉽습니다. 맨 처음 'response' 키가 하나의 딕셔너리를 값으로 가지고 있습니다. 이 딕셔너리의 'docs' 키에 해당하는 값은 리스트입니다. 이 리스트는 여러 개의 딕셔너리를 가지고 있습니다. 전체 구조를 그림으로 표현하면 다음과 같습니다.

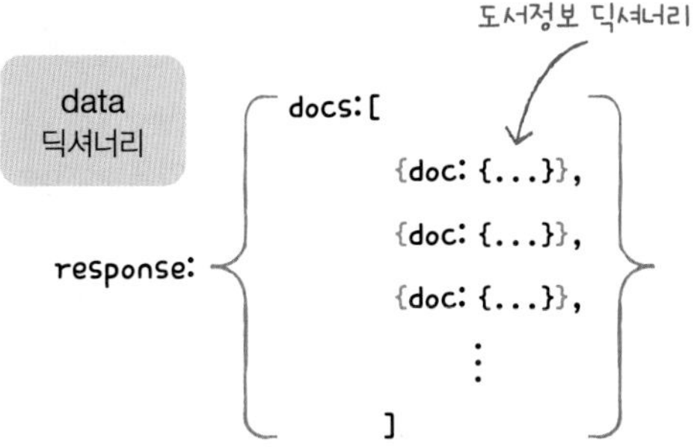

note response 키에 매핑된 딕셔너리에는 docs 말고 다른 키도 있지만, 여기에서 관심 대상은 docs 키이므로 다른 키에 대한 내용은 언급하지 않겠습니다.

docs 키와 doc 키는 각각 하나의 리스트와 하나의 딕셔너리만 가지고 있기 때문에 계층 구조를 표현하는 것 외에는 큰 역할이 없습니다. 실제 도서 정보는 doc 키에 매핑된 딕셔너리에 들어 있습니다. 이 JSON 데이터를 판다스 데이터프레임으로 손쉽게 변환하기 위해 data 딕셔너리의 구조를 다음과 같이 바꿉니다.

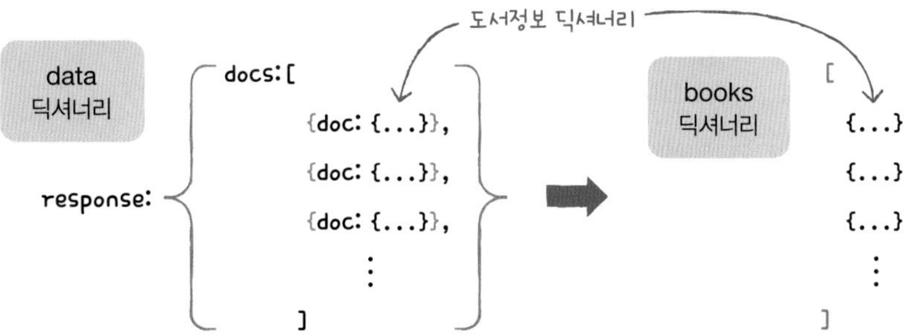

이렇게 만들기 위해 data['response']['docs']에 매핑된 리스트를 순회하면서 doc 키에 매핑된 딕셔너리를 추출한 후 빈 리스트에 추가해 보겠습니다. 이 과정은 **for 문**으로 만들겠습니다.

손코딩

```
books = []
for d in data['response']['docs']:
    books.append(d['doc'])
```

✚ 여기서 잠깐 **파이썬의 리스트 내포(list comprehension)로 만들 수 없나요?**

물론 가능합니다. 리스트 내포는 for 문을 대괄호로 감싸서 리스트를 만드는 방법이죠. for 문으로 리스트를 만들 때 리스트 내포 구문을 사용하면 간결하게 표현할 수 있습니다. 앞의 코드와 동일한 작업을 수행하는 리스트 내포 구문은 다음과 같습니다.

```
books = [d['doc'] for d in data['response']['docs']]
```

books 변수에 원하는 대로 저장되었는지 확인해 보겠습니다.

손코딩
```
books
```

```
[{'no': 1,
  'ranking': '1',
  'bookname': '우리가 빛의 속도로 갈 수 없다면 :김초엽 소설 ',
  'authors': '지은이: 김초엽',
  'publisher': '허블',
  'publication_year': '2019',
  'isbn13': '9791190090018',
  'addition_symbol': '03810',
  'vol': '',
  'class_no': '813.7',
  'class_nm': '문학 > 한국문학 > 소설',
  'loan_count': '461',
  'bookImageURL':
    'https://image.aladin.co.kr/product/19359/16/cover/s972635417_1.jpg'},
 {'no': 2,
  'ranking': '2',
  'bookname': '달러구트 꿈 백화점.이미예 장편소설',
  'authors': '지은이: 이미예',
  ...
```

성공입니다. 도서 정보가 담긴 딕셔너리의 리스트가 잘 만들어졌습니다. 이제 남은 것은 판다스 DataFrame 클래스에 이 리스트를 넘기는 것뿐입니다.

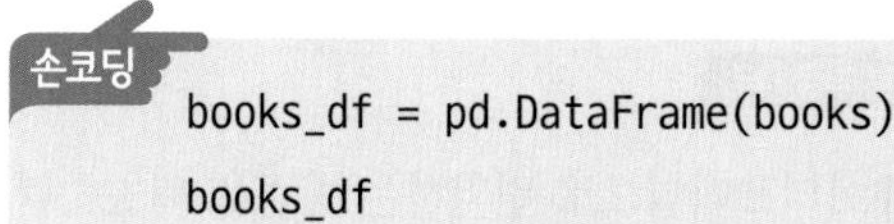

```
books_df = pd.DataFrame(books)
books_df
```

	no	ranking	bookname	authors	publisher	publication_year	isbn13	addition_symbol
0	1	1	우리가 빛의 속도로 갈 수 없다면: 김초엽 소설	지은이: 김초엽	허블	2019	9791190090018	03810
1	2	2	달러구트 꿈 백화점: 이미예 장편소설	지은이: 이미예	팩토리나인	2020	9791165341909	03810
2	3	3	지구에서 한아뿐: 정세랑 장편소설	지은이: 정세랑	난다	2019	9791188862290	03810
3	4	4	시선으로부터,	정세랑 (지은이)	문학 동네	2020	9788954672214	03810
4	5	5	아몬드: 손원평 장편소설	지은이: 손원평	창비	2017	9788936434267	03810
...	...	...	...	...	...	...	...	...

와우! 성공이네요. 인기 도서 목록이 데이터프레임의 각 행에 잘 저장되었습니다. 친절하게도 대출을 가장 많이 한 순서대로 정렬되어 있군요. 지금 만든 프로그램을 정기적으로 실행하면 보고 자료를 손쉽게 만들 수 있을 것 같습니다!

마지막으로 다음 절에서 사용하기 위해 books_df의 내용을 JSON으로 변환하여 저장하겠습니다. 01-3절에서 판다스 데이터프레임을 CSV 파일로 저장하기 위한 to_csv() 메서드를 배웠습니다. 비슷하게 JSON 파일로 저장해 주는 **to_json() 메서드**가 있습니다. 20대가 좋아하는 도서 200권 목록을 JSON 파일에 저장합니다.

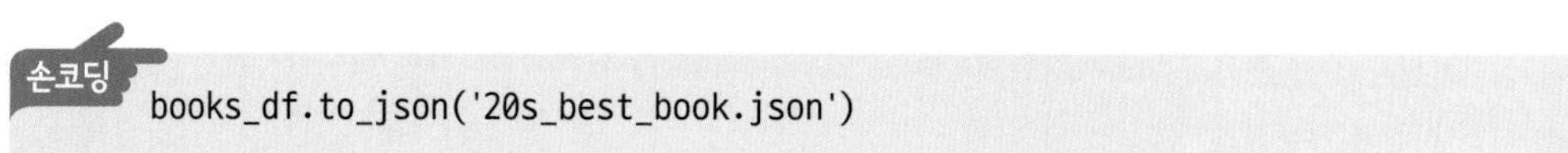

```
books_df.to_json('20s_best_book.json')
```

note to_json() 메서드는 기본적으로 유니코드를 16진수로 저장하기 때문에 텍스트 편집기에서 20s_best_book.json 파일을 열면 한글이 제대로 보이지 않습니다. to_json() 메서드가 한글을 그대로 저장하게 하려면 force_ascii 매개변수를 False로 지정하세요.

공개 API로 웹에서 데이터 가져오기 문제 해결 과정

이 절에서는 웹 기반 API로 제공되는 데이터를 가져와 데이터프레임으로 변환하는 방법을 배웠습니다. 가장 먼저 JSON과 XML 구조를 살펴보았고 파이썬 객체나 판다스 데이터프레임으로 변환하는 방법도 알게 되었습니다. 웹 기반 API에서는 JSON과 XML을 사용하는 경우가 아주 많습니다. 두 데이터 형식을 잘 이해하면 대부분의 경우를 어렵지 않게 다룰 수 있습니다.

이사님의 갑작스러운 요구 사항에도 혼공분석은 크게 당황하지 않고 도서관 정보나루의 API 매뉴얼에서 원하는 정보를 찾았습니다. 이처럼 내가 원하는 데이터를 찾으려면 가능성 있는 데이터 저장소와 공개된 API를 잘 살펴보아야 합니다. API 매뉴얼 문서에 있는 내용이 실제 호출 결과와 다를 수도 있습니다. 이럴 때는 주저 말고 서비스 담당자에게 메일을 보내거나 전화를 걸어 문의하세요.

그리고 **requests 패키지**를 활용하여 필요한 공개 API를 찾아서 파이썬 프로그램에서 호출하고, 데이터프레임으로 변환하는 과정을 자동화했습니다. requests 패키지의 **get() 함수**를 사용해 도서관 정보나루의 API 주소로 데이터를 받고, **json() 메서드**를 사용해 파이썬 객체로 간단히 변환했습니다. 변환한 딕셔너리는 구조가 장황하기 때문에 구조를 조금 변경하여 판다스 데이터프레임으로 바꾸었습니다.

파이썬 프로그래머들은 웹에 있는 데이터를 가져오기 위해 requests 패키지를 정말 많이 사용합니다.

인터넷에서 얻을 수 있는 데이터는 모두 제각각의 형태를 띱니다. 자신의 작업에 맞게 가공하려면 API 매뉴얼이나 예시를 잘 살펴보고, 코드를 작성하는데 어느 정도 시간을 투자해야 합니다. 또한 데이터 수집 프로그램을 작성하여 정기적으로 데이터를 가져오려면 API 호출에 오류가 나거나 얻은 데이터의 형태가 달라졌을 때 알림을 받을 수 있도록 준비하는 것이 좋습니다.

다음 절에서는 API가 아니라 웹사이트에 있는 데이터를 가져오는 방법을 소개합니다. 조금 더 복잡하지만 이 절에서 HTTP와 HTML을 다루어 보았기 때문에 크게 어렵지 않을 것입니다.

마무리

▶ 4가지 키워드로 정리하는 핵심 포인트

- **API**는 프로그램 간 데이터를 전달하기 위해 정한 규칙입니다. 수동으로 데이터를 받는 방법은 매주, 매일 반복되는 작업에는 적절하지 않습니다. 이런 경우 공개 API가 제공되는지 살펴보세요. 공개 API를 사용하면 데이터 수집 과정을 자동화할 수 있습니다.
- **HTTP**는 웹에서 데이터를 주고받기 위한 프로토콜입니다. 예를 들면 웹 페이지, 이미지 등을 받아 웹 브라우저에 나타내는데 HTTP를 사용합니다. 그래서 웹 브라우저로 접속하는 인터넷 URL 주소는 모두 http 혹은 보안이 강화된 https로 시작합니다.
- **JSON**은 근래에 아주 많이 사용하는 데이터 전달 포맷입니다. 자바스크립트뿐만 아니라 웹 기반 API에서도 널리 대중화되어 있습니다. JSON의 장점은 HTML이나 XML보다 사람이 읽기 편하고 간단하게 파이썬 객체로 변환할 수 있는 것입니다.
- **XML**은 JSON 보다 조금 장황하지만 사람이 이해하기 쉬운 구조적인 포맷을 제공합니다. 파이썬에서는 기본으로 제공되는 xml 패키지를 사용하여 XML 문서에 있는 엘리먼트를 탐색할 수 있고, 판다스의 경우 read_xml() 함수를 사용하여 데이터프레임으로 바꿀 수 있습니다.

▶ 표로 정리하는 핵심 함수와 메서드

함수/메서드	기능
json.dumps()	파이썬 객체를 JSON 문자열로 변환합니다.
json.loads()	JSON 문자열을 파이썬 객체로 변환합니다.
pandas.read_json()	JSON 문자열을 판다스 시리즈나 데이터프레임으로 변환합니다.
xml.etree.ElementTree.fromstring()	XML 문자열을 분석하여 xml.etree.ElementTree.Element 클래스 객체를 반환합니다.
xml.etree.ElementTree.Element.findtext()	지정한 태그 이름과 맞는 첫 번째 자식 엘리먼트의 텍스트를 반환합니다.
xml.etree.ElementTree.Element.findall()	지정한 태그 이름과 맞는 모든 자식 엘리먼트를 반환합니다.
requests.get()	HTTP GET 방식으로 URL을 호출하고 requests.Response 객체를 반환합니다.
requests.Response.json()	응답받은 JSON 문자열을 파이썬 객체로 변환하여 반환합니다.

▶ 확인 문제

1. 다음 중 가장 올바르게 API를 정의한 것은 무엇인가요?

① API는 프로그램 간의 통신을 위한 규칙을 정의한 것입니다.
② API는 운영체제만이 제공할 수 있습니다.
③ API마다 별도의 라이브러리가 꼭 필요합니다.
④ 공개 API는 대부분 C나 C++ 같은 저수준 언어만 사용해야 합니다.

2. 다음 중 웹 기반 API에서 널리 사용하는 데이터 형식이 아닌 것은 무엇인가요?

① CSV
② JSON
③ XML
④ HTML

3. 다음 중 파이썬에서 웹 URL을 호출하는 데 특화된 패키지는 무엇인가요?

① pandas
② requests
③ json
④ xml

4. 다음 과정에 사용해야 할 함수는 무엇일까요? 빈칸을 채워 보세요.

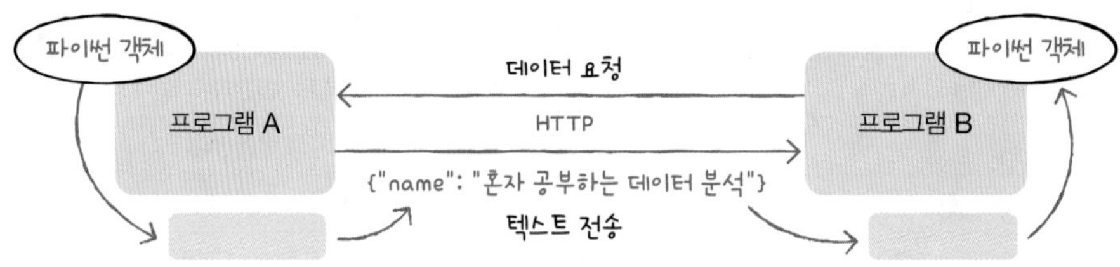

5. 판다스에서 JSON 문자열을 데이터프레임으로 변환하는 함수는 무엇인가요?

① fromstring()
② json_loads()
③ read_json()
④ json()

6. 다음 중 HTTP GET 방식에 대해 잘못 설명한 것은 무엇인가요?

① 웹 브라우저만이 사용할 수 있는 방식입니다.
② 웹 서버에서 필요한 파라미터를 웹 URL 뒤에 연결하여 전달합니다.
③ 파라미터 사이는 &로 구분하고 파라미터와 값 사이는 =로 구분합니다.
④ 파라미터를 포함한 전체 URL 길이는 2,000자 내외가 안전합니다.

02-2 웹 스크래핑 사용하기

핵심 키워드

웹 스크래핑 뷰티플수프

공개 API에서 데이터를 수집하는 과정은 비교적 자동화하기 쉽습니다. 하지만 이런 데이터 소스를 사용할 수 없고 원하는 데이터가 인터넷 웹 페이지에 있다면 직접 HTML의 내용을 읽어 원하는 정보를 뽑아내야 합니다. 이 방식은 최후의 수단이지만 이따금 필요할 때가 있습니다. 이 절에서 웹사이트에 접속해서 필요한 정보를 가져오는 방법을 배워보겠습니다.

시작하기 전에

혼공분석이 20대가 좋아하는 도서 200개 목록을 이사님에게 전달해 드렸습니다. 모든 과정을 자동화했으니 필요할 때 언제든지 요청해도 된다고 자랑스럽게 이야기했죠. 그런데 목록을 살펴보던 이사님이 눈을 크게 뜨며 놀라는군요.

아이고, 하나를 끝내면 또 하나의 일이 늘어나는군요. 이사님은 베스트셀러 도서가 200쪽을 넘을 수 없다고 생각합니다. 이런 고정관념을 깨뜨리려면 데이터를 제시하는 수밖에 없겠습니다. 혹시나 하고 도서관 정보나루의 API 매뉴얼을 열심히 찾아보았지만 도서 쪽수를 제공하는 API는 없네요. 흠. 조금 곤란한 상황입니다. 누군가에게 도움을 청해야겠습니다.

도서 쪽수를 찾아서

혼공분석은 개발팀에게 도움을 요청했습니다. 혹시 도서 쪽수를 얻을 수 있는 데이터베이스나 공개 API를 알고 있을지 모르니까요. 하지만 아쉽게도 사내 데이터베이스에는 도서 쪽수가 없고 공개 API도 본 적이 없다고 하는군요. 그런데 말수가 적던 개발팀 막내가 의외의 힌트를 알려줍니다.

그렇죠. 온라인 서점은 도서에 관한 정보를 많이 제공합니다. 분명 도서 쪽수도 나와 있겠군요. 하지만 온라인 서점이 이런 정보를 API로 제공하지는 않습니다. 02-1절에서 배웠던 것을 응용해 보면 뭔가 실마리가 잡힐 것도 같네요.

웹 브라우저는 온라인 서점에 있는 도서 상세 페이지의 HTML을 가져와 보여줍니다. 02-1절에서 배운 **requests 패키지**를 사용하면 이제 혼공분석도 이 정도는 할 수 있을 것 같습니다. 먼저 잘 알려진 온라인 서점의 도서 상세 페이지 하나를 살펴보겠습니다.

Yes24 사이트에서 〈혼자 공부하는 머신러닝+딥러닝〉 도서 [품목정보] 항목을 보니 쪽수를 제공하네요.

Yes24 사이트의 URL(http://www.yes24.com/Product/Goods/96024871)의 파라미터를 잠시 살펴보던 혼공분석은 조금 당황합니다. 왜냐하면 이전 절에서 배웠던 것처럼 URL 뒤에 파라미터를 붙여 도서 상세 페이지를 불러오고 싶은데, 96024871란 값은 도서관 정보나루에서 얻은 데이터와 일치하는 항목이 없네요. 아마도 이 값은 Yes24 사이트에서 자체적으로 관리하는 제품 번호인 것 같습니다.

이 문제는 Yes24 사이트에서 도서 제목이나 ISBN으로 검색을 해서 도서 상세 페이지로 넘어갈 수 있겠네요. requests.get() 함수를 두 번 호출해야 하고, 검색 결과에서 도서 상세 페이지로 연결되는 URL도 찾아야 하지만 아주 어렵지는 않습니다. 잠시 이 과정을 설명해 보죠.

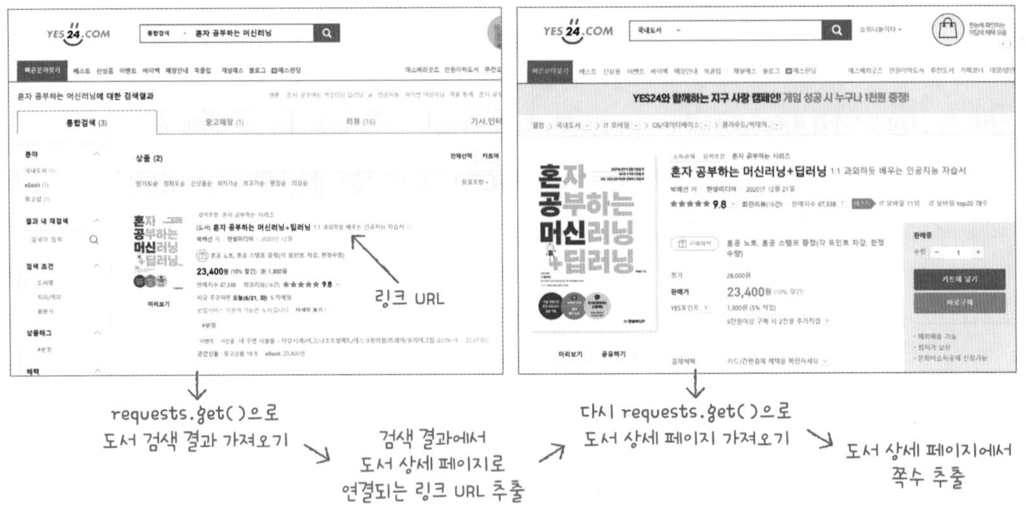

Yes24 검색 창에 〈혼자 공부하는 머신러닝+딥러닝〉 ISBN을 입력하여 도서를 검색했을 때 해당 검색 결과 페이지의 URL은 다음과 같습니다.

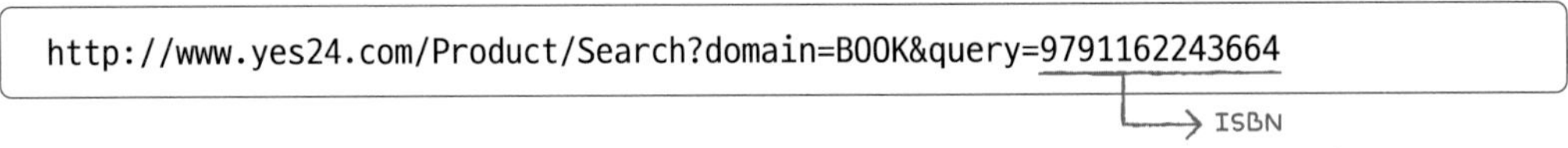

```
http://www.yes24.com/Product/Search?domain=BOOK&query=9791162243664
```


위 URL을 활용해서 query 파라미터에 도서관 정보나루에서 받은 ISBN을 넣으면 쉽게 원하는 도서가 들어 있는 결과 페이지를 얻을 수 있겠군요. 이 검색 결과 페이지 HTML에서 〈혼자 공부하는 머신러닝+딥러닝〉 상세 페이지로 연결되는 링크 URL을 찾아야 합니다.

requests 패키지를 사용하면 검색 결과 페이지의 HTML을 비교적 쉽게 얻을 수 있을 것 같습니다. 문제는 그다음입니다. 이 HTML에서 도서 상세 페이지로 넘어가는 링크 URL을 찾아야 하는데 이건 쉬워 보이지 않습니다. 사람은 눈으로 화면을 보고 쉽게 도서 상세 페이지의 링크 URL을 찾을 수 있지만 프로그램이 보는 것은 그냥 많은 문자로 이루어진 텍스트일 뿐이니까요.

만약 링크 URL을 잘 찾을 수 있다면 다시 이 주소를 사용해서 도서 상세 페이지를 가져오는 것은 어렵지 않을 것 같습니다. 그리고 도서 상세 페이지에서 최종적으로 쪽수를 추출해야 합니다.

이런 식으로 프로그램으로 웹사이트의 페이지를 옮겨 가면서 데이터를 추출하는 작업을 **웹 스크래핑**web scraping 혹은 **웹 크롤링**web crawling이라고 부릅니다. 이전 절에서 requests 패키지로 데이터를 받는 방법을 배웠으니 이번 절에서 가져온 HTML에서 데이터를 추출 방법을 배우면 아주 간단한 웹 스크래핑 프로그램을 완성할 수 있습니다.

도서관 정보나루에서 얻은 도서 목록에는 ISBN이 들어가 있으므로 Yes24 검색 결과 페이지의 URL을 바로 만들 수 있겠군요. 물론 아직 도서 상세 페이지로 넘어가는 링크를 어떻게 가져올지는 아이디어가 떠오르지 않네요. 먼저 검색 결과 페이지의 HTML을 가져온 다음 개발팀 막내에게 다시 도움을 요청해 봐야겠습니다.

검색 결과 페이지 가져오기

Yes24 사이트에서 검색 결과 페이지 HTML 하나를 가져오는 것부터 시작해 보죠. 이전 절에서 저장해 놓았던 20대가 가장 좋아하는 도서 목록을 사용합니다. 이 파일은 편의상 구글 드라이브에 미리 올려놓았습니다. **gdown 패키지**를 사용해 코랩으로 다운로드합니다.

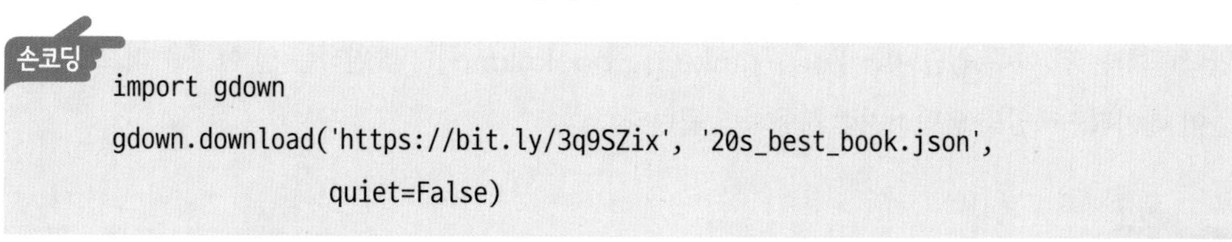

손코딩

```
import gdown
gdown.download('https://bit.ly/3q9SZix', '20s_best_book.json',
               quiet=False)
```

그다음 판다스 데이터프레임으로 불러 온 후 head() 메서드로 처음 다섯 개 행을 출력하면 다음과 같습니다.

read_json() 함수로 JSON 데이터를 데이터프레임으로 가져옵니다.

```
import pandas as pd
books_df = pd.read_json('20s_best_book.json')
books_df.head()
```

	no	ranking	bookname	authors	publisher	publication_year	isbn13	addition_symbol
0	1	1	우리가 빛의 속도로 갈 수 없다면: 김초엽 소설	지은이: 김초엽	허블	2019	9791190090018	03810
1	2	2	달러구트 꿈 백화점: 이미예 장편소설	지은이: 이미예	팩토리나인	2020	9791165341909	03810
2	3	3	지구에서 한아뿐: 정세랑 장편소설	지은이: 정세랑	난다	2019	9791188862290	03810
3	4	4	시선으로부터,	정세랑 (지은이)	문학동네	2020	9788954672214	03810
4	5	5	아몬드: 손원평 장편소설	지은이: 손원평	창비	2017	9788936434267	03810

books_df 데이터프레임은 열이 많아서 한눈에 다 안 들어오네요. 이 데이터프레임에서 'no' 열 부터 'isbn13' 열까지만 선택해서 새로운 데이터프레임을 만들어 보겠습니다. 데이터프레임에서 특정 열만 선택하는 건 아주 쉽습니다. ['no', 'ranking', 'bookname']처럼 원하는 열 이름을 리스트로 만들어 데이터프레임의 인덱스처럼 사용하면 됩니다.

손코딩

```
books = books_df[['no','ranking','bookname','authors','publisher',
                  'publication_year','isbn13']]
books.head( )
```

	no	ranking	bookname	authors	publisher	publication_year	isbn13
0	1	1	우리가 빛의 속도로 갈 수 없다면: 김초엽 소설	지은이: 김초엽	허블	2019	9791190090018

1	2	2	달러구트 꿈 백화점: 이미예 장편소설	지은이: 이미예	팩토리나인	2020	9791165341909
2	3	3	지구에서 한아뿐: 정세랑 장편소설	지은이: 정세랑	난다	2019	9791188862290
3	4	4	시선으로부터,	정세랑 (지은이)	문학 동네	2020	9788954672214
4	5	5	아몬드: 손원평 장편소설	지은이: 손원평	창비	2017	9788936434267

이제 한눈에 잘 들어옵니다. 그런데 일곱 개나 되는 열 이름을 모두 쓰는 건 번거롭습니다. 만약 선택해야 할 열이 더 많다면 아주 귀찮은 일이죠. 더욱이 열 이름을 하나라도 잘못 쓰면 오류가 발생합니다.

데이터프레임 행과 열 선택하기: loc 메서드

판다스가 제공하는 **loc 메서드**를 사용하면 원하는 행과 열을 조금 더 쉽게 선택할 수 있습니다. loc는 메서드이지만 **대괄호**를 사용하여 행의 목록과 열의 목록을 받습니다. 다음 예제 코드에서 확인해 보죠.

loc 메서드의 첫 번째 매개변수로 행 인덱스 0과 1을 리스트로 전달하고 두 번째 매개변수로 열 이름 'bookname', 'authors'를 리스트로 전달합니다. 이렇게 쓰면 첫 번째, 두 번째 행의 도서명과 저자만 추출하여 데이터프레임을 만들 수 있습니다.

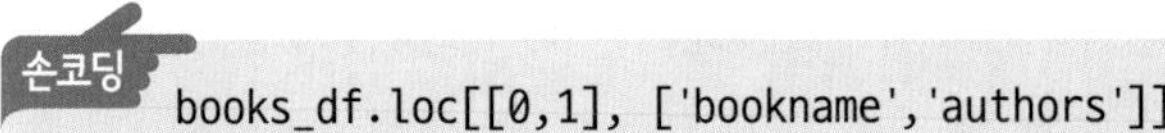


```
books_df.loc[[0,1], ['bookname','authors']]
```

	bookname	authors
0	우리가 빛의 속도로 갈 수 없다면: 김초엽 소설	지은이: 김초엽
1	달러구트 꿈 백화점: 이미예 장편소설	지은이: 이미예

+ 여기서 잠깐 **iloc도 있던데 이건 무엇인가요?**

loc 메서드는 인덱스와 열 이름을 사용합니다. 열 이름이 곧 인덱스이기 때문에 열 인덱스라고도 부릅니다.

iloc 메서드는 인덱스의 위치를 사용합니다. books_df의 행 인덱스는 0부터 시작하므로 인덱스와 인덱스 위치가 같습니다. 열의 경우 'no'부터 위치가 0에서 시작하여 1씩 증가합니다. 따라서 앞의 코드를 iloc로 다시 쓰면 books_df.iloc[[0, 1], [2, 3]]과 같습니다.

더욱 편리한 것은 리스트 대신 **슬라이스 연산자(:)**를 쓸 수도 있습니다. 다음 코드를 확인해 보세요.

손코딩
```
books_df.loc[0:1, 'bookname':'authors']
```

	bookname	authors
0	우리가 빛의 속도로 갈 수 없다면 :김초엽 소설	지은이: 김초엽
1	달러구트 꿈 백화점: 이미예 장편소설	지은이: 이미예

훨씬 편리하네요. 하지만 loc 메서드의 슬라이싱은 파이썬의 슬라이싱과 다르게 마지막 항목도 포함합니다. 그래서 두 개의 행과 'bookname', 'authors' 열이 모두 포함되었습니다.

시작과 끝을 지정하지 않고 슬라이스 연산자를 사용하면 전체를 의미합니다. 따라서 전체 행과 'no' 열에서 'isbn13' 열까지 선택하는 코드를 다음처럼 쓸 수 있습니다.

손코딩
```
books = books_df.loc[:, 'no':'isbn13']
books.head( )
```

	no	ranking	bookname	authors	publisher	publication_year	isbn13
0	1	1	우리가 빛의 속도로 갈 수 없다면: 김초엽 소설	지은이: 김초엽	허블	2019	9791190090018
1	2	2	달러구트 꿈 백화점: 이미예 장편소설	지은이: 이미예	팩토리나인	2020	9791165341909
2	3	3	지구에서 한아뿐: 정세랑 장편소설	지은이: 정세랑	난다	2019	9791188862290
3	4	4	시선으로부터,	정세랑 (지은이)	문학동네	2020	9788954672214
4	5	5	아몬드: 손원평 장편소설	지은이: 손원평	창비	2017	9788936434267

전체 열 이름을 일일이 나열하는 것보다 loc 메서드와 슬라이스 연산자를 사용하니 훨씬 간단하게 원하는 데이터프레임을 만들 수 있습니다.

데이터프레임 행과 열을 선택할 때는 loc 메서드에 선택할 열을 리스트로 전달하거나, 슬라이싱 연산자로 열 범위를 선택합니다.

✚ 여기서 잠깐 **파이썬 슬라이싱처럼 스텝(step)을 지정할 수 있나요?**

네, 물론입니다. 다음처럼 2를 추가해 주면 하나씩 건너뛰면서 행을 선택합니다.

```
books_df.loc[::2, 'no':'isbn13'].head( )
```

→ 스텝을 지정합니다.

	no	ranking	bookname	authors	publisher	publication_year	isbn13
0	1	1	우리가 빛의 속도로 갈 수 없다면: 김초엽 소설	지은이: 김초엽	허블	2019	9791190090018
2	3	3	지구에서 한아뿐: 정세랑 장편소설	지은이: 정세랑	난다	2019	9791188862290
4	5	5	아몬드: 손원평 장편소설	지은이: 손원평	창비	2017	9788936434267
6	7	7	목소리를 드릴게요: 정세랑 소설집	지은이: 정세랑	아작	2020	9791165300005
8	9	9	선량한 차별주의자	김지혜 지음	창비	2019	9788936477196

검색 결과 페이지 HTML 가져오기: requests.get( ) 함수

이제 02-1절에서 실습했던 것처럼 requests 패키지를 임포트하고 requests.get() 함수로 첫 번째 도서에 대한 검색 결과 페이지 HTML을 가져와 보겠습니다.

먼저 첫 번째 도서의 ISBN과 Yes24 검색 결과 페이지 URL을 위한 변수를 정의합니다. 그다음 requests.get() 함수를 호출할 때 파이썬 문자열의 format() 메서드를 사용해 isbn 변수에 저장된 값을 url 변수에 전달합니다.

이렇게 하면 다음처럼 url 변수에 있는 중괄호 {} 부분이 isbn 값으로 바뀔 것입니다.

```
http://www.yes24.com/Product/Search?domain=BOOK&query=9791190090018
```

손코딩

```
import requests
isbn = 9791190090018   # '우리가 빛의 속도로 갈 수 없다면'의 ISBN
url = 'http://www.yes24.com/Product/Search?domain=BOOK&query={}'
r = requests.get(url.format(isbn))
```

그다음 requests.get() 함수가 반환한 응답 객체를 사용해 도서 검색 결과 페이지 HTML을 출력합니다.

손코딩

```
print(r.text)
```

```
...
                    </div>
                    <div class="info_row info_name">

                            <span class="gd_res">[도서]</span>

                        <a class="gd_name" href="/Product/
Goods/74261416" onclick="setSCode('101_005_003_001');setGoodsClickExtraCodeH
ub('032', '9791190090018', '74261416', '0');">우리가 빛의 속도로 갈 수 없다면</a>



                                                                <span
class="gd_feature">[ 양장 ]</span>
                        <a href="/Product/Goods/74261416" target="_
blank" class="bgYUI ico_nWin" onclick="setSCode('101_005_003_001');setGoodsClic
kExtraCodeHub('032', '9791190090018', '74261416', '0');">우리가 빛의 속도로 갈 수 없
다면 새창이동</a>
                    </div>
                        <div class="info_row info_pubGrp">

                                <span class="authPub info_auth" onclic
k="setSCode('101_005_003_002');">
                                    <a href="http://www.yes24.com/
Product/Search?domain=ALL&query=김초엽&authorNo=208250&author=김초엽" target="">
김초엽</a> 저
```

```
                                </span>

<span class="authPub info_pub" onclick="setSCode('101_005_003_003');"><a
href="http://www.yes24.com/Product/Search?&domain=ALL&company=%ed%97%88%eb%b8
%94&query=%ed%97%88%eb%b8%94">허블</a></span>

<span class="authPub info_date">2019년 06월</span>
                        </div>
...
```

성공입니다. 이전 절에서 requests 패키지를 사용해 보았기 때문에 어렵지 않게 첫 번째 도서의 검색 결과 페이지 HTML을 가져올 수 있습니다. 이제 이 HTML에서 도서 상세 페이지로 넘어가는 링크를 어떻게 찾을까요? 개발팀 막내를 찾아가야 할 시간이군요.

HTML에서 데이터 추출하기: 뷰티플수프

파이썬 프로그래머들은 웹 페이지나 웹 기반 API를 호출하는데 requests 패키지를 많이 사용합니다. 비슷하게 HTML 안에 있는 내용을 찾을 때는 **뷰티플수프**Beautiful Soup가 널리 사용됩니다. 파이썬 프로그래머들이 좋아하는 패키지이기 때문에 코랩에도 당연히 이미 설치되어 있죠.

✚ 여기서 잠깐 **뷰티플수프 말고 웹 스크래핑에 사용할 수 있는 다른 파이썬 패키지가 궁금해요.**

최근에는 스크래피(Scrapy)와 같은 스크래핑 패키지의 인기가 높습니다. 이 패키지는 requests와 뷰티플수프를 합쳐 놓은 것과 비슷합니다. 아쉽지만 이 패키지는 코랩에서 설치되어 있지 않습니다. scrapy 패키지를 자세히 알고 싶다면 스크래피 공식 홈페이지를 참고하세요.

- **스크래피 공식 문서** URL https://scrapy.org

크롬 개발자 도구로 HTML 태그 찾기

그럼 이제 뷰티플수프로 HTML에서 링크를 추출하는 방법을 알아보겠습니다. 뷰티플수프를 사용하려면 원하는 데이터가 HTML 어디에 위치해 있는지 알아야 하는데요. print() 함수로 출력한 전체 HTML에서 상세 페이지 링크가 들어있는 위치를 찾는 것은 정말 어렵습니다. 대신 크롬 브라우저를 사용하면 손쉽게 찾을 수 있죠.

01 Yes24 웹사이트에서 첫 번째 도서의 ISBN인 [9791190090018]을 검색합니다. 검색 결과 화면이 나타나면 마우스 오른쪽 버튼을 클릭하여 팝업 메뉴를 띄우고 [검사]를 선택합니다.

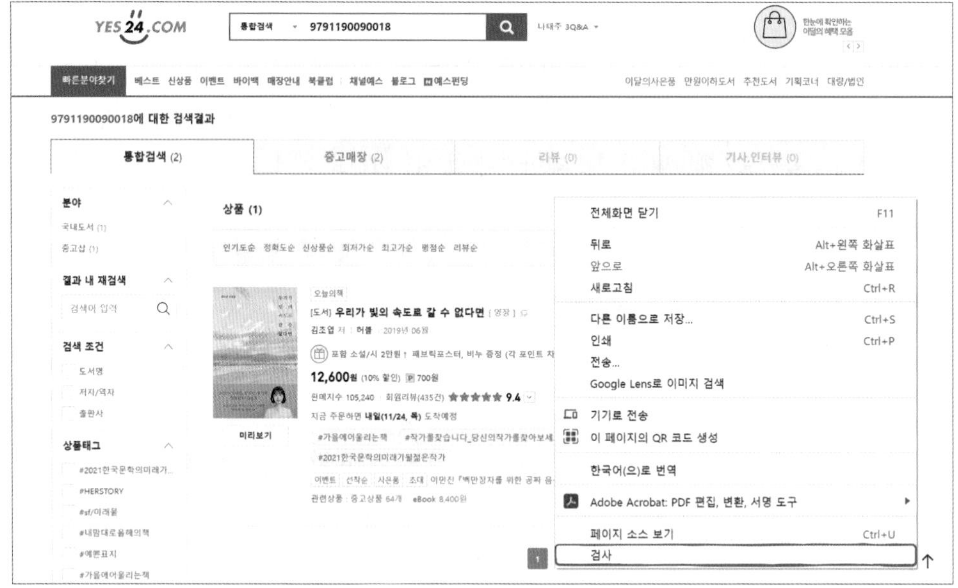

note 『우리가 빛의 속도로 갈 수 없다면』(허블, 2019) Yes24 검색 결과 페이지

URL http://www.yes24.com/Product/Search?domain=BOOK&query=9791190090018

02 다음과 같이 화면이 분할되면서 창이 별도로 열립니다. 이 화면에서 현재 웹 페이지의 HTML을 볼 수 있습니다. 이 창을 **개발자 도구**라고 부릅니다. 간단하게 F12 키를 눌러도 열립니다.

✚ 여기서 잠깐 개발자 도구 창의 위치가 스크린샷과 달라요

팝업 메뉴에서 [검사]를 선택해서 개발자 도구 창을 열면 [요소] 탭이 기본 화면으로 나타납니다. 이 탭의 오른쪽 끝에 세 개의 점으로 표시된 [DevTools 맞춤 설정 및 제어(⋮)] 아이콘을 클릭하면 추가 메뉴가 나타납니다.

이 메뉴에서 [도크 측] 항목의 아이콘을 차례대로 클릭해 보세요. 개발자 도구 창을 새 창으로 띄우거나 왼쪽, 아래, 오른쪽으로 옮길 수 있습니다.

03 HTML에서 링크가 들어 있는 위치를 찾아 보겠습니다. Yes24 검색 결과 페이지를 스크롤하여 도서명이 화면에 보이게 합니다. 그다음 ❶ 개발자 도구 창 메뉴 바에서 [Select(⬚)] 아이콘을 클릭하고 ❷ 이름 위에 마우스 커서를 올리면 자동으로 개발자 도구에 HTML 위치가 나타납니다. 엄청 편리하군요!

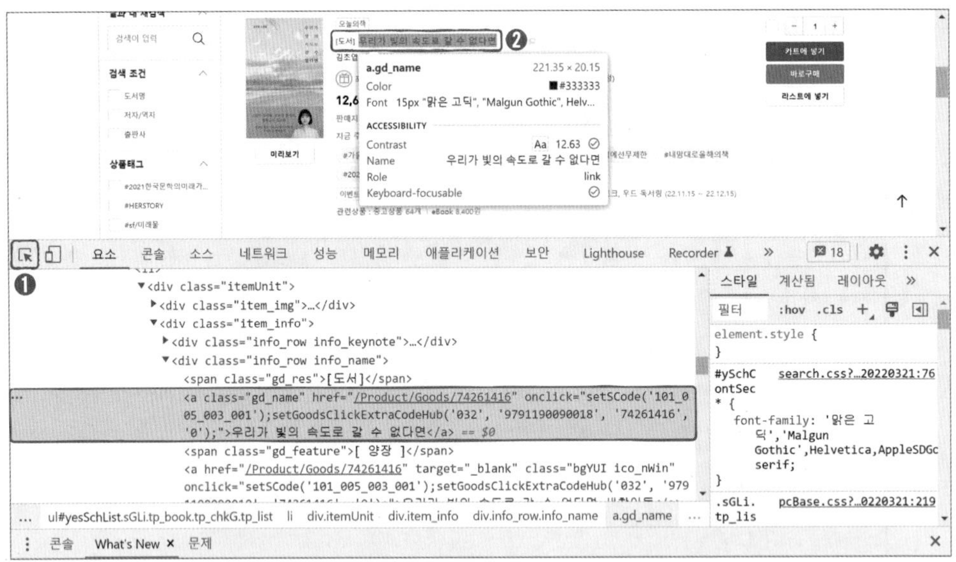

좋습니다. HTML에서 상세 페이지 링크의 위치를 찾았으니 이제 본격적으로 **뷰티플수프**를 사용해 보죠.

뷰티플수프 패키지에서 BeautifulSoup 클래스를 임포트합니다.

손코딩

```
from bs4 import BeautifulSoup
```

그다음 이 클래스의 객체를 생성합니다. 첫 번째 매개변수는 **파싱**parsing할 HTML 문서이고 두 번째는 파싱에 사용할 **파서**parser입니다.

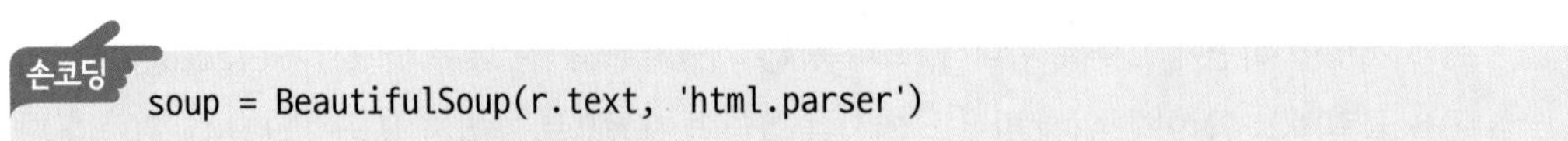

손코딩

```
soup = BeautifulSoup(r.text, 'html.parser')
```

+ 여기서 잠깐 **파싱과 파서가 뭔가요?**

파서는 입력 데이터를 받아 데이터 구조를 만드는 소프트웨어 라이브러리를 의미합니다. 그리고 이런 과정을 파싱이라고 부릅니다. 02-1절에서 사용해 보았던 json 패키지, xml 패키지가 각각 JSON과 XML을 위한 파서라고 볼 수 있습니다.

html.parser는 파이썬에 기본 내장된 **HTML 파서**입니다. 뷰티플수프는 lxml 패키지가 설치되어 있는 경우 lxml을 우선적으로 사용합니다. **lxml 패키지**는 XML과 HTML 파싱 기능을 제공하는 패키지로 html.parser보다 빠르지만, 엄격하게 HTML 표준을 검사하기 때문에 파싱에 실패하는 경우가 있습니다. Yes24에서 가져온 HTML이 이런 경우입니다. 따라서 코랩에 설치된 lxml 패키지 대신 파이썬 내장 파서를 사용하기 위해 'html.parser'로 지정했습니다.

개발자 도구 창에서 찾은 링크는 다음처럼 HTML의 〈a〉 태그 안에 포함되어 있습니다.

〈a〉 태그는 마우스로 클릭할 수 있는 하이퍼링크(Hyperlink)를 만드는 태그입니다.

```
▼<ul id="yesSchList" class="sGLi tp_book tp_chkG tp_list">
  <!-- 8888888888 상품 반복 시작 8888888888 -->
  ▼<li>
    ▼<div class="itemUnit">
      ▶<div class="item_img">…</div>
      ▼<div class="item_info">
        ▶<div class="info_row info_keynote">…</div>
        ▼<div class="info_row info_name">
          <span class="gd_res">[도서]</span>
...       <a class="gd_name" href="/Product/Goods/74261416" onclick="setSCode('101_005_003_001');setGoodsClickExtraCodeHub('032', '9791190090018', '74261416', '0');">우리가 빛의 속도로 갈 수 없다면</a> == $0
          <span class="gd_feature">[ 양장 ]</span>
```

note 이 HTML의 내용을 다 알지 못해도 괜찮습니다. HTML 문법을 자세히 알고 싶다면 145쪽에 제시된 도서를 참고하세요.

뷰티플수프 객체 soup를 만들었을 때 이 HTML의 전체 구조는 이미 만들어졌습니다. 이어서 할 일은 soup 객체에게 <a class="gd_name" href="/Product/Goods/74261416" onclick=" setSCode('101_005_003_001');setGoodsClickExtraCodeHub('032', '9791190090018', '74261416', '0');">우리가 빛의 속도로 갈 수 없다면</a> 태그의 위치를 찾으라고 지시하는 것입니다.

태그 위치 찾기: find( ) 메서드

태그 위치는 soup 객체의 **find( ) 메서드**를 사용하면 간편하게 찾을 수 있습니다. 첫 번째 매개변수에는 찾을 태그 이름을 지정하고, **attrs 매개변수**에는 찾으려는 태그의 속성을 딕셔너리로 지정하면 됩니다. 예를 들어 soup.find('div', attrs={'id': 'search'})는 id 속성이 'search'인 〈div〉 태그를 찾으라는 의미입니다.

도서 상세 페이지 링크가 있는 〈a〉 태그를 살펴보면 class 속성이 "gd_name"으로 지정되어 있습니다. 따라서 다음처럼 find 메서드를 구성하면 손쉽게 〈a〉 태그를 추출할 수 있습니다.

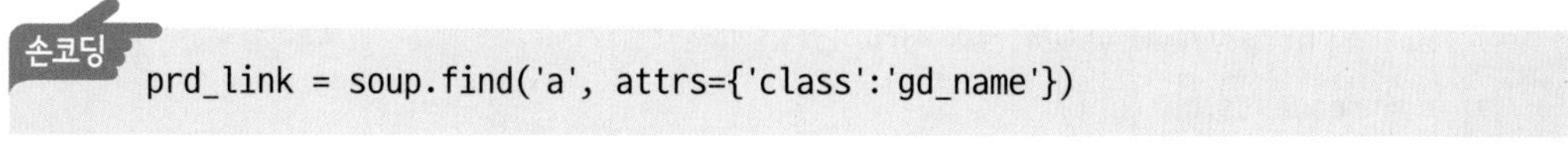
손코딩

```
prd_link = soup.find('a', attrs={'class':'gd_name'})
```

링크가 포함되어 있는 prd_link는 뷰티플수프의 Tag 클래스 객체입니다. 이 객체를 print() 함수로 출력하면 태그 안에 포함된 HTML을 출력합니다.

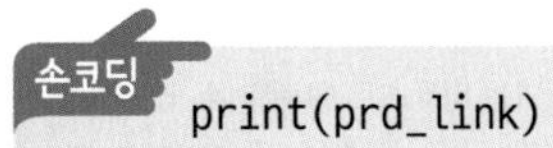

```
print(prd_link)
```

```
<a class="gd_name" href="/Product/Goods/74261416"
onclick="setSCode('101_005_003_001');setGoodsClickExtraCodeHub('032',
'9791190090018', '74261416', '0');">우리가 빛의 속도로 갈 수 없다면</a>
```

prd_link를 딕셔너리처럼 사용해 태그 안의 속성을 참조할 수 있습니다. 이 방법으로 링크 주소인 href 속성의 값을 얻을 수 있습니다.

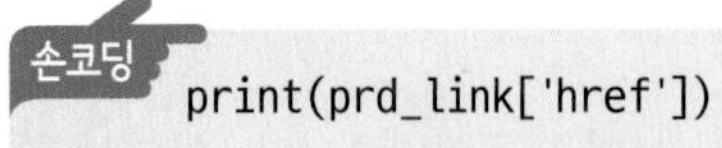

```
print(prd_link['href'])
```

```
/Product/Goods/74261416
```

네, 성공입니다! 뷰티플수프를 사용해 Yes24의 검색 결과 페이지에서 도서의 상세 페이지로 넘어가는 링크를 찾았습니다. 이 주소만 있다면 다시 requests.get() 함수를 사용하여 쪽수가 담긴 상세 페이지 HTML을 가져올 수 있습니다.

도서 상세 페이지 HTML 가져오기

그럼 검색 결과 페이지를 가져왔을 때처럼 상세 페이지 주소를 만들어 **requests.get() 함수**를 호출해 보죠.

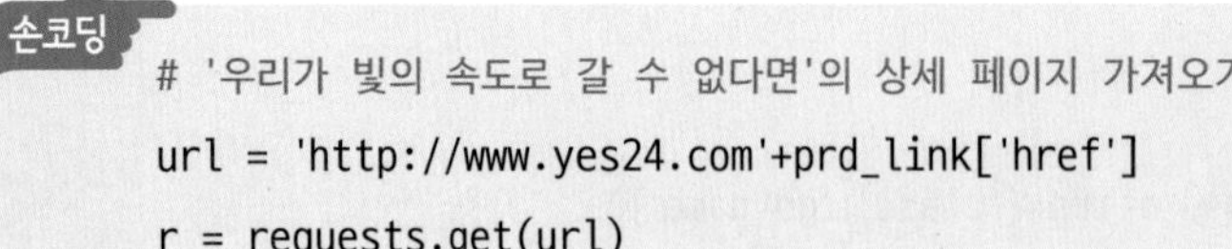

```
# '우리가 빛의 속도로 갈 수 없다면'의 상세 페이지 가져오기
url = 'http://www.yes24.com'+prd_link['href']
r = requests.get(url)
```

이전과 마찬가지로 응답 객체 r을 사용해 가져온 HTML을 출력해 보겠습니다.

```
print(r.text)
```

```
<!DOCTYPE html >
<html lang="ko">

<head><link rel ="canonical" href="http://www.yes24.com/Product/
Goods/74261416"> <link rel ="alternate" media="only screen and(max-width:
640px)"  href="http://m.yes24.com/Goods/Detail/74261416">
  <meta http-equiv="X-UA-Compatible" content="IE=Edge" />
  <meta http-equiv="Content-Type" content="text/html;charset=utf-8" />
  <meta http-equiv="Accept-CH" content="dpr, width, viewport-width, rtt,
downlink, ect, UA, UA-Platform, UA-Arch, UA-Model, UA-Mobile, UA-Full-Version" />
  <meta http-equiv="Accept-CH-Lifetime" content="86400" />
  <meta name="referrer" content="unsafe-url" />
  <meta name="viewport" content="width=1170" />

  <title> 우리가 빛의 속도로 갈 수 없다면 - YES24 </title>
...
```

좋습니다. 원하는 책의 상세 페이지를 잘 가져왔네요. 이제 다음으로 할 일은 도서 링크를 찾았을 때처럼 크롬 브라우저의 개발자 도구를 열어 쪽수가 담긴 HTML의 위치를 찾는 것입니다.

01 다시 크롬 브라우저로 Yes24의 『우리가 빛의 속도로 갈 수 없다면』 도서 상세 페이지에 접속합니다. 그다음 마우스 오른쪽 버튼을 클릭하여 팝업 메뉴를 띄우고 [검사]를 선택합니다.

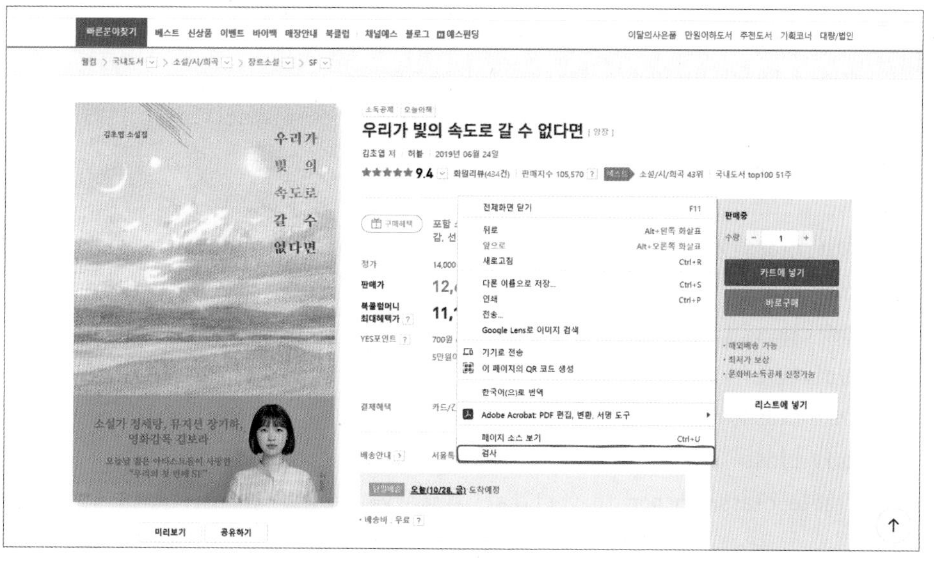

02 개발자 도구를 열고 [Select(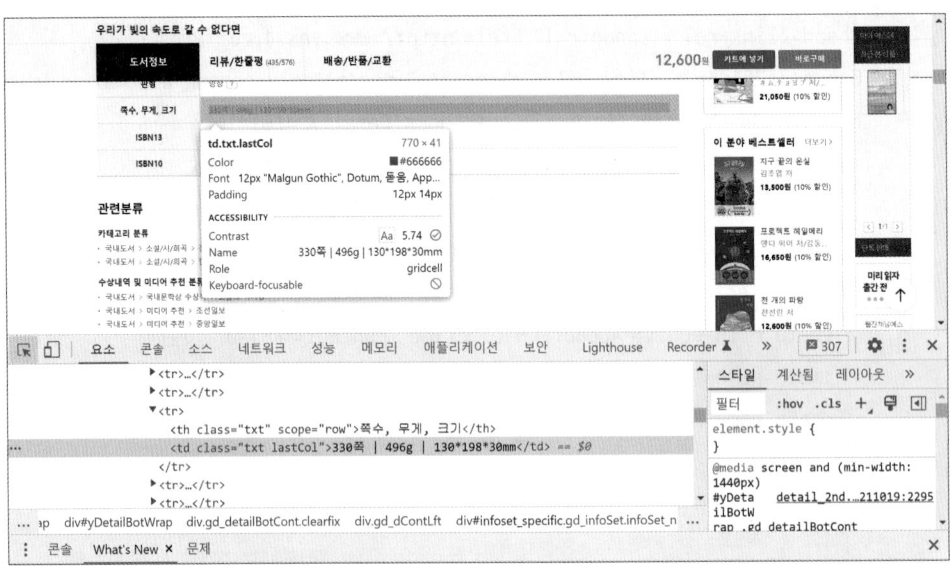)] 아이콘을 클릭한 다음 도서의 품목정보 아래 있는 [쪽수]를 선택합니다.

쪽수는 품목정보를 포함하고 있는 〈div id="infoset_specific" class="gd_infoSet infoSet_noLine"〉 태그 안에 있습니다. 혼공분석이 잠시 몇 개의 도서 상세 페이지를 더 확인해 보니 이 〈div〉 태그는 품목정보를 위해서만 사용되는 것 같습니다. 따라서 다른 〈div〉와 혼동될 염려없이 find() 메서드로 id 속성이 "infoset_specific"인 div 태그를 찾을 수 있을 것 같네요.

뷰티플수프 객체를 생성하고 **find() 메서드**로 품목정보 〈div〉 태그를 찾아서 출력해 보죠.

손코딩

```python
soup = BeautifulSoup(r.text, 'html.parser')
prd_detail = soup.find('div', attrs={'id':'infoset_specific'})
print(prd_detail)
```

```
<div class="gd_infoSet infoSet_noLine" id="infoset_specific">
<div class="tm_infoSet">
<h4 class="tit_txt">품목정보</h4>
</div>
<div class="infoSetCont_wrap">
<div class="yesTb">
<table class="tb_nor tb_vertical" summary="품목정보 국내도서, 외국도서 "
```

```
width="100%">
<caption>품목정보</caption>
<colgroup>
<col width="170"/>
<col width="*"/>
</colgroup>
<tbody class="b_size">
<tr>
<th class="txt" scope="row">출간일</th>
<td class="txt lastCol">2019년 06월 24일</td>
</tr>
<tr>
<th class="txt" scope="row">판형</th>
<td class="txt lastCol">
                                양장
                                <a class="bgYUI ico_comm ico_help"
href="javascript:void(0);" onclick="$.yesPop('dPop_binding',this,{cock
:true,mask:false,pWidth:640,ajaxURL : '/Product/Goods/Popup?id=dPop_
bookBindingMethodInfo'});" title="도서 제본방식 안내">도서 제본방식 안내</a>
</td>
</tr>
<tr>
<th class="txt" scope="row">쪽수, 무게, 크기</th>
<td class="txt lastCol">330쪽 ¦ 496g ¦ 130*198*30mm</td>
</tr>
<tr>
<th class="txt" scope="row">ISBN13</th>
<td class="txt lastCol">9791190090018</td>
</tr>
<tr>
<th class="txt" scope="row">ISBN10</th>
<td class="txt lastCol">1190090015</td>
</tr>
</tbody>
</table>
</div>
</div>
```

```
<script type="text/javascript">
        if ($("#infoset_specific table tbody tr").length == 0) {
            $("#infoset_specific").remove();
        }
    </script>
</div>
```

+ 여기서 잠깐 〈div〉 태그 대신 그 아래 〈table〉 태그를 찾으면 안 되나요?

사실 품목정보는 앞에서 찾은 〈div〉 태그 아래 〈table class="tb_nor tb_vertical" summary="품목정보 국내도서, 외국도서 " width="100%"〉 태그 안에 있습니다. 따라서 바로 이 테이블을 다음처럼 찾을 수도 있습니다.

```
prd_detail = soup.find('table', attrs={'class':'tb_nor tb_vertical'})
```

하지만 class 속성이 "tb_nor tb_vertical"인 〈table〉 태그가 상세 페이지 안에서 항상 유일한 것인지 확신이 서지 않습니다. 대신 id 속성이 "infoset_specific"인 〈div〉 태그는 이름으로 미루어 보아 품목정보를 나타내기 위해 사용한 것이라 짐작할 수 있습니다.

테이블 태그를 리스트로 가져오기: find_all( ) 메서드

앞서 찾은 〈div〉 태그 안에 다음과 같은 품목정보 테이블이 들어 있습니다. 이 테이블에서 '쪽수, 무게, 크기'에 해당하는 행인 〈tr〉 태그를 찾아 〈td〉 태그 안에 있는 텍스트를 가져오면 됩니다.

출간일	2019년 06월 24일
판형	양장 ?
쪽수, 무게, 크기	330쪽 | 496g | 130*198*30mm
ISBN13	9791190090018
ISBN10	1190090015

note 이 도서의 경우 '쪽수, 무게, 크기' 행이 세 번째에 있지만, 항상 이렇지는 않습니다. 혼공분석이 잠시 다른 도서들을 살펴보니 '판형' 행이 없는 경우도 있었습니다. 모든 도서의 품목정보 추출 결과가 동일하지 않다는 점을 참고하세요.

품목정보 테이블의 행을 하나씩 검사해서 '쪽수, 무게, 크기'에 해당하는 〈tr〉 태그를 찾아야 합니다. 뷰티플수프의 **find_all() 메서드**를 사용하면 특정 HTML 태그를 모두 찾아서 리스트로 반환해 줍니다.

prd_detail에 포함된 〈tr〉 태그를 모두 리스트로 만들면 다음과 같습니다.

손코딩

```
prd_tr_list = prd_detail.find_all('tr')
print(prd_tr_list)
```

```
[<tr>
<th class="txt" scope="row">출간일</th>
<td class="txt lastCol">2019년 06월 24일</td>
</tr>, <tr>
<th class="txt" scope="row">판형</th>
<td class="txt lastCol">
                                        양장
                                        <a class="bgYUI ico_comm ico_help"
href="javascript:void(0);" onclick="$.yesPop('dPop_binding',this,{cock
:true,mask:false,pWidth:640,ajaxURL : '/Product/Goods/Popup?id=dPop_
bookBindingMethodInfo'});" title="도서 제본방식 안내">도서 제본방식 안내</a>
</td>
</tr>, <tr>
<th class="txt" scope="row">쪽수, 무게, 크기</th>
<td class="txt lastCol">330쪽 ¦ 496g ¦ 130*198*30mm</td>
</tr>, <tr>
<th class="txt" scope="row">ISBN13</th>
<td class="txt lastCol">9791190090018</td>
</tr>, <tr>
<th class="txt" scope="row">ISBN10</th>
<td class="txt lastCol">1190090015</td>
</tr>]
```

find() 메서드는 지정된 이름을 가진 첫 번째 태그를, find_all() 메서드는 지정된 이름을 가진 모든 태그를 찾습니다.

태그 안의 텍스트 가져오기: get_text() 메서드

〈tr〉 태그를 리스트로 추출하고 나면 다음 작업은 간단합니다. for 문으로 prd_tr_list를 순회하면서 〈th〉 태그 안의 텍스트가 '쪽수, 무게, 크기'에 해당하는지 검사합니다. 우리가 원하는 행을 찾으면 〈td〉 태그 안에 담긴 텍스트를 page_td 변수에 저장하면 됩니다.

〈td〉 안에 있는 텍스트를 가져오려면 Tag 객체의 **get_text() 메서드**를 사용합니다. get_text() 메서드는 태그 안의 텍스트를 반환합니다. 예를 들어 tag가 〈a href='...'〉클릭하세요〈/a〉 태그일 때 tag.get_text()는 '클릭하세요'를 반환합니다.

좋습니다. 그럼 prd_tr_list 리스트를 순회하면서 쪽수 행을 찾아 출력해 보죠.

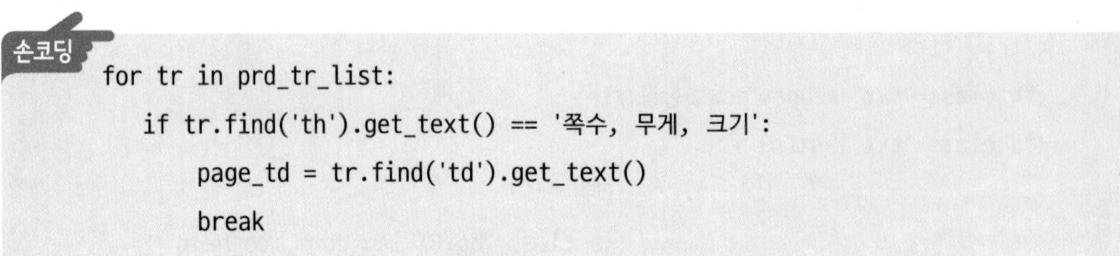


```
for tr in prd_tr_list:
    if tr.find('th').get_text() == '쪽수, 무게, 크기':
        page_td = tr.find('td').get_text()
        break
```

page_td에 쪽수가 잘 담겼는지 확인해 보겠습니다.

```
print(page_td)
```

```
330쪽 ¦ 496g ¦ 130*198*30mm
```

와우! 성공입니다!

혼공분석은 쪽수 이외에 다른 정보는 필요 없습니다. 파이썬 문자열 객체에서 **split() 메서드**를 호출하면 공백을 기준으로 문자열을 나누어 리스트로 반환해 줍니다. 이 리스트에서 첫 번째 원소만 선택해 출력하겠습니다.

```
print(page_td.split()[0])
```

```
330쪽
```

Yes24 웹사이트에서 도서 상세 페이지 HTML을 가져온 후 품목정보가 들어 있는 <div> 태그를 찾았습니다. 그다음 이 태그 안에 있는 테이블에서 쪽수가 들어 있는 텍스트를 가져왔습니다. 첫 번째 도서의 쪽수를 얻는데 성공했으므로 나머지 도서들의 쪽수도 동일한 방법으로 가져올 수 있겠습니다.

note 온라인 서점 사이트의 도서 상세 페이지는 웹 페이지에 포함된 이벤트나 광고 등으로 책마다 조금씩 다르게 구성됩니다. 따라서 항상 동일한 HTML 태그를 추출하는 방법을 찾으려면 여러 페이지에서 테스트하고 시행착오를 거쳐야 합니다.

전체 도서의 쪽수 구하기

판다스 데이터프레임은 한 행씩 순차적으로 처리하는데 최적화되어 있지 않습니다. 그래서 데이터프레임을 for 문으로 반복하는 것은 아주 비효율적입니다. 대신 데이터프레임은 각 행 또는 각 열에 원하는 함수를 자동으로 적용해 주는 여러 가지 방법을 제공합니다. 이런 방법을 사용하여 20대가 선호하는 도서의 쪽수를 모두 구해 보죠.

먼저 앞에서 했던 작업을 하나의 함수로 만들어 보겠습니다. 순서대로 정리하면 다음과 같습니다.

❶ 온라인 서점의 검색 결과 페이지 URL을 만듭니다.

❷ requests.get() 함수로 검색 결과 페이지의 HTML을 가져옵니다.

❸ 뷰티플수프로 HTML을 파싱합니다.

❹ 뷰티플수프의 find() 메서드로 <a> 태그를 찾아 상세 페이지 URL을 추출합니다.

❺ requests.get() 함수로 다시 도서 상세 페이지의 HTML을 가져옵니다.

❻ 뷰티플수프로 HTML을 파싱합니다.

❼ 뷰티플수프의 find() 메서드로 '품목정보' <div> 태그를 찾습니다.

❽ 뷰티플수프의 find_all() 메서드로 '쪽수'가 들어있는 <tr> 태그를 찾습니다.

❾ 앞에서 찾은 테이블의 행에서 get_text() 메서드로 <td> 태그에 들어 있는 '쪽수'를 가져옵니다.

이 작업을 구현한 get_page_cnt() 함수는 ISBN 정수 값을 받아 쪽수를 반환합니다.

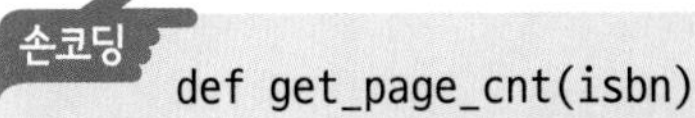


```
def get_page_cnt(isbn):
    # Yes24 도서 검색 페이지 URL
    url = 'http://www.yes24.com/Product/Search?domain=BOOK&query={}'
    # URL에 ISBN을 넣어 HTML 가져옵니다.
    r = requests.get(url.format(isbn))
```

```
    soup = BeautifulSoup(r.text, 'html.parser')   # HTML 파싱
    # 검색 결과에서 해당 도서를 선택합니다.
    prd_info = soup.find('a', attrs={'class':'gd_name'})
    if prd_info == None:
        return ''
    # 도서 상세 페이지를 가져옵니다.
    url = 'http://www.yes24.com'+prd_info['href']
    r = requests.get(url)
    soup = BeautifulSoup(r.text, 'html.parser')
    # 품목정보 <div>를 선택합니다.
    prd_detail = soup.find('div', attrs={'id':'infoset_specific'})
    # 테이블에 있는 <tr> 태그를 가져옵니다.
    prd_tr_list = prd_detail.find_all('tr')
    # 쪽수가 들어 있는 <th>를 찾아 <td>에 담긴 값을 반환합니다.
    for tr in prd_tr_list:
        if tr.find('th').get_text() == '쪽수, 무게, 크기':
            return tr.find('td').get_text().split()[0]
    return ''
```

첫 번째 도서의 ISBN을 넣어 이 함수를 테스트해 보겠습니다.

손코딩

```
get_page_cnt(9791190090018)
```

```
'330쪽'
```

앞에서 코드를 한 라인씩 실행하여 얻은 값과 같습니다. 기대했던 대로 쪽수를 잘 찾았습니다.

데이터프레임 행 혹은 열에 함수 적용하기: apply() 메서드

books_df 데이터프레임에는 모두 200개의 도서가 들어 있습니다. 이 중에 가장 인기 있는 10권의 도서의 쪽수를 가져오기 위해 head() 함수로 10개 행만 가져와 데이터프레임을 만듭니다. 아마도 이 정도면 이사님의 오해를 풀기에 충분할 것 같습니다.

손코딩

```
top10_books = books.head(10)
```

이제 top10_books의 각 행에 get_page_cnt() 함수를 적용하여 10개 도서의 쪽수를 한 번에 구하려 합니다. 각 행의 반복 작업을 수행하기 위해서 데이터프레임은 **apply() 메서드**를 제공합니다.

apply() 메서드의 첫 번째 매개변수는 실행할 함수입니다. 따라서 데이터프레임의 한 행을 받아 get_page_cnt() 함수를 사용해 쪽수 구하는 함수를 만들어야 합니다. 이 함수는 단순히 'isbn13' 열의 값을 get_page_cnt() 함수로 전달하는 역할만 수행합니다.

손코딩

```
def get_page_cnt2(row):
    isbn = row['isbn13']
    return get_page_cnt(isbn)
```

새로 만든 get_page_cnt2() 함수를 apply() 메서드에 다음과 같이 사용합니다. 여기서는 각 행에 함수를 적용해야 하므로 axis 매개변수를 1로 지정합니다. 기본값인 0을 지정하면 각 열에 대해 함수를 적용합니다.

apply() 메서드를 사용하면 데이터프레임 행 또는 열에 함수를 일괄 적용할 수 있습니다. axis 매개변수에 1을 지정하면 행에, 기본값 0을 사용하면 열에 적용합니다.

손코딩

```
page_count = top10_books.apply(get_page_cnt2, axis=1)
print(page_count)
```

```
0    330쪽
1    228쪽
2    263쪽
3    300쪽
4    340쪽
5    396쪽
6    272쪽
7    456쪽
8    244쪽
9    296쪽
dtype: object
```

좋습니다. 쪽수가 아주 잘 추출되었네요. 각 행에 적용한 get_page_cnt2() 함수의 결괏값은 page_count 변수에 판다스 시리즈 객체로 저장됩니다.

+ 여기서 잠깐 **함수를 두 번 만들지 않고 더 간결하게 작성할 수 없을까요?**

람다(lambda) 함수를 사용해 보세요. 람다 함수는 함수 이름 없이 한 줄로 쓰는 함수입니다. 코드를 간결하게 작성할 수 있어 함수를 간단하고 빠르게 구현할 수 있죠.

본문에서 작성한 get_page_cnt2() 함수 대신 람다 함수를 apply() 메서드에 사용하면 다음과 같이 쓸 수 있습니다.

```
page_count = top10_books.apply(lambda row: get_page_cnt(row['isbn13']), axis=1)
```

람다 함수로 코드를 바꾸어서 실행해 보세요. 훨씬 간단하게 작성하고도 동일한 결과를 얻을 수 있습니다. 어떤 방식을 사용할지는 작성자에 따라 다릅니다. 처음에는 람다 함수 작성이 쉽지 않을 수 있습니다. 그래도 람다 함수를 사용하면 apply() 메서드에 행 또는 열을 전달하는지 의도를 분명하게 드러낼 수 있는 장점이 있습니다.

또 다른 예를 들면 some_df라는 데이터프레임의 각 열에 apply() 메서드를 적용하고 싶다면 다음과 같이 쓸 수 있습니다.

```
some_df.apply(lambda column: some_func(column), axis=0)
```

매개변수 / 리턴할 값 / 적용할 열 또는 행 지정

데이터프레임과 시리즈 합치기: merge() 함수

이제 추출한 page_count 시리즈 객체를 top10_books 데이터프레임의 열로 합쳐 보겠습니다. 이렇게 하면 도서명과 쪽수를 한눈에 볼 수 있습니다.

먼저 page_count 시리즈 객체에 이름을 지정해 줍니다. 이 이름은 top10_books 데이터프레임에 추가될 때 열 이름으로 사용됩니다. 시리즈 객체의 **name 속성**을 사용하면 이름을 간단하게 지정할 수 있습니다. 그다음 이름이 잘 지정되었는지 다시 출력해 보겠습니다.

손코딩

```
page_count.name = 'page_count'
print(page_count)
```

```
0    330쪽
1    228쪽
2    263쪽
```

```
3    300쪽
4    340쪽
5    396쪽
6    272쪽
7    456쪽
8    244쪽
9    296쪽
Name: page_count, dtype: object
```

page_count 이름이 잘 설정되었군요. 이제 top10_books 데이터프레임과 page_count 시리즈를 합칩니다.

판다스에서 두 데이터프레임을 합치거나 데이터프레임과 시리즈를 합칠 때 **merge() 함수**를 사용할 수 있습니다. 첫 번째와 두 번째 매개변수는 합칠 데이터프레임이나 시리즈 객체입니다. 두 객체의 **인덱스**를 기준으로 합칠 경우 **left_index**와 **right_index 매개변수**를 True로 지정합니다.

손코딩

```
top10_with_page_count = pd.merge(top10_books, page_count,
                                 left_index=True, right_index=True)
top10_with_page_count
```

	no	ranking	bookname	authors	publisher	publication_year	isbn13	page_count
0	1	1	우리가 빛의 속도로 갈 수 없다면: 김초엽 소설	지은이: 김초엽	허블	2019	9791190090018	330쪽
1	2	2	달러구트 꿈 백화점: 이미예 장편소설	지은이: 이미예	팩토리나인	2020	9791165341909	300쪽
2	3	3	지구에서 한아뿐: 정세랑 장편소설	지은이: 정세랑	난다	2019	9791188862290	228쪽
3	4	4	시선으로부터,: 정세랑 장편소설	지은이: 정세랑	문학동네	2020	9788954672214	340쪽

4	5	5	아몬드: 손원평 장편소설	지은이: 손원평	창비	2017	9788936434267	264쪽
5	6	6	피프티 피플: 정세랑 장편소설	지은이: 정세랑	창비	2016	9788936434243	396쪽
6	7	7	목소리를 드릴게요: 정세랑 소설집	지은이: 정세랑	아작	2020	9791165300005	272쪽
7	8	8	나미야 잡화점의 기적: 히가시노 게이고 장편소설	지은이: 히가시노 게이고; 옮긴이: 양윤옥	현대문학	2012	9788972756194	456쪽
8	9	9	선량한 차별주의자	김지혜 지음	창비	2019	9788936477196	244쪽
9	10	9	쇼코의 미소: 최은영 소설	지은이: 최은영	문학동네	2016	9788954641630	296쪽

top10_books 데이터프레임과 page_count 시리즈를 인덱스를 기준으로 합쳐서 top10_with_page_count 데이터프레임을 만들었습니다.

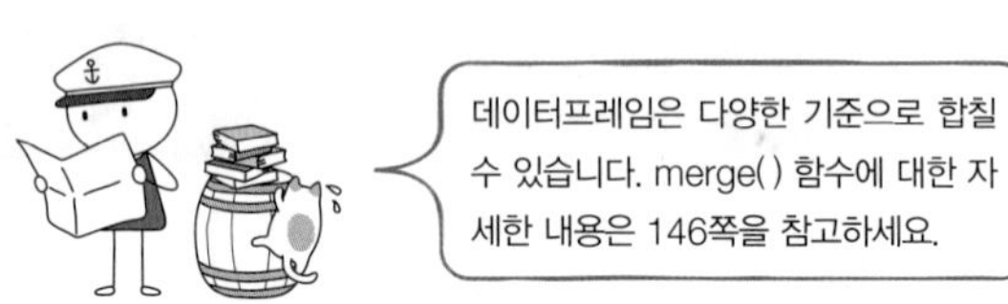

상위 인기 도서 10권이 모두 200쪽이 넘고 어떤 것은 400쪽이 넘는 것도 있군요. 이제 이 자료를 보고 이사님의 고정관념이 바뀌기를 기대해 봐야겠습니다.

웹 스크래핑할 때 주의할 점

이번 절에서는 **requests.get() 함수**로 도서 10권에 대한 온라인 서점 상세 페이지 HTML을 가져왔습니다. 이처럼 웹 스크래핑은 프로그램을 사용하여 단시간에 많은 양의 HTML을 가져올 수 있습니다. 대신 이런 요청이 많으면 웹 서버에 부담되므로 웹사이트 입장에서는 달가운 손님은 아닙니다. 어떤 웹사이트는 한 컴퓨터에서 짧은 시간 동안 많은 양의 요청을 발생시키는 경우 일정 기간 접속하지 못하게 막기도 하므로 다음 사항을 주의하세요.

첫째, 웹사이트에서 스크래핑을 허락하였는지 확인하세요.

대부분의 웹사이트는 검색 엔진이나 스크래핑 프로그램이 접근해도 좋은 페이지와 그렇지 않은 페이지를 명시한 **robots.txt 파일**을 가지고 있습니다. 예를 들어 Yes24의 robots.txt 파일을 확인하면 다음과 같습니다.

```
User-agent: *
Disallow: /*.pdf$
Disallow: /templates/
Disallow: /Templates/
Disallow: /member/
Disallow: /Member/
Disallow: /partnersso/
Disallow: /PartnerSSO/
Disallow: /modules/
Disallow: /Modules/
Disallow: /exchange/
Disallow: /Exchange/
Disallow: /common/
Disallow: /Common/
Disallow: /partner/
Disallow: /Partner/
Disallow: /Cooperate/Yes24Gateway.aspx
Disallow: /Product/AddModules/
Disallow: /Product/addModules/
Disallow: /product/addModules/
Disallow: /Product/communityModules/
Disallow: /product/communityModules/
Disallow: /product/communityModules/
Disallow: /Product/Base/
Disallow: /Product/AuthorFile/CommunityMessage/
Disallow: /Product/goods/AuthorFile/CommunityMessage/
Disallow: /Product/Goods/AuthorFile/CommunityMessage/
Disallow: /Product/goods/addModules/
Disallow: /Product/Goods/addModules/
Disallow: /Product/goods/communityModules/
Disallow: /Product/Goods/communityModules/
Disallow: /Product/Goods/JsonGoodsList
Disallow: /Product/Base/ExceptionNotice
Disallow: /Product/CommunityModules/GoodsReviewList
Disallow: /24/AuthorFile/Author/239237
Disallow: /24/UsedShop/usedaddModules/
Disallow: /24/addModules/linebanner/
Disallow: /24/UsedShop/Base/AdultCheck
Disallow: /24/category/bestsellerExcel
```

note Yes24 robots.txt URL http://www.yes24.com/robots.txt

다행히 검색 결과 페이지인 /Product/Search와 도서 상세 페이지인 /Product/Goods는 따로 기재되어 있지 않은 것을 보니 제한하지 않는다는 의미로 볼 수 있습니다. 대신 /member/, /Product/Goods/addModules/ 등과 같은 페이지는 웹 스크래핑 도구로 접근해서는 안 됩니다. 이처럼 어떤 웹 페이지를 스크래핑하고 싶다면 먼저 robots.txt 파일을 확인해 보세요.

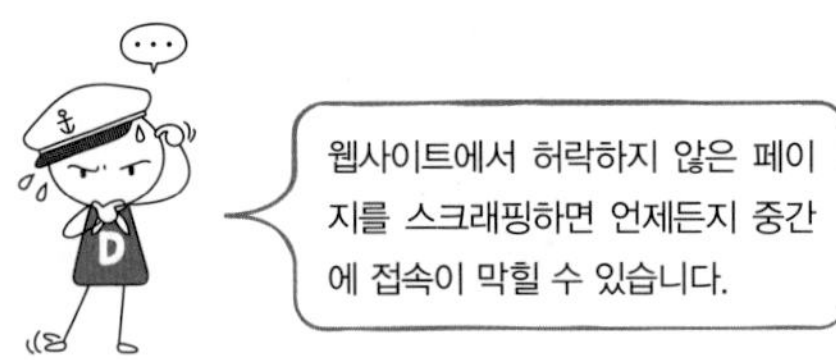

둘째, HTML 태그를 특정할 수 있는지 확인하세요.

태그 이름이나 속성 등 필요한 HTML 태그를 특정할 수 없다면 웹 스크래핑으로 데이터를 가져오는 데 어려움이 있습니다. 또한 일부 웹 페이지는 웹 브라우저에 로딩된 후 HTML 대신 자바스크립트를 사용하여 웹 서버로부터 데이터를 가져와 화면을 채웁니다. 이런 데이터는 단순한 웹 스크래핑을 사용해서 가져오기 힘들 수 있습니다. 셀레니움Selenium 같은 고급 도구를 사용해야 가능합니다.

이러한 이유로 웹 스크래핑은 만능 도구가 아니며 최후의 수단으로 사용하는 것이 좋습니다. API나 데이터베이스와 달리 웹 페이지는 언제 어떻게 바뀔지 모르기 때문에 스크래핑 프로그램이 원하는 데이터를 찾지 못하는 경우가 빈번하게 발생합니다. 웹 페이지가 변경된 것을 알았더라도 HTML을 다시 분석하여 원하는 데이터를 찾는 과정을 되풀이해야 합니다. 이는 스크래핑 프로그램의 유지 보수를 어렵게 만드는 이유 중 하나입니다.

웹 스크래핑으로 HTML 수집하기 문제해결 과정

이번 절에서는 웹 스크래핑 기술을 사용하여 데이터를 수집하는 방법을 알아보았습니다. 파이썬의 **requests 패키지**와 **뷰티플수프**를 사용하면 비교적 간단하게 웹 페이지의 HTML에서 원하는 요소를 추출할 수 있습니다. 웹 브라우저의 개발자 도구로 원하는 정보가 들어가 있는 HTML 태그를 확인했습니다. 그리고 찾은 HTML 태그의 이름과 속성을 활용해 뷰티플수프 객체로 원하는 정보를 골라내었습니다.

requests 패키지와 뷰티플수프로 첫 번째 도서의 쪽수를 가져오는 데 성공한 후 단계별로 수행했던 작업을 하나의 파이썬 함수로 만들었습니다. ISBN을 입력받고 쪽수를 반환하며 세부적인 웹 스크래핑 작업을 감싸는 함수죠. 데이터프레임에 있는 모든 도서의 쪽수를 가져오기 위해 만든 함수와 판다스 데이터프레임의 **apply() 메서드**를 함께 사용했습니다. 그다음 apply() 메서드가 반환한 판다스 시리즈 객체를 원래 데이터프레임과 합치기 위해 **merge() 메서드**를 사용했습니다. 마지막으로 웹 스크래핑을 할 때 주의할 점과 고려할 내용을 소개했습니다.

웹 스크래핑을 하려면 HTML에 대한 이해가 필요하지만 이 책의 범위는 아닙니다. HTML에 대해 자세하게 알고 싶다면 다음 도서를 참고하세요.

- 『모던 웹을 위한 HTML5+CSS3 바이블』(한빛미디어, 2019)
- 『Hello Coding HTML5+CSS3』(한빛미디어, 2018)

지금까지 API와 웹 스크래핑을 사용해 데이터를 추출하는 방법을 배웠습니다. 하지만 대부분 데이터 분석 대상은 사내 데이터베이스에 있는 경우가 가장 많습니다. 데이터베이스를 다룰 수 있는 SQL 지식도 필요한데요, 이 내용이 궁금하다면 부록 A를 참고하세요.

좀 더 알아보기 merge() 함수의 매개변수

140쪽에서 merge() 함수에 left_index와 right_index 매개변수를 지정하여 데이터프레임이나 시리즈 객체를 합치는 것을 배웠습니다. 데이터프레임이나 시리즈를 합칠 때는 매개변수에 합칠 기준을 다양하게 지정하여 데이터를 원하는 형태로 만들 수 있습니다. 이번 〈좀 더 알아보기〉에서는 이러한 기준을 지정하는 다양한 매개변수를 알아보겠습니다.

예를 들어 다음과 같은 두 개의 데이터프레임 df1과 df2를 합칠 때 매개변수를 사용하면 어떠한 형태로 합쳐지는지 살펴보겠습니다.

df1

	col1	col2
0	a	1
1	b	2
2	c	3

df2

	col1	col3
0	a	10
1	b	20
2	d	30

on 매개변수

합칠 때 기준이 되는 열을 지정합니다. 이 열은 두 데이터프레임에 모두 존재해야 합니다.

pd.merge(df1, df2, on='col1')

	col1	col2	col3
0	a	1	10
1	b	2	20

→ 첫 번째 열의 값이 다른 2번 행은 합쳐지지 않습니다.

col1 열의 값이 같은 행끼리 합쳐집니다.

how 매개변수

합쳐질 방식을 지정합니다. 기본값은 inner로 how 매개변수를 생략하면 기본적으로 두 데이터프레임의 값이 같은 행만 합칩니다.

left일 경우 첫 번째 데이터프레임을 기준으로 두 번째 데이터프레임을 합칩니다. df1의 행에 df2의 행을 맞추면 다음과 같습니다.

pd.merge(df1, df2, how='left', on='col1')

	col1	col2	col3
0	a	1	10.0
1	b	2	20.0
2	c	3	NaN

→ df2 데이터프레임에 없는 값은 NaN으로 표시됩니다.

right로 지정하면 두 번째 데이터프레임을 기준으로 첫 번째 데이터프레임을 합칩니다. df2의 행에 df1의 행을 맞추면 다음과 같습니다.

pd.merge(df1, df2, how='right', on='col1')

	col1	col2	col3
0	a	1.0	10
1	b	2.0	20
2	d	NaN	30

→ df1 데이터프레임에 없는 값은 NaN으로 표시됩니다.

outer로 지정하면 두 데이터프레임의 모든 행을 유지하면서 합칩니다.

pd.merge(df1, df2, how='outer', on='col1')

	col1	col2	col3
0	a	1.0	10.0
1	b	2.0	20.0
2	c	3.0	NaN
3	d	NaN	30.0

→ 모든 행이 합쳐지고 값이 없는 행은 NaN으로 표시됩니다.

col1의 값이 동일한 행은 합쳐지고 그렇지 않은 행은 별개의 행으로 추가되는 것을 알 수 있습니다.

left_on과 right_on 매개변수

합칠 기준이 되는 열의 이름이 서로 다를 경우 left_on과 right_on 매개변수에 각기 지정할 수 있습니다. 각각의 데이터프레임의 'col1' 열을 기준으로 합치고 싶다면 pd.merge(df1, df2, on='col1')와 결과가 동일합니다.

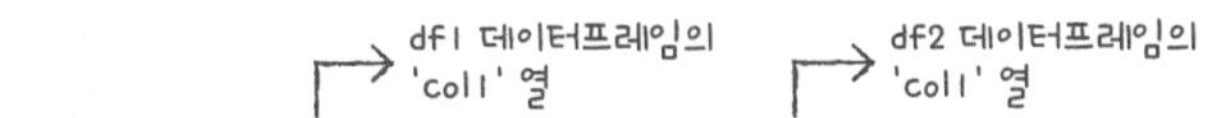

pd.merge(df1, df2, left_on='col1', right_on='col1')

	col1	col2	col3
0	a	1	10
1	b	2	20

값이 같은 행만 합칩니다.

left_index와 right_index 매개변수

합칠 기준이 열이 아니라 인덱스일 경우 left_index 또는 right_index로 왼쪽 또는 오른쪽 인덱스를 지정할 수 있습니다. df1의 'col2' 열과 df2의 인덱스를 기준으로 합치면 다음과 같습니다.

pd.merge(df1, df2, left_on='col2', right_index=True)

	col1_x	col2	col1_y	col3
0	a	1	b	20
1	b	2	d	30

두 데이터프레임에 동일한 이름의 열이 존재할 경우에는 첫 번째 데이터프레임의 열 이름에는 _x 접미사가 붙고, 두 번째 데이터프레임의 열 이름에는 _y 접미사가 붙습니다.

마무리

▶ 2가지 키워드로 정리하는 핵심 포인트

- **웹 스크래핑**은 웹사이트에서 필요한 데이터를 추출하는 기술입니다. HTML은 구조적이지 않기 때문에 스크래핑으로 데이터를 수집하는데 비교적 많은 노력이 필요합니다. 따라서 웹 스크래핑을 사용하기 전에 먼저 공개 API를 통해 사용할 수 있는지 살펴보는 것이 좋습니다.
- **뷰티플수프**는 HTML 문서를 파싱하는데 사용하는 대표적인 파이썬 패키지입니다. 사용법이 쉽고 빠르기 때문에 파이썬 프로그래머들이 즐겨 사용합니다. 뷰티플수프는 requests 패키지로 가져온 HTML에서 원하는 태그나 텍스트를 찾는 기능을 제공합니다.

▶ 표로 정리하는 핵심 함수와 메서드

함수/메서드	기능
loc	레이블(이름) 또는 불리언 배열로 데이터프레임의 행과 열을 선택합니다. 정수로 지정하면 인덱스의 레이블로 간주합니다. 불리언 배열로 지정할 경우 배열의 길이는 행 또는 열의 전체 길이와 같아야 합니다.
BeautifulSoup.find()	현재 태그 아래의 자식 태그 중에서 지정된 이름에 맞는 첫 번째 태그를 찾습니다. 찾은 태그가 없을 경우 None이 반환됩니다.
BeautifulSoup.find_all()	현재 태그 아래의 자식 태그 중에서 지정된 이름에 맞는 모든 태그를 찾습니다. 뷰티플수프 객체를 함수처럼 호출할 경우 자동으로 find_all() 메서드가 호출됩니다. 찾은 태그가 없을 경우 빈 리스트가 반환됩니다.
BeautifulSoup.get_text()	태그 안의 텍스트를 반환합니다.
DataFrame.apply()	데이터프레임의 행 또는 열에 지정한 함수를 적용합니다.
pandas.merge()	데이터프레임이나 시리즈 객체를 합칩니다.

▶ 확인 문제

1. 다음과 같은 데이터프레임 df가 있을 때 loc 메서드의 결과가 다른 하나는 무엇인가요?

	col1	col2
0	a	1
1	b	2
2	c	3

① df.loc[[0,1,2], ['col1', 'col2']]
② df.loc[0:2, 'col1':'col2']
③ df.loc[:2, [True, True]]
④ df.loc[::2, 'col1':'col2']

2. 다음 중 뷰티플수프 객체 tag 아래에 있는 <table> 태그를 찾는 뷰티플수프 명령으로 올바르지 않은 것은 무엇인가요?

① tag.find_all('table')
② tag('table')
③ tag.find('table')
④ tag.find(id='table')

3. 다음 중 <div id='header' class='highlight'></div>와 같은 태그를 찾을 수 있는 뷰티플수프 명령은 무엇인가요?

① tag.find(attrs={'class': 'highlight'})
② tag.find('header')
③ tag.find(id='div')
④ tag.find(class='highlight')

hint 2. find_all() 메서드는 생략할 수 있습니다.

4. 다음과 같은 판다스 데이터프레임에 df.apply(lambda row: row['col1']+row['col2'], axis=1) 명령을 적용했을 때 반환되는 값으로 올바른 것은 무엇인가요?

	col1	col2
0	1	4
1	2	5
2	3	6

① 14, 25, 36

② 5, 7, 9

③ 6, 15

④ 21

5. 다음 두 데이터프레임 df1, df2를 합쳐서 데이터프레임 df3를 만들려고 합니다. 다음 중 올바른 판다스 명령은 무엇인가요?

df1

	col1	col2
0	a	1
1	b	2
2	c	3

df2

	col3	col4
0	a	10
1	b	20
2	d	30

df3

	col1	col2	col3	col4
0	a	1.0	a	10.0
1	b	2.0	b	20.0
2	c	3.0	NaN	NaN
3	NaN	NaN	d	30.0

① pd.merge(df1, df2)

② pd.merge(df1, df2, how='left')

③ pd.merge(df1, df2, left_on='col1', right_on='col3', how='outer')

④ pd.merge(df1, df2, left_on='col1', right_on='col3', how='inner')

Chapter 03

데이터 분석에서 데이터 정제는 필수입니다. 종종 많은 시간이 소요되어 간과하기 쉬운데요. 데이터가 올바르게 정제되지 못하면 분석된 결과를 왜곡시킬 수 있으며 잘못된 의사 결정을 초래하기도 합니다. 이번 장에서는 원활한 데이터 분석을 위해 수집된 데이터에 있는 문제점을 찾아 수정해 보겠습니다.

데이터 정제하기

학습목표

- 데이터프레임에서 불필요한 행과 열을 삭제하거나 데이터값을 바꾸는 방법을 배웁니다.
- 정규 표현식을 사용해 잘못된 값을 고치거나 누락된 값이 있는 경우 웹 스크래핑하여 얻은 값으로 채웁니다.

03-1 불필요한 데이터 삭제하기

핵심 키워드

데이터 정제 | 데이터 랭글링 | 데이터 먼징 | 원소별 비교 | 불리언 배열 | 넘파이

API, 웹 스크래핑, 데이터베이스 등으로 수집한 데이터는 때때로 불완전합니다. 값이 잘못 들어가 있거나 불필요한 문자가 섞여 있을 수 있습니다. 또 분석에 필요하지 않은 행이나 열이 있다면 제거해야 합니다. 이 절에서는 판다스 데이터프레임의 다양한 기능을 사용해 불필요한 데이터를 삭제하는 방법을 알아보겠습니다.

시작하기 전에

혼공분석이 도서관 정보나루 웹사이트에서 다운로드한 남산도서관 대출 데이터를 마케팅팀에 그대로 전달했습니다. 그런데 왠지 불필요한 정보가 많은 것 같군요.

데이터에서 손상되거나 부정확한 부분을 수정하고, 불필요한 데이터를 삭제하거나 불완전한 값을 교체하는 등의 작업을 **데이터 정제**data cleaning라고 합니다. 데이터 정제는 데이터를 분석 목적에 맞게 변환하는 **데이터 랭글링**data wrangling 또는 **데이터 먼징**data munging의 일부로 수행될 수 있습니다.

이 장은 주로 판다스 데이터프레임을 사용하여 데이터를 정제합니다. 이 장을 마칠 때쯤에는 판다스 데이터프레임의 여러 기능에 익숙해질 것입니다. 그럼 먼저 필요 없는 행과 열을 삭제하는 방법부터 알아보죠.

열 삭제하기

gdown **패키지**를 사용해 이 절에서 사용할 남산도서관 데이터를 다운로드합니다.

```
import gdown
gdown.download('https://bit.ly/3RhoNho', 'ns_202104.csv', quiet=False)
```

판다스 데이터프레임으로 읽어서 처음 다섯 개 행을 출력해 보죠.

손코딩

```
import pandas as pd
ns_df = pd.read_csv('ns_202104.csv', low_memory=False)
ns_df.head() ──> 처음 다섯 개 행을 출력합니다.
```

	번호	도서명	저자	출판사	발행년도	ISBN	세트 ISBN	부가기호	도서권수	대출건수	등록일자	Unnamed: 13
0	1	인공지능과 흙	김동훈 지음	민음사	2021	9788937444319	NaN	NaN	1	0	2021-03-19	NaN
1	2	가짜 행복 권하는 사회	김태형 지음	갈매나무	2021	9791190123969	NaN	NaN	1	0	2021-03-19	NaN
2	3	나도 한 문장 잘 쓰면 바랄 게 없겠네	김선영 지음	블랙피쉬	2021	9788968332982	NaN	NaN	1	0	2021-03-19	NaN
3	4	예루살렘 해변	이도 게펜 지음, 임재희 옮김	문학세계사	2021	9788970759906	NaN	NaN	1	0	2021-03-19	NaN
4	5	김성곤의 중국한시기행: 장강·황하 편	김성곤 지음	김영사	2021	9788934990833	NaN	NaN	1	0	2021-03-19	NaN

마지막 'Unnamed: 13' 열은 CSV 파일 각 라인의 끝에 콤마(,)가 있어서 판다스가 자동으로 추가한 것입니다. 불필요한 열이므로 삭제하는 것이 좋을 것 같네요.

판다스에서 NaN은 누락된 값, 비어 있는 값을 의미합니다.

121쪽에서 배운 **loc 메서드**에 **슬라이싱**을 사용하면 다음과 같이 '번호' 열부터 '등록일자' 열까지 선택하여 새로운 데이터프레임을 만들 수 있습니다.

손코딩

```
ns_book = ns_df.loc[:, '번호':'등록일자']
ns_book.head()
```

'번호' 열부터 '등록일자' 열까지 전체 행을 선택합니다.

	번호	도서명	저자	출판사	발행년도	ISBN	세트 ISBN	부가기호	도서권수	대출건수	등록일자
0	1	인공지능과 흙	김동훈 지음	민음사	2021	9788937444319	NaN	NaN	1	0	2021-03-19
1	2	가짜 행복 권하는 사회	김태형 지음	갈매나무	2021	9791190123969	NaN	NaN	1	0	2021-03-19
2	3	나도 한 문장 잘 쓰면 바랄 게 없겠네	김선영 지음	블랙피쉬	2021	9788968332982	NaN	NaN	1	0	2021-03-19
3	4	예루살렘 해변	이도 게펜 지음, 임재희 옮김	문학세계사	2021	9788970759906	NaN	NaN	1	0	2021-03-19
4	5	김성곤의 중국한시기행: 장강·황하 편	김성곤 지음	김영사	2021	9788934990833	NaN	NaN	1	0	2021-03-19

이 방법이 편리하긴 하지만 중간에 있는 '부가기호' 열을 제외하고 선택하려면 어떻게 해야 할까요? 중간에 있는 열을 제외하려면 슬라이싱을 사용하기 어렵습니다. 이럴 때는 **불리언 배열**boolean array을 사용하면 쉽게 원하는 열만 선택할 수 있습니다.

loc 메서드와 불리언 배열

ns_df 데이터프레임은 13개의 열을 가지고 있습니다. 사용할 열을 불리언 배열로 나타내려면 [True, True, False, …]처럼 일일이 13개의 불리언 값을 나열하여 작성해야 합니다. 따라서 조금 더 편리한 방법을 알아보겠습니다. 먼저 데이터프레임 열 이름이 저장된 columns 속성을 확인해 보죠.

손코딩

```
print(ns_df.columns)
```

```
Index(['번호', '도서명', '저자', '출판사', '발행년도', 'ISBN', '세트 ISBN', '부가기호',
       '권', '주제분류번호', '도서권수', '대출건수', '등록일자', 'Unnamed: 13'],
      dtype='object')
```

columns 속성은 판다스의 **Index 클래스** 객체입니다. 이 객체의 원소는 파이썬의 리스트처럼 숫자 인덱스로 참조할 수 있습니다. 예를 들어 첫 번째 열 이름인 '번호'를 선택하려면 다음과 같이 쓸 수 있습니다.

손코딩

```
print(ns_df.columns[0])
```

```
번호
```

Index 클래스를 비롯하여 판다스 배열 성격의 객체는 어떤 값과 비교할 때 자동으로 배열에 있는 모든 원소와 하나씩 비교해 줍니다. 이를 **원소별 비교**element-wise comparison라고 합니다. 예를 들어 세 개의 원소가 있는 인덱스 ["혼공", "분석", "파이썬"]과 문자열 "분석"을 비교하면 인덱스에 있는 원소마다 "분석" 문자열과 비교하여 그 결과로 False, True, False를 차례대로 나열하여 반환합니다.

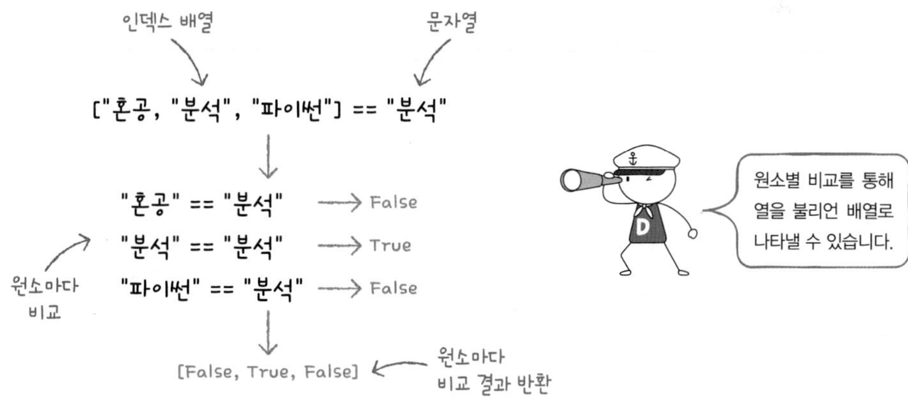

원소별 비교를 활용하여 ns_df.columns에서 'Unnamed: 13' 열이 아닌 것을 표시하는 배열을 만들면 다음과 같습니다.

손코딩

```
ns_df.columns != 'Unnamed: 13'
```

```
array([ True,  True,  True,  True,  True,  True,  True,  True,  True,
        True,  True,  True,  True, False])
```

!=는 비교 연산자입니다. columns 속성과 비교하여 'Unnamed: 13' 열이 아닌 것은 True가 되고 'Unnamed: 13' 열은 False가 됩니다. 이렇게 반환된 결과는 **넘파이 배열**Numpy array입니다. 지금은 넘파이 배열을 파이썬 리스트와 비슷한 것으로 생각해도 괜찮습니다.

넘파이는 효율적으로 배열을 다룰 수 있는 파이썬의 대표 패키지입니다.

자, 원소별 비교 연산으로 불리언 배열을 얻었습니다. 이를 selected_columns 변수에 저장하고 판다스 데이터프레임의 loc 메서드에 전달하면 True인 열의 행만 선택할 수 있습니다.

손코딩

```
selected_columns = ns_df.columns != 'Unnamed: 13'
ns_book = ns_df.loc[:, selected_columns]
ns_book.head()
```

True인 열의 모든 행을 선택합니다.

	번호	도서명	저자	출판사	발행년도	ISBN	세트 ISBN	부가기호	도서권수	대출건수	등록일자
0	1	인공지능과 흙	김동훈 지음	민음사	2021	9788937444319	NaN	NaN	1	0	2021-03-19
1	2	가짜 행복 권하는 사회	김태형 지음	갈매나무	2021	9791190123969	NaN	NaN	1	0	2021-03-19
2	3	나도 한 문장 잘 쓰면 바랄 게 없겠네	김선영 지음	블랙피쉬	2021	9788968332982	NaN	NaN	1	0	2021-03-19
3	4	예루살렘 해변	이도 게펜 지음, 임재희 옮김	문학세계사	2021	9788970759906	NaN	NaN	1	0	2021-03-19
4	5	김성곤의 중국한시기행: 장강·황하 편	김성곤 지음	김영사	2021	9788934990833	NaN	NaN	1	0	2021-03-19

슬라이싱으로 얻은 것과 동일한 결과를 얻었네요.

이번에는 데이터프레임 중간에 있는 '부가기호' 열을 제외해 보겠습니다. 다음처럼 코드를 작성하고 실행해 보세요.

손코딩

```
selected_columns = ns_df.columns != '부가기호'
ns_book = ns_df.loc[:, selected_columns]
ns_book.head()
```

	번호	도서명	저자	출판사	발행년도	ISBN	세트 ISBN	권	주제분류번호	도서권수	대출건수	등록일자	Unnamed: 13
0	1	인공지능과 흙	김동훈 지음	민음사	2021	9788937444319	NaN	NaN	NaN	1	0	2021-03-19	NaN
1	2	가짜 행복 권하는 사회	김태형 지음	갈매나무	2021	9791190123969	NaN	NaN	NaN	1	0	2021-03-19	NaN
2	3	나도 한 문장 잘 쓰면 바랄 게 없겠네	김선영 지음	블랙피쉬	2021	9788968332982	NaN	NaN	NaN	1	0	2021-03-19	NaN
3	4	예루살렘 해변	이도 게펜 지음, 임재희 옮김	문학세계사	2021	9788970759906	NaN	NaN	NaN	1	0	2021-03-19	NaN
4	5	김성곤의 중국한시기행: 장강·황하 편	김성곤 지음	김영사	2021	9788934990833	NaN	NaN	NaN	1	0	2021-03-19	NaN

drop() 메서드

이번에는 데이터프레임의 메서드를 사용하여 열을 삭제해 보겠습니다. 판다스에서는 데이터프레임의 행이나 열을 삭제하는 **drop() 메서드**를 제공합니다.

drop() 메서드로 열을 삭제하려면 첫 번째 매개변수에 삭제하려는 열 이름을 전달하고 **axis 매개변수를 1로** 지정합니다.

ns_df 데이터프레임에서 불필요한 'Unnamed: 13' 열을 삭제해 보겠습니다.

손코딩

```
ns_book = ns_df.drop('Unnamed: 13', axis=1)
ns_book.head()
```

삭제하려는 열 이름 / axis 매개변수에 1을 지정하면 열을 삭제합니다.

	번호	도서명	저자	출판사	발행년도	ISBN	세트 ISBN	부가기호	도서권수	대출건수	등록일자
0	1	인공 지능과 흙	김동훈 지음	민음사	2021	9788937444319	NaN	NaN	1	0	2021-03-19
1	2	가짜 행복 권하는 사회	김태형 지음	갈매나무	2021	9791190123969	NaN	NaN	1	0	2021-03-19
2	3	나도 한 문장 잘 쓰면 바랄 게 없겠네	김선영 지음	블랙피쉬	2021	9788968332982	NaN	NaN	1	0	2021-03-19
3	4	예루살렘 해변	이도 게펜 지음, 임재희 옮김	문학세계사	2021	9788970759906	NaN	NaN	1	0	2021-03-19
4	5	김성곤의 중국한시기행: 장강·황하 편	김성곤 지음	김영사	2021	9788934990833	NaN	NaN	1	0	2021-03-19

이처럼 axis 매개변수에는 삭제할 축을 지정할 수 있습니다.

axis 매개변수의 기본값인 0은 행을 삭제합니다. 1로 지정하면 열을 삭제합니다.

앞서 불리언 배열을 사용하여 불필요한 열을 제외했던 것처럼 drop() 메서드도 중간에 있는 열을 간단하게 제외할 수 있습니다. 또한 첫 번째 매개변수에 제외할 열 이름을 리스트 형식으로 여러 개 지정할 수도 있습니다. '부가기호' 열과 'Unnamed: 13' 열을 제외하려면 다음과 같이 씁니다.

손코딩

```
ns_book = ns_df.drop(['부가기호','Unnamed: 13'], axis=1)
ns_book.head()
```

여러 개 열을 삭제하려면 리스트 형식을 사용합니다.

	번호	도서명	저자	출판사	발행년도	ISBN	세트 ISBN	권	주제분류번호	도서권수	대출건수	등록일자
0	1	인공 지능과 흙	김동훈 지음	민음사	2021	9788937444319	NaN	NaN	NaN	1	0	2021-03-19
1	2	가짜 행복 권하는 사회	김태형 지음	갈매나무	2021	9791190123969	NaN	NaN	NaN	1	0	2021-03-19
2	3	나도 한 문장 잘 쓰면 바랄 게 없겠네	김선영 지음	블랙피쉬	2021	9788968332982	NaN	NaN	NaN	1	0	2021-03-19
3	4	예루살렘 해변	이도 게펜 지음, 임재희 옮김	문학세계사	2021	9788970759906	NaN	NaN	NaN	1	0	2021-03-19
4	5	김성곤의 중국한시기행: 장강·황하 편	김성곤 지음	김영사	2021	9788934990833	NaN	NaN	NaN	1	0	2021-03-19

중간에 있는 열을 빼고 나머지 열을 선택할 때는 불리언 배열이나 drop() 메서드를 사용해 보세요.

지금까지는 ns_df 데이터프레임에서 열을 삭제한 결과를 ns_book이라는 변수에 저장했는데요, drop() 메서드에 **inplace 매개변수**를 True로 지정하면 현재 선택한 데이터프레임을 바로 수정할 수도 있습니다. 앞서 생성한 ns_book 데이터프레임의 '주제분류번호' 열을 삭제해 보겠습니다.

손코딩

```
ns_book.drop('주제분류번호', axis=1, inplace=True)
ns_book.head()
```

→ 선택한 데이터프레임에 덮어씁니다.

	번호	도서명	저자	출판사	발행년도	ISBN	세트 ISBN	권	도서권수	대출건수	등록일자
0	1	인공 지능과 흙	김동훈 지음	민음사	2021	9788937444319	NaN	NaN	1	0	2021-03-19

1	2	가짜 행복 권하는 사회	김태형 지음	갈매나무	2021	9791190123969	NaN	NaN	1	0	2021-03-19
2	3	나도 한 문장 잘 쓰면 바랄 게 없겠네	김선영 지음	블랙피쉬	2021	9788968332982	NaN	NaN	1	0	2021-03-19
3	4	예루살렘 해변	이도 게펜 지음, 임재희 옮김	문학세계사	2021	9788970759906	NaN	NaN	1	0	2021-03-19
4	5	김성곤의 중국한시기행: 장강·황하 편	김성곤 지음	김영사	2021	9788934990833	NaN	NaN	1	0	2021-03-19

새로운 변수를 만들어 데이터프레임 수정 결과를 반환하지 않고도 ns_book 데이터프레임에서 '주제분류번호' 열을 삭제했습니다.

사실 inplace=True일 때 ns_book 변수에 연결된 객체가 수정되는 것은 아닙니다. 판다스는 내부적으로 수정된 새로운 객체를 만든 후 ns_book 변수에 연결합니다. 따라서 inplace 매개변수를 사용하더라도 성능상의 이득은 없습니다.

dropna() 메서드

판다스는 비어있는 값을 NaN으로 표시합니다. drop() 메서드와 비슷한 **dropna() 메서드**는 기본적으로 **NaN**이 하나 이상 포함된 행이나 열을 삭제합니다.

axis 매개변수를 1로 지정하여 ns_df 데이터프레임에서 NaN이 포함된 열을 삭제해 보겠습니다.

손코딩

```
ns_book = ns_df.dropna(axis=1)
ns_book.head()
```

	번호	ISBN	도서권수	대출건수	등록일자
0	1	9788937444319	1	0	2021-03-19
1	2	9791190123969	1	0	2021-03-19
2	3	9788968332982	1	0	2021-03-19
3	4	9788970759906	1	0	2021-03-19
4	5	9788934990833	1	0	2021-03-19

14개의 열이 5개로 확 줄어들었군요. 삭제된 열에는 NaN이 적어도 하나 이상 있었나 봅니다.

모든 값이 NaN인 열을 삭제하려면 dropna() 메서드에 **how 매개변수**를 'all'로 지정하면 됩니다.

손코딩

```
ns_book = ns_df.dropna(axis=1, how='all')
ns_book.head()
```

	번호	도서명	저자	출판사	발행년도	ISBN	세트 ISBN	부가기호	...	도서권수	대출건수	등록일자
0	1	인공지능과 흙	김동훈 지음	민음사	2021	9788937444319	NaN	NaN	...	1	0	2021-03-19
1	2	가짜 행복 권하는 사회	김태형 지음	갈매나무	2021	9791190123969	NaN	NaN	...	1	0	2021-03-19
2	3	나도 한 문장 잘 쓰면 바랄 게 없겠네	김선영 지음	블랙피쉬	2021	9788968332982	NaN	NaN	...	1	0	2021-03-19
3	4	예루살렘 해변	이도 게펜 지음, 임재희 옮김	문학세계사	2021	9788970759906	NaN	NaN	...	1	0	2021-03-19
4	5	김성곤의 중국한시기행: 장강·황하 편	김성곤 지음	김영사	2021	9788934990833	NaN	NaN	...	1	0	2021-03-19

note dropna() 메서드도 inplace=True를 지정하여 데이터프레임을 새로 생성하여 반환하지 않고 ns_book 변수에 바로 연결할 수 있습니다.

지금까지 열을 삭제하는 방법을 알아보았습니다. loc 메서드로 필요한 열을 선택하려면 슬라이스 연산자나 불리언 배열을 사용할 수 있습니다. 이 두 가지가 유일한 방법은 아닙니다. drop() 메서드로 열을 삭제하려면 axis=1과 삭제하려는 열을 지정합니다. 삭제할 열이 여러 개일 때는 열 이름을 리스트로 전달할 수 있습니다. 또는 dropna() 메서드에 axis=1을 지정하면 NaN이 들어있는 열을 삭제할 수 있습니다.

행 삭제하기

이번에는 행을 삭제하는 방법을 알아보겠습니다. 행을 삭제할 때도 **drop() 메서드**를 사용할 수 있습니다. axis 매개변수를 0으로 지정하면 행을 삭제할 수 있지만, 기본값이 0이기 때문에 생략해도 괜찮습니다. 처음 2개 행을 삭제해 보겠습니다.

손코딩

```
ns_book2 = ns_book.drop([0,1])
ns_book2.head()
```

[0,1] → 인덱스 0부터 1까지 2개 행을 선택합니다.

	번호	도서명	저자	출판사	발행년도	ISBN	세트 ISBN	부가기호	도서권수	대출건수	등록일자
2	3	나도 한 문장 잘 쓰면 바랄 게 없겠네	김선영 지음	블랙피쉬	2021	9788968332982	NaN	NaN	1	0	2021-03-19
3	4	예루살렘 해변	이도 게펜 지음, 임재희 옮김	문학세계사	2021	9788970759906	NaN	NaN	1	0	2021-03-19
4	5	김성곤의 중국한시기행: 장강·황하 편	김성곤 지음	김영사	2021	9788934990833	NaN	NaN	1	0	2021-03-19
5	6	처음 읽는 음식의 세계사	미야자키 마사카츠 지음, 한세희 옮김	탐나는책	2021	9791189550370	NaN	NaN	1	0	2021-03-19
6	7	아르센 벵거 자서전 My Life in Red and White	아르센 벵거 지음, 이성모 옮김	한즈미디어(한스미디어)	2021	9791160075793	NaN	NaN	1	0	2021-03-19

실행 결과에서 인덱스 0과 1에 해당하는 행이 삭제된 것을 알 수 있습니다. 그러나 이처럼 숫자로 된 행 인덱스를 직접 지정하는 일은 흔치 않습니다. 그렇다면 어떤 방법으로 행을 삭제하면 좋을까요?

[ ] 연산자와 슬라이싱

행을 선택할 때 자주 사용하는 **[] 연산자**를 살펴보겠습니다. 02-2절 121쪽에서는 [] 연산자에 열 이름 또는 열 이름 리스트를 전달하여 데이터프레임의 열을 선택할 수 있었습니다. 그런데 [] 연산자에 **슬라이싱**이나 **불리언 배열**을 전달하면 행을 선택합니다. 코드를 직접 입력해 보며 각 사용 방법을 알아보겠습니다.

인덱스가 0, 1인 행을 제외한 모든 행을 선택하기 위해 다음처럼 [] 연산자에 슬라이싱을 사용해 보겠습니다.

손코딩

```
ns_book2 = ns_book[2:]
ns_book2.head()
```

	번호	도서명	저자	출판사	발행년도	ISBN	세트 ISBN	부가기호	도서권수	대출건수	등록일자
2	3	나도 한 문장 잘 쓰면 바랄 게 없겠네	김선영 지음	블랙피쉬	2021	9788968332982	NaN	NaN	1	0	2021-03-19
3	4	예루살렘 해변	이도 게펜 지음, 임재희 옮김	문학세계사	2021	9788970759906	NaN	NaN	1	0	2021-03-19
4	5	김성곤의 중국한시기행: 장강·황하 편	김성곤 지음	김영사	2021	9788934990833	NaN	NaN	1	0	2021-03-19
5	6	처음 읽는 음식의 세계사	미야자키 마사카츠 지음, 한세희 옮김	탐나는책	2021	9791189550370	NaN	NaN	1	0	2021-03-19
6	7	아르센 벵거 자서전 My Life in Red and White	아르센 벵거 지음, 이성모 옮김	한즈미디어(한스미디어)	2021	9791160075793	NaN	NaN	1	0	2021-03-19

[] 연산자에 슬라이싱을 사용하면 loc 메서드에 슬라이싱을 사용하는 것과는 다르게 파이썬의 슬라이싱처럼 마지막 인덱스를 포함하지 않습니다.

다음처럼 [0:2]로 작성해 보세요. 처음 두 개의 행만 선택합니다.

손코딩

```
ns_book2 = ns_book[0:2]
ns_book2.head()
```

인덱스 0과 1을 선택합니다. 2는 포함하지 않습니다.

	번호	도서명	저자	출판사	발행년도	ISBN	세트 ISBN	부가기호	도서권수	대출건수	등록일자
0	1	인공지능과 흙	김동훈 지음	민음사	2021	9788937444319	NaN	NaN	1	0	2021-03-19
1	2	가짜 행복 권하는 사회	김태형 지음	갈매나무	2021	9791190123969	NaN	NaN	1	0	2021-03-19

loc 메서드에 슬라이싱을 사용하면 마지막 인덱스를 포함하지만, [ ] 연산자에 슬라이싱을 사용하면 마지막 인덱스를 포함하지 않습니다.

[] 연산자와 불리언 배열

슬라이싱 외에도 **불리언 배열**을 사용해서 행을 선택할 수 있는데요, 행을 선택할 때 가장 즐겨 사용하는 방법입니다. 비교 연산자를 활용해 원하는 행은 True로 표시하고 제외할 행은 False로 표시한 불리언 배열을 만들어 사용합니다.

예를 들어 출판사가 '한빛미디어'인 행만 선택해 보겠습니다. 비교 연산자를 사용하여 원본 데이터프레임 ns_df에서 출판사가 '한빛미디어'인 행만 True인 불리언 배열을 만듭니다. 그다음 이 불리언 배열을 [] 연산자에 넣어 줍니다.

손코딩

```
selected_rows = ns_df['출판사'] == '한빛미디어'
ns_book2 = ns_book[selected_rows]
ns_book2.head()
```

	번호	도서명	저자	출판사	발행년도	ISBN	세트 ISBN	부가기호	도서권수	대출건수	등록일자
60	61	(맛있는 디자인) 프리미어 프로 CC: 쉽게 배워 제대로 써먹는 유튜브 영상 편집	정지원, 심수진, 윤성우, 김덕영 지음	한빛미디어	2021	9791162244029	NaN	1	1	1	2021-03-15
70	71	처음 배우는 애저(Azure Portal로 배우는 애저 도입부터 활용까지)	김도균	한빛미디어	2020	9791162243695	NaN	NaN	1	1	2021-03-15
88	89	맛있는 디자인 프리미어 프로 CC 2021 - 쉽게 배워 제대로 써먹는 유튜브 영상 편집	정지원, 심수진, 윤성우, 김덕영 (지은이)	한빛미디어	2021	9791162244029	NaN	NaN	0	0	2021-03-15
156	157	실전 보고서 작성 기술 with 파워포인트, 워드, 한글	홍장표 지음	한빛미디어	2020	9791162243763	NaN	NaN	1	0	2021-03-12
198	199	처음 배우는 리액트 네이티브	김범준 지음	한빛미디어	2021	9791162243879	NaN	NaN	1	0	2021-03-12

✚ 여기서 잠깐 **loc 메서드에 불리언 배열을 사용하여 행을 선택할 수 있나요?**

네. 사용할 수 있습니다. 다음과 같이 loc 메서드에 불리언 배열을 넣으면 출판사가 '한빛미디어'인 모든 행을 선택합니다. 다음 코드를 실행하면 166쪽과 동일한 결과가 출력됩니다.

```
ns_book2 = ns_book.loc[selected_rows]
ns_book2.head()
```

이때 loc 메서드에 ns_book.loc[selected_rows, :]처럼 슬라이싱을 사용해 전체 열을 선택한다는 것을 명시적으로 표현할 수도 있지만, 위 코드처럼 간단하게 생략해서 사용해도 됩니다.

한 가지 예를 더 들어보죠. 대출건수가 1,000 이하인 행을 모두 삭제하고 싶다면 반대로 ns_book['대출건수'] > 1000와 같이 조건을 넣어 대출건수가 1,000이 넘는 행을 선택하면 됩니다. 앞에서는 불리언 배열을 변수에 저장하여 사용했지만, 실제로 많은 판다스 사용자들은 불리언 배열을 만드는 조건을 [] 연산자에 바로 넣습니다. 따라서 다음 코드처럼 selected_rows 변수를 만들지 않고 조건을 직접 넣어 사용해 보겠습니다.

손코딩

```
ns_book2 = ns_book[ns_book['대출건수'] > 1000]
ns_book2.head()
```

	번호	도서명	저자	출판사	발행년도	ISBN	세트 ISBN	부가기호	도서권수	대출건수	등록일자
94781	94782	사피엔스: 유인원에서 사이 보그까지, 인간 역사의 대담하고 위대한 질문	유발 하라리 지음; 조현욱 옮김	김영사	2016	9788934972464	NaN	NaN	30	1468	2016-04-22
346944	346945	해커스 토익: Listening	David Cho 지음	해커스 어학연구소	2005	9788990700148	NaN	1	29	1065	2005-02-01

1,000회 이상 대출된 도서는 두 권뿐이네요.

지금까지 불필요한 행을 삭제하거나 제외하는 방법을 알아보았습니다. 열을 삭제할 때와 마찬가지로 행을 삭제할 때도 loc 메서드, drop() 메서드, dropna() 메서드를 모두 사용할 수 있지만, 불리언 배열을 [] 연산자에 전달하는 방법을 자주 사용한다는 것을 기억하세요.

이어서 중복된 데이터를 찾는 방법을 알아보겠습니다.

중복된 행 찾기

판다스 데이터프레임의 중복된 행은 **duplicated() 메서드**를 사용하여 검사할 수 있습니다. 중복된 행 중에서 처음 행을 제외한 나머지 행은 True로, 그 외에 중복되지 않은 나머지 모든 행은 False로 표시한 불리언 배열을 반환합니다.

예를 들어 다음 그림의 데이터에는 '혼공 데이터 분석'이 두 번 중복되어 있습니다. 이때 duplicated() 메서드를 사용하면 두 번째 행은 중복되었다는 의미로 True로 표시되고, 첫 번째 행과 '혼공 머신러닝' 행은 False로 표시됩니다.

파이썬의 sum() 함수를 함께 사용하면 True를 1로 인식하기 때문에 duplicated() 메서드로 만든 불리언 배열에서 중복된 행의 개수를 셀 수 있습니다.

그럼 불필요한 열을 정리한 ns_book 데이터프레임에 중복된 행이 있는지 확인해 보죠.

손코딩

```
sum(ns_book.duplicated())
```

```
0
```

sum() 함수가 반환한 값이 0인 것을 보니 True로 표시된 행이 하나도 없군요. 중복된 행이 없다는 뜻입니다. 이처럼 **duplicated() 메서드**는 기본적으로 데이터프레임에 있는 모든 열을 기준으로 중복된 행을 찾습니다.

사실 ns_book 데이터프레임의 모든 행은 '번호' 열에 고유한 값을 가지고 있기 때문에 중복된 행이 나올 수가 없습니다. 만약 '도서명', '저자', 'ISBN'을 기준으로 중복된 행이 있는지 찾아보면 어떨까요? 일부 열을 기준으로 중복된 행을 찾으려면 duplicated() 메서드의 **subset 매개변수**에 기준 열을 나열합니다.

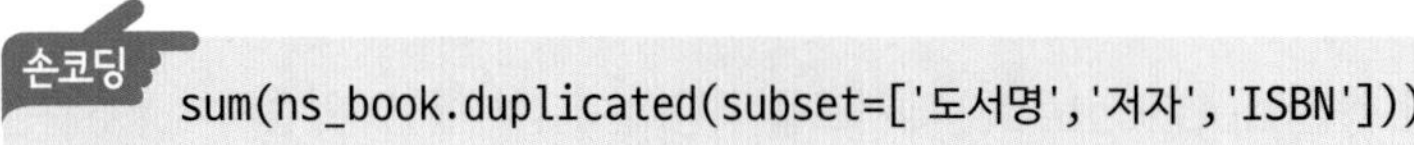

손코딩

```
sum(ns_book.duplicated(subset=['도서명','저자','ISBN']))
```

```
22096
```

'도서명', '저자', 'ISBN'을 기준으로 찾으면 중복된 행이 2만 개가 넘는군요!

duplicated() 메서드는 기본적으로 모든 열을 기준으로 중복된 행을 찾습니다. subset 매개변수를 사용하면 기준 열을 지정할 수 있습니다.

이제 '도서명', '저자', 'ISBN'을 기준으로 어떤 데이터가 중복되었는지 확인해 보겠습니다. duplicated() 메서드에 **keep 매개변수**를 False로 지정하여 중복된 모든 행을 True로 표시합니다. 이 데이터를 ns_book3 변수에 저장하여 확인해 보죠.

손코딩

```
dup_rows = ns_book.duplicated(subset=['도서명','저자','ISBN'], keep=False)
ns_book3 = ns_book[dup_rows]
ns_book3.head()
```

keep=False → 중복된 행을 모두 True로 표시한 불리언 배열을 반환합니다.

	번호	도서명	저자	출판사	발행년도	ISBN	세트 ISBN	부가기호	권
109	110	파친코	이민진 지음; 이미정 옮김	문학사상	2018	9788970129815	9788970129808	0	1
110	111	파친코	이민진 지음; 이미정 옮김	문학사상	2018	9788970129822	9788970129808	0	2

111	112	보건교사 안은영: 정세랑 장편소설	지은이: 정세랑	민음사	2021	9788937479953	NaN	0	NaN
112	113	보건교사 안은영: 정세랑 장편소설	지은이: 정세랑	민음사	2021	9788937479953	NaN	0	NaN
113	114	스토너	존 윌리엄스 지음; 김승욱 옮김	RHK (알에이치코리아)	2021	9788925538297	NaN	0	NaN

note 앞의 출력 결과에 있는 두 개의 파친코 책은 각각 다른 행과 중복되어 있습니다.

실행 결과를 확인해 보니 첫 번째 책 '파친코'는 두 권짜리 도서입니다. 그래서 '권' 열에 1과 2로 표시됩니다. 두 번째 '보건교사 안은영'은 한 권짜리 도서인데 두 권이 등록되어 있습니다. 아마도 인기가 많아 도서관에서 두 권을 구입한 것 같네요.

그룹별로 모으기

혼공분석은 앞으로 어떤 도서가 인기 있을지 예상하려고 하므로 이 데이터프레임에서 '대출건수' 열이 중요합니다. 따라서 같은 도서의 대출건수는 하나로 합치는 것이 좋겠네요.

예를 들어 '혼공 데이터 분석' 도서가 두 권이라면 하나로 합치려고 합니다. 이럴 때는 **groupby() 메서드**를 사용합니다. groupby() 메서드의 **by 매개변수**에는 행을 합칠 때 기준이 되는 열을 지정합니다. 권 수가 한 개 이상인 도서는 각기 다른 도서로 간주하겠습니다. 예를 들어 파친코 1권과 2권을 별개의 도서로 봅니다. '도서명', '출판사', '발행연도', '대출건수' 열을 기준으로 행을 합치면 다음과 같습니다.

도서명	출판사	발행연도	대출건수
혼공 데이터 분석	한빛미디어	2022	2
혼공 데이터 분석	한빛미디어	2022	3
혼공 머신러닝	한빛미디어	2020	4

groupby() →

도서명	출판사	발행연도	대출건수
혼공 데이터 분석	한빛미디어	2022	5 ← sum()
혼공 머신러닝	한빛미디어	2020	4

✚ 여기서 잠깐 **중복된 행을 합치지 않고 그냥 삭제하려면 어떻게 하나요?**

drop_duplicates() 메서드를 사용해서 중복된 행을 삭제할 수 있습니다. drop_duplicates() 메서드는 duplicated() 메서드와 동일하게 subset, keep 매개변수를 제공하며 현재 데이터프레임을 수정하기 위한 inplace 매개변수가 있습니다.

그럼 실제 데이터프레임을 합쳐 보겠습니다. 먼저 ns_book 데이터프레임에 있는 전체 열을 사용하는 대신, 그룹으로 묶을 기준 열과 '대출건수' 열만 선택하여 사용하겠습니다. 이렇게 하면 출력될 화면이 간단해서 보기에도 좋고 이해하기 쉽습니다.

```
count_df = ns_book[['도서명','저자','ISBN','권','대출건수']]
```

→ 그룹으로 묶을 기준 열

그다음 결과를 변환한 count_df 데이터프레임에 **groupby() 메서드**를 적용합니다. 그런데 '도서명', '출판사', '발행년도', '대출건수', '권'을 기준으로 열을 합칠 때 정수 타입인 '대출건수' 열은 어떻게 처리해야 할까요? 일반적으로 더하거나 평균을 내는데, 같은 책의 대출건수는 하나로 합쳐야 하므로 **sum() 메서드**를 사용하겠습니다.

groupby() 메서드는 기본적으로 by 매개변수에 지정된 열에 **NaN**이 포함되어 있으면 해당 행을 삭제합니다. count_df 데이터프레임의 '도서명'이나 '저자', '권' 열에는 값이 누락되어 이따금 NaN이 포함되어 있습니다. NaN이 포함되어 있는 행을 삭제하고 계산하면 대출건수 합계에서 빠지기 때문에 이를 막기 위해 **dropna 매개변수**를 False로 지정합니다. 이는 연산할 때 NaN이 있는 행도 포함하겠다는 의미입니다.

```
group_df = count_df.groupby(by=['도서명','저자','ISBN','권'], dropna=False)
loan_count = group_df.sum()
```

↓ NaN이 있는 행을 삭제하지 않습니다.

groupby() 메서드로 데이터를 합칠 때 기본적으로 지정된 열에 NaN이 있는 행은 삭제합니다. 따라서 NaN을 계산에 포함할지 안 할지를 고려해야 합니다.

또는 위와 같이 groupby() 메서드와 sum() 메서드를 나누어서 호출해도 되지만, 판다스 사용자들은 두 메서드를 연이어 호출하는 것을 선호합니다. 다음 코드처럼 두 메서드를 이어서 쓰면 어떤 작업을 수행하는지 명확하게 드러낼 수 있기 때문입니다.

```
loan_count = count_df.groupby(by=['도서명','저자','ISBN','권'],
                              dropna=False).sum()
loan_count.head()
```

→ 인덱스 열은 굵게 표시됩니다.

				대출건수
도서명	**저자**	**ISBN**	**권**	
(꼭 필요한 것부터 쉽게 배우는) 자신만만 블로그 차근차근 배우기	**김상현 지음**	**9788955025637**	**NaN**	38
(맨처음 배우는) 세상의 직업	**엘레오노라 바르소티 글·그림; 김태은 옮김**	**9788992924146**	**NaN**	10
(영잘원 리스닝과 패턴 영어의 절묘한 만남으로 태어난) 리스닝 ABC: 입문편	**JD Kim 지음**	**9788993466089**	**NaN**	4
(즉석에서 바로바로 활용하는) 일상생활 베트남어 첫걸음	**FL4U컨텐츠 지음**	**9788971728000**	**NaN**	3
,에게	**이기린(이진희)**	**9791196137014**	**NaN**	0

head() 메서드로 데이터프레임을 출력하면 기준인 인덱스 열이 굵은 글씨로 표시됩니다. loan_count 데이터프레임은 '도서명', '저자', 'ISBN', '권'까지 네 개의 열이 인덱스이고 각 책의 대출건수를 더한 결과가 '대출건수' 열에 저장된 것을 알 수 있습니다.

원본 데이터 업데이트하기

이제 대출건수를 원본 데이터프레임에 업데이트해 보겠습니다. 그런데 원본 데이터프레임에는 중복된 데이터가 있습니다. 따라서 너해진 대출건수를 업네이트하기 전에 다음과 같은 과정을 거쳐야 합니다.

❶ duplicated() 메서드로 중복된 행을 True로 표시한 불리언 배열을 만듭니다.

❷ 1번에서 구한 불리언 배열을 반전시켜서 중복되지 않은 고유한 행을 True로 표시합니다.

❸ 2번에서 구한 불리언 배열을 사용해 원본 배열에서 고유한 행만 선택합니다.

이 과정을 코드로 살펴보겠습니다.

중복된 행을 True로 표시한 불리언 배열을 반전시킬 때는 판다스의 **~ 연산자**를 사용합니다. 그다음 원본 배열에서 고유한 배열을 선택하여 **copy() 메서드**로 ns_book3 데이터프레임을 만듭니다.

손코딩

```
dup_rows = ns_book.duplicated(subset=['도서명','저자','ISBN','권'])
                                        ⟶ ❶ 중복된 행을 True로 표시합니다.
unique_rows = ~dup_rows ⟶ ❷ 불리언 배열을 반전시켜 고유한 행을 True로 표시합니다.
ns_book3 = ns_book[unique_rows].copy() ⟶ ❸ 고유한 행만 선택합니다.
```

+ 여기서 잠깐 copy( ) 메서드는 왜 사용하나요?

copy( ) 메서드는 데이터프레임의 복사본을 만듭니다. unique_rows 배열로 일부 행을 선택하여 만든 ns_book3의 '대출건수' 열을 업데이트해야 하기 때문입니다. 판다스는 copy( ) 메서드를 사용하지 않으면 ns_book3 데이터프레임이 별도의 메모리 공간에 저장되는지 보장하지 않습니다. 따라서 명시적으로 복사하지 않고 '대출건수' 열을 업데이트하면 ns_book의 데이터가 바뀔 수도 있습니다. 이런 이유로 판다스에서는 일부 행이나 열을 선택하여 데이터를 업데이트할 때는 항상 복사하는 것이 좋습니다.

ns_book3에 중복된 행이 없는지 **duplicated( ) 메서드**로 확인해 보겠습니다.

```
sum(ns_book3.duplicated(subset=['도서명','저자','ISBN','권']))
```

```
0
```

예상대로 중복된 행이 없네요. 고유한 행만 잘 골라졌습니다.

원본 데이터프레임 인덱스 설정하기

이제 ns_book3의 인덱스를 loan_count 데이터프레임의 인덱스와 동일하게 만듭니다. 지정한 열을 인덱스로 설정할 때는 **set_index( ) 메서드**를 사용합니다. 이때 **inplace 매개변수**를 True로 지정해 새로운 데이터프레임을 반환하지 않고 ns_book3 데이터프레임을 수정하겠습니다. 인덱스가 변경된 ns_book3 데이터프레임의 처음 다섯 개 행을 출력해 보죠.

손코딩

```
ns_book3.set_index(['도서명','저자','ISBN','권'], inplace=True)
ns_book3.head()
```

→ 인덱스 열

도서명	저자	ISBN	권	번호	출판사	발행년도	세트 ISBN	...	도서권수	대출건수	등록일자
인공지능과 흙	김동훈 지음	9788937444319	NaN	1	민음사	2021	NaN		1	0	2021-03-19
가짜 행복 권하는 사회	김태형 지음	9791190123969	NaN	2	갈매나무	2021	NaN		1	0	2021-03-19
나도 한 문장 잘 쓰면 바랄 게 없겠네	김선영 지음	9788968332982	NaN	3	블랙피쉬	2021	NaN		1	0	2021-03-19
예루살렘 해변	이도 게펜 지음, 임재희 옮김	9788970759906	NaN	4	문학세계사	2021	NaN		1	0	2021-03-19
김성곤의 중국한시기행: 장강·황하 편	김성곤 지음	9788934990833	NaN	5	김영사	2021	NaN		1	0	2021-03-19

loan_count 데이터프레임과 동일하게 '도서명', '저자', 'ISBN', '권' 열이 인덱스가 되었습니다. 인덱스를 맞추었기 때문에 이제 ns_book3 데이터프레임의 '대출건수' 열을 loan_count 데이터프레임의 '대출건수' 열로 업데이트하는 것은 아주 간단합니다.

업데이트하기: update() 메서드

다른 데이터프레임을 사용해 원본 데이터프레임의 값을 업데이트할 때는 **update() 메서드**를 사용합니다.

손코딩

```
ns_book3.update(loan_count)
ns_book3.head()
```

→ 인덱스 열

도서명	저자	ISBN	권	번호	출판사	발행년도	세트 ISBN	...	도서권수	대출건수	등록일자
인공지능과 흙	김동훈 지음	9788937444319	NaN	1	민음사	2021	NaN		1	0	2021-03-19
가짜 행복 권하는 사회	김태형 지음	9791190123969	NaN	2	갈매나무	2021	NaN		1	0	2021-03-19
나도 한 문장 잘 쓰면 바랄 게 없겠네	김선영 지음	9788968332982	NaN	3	블랙피쉬	2021	NaN		1	0	2021-03-19
예루살렘 해변	이도 게펜 지음, 임재희 옮김	9788970759906	NaN	4	문학세계사	2021	NaN		1	0	2021-03-19
김성곤의 중국한시기행: 장강·황하 편	김성곤 지음	9788934990833	NaN	5	김영사	2021	NaN		1	0	2021-03-19

업데이트가 제대로 되었다면 인덱스 열을 해제합니다. **reset_index() 메서드**로 데이터프레임 인덱스를 재설정할 수 있습니다.

손코딩

```
ns_book4 = ns_book3.reset_index()
ns_book4.head()
```

→ 인덱스 열

	도서명	저자	ISBN	권	번호	출판사	발행년도	세트 ISBN	...	도서권수	대출건수	등록일자
0	인공지능과 흙	김동훈 지음	9788937444319	NaN	1	민음사	2021	NaN		1	0	2021-03-19
1	가짜 행복 권하는 사회	김태형 지음	9791190123969	NaN	2	갈매나무	2021	NaN		1	0	2021-03-19
2	나도 한 문장 잘 쓰면 바랄 게 없겠네	김선영 지음	9788968332982	NaN	3	블랙피쉬	2021	NaN		1	0	2021-03-19

3	예루살렘 해변	이도 게펜 지음, 임재희 옮김	9788970759906	NaN	4	문학세계사	2021	NaN	1	0	2021-03-19
4	김성곤의 중국한시기행: 장강·황하 편	김성곤 지음	9788934990833	NaN	5	김영사	2021	NaN	1	0	2021-03-19

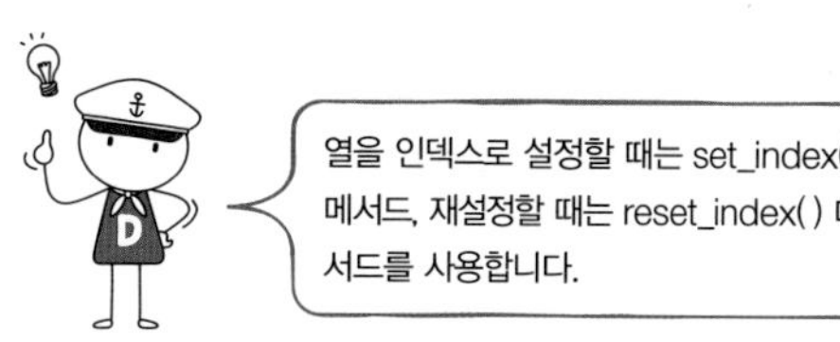

이제 대출건수가 잘 합쳐졌는지 간단히 확인해 보겠습니다. 먼저 원본 데이터프레임 ns_book에서 대출건수가 100회 이상인 책의 개수를 세어 보죠. 앞에서 배웠던 것처럼 비교 연산자를 사용하고 sum() 함수로 True 원소의 개수를 셉니다.

```
sum(ns_book['대출건수']>100)
```

```
2311
```

그리고 새로 만든 ns_book4 데이터프레임에서 대출건수가 100회 이상인 책의 개수도 세어 보겠습니다.

```
sum(ns_book4['대출건수']>100)
```

```
2550
```

대출건수가 100회 이상인 책이 훨씬 늘어났군요. 이는 중복된 도서의 대출건수를 합쳤기 때문입니다.

그러나 여러 개의 열을 사용해 데이터프레임의 인덱스를 만들었다가 다시 해제했기 때문에 초기 데이터프레임의 열과 ns_book4 데이터프레임의 열 순서가 달라졌습니다. 데이터 분석을 수행할 때 열의 순서가 문제가 되지는 않지만, 앞으로 작업을 진행할 때 혼동하지 않도록 원래 열의 순서대로 맞추겠습니다.

열의 순서를 바꾸는 가장 간단한 방법은 **[ ] 연산자**에 원하는 열 이름을 순서대로 전달하는 것입니다. 원래 열 순서는 ns_book 데이터프레임에서 간단히 얻어 올 수 있으므로 다음처럼 열의 순서를 바꿉니다.

손코딩

```
ns_book4 = ns_book4[ns_book.columns]  ⟶ ns_book 데이터프레임의 열 이름을 전달합니다.
ns_book4.head()
```

	번호	도서명	저자	출판사	발행년도	ISBN	세트 ISBN	부가기호	권	대출건수	등록일자
0	1	인공지능과 흙	김동훈 지음	민음사	2021	9788937444319	NaN	NaN	NaN	0.0	2021-03-19
1	2	가짜 행복 권하는 사회	김태형 지음	갈매나무	2021	9791190123969	NaN	NaN	NaN	0.0	2021-03-19
2	3	나도 한 문장 잘 쓰면 바랄 게 없겠네	김선영 지음	블랙피쉬	2021	9788968332982	NaN	NaN	NaN	0.0	2021-03-19
3	4	예루살렘 해변	이도 게펜 지음, 임재희 옮김	문학세계사	2021	9788970759906	NaN	NaN	NaN	0.0	2021-03-19
4	5	김성곤의 중국한시기행: 장강·황하 편	김성곤 지음	김영사	2021	9788934990833	NaN	NaN	NaN	0.0	2021-03-19

좋습니다. 지금까지 불필요한 데이터를 제거하여 만든 ns_book4 데이터프레임을 다음 작업을 위해 저장합니다.

손코딩

```
ns_book4.to_csv('ns_book4.csv', index=False)
```

일괄 처리 함수 만들기 문제해결 과정

이번 절에서는 데이터프레임에서 불필요한 데이터를 제거하는 방법을 알아보았습니다. 먼저 열을 삭제하는 방법으로 **loc 메서드**에 **슬라이싱**이나 **불리언 배열**을 적용해 보았고, **drop() 메서드**를 사용해 보았습니다.

행을 삭제할 때는 drop() 메서드보다 자주 사용하는 **[] 연산자**와 **슬라이싱** 또는 **불리언 배열**을 알아보았습니다. loc 메서드도 사용할 수 있지만, 판다스 사용자들은 [] 연산자와 불리언 배열을 사용해 특정 열의 값이 어떤 조건을 만족하는 행을 찾는 방식을 즐겨 사용한다는 것을 기억하세요.

마지막으로 중복된 행을 찾는 방법을 알아보았습니다. 중복된 행의 대출건수를 합치기 위해 **groupby() 메서드**와 **sum() 메서드**를 사용한 후, 대출건수를 원본 데이터프레임에 업데이트하기 위해 **update() 메서드**를 사용했습니다. 이때 인덱스를 기준으로 업데이트하기 위해 **set_index() 메서드**와 **reset_index() 메서드**를 사용해 보았습니다.

groupby() 메서드는 특정 열을 기준으로 행을 모을 때 사용하면 좋습니다.

일괄 처리 함수

불필요한 행과 열을 제거하기 위해 작성했던 코드를 새로운 데이터에 적용하기 쉽도록 일괄 처리하는 data_cleaning()이라는 함수를 만들어 보겠습니다. 남산도서관에서 새로운 장서 데이터를 다운로드 했을 때 이 절에서 작성한 주피터 노트북을 모두 다시 실행하는 것은 번거롭습니다. 따라서 필요한 코드를 파이썬 함수로 만들어 저장하면 간단하게 함수를 호출하거나 파이썬 스크립트를 실행하여 데이터 정제 과정을 단순화할 수 있습니다.

손코딩

```
def data_cleaning(filename):
    """
    남산 도서관 장서 CSV 데이터 전처리 함수
    :param filename: CSV 파일 이름
    """
    # 파일을 데이터프레임으로 읽습니다.
    ns_df = pd.read_csv(filename, low_memory=False)
    # NaN인 열을 삭제합니다.
    ns_book = ns_df.dropna(axis=1, how='all')
    # 대출건수를 합치기 위해 필요한 행만 추출하여 count_df 데이터프레임을 만듭니다.
    count_df = ns_book[['도서명','저자','ISBN','권','대출건수']]
    # 도서명, 저자, ISBN, 권을 기준으로 대출건수를 groupby합니다.
```

```
    loan_count = count_df.groupby(by=['도서명','저자','ISBN','권'],
                                  dropna=False).sum()
    # 원본 데이터프레임에서 중복된 행을 제외하고 고유한 행만 추출하여 복사합니다.
    dup_rows = ns_book.duplicated(subset=['도서명','저자','ISBN','권'])
    unique_rows = ~dup_rows
    ns_book3 = ns_book[unique_rows].copy()
    # 도서명, 저자, ISBN, 권을 인덱스로 설정합니다.
    ns_book3.set_index(['도서명','저자','ISBN','권'], inplace=True)
    # loan_count에 저장된 누적 대출건수를 업데이트합니다.
    ns_book3.update(loan_count)
    # 인덱스를 재설정합니다.
    ns_book4 = ns_book3.reset_index()
    # 원본 데이터프레임의 열 순서로 변경합니다.
    ns_book4 = ns_book4[ns_book.columns]
    return ns_book4
```

이 함수가 제대로 동작하는지 확인해 보겠습니다. 원본 데이터인 ns_202104.csv 파일을 전달하여 새로운 데이터프레임인 new_ns_book4를 만든 후 178쪽에서 만든 ns_book4 데이터프레임과 동일한지 비교해 보겠습니다. 다른 데이터프레임을 비교할 때는 **equals() 메서드**를 사용합니다.

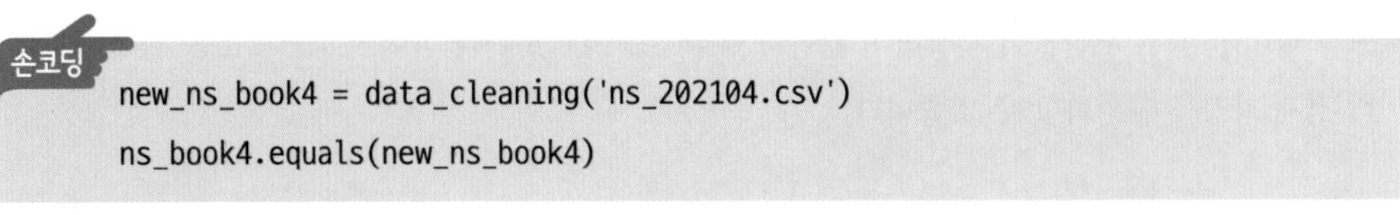
손코딩

```
new_ns_book4 = data_cleaning('ns_202104.csv')
ns_book4.equals(new_ns_book4)
```

```
True
```

두 데이터프레임이 완전히 동일하군요. data_cleaning() 함수가 앞서 수행했던 모든 작업을 동일하게 수행한다는 것을 보장할 수 있습니다. 언제라도 새로운 장서 데이터가 도착하면 이 함수를 수행해서 정제 작업을 간단히 수행할 수 있겠군요!

판다스 데이터프레임의 행과 열을 조작하는 방법은 매우 다양합니다. 더 자세히 알고 싶다면 다음 도서를 참고하세요.

- 『파이썬 라이브러리를 활용한 데이터 분석(3판)』(한빛미디어, 2023)
- 『실무로 통하는 ML 문제 해결 with 파이썬』(한빛미디어, 2024)

마무리

▶ 6가지 키워드로 정리하는 핵심 포인트

- **데이터 정제**는 수집된 데이터에서 잘못된 부분을 고치거나 제거하여 필요한 데이터를 준비하는 과정입니다. 데이터가 올바르게 정제되지 못하면 분석된 결과를 왜곡시킬 수 있으며 잘못된 의사 결정을 초래하기도 합니다.
- 데이터를 정제하는 과정과 데이터 분석 및 머신러닝에 적합한 형태로 데이터를 변환하는 과정을 합쳐서 **데이터 랭글링**(혹은 **데이터 먼징**)이라고 합니다.
- 판다스의 데이터프레임과 인덱스를 하나의 값과 비교하면 데이터프레임과 인덱스에 있는 모든 원소와 비교합니다. 이를 **원소별 비교**라고 부릅니다. 비교한 결과는 True 또는 False로 이루어진 **불리언 배열**로 반환됩니다.
- **넘파이**는 파이썬의 대표적인 다차원 배열입니다. 판다스의 데이터프레임과 달리 한 종류의 데이터만 담을 수 있지만 매우 효율적이고 성능이 높습니다. 파이썬의 다른 과학 패키지와 호환성이 높으며 기본 데이터 구조로 널리 사용됩니다.

▶ 표로 정리하는 핵심 함수와 메서드

함수/메서드	기능
DataFrame.drop()	데이터프레임의 행이나 열을 삭제합니다.
DataFrame.dropna()	누락된 값이 포함된 행이나 열을 삭제합니다.
DataFrame.duplicated()	중복된 행을 찾아 불리언 값으로 표시한 배열을 반환합니다.
DataFrame.groupby()	데이터프레임의 행을 그룹으로 모읍니다.
DataFrame.sum()	행 또는 열을 기준으로 합계를 계산합니다.
DataFrame.set_index()	지정한 열을 인덱스로 설정합니다.
DataFrame.reset_index()	데이터프레임의 인덱스를 재설정합니다.
DataFrame.update()	다른 데이터프레임을 사용해 원본 데이터프레임의 값을 업데이트합니다. 다른 데이터프레임에 있는 NaN은 업데이트에서 제외합니다.
DataFrame.equals()	다른 데이터프레임과 동일한 원소를 가졌는지 비교합니다. 두 데이터프레임이 동일하면 True, 그렇지 않으면 False를 반환합니다.

▶ 확인 문제

1. 다음 df 데이터프레임에서 'col2' 열만 삭제하는 명령으로 올바른 것은 무엇인가요?

df

	col1	col2	col3
0	1	a	NaN
1	2	NaN	NaN
2	3	c	100.0

① df.drop('col2', axis=1)
② df.dropna(axis=1)
③ df.dropna(thresh=2, axis=1)
④ df.dropna(how='all', axis=1)

2. 1번 문제의 df 데이터프레임에서 'col1' 열의 합을 계산하는 명령으로 올바르지 않은 무엇인가요?

① df['col1'].sum()
② df[['col1']].sum()
③ df.loc[:, df.columns == 'col1'].sum()
④ df.loc[:, [False,False,True]].sum()

3. 1번 문제의 df 데이터프레임에서 세 번째 행을 골라내는 명령으로 맞지 않는 것은 무엇인가요?

① df[2:3]
② df[df['col3'] 〉 100]
③ df.loc[2:2]
④ df.loc[2:3]

hint 1. dropna() 메서드는 162쪽을 참고하세요.
3. loc 메서드에 슬라이싱을 사용하면 마지막 인덱스를 포함합니다.

4. 다음 df 데이터프레임에서 중복된 행을 삭제하는 명령으로 올바르지 않은 것은 무엇인가요?

df

	col1	col2	col3
0	1	a	10
1	2	b	20
2	3	a	10

① df[~df.duplicated()]

② df[~df.duplicated(keep='last')]

③ df[~df.duplicated(keep=False)]

④ df.drop_duplicates()

5. 4번 문제의 df 데이터프레임에서 groupby() 메서드로 'col3' 열을 올바르게 더하지 못한 것은 무엇인가요?

① df.groupby(by=['col1','col2']).sum()

② df.groupby(by=['col2','col1']).sum()

③ df.group(by=['col1','col2']).sum()

④ df.groupby(['col1','col2']).sum()

hint 4. duplicated() 메서드의 keep 매개변수는 중복된 행을 표시할 방법을 결정합니다. 'last'는 마지막으로 등장하는 행을 제외하고 나머지 중복된 행을 True로 표시합니다. False로 지정하면 중복된 모든 행을 True로 표시합니다.

03-2 잘못된 데이터 수정하기

핵심 키워드

NaN 정규 표현식

이번 절에서는 수집한 데이터에서 누락된 값이나 잘못된 값을 다루는 방법을 알아보겠습니다. 데이터에서 잘못된 값을 파악하려면 데이터가 의미하는 바를 이해하고 시간을 들여 직접 데이터를 꼼꼼하게 살펴보아야 합니다. 따라서 판다스 데이터프레임의 데이터를 조작하는 다양한 방법을 소개합니다.

시작하기 전에

앞서 불필요한 행과 열을 삭제하여 마케팅 팀장님께 드렸습니다. 그런데 이번에는 데이터가 군데군데 비어 있다고 하네요.

판다스는 누락된 값을 기본적으로 **NaN**으로 표시합니다. 이번 절에서는 NaN을 확인하는 방법을 알아봅니다. 그리고 NaN을 채우는 여러 가지 방법을 소개합니다. 수집한 남산도서관 대출 데이터에서 NaN을 찾아 수정하고 다른 데이터 세트에서도 반복해서 적용할 수 있도록 수행한 작업을 하나의 파이썬 함수로 만들어 보겠습니다.

데이터프레임 정보 요약 확인하기

03-1절 178쪽에서 만든 ns_book4.csv 파일을 사용하겠습니다. 이 파일도 미리 구글 드라이브에 업로드되어 있으므로 gdown 패키지로 코랩에 다운로드합니다.

손코딩

```
import gdown
gdown.download('https://bit.ly/3GisL6J', 'ns_book4.csv', quiet=False)
```

다운로드한 ns_book4.csv 파일을 판다스 데이터프레임으로 불러 온 후 head() 메서드로 처음 다섯 개 행을 출력해 데이터를 확인해 보겠습니다.

손코딩

```
import pandas as pd
ns_book4 = pd.read_csv('ns_book4.csv', low_memory=False)
ns_book4.head()
```

	번호	도서명	저자	세트 ISBN	부가 기호	권	주제분류 번호	도서 권수	대출 건수	등록일자
0	1	인공지능과 흙	김동훈 지음	NaN	NaN	NaN	NaN	1	0.0	2021-03-19
1	2	가짜 행복 권하는 사회	김태형 지음	NaN	NaN	NaN	NaN	1	0.0	2021-03-19
2	3	나도 한 문장 잘 쓰면 바랄 게 없겠네	김선영 지음	NaN	NaN	NaN	NaN	1	0.0	2021-03-19
3	4	예루살렘 해변	이도 게펜 지음, 임재희 옮김	NaN	NaN	NaN	NaN	1	0.0	2021-03-19
4	5	김성곤의 중국한시기행: 장강·황하 편	김성곤 지음	NaN	NaN	NaN	NaN	1	0 .0	2021-03-19

처음 다섯 개 행에서 NaN으로 표시된 열이 여러 개 보이는군요. **info() 메서드**를 사용하면 열마다 NaN이 아닌 값이 몇 개나 있는지 확인할 수 있습니다.

info() 메서드는 데이터프레임 정보를 요약해서 출력해 줍니다.

ns_book4 데이터프레임의 요약 정보를 확인하면 다음과 같습니다.

```
ns_book4.info()
```

```
                    ↗ 전체 행 개수
<class 'pandas.core.frame.DataFrame'>
RangeIndex: 384591 entries, 0 to 384590
Data columns (total 13 columns): ⟶ 열 개수
 #   Column       Non-Null Count   Dtype   ⟶ 열 이름
---  ------       --------------   -----
 0   번호         384591 non-null  int64   ⟶ 열 데이터 타입
 1   도서명       384188 non-null  object
 2   저자         384393 non-null  object  ⟶ 누락된 값이 없는 행 개수
 3   출판사       379950 non-null  object
 4   발행년도     384577 non-null  object
 5   ISBN         384591 non-null  object
 6   세트 ISBN    56576 non-null   object
 7   부가기호     310386 non-null  object
 8   권           63378 non-null   object
 9   주제분류번호 364727 non-null  object
 10  도서권수     384591 non-null  int64
 11  대출건수     384591 non-null  float64
 12  등록일자     384591 non-null  object
dtypes: float64(1), int64(2), object(10) ⟶ 사용하는 데이터 타입
memory usage: 38.1+ MB ⟶ 메모리 사용량
```

맨 윗줄에는 전체 행 개수가 있고 차례차례 열 개수, 열 이름, 각 열마다 누락된 값이 없는 행 개수, 열 데이터 타입을 출력합니다. 마지막에는 사용하는 데이터 타입과 메모리 사용량이 출력됩니다.

전체 행 개수는 384,591개입니다. 그런데 각 열마다 누락된 값이 없는 행의 개수를 보니 전체 행 개수와 차이가 납니다. 예를 들어 '도서명' 열은 NaN이 아닌 행 개수가 384,188개이므로 전체 행 개수 중 누락된 값이 403개임을 알 수 있습니다.

note float64는 실수형, int64는 정수형, object는 문자열 또는 혼합형 데이터 타입입니다.

+ 여기서 잠깐 **메모리 사용량 확인하기**

info() 메서드는 기본적으로 원소 개수와 열 데이터 타입을 기반으로 메모리 사용량을 추정합니다. 정확한 메모리 사용량을 얻으려면 **memory_usage 매개변수**에 'deep' 옵션을 지정합니다.

```
ns_book4.info(memory_usage='deep')
```

```
<class 'pandas.core.frame.DataFrame'>
RangeIndex: 384591 entries, 0 to 384590
Data columns (total 13 columns):
 #   Column   Non-Null Count    Dtype
---  ------   --------------    -----
 0   번호     384591 non-null   int64
 1   도서명   384188 non-null   object
...중략...
 10  도서권수 384591 non-null   int64
 11  대출건수 384591 non-null   float64
 12  등록일자 384591 non-null   object
dtypes: float64(1), int64(2), object(10)
memory usage: 266.2 MB
```
→ 정확한 메모리 사용량이 표시됩니다.

ns_book4 데이터프레임의 메모리 사용량이 200MB가 넘는다는 것을 확인할 수 있습니다.

누락된 값 처리하기

데이터프레임에 누락된 값이 있다는 것을 대략 확인하였으니 정확한 데이터 분석을 위해 누락된 값을 다루는 방법을 자세히 알아볼까요? 각 열의 누락된 값이 정확하게 몇 개가 있는지 확인하고, 누락된 값을 표시하는 방법을 알아보겠습니다. 그리고 누락된 값을 다른 값으로 바꾸어 보겠습니다.

누락된 값 개수 확인하기: isna() 메서드

info() 메서드로 출력한 값으로 누락된 값이 있는 행 개수를 헤아릴 수 있지만 조금 번거롭습니다. 대신 NaN을 직접 카운트할 수 있는 isna() 메서드를 사용하면 훨씬 편리합니다. **isna() 메서드**는 각 행이 비어 있는지를 나타내는 불리언 배열을 반환합니다. 그리고 **sum() 메서드**를 이어서 호출하면 불리언 배열의 True 개수로 비어 있는 행 개수를 얻을 수 있습니다.

```
ns_book4.isna().sum()
```

```
번호              0
도서명          403
저자            198
출판사         4641
발행년도         14
ISBN              0
세트 ISBN    328015
부가기호      74205
권           321213
주제분류번호  19864
도서권수          0
대출건수          0
등록일자          0
dtype: int64
```

→ 열 데이터 타입은 int64로 64비트 정수를 저장할 수 있습니다.

실행 결과를 보니 '도서권수' 열은 누락된 값이 하나도 없네요.

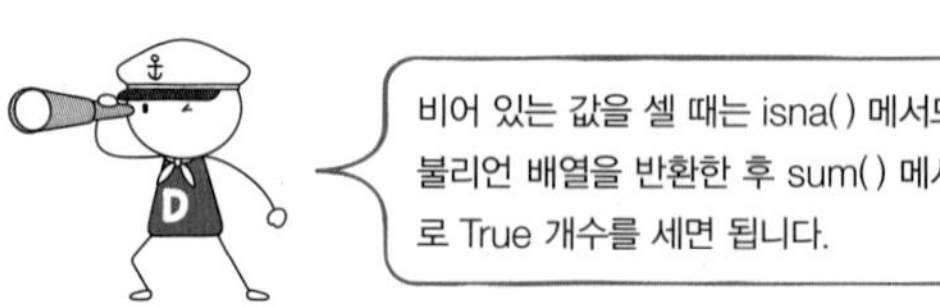

+ 여기서 잠깐 **누락되지 않은 값을 확인하는 메서드도 있나요?**

isna() 메서드와 반대로 누락되지 않은 값을 확인할 때는 **notna() 메서드**를 사용합니다. 사용법은 isna()와 동일하므로 여러분에게 숙제로 남겨 놓겠습니다. notna() 메서드를 사용해 info() 메서드와 비슷한 출력을 만들어 보세요.

누락된 값으로 표시하기: None과 np.nan

이번에는 임의로 누락된 값을 만든 후 NaN으로 표시하는 방법을 알아보겠습니다. 판다스 데이터프레임에서는 정수를 저장하는 열에 파이썬의 **None**을 입력하면 누락된 값으로 인식합니다.

ns_book4 데이터프레임의 '도서권수' 열에 있는 첫 번째 행 값을 None으로 바꾼 후 '도서권수' 열에 isna() 메서드를 적용해 누락된 값을 세어 보겠습니다.

손코딩

```
ns_book4.loc[0, '도서권수'] = None
ns_book4['도서권수'].isna().sum()
```

```
1
```

'도서권수' 열에 누락된 값이 없었는데 이제 하나가 생겼군요. head() 메서드로 처음 두 개의 행을 출력해 보겠습니다. 첫 번째 행의 '도서권수' 값이 어떻게 바뀌었는지 확인해 보세요.

손코딩

```
ns_book4.head(2)
```

	번호	도서명	저자	세트 ISBN	부가 기호	권	주제분류 번호	도서 권수	대출 건수	등록일자
0	1	인공지능과 흙	김동훈 지음	NaN	NaN	NaN	NaN	NaN	0.0	2021-03-19
1	2	가짜 행복 권하는 사회	김태형 지음	NaN	NaN	NaN	NaN	1.0	0.0	2021-03-19

NaN이 출력됩니다. 그런데 두 번째 행의 '도서권수' 값이 1이었는데 1.0으로 바뀌었네요. 이는 판다스가 NaN을 특별한 실수 값으로 저장하기 때문입니다. 그래서 원래 데이터 타입이 int64였던 '도서권수' 열이 NaN을 표시하기 위해 float64로 자동으로 바뀝니다.

'도서권수' 열의 첫 번째 행을 원래대로 1로 바꾸어 보겠습니다. 현재 데이터 타입이 실수형이므로 다시 정수형로 바꾸어야 합니다. 이때 '도서권수' 열과 함께 '대출건수' 열도 데이터 타입을 int64로 바꾸어 보겠습니다. 데이터 타입을 지정할 때는 **astype() 메서드**를 사용합니다. 매개변수를 {열 이름: 데이터 타입} 형식의 딕셔너리로 전달합니다.

손코딩

```
ns_book4.loc[0, '도서권수'] = 1
ns_book4 = ns_book4.astype({'도서권수': 'int64', '대출건수': 'int64'})
ns_book4.head(2)
```

→ 매개변수를 딕셔너리 형식으로 전달합니다.

	번호	도서명	저자	세트 ISBN	부가 기호	권	주제분류 번호	도서 권수	대출 건수	등록일자
0	1	인공지능과 흙	김동훈 지음	NaN	NaN	NaN	NaN	1	0	2021-03-19
1	2	가짜 행복 권하는 사회	김태형 지음	NaN	NaN	NaN	NaN	1	0	2021-03-19

실행 결과에서 '도서권수'와 '대출건수'가 모두 정수형으로 바뀐 것을 알 수 있습니다.

astype() 메서드는 열과 바꾸려는 데이터 타입을 파이썬 딕셔너리로 전달합니다. 또한 기본적으로 새로운 데이터프레임을 반환합니다.

정수형이 아니라 문자열을 저장할 수 있는 열에 None을 입력하면 어떨까요? 데이터 타입이 object인 '부가기호' 열의 첫 번째 행에 None을 입력해 보겠습니다.

손코딩

```
ns_book4.loc[0, '부가기호'] = None
ns_book4.head(2)
```

	번호	도서명	저자	세트 ISBN	부가 기호	권	주제분류 번호	도서 권수	대출 건수	등록일자
0	1	인공지능과 흙	김동훈 지음	NaN	None	NaN	NaN	1	0	2021-03-19
1	2	가짜 행복 권하는 사회	김태형 지음	NaN	NaN	NaN	NaN	1	0	2021-03-19

정수형 열에 입력했을 때처럼 NaN으로 표시되지 않고 문자열 그대로 None으로 표시됩니다. 그럼 None 대신에 NaN을 입력해야 할까요?

사실 판다스는 NaN이라는 값을 따로 가지고 있지 않습니다. 대신 넘파이 패키지에 있는 **np.nan**을 사용해야 합니다. 따라서 첫 번째 행의 '부가기호' 열의 값을 None에서 NaN으로 표시하려면 다음과 같이 np.nan을 사용합니다.

손코딩

```
import numpy as np  ⟶ 넘파이 패키지를 임포트합니다.
ns_book4.loc[0, '부가기호'] = np.nan
ns_book4.head(2)
```

	번호	도서명	저자	세트 ISBN	부가 기호	권	주제분류 번호	도서 권수	대출 건수	등록일자
0	1	인공지능과 흙	김동훈 지음	NaN	NaN	NaN	NaN	1	0	2021-03-19
1	2	가짜 행복 권하는 사회	김태형 지음	NaN	NaN	NaN	NaN	1	0	2021-03-19

지금까지 누락된 값을 표시하는 NaN에 대해 알아보았습니다. 처음 NaN을 만나면 어리둥절하고 이해하기 어려울 수 있지만 다양하게 NaN을 다루었기 때문에 조금 친숙해졌을 것이라고 생각합니다.

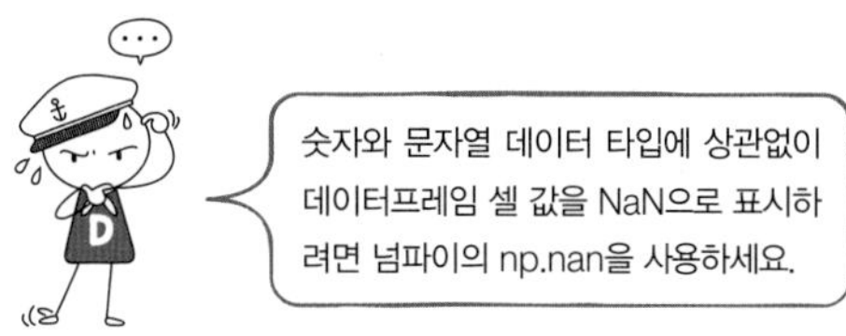

이어서 누락된 값을 다른 값으로 바꾸는 방법을 알아보겠습니다.

누락된 값 바꾸기(1): loc, fillna( ) 메서드

'세트 ISBN' 열은 대부분의 값이 비어 있습니다. 이 누락된 값을 NaN이 아니라 빈 문자열('')로 바꾸어 보겠습니다.

loc 메서드를 사용하면 누락된 값을 원하는 값으로 바꿀 수 있습니다. 그러려면 누락된 값을 가리키는 **불리언 배열**을 만들어야 하는데, 누락된 값을 확인하는 isna() 메서드로 간단하게 만들 수 있습니다.

isna() 메서드로 '세트 ISBN' 열의 NaN을 가리키는 set_isbn_na_rows 불리언 배열을 만들고, loc 메서드에 전달합니다.

손코딩

```
set_isbn_na_rows = ns_book4['세트 ISBN'].isna()  → 누락된 값을 찾아 불리언 배열로 반환합니다.
ns_book4.loc[set_isbn_na_rows, '세트 ISBN'] = ''  → 누락된 값을 빈 문자열로 바꿉니다.
ns_book4['세트 ISBN'].isna().sum()  → 누락된 값이 몇 개인지 셉니다.
```

```
0
```

'세트 ISBN' 열의 NaN을 모두 빈 문자열로 바꾸었기 때문에 누락된 행의 개수는 0입니다.

이처럼 loc 메서드로 NaN을 다른 값으로 바꿀 수 있지만, 조금 더 편리한 방법은 fillna() 메서드입니다. **fillna() 메서드**에 원하는 값을 전달하면 NaN을 대체할 수 있습니다.

ns_book4에 있는 모든 NaN을 '없음' 문자열로 바꾸어 보겠습니다. fillna() 메서드는 기본적으로 새로운 데이터프레임을 반환하므로 fillna() 메서드에 이어서 isna() 메서드를 연결하면 NaN의 개수를 셀 수 있습니다.

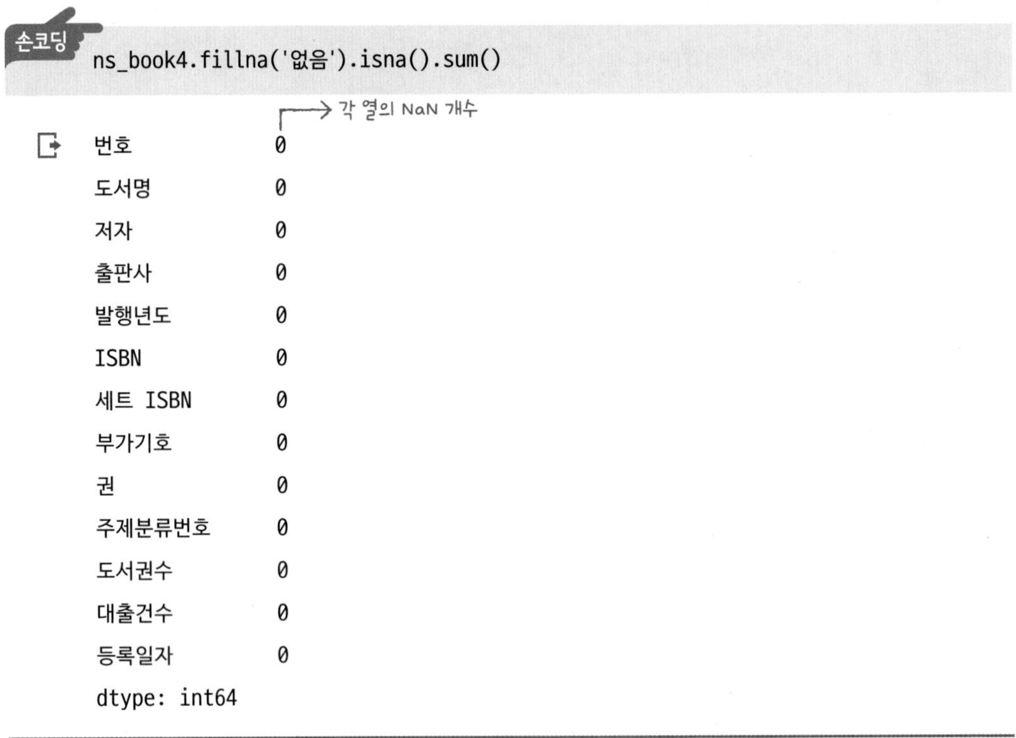

```
ns_book4.fillna('없음').isna().sum()
```

```
번호          0
도서명        0
저자          0
출판사        0
발행년도      0
ISBN          0
세트 ISBN     0
부가기호      0
권            0
주제분류번호  0
도서권수      0
대출건수      0
등록일자      0
dtype: int64
```


NaN이 모두 '없음' 문자열로 바뀌어 NaN 개수를 세면 0이 출력됩니다.

물론 다음 코드처럼 특정 열만 선택해서 NaN을 바꿀 수도 있습니다.

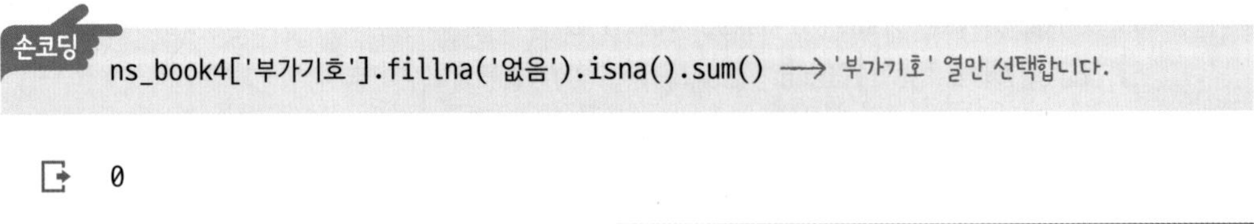

```
ns_book4['부가기호'].fillna('없음').isna().sum()
```

```
0
```

하지만 특정 열을 선택한 후 fillna() 메서드를 적용하면 앞의 실행 결과처럼 열 이름 없이 개수만 있는 판다스 시리즈 객체로 반환합니다.

'부가기호' 열의 NaN을 바꾸면서 전체 데이터프레임을 반환하려면 다음처럼 열 이름과 바꾸려는 값으로 이루어진 딕셔너리를 전달하면 됩니다.

손코딩

```
ns_book4.fillna({'부가기호': '없음'}).isna().sum()
```

```
번호              0
도서명          403
저자            198
출판사         4641
발행년도         14
ISBN              0
세트 ISBN         0
부가기호          0
권           321213
주제분류번호  19864
도서권수          0
대출건수          0
등록일자          0
dtype: int64
```

누락된 값 바꾸기(2): replace( ) 메서드

replace( ) 메서드는 NaN은 물론 어떤 값도 바꿀 수 있는 편리한 메서드입니다. replace() 메서드는 사용법이 다양하므로 손코딩을 해 보며 하나씩 알아보겠습니다.

첫째, 바꾸려는 값이 하나일 때

바꾸려는 값이 하나라면 replace() 메서드의 첫 번째 매개변수에는 원래 값을, 두 번째 매개변수에는 새로운 값을 전달합니다.

```
replace(원래 값, 새로운 값)
```

원래 값에 np.nan을 전달하여 NaN을 '없음'으로 바꿔 보겠습니다.

손코딩

```
ns_book4.replace(np.nan, '없음').isna().sum()
```

```
번호          0
도서명        0
저자          0
출판사        0
발행년도      0
ISBN          0
세트 ISBN     0
부가기호      0
권            0
주제분류번호  0
도서권수      0
대출건수      0
등록일자      0
dtype: int64
```

둘째, 바꾸려는 값이 여러 개일 때

바꾸려는 값이 여러 개일 때는 리스트 형식으로 전달합니다.

```
replace([원래 값1, 원래 값2], [새로운 값1, 새로운 값2])
```

NaN을 '없음'으로 바꾸고 '2021' 문자열을 '21'로 바꾸면 다음과 같습니다.

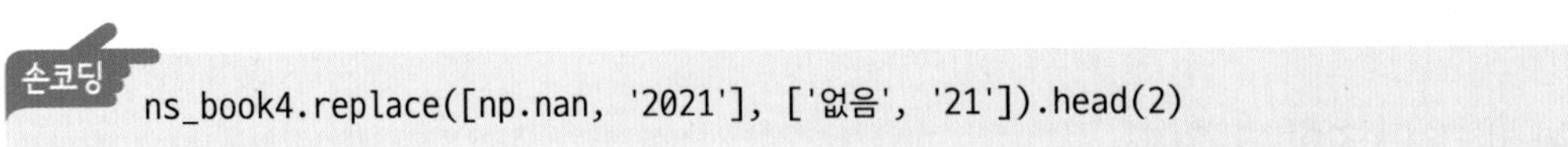

손코딩

```
ns_book4.replace([np.nan, '2021'], ['없음', '21']).head(2)
```

	번호	도서명	저자	출판사	발행년도	ISBN	세트 ISBN	부가기호	권	주제분류번호
0	1	인공지능과 흙	김동훈 지음	민음사	21	9788937444319		없음	없음	없음
1	2	가짜 행복 권하는 사회	김태형 지음	갈매나무	21	9791190123969		없음	없음	없음

또는 리스트 대신 ({원래 값1: 새로운 값1, 원래 값2: 새로운 값2})처럼 딕셔너리 형식으로도 전달할 수 있습니다.

손코딩
```
ns_book4.replace({np.nan: '없음', '2021': '21'}).head(2)
```

	번호	도서명	저자	출판사	발행년도	ISBN	세트 ISBN	부가기호	권	주제분류번호
0	1	인공지능과 흙	김동훈 지음	민음사	21	9788937444319		없음	없음	없음
1	2	가짜 행복 권하는 사회	김태형 지음	갈매나무	21	9791190123969		없음	없음	없음

셋째, 열 마다 다른 값으로 바꿀 때

열 이름과 바꾸려는 값을 딕셔너리 형식으로 전달하여 열마다 다른 값을 바꿀 수 있습니다.

```
replace({열 이름: 원래 값}, 새로운 값)
```

'부가기호' 열의 NaN을 '없음'으로 바꾸면 다음과 같습니다.

손코딩
```
ns_book4.replace({'부가기호': np.nan}, '없음').head(2)
```

	번호	도서명	저자	출판사	발행년도	ISBN	세트 ISBN	부가기호	권	주제분류번호
0	1	인공지능과 흙	김동훈 지음	민음사	2021	9788937444319		없음	NaN	NaN
1	2	가짜 행복 권하는 사회	김태형 지음	갈매나무	2021	9791190123969		없음	NaN	NaN

'부가기호' 열의 NaN만 '없음'으로 바뀝니다.

또는 열 이름과 변경 전후의 값을 ({열 이름: {원래 값1: 새로운 값1}})과 같이 중첩된 딕셔너리로 전달할 수 있습니다. '부가기호' 열의 NaN을 '없음'으로 바꾸고 '발행년도' 열의 '2021'을 '21'로 바꾸면 다음과 같습니다.

손코딩

```
ns_book4.replace({'부가기호': {np.nan: '없음'},
                  '발행년도': {'2021': '21'}}).head(2)
```

	번호	도서명	저자	출판사	발행년도	ISBN	세트 ISBN	부가기호	권	주제분류번호
0	1	인공지능과 흙	김동훈 지음	민음사	21	9788937444319		없음	NaN	NaN
1	2	가짜 행복 권하는 사회	김태형 지음	갈매나무	21	9791190123969		없음	NaN	NaN

지금까지 fillna() 메서드와 replace() 메서드를 사용하여 누락된 값을 바꾸는 다양한 방법을 알아보았습니다. 마지막으로 replace() 메서드에 정규 표현식을 사용하는 방법을 알아보겠습니다.

정규 표현식

정규 표현식regular expression 또는 줄여서 **정규식**은 문자열 패턴을 찾아서 대체하기 위한 규칙의 모음입니다. replace() 메서드로 인덱스 100번과 101번 행의 네 자리 연도('2021')를 두 자리('21')로 바꾸어 보면 다음과 같습니다. 이때 연도가 다르면 문제가 됩니다. 연도가 '2021'일 경우 '21'로 바뀌지만 '2018'은 적용이 되지 않습니다.

손코딩

```
ns_book4.replace({'발행년도': {'2021': '21'}})[100:102]
```

	번호	도서명	저자	출판사	발행년도	ISBN	세트 ISBN	부가기호	권	주제분류번호
100	101	No라고 말할 줄 아는 남편과 아내 - 개정판	헨리 클라우드, 존 타운센드 (지은이), 김진웅 (옮긴이)	좋은씨앗	2018	9788958743019		NaN	NaN	234.9
101	102	D2C 레볼루션 - 스타트업부터 글로벌 기업까지, 마켓 체인저의 필수 전략	로런스 인그래시아 (지은이), 안기순 (옮긴이)	부키	21	9788960518483		NaN	NaN	325.1

→ 연도가 바뀌지 않았습니다.

+ 여기서 잠깐 **replace() 메서드 뒤에 대괄호[ ]를 써도 되나요?**

판다스 데이터프레임의 다른 메서드와 마찬가지로 replace() 메서드는 기본적으로 새로운 데이터프레임을 반환합니다. 그래서 여러 메서드를 연이어 쓸 수 있었죠. 마찬가지로 대괄호를 사용한 인덱싱도 연이어 쓸 수 있습니다. 앞의 코드는 다음과 같이 풀어서 쓴 것과 동일합니다.

```
ns_temp = ns_book4.replace({'발행년도': {'2021': '21'}})
ns_temp[100:102]
```

물론 replace() 메서드에 '2018'을 '18'로 바꾸도록 추가할 수 있습니다. 하지만 도서 발행 연도는 범위가 넓기 때문에 이런 식으로 일일이 모두 기재하여 바꾸는 것은 번거롭습니다. 이럴 때 정규 표현식을 사용하면 훨씬 간편하게 이런 작업을 수행할 수 있습니다.

숫자 찾기: \d

정규 표현식에서 숫자를 나타내는 기호는 **\d**입니다. 네 자리 연도에 해당하는 표현은 **\d\d\d\d**입니다. 표현식을 그룹으로 묶을 때는 괄호를 사용합니다. 뒤에 두 자리만 하나의 그룹으로 묶을 때는 **\d\d(\d\d)**처럼 씁니다. 그룹에 해당하는 문자열로 원본 문자열을 바꾸는 과정을 그림으로 살펴보면 오른쪽과 같습니다.

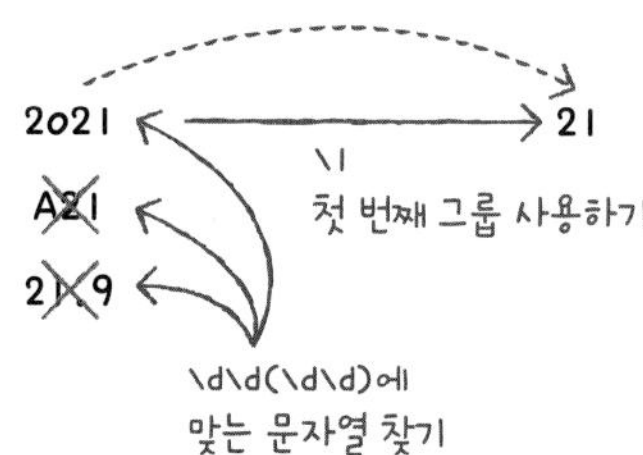

앞의 그림에서 네 개의 숫자로 이루어진 것은 '2021' 하나뿐입니다. 이 문자열이 \d\d(\d\d) 패턴과 일치하죠. 'A21'은 영문자가 있고 세 글자로 이루어져 있기 때문에 해당하지 않습니다. '21.9'는 중간에 숫자가 아닌 문자가 들어 있기 때문에 해당하지 않습니다.

따라서 패턴에 맞는 문자열을 찾은 후 첫 번째 그룹에 해당하는 뒷자리 연도 두 개를 추출합니다. 패턴 안에 있는 그룹을 나타낼 때는 \1, \2처럼 사용합니다. 그룹의 번호는 패턴 안에 등장하는 순서대로 매겨집니다.

그럼 '발행년도' 열의 값을 정규 표현식으로 두 자리 연도로 바꾸어 보겠습니다. 앞에서 사용한 replace() 메서드와 아주 비슷하지만 정규 표현식을 사용한다는 의미로 **regex 매개변수** 옵션을 True로 지정합니다.

손코딩

```
ns_book4.replace({'발행년도': {r'\d\d(\d\d)': r'\1'}}, regex=True)[100:102]
```

→ 패턴 안에 있는 첫 번째 그룹으로 연도를 바꿉니다.

	번호	도서명	저자	출판사	발행년도	ISBN	세트 ISBN	부가기호	권	주제분류번호
100	101	No라고 말할 줄 아는 남편과 아내 - 개정판	헨리 클라우드, 존 타운센드 (지은이), 김진웅 (옮긴이)	좋은씨앗	18	9788958743019		NaN	NaN	234.9
101	102	D2C 레볼루션 - 스타트업부터 글로벌 기업까지, 마켓 체인저의 필수 전략	로런스 인그래시아 (지은이), 안기순 (옮긴이)	부키	21	9788960518483		NaN	NaN	325.1

→ '2018'에서 '18'로 바뀝니다.

이때 정규 표현식 앞에 붙인 **r 문자**는 파이썬에서 정규 표현식을 다른 문자열과 구분하기 위해 접두사처럼 붙입니다.

정규 표현식이 반복될 때는 일일이 쓰는 대신 다음과 같이 **중괄호**를 사용하여 개수를 지정할 수 있습니다. 예를 들어 \d{2}는 \d\d와 동일하게 연속된 숫자 두 개를 의미합니다. 앞에서 사용한 숫자 네 개를 찾는 정규 표현식을 이런 식으로 표현하면 \d{2}(\d{2})와 같이 쓸 수 있습니다.

손코딩
```
ns_book4.replace({'발행년도': {r'\d{2}(\d{2})': r'\1'}}, regex=True)[100:102]
```
→ \d\d(\d\d)와 같은 의미입니다.

	번호	도서명	저자	출판사	발행년도	ISBN	세트 ISBN	부가기호	권	주제분류번호
100	101	No라고 말할 줄 아는 남편과 아내 - 개정판	헨리 클라우드, 존 타운센드 (지은이), 김진웅 (옮긴이)	좋은씨앗	18	9788958743019		NaN	NaN	234.9
101	102	D2C 레볼루션 - 스타트업부터 글로벌 기업까지, 마켓 체인저의 필수 전략	로런스 인그래시아 (지은이), 안기순 (옮긴이)	부키	21	9788960518483		NaN	NaN	325.1

정규 표현식을 사용할 때는 앞에 r 문자를 붙여 일반 문자열과 구분해 줍니다. 동일한 정규 표현식이 반복될 때는 중괄호를 사용하여 개수를 지정해 보세요.

문자 찾기: 마침표(.)

정규 표현식을 사용한 예를 한 가지 더 알아보겠습니다. '저자' 열의 값에는 저자와 역자를 구분하기 위해 '(지은이)'나 '(옮긴이)' 문자열을 사용합니다. 이런 구분이 불필요해서 모두 제거한다고 가정해 보죠. 아래 그림에 남겨 놓아야 할 문자와 삭제할 문자를 표시했습니다.

로런스 인그래시아 (지은이), 안기순 (옮긴이)
삭제 삭제

어떤 문자에도 대응하는 정규 표현식 문자는 **마침표(.)**입니다. '로런스 인그래시아'와 같은 이름에는 어떤 문자가 올지 모르기 때문에 마침표를 쓰는 게 좋겠습니다. 또한 이름은 몇 개의 글자로 이루어질지 알 수 없기 때문에 앞서 연도처럼 반복 개수를 지정하기가 어렵습니다. 이럴 때는 * **문자**를 사용하여 0개 이상 반복된다고 표시할 수 있습니다.

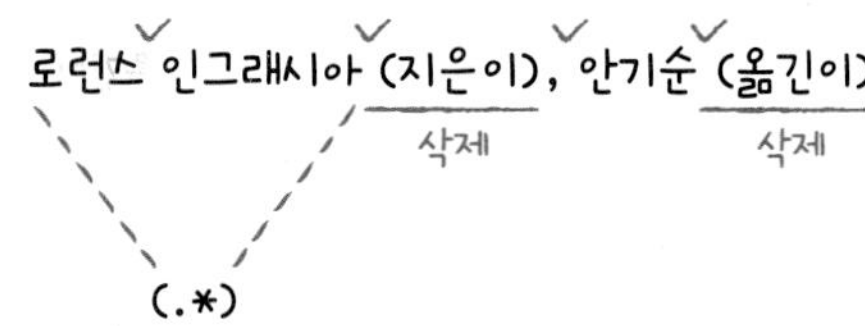

저자 이름은 삭제하지 않고 남겨 놓아야 하므로 나중에 첫 번째 그룹으로 참조하기 위해 괄호로 묶습니다. 그다음 ' (지은이)' 문자열을 찾습니다. 그런데 찾으려는 패턴에 괄호가 있군요. 정규 표현식에서 괄호는 그룹을 나타내는 데 사용하므로 일반 문자라고 인식하게 하려면 **역슬래시(\)**를 앞에 붙여야 합니다. 그리고 띄어쓰기가 있으므로 공백 문자를 나타내는 정규 표현식 **\s**를 앞에 붙입니다.

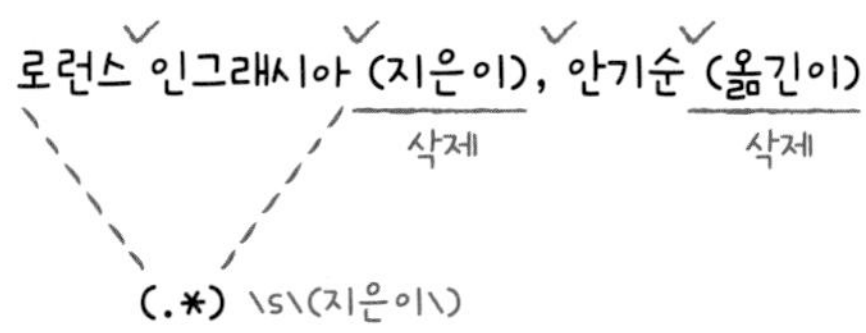

이어서 쉼표와 역자 이름을 포함한 ', 안기순'은 그대로 남겨 놓아야 합니다. 역자 이름도 몇 글자가 될지 모르기 때문에 저자 이름과 마찬가지로 .* 표현을 적용합니다.

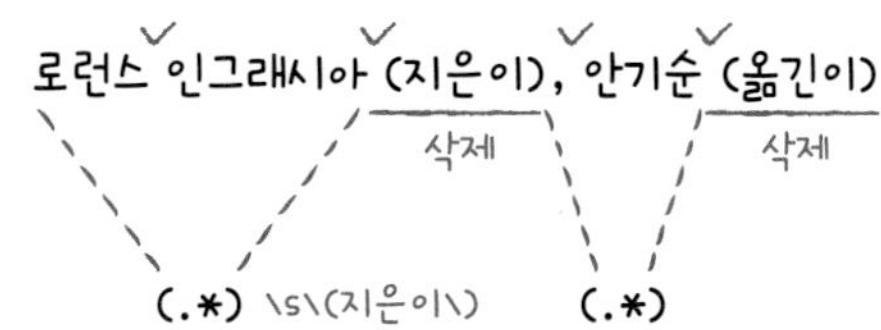

이제 마지막으로 '(옮긴이)'를 매칭시켜 보겠습니다. 앞에서와 같이 괄호는 역슬래시를 앞에 붙여 그룹을 만들기 위한 괄호가 아니라는 것을 표시합니다.

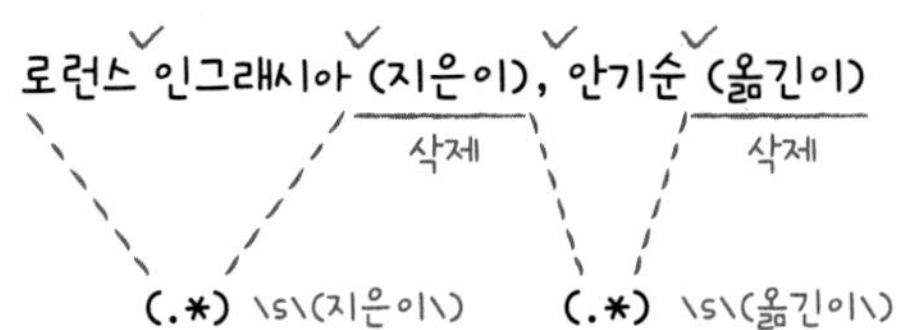

정규 표현식이 완성되었군요. 이제 첫 번째 그룹과 두 번째 그룹만 가져오면 의도한 대로 '(지은이)', '(옮긴이)' 문자열을 삭제할 수 있습니다. 아래 그림에 패턴 매칭의 전체 과정이 나타나 있습니다.

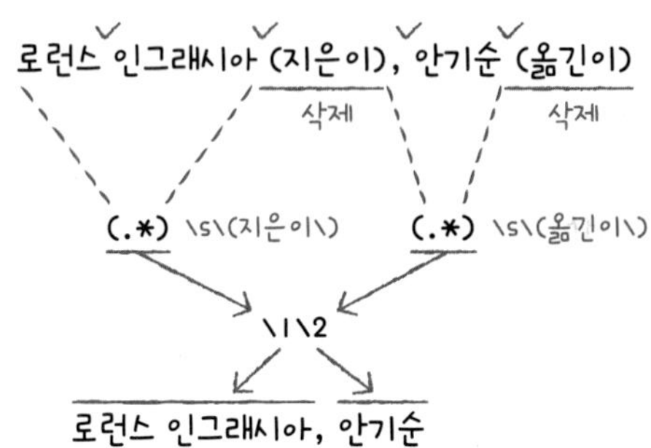

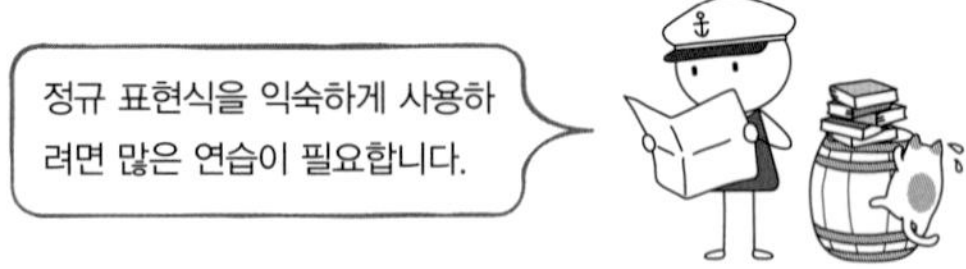

이 정규 표현식을 **replace( ) 메서드**에 적용해 보겠습니다.

손코딩

```
ns_book4.replace({'저자': {r'(.*)\s\(지은이\)(.*)\s\(옮긴이\)': r'\1\2'},
                  '발행년도': {r'\d{2}(\d{2})': r'\1'}}, regex=True)[100:102]
```

	번호	도서명	저자	출판사	발행년도	ISBN	세트 ISBN	부가기호	권	주제분류번호
100	101	No라고 말할 줄 아는 남편과 아내 - 개정판	헨리 클라우드, 존 타운센드, 김진웅	좋은씨앗	18	9788958743019		NaN	NaN	234.9

101	102	D2C 레볼루션 - 스타트업부터 글로벌 기업까지, 마켓 체인저의 필수 전략	로런스 인그래시아, 안기순	부키	21	9788960518483		NaN	NaN	325.1

성공적으로 ' (지은이)'와 ' (옮긴이)' 문자열을 삭제했습니다. 사실 '저자' 열에는 저자와 역자를 표시하는 패턴이 여러 가지입니다. 그래서 이보다 더 복잡한 정규 표현식이 필요하지만, 여기서는 정규 표현식을 replace() 메서드에 활용하는 방법을 알아보는 것으로 만족하겠습니다.

note 정규 표현식에 대한 자세한 내용은 다음 도서를 참고하세요.

- 『처음 시작하는 정규표현식 Regular Expressions』(한빛미디어, 2013)
- 『한 권으로 끝내는 정규표현식』(한빛미디어, 2010)

잘못된 값 바꾸기

편집자가 남산도서관 대출 데이터에서 1988년에 출간한 어떤 도서를 찾을 수 없다고 하는군요. 도서의 발행 연도가 잘못 저장된 것이 있는지 확인해야겠습니다.

먼저 데이터 타입을 지정해 보겠습니다. **astype() 메서드**로 '발행년도' 열을 int64로 바꾸어 보니 오류가 발생합니다.

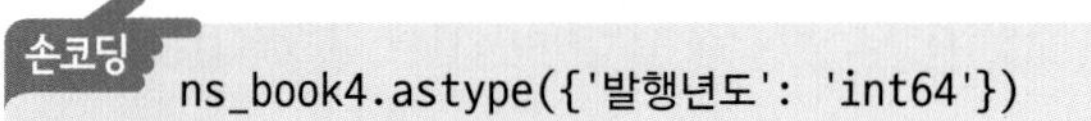


```
ns_book4.astype({'발행년도': 'int64'})
```

오류

```
---------------------------------------------------------------------------
ValueError                                Traceback (most recent call last)
<ipython-input-25-2882810b6960> in <module>()
----> 1 ns_book4.astype({'발행년도': 'int64'})
...중략...
/usr/local/lib/python3.7/dist-packages/pandas/_libs/lib.pyx in pandas._libs.lib.
astype_intsafe()

ValueError: invalid literal for int() with base 10: '1988.'
```

→ 오류 메시지

'1988.'이라는 연도를 변환할 수 없어 오류가 발생했습니다. 아무래도 숫자가 아닌 다른 문자가 들어 있는 연도가 있는 것 같습니다. 정규 표현식으로 다른 문자가 있는 연도를 찾아보겠습니다.

판다스 시리즈 객체는 str 속성 아래 다양한 문자열 처리 함수를 제공합니다. 그중 **contains() 메서드**는 시리즈나 인덱스에서 문자열 패턴을 포함하고 있는지 검사합니다. '발행년도' 열에 '1988'이 포함된 행의 개수를 세어 보겠습니다.

```
ns_book4['발행년도'].str.contains('1988').sum()
```

```
407
```

+ 여기서 잠깐 **ns_book4['발행년도'] == '1988'처럼 쓰면 안 되나요?**

ns_book4['발행년도'] == '1988'처럼 쓰면 '발행년도'가 정확히 '1988'인 것만 찾을 수 있습니다. '1988.'와 같은 것은 제외되죠. contains() 메서드는 주어진 문자열이 포함된 모든 행을 찾습니다.

contains() 메서드는 기본적으로 정규 표현식을 인식합니다. 앞에서 숫자에 대응하는 정규 표현식이 \d라고 했던 것을 기억하나요? 반대로 숫자가 아닌 다른 모든 문자에 대응하는 표현은 **\D**입니다. 정규 표현식은 이렇게 대소문자를 반대의 용도로 사용합니다. 덕분에 간단하고 쉽게 기억할 수 있죠.

contains() 메서드에 정규 표현식을 사용하면 특정 문자열을 포함하는지 쉽게 확인할 수 있습니다.

그럼 이제 '발행년도' 열에서 숫자가 아닌 문자를 포함하는 모든 행을 찾아 보겠습니다. contains() 메서드의 **na 매개변수**를 True로 지정하여 연도가 누락된 행을 True로 표시하겠습니다. 만약 '발행년도' 열에 누락된 값이 있다면 contains() 메서드는 기본적으로 np.nan으로 채워서 invalid_number 배열을 인덱싱에 사용할 수 없기 때문입니다. 누락된 값은 숫자 이외의 문자가 포함되었다고 보아야 할까요? 처리하는 방식에 따라 다를 수 있지만, 여기서는 누락된 값은 숫자 이외의 문자라고 간주하겠습니다.

손코딩

```
invalid_number = ns_book4['발행년도'].str.contains('\D', na=True)
print(invalid_number.sum()) ⟶ 숫자 이외의 문자가 들어간 행의 개수를 출력합니다.
ns_book4[invalid_number].head()
```

```
1777
```

	번호	도서명	저자	출판사	발행년도	ISBN	세트 ISBN	부가 기호	권	주제분류 번호
19138	19565	단국강토	홍태수 저	매일경제 신문사	1988.	9788974420031		NaN	NaN	511.1
19227	19736	삼성의 역사	송부웅 撰	삼양	단기 4334 [2001]	9788985464369		0	NaN	911.02
26097	26812	배고픈 애벌레	에릭 칼 글·그림; 이희재 옮김	더큰 컴퍼니	[2019]	9788959514083		NaN	NaN	843
29817	30586	(The) Sopranos sessions	Matt Zoller Seitz, $eAlan Sepinwall, $eLaura Lip...	Harry N Abrams Inc	2019.	9781419734946		NaN	NaN	326.76
29940	30709	다음엔 너야	에른스트 얀들 글; 노르만 융에 그림; 박상순 옮김	비룡소	2018.	9788949110646		7	NaN	853

숫자 이외의 문자가 들어간 행은 총 1,777개입니다. 데이터프레임을 확인해 보니 마침표뿐만 아니라 대괄호나 심지어 한글이 들어간 값도 있군요.

정규 표현식을 사용하여 연도 앞과 뒤에 있는 문자를 제외해 보겠습니다. 연도를 나타내는 숫자 네 개는 \d{4}이고 이 숫자는 그룹으로 묶어 \1로 참조합니다. 그리고 숫자 앞뒤에 어떤 문자가 나오더라도 모두 매칭하기 위해 .*를 사용합니다.

손코딩

```
ns_book5 = ns_book4.replace({'발행년도':r'.*(\d{4}).*'}, r'\1', regex=True)
ns_book5[invalid_number].head()
```

(\d{4}) → 연도, \1 → 첫 번째 그룹

	번호	도서명	저자	출판사	발행년도	ISBN	세트 ISBN	부가기호	권	주제분류번호
19138	19565	단국강토	홍태수 저	매일경제신문사	1988	9788974420031		NaN	NaN	511.1
19227	19736	삼성의 역사	송부웅 撰	삼양	2001	9788985464369		0	NaN	911.02
26097	26812	배고픈 애벌레	에릭 칼 글·그림; 이희재 옮김	더큰컴퍼니	2019	9788959514083		NaN	NaN	843
29817	30586	(The) Sopranos sessions	Matt Zoller Seitz, $eAlan Sepinwall, $eLaura Lip...	Harry N Abrams Inc	2019	9781419734946		NaN	NaN	326.76
29940	30709	다음엔 너야	에른스트 얀들 글; 노르만 융에 그림; 박상순 옮김	비룡소	2018	9788949110646	9788949110004	7	NaN	853

정규 표현식에 맞게 숫자 값이 바뀐 것을 확인할 수 있습니다.

다시 숫자 이외의 문자가 들어간 행의 개수와 데이터를 확인해 보겠습니다.

손코딩

```
unknown_year = ns_book5['발행년도'].str.contains('\D', na=True)
print(unknown_year.sum())
ns_book5[unknown_year].head()
```

```
67
```

	번호	도서명	저자	출판사	발행년도	ISBN	세트 ISBN	부가기호	권	주제분류번호
30838	31616	본격 한중일 세계사 5	굽시니스트 지음	위즈덤하우스	NaN	9791190065092		NaN	NaN	NaN
39130	40141	정책금융의 현황과 발전과제	정책금융연구회	한국산업은행	NaN	9788992784108		NaN	NaN	327.1
39256	40268	서울지역 유적 발굴조사 총서 3	서울역사박물관	서울역사박물관	NaN	9791186324714	9791186324714	NaN	NaN	NaN
76836	81202	흰머리 큰줄기	한호진 지음	秀文出版社	[발행년 불명]	9788973010769		0	NaN	699.1
150543	160436	(속) 경제학사	박장환 지음	NaN	[20--]	9788994339207		1	NaN	320.9

1,777개에서 67개로 줄었군요! 이제 변환되지 않은 값은 NaN이거나 네 자리 숫자가 아닌 값입니다. 이런 값은 어떻게 변환할지 알 수 없기 때문에 임의로 -1 값으로 바꾼다음 astype() 메서드로 '발행년도' 열의 데이터 타입을 정수형인 int64로 변환합니다.

손코딩

```
ns_book5.loc[unknown_year, '발행년도'] = '-1'
ns_book5 = ns_book5.astype({'발행년도': 'int64'})
```

이게 끝이 아닙니다. 연도 중 이상하게 아주 큰 값이나 작은 값이 들어 있는 경우가 있습니다. 먼저 연도가 4000년이 넘는 경우를 확인해 보죠. **gt() 메서드**는 전달된 값보다 큰 값을 찾습니다. 연도가 4000년이 넘는 행의 전체 개수를 확인하기 위해 sum() 함수를 함께 사용합니다.

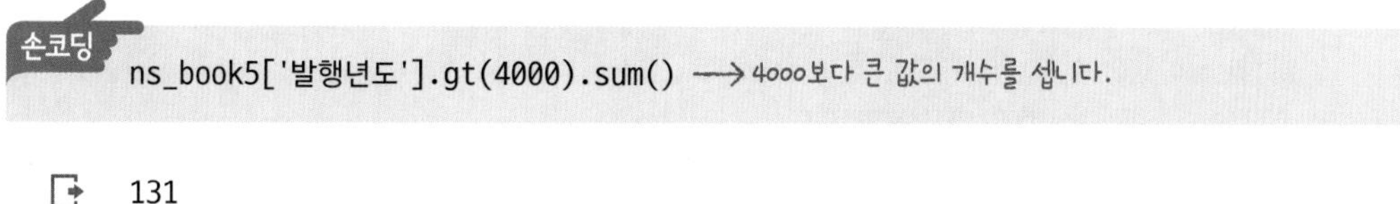


```
131
```

4000년이 넘는 경우가 131권이나 됩니다. 아마도 단군기원을 사용한 것 같습니다.

+ 여기서 잠깐 **gt() 메서드 대신 > 기호를 쓸 수 없나요?**

물론 가능합니다. 부등호 기호를 사용하면 다음처럼 쓸 수 있습니다. gt() 메서드와 동일한 작업을 수행하므로 자신에게 편리한 방식을 선택하면 됩니다.

```
(ns_book5['발행년도'] > 4000).sum()
```

데이터프레임 원소를 비교할 수 있는 메서드는 다음과 같습니다.

메서드	부등호	내용
gt()	>	지정된 값보다 큰 값을 검사합니다.
ge()	>=	지정된 값보다 크거나 같은 값을 검사합니다.
lt()	<	지정된 값보다 작은 값을 검사합니다.
le()	<=	지정된 값보다 작거나 같은 값을 검사합니다.
eq()	==	지정된 값과 같은 값을 검사합니다.
ne()	!=	지정된 값과 같지 않은 값을 검사합니다.

4000년이 넘는 연도에서 2333을 빼서 서기로 바꾼 다음 연도가 4,000년이 넘는 도서가 있는지 확인해 보겠습니다.

손코딩

```
dangun_yy_rows = ns_book5['발행년도'].gt(4000)  --> 4000보다 큰 값을 찾습니다.
ns_book5.loc[dangun_yy_rows, '발행년도'] = ns_book5.loc[dangun_yy_rows,
                                                      '발행년도'] - 2333
                                         --> 찾은 값에서 2333을 빼서 서기로 바꿉니다.
dangun_year = ns_book5['발행년도'].gt(4000)  --> 다시 4000보다 큰 값을 찾습니다.
print(dangun_year.sum())
ns_book5[dangun_year].head(2)
```

13

	번호	도서명	저자	출판사	발행년도	ISBN	세트 ISBN	부가기호	권	주제분류번호
222858	234268	Modern art	[computer file]	GROLIER	7611	9780717233243		NaN	NaN	609.205
270269	282852	현대영어학= Linguistic theory in modern english	이재영	열림기획	7634	9788986705072		1	NaN	740.1

연도가 이상하게 높은 도서가 13권이나 되네요. 이런 도서도 모두 −1로 표시합니다.

손코딩

```
ns_book5.loc[dangun_year, '발행년도'] = -1
```

마지막으로 연도가 작은 값도 확인해야 합니다. 이번에는 0보다는 크고 1900년도 이전의 도서를 찾아보죠.

손코딩

```
old_books = ns_book5['발행년도'].gt(0) & ns_book5['발행년도'].lt(1900)
ns_book5[old_books]
```

0보다 큰 값을 찾습니다.

1900보다 작은 값을 찾습니다.

	번호	도서명	저자	출판사	발행년도	ISBN	세트 ISBN	부가기호	권	주제분류번호
61149	64093	고흐 씨, 시 읽어 줄까요: 내 마음을 알아주는 시와 그림의 만남	이운진 지음	사계절	176	9788958284277		0	NaN	811.7
70566	74347	정신 병리학의 문제들	지은이: 지그문트 프로이트; 옮긴이: 황보석	열린책들	151	9788932905181	9788932905082	9	10	185.5
79550	84164	(최근 7년간) 중요 민법판례: [2009년 1월~ 2016년 6월 중요 판례]	이광섭 편저	법학사	163	9788962898651		9	NaN	365
147950	157759	(한·중·일) 밥상 문화: 대표 음식으로 본 3국 문화비교	김경은 지음	이가서	132	9788958643012		0	NaN	381.75

194576	205407	책으로 뒤덮인 집의 비밀	N.E. 보드 지음; 피터 퍼거슨 그림; 김지현 옮김	개암나무	1015	9788992844413		7	NaN	843
287252	300283	(밝혀질) 우리歷史	吳在城 著	黎民族史研究會	1607	9788986892130		0	NaN	911

여전히 잘못된 값이 있네요. 이 도서도 연도를 −1로 설정하고 전체 행 개수를 확인해 보죠.

손코딩

```
ns_book5.loc[old_books, '발행년도'] = -1
ns_book5['발행년도'].eq(-1).sum() ⟶ -1과 같은 값이 몇 개인지 셉니다.
```

```
86
```

총 86권이 연도가 잘못 저장되었거나 알 수 없군요. 이제 '발행년도' 열을 비롯해 다른 열의 잘못되거나 누락된 값을 채워 보겠습니다.

누락된 정보 채우기

혼공분석은 남산도서관 대출 데이터에서 '도서명', '저자', '출판사', '발행년도' 열이 분석에 중요하다고 판단했습니다. 따라서 이 4개 열에는 누락된 값이 있으면 안 됩니다. 먼저 '도서명', '저자', '출판사' 열에 누락된 값이 있거나 '발행년도' 열이 −1인 행의 개수를 확인해 보겠습니다.

손코딩

```
na_rows = ns_book5['도서명'].isna() | ns_book5['저자'].isna() \  ← 아랫줄에 있는 코드와 이어진다는 의미입니다.
          | ns_book5['출판사'].isna() | ns_book5['발행년도'].eq(-1)
print(na_rows.sum())
ns_book5[na_rows].head(2)
```

5268

	번호	도서명	저자	출판사	발행년도	ISBN	세트 ISBN	부가기호	권	주제분류번호
78	79	아산 정주영 레거시	김화진	NaN	2021	9788952129529		NaN	NaN	325
265	278	골목의 시간을 그리다	정명섭.김효찬 지음	NaN	2021	9791191266054		NaN	NaN	NaN

값이 누락되었거나 알 수 없는 행이 5,268개입니다. 뷰티플수프를 사용해 이런 값을 채워 보겠습니다. 먼저 requests 패키지와 bs4 패키지를 임포트합니다.

뷰티플수프가 생각나지 않으면 125쪽을 참고하세요.

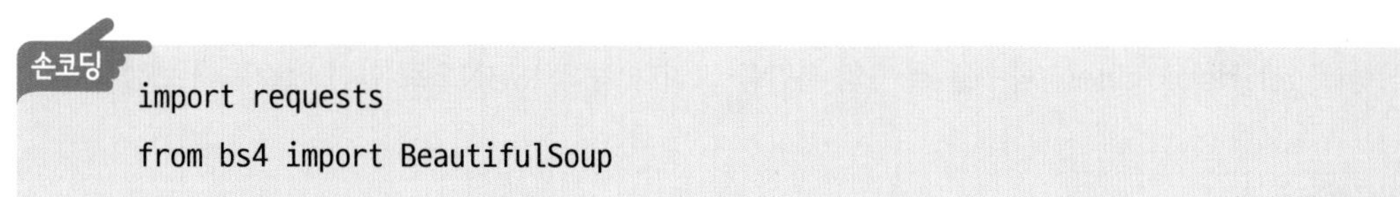

손코딩

```
import requests
from bs4 import BeautifulSoup
```

그다음 Yes24에서 ISBN으로 검색한 결과 페이지에서 크롬 브라우저 개발자 도구로 도서명의 태그 정보를 확인합니다.

Yes24 『혼자 공부하는 머신러닝+딥러닝』 검색 결과 페이지 개발자 도구 화면

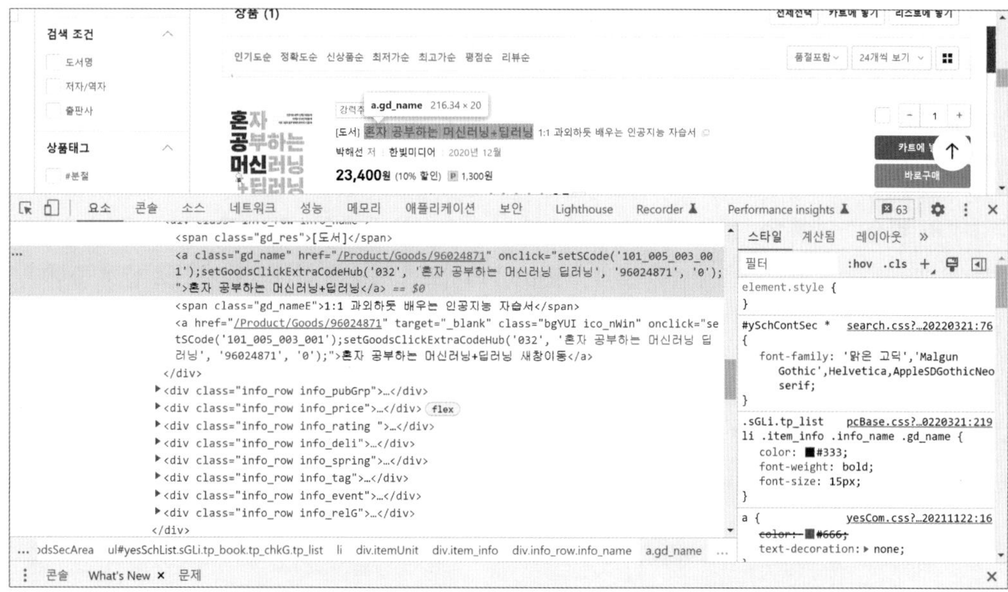

〈a〉 태그에 원하는 정보가 들어있습니다. 도서명을 가져오는 함수를 작성하면 다음과 같습니다.

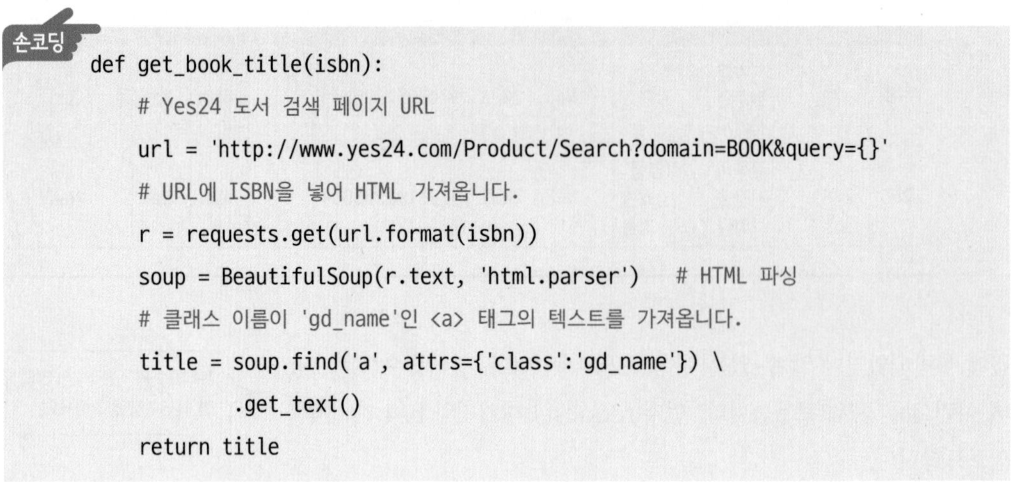

손코딩

```
def get_book_title(isbn):
    # Yes24 도서 검색 페이지 URL
    url = 'http://www.yes24.com/Product/Search?domain=BOOK&query={}'
    # URL에 ISBN을 넣어 HTML 가져옵니다.
    r = requests.get(url.format(isbn))
    soup = BeautifulSoup(r.text, 'html.parser')   # HTML 파싱
    # 클래스 이름이 'gd_name'인 <a> 태그의 텍스트를 가져옵니다.
    title = soup.find('a', attrs={'class':'gd_name'}) \
            .get_text()
    return title
```

작성한 get_book_title() 함수를 '골목의 시간을 그리다' 책의 ISBN으로 한번 테스트해 보겠습니다.

손코딩

```
get_book_title(9791191266054)
```

```
'골목의 시간을 그리다'
```

성공적으로 도서명을 추출했습니다. 이제 같은 방식으로 저자, 출판사, 발행 연도를 추출하여 반환하는 함수를 만들어 보겠습니다.

도서명과 달리 저자는 두 명 이상일 수 있기 때문에 뷰티플수프의 **find_all() 메서드**를 사용해 저자를 담은 〈a〉 태그를 모두 추출합니다. 〈a〉 태그의 텍스트가 여러 개 추출되면 하나로 합쳐 주는 것이 좋겠네요. 리스트 안에 **for 문**을 사용하는 리스트 내포로 〈a〉 태그에 속한 모든 텍스트를 파이썬 리스트에 저장해 줍니다. 그다음 추출한 결과를 **join() 메서드**를 사용해 하나의 문자열로 합쳐 줍니다.

발행 연도는 '2020년 12월'처럼 쓰여 있으므로 정규식을 사용하여 연도만 추출해야 합니다. 파이썬에서 정규 표현식을 지원하는 **re 모듈**의 **findall() 함수**를 사용하면 원하는 정규식에 매칭되는 모든 문자열을 찾아 리스트로 반환해 줍니다. 이 함수의 첫 번째 매개변수는 원하는 정규식이고 두 번째 매개변수는 검색 대상 문자열입니다. 앞에서 배웠던 것처럼 r'\d{4}' 패턴으로 연도만 추출하겠습니다.

함수의 전체 코드는 다음과 같습니다.

손코딩

```
import re

def get_book_info(row):
    title = row['도서명']
    author = row['저자']
    pub = row['출판사']
    year = row['발행년도']
    # Yes24 도서 검색 페이지 URL
    url = 'http://www.yes24.com/Product/Search?domain=BOOK&query={}'
    # URL에 ISBN을 넣어 HTML 가져옵니다.
    r = requests.get(url.format(row['ISBN']))
    soup = BeautifulSoup(r.text, 'html.parser')   # HTML 파싱
    try:
        if pd.isna(title):
            # 클래스 이름이 'gd_name'인 <a> 태그의 텍스트를 가져옵니다.
            title = soup.find('a', attrs={'class':'gd_name'}) \
                    .get_text()
    except AttributeError:
        pass

    try:
        if pd.isna(author):
            # 클래스 이름이 'info_auth'인 <span> 태그 아래 <a> 태그의 텍스트를 가져
            옵니다.
            authors = soup.find('span', attrs={'class':'info_auth'}) \
                          .find_all('a')
            author_list = [auth.get_text() for auth in authors]
            author = ','.join(author_list)
    except AttributeError:
        pass

    try:
        if pd.isna(pub):
            # 클래스 이름이 'info_pub'인 <span> 태그 아래 <a> 태그의 텍스트를 가져
            옵니다.
            pub = soup.find('span', attrs={'class':'info_pub'}) \
```

```
                    .find('a') \
                    .get_text()
    except AttributeError:
        pass

    try:
        if year == -1:
            # 클래스 이름이 'info_date'인 <span> 태그 아래 텍스트를 가져옵니다.
            year_str = soup.find('span', attrs={'class':'info_date'}) \
                           .get_text()
            # 정규 표현식으로 찾은 값 중에 첫 번째 것만 사용합니다.
            year = re.findall(r'\d{4}', year_str)[0]
    except AttributeError:
        pass

    return title, author, pub, year
```

이 함수는 누락된 값에만 뷰티플수프로 추출한 값을 저장합니다. 만약 뷰티플수프로 추출할 수 없는 경우(Yes24에 도서 정보가 없거나, HTML 요소가 누락된 경우)에는 오류가 발생합니다. 따라서 오류 때문에 함수 실행이 종료되지 않고 이어서 다음 요소를 추출하도록 **try ~ except 문**으로 예외 처리를 해 주었습니다.

그럼 누락된 값이 있었던 처음 두 개의 행에 방금 작성한 get_book_info() 함수를 적용해 보겠습니다. 함수가 여러 개의 값을 반환하는 경우 apply() 메서드는 기본적으로 반환된 값을 하나의 튜플로 만듭니다. 따라서 **result_type 매개변수**를 'expand'로 지정하여 반환된 값을 각기 다른 열로 만들겠습니다.

손코딩

```
updated_sample = ns_book5[na_rows].head(2).apply(get_book_info,
    axis=1, result_type ='expand')
updated_sample
```

	0	1	2	3
78	아산 정주영 레거시	김화진	서울대학교출판문화원	2021
265	골목의 시간을 그리다	정명섭.김효찬 지음	초록비책공방	2021

이 함수를 5,268개 행에 모두 적용할 수 있지만 시간이 오래 걸립니다. 여기에서는 미리 만들어 놓은 ns_book5_update.csv 파일을 코랩에 다운로드하여 다음과 같이 실행해 주세요.

손코딩

```
gdown.download('https://bit.ly/3UJZiHw', 'ns_book5_update.csv',
               quiet=False)
ns_book5_update = pd.read_csv('ns_book5_update.csv', index_col=0)
ns_book5_update.head()
```

	도서명	저자	출판사	발행년도
78	아산 정주영 레거시	김화진	서울대학교출판문화원	2021
265	골목의 시간을 그리다	정명섭.김효찬 지음	초록비책공방	2021
354	한국인의 맛	정명섭 지음	추수밭	2021
539	한성부, 달 밝은 밤에	김이삭 지음	고즈넉이엔티	2021
607	100일 완성 마그마 러시아어 중고급 단어장	러포자 구제 연구소 외 지음	문예림	2021

그리고 ns_book5 데이터프레임을 ns_book5_update 데이터프레임 데이터로 업데이트한 후 누락된 행이 몇 개인지 다시 확인해 보겠습니다.

손코딩

```
ns_book5.update(ns_book5_update)
na_rows = ns_book5['도서명'].isna() | ns_book5['저자'].isna() \
          | ns_book5['출판사'].isna() | ns_book5['발행년도'].eq(-1)
print(na_rows.sum())
```

```
4615
```

누락된 값이 있는 행은 4,615개로 뷰티플수프로 데이터를 채우기 전보다 653개가 줄었습니다. 이제 마지막으로 누락된 값을 가진 행을 삭제하여 분석 대상에서 제외하겠습니다.

note 여전히 채우지 못한 정보는 다른 온라인 서점이나 서지정보유통시스템을 활용할 수 있습니다. 여기에서는 하나의 예시를 살펴보는 것으로 만족하겠습니다.

dropna() 메서드에 '도서명', '저자', '출판사' 열을 리스트로 지정한 후 누락된 값이 있는 행을 삭제하고 그다음 '발행년도' 열 값이 −1이 아닌 행만 선택하여 ns_book6 데이터프레임을 생성합니다.

손코딩

```
ns_book6 = ns_book5.dropna(subset=['도서명','저자','출판사'])
ns_book6 = ns_book6[ns_book6['발행년도'] != -1]
ns_book6.head()
```

	번호	도서명	저자	출판사	발행년도	ISBN	세트 ISBN	부가기호	권	주제분류번호
0	1	인공지능과 흙	김동훈 지음	민음사	2021	9788937444319		NaN	NaN	NaN
1	2	가짜 행복 권하는 사회	김태형 지음	갈매나무	2021	9791190123969		NaN	NaN	NaN
2	3	나도 한 문장 잘 쓰면 바랄 게 없겠네	김선영 지음	블랙피쉬	2021	9788968332982		NaN	NaN	NaN
3	4	예루살렘 해변	이도 게펜 지음, 임재희 옮김	문학세계사	2021	9788970759906		NaN	NaN	NaN
4	5	김성곤의 중국한시기행: 장강·황하 편	김성곤 지음	김영사	2021	9788934990833		NaN	NaN	NaN

다음 장에서 살펴볼 작업을 위해 ns_book6 데이터프레임을 저장해 주세요.

손코딩

```
ns_book6.to_csv('ns_book6.csv', index=False)
```

데이터를 이해하고 올바르게 정제하기 문제 해결 과정

이번 절에서는 누락된 값인 NaN을 바꾸고 **정규 표현식**을 사용해 잘못된 값을 고치는 방법을 알아보았습니다. 또한 누락된 정보를 채우는 방법을 알아보았습니다. 이 데이터 세트에서 필요한 작업은 이보다 훨씬 많을 수 있습니다. 지금까지의 과정은 한 가지 예시를 보여주는 것에 불과합니다.

데이터를 정제하는 자세한 방법은 해결하려는 문제에 따라 달라집니다. 우편번호를 정제할 때와 전화번호를 정제할 때 고려해야 할 점이 다른 것처럼, 데이터가 의미하는 바를 잘 이해하지 못하면 올바르게 데이터를 정제하거나 변환할 수 없습니다. 현재 값이 어떻게 수집되고 계산되었는지 이해하기 어렵다면 데이터를 제공한 사람이나 그 분야의 전문가에게 도움을 요청해야 합니다. 데이터를 정제하고 수정하는 작업은 복잡하고 오랜 시간이 걸릴 수도 있다는 점을 꼭 기억하세요.

일괄 처리 함수

지금까지 수행한 작업을 하나의 함수로 정리하면 다음과 같습니다.

손코딩

```
def data_fixing(ns_book4):
    """
    잘못된 값을 수정하거나 NaN을 채우는 함수
    :param ns_book4: data_cleaning() 함수에서 전처리된 데이터프레임
    """
    # 도서권수와 대출건수를 int64로 바꿉니다.
    ns_book4 = ns_book4.astype({'도서권수':'int64', '대출건수': 'int64'})
    # NaN인 세트 ISBN을 빈 문자열로 바꿉니다.
    set_isbn_na_rows = ns_book4['세트 ISBN'].isna()
    ns_book4.loc[set_isbn_na_rows, '세트 ISBN'] = ''
    # 발행년도 열에서 연도 네 자리를 추출하여 대체합니다. 나머지 발행년도는 -1로 바꿉니다.
    ns_book5 = ns_book4.replace({'발행년도':'.*(\d{4}).*'}, r'\1', regex=True)
    unknown_year = ns_book5['발행년도'].str.contains('\D', na=True)
    ns_book5.loc[unknown_year, '발행년도'] = '-1'
    # 발행년도를 int32로 바꿉니다.
    ns_book5 = ns_book5.astype({'발행년도': 'int32'})
    # 4000년 이상인 경우 2333년을 뺍니다.
    dangun_yy_rows = ns_book5['발행년도'].gt(4000)
```

```
ns_book5.loc[dangun_yy_rows, '발행년도'] = ns_book5.loc[dangun_yy_rows,
                                                        '발행년도'] - 2333
# 여전히 4000년 이상인 경우 -1로 바꿉니다.
dangun_year = ns_book5['발행년도'].gt(4000)
ns_book5.loc[dangun_year, '발행년도'] = -1
# 0~1900년 사이의 발행년도는 -1로 바꿉니다.
old_books = ns_book5['발행년도'].gt(0) & ns_book5['발행년도'].lt(1900)
ns_book5.loc[old_books, '발행년도'] = -1
# 도서명, 저자, 출판사가 NaN이거나 발행년도가 -1인 행을 찾습니다.
na_rows = ns_book5['도서명'].isna() | ns_book5['저자'].isna() \
          | ns_book5['출판사'].isna() | ns_book5['발행년도'].eq(-1)
# Yes24 도서 상세 페이지에서 누락된 정보를 채웁니다.
updated_sample = ns_book5[na_rows].apply(get_book_info,
    axis=1, result_type ='expand')
updated_sample.columns = ['도서명','저자','출판사','발행년도']
ns_book5.update(updated_sample)
# 도서명, 저자, 출판사가 NaN이거나 발행년도가 -1인 행을 삭제합니다.
ns_book6 = ns_book5.dropna(subset=['도서명','저자','출판사'])
ns_book6 = ns_book6[ns_book6['발행년도'] != -1]

return ns_book6
```

마무리

▶ 2가지 키워드로 정리하는 핵심 포인트

- **NaN**은 판다스에서 누락된 값을 표시하는 기호입니다. isna() 메서드를 사용하여 NaN의 여부를 확인하거나 notna() 메서드를 사용해 NaN이 아닌 값인지 체크할 수 있습니다.
- **정규 표현식**은 문자열에서 패턴을 찾고 대체하기 위한 규칙의 모음입니다. 정규 표현식을 사용하면 복잡한 패턴을 가진 문자열을 쉽게 검색할 수 있습니다.

▶ 표로 정리하는 핵심 함수와 메서드

함수/메서드	기능
DataFrame.info()	데이터프레임의 요약 정보를 출력합니다.
DataFrame.isna()	누락된 값을 감지하는 메서드로 셀의 값이 None이나 NaN일 경우 True를 반환합니다.
DataFrame.astype()	데이터 타입을 지정합니다.
DataFrame.fillna()	데이터프레임에서 누락된 원소의 값을 채웁니다.
DataFrame.replace()	데이터프레임의 값을 다른 값으로 바꿉니다.
Series.str.contains()	시리즈나 인덱스에서 문자열 패턴을 포함하고 있는지 검사합니다.
DataFrame.gt()	데이터프레임의 원소보다 큰 값을 검사합니다.

▶ 확인 문제

1. 다음 중 누락된 값을 빈 문자열로 바꾸는 방법은 무엇인가요?

① df.isna() = ''
② df.loc[df.isna()] = ''
③ df.fillna('')
④ df.replace(NaN, '')

2. 다음 df 데이터프레임의 df.fillna(method='ffill')의 결과로 맞는 것은 무엇인가요?

df

	A	B	C	D
0	NaN	2.0	NaN	0
1	3.0	4.0	NaN	1
2	NaN	NaN	NaN	5
3	NaN	3.0	NaN	4

①

	A	B	C	D
0	NaN	2.0	NaN	0
1	3.0	4.0	NaN	1
2	3.0	4.0	NaN	5
3	3.0	3.0	NaN	4

②

	A	B	C	D
0	3.0	2.0	NaN	0
1	3.0	4.0	NaN	1
2	NaN	3.0	NaN	5
3	NaN	3.0	NaN	4

③

	A	B	C	D
0	NaN	2.0	2.0	0.0
1	3.0	4.0	4.0	1.0
2	NaN	NaN	NaN	5.0
3	NaN	3.0	3.0	4.0

④

	A	B	C	D
0	2.0	2.0	0.0	0.0
1	3.0	4.0	1.0	1.0
2	5.0	5.0	5.0	5.0
3	3.0	3.0	4.0	4.0

hint 2. fillna() 메서드의 method 매개변수에 'ffill'을 지정하면 누락된 값 이전에 등장하는 유효한 값으로 현재 누락된 값을 채웁니다. 'bfill'을 지정하면 누락된 값 이후에 등장하는 유효한 값으로 현재 누락된 값을 채웁니다.

3. axis 매개변수의 기본값 0은 행 방향으로 누락된 값을 채웁니다. 1로 지정하면 열 방향으로 누락된 값을 채웁니다. method 매개변수가 'bfill'이면 오른쪽 열의 값으로 왼쪽 열을, 'ffill'은 왼쪽 열의 값으로 오른쪽 열을 채웁니다.

3. 2번의 데이터프레임을 사용하여 다음과 같은 데이터프레임을 만들기 위한 명령은 무엇인가요?

	A	B	C	D
0	2.0	2.0	2.0	0.0
1	3.0	4.0	4.0	1.0
2	5.0	5.0	5.0	5.0
3	3.0	3.0	3.0	4.0

① df.fillna(method='ffill').fillna(method='bfill')

② df.fillna(method='ffill', axis=1).fillna(method='bfill')

③ df.fillna(method='ffill').fillna(method='bfill', axis=1)

④ df.fillna(method='ffill', axis=1).fillna(method='bfill', axis=1)

4. 정규 표현식 \d{2}.\D로 찾을 수 없는 문자열은 무엇인가요?

① 12.. ② 123. ③ 1234 ④ 12AB

5. 다음과 df 데이터프레임에서 df.replace(r'ba.*', 'new', regex=True)의 결과는 무엇인가요?

df

	A	B
0	bat	abc
1	foo	bar
2	bait	xyz

①

	A	B
0	new	abc
1	foo	new
2	new	xyz

②

	A	B
0	bat	abc
1	foo	bar
2	new	xyz

③

	A	B
0	new	abc
1	foo	new
2	newt	xyz

④

	A	B
0	bat	abc
1	foo	bar
2	new	xyz

Chapter

04

전체 데이터를 일일이 살펴보는 것은 때때로 어려운 일입니다. 특히 데이터 용량이 아주 클 때는 다른 방법을 사용하는 것이 좋습니다. 대표적으로 전체 데이터를 몇 개의 수치로 요약하거나 그래프로 나타내는 방법을 많이 사용합니다. 4장에서는 이를 위해 어떤 도구들을 사용할 수 있는지 알아보겠습니다.

데이터 요약하기

학습목표

- 전체 데이터를 숫자로 요약하는 방법을 배웁니다.
- 데이터 분포를 살펴보고 그래프를 통해 이해하는 방법을 알아봅니다.

04-1 통계로 요약하기

핵심 키워드: 평균 · 중앙값 · 분위수 · 분산 · 표준편차 · 최빈값

통계란 말이 부담스럽게 들릴지 모르지만, 사실 어렵지 않습니다. 통계를 사용하는 이유는 출력된 데이터를 읽는 것만으로는 유용한 무언가를 파악하기 어렵기 때문입니다. 전체 데이터를 몇 개의 숫자로 요약할 수 있다면 현재 데이터의 특징을 이해하고 다른 데이터와 차이나는 점을 쉽게 설명할 수 있습니다. 이번 절에서는 데이터 분석에 유용한 몇 가지 통계량을 알아보겠습니다.

시작하기 전에

어느 날 개발팀에서 기술통계를 물어보네요. 기술통계라고 하니 기술자가 만드는 통계라고 오해를 한 것 같습니다.

기술통계descriptive statistics는 테크니컬technical한 어떤 것을 지칭하는 것이 아니라 자료의 내용을 압축하여 설명하는 방법을 말합니다. 다른 말로는 **요약 통계**summary statistics라고도 부릅니다. 정량적인 수치로 전체 데이터의 특징을 요약하거나 이해하기 쉬운 간단한 그래프를 사용합니다. 대표적인 **통계량**에는 평균, 표준편차 등이 있습니다. 데이터 시각화를 아우르는 이러한 데이터 분석 방법을 **탐색적 데이터 분석**exploratory data analysis이라고 합니다.

지금까지 데이터를 수집하고 잘못된 값을 고치거나 누락된 값을 채우는 방법을 배웠습니다. 이제부터는 남산도서관 대출 데이터에 들어 있는 값의 특징을 하나씩 탐색하듯이 분석해 보도록 하겠습니다.

기술통계 구하기

먼저 03-2절에서 만든 ns_book6.csv 파일을 다운로드합니다.

```python
import gdown
gdown.download('https://bit.ly/3736JW1', 'ns_book6.csv', quiet=False)
```

다운로드한 ns_book6.csv 파일을 데이터프레임으로 불러 온 후 처음 다섯 개 행을 출력하면 다음과 같습니다.

```python
import pandas as pd
ns_book6 = pd.read_csv('ns_book6.csv', low_memory=False)
ns_book6.head()
```

	번호	도서명	저자	출판사	발행년도	ISBN	도서권수	대출건수	등록일자
0	1	인공지능과 흙	김동훈 지음	민음사	2021.0	9788937444319	1	0	2021-03-19
1	2	가짜 행복 권하는 사회	김태형 지음	갈매나무	2021.0	9791190123969	1	0	2021-03-19
2	3	나도 한 문장 잘 쓰면 바랄 게 없겠네	김선영 지음	블랙피쉬	2021.0	9788968332982	1	0	2021-03-19
3	4	예루살렘 해변	이도 게펜 지음, 임재희 옮김	문학세계사	2021.0	9788970759906	1	0	2021-03-19
4	5	김성곤의 중국한시기행: 장강·황하 편	김성곤 지음	김영사	2021.0	9788934990833	1	0	2021-03-19

판다스는 데이터프레임에서 기본적인 몇 가지 기술통계를 자동으로 추출해 주는 **describe() 메서드**를 제공합니다. ns_book6 데이터프레임에서 describe() 메서드를 호출해 보겠습니다.

```python
ns_book6.describe()
```

	번호	발행년도	도서권수	대출건수
count	379976.000000	379976.000000	379976.000000	379976.000000
mean	201726.332847	2008.516306	1.135874	11.504629
std	115836.454596	8.780529	0.483343	19.241926
min	1.000000	1947.000000	0.000000	0.000000
0.25	102202.750000	2003.000000	1.000000	2.000000
0.5	203179.500000	2009.000000	1.000000	6.000000
0.75	301630.250000	2015.000000	1.000000	14.000000
max	401681.000000	2650.000000	40.000000	1765.000000

describe() 메서드는 기본적으로 수치형 열에 대한 요약 통계를 보여 줍니다. 186쪽의 info() 메서드 출력을 보았듯이 이 데이터프레임에서 수치형 열은 '번호', '발행년도', '도서권수', '대출건수' 네 개입니다. 이 네 개의 열에 대해 여덟 가지의 통계량이 계산되었습니다.

- **count**: 누락된 값을 제외한 데이터 개수를 나타냅니다.
- **mean**: 평균을 구합니다.
- **std**: 표준편차를 구합니다.
- **min**: 최솟값을 구합니다.
- **50%**: 중앙값을 구합니다.
- **25%와 75%**: 순서대로 늘어 놓았을 때 25% 지점과 75% 지점에 놓인 값입니다.
- **max**: 최댓값을 구합니다.

데이터프레임의 수치형 열에 대한 기본적인 요약 통계를 describe() 메서드로 다양하게 확인할 수 있습니다.

먼저 대출건수의 **평균**mean은 약 11.5입니다. 이는 평균적으로 한 권의 도서가 11.5번 대출되었다는 의미입니다. **최솟값**min과 **최댓값**max은 그 자체로 의미를 쉽게 이해할 수 있습니다. 표준편차와 중앙값이 무엇인지는 천천히 알아보겠습니다.

이상한 점은 도서권수 최솟값이 0입니다. 도서를 한 권도 가지고 있지 않은데 대출 데이터에 포함되어 있네요. 원래는 소장한 도서이지만 분실된 도서일까요? 혹은 더 이상 대출할 수 없는 도서일까요? 이유는 알 수 없지만 이런 도서가 많다면 이를 걸러내야 할지 고려해야 합니다.

3장에서 했던 것처럼 **불리언 배열**과 **sum() 함수**를 활용하면 도서권수가 0인 도서의 행 개수를 쉽게 카운트할 수 있습니다.

```
sum(ns_book6['도서권수']==0)  ──> '도서권수' 열의 값이 0인 행 개수를 셉니다.
```

```
3206
```

3천 개가 넘는 도서권수가 0입니다. 전체 데이터(379,976개)에 비하면 1%가 채 안 되기 때문에 무시할 만한 수치입니다.

하지만 이런 도서가 꽤 많다면 어떤 이유에서 0권인지 이를 데이터 분석에서 제외할지 판단해야 합니다. 처리 기준은 해결할 문제에 따라 다르며 이러한 결정이 분석 결과에 큰 영향을 미칠 수도 있습니다. 이 책에서는 실제로 없는 도서 대출 데이터는 의미가 없다고 생각하여 다음과 같이 제외하겠습니다.

```
ns_book7 = ns_book6[ns_book6['도서권수']>0]
```

다시 기술통계를 출력해 볼까요? **describe() 메서드**는 기본적으로 데이터의 25%, 50%, 75%에 위치한 값을 보여줍니다. 원하는 위치의 값을 보고 싶다면 **percentiles 매개변수**에 위치를 지정하면 됩니다. 예를 들어 30%, 60%, 90%에 위치한 값을 보고 싶다면 소수점으로 0.3, 0.6, 0.9를 지정합니다.

```
ns_book7.describe(percentiles=[0.3, 0.6, 0.9])
```

	번호	발행년도	도서권수	대출건수
count	376770.000000	376770.000000	376770.000000	376770.000000
mean	202977.476649	2008.460076	1.145540	11.593439
std	115298.245784	8.773148	0.473853	19.279409
min	1.000000	1947.000000	1.000000	0.000000
0.3	124649.700000	2004.000000	1.000000	2.000000
0.5	204550.500000	2009.000000	1.000000	6.000000
0.6	243537.400000	2011.000000	1.000000	8.000000
0.9	361341.100000	2018.000000	2.000000	28.000000
max	401681.000000	2650.000000	40.000000	1765.000000

중앙값인 50%를 포함하여 30%, 60%, 90%에 해당하는 값이 출력되었네요. 또한 도서권수가 0인 도서의 대출 데이터도 제외되어 처음 기술통계를 출력했을 때와 조금씩 수치가 차이나는 것도 알 수 있습니다.

열의 데이터 타입이 수치가 아닌 다른 데이터 타입의 열의 기술통계를 보고 싶다면 **include 매개변수**에 데이터 타입을 지정할 수도 있습니다. 예를 들어 object 타입의 열에 대한 통계를 보려면 다음과 같이 쓸 수 있습니다.

손코딩

```
ns_book7.describe(include='object')
```

	도서명	저자	출판사	ISBN	세트 ISBN	부가기호	권	주제분류번호	등록일자
count	376770	376770	376770	376770	55866	308252	61793	359792	376770
unique	336408	248850	21875	350810	14875	17	834	12467	4562
top	승정원일기	세종대왕기념사업회 [편]	문학동네	9788937430299	9788937460005	0	1	813.6	1970-01-01
freq	250	303	4410	206	702	158235	13282	14816	28185

count 행은 누락된 값을 제외한 데이터 개수를 나타내고, unique 행은 고유한 값의 개수를 나타냅니다. top 행은 가장 많이 등장하는 값을 나타냅니다. freq 행은 top 행에 등장하는 항목의 빈도수입니다. 실행 결과에 따르면 '도서명' 열에서 가장 많이 등장하는 데이터는 '승정원일기'로 250회나 나오네요.

판다스의 describe() 메서드는 이처럼 다양한 통계량을 간편하게 요약해서 확인할 수 있습니다. 이제 평균, 중앙값 등 개별 통계량에 대해 조금 더 자세히 알아보겠습니다.

평균 구하기

평균은 비교적 쉽게 이해할 수 있는 통계량입니다. 숫자 값을 모두 더해 개수로 나눈 것이죠. 예를 들어 3개의 숫자 a, b, c가 있다고 가정하면 다음과 같은 식으로 쓸 수 있습니다.

$$\text{평균} = \frac{a + b + c}{3}$$

그런데 숫자가 10개로 늘어나면 어떻게 될까요? 심지어 남산도서관 대출 데이터는 376,770개나 됩니다. 이런 경우를 위해 수학자들은 편리한 도구를 만들었습니다. 길고 지루하게 쓸 수 있는 식을 요약해 주는 수학 기호입니다. 그럼 이런 덧셈을 어떻게 바꾸는지 알아보죠.

먼저 앞에서 예로 든 a, b, c는 각기 다른 숫자를 의미합니다. 이를 하나의 문자 x로 통일하고, 대신 세 개의 숫자가 다르다는 것을 드러내기 위해 아래 첨자를 사용해 x_1, x_2, x_3과 같이 바꾸면 다음과 같습니다.

$$\text{평균} = \frac{x_1 + x_2 + x_3}{3}$$

+ 여기서 잠깐 **꼭 수식을 써야 하나요?**

데이터 분석에서 수식이 필수는 아니지만, 코드나 글로 설명하는 것보다 간단하고 유용한 경우가 많습니다. 또한 다른 책이나 자료에 나오는 수식을 이해하기 위해 익숙해지는 것이 좋습니다. 이 책에서는 간단하고 쉽게 이해할 수 있는 수식만 사용하고 가능하면 설명도 충분히 하겠습니다. 본격적으로 수학에 대해 공부하고 싶다면 『개발자를 위한 필수 수학』(한빛미디어, 2024)를 추천합니다.

혹시 위의 수식에서 x가 반복되는 것을 눈치챘나요? 반복문을 사용할 수 있겠네요. 실제로 이런 덧셈은 파이썬으로 다음과 같이 구현할 수 있습니다.

손코딩

```
x = [10, 20, 30]
sum = 0
for i in range(3):  → 숫자 0, 1, 2를 대입하며 반복합니다.
    sum += x[i]
print("평균:", sum / len(x))
```

```
평균: 20.0
```

파이썬의 **range() 함수**는 하나의 숫자를 입력할 경우 0부터 입력된 숫자 직전까지 반복할 수 있는 객체를 만들어 줍니다. 따라서 for 문에 range(3)를 사용하면 변수 i에 0, 1, 2를 대입할 수 있습니다. 결국 x[0]에서 x[2]까지 반복하며 sum에 값을 누적합니다.

이와 동일한 반복 구조를 **합 기호(Σ)**를 사용해 다음처럼 표현할 수 있습니다.

$$평균 = \frac{x_1 + x_2 + x_3}{3} = \frac{\sum_{i=1}^{3} x_i}{3}$$

종료 값
인덱스
시작 값

Σ 기호는 시그마(sigma)라고 읽습니다.

Σ 기호 아래에는 사용할 인덱스와 시작 값을 지정합니다. 여기에서는 인덱스에 영문자 i를 사용하고 1부터 시작합니다. 그리고 Σ 기호 위에는 종료 값을 지정합니다. i의 종료 값은 3으로 지정했습니다. i는 1에서부터 3까지 바뀌며 x_i에 대입되어 $x_1 + x_2 + x_3$ 덧셈을 만듭니다. for 반복문과 비교해서 생각하면 쉽게 이해할 수 있습니다.

+ 여기서 잠깐 **x와 i 대신 다른 문자를 써도 되나요? i는 꼭 1부터 시작해야 하나요?**

물론입니다. 원하는 다른 문자를 써도 괜찮습니다. 인덱스도 다른 값부터 시작할 수 있습니다. 예를 들면 0부터 시작할 수 있죠. 일반적으로 프로그래밍 언어와 배열의 인덱스는 0부터 시작하지만, 여기서는 보통 수학자들이 즐겨 사용하는 방식을 따랐습니다.

이렇게 쓰면 아무리 긴 덧셈이라도 간단하게 나타낼 수 있겠군요. 예를 들어 남산도서관의 평균 대출건수는 다음처럼 계산할 수 있습니다.

$$평균\ 대출건수 = \frac{\sum_{i=1}^{376770} x_i}{376770}$$

인덱스 1부터 376770까지의 값을 더한 후 376,770개로 나눕니다. 사실 '남산도서관의 대출건수 평균'이라고 쓰는 것이 더 간단할 수 있습니다. 그러나 더 복잡한 식으로 확장하려면 글로 쓰는 것보다 위와 같은 수식이 더 편리합니다.

mean( ) 메서드

평균에 대해 충분히 알아보았으니 코드를 작성해 보겠습니다. 판다스 데이터프레임과 시리즈 객체는 평균을 계산하는 **mean( ) 메서드**를 제공합니다. '대출건수' 열에서 이 메서드를 호출해 보죠.

```
ns_book7['대출건수'].mean()
```

```
11.593438968070707
```

평균 대출건수는 약 11.6으로 225쪽에서 describe() 메서드로 출력해서 본 것과 같습니다.

중앙값 구하기

중앙값median은 말 그대로 전체 데이터를 순서대로 늘어 놓았을 때 중앙에 위치한 값입니다. 앞서 describe() 메서드의 기본 출력에서 25%, 50%, 75% 위치의 값이 출력되었는데요, 이 중에 50% 위치의 값이 중앙값에 해당됩니다. 판다스는 중앙값을 구하기 위한 메서드를 따로 제공합니다. 중앙값이 그만큼 자주 사용되고 중요하다는 의미겠죠.

1 2 5 10 20
↓
중앙값 5

median() 메서드

남산도서관 대출 데이터에서 대출건수의 중앙값을 찾아보겠습니다. 다음처럼 ns_book7 데이터프레임에서 '대출건수' 열을 선택하고 **median() 메서드**를 호출합니다.

```
ns_book7['대출건수'].median()
```

```
6.0
```

데이터 개수가 홀수일 때는 중앙값을 결정하기 쉽습니다. 정확히 가운데 놓인 값을 찾으면 됩니다. 하지만 짝수일 때는 어떻게 중앙값을 결정할까요?

데이터 개수가 짝수이면 가운데 두 개의 값을 평균하여 중앙값을 결정합니다. 예를 들어 다음처럼 1, 2, 3, 4 네 개의 값으로 이루어진 데이터프레임에서 중앙값을 구하면 2와 3을 평균한 2.5가 중앙값이 됩니다.

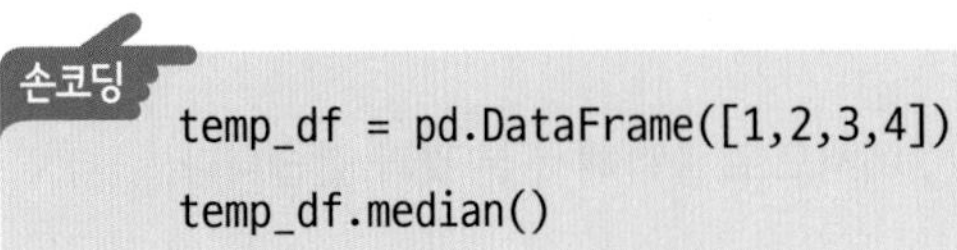

손코딩

```
temp_df = pd.DataFrame([1,2,3,4])
temp_df.median()
```

```
0    2.5
dtype: float64
```

이번에는 중앙값을 한번 다르게 계산해 보죠.

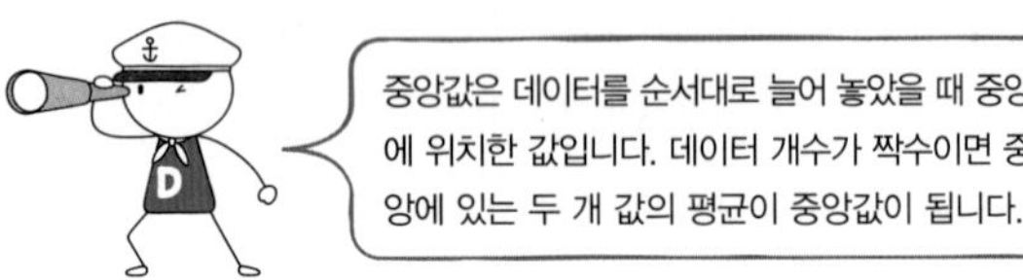

중복값 제거하고 중앙값 구하기

같은 값의 대출건수를 모두 제외하고 중앙값을 계산할 수 있습니다. 172쪽에서 잠깐 살펴본 **drop_duplicates() 메서드**를 사용해 '대출건수' 열에서 중복된 값을 가진 행을 제거한 후 중앙값을 구해 보겠습니다.

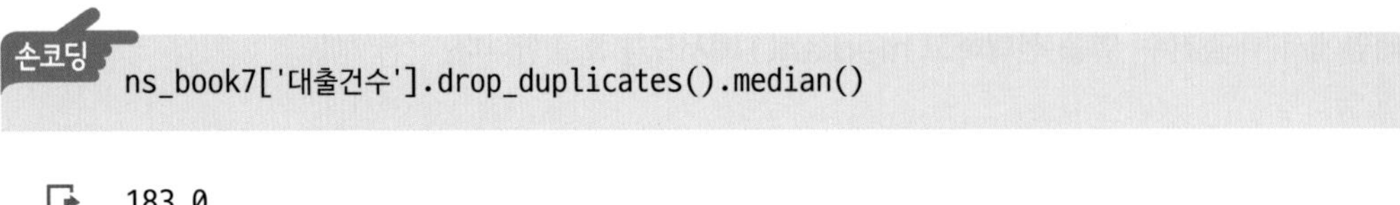

손코딩

```
ns_book7['대출건수'].drop_duplicates().median()
```

```
183.0
```

중복된 값을 제거하니 중앙값이 엄청나게 높아졌습니다! 이 결과로 미루어 짐작해 보면 작은 대출건수에 중복된 행이 많다고 생각할 수 있습니다.

원본 대출건수

1 1 1 2 2 5 10 20 → 1 2 5 10 20

중복을 제거한 대출건수

중앙값 2 / 중앙값 5

note 얼마나 많은 값이 중복되어 있을지는 258쪽에서 그래프를 그려 보며 알아보겠습니다.

최솟값, 최댓값 구하기

중앙값과 함께 자주 사용되는 통계량은 **최솟값**과 **최댓값**입니다. 판다스에서는 각각 **min() 메서드**와 **max() 메서드**를 제공합니다.

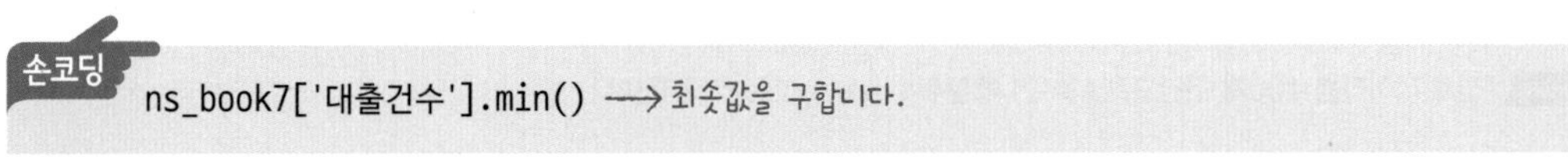

손코딩

```
ns_book7['대출건수'].min() ⟶ 최솟값을 구합니다.
```

```
0
```

손코딩

```
ns_book7['대출건수'].max() ⟶ 최댓값을 구합니다.
```

```
1765
```

앞서 describe() 메서드에서 확인한 결과와 같습니다. 최솟값은 0이고 최댓값은 1765입니다. 어떤 도서는 한 달 동안 무려 1,765번이나 대출이 되었군요!

분위수 구하기

분위수quantile은 데이터를 순서대로 늘어 놓았을 때 이를 균등한 간격으로 나누는 기준점입니다. 예를 들어 이분위수는 전체 데이터를 두 구간으로 나누기 때문에 중앙값에 해당합니다.

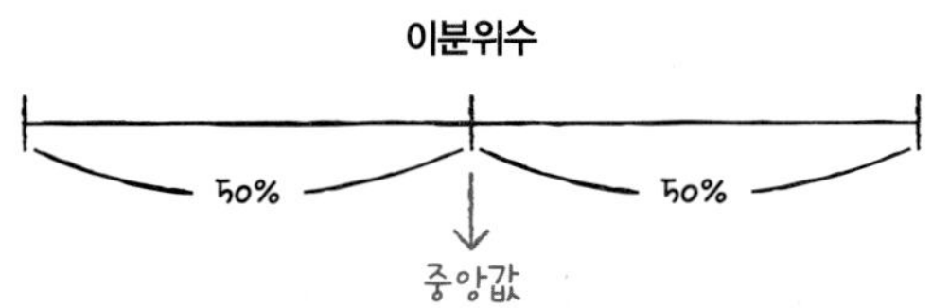

많이 사용하는 **사분위수**quartile는 순서대로 정렬된 데이터를 네 구간으로 나눕니다. 따라서 사분위수는 3개가 나오고 각각 25%, 50%, 75%에 해당합니다. 25%에 해당하는 값을 제1사분위수, 중앙값을 제2사분위수, 75%에 해당하는 값을 제3사분위수라고도 부릅니다.

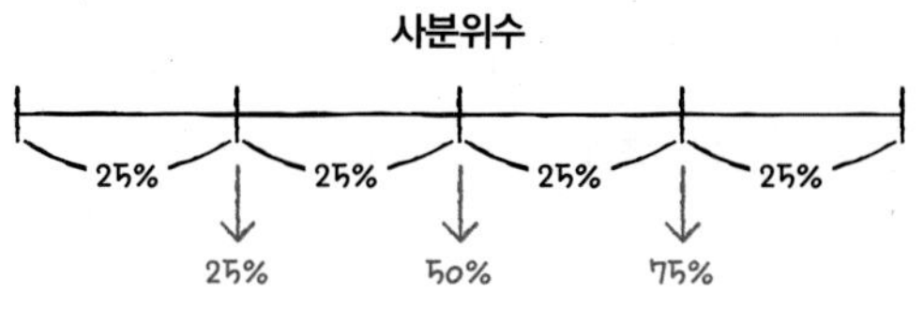

note 전체 데이터를 100개 구간으로 나누면 **백분위수**(percentile)라고 합니다.

quantile() 메서드

판다스에서 분위수 값을 계산할 때는 **quantile() 메서드**를 사용합니다. 하위 25%에 위치한 값을 출력하려면 0.25를 입력합니다.

```
ns_book7['대출건수'].quantile(0.25)
```

```
2.0
```

quantile() 메서드에 여러 개의 분위수를 지정할 수도 있습니다. 다음처럼 25%, 50%, 75%에 위치한 값을 추출해 보겠습니다.

```
ns_book7['대출건수'].quantile([0.25,0.5,0.75])
```

```
0.25     2.0
0.50     6.0
0.75    14.0
Name: 대출건수, dtype: float64
```

이처럼 quantile() 메서드에 여러 개의 분위수를 지정하면 각 분위수에 해당하는 값을 담은 시리즈 객체를 반환합니다.

그렇다면 다음과 같이 1, 2, 3, 4, 5 다섯 개의 숫자가 있을 때 90% 위치에 있는 값은 얼마일까요?

손코딩

```
pd.Series([1,2,3,4,5]).quantile(0.9)
```
→ 시리즈 객체를 정의한 후 분위수를 구합니다.

```
4.6
```

이 시리즈 객체에 4.6이라는 값이 없는데 출력되었네요. 이 값은 어떻게 계산되었을까요?

quantile() 메서드는 **interpolation 매개변수**에서 중간 값을 계산하는 방법을 결정합니다. 위 코드는 interpolation 매개변수를 따로 지정하지 않아서 기본값으로 계산되었습니다. 예를 들어 4와 5 사이에서 90%에 해당하는 분위수를 찾을 때, 다음 그림처럼 4의 분위수 0.75와 5의 분위수 1.0을 사용해 간단한 비례식을 세울 수 있습니다. 여기서 궁금한 값 b에 대해 정리하면 아래와 같은 식을 얻게 됩니다.

> 기본값은 'linear'로 양쪽 분위수에 비례하여 결정됩니다.

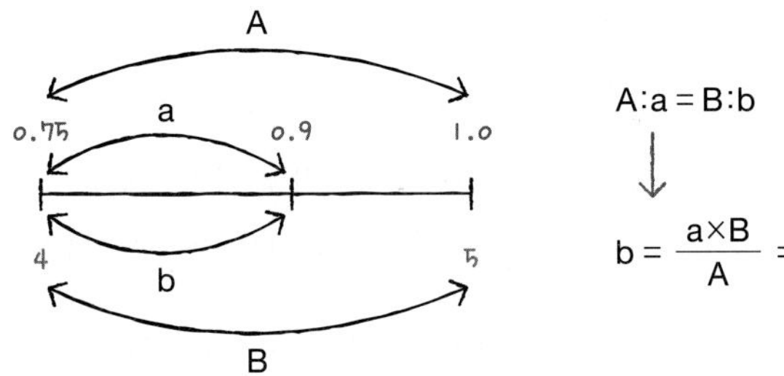

$$A:a = B:b$$

$$b = \frac{a \times B}{A} = \frac{(0.9-0.75)\times(5-4)}{(1.0-0.75)} = 0.6$$

이렇게 두 지점 사이에 놓인 특정 위치의 값을 구하는 방법을 **보간**interpolation이라고 부릅니다.

+ 여기서 잠깐 interpolation 매개변수의 또 다른 보간 방식

interpolation 매개변수는 'linear' 외에도 여러 가지 다른 보간 방식을 제공합니다. 'midpoint'는 분위수에 상관없이 무조건 두 수 사이의 중앙값을 사용합니다.

```
pd.Series([1,2,3,4,5]).quantile(0.9, interpolation='midpoint')
```

```
4.5
```

'nearest'는 두 수 중에서 가까운 값을 선택합니다. 이 경우는 0.9가 1.0에 더 가깝기 때문에 5가 됩니다.

```
pd.Series([1,2,3,4,5]).quantile(0.9, interpolation='nearest')
```

5

이 외에도 두 수 중 작은 값을 선택하는 'lower', 큰 값을 선택하는 'higher'가 있습니다. 이 옵션들은 숙제로 남겨 놓겠습니다. 직접 실습해 보세요!

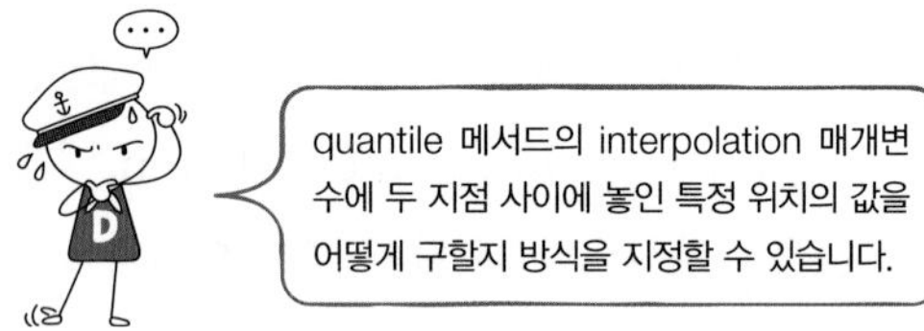

백분위 구하기

앞서 분위수를 직접 지정해서 구해 보았는데 이번에는 반대로 해 보겠습니다. 어떤 숫자의 **백분위**percentile rank를 구하는 방법이 있을까요? 1, 2, 3, 4, 5에서 4의 백분위는 0.75라고 쉽게 찾을 수 있습니다. 데이터가 작을 때는 이렇게 직접 개수를 헤아려 구할 수 있지만 데이터가 많으면 어렵습니다. 예를 들어 남산도서관 대출 데이터에서 대출건수 10이 위치한 백분위를 어떻게 찾을 수 있을까요?

판다스에서 이에 대한 메서드를 제공하지는 않지만, 간단한 트릭으로 유사한 결과를 얻을 수 있습니다. 먼저 '대출건수' 열의 값이 10보다 작은지 비교하여 **불리언 배열**을 만듭니다.

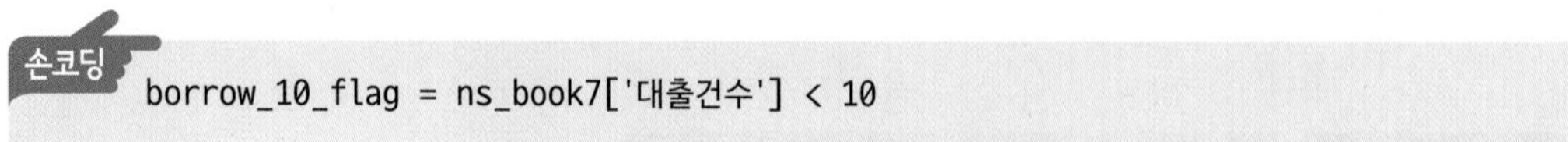
손코딩

```
borrow_10_flag = ns_book7['대출건수'] < 10
```

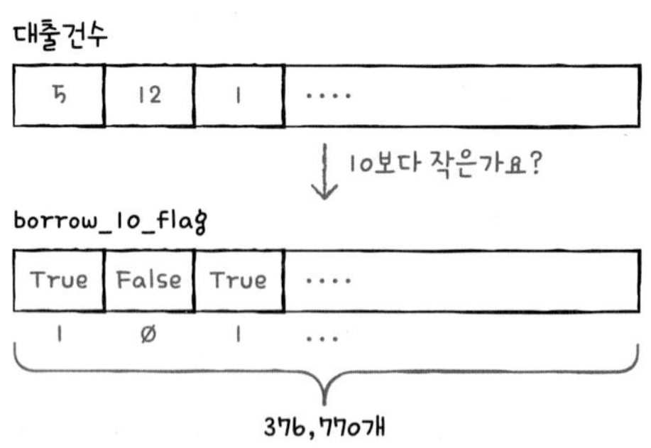

이렇게 변환한 borrow_10_flag 배열(실제로는 시리즈 객체)에서 True인 개수를 모두 헤아린 후 전체 데이터 개수로 나누면 10보다 작은 대출건수의 비율을 얻을 수 있습니다. 데이터의 양이 많다면 전체 데이터를 순서대로 놓았을 때 10이 위치한 백분위와 거의 비슷하게 됩니다.

특정 백분위수를 구할 때는 불리언 배열을 사용하여 비율을 계산해 보세요.

판다스에서 불리언 자료를 산술 연산하면 True는 1, False는 0으로 취급합니다. 따라서 다음처럼 borrow_10_flag 배열에서 **mean() 메서드**를 호출하여 평균을 구하면 10보다 작은 값이 차지하는 비율을 간단히 얻을 수 있습니다.

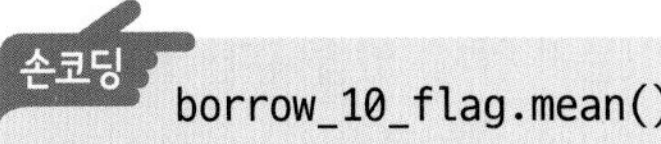

손코딩
```
borrow_10_flag.mean()
```

```
0.6402712530190833
```

그럼 10에 대한 백분위는 0.65 정도가 되겠군요. quantile() 메서드에 백분위를 넣어 직접 확인해 보면 기대했던 10이 출력됩니다.

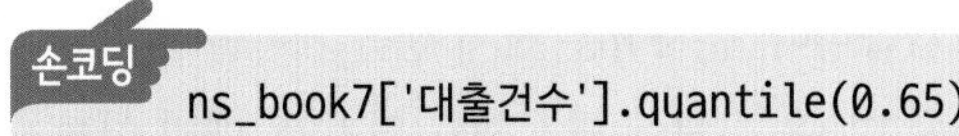

손코딩
```
ns_book7['대출건수'].quantile(0.65)
```

```
10.0
```

이제 조금 더 복잡한 통계량인 분산과 표준편차에 대해 알아보겠습니다.

분산 구하기

분산variance은 평균으로부터 데이터가 얼마나 퍼져있는지를 나타내는 통계량입니다. 데이터가 가운데 모여 있다면 분산이 작고 넓게 퍼져 있다면 분산이 큽니다. 다음 그림을 보면 쉽게 이해할 수 있습니다.

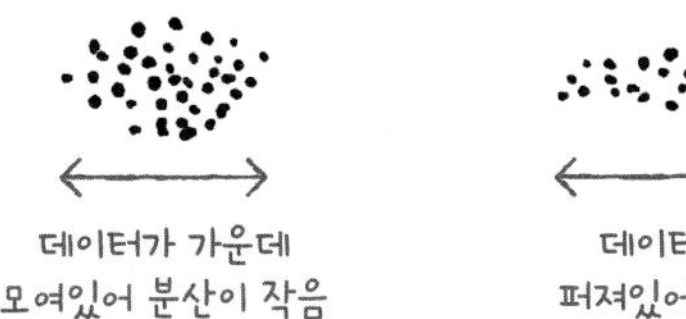

분산은 데이터의 각 값에서 평균을 뺀 다음 제곱한 후 평균처럼 샘플 개수로 나누어 구할 수 있습니다. 예를 들어 1, 2, 3, 4, 5의 분산을 구하면 다음과 같습니다.

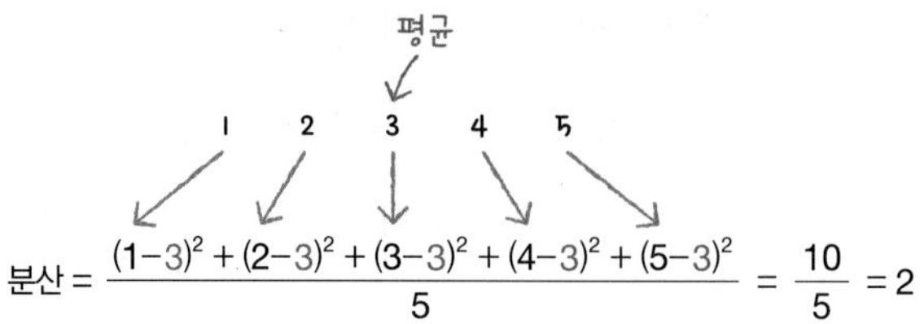

데이터의 각 값에서 평균을 빼면 데이터가 서로 얼마나 멀리 떨어져 있는지 알 수 있습니다. 또 제곱하면 음수가 되는 것을 막아서 평균을 중심으로 좌우의 값이 서로 상쇄되지 않도록 만들어 주죠. 분산을 앞에서 배운 합 기호로 표시하면 다음과 같이 쓸 수 있습니다.

$$s^2 = \frac{\sum_{i=1}^{n}(x_i - \bar{x})^2}{n}$$

(→ 평균: $\bar{x}$, → 전체 샘플 개수: n)

분산을 나타낼 때는 Var(x), s^2, σ^2을 등의 기호를 사용합니다. 이 책에서는 주로 s^2를 사용합니다. s^2와 σ^2 기호에는 차이가 있는데 이는 7장에서 알아보겠습니다. 문자 n은 전체 샘플 개수를 의미합니다. 앞서 평균을 구했을 때처럼 전체 데이터 개수인 376,770을 분모에 명시해도 되지만, 매번 이렇게 하는 것은 번거롭기 때문에 기호로 표현해 줍니다. $\bar{x}$는 평균을 의미합니다. $\bar{x}$에는 아래 첨자 i가 없는데요. 평균은 인덱스 i에 따라 변하지 않는 고정 값이기 때문입니다. 프로그래밍 언어에 비유하면 상수와 같은 셈입니다. 평균을 수식으로 표현하면 다음과 같습니다.

$$\bar{x} = \frac{\sum_{i=1}^{n} x_i}{n}$$

합 기호(Σ)에 조금은 익숙해졌나요? 아직 이 기호가 불편하다면 다시 평균을 설명한 228쪽으로 돌아가 기호의 의미를 천천히 다시 음미해 보세요.

var( ) 메서드

판다스에는 분산을 계산하는 **var( ) 메서드**가 있습니다. 대출건수의 분산을 구하면 다음과 같습니다.

```
ns_book7['대출건수'].var()
```

```
371.69563042906674
```

분산은 데이터가 평균에서 얼마나 퍼져 있는지 나타내는 값이기 때문에 이 결과만 보고 값이 작은지 큰지 판단하기 어렵습니다. 여기에서는 분산을 이렇게 구할 수 있다 정도로 기억해 주세요.

분산은 제곱을 했기 때문에 데이터가 평균에서 멀어질수록 값이 급격히 커집니다. 또 단위가 대출건수의 제곱이 되어 해석하기 조금 어렵습니다. 이를 보완하기 위해 분산에 제곱근을 취한 표준편차를 사용합니다.

표준편차 구하기

표준편차standard deviation는 분산에 제곱근을 한 것으로 수식 기호는 s를 사용합니다. 반대로 말하면 분산은 표준편차를 제곱한 것이므로 분산을 s^2으로 표시했던 것이죠.

분산을 계산했다면 표준편차는 제곱근만 씌우면 되기 때문에 간단합니다. 예를 들어 앞에서 분산을 계산했던 그림에서 표준편차를 계산하면 다음과 같습니다.

평균

1 2 3 4 5

$$\text{분산} = \frac{(1-3)^2 + (2-3)^2 + (3-3)^2 + (4-3)^2 + (5-3)^2}{5} = \frac{10}{5} = \boxed{2}$$

$$\text{표준편차} = \boxed{\sqrt{2}} = 1.414$$

분산에 제곱근을 씌웁니다.

note a의 제곱근(square root)은 제곱해서 a가 되는 수를 말합니다. 제곱근은 루트(root) 기호($\sqrt{\ }$)를 써서 나타냅니다. 예를 들어 4의 제곱근은 2이므로 $\sqrt{4} = 2$로 나타냅니다.

따라서 표준편차의 공식도 오른쪽처럼 분산 공식에서 제곱근만 추가됩니다.

$$s = \sqrt{\frac{\sum_{i=1}^{n}(x_i - \bar{x})^2}{n}}$$

std() 메서드

판다스에서 표준편차를 계산할 때는 **std() 메서드**를 활용합니다. 대출건수의 표준편차를 계산해 보겠습니다.

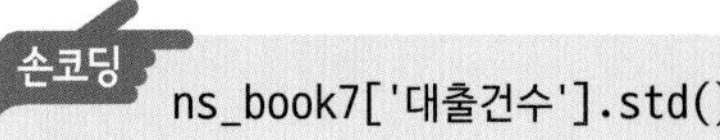


```
ns_book7['대출건수'].std()
```

```
19.279409493785508
```

이 값을 어떻게 해석할 수 있을까요? 229쪽에서 도서 대출건수는 평균 11회가 조금 넘는 것을 알 수 있었는데요. 어떤 도서의 대출건수를 확인했을 때 평균보다 19만큼 더 많거나 적을 수 있다는 의미입니다.

> 표준편차는 '평균을 중심으로 데이터가 대략 얼만큼 떨어져 분포해 있는지' 표현하는 값이기 때문입니다.

그런데 평균이 11정도인데 표준편차가 19이면 너무 크지 않나요? 게다가 대출건수는 음수가 될 수 없기 때문에 이상하죠. 아마도 평균보다 훨씬 큰 대출건수가 있기 때문에 표준편차가 큰 것으로 예상할 수 있습니다.

note 표준편차는 히스토그램이라는 그래프로도 확인할 수 있습니다. 히스토그램은 04-2절에서 살펴보겠습니다.

✚ 여기서 잠깐 수식을 코드로 구현해 보세요

수식을 종종 코드로 구현하면 공식이나 알고리즘을 더 쉽게 이해할 수 있죠. 판다스와 넘파이를 사용해 표준편차를 수식대로 직접 계산해서 판다스의 std() 메서드를 사용한 결과와 동일한지 확인해 보겠습니다.

이때 판다스의 std() 메서드를 수식으로 구현하려면 샘플 개수를 n이 아니라 $n-1$로 나누어야 합니다. 이를 **자유도**(degree of freedom)라고 하는데요. 자세한 내용은 247쪽에서 살펴보겠습니다. 제곱근은 넘파이의 sqrt() 함수를 사용하여 구할 수 있습니다.

```
import numpy as np
diff = ns_book7['대출건수'] - ns_book7['대출건수'].mean()   → 각 '대출건수' 열의 값에서 평균을 뺍니다.
np.sqrt(np.sum(diff**2)/(len(ns_book7)-1))   → 분산의 제곱근을 구합니다.
```

```
19.279409493785508
```

네. 결과가 정확히 동일하군요. 앞의 코드를 수식에 대응해 보면 다음과 같습니다.

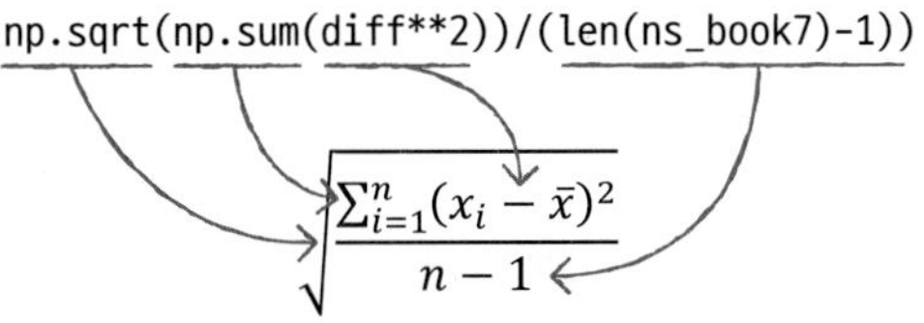

최빈값 구하기

이어서 기술통계의 마지막으로 최빈값에 대해 알아보겠습니다. **최빈값**mode은 데이터에서 가장 많이 등장하는 값을 의미합니다. 226쪽에서 출력한 describe(include='object')의 출력 중에 top 행에 나온 값이 바로 최빈값입니다.

mode() 메서드

판다스에서 **mode() 메서드**는 최빈값을 계산합니다. 도서명에서 가장 많이 등장하는 값을 찾아보면 describe() 메서드와 출력이 동일한 것을 확인할 수 있습니다.

손코딩

```
ns_book7['도서명'].mode()
```

```
0    승정원일기
dtype: object
```

mode() 메서드는 텍스트뿐만 아니라 수치형에도 적용할 수 있습니다. 남산도서관 대출 데이터에서 가장 많이 등장하는 연도는 무엇인지 알아보겠습니다.

손코딩

```
ns_book7['발행년도'].mode()
```

```
0    2012.0
dtype: float64
```

남산도서관은 2012년도 도서를 가장 많이 소장하고 있네요.

지금까지 주로 판다스 시리즈 객체에서 메서드를 호출해 기술통계를 구하는 방법을 알아보았습니다. 이런 메서드들은 대부분 판다스 데이터프레임에서도 직접 호출할 수 있습니다.

데이터프레임에서 기술통계 구하기 문제 해결 과정

지금까지 평균, 중앙값, 최솟값, 최댓값, 분위수, 분산, 표준편차를 구할 수 있는 다양한 판다스 메서드를 알아보았습니다. 이런 메서드들은 데이터프레임에도 사용할 수 있는데요. 수치형 열만 연산할 수 있기 때문에 해당 열에만 적용되도록 **numeric_only 매개변수**를 True로 지정해야 합니다.

예를 들어 ns_book7 데이터프레임에서 mean() 메서드를 호출하면 수치형인 네 개의 열에 대한 평균값이 계산됩니다. 만약 numeric_only 매개변수를 지정하지 않으면 모든 데이터 타입의 열에 대해 수행하기 때문에 시간이 매우 오래 걸리며 경고가 발생하죠.

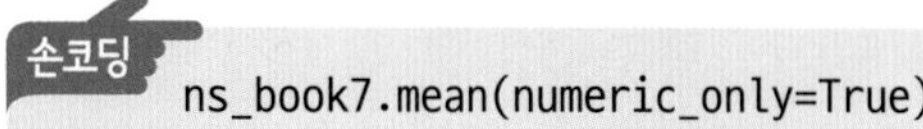

```
ns_book7.mean(numeric_only=True)
```

```
번호        202977.476649
발행년도      2008.460076
도서권수         1.145540
대출건수        11.593439
dtype: float64
```

이처럼 mode() 메서드도 데이터프레임에서 호출할 수 있습니다. ns_book7의 '번호' 열은 모두 고유한 값으로 이루어져 있기 때문에 최빈값을 찾는 것이 의미가 없습니다. 따라서 loc 메서드로 '도서명' 열부터 마지막 열까지에 대해 최빈값을 찾으면 다음과 같습니다.

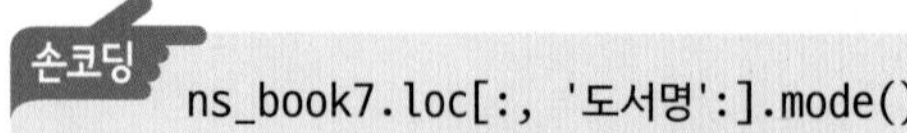

```
ns_book7.loc[:, '도서명':].mode()
```

	도서명	저자	출판사	발행년도	ISBN	세트 ISBN	부가기호	권	주제분류번호	도서권수	대출건수	등록일자
0	승정원 일기	세종대왕기념사업회 [편]	문학동네	2012.0	9788937430299	9788937460005	0	1	813.6	1	0	1970-01-01

'도서명' 열에서 가장 많이 등장하는 값은 '승정원일기'이고 '출판사' 열에서 가장 많이 등장하는 값은 '문학동네'입니다. 이때 결괏값만 보고 승정원일기가 문학동네 출판사의 도서라고 오해하면 안 됩니다. mode() 메서드 출력 결과물 사이에는 서로 연관이 없다는 것을 주의하세요.

마지막으로 ns_book7 데이터프레임을 CSV 파일로 저장합니다.

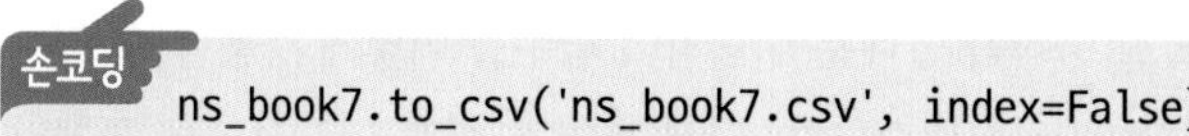

손코딩

```
ns_book7.to_csv('ns_book7.csv', index=False)
```

이번 절에서는 데이터를 한 개 또는 몇 개의 숫자로 요약하는 기술통계에 대해 알아보았습니다. 판다스를 사용해 대표적으로 평균, 중앙값, 분위수, 표준편차, 최빈값 등을 어떻게 계산할 수 있는지 배우고, 각 통계량의 의미를 자세히 알아보았습니다.

데이터를 숫자로 요약할 수 있는 판다스의 기능을 다양하게 사용해 보았으니 다음 절에서는 데이터를 그래프로 요약하는 방법에 대해 알아보겠습니다.

좀 더 알아보기 넘파이의 기술통계 함수

데이터 분석에서는 판다스를 가장 많이 활용하지만, 넘파이도 여러 가지 기술통계 함수를 제공합니다. 판다스 데이터프레임과 시리즈 객체에서도 잘 동작하기 때문에 넘파이 함수를 어떻게 사용할 수 있는지, 또 판다스 메서드와는 어떻게 다른지 알아 두면 좋습니다. 앞서 판다스 메서드로 살펴본 통계량을 넘파이 함수로 하나씩 살펴보겠습니다.

평균 구하기

넘파이에서 평균을 구할 때는 **mean() 함수**와 **average() 함수**를 사용합니다.

넘파이 패키지를 임포트한 후 먼저 mean() 함수로 대출건수의 평균을 계산해 보겠습니다.

```
import numpy as np
np.mean(ns_book7['대출건수'])
```

```
11.593438968070707
```

229쪽에서 판다스 mean() 메서드로 출력한 것과 동일한 값이 출력되었습니다.

average() 함수는 기본적으로 mean() 함수와 동일하게 평균을 계산하는데, **weights 매개변수**에 가중치를 제공하면 가중 평균을 계산합니다.

가중 평균은 평균을 구할 때 각 값의 중요도에 따라 가중치를 부여하여 계산하는 평균값입니다. 예를 들어 국어와 수학 점수의 평균을 계산하는데 국어 점수가 두 배나 더 중요하다고 가정해 보죠. 이런 경우 국어 점수에 2를 곱해서 크기를 늘려 줄 수 있습니다. 이는 마치 국어 점수가 2개인 것과 같습니다. 따라서 분모를 3으로 나눕니다.

$$\frac{\text{국어 점수} \times 2 + \text{수학 점수}}{3}$$

이렇게 계산하면 국어 점수에 가까운 평균이 계산됩니다.

수학 점수에 1이 곱해진 것으로 생각하면 조금 더 일반적으로 다음과 같이 쓸 수 있습니다.

$$\frac{\text{국어 점수} \times \text{국어 가중치} + \text{수학 점수} \times \text{수학 가중치}}{\text{국어 가중치} + \text{수학 가중치}}$$

이것이 가중 평균입니다. 평균할 값에 각각의 가중치를 곱하고 전체 가중치로 나누어 계산합니다. 이 식을 x와 w 문자를 써서 나타내 보면 다음과 같습니다. 여기서 w는 weight(가중치)를 의미하는 문자입니다.

$$\text{가중 평균} = \frac{x_i \times w_i + x_2 \times w_2}{w_1 + w_2} = \frac{\sum_{i=1}^{2} x_i \times w_i}{\sum_{i=1}^{2} w_i}$$

두 개의 숫자 x_1, x_2에 각각의 가중치 w_1, w_2를 곱하고 전체 가중치 $w_1 + w_2$로 나누었습니다. 그리고 앞에서 보았던 Σ 기호로 표현한 것이 오른쪽 식입니다.

값의 중요도에 따라 가중치를 지정하여 계산하는 평균을 가중 평균이라고 합니다.

note 여기서는 평균을 계산할 값이 두 개뿐이라 Σ 기호를 사용하는 것이 크게 도움이 되는 것 같지 않지만, 데이터 개수가 많아지면 일일이 나열하기 정말 어려우니 익숙해지는 것이 좋습니다.

그럼 이제 넘파이 average() 함수를 사용해 가중 평균을 계산해 보겠습니다. 가중치는 어떤 기준으로 정해야 할까요? 이건 문제에 따라 다릅니다. 여기에서는 간단히 도서권수의 역수로 지정해 보겠습니다. 즉 10권이 있는 도서는 대출건수를 10배로 줄여 도서권수가 많을수록 대출건수에 낮은 가중치를 줍니다.

```
np.average(ns_book7['대출건수'], weights=1/ns_book7['도서권수'])
```

```
10.543612175385386
```

mean() 함수로 계산했을 때보다 평균이 조금 낮아졌습니다.

+ 여기서 잠깐 **1/ns_book7 ['도서권수']가 어떻게 계산되는 건지 궁금해요**

03-1절 157쪽 〈열 삭제하기〉에서 판다스 데이터프레임의 원소별 비교 기능에 대해 알아보았는데요. 이와 비슷하게 판다스 데이터프레임과 시리즈 객체에 스칼라 값으로 산술 연산을 수행하면 모든 원소에 연산이 동일하게 적용됩니다. 이를 **브로드캐스팅**(broadcasting)이라고 부릅니다.

예를 들어 2, 3, 4 세 개의 원소를 가진 판다스 시리즈 객체가 있다고 가정해 보죠. 다음 그림처럼 1을 이 객체로 나누면 객체의 모든 원소에 나눗셈이 개별적으로 적용됩니다. 따라서 결괏값도 원래 시리즈 크기와 동일하게 되죠.

1/ns_book7['도서권수']가 바로 이렇게 계산됩니다. weights 매개변수에 전달할 가중치는 입력 배열과 크기가 같아야 합니다. 3개의 데이터를 가중 평균하려면 가중치를 3개 전달해야 한다는 뜻입니다. 가중치가 모자라거나 더 많으면 오류가 발생한다는 점을 유의하세요.

평균에 대해서 조금 더 깊이 생각해 보죠. 여러 권을 보유한 도서와 그렇지 않은 도서를 공정하게 다루기 위해 대출건수를 도서권수로 나눌 수 있습니다. 이렇게 하면 모든 도서의 권수가 1일 때 대출건수를 얻게 됩니다.

예를 들어 10권을 가진 도서의 대출건수가 20회이고 2권을 가진 도서의 대출건수가 10이라고 가정해 보죠. 도서권수를 1로 통일한 대출건수는 각각 20/10=2와 10/2=5입니다. 두 결과를 평균하면 (2+5)/2=3.5가 됩니다.

이런 계산을 남산도서관 대출 데이터에 적용하는 것은 아주 쉽습니다. 다음처럼 대출건수 열을 도서권수 열로 나누어 보세요. 두 열의 원소 개수가 같기 때문에 동일한 위치의 원소끼리 나눗셈이 적용됩니다.

손코딩
```
np.mean(ns_book7['대출건수']/ns_book7['도서권수'])
```

```
9.873029861445774
```

이렇게 평균을 계산한 값도 단순한 평균보다 낮습니다. 모든 도서권수가 1이기 때문에 도서권수에 따라 대출건수에 미치는 영향을 덜 받았기 때문입니다.

마지막으로 전체 대출건수를 모두 더한 다음 전체 도서권수로 나눌 수 있습니다. 이렇게 하면 도서에 상관없이 한 권 당 대출건수를 구할 수 있습니다.

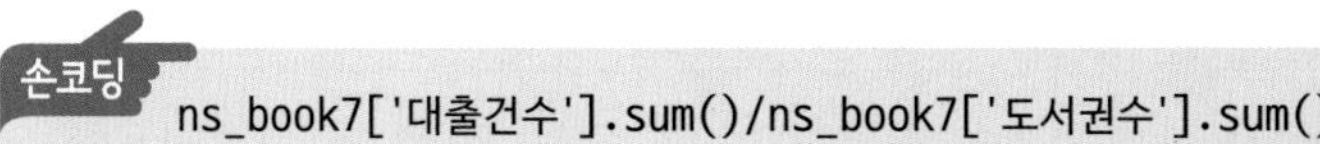

```
ns_book7['대출건수'].sum()/ns_book7['도서권수'].sum()
```

```
10.120503701300958
```

아이고, 정말 평균을 구하는 방법이 다양하군요. 어떤 평균이 옳은 걸까요? 사실 이는 문제와 목적에 따라 다르며 정답이 있는 것은 아닙니다. 여기서 우리가 눈여겨봐야 할 점은 하나의 통계량이 여러 가지 방식으로 계산될 수 있다는 것입니다.

어떤 방식으로 계산되었는지 정확한 정보를 제공하지 않으면 요약된 통계량은 오해를 일으키기 쉽다는 것에 주의하세요.

중앙값 구하기

중앙값을 구할 때는 **median() 함수**를 사용합니다.

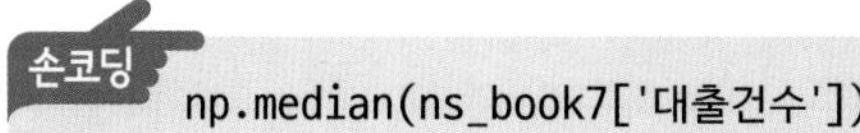

```
np.median(ns_book7['대출건수'])
```

```
6.0
```

역시나 229쪽에서 판다스 median() 메서드로 출력한 것과 동일한 값이 출력되는 것을 알 수 있습니다.

최솟값, 최댓값 구하기

넘파이도 최솟값, 최댓값을 계산하기 위한 **min(), max() 함수**를 제공합니다.

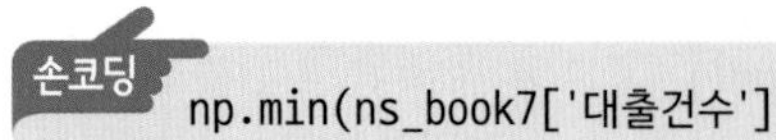

```
np.min(ns_book7['대출건수'])
```

```
0
```

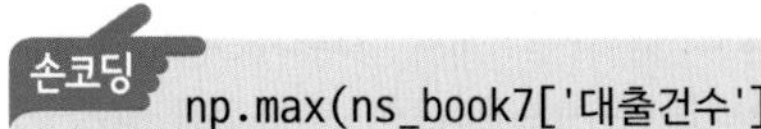

```
np.max(ns_book7['대출건수']
```

```
1765
```

분위수 구하기

분위수는 **quantile() 함수**로 구할 수 있습니다. '대출건수' 열의 사분위수를 찾으면 다음과 같습니다.

```
np.quantile(ns_book7['대출건수'], [0.25,0.5,0.75])
```

```
array([ 2.,  6., 14.])
```

넘파이는 **percentile() 함수**도 제공합니다. 마찬가지로 분위수를 구할 수 있는데요, 백분위를 0~100 사이의 값으로 지정하는 것 외에는 quantile() 함수와 동일합니다.

+ 여기서 잠깐 **quantile() 함수의 매개변수**

판다스의 quantile() 메서드처럼 넘파이의 quantile() 함수에도 **interpolation 매개변수**가 있습니다. 판다스에서 제공하는 보간 방식도 모두 지원합니다. 넘파이 1.22 버전부터는 interpolation 매개변수가 **method 매개변수**로 바뀌고 더 많은 보간 방식을 지원합니다. 자세한 내용은 넘파이 온라인 문서를 참고하세요.

- **넘파이 공식 문서**
  URL https://numpy.org/doc/stable/reference/generated/numpy.quantile.html#numpy.quantile

분산 구하기

넘파이에서는 분산을 계산하는 **var() 함수**를 제공합니다. '대출건수' 열의 분산을 계산하면 다음과 같습니다.

손코딩

```
np.var(ns_book7['대출건수'])
```

```
371.6946438971496
```

엇, 그런데 조금 이상하군요. 판다스의 var() 메서드로 계산했을 때와 값이 조금 다른 것 같은데요. 판다스로 다시 한번 분산을 구해 보면 다음과 같습니다.

손코딩

```
ns_book7['대출건수'].var()
```

→ 237쪽에서 실습한 판다스의 var() 메서드

```
371.69563042906674
```

역시나 다릅니다. 계산한 분산과 값이 거의 비슷하지만, 소수점 셋째 자리부터 조금씩 차이납니다. 두 함수 사이에 어떤 차이가 있길래 결과가 다르게 나오는 걸까요?

■ n-1 자유도

사실 판다스는 분산을 계산할 때 다음 식을 사용합니다. 이 식은 236쪽에서 표현한 식과 다르게 분모가 n이 아니라 $n-1$입니다.

$$s^2 = \frac{\sum_{i=1}^{n}(x_i - \bar{x})^2}{n-1}$$

우리가 사용한 남산도서관 대출 데이터는 대한민국의 모든 도서관의 대출 데이터 중 일부입니다. 또한 도서관 설립 이후에 쌓은 모든 대출 데이터 중에서도 일부입니다. 이처럼 전체 데이터 중에서 수집한 일부 데이터를 **표본집단**sample 또는 **표본**이라고 부릅니다. 전체 데이터는 **모집단**population 이라고 부르죠.

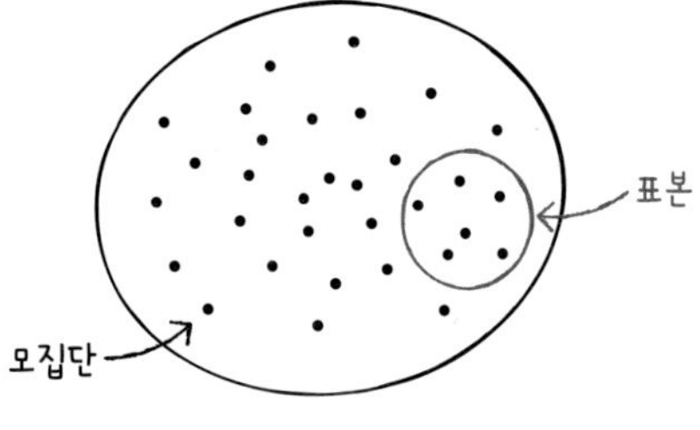

모집단은 아예 구할 수 없거나 구하기 매우 어려운 경우가 많습니다. 그래서 표본집단을 사용해서 모집단의 특징을 추정하는 일이 많습니다. 표본집단은 평균과 $n-1$개의 샘플 데이터를 알고 있다면 마지막 한 개의 샘플 값은 자동으로 알 수 있습니다. 이러한 경우를 '**자유도**degree of freedom가 $n-1$'이라고 합니다. 따라서 분산을 계산할 때 분모를 n이 아니라 $n-1$로 나눕니다.

note 표본집단과 모집단에 대해서는 7장에서 좀 더 자세히 살펴보겠습니다.

반면에 넘파이의 var() 함수는 n으로 나누기 때문에 판다스와 결과가 다릅니다. 표본집단으로 모집단의 특징을 추정하려는 것이 아니고, 단순히 일련의 데이터에 대한 분산을 계산하고 싶다면 이렇게 n으로 나누면 됩니다.

판다스와 넘파이 모두 **ddof 매개변수**를 사용하여 자유도 차감값을 지정할 수 있습니다. 판다스 var() 메서드의 ddof 기본값은 1이므로 $n-1$로 나눗셈하고, 넘파이 var() 함수의 ddof 기본값은 0이므로 n으로 나눗셈한다고 기억해 주세요. 넘파이는 주로 머신러닝 작업에 많이 사용되고 판다스는 데이터 분석에 많이 사용되기 때문에 기본값에 차이가 있는 것 같군요!

그럼 판다스와 넘파이의 ddof 값을 각각 0과 1로 지정하여 247쪽과 반대의 결과가 나오는지 확인해 보겠습니다.

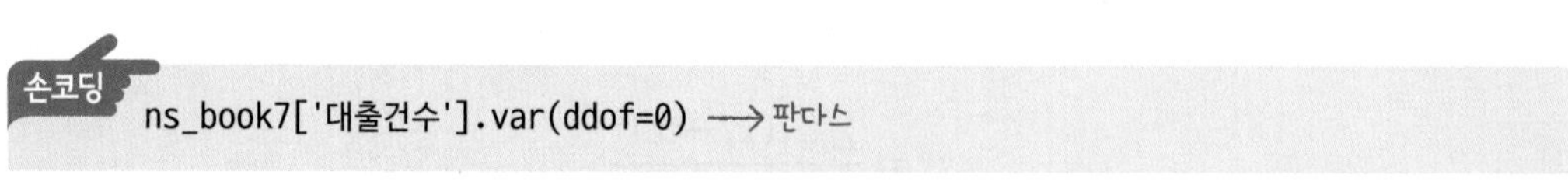

손코딩

```
ns_book7['대출건수'].var(ddof=0)   → 판다스
```

```
371.6946438971496
```

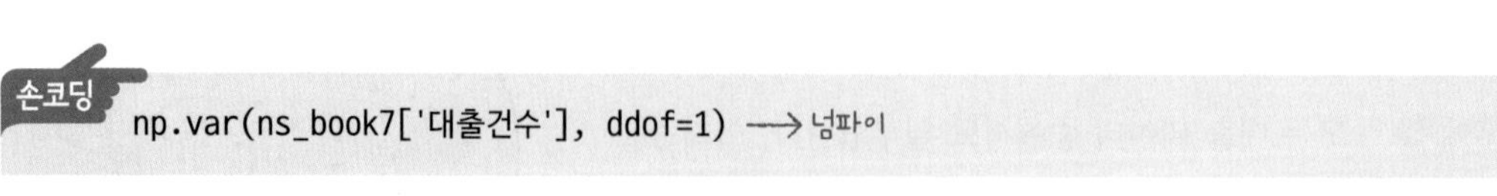

손코딩

```
np.var(ns_book7['대출건수'], ddof=1)   → 넘파이
```

```
371.69563042906674
```

앞에서 계산했던 판다스와 넘파이의 분산 결괏값과 정확히 반대입니다. 그러나 이 책의 예시처럼 데이터 개수가 충분하다면 판다스와 넘파이 계산 결과에 차이가 크지 않기 때문에 분산을 나타낼 때 자유도를 고려할 필요는 없습니다.

표준편차 구하기

표준편차 구할 때는 **std() 함수**를 사용합니다. 표준편차도 분산과 마찬가지로 판다스와 넘파이의 자유도 차감값이 다릅니다. 여기에서는 ddof 매개변수를 생략하여 기본값 0으로 계산해 보겠습니다.

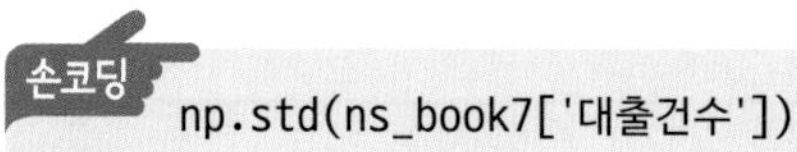

손코딩
```
np.std(ns_book7['대출건수'])
```

```
19.27938390865096
```

최빈값 구하기

넘파이는 직접적으로 최빈값을 계산하는 함수를 제공하지 않습니다. 하지만 unique() 함수를 사용해 최빈값을 찾을 수 있습니다. **unique() 함수**는 배열에서 고유한 값을 찾아 줍니다. **return_counts 매개변수**를 기본값 False에서 True로 바꿔 주면 고유한 값의 등장 횟수도 반환합니다. 이를 이용해 가장 많이 등장한 값을 찾아 출력할 수 있습니다.

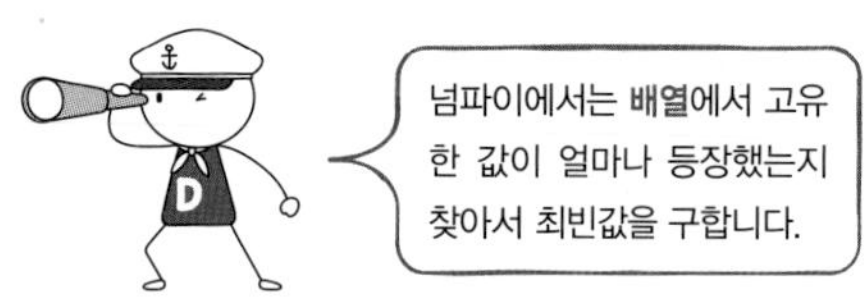

먼저 unique() 함수를 호출해 고유한 값(values)과 등장 횟수(counts) 배열을 얻습니다.

손코딩
```
values, counts = np.unique(ns_book7['도서명'], return_counts=True)
```

그다음 counts 배열에서 가장 큰 값의 인덱스를 찾아야 합니다. 이런 작업은 **argmax() 함수**를 사용합니다.

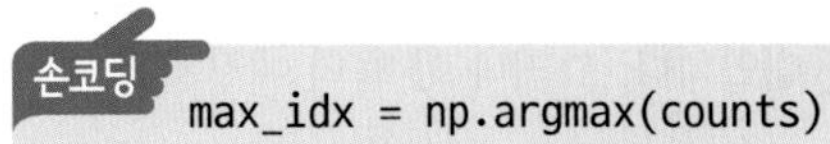

```
max_idx = np.argmax(counts)
```

이제 등장 횟수가 가장 많은 값의 인덱스를 찾았으니 values 배열에서 해당 인덱스의 값을 출력하면 됩니다.

```
values[max_idx]
```

```
'승정원일기'
```

하나의 데이터에서 여러 방식으로 평균을 계산할 수 있는 것처럼 기술통계는 한두 개의 숫자로 전체 데이터를 요약하기 때문에 계산 방식에 대해 충분히 이해하는 것이 좋습니다. 또 판다스 메서드와 넘파이 함수는 거의 동일한 기능을 제공하지만, 분산과 표준편차처럼 기본 계산 방식이 조금 다른 경우도 있다는 점을 기억하세요.

마무리

▶ 6가지 키워드로 정리하는 핵심 포인트

- **평균**은 데이터값을 모두 더한 후 데이터 개수로 나눈 값입니다. 평균은 일상생활에서도 널리 사용되기 때문에 이해하기 쉽지만, 어떤 기준으로 평균을 계산하는지에 따라 조금씩 다른 의미를 가질 수 있습니다.
- **중앙값**은 전체 데이터를 크기 순서대로 일렬로 늘어 놓았을 때 중간에 위치한 값입니다. 전체 데이터 개수가 짝수일 때는 중간의 두 데이터의 평균을 계산합니다.
- **분위수**는 순서대로 나열된 데이터를 일정한 간격으로 나누는 기준점입니다. 예를 들어 사분위수는 데이터를 4등분하며, 25%, 50%, 75%에 위치한 값입니다. 백분위수는 데이터를 100개의 구간으로 나눕니다.
- **분산**은 데이터가 평균에서 얼마나 멀리 퍼져 있는지를 알려 줍니다. 각 데이터를 평균에서 뺀 다음 제곱한 후 전체 데이터 개수로 나누어 구합니다.
- **표준편차**는 분산의 제곱근으로 분산과 마찬가지로 데이터의 분포 정도를 알려 줍니다. 표준편차는 원본 데이터와 단위가 같기 때문에 분산보다 해석하기 쉽습니다.
- **최빈값**은 데이터에서 가장 많이 등장하는 값을 알려 줍니다. 최빈값은 숫자와 문자 데이터에 모두 적용할 수 있습니다.

▶ 표로 정리하는 핵심 함수와 메서드

함수/메서드	기능
DataFrame.describe()	데이터프레임의 기술통계량을 출력합니다.
Series.mean()	데이터에서 평균을 계산합니다.
numpy.mean()	입력된 배열의 평균을 계산합니다.
Series.median()	데이터에서 중앙값을 찾습니다.
numpy.median()	입력된 배열의 중앙값을 찾습니다.
Series.quantile()	데이터에서 분위수를 계산합니다.

numpy.quantile()	입력된 배열의 분위수를 계산합니다.
Series.var()	데이터의 분산을 계산합니다.
numpy.var()	입력된 배열의 분산을 계산합니다.
Series.std()	데이터의 표준편차를 계산합니다.
numpy.std()	입력된 배열의 표준편차를 계산합니다.
Series.mode()	데이터에서 최빈값을 찾습니다.

▶ 확인 문제

1. 다음 중 평균을 계산할 수 있는 메서드나 함수가 아닌 것은 무엇인가요?

① 판다스의 describe() 메서드
② 판다스의 info() 메서드
③ 판다스의 mean() 메서드
④ 넘파이의 mean() 함수

2. 중앙값에 대해 올바르게 설명한 것은 무엇인가요?

① 데이터를 랜덤하게 섞은 후 가운데 위치한 값을 선택합니다.
② 데이터 개수가 짝수 개일 때는 중앙값이 두 개가 됩니다.
③ 평균과 중앙값이 같으려면 데이터 개수가 홀수여야 합니다.
④ 판다스 quantile() 메서드로 중앙값을 계산할 수 있습니다.

3. 다음 배열의 분산과 표준편차를 판다스 함수로 구하면 얼마인가요?

```
a = [1, 10, 3, 6, 20]
```

① 분산: 56.5, 표준편차: 7.517
② 분산: 45.2, 표준편차: 6.723
③ 분산: 13.3, 표준편차: 3.647
④ 분산: 63.7, 표준편차: 7.981

4. 241쪽에서 만든 ns_book7 데이터프레임에서 평균 대출건수가 가장 높은 10개의 출판사를 추출하는 명령을 완성해 보세요(판다스의 groupby() 메서드를 사용해 보세요).

```
ns_book7[['출판사','대출건수']].
```

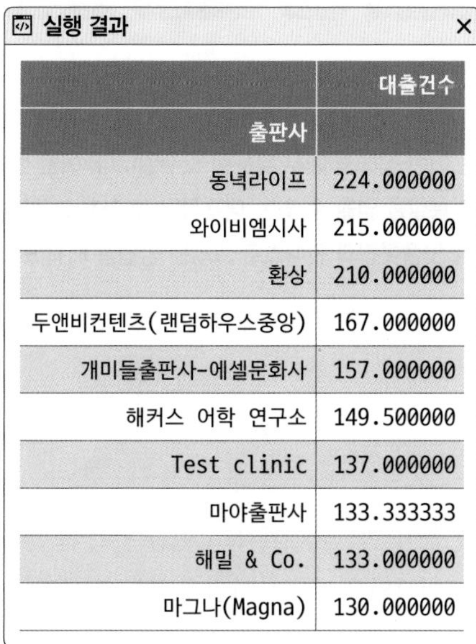

실행 결과

	대출건수
출판사	
동녘라이프	224.000000
와이비엠시사	215.000000
환상	210.000000
두앤비컨텐츠(랜덤하우스중앙)	167.000000
개미들출판사-에셀문화사	157.000000
해커스 어학 연구소	149.500000
Test clinic	137.000000
마야출판사	133.333333
해밀 & Co.	133.000000
마그나(Magna)	130.000000

5. 다음은 25%와 75% 경계에 해당하는 대출건수를 찾아 이 범위에 속한 도서가 전체 도서 중 몇 퍼센트를 차지하는지 구하는 명령입니다. 빈칸을 채워 명령을 완성해 보세요(ns_book7 데이터프레임의 '대출건수' 열에서 quantile() 메서드를 호출합니다).

```
target_range = 
target_bool_idx = (ns_book7['대출건수'] >= target_range[0]) \
& (ns_book7['대출건수'] <= target_range[1])
target_bool_idx.sum()/len(ns_book7)*100
```

실행 결과

51.51737134060568

hint 3. 판다스 메서드로 계산해 보세요.

4. 판다스의 sort_values('열이름', ascending=False) 메서드를 사용하면 특정 열을 기준으로 내림차순으로 정렬할 수 있습니다.

5. quantile() 함수의 반환값을 넘파이 배열로 변환하면 분위수 경곗값을 사용하기 편리합니다.

04-2 분포 요약하기

핵심 키워드

맷플롯립 산점도 히스토그램 도수 로그 스케일 상자 수염 그림

데이터를 숫자로 요약하면 다른 데이터와 비교하기는 좋지만, 한눈에 파악하기는 조금 어렵습니다. 그래프는 이런 점에서 매우 유용한 도구입니다. 이번 절에서는 전체 데이터 분포를 살펴보고 통찰을 얻을 수 있는 대표적인 세 가지 그래프를 알아보겠습니다. 또한 각 그래프를 맷플롯립과 판다스로 그리는 방법을 배워 보겠습니다.

시작하기 전에

혼공분석이 남산도서관 대출 데이터에서 기술통계를 뽑아 이사님에게 보고했습니다. 그런데 이사님은 낯선 용어 때문에 보고서를 이해하기 어렵습니다. 이사님은 혼공분석에게 한눈에 이해할 수 있도록 보고서를 다시 만들어 달라고 요청하네요.

평균이나 중앙값은 데이터 분석을 잘 몰라도 이해하기 쉽지만, 분위수, 분산, 표준편차 등의 통계량은 간단하게 설명하기 쉽지 않습니다. 게다가 통계량만 나열한 보고서라면 그 의미를 이해하기 더욱 어렵습니다.

전체 데이터를 한눈에 파악하려면 그래프가 가장 좋은 방법입니다. 이번 절에서는 데이터를 그림으로 요약할 수 있는 대표적인 그래프인 **산점도**scatter plot, **히스토그램**histogram, **상자 수염 그림**box-and-whisker plot을 배워 보겠습니다.

산점도 그리기

산점도는 데이터를 화면에 뿌리듯 그리는 그래프입니다. 조금 더 형식적으로 말하면 두 **변수**variable 혹은 두 가지 **특성**feature 값을 직교 좌표계에 점으로 나타내는 그래프입니다.

✚ 여기서 잠깐 변수나 특성이 뭔가요?

프로그래밍의 변수와는 다른 개념입니다. 데이터 분석이나 머신러닝에서 변수는 한 레코드를 구성하는 개별 측정값을 의미합니다. **특성**이라고도 합니다. 남산도서관 대출 데이터의 경우 '도서명', '저자' 등이 각각 하나의 변수입니다. 즉 데이터프레임의 각 열이 하나의 특성이 되는 셈이죠. 통계학에서는 특성 대신에 변수라는 용어를 자주 사용하지만, 이 책에서는 특성이란 용어를 주로 사용하겠습니다. 다만 특성 대신 특징, 속성 등으로 표현하는 책도 있다는 것을 유의하세요.

예를 들어 네 개의 데이터 포인트 (1, 1), (2, 2), (3, 3), (4, 4)을 화면에 점으로 표시하면 다음 그림과 같은 그래프가 그려집니다. 이것이 산점도입니다.

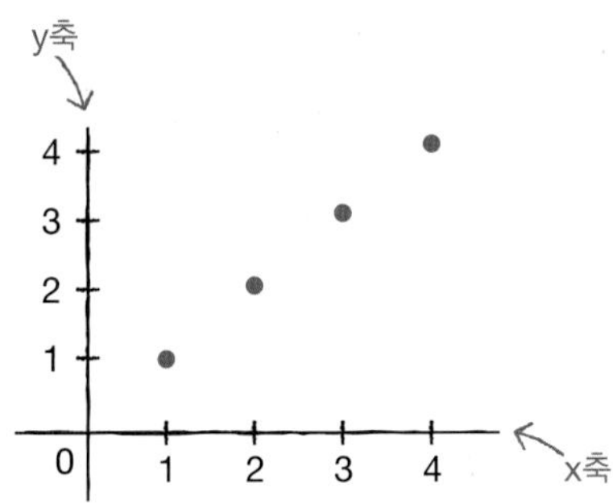

2차원 데이터를 나타낼 때 수평축을 x축, 수직축을 y축이라고 합니다. 위 그림에서 데이터 포인트 (1, 1)에서 첫 번째 나오는 숫자가 x축의 값이고, 두 번째 숫자가 y축의 값입니다.

note 3차원 그래프로도 산점도를 표현할 수 있지만 2차원만큼 이해하기 쉽지는 않습니다. 이 절에서는 2차원 산점도에 집중해서 설명하겠습니다.

그래프를 그리기 위해서는 별도의 패키지가 필요합니다. 파이썬에서 그래프를 그리는 데 사용하는 대표적인 패키지는 **맷플롯립**matplotlib입니다. 파이썬의 다양한 데이터 과학 패키지들도 맷플롯립을 활용할 정도로 널리 사용하므로 구글 코랩에도 기본 설치되어 있습니다.

note 만약 로컬 컴퓨터에서 실행한다면 pip 명령어로 맷플롯립을 설치해 주세요.

```
pip install matplotlib
```

04-1절 241쪽에서 만든 ns_book7.csv 파일을 다운로드합니다.

```
import gdown
gdown.download('https://bit.ly/3pK7iuu', 'ns_book7.csv', quiet=False)
```

그리고 판다스 데이터프레임으로 불러 옵니다.

손코딩

```
import pandas as pd
ns_book7 = pd.read_csv('ns_book7.csv', low_memory=False)
ns_book7.head()
```

	번호	도서명	저자	출판사	발행년도	ISBN	도서권수	대출건수	등록일자
0	1	인공지능과 흙	김동훈 지음	민음사	2021	9788937444319	1	0	2021-03-19
1	2	가짜 행복 권하는 사회	김태형 지음	갈매나무	2021	9791190123969	1	0	2021-03-19
2	3	나도 한 문장 잘 쓰면 바랄 게 없겠네	김선영 지음	블랙피쉬	2021	9788968332982	1	0	2021-03-19
3	4	예루살렘 해변	이도 게펜 지음, 임재희 옮김	문학세계사	2021	9788970759906	1	0	2021-03-19
4	5	김성곤의 중국한시 기행: 장강·황하 편	김성곤 지음	김영사	2021	9788934990833	1	0	2021-03-19

맷플롯립은 파이썬에서 그래프를 그리는 대표적인 패키지입니다.

데이터가 준비되었다면 맷플롯립 패키지를 임포트하고 4개 포인트 (1, 1), (2, 2), (3, 3), (4, 4)로 이루어진 산점도를 그려 보겠습니다. 맷플롯립에서 제공하는 그래프 함수는 **matplotlib.pyplot 모듈** 아래에 있습니다. 패키지 이름이 길기 때문에 파이썬 프로그래머들은 이를 plt로 줄여서 사용하는 걸 좋아합니다.

```
import matplotlib.pyplot as plt
```

scatter() 함수

산점도는 **scatter() 함수**로 그립니다. 함수 첫 번째 매개변수에 4개 포인트의 x축 좌표를 전달하고 두 번째 매개변수에 y축 좌표를 전달합니다. 다음처럼 scatter() 함수를 호출한 다음에는 **show() 함수**를 호출하여 그래프를 출력합니다.

손코딩

```
plt.scatter([1,2,3,4], [1,2,3,4])
plt.show()
```

x축 좌표 / y축 좌표

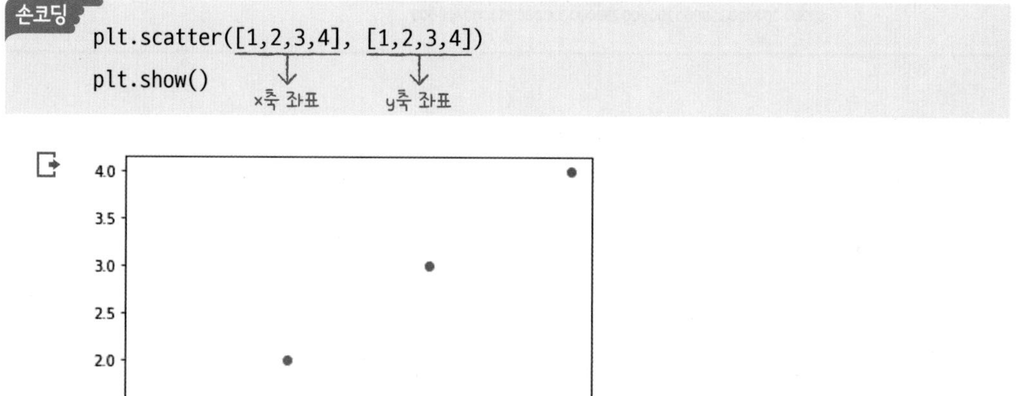

예상대로 4개 포인트가 점으로 표현되어 x-y 평면에 그려졌습니다.

+ 여기서 잠깐 **코랩에서 show() 함수를 매번 호출해야 하나요?**

파이썬 스크립트나 대화형 셸(interactive shell)을 사용할 때는 꼭 show() 함수를 호출해야 그래프가 그려집니다. 최신 주피터 노트북과 코랩에서는 코드 셀이 끝날 때 자동으로 show() 함수를 호출해 주기 때문에 명시적으로 이 함수를 호출할 필요가 없지만, 일관성 있는 코드를 위해 이 책에서는 show() 함수를 사용하겠습니다.

이번에는 남산도서관 대출 데이터를 사용해 산점도를 그려보겠습니다. 맷플롯립은 편리하게도 x축과 y축 값으로 데이터프레임의 열을 입력받을 수 있습니다. 남산도서관 대출 데이터 중에서 '번호' 열의 값을 x축에 넣고 '대출건수' 열의 값을 y축에 넣어 보겠습니다.

손코딩

```
plt.scatter(ns_book7['번호'], ns_book7['대출건수'])
plt.show()
```

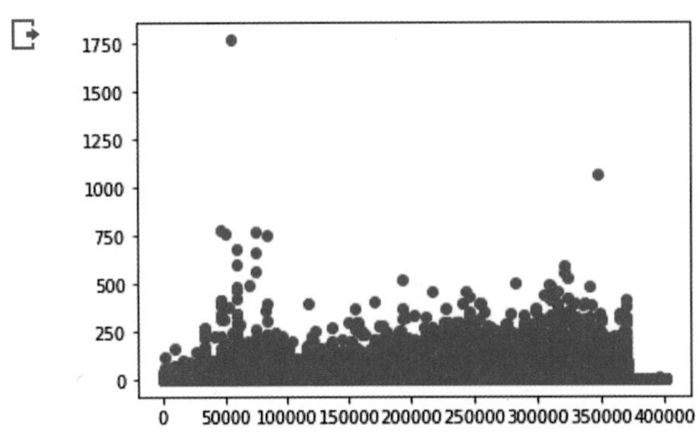

출력된 그래프를 보면 데이터가 많이 겹쳐져 있는 것을 알 수 있습니다. x축에 놓인 '번호' 열의 값을 따라 대출건수가 어떻게 변화하나요?

사실 '번호' 열은 원본 대출 데이터에서 각 행에 붙여진 일련번호입니다. 이런 일련번호는 데이터(도서)를 구분하기 위한 용도이므로 특별한 의미를 가지지 않습니다. '번호' 열의 값이 낮거나 높다고 대출건수가 달라지지 않을 가능성이 높죠. 따라서 위에 출력된 산점도에서도 이런 경향을 잘 볼 수 있습니다. 대출건수(y축의 값)는 번호(x축의 값)를 따라 비교적 고르게 퍼져있습니다.

note 맷플롯립은 다양한 그래프 설정을 지원합니다. 예를 들어 x축과 y축에 이름을 지정할 수도 있습니다. 이 절에서는 분포를 표현하는 대표적인 그래프를 배우는 데 집중하고, 다양한 맷플롯립 옵션은 5장에서 자세히 다루겠습니다.

그럼 '번호' 열 말고 '도서권수'와 '대출건수' 열의 산점도를 살펴보죠. 이전과 마찬가지로 scatter() 함수의 첫 번째 매개변수에는 x축에 해당하는 '도서권수' 열을 지정하고, 두 번째 매개변수에는 y축에 해당하는 '대출건수' 열을 지정합니다.

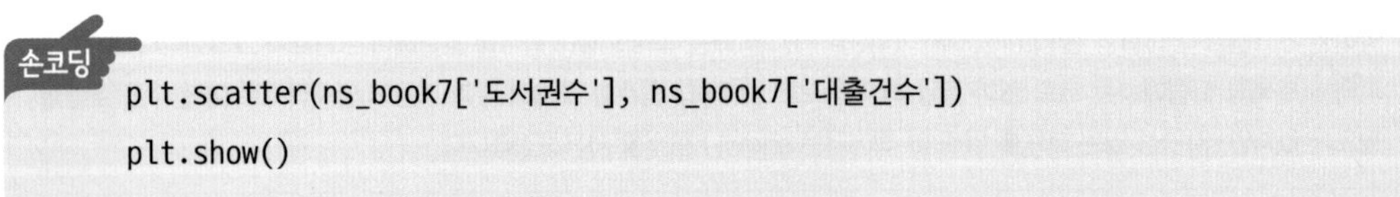

손코딩

```
plt.scatter(ns_book7['도서권수'], ns_book7['대출건수'])
plt.show()
```

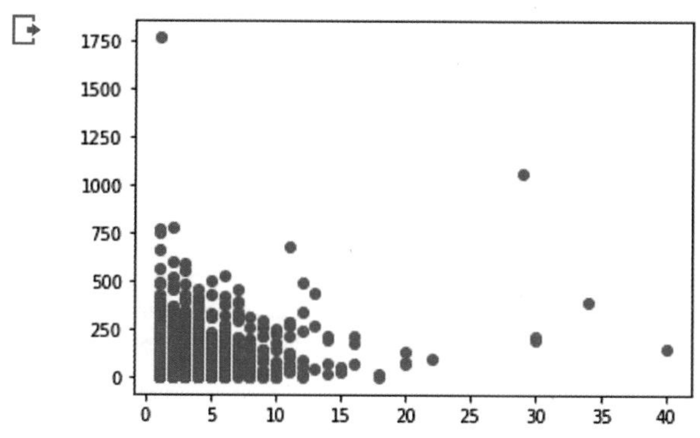

도서권수가 많으면 대출건수도 많을 것이라 예상하기 쉽지만, 앞의 산점도를 보면 이런 경향을 파악하기 쉽지 않습니다. 특히 대부분의 도서가 1~2권이기 때문에 x축 0~10 범위인 왼쪽 아래 모서리 부분에 같은 값을 가진 데이터 포인트가 중첩되어 그려지네요. 이럴 때는 산점도에 투명도를 주면 중첩된 데이터 포인트를 가늠하기 좋습니다.

투명도 조절하기

맷플롯립은 **alpha 매개변수**에 0~1 사이의 값으로 투명도를 지정할 수 있습니다. 투명도를 주더라도 데이터가 많이 중첩된 부분은 짙게 나타납니다. 이 매개변수를 0.1로 지정하여 산점도를 다시 그려 보죠.

손코딩

```
plt.scatter(ns_book7['도서권수'], ns_book7['대출건수'], alpha=0.1)
plt.show()
```

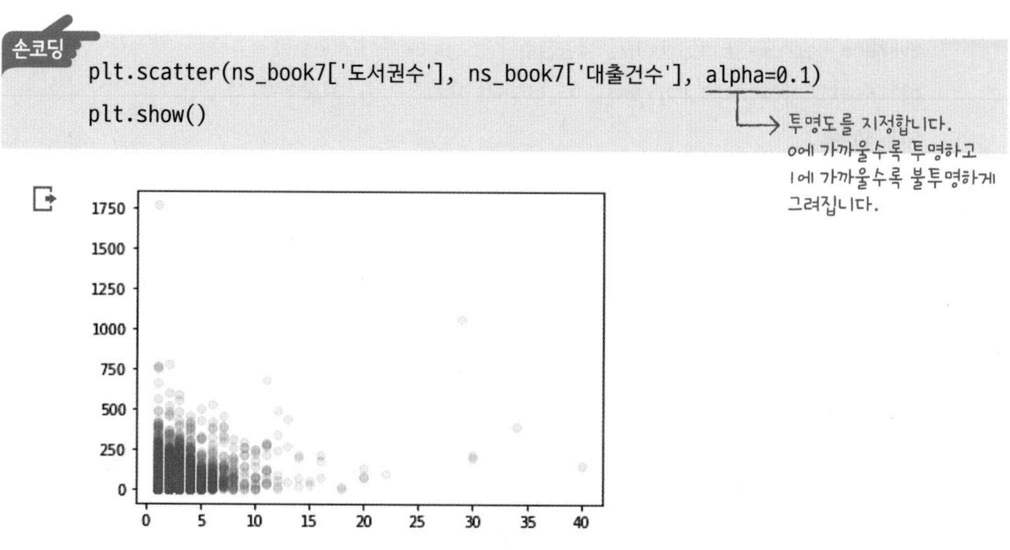

예상대로 왼쪽 아래 모서리 근처에 중첩된 데이터 포인트가 많습니다. 투명도를 더 낮추더라도 왼쪽 아래 모서리 근처는 여전히 짙게 나타나는데, 이는 대부분의 도서권수가 적다는 것을 의미합니다.

note 225쪽 describe( ) 메서드로 기술통계를 확인했을 때 도서권수의 백분위 90%에 위치한 값은 2였습니다. 대부분의 도서권수가 2보다 작다는 것을 알 수 있습니다.

투명도를 주면 데이터가 많이 중첩되었을 때 산점도가 짙게 나타납니다.

도서권수가 대부분 작은 값이기 때문에 도서권수와 대출건수 사이의 관계를 파악하기 어렵습니다. 여기서 도서권수와 대출건수 사이의 관계란 도서권수가 많으면 대출건수도 많다던가, 도서권수가 적을수록 대출건수가 많다는 식입니다. 이러면 전자는 **양의 상관관계**, 후자는 **음의 상관관계**가 있다고 말합니다.

이번에는 '도서권수' 열 대신에 '대출건수' 열을 '도서권수' 열로 나눈 값을 사용해 보죠. 도서권수 당 대출건수를 x축에 두고 대출건수를 y축에 놓습니다. 눈썰미가 있는 독자라면 두 값은 양의 상관관계를 가질 것이라고 예상할 수 있을 것입니다. 대출건수가 높다면 도서권수 당 대출건수도 당연히 높겠죠. 직접 한번 확인해 보겠습니다.

'대출건수' 열을 '도서권수' 열로 나눈 값을 average_borrows 변수에 저장하고, 이 변수와 '대출건수' 열을 차례대로 scatter() 함수에 전달합니다. 여기에서도 alpha 매개변수를 0.1로 지정합니다.

손코딩

```
average_borrows = ns_book7['대출건수']/ns_book7['도서권수']
plt.scatter(average_borrows, ns_book7['대출건수'], alpha=0.1)
plt.show()
```

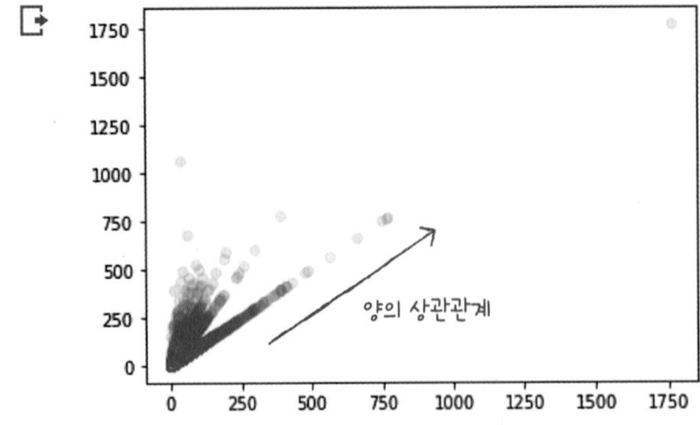

출력된 그래프를 보면 x축(도서권수 당 대출건수)이 증가함에 따라 y축(대출건수)가 증가하는 것을 뚜렷하게 볼 수 있습니다. 두 특성 사이에는 '양의 상관관계가 있다'고 말할 수 있습니다.

x축이 증가함에 따라 y축이 증가하면 '양의 상관관계', x축이 증가함에 따라 y축이 감소하면 '음의 상관관계'가 있다고 합니다.

산점도는 데이터를 2차원 좌표에 점으로 뿌려서 표현하기 때문에 데이터 분포를 한 눈에 볼 수 있는 유용한 도구입니다. 하지만 2차원 또는 3차원 산점도만 가능하기 때문에 한 번에 표현할 수 있는 특성 개수에 한계가 있습니다.

이번에는 한 특성의 데이터 분포를 볼 수 있는 히스토그램에 대해 알아보겠습니다.

히스토그램 그리기

히스토그램은 수치형 특성의 값을 일정한 **구간**bin으로 나누어 구간 안에 포함된 데이터 개수를 막대 그래프로 그린 것입니다. 구간 안에 속한 데이터 개수를 **도수**frequency라고 부릅니다.

구간을 계급이라고도 합니다.

히스토그램의 예를 그림으로 나타내면 다음과 같습니다. 아래 그래프는 네 개의 구간으로 나누어진 히스토그램입니다. 구간마다 도수의 높이가 다릅니다. 첫 번째 구간(0~5)에는 10개의 데이터가 들어가 있기 때문에 도수가 10입니다. 두 번째 구간(5~10)에는 20개의 데이터가 포함되어 있어 도수가 20이 되는 식입니다.

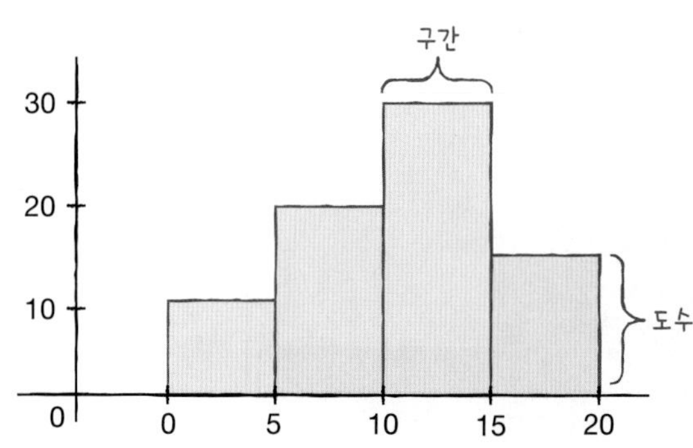

✚ 여기서 잠깐 **히스토그램의 도수분포표**

히스토그램에 나오는 구간과 도수를 표로 요약한 것을 **도수분포표**(frequency table)라고 합니다. 예를 들면 앞의 그림과 같은 히스토그램의 도수분포표는 다음처럼 작성할 수 있습니다.

구간	도수
0~5	10
5~10	20
10~15	30
15~20	15

이 책은 도수분포표 대신에 구간별 도수가 시각적으로 잘 드러나는 히스토그램을 중점적으로 설명하겠습니다.

hist( ) 함수

맷플롯립으로 히스토그램을 그릴 때는 **hist( ) 함수**를 사용합니다. hist() 함수는 1차원 데이터를 입력받아 히스토그램을 그리며, 기본적으로 데이터를 10개의 구간으로 나눕니다.

간단한 샘플 데이터로 히스토그램을 어떻게 그리는지 알아보겠습니다. 8개의 정수로 이루어진 간단한 데이터를 사용합니다. **bins 매개변수**를 5로 지정하여 5개의 구간으로 그려 보겠습니다.

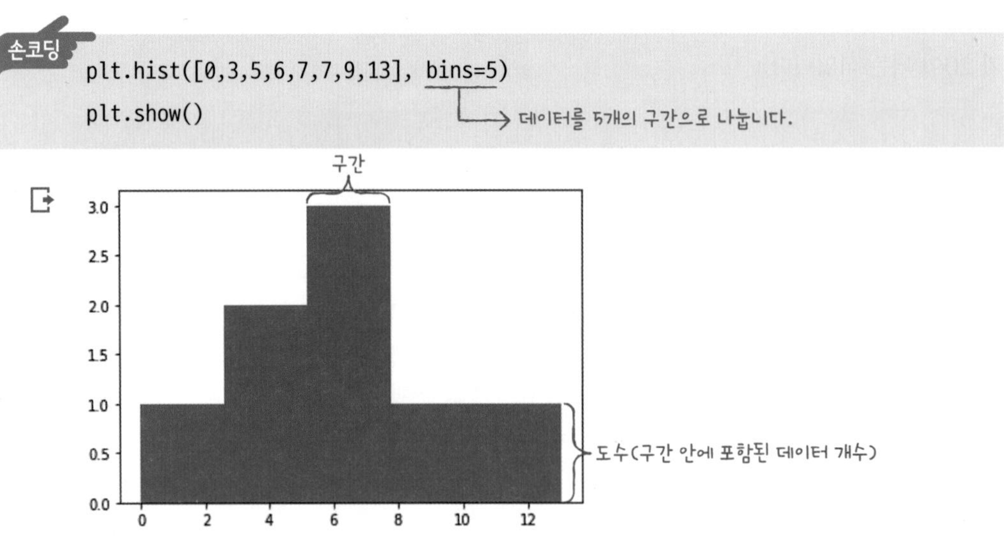

주어진 데이터의 최솟값은 0이고 최댓값은 13입니다.

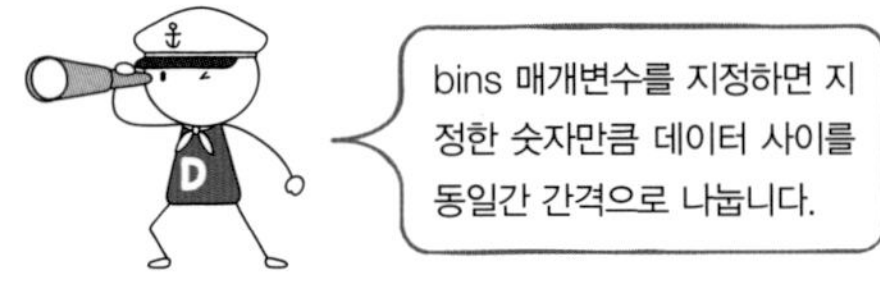

어느 구간에 데이터가 많은지 한눈에 잘 보이지만, 구간이 어떻게 나누어졌는지 수치를 확인할 수 없네요. 히스토그램의 구간을 정확하게 확인하기 위해 넘파이에서 제공하는 **histogram_bin_edges() 함수**를 사용해 보겠습니다. 다음처럼 위에서와 동일한 데이터를 전달하여 다섯 구간의 경곗값을 출력해 보죠.

손코딩

```
import numpy as np
np.histogram_bin_edges([0,3,5,6,7,7,9,13], bins=5)
```

```
array([ 0. ,  2.6,  5.2,  7.8, 10.4, 13. ])
```

첫 번째 구간은 0~2.6까지입니다. 두 번째 구간은 2.6~5.2까지입니다. 이때 경곗값인 2.6은 두 번째 구간에 포함됩니다. 이런 식으로 다섯 구간을 나누며 마지막 구간은 10.4~13입니다. 마지막 구간은 13을 포함합니다.

좋습니다. 이제 히스토그램에 대해 조금 이해한 것 같군요. 더 많은 데이터를 가상으로 만들어 히스토그램을 그려 보겠습니다. 넘파이의 **randn() 함수**는 표준정규분포를 따르는 랜덤한 실수를 생성할 수 있습니다. 이 함수에 원하는 샘플 개수를 전달하여 난수random number를 생성해 보겠습니다.

손코딩

```
np.random.seed(42)
random_samples = np.random.randn(1000)
```

위 코드는 랜덤한 실수를 1,000개 생성합니다. **seed() 함수**를 사용하면 **유사난수**pseudorandom number를 생성할 수 있습니다. 즉 가짜 난수죠.

randn() 함수는 랜덤한 값을 생성하기 때문에 실행할 때마다 다른 값이 추출됩니다. 실제로 randn() 함수만 실행하면 이 책과 결과가 다를 것입니다. 이것이 특별하게 문제가 되지 않지만, 책이나 튜토리얼과 실습 결과를 동일하게 만들기 위해 seed() 함수를 사용했습니다. 따라서 seed() 함수에 책과 동일한 값을 사용하는 한 언제나 동일한 난수를 추출할 수 있습니다.

랜덤한 값을 생성하는 randn() 함수 전에 seed() 함수를 사용하면 항상 같은 난수를 추출할 수 있습니다.

+ 여기서 잠깐 **정규분포와 표준정규분포**

종 모양처럼 가운데가 볼록하고 평균을 중심으로 대칭인 분포를 **정규분포**(normal distribution)라고 부릅니다. 특히 평균이 0이고 표준편차가 1인 정규분포를 **표준정규분포**(standard normal distribution)라고 합니다.

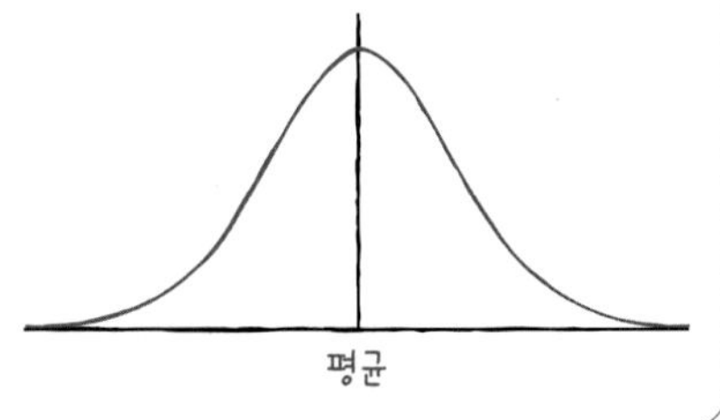

1,000개의 실수로 이루어진 random_samples 배열이 표준정규분포를 따르고 있는지 확인하기 위해 평균과 표준편차를 계산해 보겠습니다.

```
print(np.mean(random_samples), np.std(random_samples))
```

```
0.01933205582232549 0.9787262077473543
```

실행 결과를 보면 random_samples의 평균이 약 0.02, 표준편차가 약 0.98이므로 표준정규분포를 따르고 있다고 볼 수 있습니다.

평균이 0, 표준편차가 1에 가까울수록 표준정규분포를 따른다고 볼 수 있습니다.

히스토그램을 그려서 종 모양의 분포가 나오는지 확인해 보면, 다음과 같이 평균 0을 중심으로 볼록한 종 모양의 분포가 그려지는 것을 알 수 있습니다. 이런 모습이 전형적인 정규분포의 형태입니다.

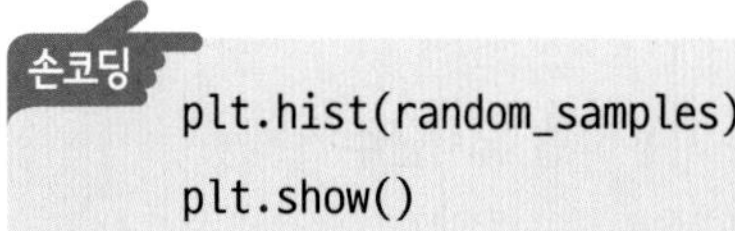

```
plt.hist(random_samples)
plt.show()
```

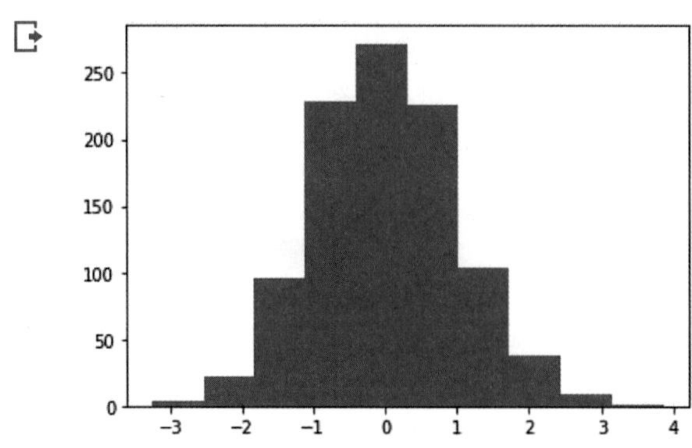

그럼 남산도서관 대출 데이터에서 수치 데이터의 분포를 확인하기 위해 히스토그램을 그려 보죠. 먼저 '대출건수' 열의 히스토그램을 다음처럼 그릴 수 있습니다.

손코딩

```
plt.hist(ns_book7['대출건수'])
plt.show()
```

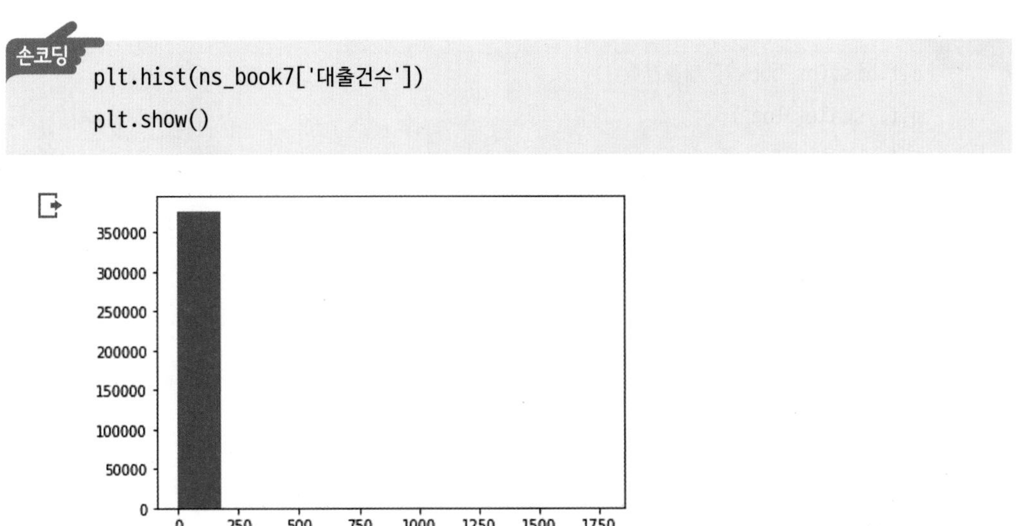

산점도에서도 보았듯이 대부분 도서의 대출건수는 작습니다. 225쪽 describe() 메서드로 확인한 '대출건수' 열의 90% 백분위에 해당하는 값은 28에 불과했습니다. 따라서 앞의 그림과 같이 첫 번째 구간의 도수가 너무 커서 다른 구간에는 도수 값이 표시되지 않는 현상이 발생합니다.

구간 조정하기

한 구간의 도수가 너무 커서 다른 구간에는 도수가 표시되지 않는 현상이 발생하면 y축을 로그 스케일로 바꾸어 해결할 수 있습니다. **로그 스케일**log scale로 바꾼다는 것은 다음 그림처럼 y축에 로그 함수를 적용한다는 의미입니다. 그러면 큰 값일수록 도수 크기가 많이 줄어들어 작은 값과의 차이가 줄어듭니다.

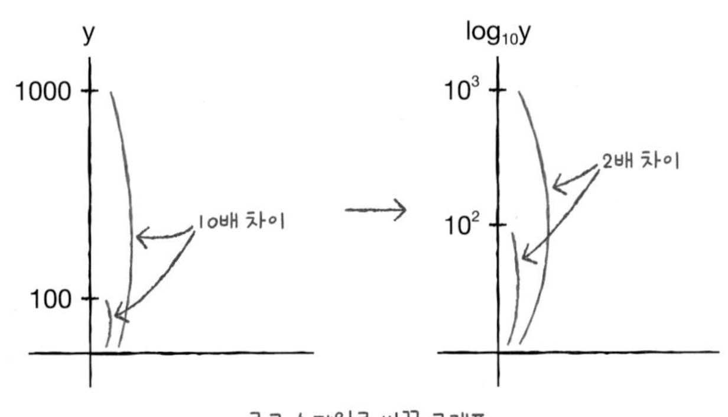

로그 스케일로 바꾼 그래프

맷플롯립에서 y축을 로그 스케일로 바꾸려면 다음처럼 **yscale() 함수**에 'log'를 지정하면 됩니다. 출력된 히스토그램을 보면 앞에서는 나타나지 않았던 다른 구간의 도수가 표시됩니다.

손코딩

```
plt.hist(ns_book7['대출건수'])
plt.yscale('log')
plt.show()
```

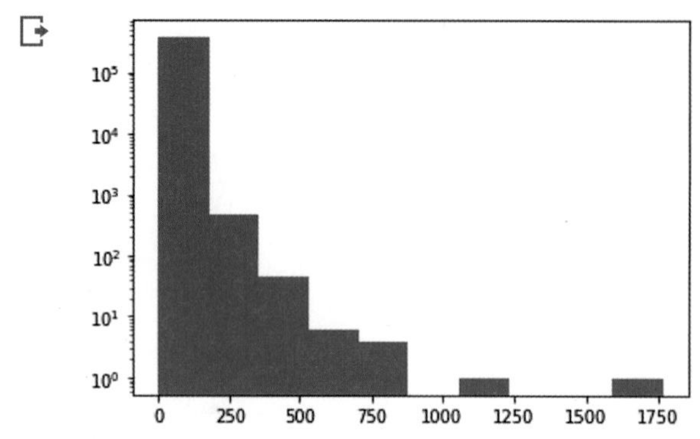

맷플롯립은 기본적으로 밑이 10인 로그 함수를 사용합니다. 그래서 y축의 눈금 스케일이 10^0에서 10^5까지 나타나 있습니다. 눈금을 읽을 때는 지수 부분을 고려해서 읽으면 됩니다.

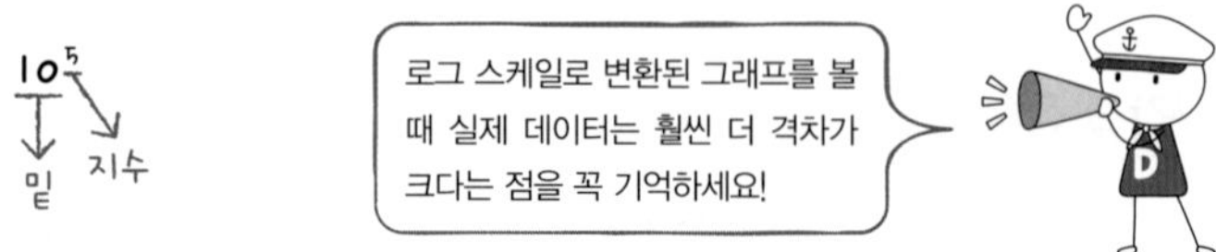

예를 들어 첫 번째 구간의 도수는 약 370,000 정도입니다. 로그 스케일로 변환된 그래프에서는 10^5 다음에 작은 눈금이 2×10^5, 즉 200,000을 의미합니다. 그다음 작은 눈금이 300,000입니다. 첫 번째 구간의 도수는 300,000은 넘지만 400,000에 채 못 미치는 것을 알 수 있습니다.

note hist( ) 함수에는 특별히 로그 스케일로 히스토그램을 그릴 수 있도록 **log 매개변수**를 제공합니다. 이 매개변수를 True로 지정하면 yscale( )를 사용한 것과 동일한 그래프를 그릴 수 있습니다.

이번에는 x축의 구간을 더 세세하게 나누어 볼까요? hist() 함수는 기본 10개의 구간을 사용합니다. **bins 매개변수**에서 이를 100으로 바꾸면 데이터 분포를 조금 더 세밀하게 관찰할 수 있습니다.

손코딩

```
plt.hist(ns_book7['대출건수'], bins=100)
plt.yscale('log')
plt.show()
```

→ 구간을 100개로 나눕니다.

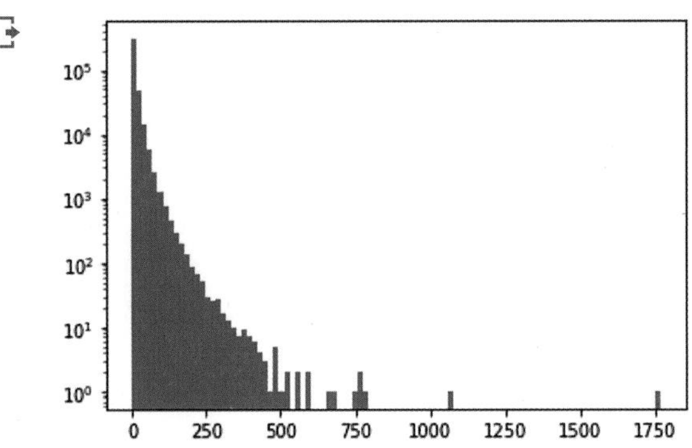

확실히 대출건수 0이 가장 많고 대출건수가 증가함에 따라 도수가 줄어듭니다. 이런 그래프는 정규분포와는 거리가 머네요. 이번에는 조금 다른 데이터의 히스토그램을 그려 보죠.

도서명 길이는 정규분포에 가까울까요? 아니면 왼쪽 또는 오른쪽에 편중된 그래프가 그려질까요? 직접 그려 보겠습니다. 다음처럼 '도서명' 열에 **apply() 메서드**를 사용하여 파이썬의 **len() 함수**를 적용하면 title_len 변수는 각 도서명의 길이가 저장된 판다스 시리즈 객체가 됩니다. 이를 100개의 구간을 가진 히스토그램으로 그려 보겠습니다.

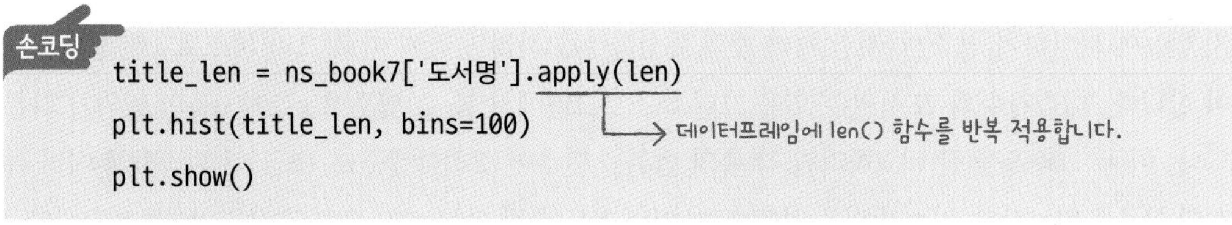

손코딩

```
title_len = ns_book7['도서명'].apply(len)
plt.hist(title_len, bins=100)
plt.show()
```

→ 데이터프레임에 len() 함수를 반복 적용합니다.

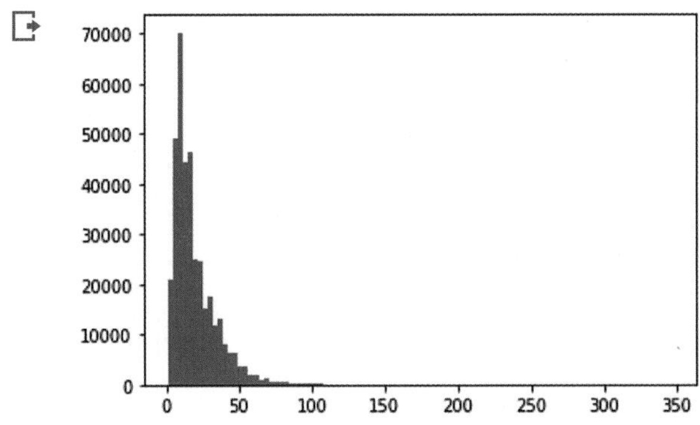

대출건수만큼은 아니지만 왼쪽에 편중된 그래프입니다. x축에 데이터가 골고루 그려지도록 바꿀 수 있을까요?

앞에서 y축에 로그 스케일을 적용했던 것처럼 x축에도 로그 스케일을 적용할 수 있습니다. 이렇게 하면 x축을 따라 작은 값과 큰 값의 차이가 줄어들 것입니다. y축에 로그 스케일을 적용하는 yscale() 함수와 비슷하게 **xscale() 함수**를 사용하면 됩니다.

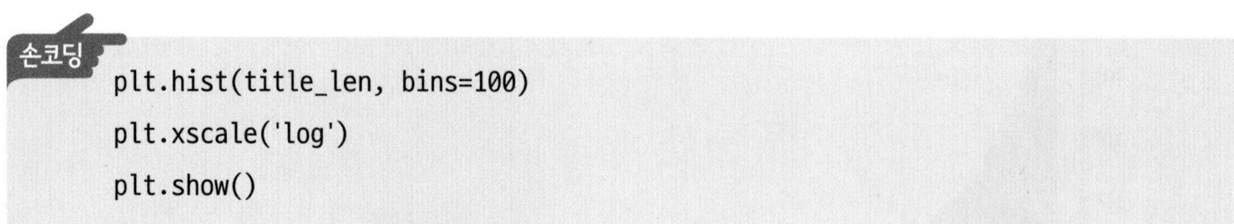

손코딩

```
plt.hist(title_len, bins=100)
plt.xscale('log')
plt.show()
```

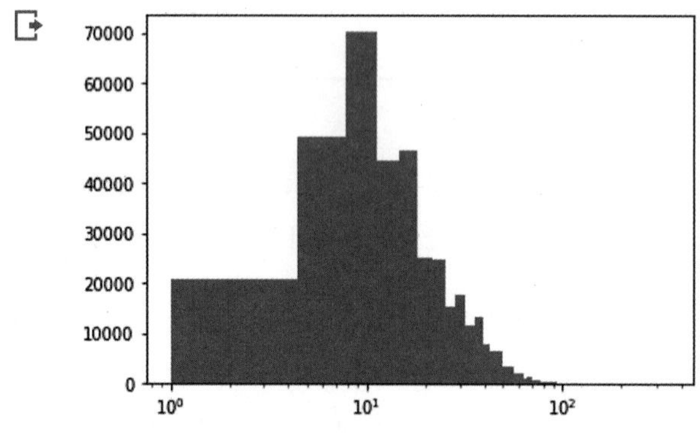

히스토그램은 이처럼 하나의 특성에 대한 분포를 확인하기 좋습니다. 전체 데이터가 어떻게 퍼져있는지 한눈에 파악하기 쉽죠. 하지만 여러 개의 특성을 비교하려면 각기 따로 그린 히스토그램을 비교해야 합니다. '대출건수'와 '도서권수' 열을 그린 히스토그램에서 볼 수 있듯이 x축과 y축의 범위가 다릅니다. 이 두 그래프를 잘 비교하려면 각 축의 범위를 맞추어 그려야겠군요. 조금 더 편리하게 여러 특성의 분포를 비교할 수 있는 방법은 없을까요? 이런 용도에 잘 맞는 상자 수염 그림을 알아보겠습니다.

상자 수염 그림 그리기

상자 수염 그림은 최솟값, 세 개의 사분위수, 최댓값 이렇게 다섯 개의 숫자를 사용해 데이터를 요약하는 그래프를 그립니다. 상자 수염 그림을 그리는 방법은 다음과 같습니다.

❶ 먼저 사분위수를 계산합니다. 25%와 75% 지점을 밑면과 윗면으로 하는 직사각형을 그립니다.

❷ 중간값, 즉 50%에 해당하는 지점에 수평선을 긋습니다.

❸ 사각형의 밑면과 윗면에서 사각형의 높이의 1.5배만큼 떨어진 거리 안에서 가장 멀리 있는 샘플까지 수직선을 긋습니다.

❹ 이 수직선 밖에서 최솟값과 최댓값까지 데이터를 점으로 표시합니다. 이 영역의 데이터를 **이상치**outlier라고 부릅니다.

제1사분위수(25% 백분위수)와 제3사분위수(75% 백분위수)사이의 거리를 **IQR**interquartile range이라고 합니다. 그림으로 나타내면 다음과 같습니다.

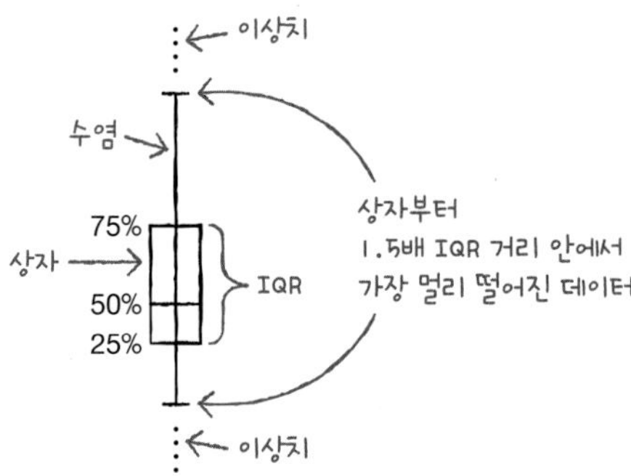

상자 수염 그림은 여러 개의 특성을 시각적으로 비교하기 좋습니다. 특히 데이터가 어떤 방향으로 더 많이 늘어져 있는지 한눈에 파악할 수 있죠.

✚ 여기서 잠깐 **이상치는 데이터에서 꼭 제거해야 하나요?**

데이터 과학이나 머신러닝에서 관측 범위에서 아주 많이 벗어난 값 혹은 데이터에 내재한 패턴을 크게 벗어난 값을 **이상치**라고 합니다. 이상치는 머신러닝 모델에 큰 영향을 미칠 수도 있기 때문에 모델을 훈련하기 전에 삭제할 수 있습니다. 하지만 상자 수염 그림에 나오는 이상치는 단순히 IQR의 1.5배 거리 밖의 데이터를 의미하며, 데이터 분석에서의 이상치는 데이터 양이 많을 수록 영향이 줄기 때문에 반드시 제거해야 하는 것은 아닙니다.

boxplot() 함수

그럼 남산도서관 대출 데이터에서 '대출건수'와 '도서권수' 열의 상자 수염 그림을 그려 보죠. 맷플롯립에서 상자 수염 그림은 **boxplot() 함수**로 그립니다. 이 함수에 다음처럼 한 개 이상의 데이터프레임 열을 전달하여 그래프를 그립니다.

손코딩

```
plt.boxplot(ns_book7[['대출건수','도서권수']])
plt.show()
```

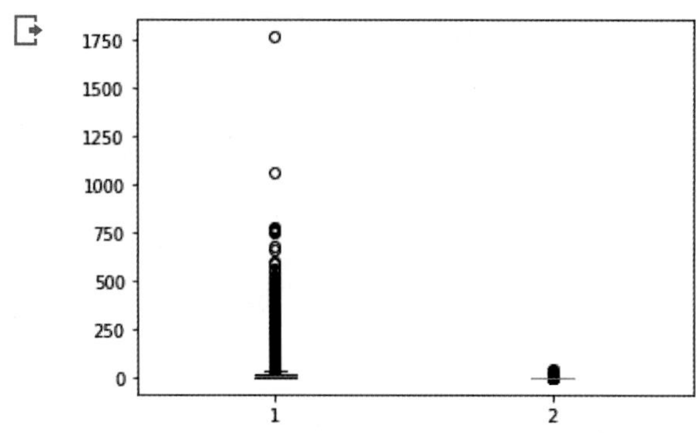

1번 상자(대출건수)와 2번 상자(도서권수) 데이터는 사분위수가 매우 작아서 직사각형 상자가 거의 보이질 않습니다. 중간값은 붉은 수평선으로 표시됩니다.

상자 수염 그림을 조금 더 보기 좋게 y축을 로그 스케일로 바꾸어 보겠습니다.

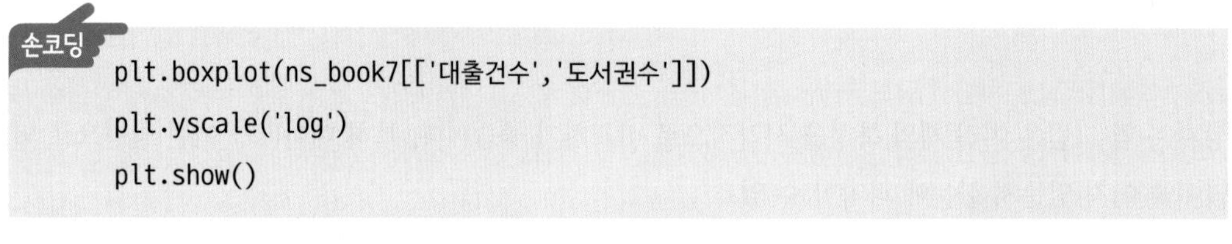
손코딩

```
plt.boxplot(ns_book7[['대출건수','도서권수']])
plt.yscale('log')
plt.show()
```

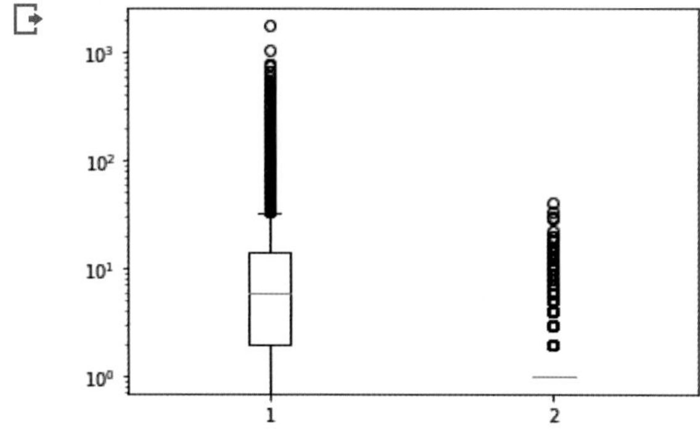

y축을 로그 스케일로 바꾸어도 2번 상자(도서권수)는 여전히 보이지 않지만, 1번 상자(대출건수)는 상자 모양을 뚜렷하게 확인할 수 있습니다. 사실 '도서권수' 열의 사분위수는 모두 1이기 때문에 상자가 보이지 않는 것이 맞습니다.

상자 수염 그림 수평으로 그리기

이따금 여러 개의 상자 수염 그림을 수평으로 그려야 할 때가 있습니다. 그럴 때는 boxplot() 함수의 **vert 매개변수**를 기본값 True에서 False로 바꾸면 됩니다. x-y축이 바뀌므로 로그 스케일도 x축에 지정해야 합니다. 히스토그램과 마찬가지로 xscale() 함수를 사용합니다.

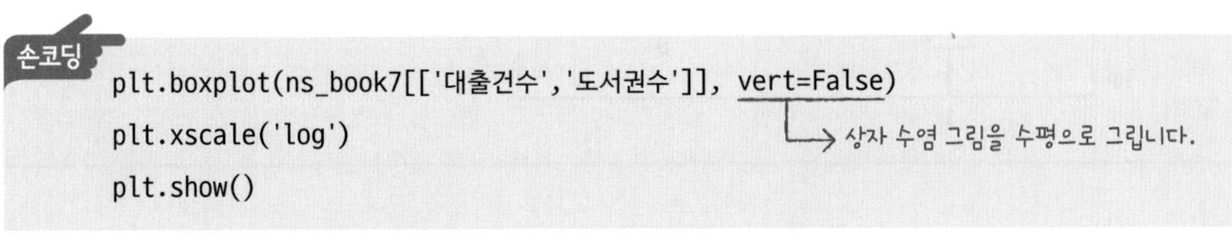

```
plt.boxplot(ns_book7[['대출건수','도서권수']], vert=False)
plt.xscale('log')
plt.show()
```


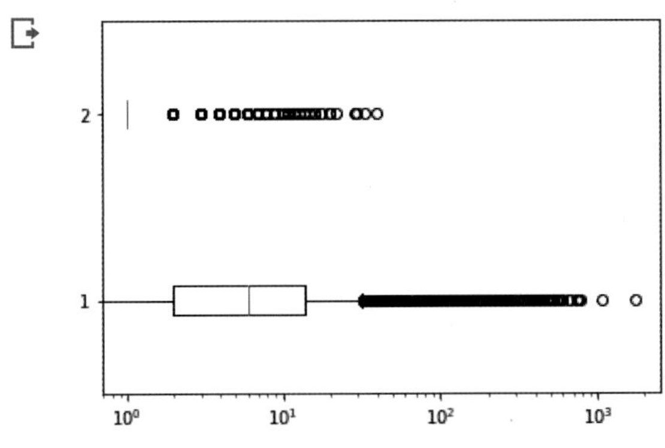

수염 길이 조정하기

기본적으로 수염의 길이는 IQR의 1.5배입니다. 하지만 더 길게 혹은 더 짧게 나타낼 수도 있습니다.

boxplot() 함수의 **whis 매개변수**에서 이를 조정할 수 있습니다. 기본값 1.5를 10으로 바꾸어서 IQR의 10배 범위 안에서 가장 멀리 떨어진 데이터까지 수염을 그려 보겠습니다.

손코딩

```
plt.boxplot(ns_book7[['대출건수','도서권수']], whis=10)
plt.yscale('log')
plt.show()
```

수염 길이를 조정합니다.

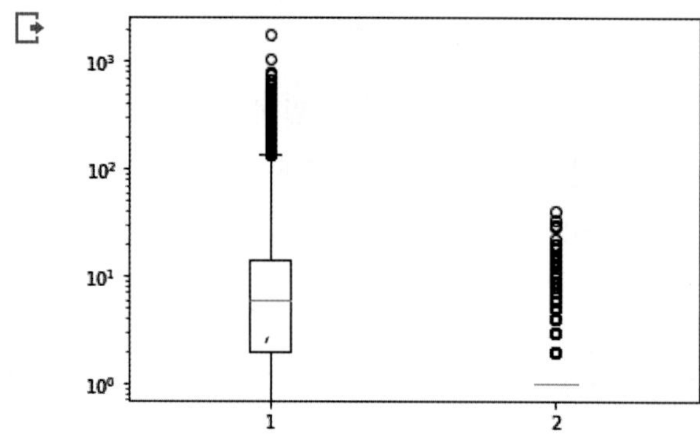

270쪽의 그래프와 비교해 보면 1번 상자(대출건수)의 수염이 확실히 길어진 것을 볼 수 있습니다. 2번 상자(도서권수)의 IQR은 0이기 때문에 여전히 수염이 전혀 그려지지 않습니다.

whis 매개변수는 백분율로도 지정할 수 있습니다. 예를 들어 (10, 90)으로 지정하면 10%, 90% 백분위수에 해당하는 데이터까지 수염을 그립니다. 다음처럼 (0, 100)으로 지정하면 마지막 데이터까지 수염을 그릴 수 있습니다.

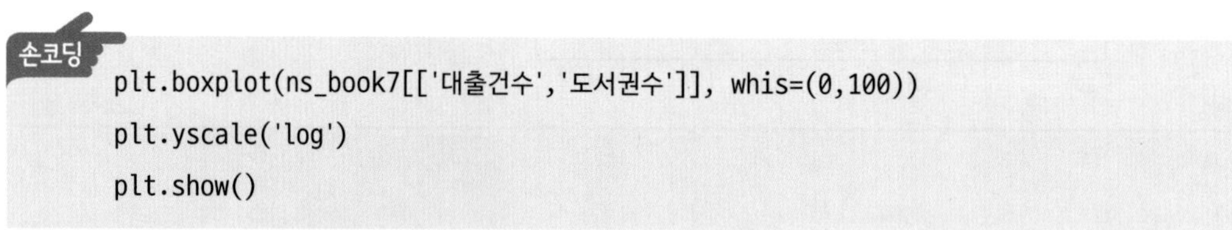


```
plt.boxplot(ns_book7[['대출건수','도서권수']], whis=(0,100))
plt.yscale('log')
plt.show()
```

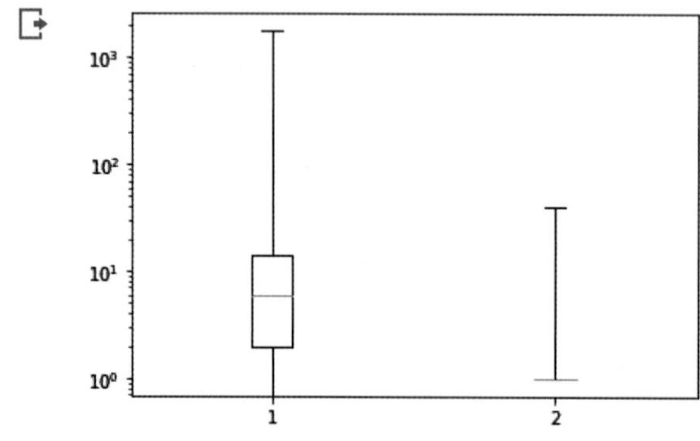

수염의 길이를 백분위수로 지정하니 2번 상자(도서권수)에도 수염이 그려지는 것을 볼 수 있습니다.

상자 수염 그림을 수평으로 그릴 때는 vert 매개변수, 수염 길이를 조정할 때는 whis 매개변수를 사용합니다.

통계량을 시각적으로 표현하기 문제 해결 과정

이 절에서는 데이터를 그래프로 요약하는 방법을 배웠습니다. 데이터를 2차원 평면에 점으로 표시하는 **산점도**, 데이터를 일정 구간으로 나누어 구간에 속한 데이터 개수를 막대 그래프로 나타내는 **히스토그램** 그리고 마지막으로 사분위수와 최솟값, 최댓값을 사용해 그리는 **상자 수염 그림**을 그려 보았습니다.

파이썬 데이터 과학 패키지에서 사용하는 대표적인 그래프 패키지는 **맷플롯립**입니다. 산점도, 히스토그램, 상자 수염 그림을 포함하여 많은 그래프와 기능을 제공합니다. 판다스도 데이터프레임과 시리즈 객체를 사용해 다양한 그래프 기능을 제공합니다. 그래프를 그리기 위해 백엔드backend로 맷플롯립을 사용하기 때문에 대부분의 그래프 결과가 맷플롯립으로 그린 것과 비슷합니다. 판다스로 그래프를 그리는 방법은 274쪽 〈좀 더 알아보기〉에서 간단하게 살펴보겠습니다.

그래프를 사용하여 혼공분석이 이사님께 다시 보고했습니다. 이사님이 훨씬 잘 이해하신 것 같군요. 엇, 그런데 일이 더욱 커졌네요. 이사님이 그래프 보고서가 마음에 드신다고 앞으로는 더 많은 그래프를 넣어 보고서를 만들라고 합니다. 5장에서는 맷플롯립에서 제공하는 강력한 그래프 기능을 자세히 다루어 보겠습니다.

좀 더 알아보기

판다스의 그래프 함수

판다스 데이터프레임에도 여러 가지 그래프를 그릴 수 있는 메서드를 제공합니다. 앞서 맷플롯립 함수로 그려본 그래프를 판다스 메서드로는 어떻게 그리는지 알아보겠습니다.

산점도 그리기

판다스 데이터프레임 객체의 **plot 속성**은 여러 가지 그래프를 그릴 수 있는 메서드를 제공합니다. 이 중 **scatter() 메서드**로 산점도를 그릴 수 있습니다. 맷플롯립과 달리 데이터프레임으로 그래프를 그릴 때는 다음처럼 x축과 y축에 해당하는 열 이름만 지정하면 됩니다.

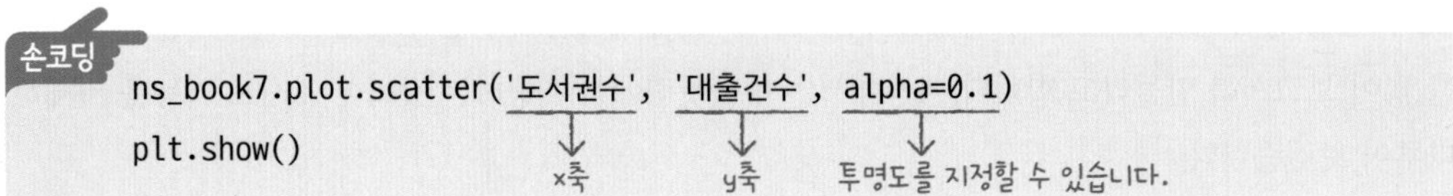


```
ns_book7.plot.scatter('도서권수', '대출건수', alpha=0.1)
plt.show()
```

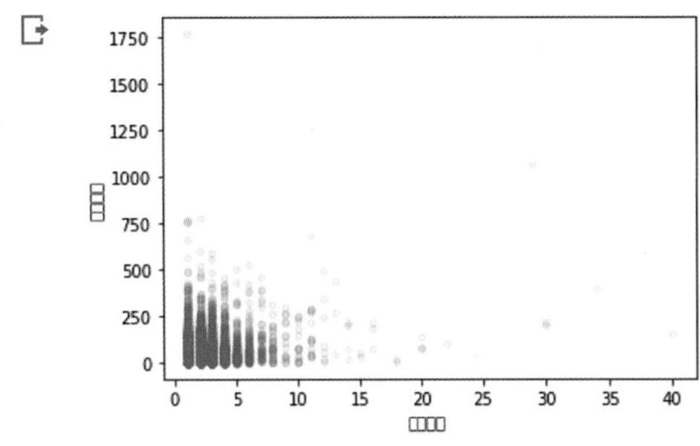

scatter() 메서드는 x축과 y축 이름을 자동으로 열 이름으로 표시하는데, 열 이름이 한글일 때는 실행 결과처럼 제대로 출력되지 않습니다. 이를 해결하려면 한글 폰트를 사용하도록 지정해야 하는데, 코랩은 한글 폰트를 가지고 있지 않기 때문에 따로 폰트를 설치해야 합니다. 이러한 그래프 설정 부분은 6장에서 자세히 설명하겠습니다.

히스토그램 그리기

히스토그램은 **hist() 메서드**로 그릴 수 있습니다. 도서명 길이에 대한 분포를 그려 보면 다음과 같습니다. 맷플롯립으로 그릴 때는 도서명 길이에 대한 객체를 따로 생성했었는데, 판다스는 다음처럼 데이터프레임에 apply() 메서드를 적용한 다음 이어서 바로 plot.hist() 메서드를 호출할 수 있어 간편합니다.

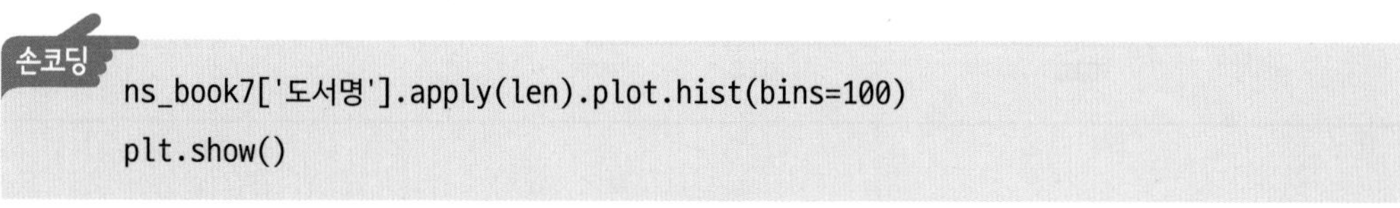

손코딩

```
ns_book7['도서명'].apply(len).plot.hist(bins=100)
plt.show()
```

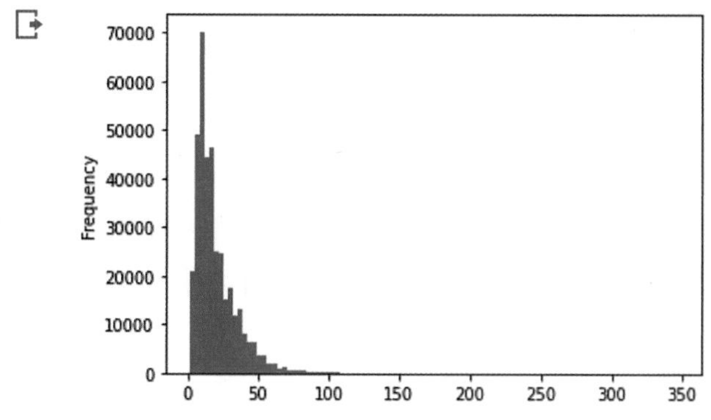

상자 수염 그림 그리기

상자 수염 그림은 **boxplot() 메서드**로 그립니다. '대출건수'와 '도서권수' 열에 대한 상자 수염 그림을 그리면 다음과 같습니다.

손코딩

```
ns_book7[['대출건수','도서권수']].boxplot()
plt.yscale('log')
plt.show()
```

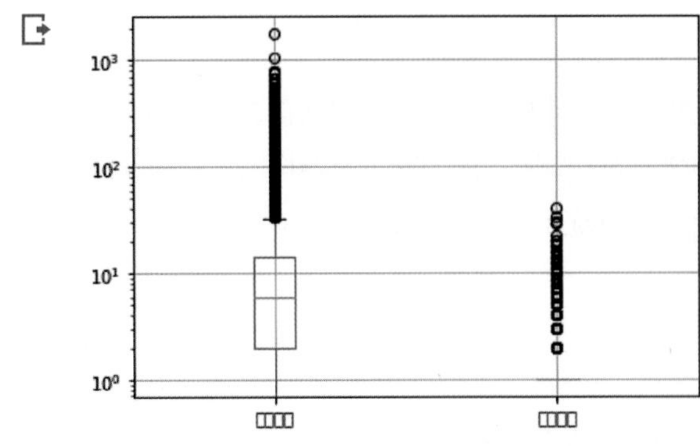

x축에 자동으로 열 이름이 나오지만, 한글 폰트 문제 때문에 제대로 출력이 되지 않았습니다. 마찬가지로 이를 해결하는 방법은 6장에서 살펴봅니다.

판다스로 그린 그래프 결과가 모두 맷플롯립으로 그렸을 때와 유사하지 않나요? 이는 판다스에서 그래프 출력을 위해 기본적으로 맷플롯립 패키지를 사용하기 때문입니다. 지원하는 매개변수도 매우 비슷하죠. 주로 판다스 데이터프레임을 사용해 데이터를 다룬다면 판다스에서 제공하는 그래프 기능을 사용하는 것이 더 편리할 때도 많습니다.

마무리

▶ 6가지 키워드로 정리하는 핵심 포인트

- **맷플롯립**은 파이썬의 대표적인 그래프 패키지입니다. 산점도, 히스토그램, 상자 수염 그림을 비롯하여 막대 그래프, 선 그래프 등 많은 종류의 그래프를 지원합니다. 또한 그래프의 구성 요소를 다양하게 제어할 수 있는 많은 옵션을 제공합니다.
- **산점도**는 데이터를 2차원 평면 또는 3차원 공간에 점으로 표시하는 그래프입니다. 차원의 제약으로 일반적으로 두 개 또는 세 개의 특성을 표현할 수 있지만, 점의 색깔을 달리하여 한 개의 특성을 더 표현할 수도 있습니다.
- **히스토그램**은 데이터를 일정 구간으로 나누어 구간에 속한 데이터 개수(**도수**)를 막대로 표현하는 그래프입니다. 데이터가 어떤 부분에 집중되어 분포되어 있는지 잘 볼 수 있습니다.
- 그래프가 한쪽에 편중되어 그려진다면 x, y축을 **로그 스케일**로 바꾸어 그릴 수 있습니다. 수치를 로그로 간결하게 표시할 수 있어 넓은 범위의 데이터를 표시하기 좋습니다.
- **상자 수염 그림**은 사분위수, 최솟값, 최댓값을 사용해 여러 특성의 분포를 비교할 수 있는 그래프입니다. 제1사분위수와 제3사분위수를 사용해 상자를 그리고, 상자의 IQR 거리의 1.5배 범위 안에서 가장 멀리 떨어진 데이터까지 수직선(수염)을 그려서 분포를 표현합니다.

▶ 표로 정리하는 핵심 함수와 메서드

함수/메서드	기능
Matplotlib.pyplot.scatter()	2차원 평면에 산점도를 그립니다.
Matplotlib.pyplot.hist()	히스토그램을 그립니다.
Matplotlib.pyplot.boxplot()	상자 수염 그림을 그립니다.
Matplotlib.pyplot.xscale()	x축의 스케일을 지정합니다.
Matplotlib.pyplot.yscale()	y축의 스케일을 지정합니다.
numpy.random.seed()	원하는 임의의 정수를 입력하면 난수 발생을 동일하게 재현할 수 있습니다.
numpy.random.randn()	표준정규분포를 따르는 난수를 생성합니다.

▶ 확인 문제

1. 다음 맷플롯립 함수로 그릴 수 있는 알맞은 그래프를 짝 지어 보세요.

① scatter() •	• 히스토그램
② hist() •	• 상자 수염 그림
③ boxplot() •	• 산점도

2. 다음 중 산점도에 대한 설명으로 올바른 것은 무엇인가요?

① 이상치를 파악하기 좋습니다.
② 3개 이상의 특성을 하나의 산점도로 그리기 어렵습니다.
③ 맷플롯립의 scatter() 함수에는 넘파이 배열만 사용할 수 있습니다.
④ 특성이 정규분포를 따르는지 쉽게 확인할 수 있습니다.

3. 다음 중 히스토그램의 설명으로 잘못된 것은 무엇인가요?

① 일정한 간격으로 구간을 나눕니다.
② 도수는 구간 안에 포함된 데이터의 개수입니다.
③ 로그 스케일로 그리면 큰 도수와 작은 도수의 차이를 작게 표현할 수 있습니다.
④ 두 특성(변수) 간의 상관관계를 파악할 수 있습니다.

4. 상자 수염 그림에서 이상치에 대한 설명으로 옳은 것은 무엇인가요?

① 데이터에 내재된 패턴을 따르지 않는 데이터입니다.
② 제1사분위수 보다 작고 제3사분위수 보다 큰 데이터를 말합니다.
③ 수염 끝에서 최솟값과 최댓값 사이에 놓인 데이터를 말합니다.
④ 이상치를 제거하지 않으면 상자 수염 그림을 그릴 수 없습니다.

5. ns_book7 남산도서관 대출 데이터에서 1980년~2022년 사이에 발행된 도서를 선택하여 다음과 같은 '발행년도' 열의 히스토그램을 그려 보세요.

```
selected_rows = (                                        )

plt.show()
```

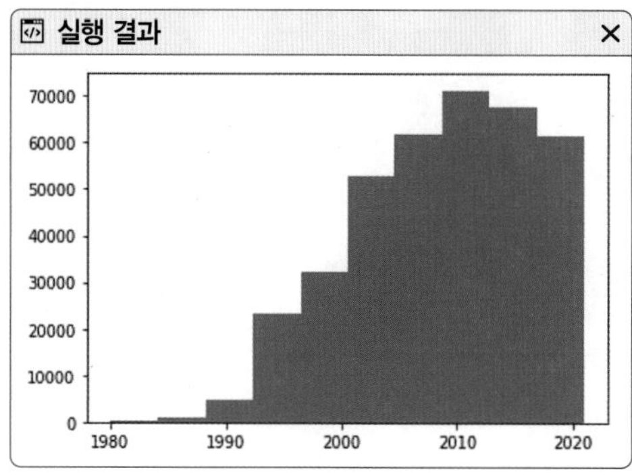

6. 문제 5번에서 선택한 도서로 '발행년도' 열의 상자 수염 그림을 그려 보세요.

```

plt.show()
```

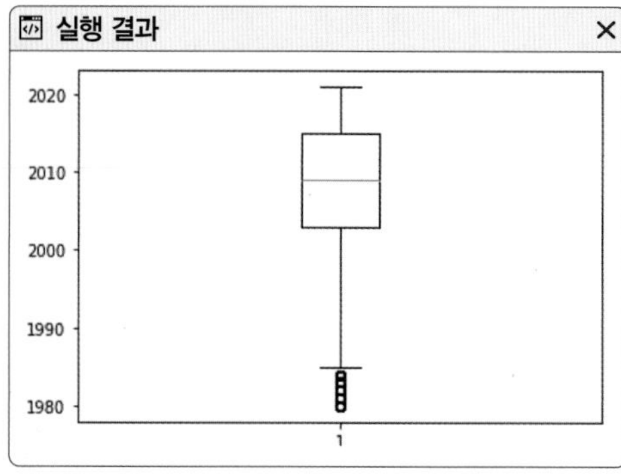

hint 5. '발행년도' 열에서 1980년~2022년인 행을 선택하는 조건을 만든 후, loc 메서드로 조건에 해당 '발행년도' 열을 선택하여 히스토그램을 그립니다.

Chapter 05

4장에서는 데이터 분포를 한눈에 파악할 수 있는 산점도, 히스토그램, 상자 수염 그림에 대해 알아보았습니다. 데이터 과학 분야에서 어떤 문제를 해결할 때 대부분 그래프를 함께 사용합니다. 데이터의 특징을 찾기 위해 시각화하는 것 외에도 분석 과정을 모니터링하거나 분석 결과를 이해하고 검증하기 위해서도 많이 사용하죠. 이번 장에서는 이런 작업을 능숙하게 처리하기 위해 데이터를 시각화하는 방법을 다양하게 배워 보겠습니다.

데이터 시각화하기

학습목표

- 파이썬의 대표적인 시각화 라이브러리인 맷플롯립의 사용 방법을 배웁니다.
- 맷플롯립을 사용하여 선 그래프와 막대 그래프를 그려 봅니다.

05-1 맷플롯립 기본 요소 알아보기

핵심 키워드

피겨 rcParams 축 마커 서브플롯

그래프는 데이터를 한눈에 볼 수 있도록 표현할 수 있는 좋은 방법이지만, 그래프에 필요한 정보가 나타나 있지 않으면 이해하기 어렵거나 오해할 수도 있습니다. 이번 절에서는 맷플롯립을 사용한 다양한 그래프 조작 방법을 알아보겠습니다.

시작하기 전에

산점도를 본 이사님이 매우 만족했습니다. 그런데 잠시 후 혼공분석을 다시 부르는군요.

"이 그래프 아주 좋습니다. 그런데 사장님에게 보고해야 하니 그래프 크기를 좀 더 키우고, 산점도를 동그라미 대신 별 모양으로 그렸으면 좋겠어요."

아이고 일이 늘어나 버렸네요. 그래프를 조금 더 잘 표현하려면 개발팀 막내에게 다시 도움을 요청해야겠습니다.

그런데 그래프를 잘 표현하려다가 오히려 그래프가 복잡해져 한눈에 보기 힘들 수 있습니다. 따라서 맷플롯립 그래프를 담는 객체인 **피겨**Figure, **rcParams** 그리고 **서브플롯**subplot에 대해 알아보면서 그래프를 다양하게 그려 보고, 필요한 정보를 정확하게 표현하는 방법을 배워 보겠습니다.

Figure 객체

맷플롯립에는 **Figure**라는 모든 그래프 구성 요소를 담고 있는 최상위 객체가 있습니다. 앞으로 이 객체를 편의상 **피겨**라고 부르겠습니다. scatter() 함수로 산점도를 그릴 때 자동으로 피겨 객체가 생성되는데요. figure() 함수로 명시적으로 피겨 객체를 만들어 활용하면 다양한 그래프 옵션을 조절할 수 있습니다.

4장 258쪽에서 만든 산점도를 다시 그린 후 피겨 객체를 조작하는 방법을 알아보겠습니다. 먼저 지난 실습 데이터인 ns_book7.csv 파일을 구글 드라이브에서 다운로드합니다.

```
import gdown
gdown.download('https://bit.ly/3pK7iuu', 'ns_book7.csv', quiet=False)
```

그다음 판다스를 임포트하여 판다스 데이터프레임으로 불러 옵니다. 제대로 불러왔는지 head() 메서드로 상위 다섯 개 행만 출력해 보면 다음과 같습니다.

손코딩

```
import pandas as pd

ns_book7 = pd.read_csv('ns_book7.csv', low_memory=False)
ns_book7.head()
```

	번호	도서명	저자	출판사	발행년도	주제분류번호	도서권수	대출건수	등록일자
0	1	인공지능과 흙	김동훈 지음	민음사	2021	NaN	1	0	2021-03-19
1	2	가짜 행복 권하는 사회	김태형 지음	갈매나무	2021	NaN	1	0	2021-03-19
2	3	나도 한 문장 잘 쓰면 바랄 게 없겠네	김선영 지음	블랙피쉬	2021	NaN	1	0	2021-03-19
3	4	예루살렘 해변	이도 게펜 지음, 임재희 옮김	문학세계사	2021	NaN	1	0	2021-03-19

4	5	김성곤의 중국한시기행: 장강·황하 편	김성곤 지음	김영사	2021	NaN	1	0	2021-03-19

산점도를 그려 볼까요? **맷플롯립**을 임포트한 후 **scatter() 함수**로 '도서권수' 열을 x축, '대출건수' 열을 y축으로 그립니다. 투명도를 0.1로 지정하면 다음과 같이 출력됩니다.

scatter() 함수의 alpha 매개변수는 산점도의 투명도를 조절할 수 있습니다.

손코딩

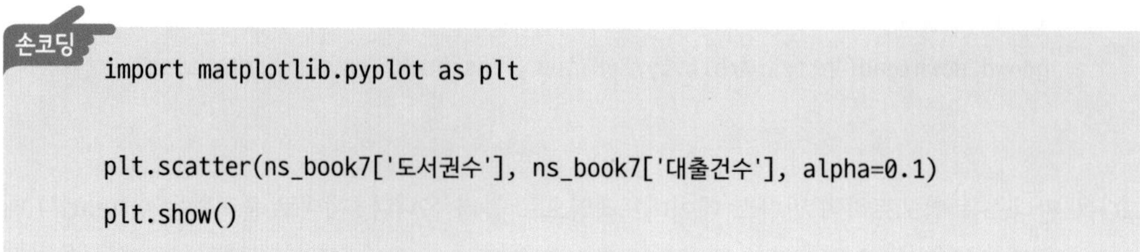

```
import matplotlib.pyplot as plt

plt.scatter(ns_book7['도서권수'], ns_book7['대출건수'], alpha=0.1)
plt.show()
```

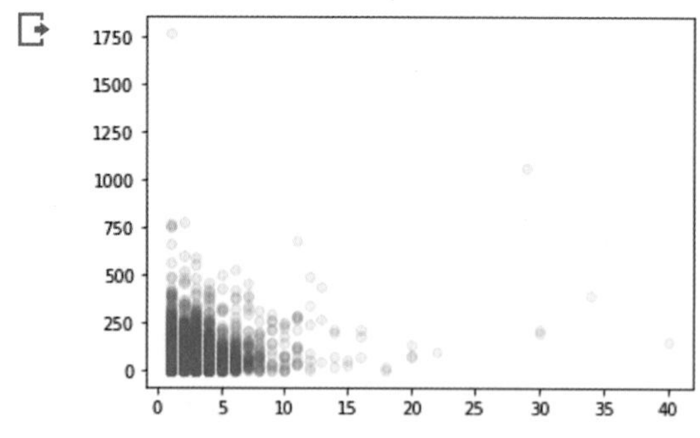

산점도가 잘 그려졌네요. 이사님이 그래프가 더 잘 보이게 크기를 좀 더 크게 그려 달라고 했으니 피겨 객체를 활용해서 그래프 크기를 변경해 보겠습니다.

그래프 크기 바꾸기: figsize 매개변수

figure() 함수를 사용하여 피겨 객체를 만들면 그래프 옵션을 조절할 수 있습니다. **figsize 매개변수**에 그래프의 크기를 튜플로 지정할 수 있는데요, 기본 그래프 크기는 (6, 4)이고 각각 너비와 높이에 해당합니다. 단위는 인치inch입니다.

튜플은 리스트와 비슷하게 생겼지만, 소괄호( )로 표현합니다. 또한 튜플 객체는 한 번 생성하면 삭제하거나 수정할 수 없습니다.

figsize 매개변수를 (9, 6)으로 지정하여 산점도를 좀 더 크게 그려 보겠습니다.

손코딩

```
plt.figure(figsize=(9, 6))  --> 너비가 9인치, 높이가 6인치인 피겨 객체를 생성합니다.
plt.scatter(ns_book7['도서권수'], ns_book7['대출건수'], alpha=0.1)
plt.show()
```

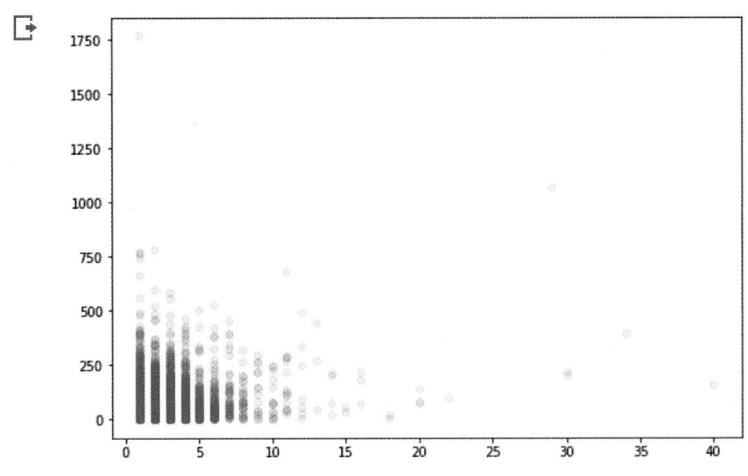

note 기본 그래프 크기는 맷플롯립의 버전과 플랫폼에 따라 달라질 수 있습니다. 현재 설치된 맷플롯립의 기본 그래프 크기를 확인하려면 다음 명령을 사용하세요. rcParams 객체는 291쪽에서 알아보겠습니다.

```
print(plt.rcParams['figure.figsize'])
```

처음 그린 그래프보다 그래프가 훨씬 커졌군요. plt.show() 함수가 호출되면 figure() 함수로 만들어진 피겨 객체는 자동으로 소멸됩니다. 그런데 혹시 그래프 크기에서 이상한 점을 눈치챘나요? 분명 너비를 9인치, 높이를 6인치로 지정했는데 예상한 크기의 그래프가 그려졌나요? 9인치면 23센치미터에 가까운 길이인데 실제로 화면에 그려진 이미지는 이보다 작습니다. 화면상에 그려진 그래프의 실제 크기를 한번 확인해 보겠습니다.

figsize 매개변수의 값은 튜플 형태로 지정해야 합니다. 단위는 인치입니다.

그래프 실제 크기 확인하기

화면에 그려진 그래프에 마우스 오른쪽 버튼을 클릭하면 팝업 메뉴가 나타납니다. [새 탭에서 이미지 열기]를 선택한 후 간단하게 모니터 화면에 실제로 자를 대고 그래프 크기를 확인해 보세요.

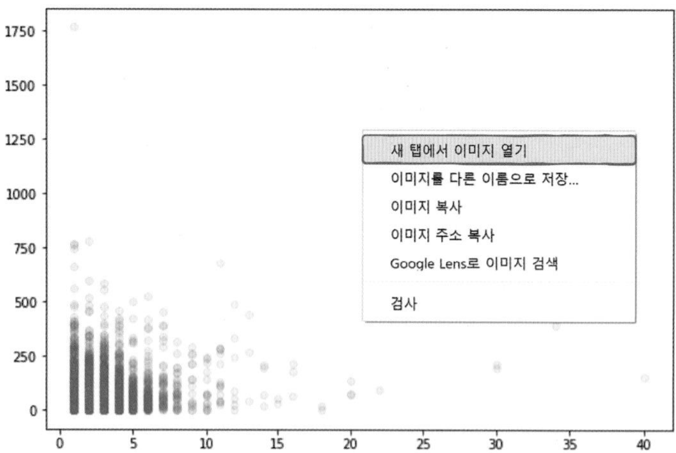

note 팝업 메뉴는 크롬 브라우저를 기준으로 합니다.

확실히 너비가 9인치에 미치지 못하네요.

왜 figsize 매개변수에 지정한 대로 그래프가 그려지지 않았을까요? 이 현상에 대해서 개발팀 막내에게 물어 보니 DPI 설정을 확인해 보라고 하네요.

보통 컴퓨터 화면의 해상도를 말할 때 픽셀 수와 DPI를 사용합니다. **DPI**는 dot per inch의 약자로 1인치를 몇 개의 점(픽셀pixel)으로 표현하는지 나타냅니다. 예를 들어 제가 사용하는 노트북은 2,560×1,600픽셀의 해상도를 가지며 DPI는 227입니다. 따라서 실제 화면의 크기는 너비가 약 2,560/227=11.3인치이고 높이는 1,600/227=7인치 정도가 됩니다.

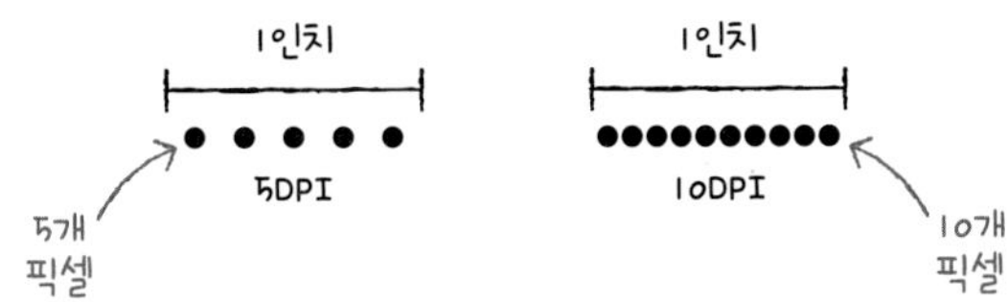

+ 여기서 잠깐 **해상도를 말할 때 PPI도 있던데 DPI와 무엇이 다른가요?**

사실 **PPI**(pixel per inch)가 1인치를 몇 개의 픽셀로 표현하는지 나타내는 단위입니다. 엄격히 말해 PPI가 화면 해상도를 의미하고, DPI는 인쇄 출력물의 해상도를 의미합니다. 그러나 일반적으로 DPI를 PPI와 같은 의미로 종종 사용하기도 합니다. 이 책에서는 조금 더 익숙한 DPI를 해상도 단위로 사용하겠습니다.

다시 말하면 DPI에 따라 화면에 그려지는 그래프 크기가 달라집니다. 맷플롯립의 기본 DPI는 72로 제 노트북의 227DPI보다 훨씬 작네요.

note 맷플롯립의 기본 DPI 값은 버전과 플랫폼에 따라 달라질 수 있습니다. 현재 설치된 맷플롯립의 기본 그래프 크기를 확인하려면 다음 명령을 사용하세요.

```
print(plt.rcParams['figure.dpi'])
```

예상한 것보다 그래프가 작게 그려진 이유가 여기에 있군요. 하지만 정확한 크기의 그래프를 그리기 위해 화면 해상도와 DPI를 찾아서 계산하는 일은 매우 번거롭습니다. 더욱이 인치는 익숙한 단위도 아니죠. 화면상의 이미지 크기를 다룰 때는 인치보다는 아무래도 픽셀 크기로 다루는 것이 훨씬 편리합니다.

그러나 figsize 매개변수는 인치 단위로 값을 지정해야 합니다. 인치 값은 먼저 원하는 픽셀 값을 정한 다음 픽셀 값을 DPI로 나누면 구할 수 있습니다. 예를 들어 900×600픽셀 크기의 그래프를 그리고 싶다고 가정해 보겠습니다. 맷플롯립의 DPI 기본값은 72이므로 다음처럼 두 픽셀 값을 72로 나누어 figsize 매개변수에 전달합니다.

픽셀 값을 DPI 값으로 나누면 인치 값을 구할 수 있습니다.

손코딩

```
plt.figure(figsize=(900/72, 600/72))
plt.scatter(ns_book7['도서권수'], ns_book7['대출건수'], alpha=0.1)
plt.show()
```

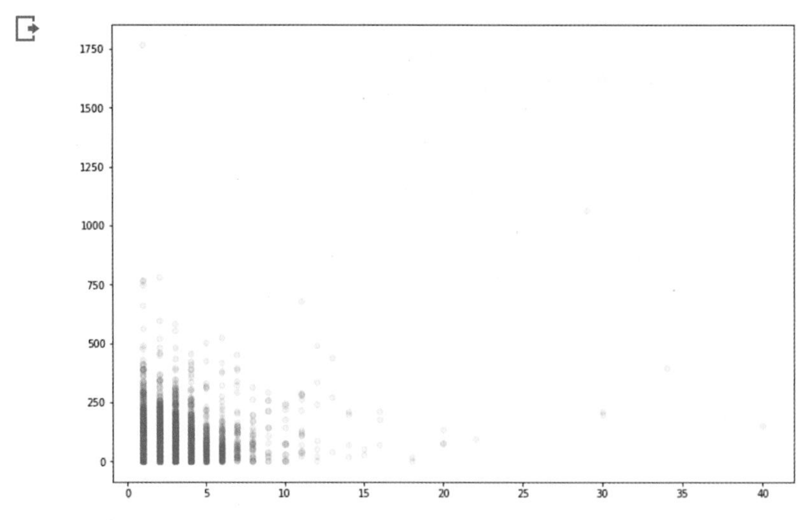

그래프가 훨씬 크게 그려지네요. 그래프의 실제 크기를 확인해 볼까요?

그래프에서 마우스 오른쪽 버튼을 클릭합니다. 팝업 메뉴가 나타나면 [이미지를 다른 이름으로 저장...]을 선택하여 이미지를 다운로드합니다. 그리고 다운로드한 이미지 파일에서 마우스 오른쪽 버튼을 클릭한 후 [속성] – [자세히]를 클릭하면 픽셀 크기를 확인할 수 있습니다.

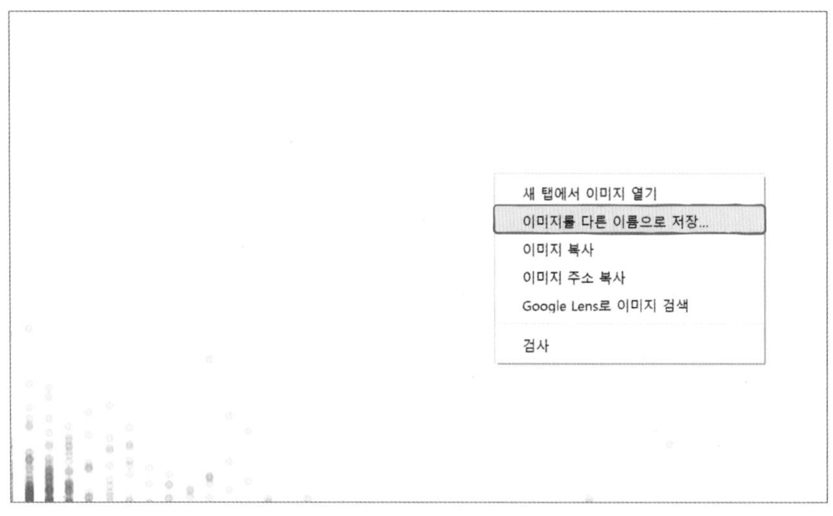

900×600픽셀이 맞나요? 안타깝지만 900×600픽셀보다 조금 작습니다. 코랩 노트북은 기본적으로 맷플롯립 그래프를 출력할 때 그래프 주변에 공백을 최소화하는 **타이트**tight 레이아웃을 사용하기 때문입니다.

코랩 노트북의 타이트 레이아웃을 사용하지 않으려면 맷플롯립 그래프를 그릴 때 다음과 같이 **bbox_inches 옵션**을 None으로 지정해야 합니다.

손코딩

```
%config InlineBackend.print_figure_kwargs = {'bbox_inches': None}
plt.figure(figsize=(900/72, 600/72))
plt.scatter(ns_book7['도서권수'], ns_book7['대출건수'], alpha=0.1)
plt.show()
```

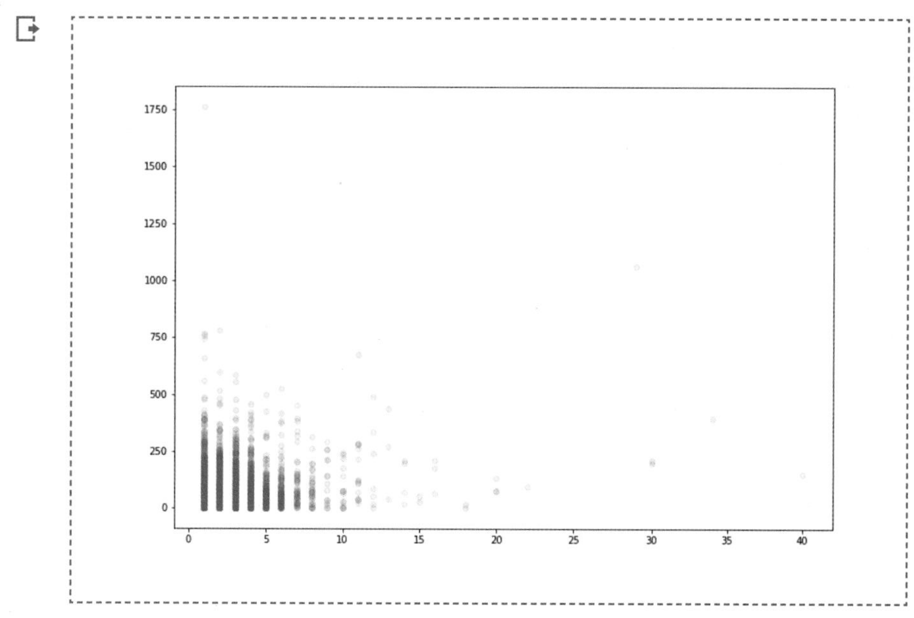

어떤가요? 그래프 주변에 공백이 많이 생겼습니다. 이미지를 다운로드하여 다시 픽셀을 확인해 보면 900×600인 것을 확인할 수 있습니다.

note 코랩 노트북이 아니라 IPython이라는 파이썬 셸(shell)에서 그래프를 그리면 정확히 900×600픽셀의 그래프가 그려집니다.

원하는 크기의 이미지를 얻었지만, 사실 노트북에서는 그래프 주변에 공백이 많으면 출력된 그래프와 코드를 나란히 놓고 보기가 불편합니다. 크기를 조정하는 방법을 알았으니 원래대로 타이트한 레이아웃으로 되돌아가겠습니다.

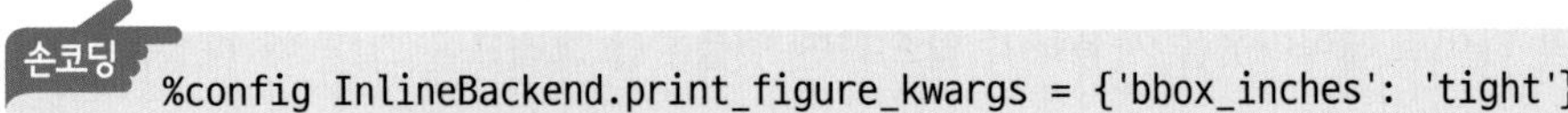

손코딩
```
%config InlineBackend.print_figure_kwargs = {'bbox_inches': 'tight'}
```

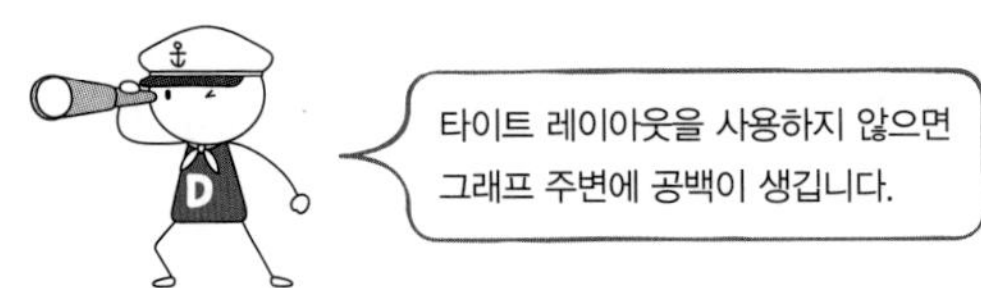

그래프 크기 바꾸기: dpi 매개변수

이번에는 figsize 매개변수는 기본값 그대로 두고 **dpi 매개변수**를 지정해 보겠습니다. DPI 기본값인 72에서 144로 두 배 늘려 줍니다.

손코딩
```
plt.figure(dpi=144)
plt.scatter(ns_book7['도서권수'], ns_book7['대출건수'], alpha=0.1)
plt.show()
```

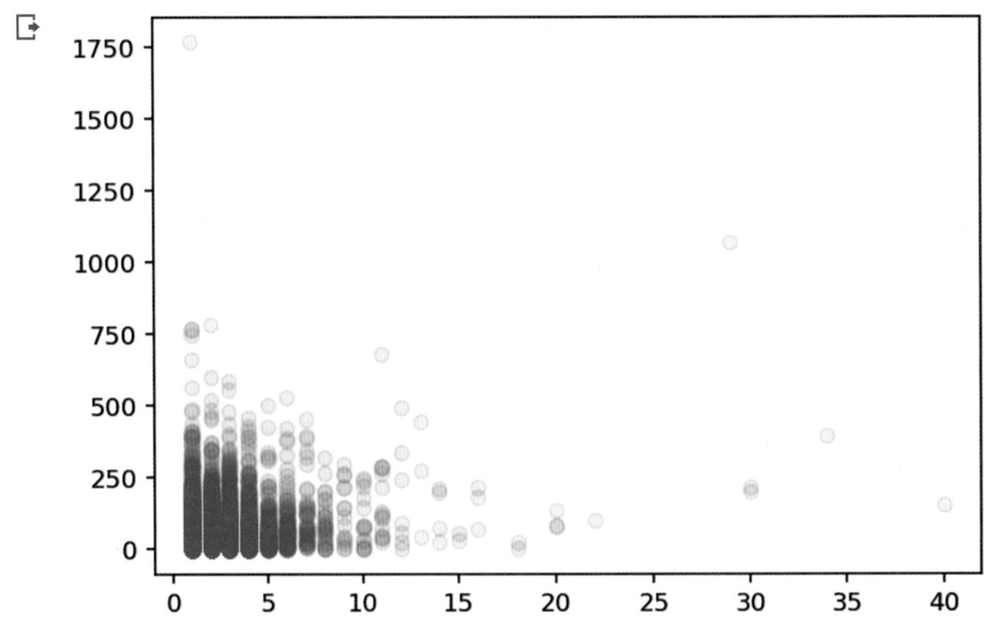

dpi 매개변수를 두 배로 늘리면 인치당 픽셀 수가 두 배로 늘어나기 때문에 그래프가 두 배 커집니다. 또한 그래프 안의 모든 구성 요소도 함께 커집니다. x축과 y축의 숫자가 커졌고, 데이터 포인트를 나타내는 동그라미 **마커**marker의 크기도 커졌습니다.

figsize는 그래프를 그리는 캔버스 크기, DPI는 그래프를 확대해서 보는 돋보기처럼 생각하면 이해하기 쉽습니다. 그래프 해상도와 크기를 두 매개변수로 적절하게 조절하여 원하는 이미지 크기를 얻어 보세요.

rcParams 객체

rcParams는 맷플롯립 그래프의 기본값을 관리하는 객체입니다. 앞서 figure 객체의 figsize와 dpi 기본값을 확인할 때 사용해 보았죠. rcParams 객체는 객체에 담긴 값을 출력하는 것뿐만 아니라 새로운 값으로 바꿀 수도 있습니다. 이렇게 하면 이후에 그려지는 모든 그래프에 바뀐 설정이 적용됩니다.

DPI 기본값 바꾸기

먼저 기본 그래프 해상도를 높이기 위해 DPI 기본값을 바꾸어 줍니다. figure 객체의 DPI 기본값을 100으로 바꾸려면 다음과 같이 작성합니다.

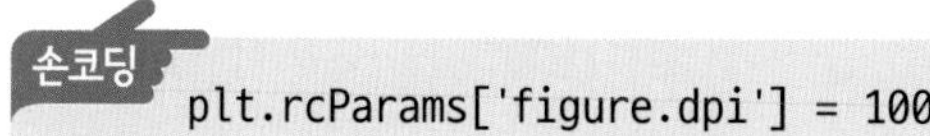


```
plt.rcParams['figure.dpi'] = 100
```

산점도 마커 모양 바꾸기

이번에는 이사님의 요청대로 산점도의 마커를 별 모양으로 바꾸어 보겠습니다. 산점도 그래프의 마커 기본값을 확인하려면 rcParams 객체의 속성을 **scatter.marker**로 지정합니다. 객체를 그냥 출력하면 기본값인 동그라미를 나타내는 'o'가 출력됩니다.

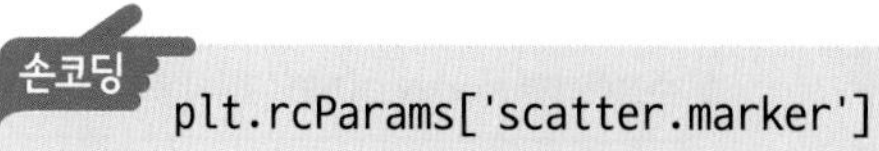


```
plt.rcParams['scatter.marker']
```

```
'o'
```

마커를 별 모양으로 그리려면 값을 다음과 같이 '*'로 지정해 줍니다.

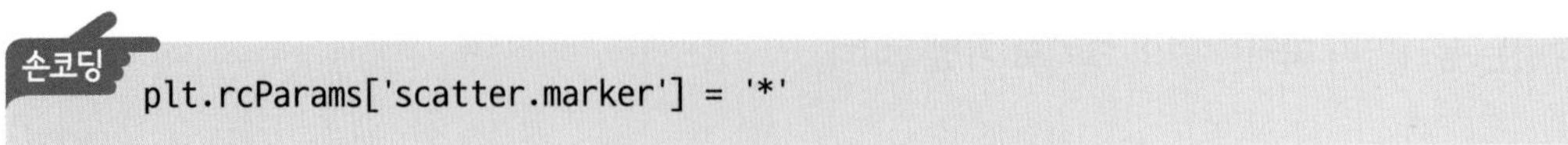

손코딩
```
plt.rcParams['scatter.marker'] = '*'
```

이제 정말 산점도가 별 모양으로 그려지는지 확인해 볼까요?

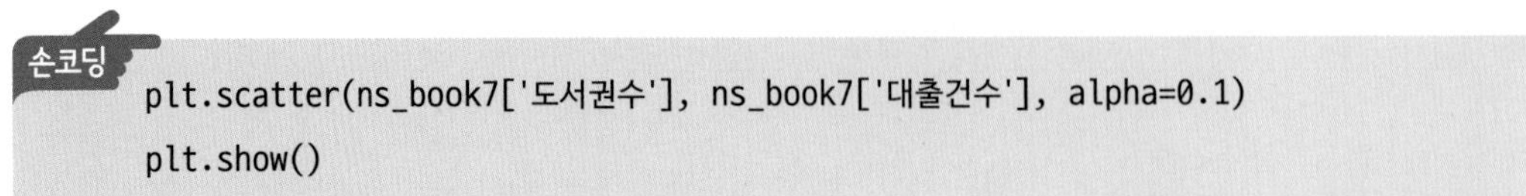

손코딩
```
plt.scatter(ns_book7['도서권수'], ns_book7['대출건수'], alpha=0.1)
plt.show()
```

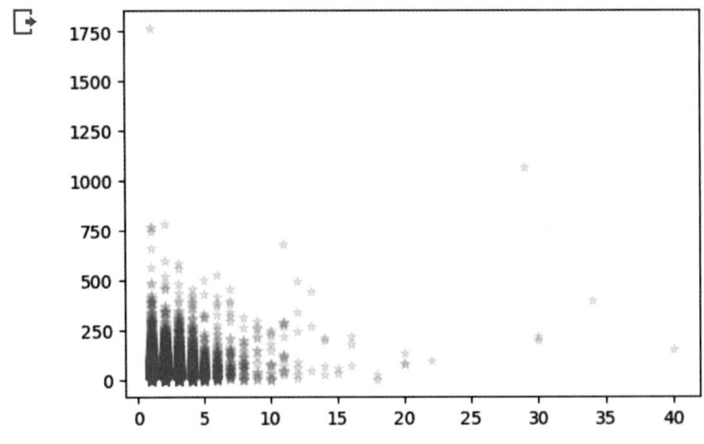

마커가 별 모양으로 출력되었습니다.

하지만 여러 개의 산점도가 있고, 산점도마다 마커를 다르게 그려야 한다면 매번 scatter.marker 설정을 바꾸어야 할 텐데 작업이 너무 번거롭죠. 그래서 이럴 때는 기본값을 수정하는 것 대신 scatter() 함수의 **marker 매개변수**로 마커의 모양을 지정하면 됩니다. 이렇게 하면 rcParams 객체의 scatter.marker 속성에 지정된 기본값을 무시하고 marker 매개변수에 지정된 값을 이용합니다.

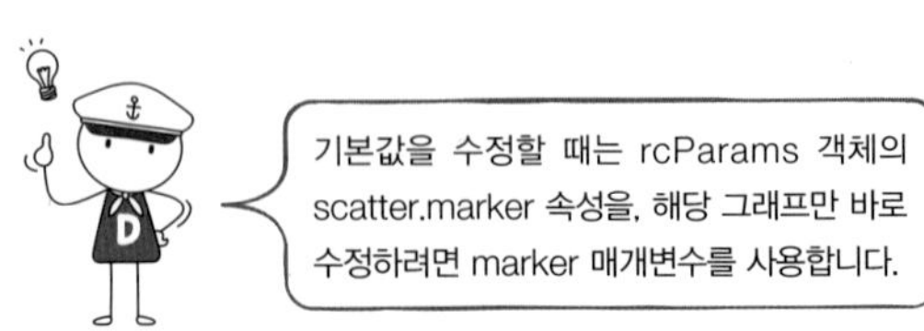

marker 매개변수를 '+'로 설정하여 덧셈 기호를 마커로 사용하면 다음과 같습니다.

손코딩

```
plt.scatter(ns_book7['도서권수'], ns_book7['대출건수'], alpha=0.1, marker='+')
plt.show()
```

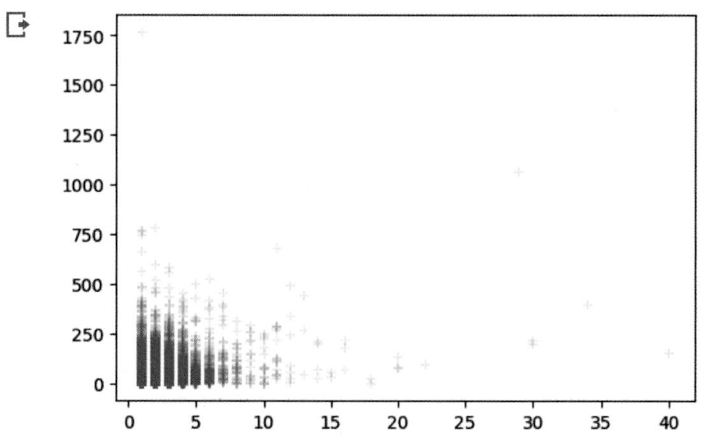

note 맷플롯립 마커 옵션 URL https://matplotlib.org/stable/api/markers_api.html#module-matplotlib.markers

성공입니다. 이처럼 객체의 기본값을 바꾸지 않아도 맷플롯립의 함수에서 제공하는 매개변수를 사용하면 그래프 설정 중 일부를 바로 바꿀 수 있습니다.

지금까지 그래프 크기와 마커 그리고 맷플롯립의 설정을 바꾸는 방법을 알아보았습니다. 이제 맷플롯립 그래프의 구성 요소를 조금 더 자세히 알아보고, 하나의 피겨 객체에 여러 그래프를 그려 보겠습니다.

+ 여기서 잠깐 rcParams 객체의 전체 설정 목록을 보고 싶어요

rcParams 객체에서 설정할 수 있는 기본값의 전체 목록은 다음 링크를 참고하세요.

- **rcParams 객체 설정 목록**
  URL https://matplotlib.org/stable/api/matplotlib_configuration_api.html#default-values-and-styling
- **각 항목의 기본값 목록**
  URL https://matplotlib.org/stable/users/explain/customizing.html#the-default-matplotlibrc-file

여러 개의 서브플롯 출력하기

하나의 피겨 객체 안에는 여러 개의 **서브플롯**subplot을 담을 수 있습니다. 서브플롯이란 맷플롯립의 **Axes 클래스**의 객체를 말하며 하나의 서브플롯은 두 개 이상의 **축**Axis을 포함합니다. 일반적으로 2차원 그래프의 수평축을 x축이라 부르고 수직축을 y축으로 부릅니다. 3차원 그래프라면 세 개의 축이 있습니다. 각 축에는 눈금 또는 **틱**tick이 표시됩니다. 또 축의 이름을 나타내는 **레이블**label이 있습니다. 다음 그림을 보면 직관적으로 전체 구성을 이해할 수 있습니다.

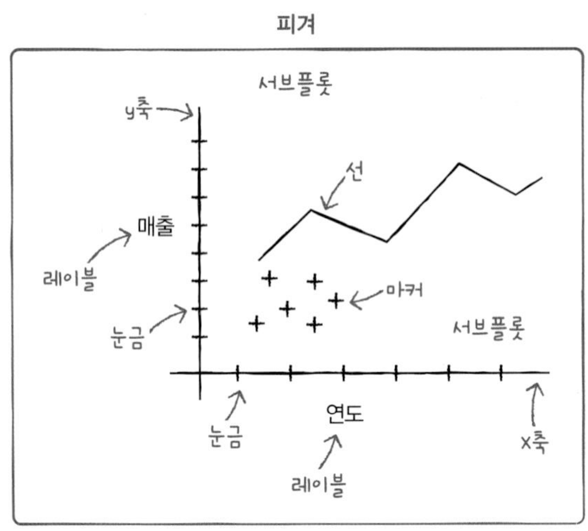

그럼 하나의 피겨 객체에 두 개의 서브플롯을 추가해 보겠습니다. 하나는 산점도를 그리고 다른 하나는 히스토그램을 그려 보겠습니다.

서브플롯 그리기: subplots() 함수

서브플롯을 정의하려면 **subplots() 함수**에 원하는 서브플롯 개수를 지정하면 됩니다.

> subplots() 함수는 피겨 객체와 각 서브플롯을 나타내는 Axes 객체의 배열을 반환합니다.

subplots() 함수로 두 개의 서브플롯을 그리고 싶다면 매개변수에 2를 넣어 줍니다. 그다음 이 배열의 원소에서 각각 scatter() 함수와 hist() 함수를 호출합니다. 첫 번째 그래프인 산점도의 x축은 '도서권수' 열이고 y축은 '대출건수' 열입니다. 두 번째 그래프는 히스토그램으로 x축은 '대출건수' 열이고 y축은 대출건수의 빈도에 해당합니다. 이때 히스토그램의 y축은 로그 스케일로 지정해 주겠습니다.

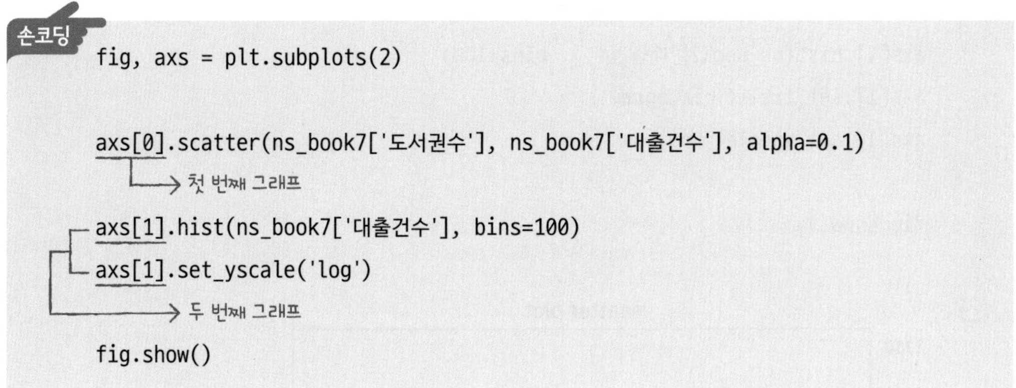

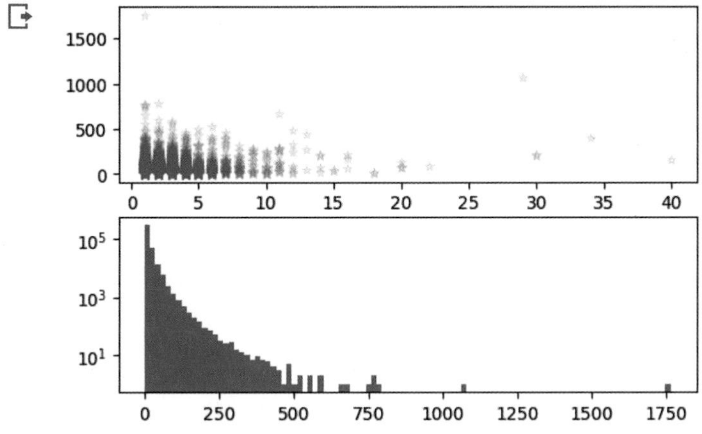

note Figure 클래스 객체인 fig에 Axis 클래스 객체인 axs[0], axs[1]을 서브플롯으로 추가한다고 생각해 주세요. 앞서 그려온 방식과는 다른 객체지향 방식으로 여러 개의 그래프를 그려서 조작할 때 편리합니다. 객체지향 방식은 06-1절에서 살펴봅니다.

산점도와 히스토그램이 두 개의 그래프가 위아래로 나누어져 그려졌습니다. 그런데 피겨 크기의 기본값인 (6, 4) 안에서 두 개의 서브플롯을 배치하기 때문에 각 그래프의 높이가 많이 줄어버렸네요.

subplots() 함수도 피겨 크기를 지정할 수 있는 **figsize 매개변수**를 제공합니다. 피겨 크기를 (6, 8)로 지정하여 높이를 조절해 보겠습니다. 또한 **set_title() 메서드**를 사용해서 각 그래프에 제목도 넣어 보겠습니다.

손코딩

```
fig, axs = plt.subplots(2, figsize=(6, 8))

axs[0].scatter(ns_book7['도서권수'], ns_book7['대출건수'], alpha=0.1)
axs[0].set_title('scatter plot')
```

→ 서브플롯의 제목을 넣어 줍니다.

```
axs[1].hist(ns_book7['대출건수'], bins=100)
axs[1].set_title('histogram')
axs[1].set_yscale('log')

fig.show()
```

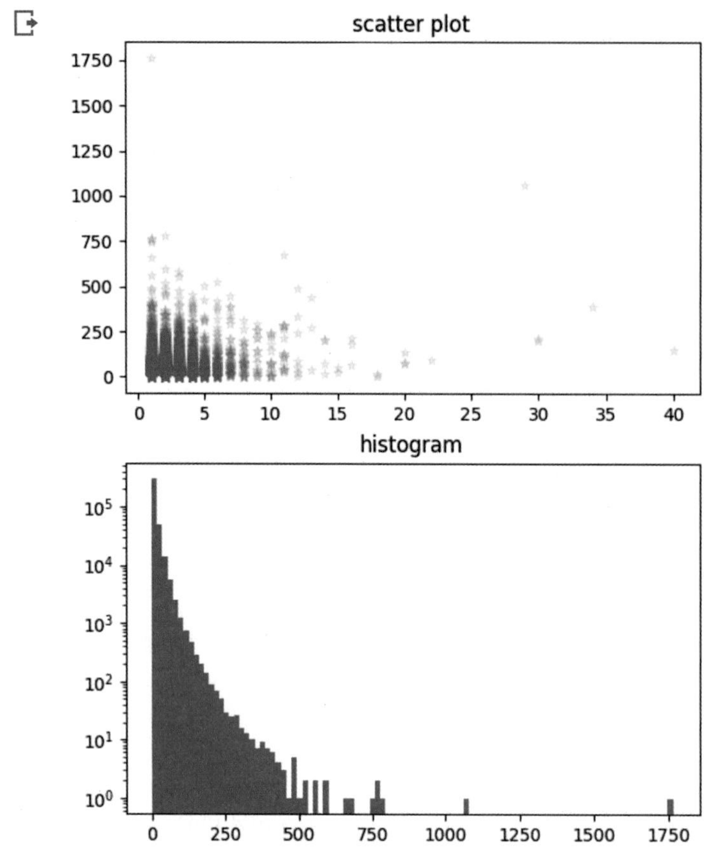

y축이 훨씬 잘 보여서 그래프의 특징이 더 잘 드러나네요! 게다가 그래프 위에 제목이 있어 어떤 그래프를 그린 것인지 더 잘 알 수 있습니다.

서브플롯은 피겨 객체 안에 그려집니다. subplots() 함수의 figsize 매개변수로 피겨의 크기를 조절하면 서브플롯 크기를 바꿀 수 있습니다.

서브플롯을 가로로 나란히 출력하기

서브플롯의 두 그래프를 가로로 나란히 놓으려면 어떻게 해야 할까요? **subplots() 함수**에 **행**과 **열**을 지정하면 원하는 서브플롯 개수의 피겨를 만들 수 있습니다. 사실 subplots() 함수의 첫 번째 매개변수는 서브플롯 행의 개수이고 두 번째 매개변수는 열의 개수입니다.

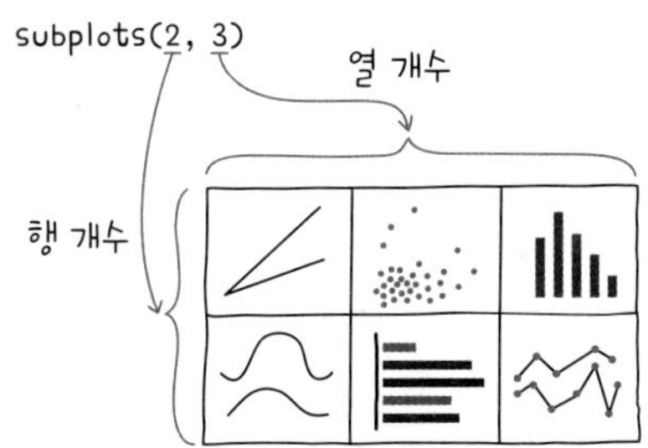

그래서 앞서 작성해 본 subplots(2)에서 2는 행을 의미합니다. 두 번째 매개변수를 지정하지 않아 열에 기본값 1이 적용되어 세로로 놓인 두 개의 서브플롯이 만들어진 것이죠.

그럼 subplots(1, 2)와 같이 써서 하나의 행에 두 개의 열을 가진 피겨를 만들어 보겠습니다. set_title() 메서드로 각 서브플롯의 이름을 지정하고 **set_xlabel() 메서드**와 **set_ylabel() 메서드**를 사용해 두 서브플롯의 축 이름도 각각 지정해 보겠습니다.

손코딩

```
fig, axs = plt.subplots(1, 2, figsize=(10, 4))
```

→ 두 개의 열을 가진 서브플롯을 그리므로 피겨 객체의 너비를 늘려 줍니다.

```
axs[0].scatter(ns_book7['도서권수'], ns_book7['대출건수'], alpha=0.1)
axs[0].set_title('scatter plot')
axs[0].set_xlabel('number of books')
axs[0].set_ylabel('borrow count')

axs[1].hist(ns_book7['대출건수'], bins=100)
axs[1].set_title('histogram')
axs[1].set_yscale('log')
axs[1].set_xlabel('borrow count')
axs[1].set_ylabel('frequency')

fig.show()
```

> 서브플롯을 그릴 때는 set_title() 메서드로 그래프의 제목을 지정할 수 있습니다. 또한 set_xlabel() 메서드는 x축, set_ylabel() 메서드는 y축 제목을 각각 지정할 수 있습니다.

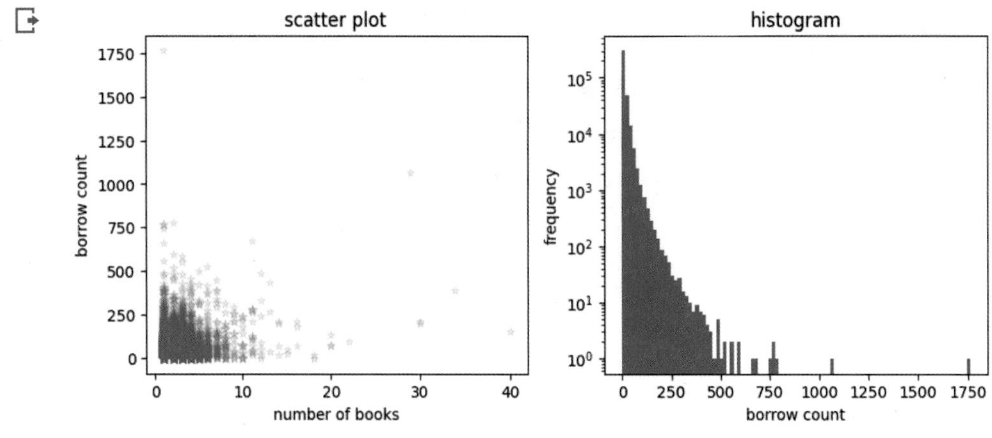

note 축 이름에 영어만 사용하였는데, 맷플롯립은 기본적으로 한글을 지원하지 않기 때문입니다. 한글을 사용하는 방법은 06-1절에서 알아보겠습니다.

성공입니다! 두 그래프가 가로로 나란히 놓였고, x축과 y축의 이름도 생겼습니다.

subplots() 함수의 첫 번째 매개변수에 행의 개수, 두 번째 매개변수에 열의 개수를 넣어 여러 개의 서브플롯을 갖는 그래프를 그려 보세요.

이제 맷플롯립의 그래프 구조에 대해 어느 정도 익숙해졌나요? 이번 절에서는 맷플롯립으로 그래프를 그리는 방법에 대해 자세히 알아보았습니다. 먼저 맷플롯립의 그래프를 보기 좋은 크기로 그리도록 크기를 바꾸는 방법을 알아보는 것으로 시작했습니다. 이를 통해 **피겨**, **rcParams**, **DPI**에 대해 배웠습니다.

다음으로는 맷플롯립의 그래프를 구성하는 요소에 대해 살펴보았습니다. 피겨, 서브플롯, 축, 눈금, 레이블, 마커, 선 등입니다. 그리고 여러 개의 **서브플롯**을 포함하는 피겨를 만들어 보았습니다.

다음 절에서는 가장 기본적인 두 종류의 그래프인 선 그래프와 막대 그래프를 맷플롯립으로 만드는 방법을 알아보겠습니다.

마무리

▶ 5가지 키워드로 정리하는 핵심 포인트

- **피겨**는 맷플롯립의 그래프 요소를 모두 담고 있는 최상위 객체입니다. 맷플롯립으로 그래프를 그릴 때 자동으로 피겨가 생성되고, 그래프가 그려진 후 삭제됩니다. 명시적으로 피겨 객체를 만들면 다양한 옵션을 제어할 수 있습니다.
- **rcParams**는 맷플롯립 그래프의 기본값을 관리하는 객체입니다. 객체에 담긴 값만 출력하는 것뿐만 아니라 새로운 값으로 바꿀 수도 있습니다. 이후에 그려지는 모든 그래프에 바뀐 설정이 적용됩니다.
- **축**은 그래프에서 데이터 좌표를 표현합니다. 2차원 그래프는 2개의 축을 가지며 3차원 그래프는 3개의 축을 가집니다. 맷플롯립에서는 Axis 클래스로 축 객체를 다룹니다. 두 개 이상의 Axis 객체로 이루어진 Axes 객체는 그래프가 그려질 영역을 표현합니다.
- **마커**는 그래프에 데이터 포인트를 표시하는 방법입니다. 맷플롯립의 기본 마커는 동그라미를 나타내는 'o'입니다. rcParams 객체나 scatter() 함수의 marker 매개변수로 마커를 바꿀 수 있습니다.
- **서브플롯**은 피겨 안에 포함된 그래프 영역입니다. 보통 Axes 객체를 일컫습니다. subplots() 함수로 여러 개의 서브플롯과 서브플롯을 포함하는 피겨를 만들 수 있습니다.

▶ 표로 정리하는 핵심 함수와 메서드

함수/메서드	기능
matplotlib.pyplot.figure()	피겨 객체를 만들어 반환합니다.
matplotlib.pyplot.subplots()	피겨와 서브플롯을 생성하여 반환합니다.
Axes.set_xscale()	서브플롯의 x축 스케일을 지정합니다.
Axes.set_yscale()	서브플롯의 y축 스케일을 지정합니다.
Axes.set_title()	서브플롯의 제목을 설정합니다.
Axes.set_xlabel()	서브플롯의 x축 이름을 지정합니다.
Axes.set_ylabel()	서브플롯의 y축 이름을 지정합니다.

▶ 확인 문제

1. 다음 중 맷플롯립의 그래프 크기를 바꿀 수 있는 방법이 아닌 것은 무엇인가요?

① plt.figure(figsize=(10,10))
② plt.subplots(figsize=(10,10))
③ plt.rcParams['figure.figsize'] = (10, 10)
④ plt.figsize(10, 10)

2. 다음 중 맷플롯립에 대해 올바른 설명이 아닌 것은 무엇인가요?

① figure() 함수의 figsize 매개변수에 지정하는 값의 단위는 인치입니다.
② 맷플롯립의 기본 DPI는 모니터 해상도에 자동으로 맞추어 설정됩니다.
③ rcParams 객체에 설정한 기본값은 모든 그래프에 적용됩니다.
④ DPI를 증가시키면 그래프와 그래프 안의 모든 구성 요소가 함께 커집니다.

3. 다음 그래프처럼 그려지도록 빈칸을 채워 명령을 완성해 보세요. 맷플롯립의 rcParams 객체를 사용해 산점도의 마커를 별 모양으로 그립니다.

```
[빈칸]
plt.scatter(ns_book7['도서권수'], ns_book7['대출건수'], alpha=0.1)
plt.show()
```

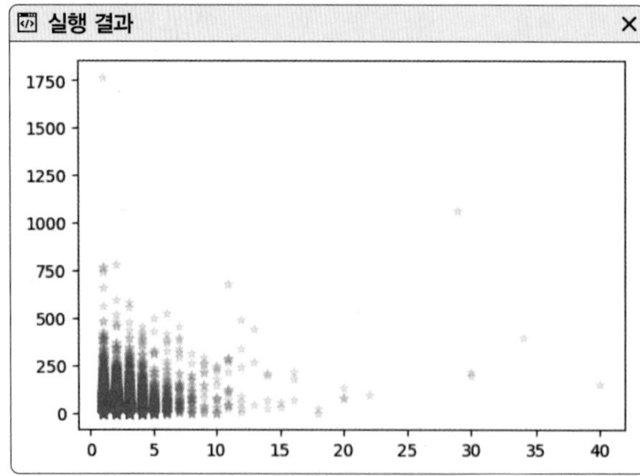

4. 다음 그림과 같은 2개의 행과 3개의 열을 가진 서브플롯을 만드는 명령은 무엇인가요?

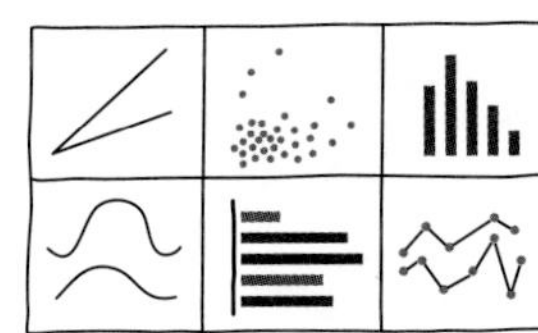

① plt.subplots(2, 3)
② plt.subplots(3, 2)
③ plt.subplots((2, 3))
④ plt.subplots((3, 2))

5. 다음 중 Axis 클래스의 객체인 axis를 사용해 x축 이름을 올바르게 지정한 것은 무엇인가요?

① axis.xlabel('x label')
② axis.label('x label')
③ axis.set_xlabel('x label')
④ axis.set_label('x label')

hint 5. Axis 클래스는 서브플롯을 그릴 수 있습니다. 서브플롯을 그릴 때 사용하는 메서드를 떠올려 보세요.

05-2 선 그래프와 막대 그래프 그리기

핵심 키워드

선 그래프 | 막대 그래프

이번 절에서는 가장 기본적인 그래프인 선 그래프와 막대 그래프를 그리는 방법을 알아보겠습니다. 데이터 특징을 표현할 수 있는 선 모양이나 그래프의 색상을 바꾸는 방법을 알아가다 보면 맷플롯립에 대해 더 익숙해질 수 있을 것입니다. 마지막으로 맷플롯립으로 이미지를 출력하고 그래프를 이미지로 저장하는 방법을 살펴보겠습니다.

시작하기 전에

선 그래프line graph는 데이터 포인트 사이를 선으로 이은 그래프이고, **막대 그래프**bar graph는 데이터 포인트의 크기를 막대 높이로 나타내는 그래프입니다. 이 두 그래프는 전체 데이터의 형태를 가늠할 수 있는 산점도와 조금 다릅니다. 한 축을 따라 어떤 데이터의 변화를 살펴보는데 용이합니다. 예를 들면 연도별로 몇 권의 도서가 발행되었는지 그릴 수 있습니다. 이런 경우 x축은 연도가 되고 y축은 발행 도서 개수가 됩니다.

연도별 발행 도서 개수 구하기

먼저 선 그래프를 그리는 데 적합하도록 데이터를 가공해 보겠습니다. 지난 절에서 사용한 ns_book7 데이터프레임에서 연도별 발행 도서 개수와 주제별 도서 개수를 구합니다.

새로운 노트북을 열고 데이터를 다시 다운로드해 주세요.

```
import gdown

gdown.download('https://bit.ly/3pK7iuu', 'ns_book7.csv', quiet=False)
```

그리고 판다스를 임포트한 후 데이터프레임으로 불러 옵니다.

손코딩

```
import pandas as pd

ns_book7 = pd.read_csv('ns_book7.csv', low_memory=False)
ns_book7.head()
```

	번호	도서명	저자	출판사	발행년도	주제분류번호	도서권수	대출건수	등록일자
0	1	인공지능과 흙	김동훈 지음	민음사	2021	NaN	1	0	2021-03-19
1	2	가짜 행복 권하는 사회	김태형 지음	갈매나무	2021	NaN	1	0	2021-03-19
2	3	나도 한 문장 잘 쓰면 바랄 게 없겠네	김선영 지음	블랙피쉬	2021	NaN	1	0	2021-03-19
3	4	예루살렘 해변	이도 게펜 지음, 임재희 옮김	문학세계사	2021	NaN	1	0	2021-03-19
4	5	김성곤의 중국한시기행: 장강·황하 편	김성곤 지음	김영사	2021	NaN	1	0	2021-03-19

연도별 도서 개수는 **value_counts() 메서드**로 구할 수 있습니다. 데이터프레임의 한 열에서 이 메서드를 호출하면 고유한 값의 등장 횟수를 계산합니다.

> value_counts() 메서드는 고유한 값의 등장 횟수를 계산하므로 np.unique() 함수에 return_counts=True 매개변수를 지정하여 얻은 결과(249쪽)와 비슷합니다.

그럼 '발행년도' 열에서 value_counts() 메서드를 호출하여 반환된 결과를 출력해 보죠.

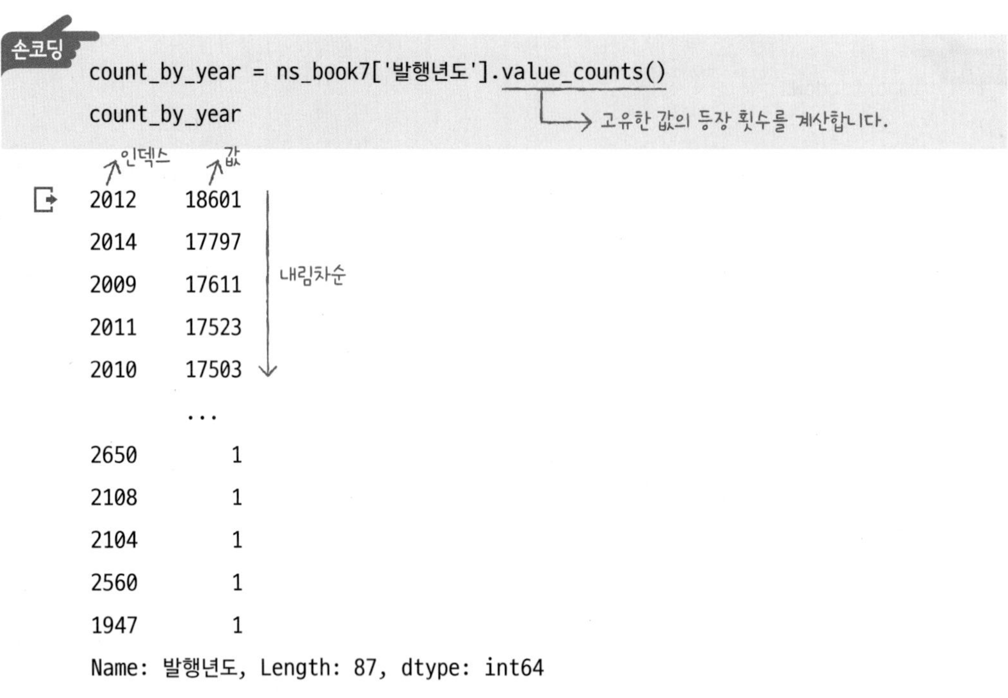


```
count_by_year = ns_book7['발행년도'].value_counts()
count_by_year
```

```
2012    18601
2014    17797
2009    17611
2011    17523
2010    17503
        ...
2650        1
2108        1
2104        1
2560        1
1947        1
Name: 발행년도, Length: 87, dtype: int64
```

반환된 count_by_year는 판다스의 시리즈 객체입니다. 첫 번째 열이 인덱스이고 두 번째 열이 값에 해당합니다. 결과에 보이듯이 value_counts() 메서드는 기본적으로 값을 기준으로 내림차순으로 정렬하므로 가장 많은 도서가 발행된 2012년이 맨 처음 등장합니다.

하지만 선 그래프의 x축에 지정할 연도는 시간순으로 배치되는 것이 합리적입니다. count_by_year를 인덱스 기준으로 오름차순 정렬해야겠죠? 이럴 때 시리즈 객체의 **sort_index() 메서드**를 사용하면 인덱스 순서대로 데이터를 정렬할 수 있습니다.

손코딩

```
count_by_year = count_by_year.sort_index()
count_by_year
```

→ 인덱스순으로 정렬합니다.

```
1947     1
1948     1
1949     1
1952    11
1954     1
        ..
2551     1
2552     2
2559     1
2560     1
2650     1
Name: 발행년도, Length: 87, dtype: int64
```

인덱스가 원하는 순서대로 정렬되었습니다. 1947년부터 2650년까지 발행된 도서가 있네요.

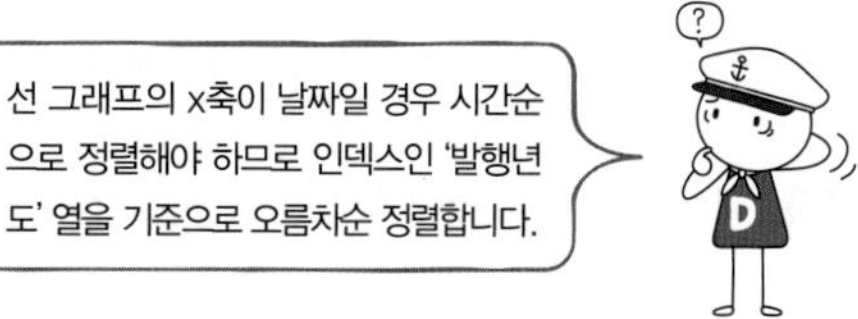

그런데 상식적으로 생각해 보면 미래에 발행될 도서가 대출 데이터에 들어 있을 수 없습니다. 연도가 잘못된 데이터가 들어 있는 것이죠. 따라서 여기에서는 count_by_year 객체에서 index 속성이 2030년보다 작거나 같은 데이터만 뽑아 보겠습니다.

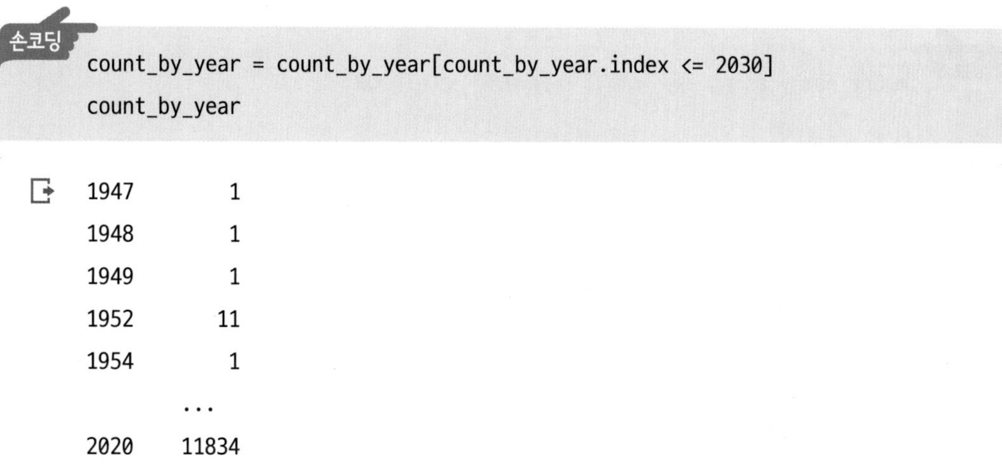

손코딩

```
count_by_year = count_by_year[count_by_year.index <= 2030]
count_by_year
```

```
1947         1
1948         1
1949         1
1952        11
1954         1
           ...
2020     11834
2021      1255
```

```
2025        1
2028        1
2030        1
Name: 발행년도, Length: 68, dtype: int64
```

부등호 기호를 사용해 원하는 데이터만 뽑아 추출하였습니다. 3장 206쪽에서 부등호 기호를 사용해 데이터프레임에서 원하는 행을 추출했던 것처럼 시리즈 객체에서도 이런 방법을 사용할 수 있습니다. 또한 값뿐만 아니라 인덱스에도 사용할 수도 있습니다.

주제별 도서 개수 구하기

이번에는 막대 그래프를 그리기 위한 주제별 도서 개수를 구해 보겠습니다. 사실 '주제분류번호' 열에는 도서관에서 책을 분류하는 기준인 십진분류 코드가 기입되어 있습니다. 예를 들어 주제분류번호가 1로 시작하면 철학, 2로 시작하면 종교 도서입니다. 또 8로 시작하면 문학 서적입니다. 따라서 '주제분류번호' 열의 첫 번째 문자를 기준으로 도서를 카운트하면 주제별 도서 개수를 구할 수 있습니다.

note 위키백과의 한국십진분류법 문서 URL https://ko.wikipedia.org/wiki/한국십진분류법

'주제분류번호'의 첫 번째 문자만 선택할 수 있다면 value_counts() 메서드를 적용하여 쉽게 도서 개수를 취합할 수 있습니다. 다만 이 열에는 NaN이 포함되어 있으므로 값이 NaN이라면 −1을 반환하는 함수를 만들어 걸러내야 합니다. '주제분류번호' 열의 값을 받아 첫 번째 문자를 반환하는 kdc_1st_char() 함수를 선언한 후 **apply() 메서드**에 넣어 데이터프레임에 반복 적용합니다.

손코딩

```
import numpy as np  --> np.nan을 사용하기 위해 넘파이를 임포트합니다.

def kdc_1st_char(no):  --> '주제분류번호' 열의 값이 NaN인 경우 -1을 반환합니다. 그렇지 않으면
    if no is np.nan:       첫 번째 문자를 반환합니다.
        return '-1'
    else:
        return no[0]

count_by_subject = ns_book7['주제분류번호'].apply(kdc_1st_char).value_counts()
count_by_subject
```

```
8       108643
3        80767
5        40916
9        26375
6        25070
1        22647
-1       16978
7        15836
4        13688
2        13474
0        12376
Name: 주제분류번호, dtype: int64
```

문학에 해당하는 8로 시작하는 도서가 가장 많은 것으로 나타납니다. 여기서 인덱스는 숫자이지만 연도별 발행 도서 개수인 count_by_year와는 다르게 순서에 의미가 있지 않습니다. 즉 철학(1) 서적이 종교(2) 서적보다 더 앞서거나 혹은 더 작은 것이 아닙니다. 따라서 count_by_year처럼 인덱스 순서대로 정렬할 필요는 없습니다.

✚ 여기서 잠깐 **순서가 없는 데이터와 순서가 있는 데이터**

순서를 매길 수 없는 데이터를 **명목형 데이터**(nominal data)라고 합니다. 예를 들면 성별, 국가 등입니다. 반대로 순서가 있을 때는 **순서형 데이터**(ordinal data)라고 합니다. 예를 들면 만족도, 성적 등급 등입니다. 어떤 카테고리를 나타낼 때 데이터가 순서형이라면 그래프로 표현하기 전에 순서대로 정렬하는 것이 좋습니다. 예를 들면 성적일 경우 A, B, C, D, F 순으로 정렬합니다.

도서 주제분류번호의 순서에는 의미가 없으므로 주제별 도서 개수는 명목형 데이터입니다.

그래프를 그리기 위한 데이터 준비를 마쳤습니다. 먼저 count_by_year 시리즈 객체를 사용해 선 그래프부터 그려 보겠습니다.

선 그래프 그리기

맷플롯립의 **plot() 함수**는 **선 그래프**를 그릴 수 있습니다. 첫 번째 매개변수에는 x축의 값, 두 번째 매개변수에는 y축에 해당하는 값을 전달합니다. 일단 서브플롯을 사용하지 않고 간단하게 하나의 피겨 객체를 사용해 선 그래프를 그려 보겠습니다.

먼저 그래프 해상도를 높이기 위해 맷플롯립의 기본 DPI를 100으로 바꿉니다.

손코딩
```
import matplotlib.pyplot as plt
plt.rcParams['figure.dpi'] = 100
```

그다음 plot() 함수의 두 매개변수에 count_by_year의 연도(index)와 도서 개수(values)을 각각 지정하여 선 그래프를 그립니다. 그래프의 의미가 더 잘 드러나도록 제목과 축 이름도 넣어 주겠습니다. 서브플롯을 사용하지 않을 때는 그래프 제목은 **title() 함수**, x축 이름과 y축 이름은 각각 **xlabel() 함수**와 **ylabel() 함수**를 사용하여 지정합니다.

손코딩
```
plt.plot(count_by_year.index, count_by_year.values)
plt.title('Books by year')
plt.xlabel('year')
plt.ylabel('number of books')
plt.show()
```

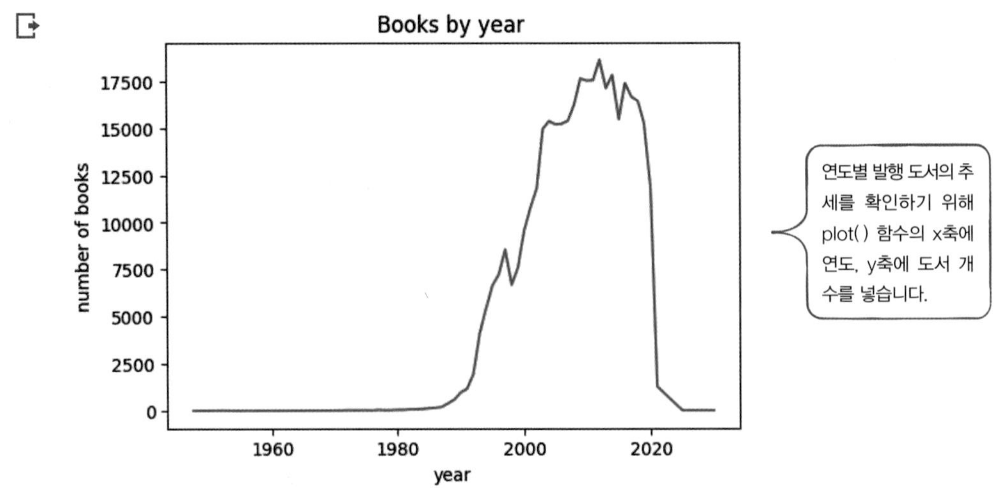

선 모양과 색상 바꾸기

plot() 함수는 선 모양을 지정할 수 있는 **linestyle 매개변수**를 제공합니다. linestyle 매개변수 기본값은 실선을 나타내는 '–'입니다. 이외에도 선 모양을 다음과 같이 지정할 수 있습니다.

- **실선**solid line: '–'
- **점선**dotted line: ':'
- **쇄선**dash dot line: '–.'
- **파선**dashed line: '––'

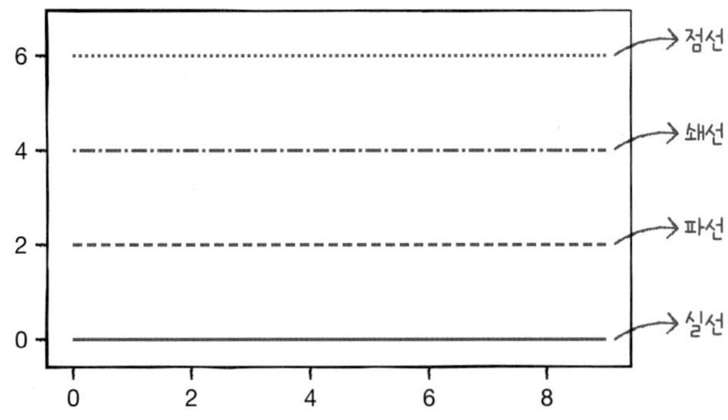

또한 **color 매개변수**에 색상을 지정할 수 있습니다. #ff0000처럼 16진수 컬러 코드를 지정하거나 red처럼 색 이름을 지정할 수 있습니다. 산점도에서 사용해 보았던 **marker 매개변수**도 제공합니다.

선 그래프에 marker 매개변수를 사용하면 데이터 포인트 위치를 명확하게 드러낼 수 있어 유용합니다.

그럼 마커는 점으로, 선은 점선을 사용한 선 그래프를 빨간색으로 다시 그려 보겠습니다. 이번에는 앞의 코드와 다르게 x축의 값과 y축의 값을 각각 시리즈 객체의 index와 values로 지정하지 않고, 시리즈 객체 그대로 plot() 함수에 전달하겠습니다. 이렇게 하면 자동으로 인덱스를 x축의 좌표로 사용하여 그래프를 그립니다.

손코딩

시리즈 객체를 전달합니다.

```
plt.plot(count_by_year, marker='.', linestyle=':', color='red')
plt.title('Books by year')
plt.xlabel('year')
plt.ylabel('number of books')
plt.show()
```

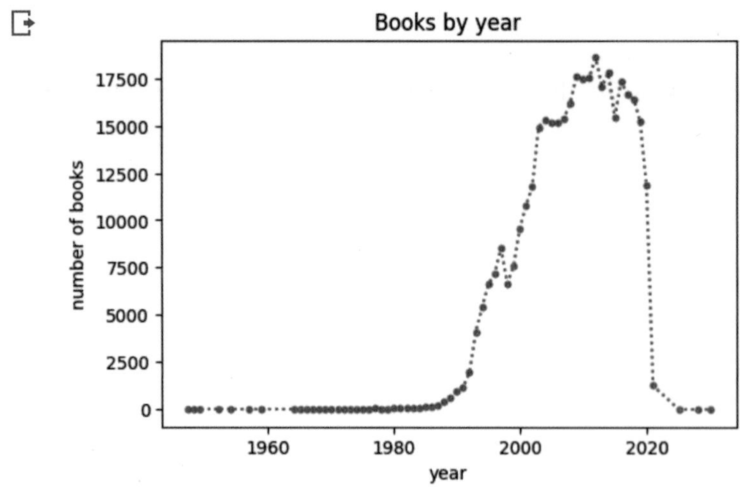

빨간 선 그래프에 마커까지 있어 데이터 포인트가 명확하게 표현되는 것을 알 수 있습니다.

plot() 함수의 매개변수에 지정한 마커, 선 모양, 색깔을 하나의 문자열로 합쳐서 선 그래프의 포맷으로 나타낼 수도 있습니다. 이 문자열을 plot() 함수의 x, y축 값 다음에 지정하면 됩니다. 예를 들어 위 코드의 marker='.', linestyle=':', color='red' 대신 다음과 같이 쓸 수 있습니다.

```
plt.plot(count_by_year, '.:r')
```
→ 마커, 선 모양, 색깔 옵션을 하나의 문자열로 지정할 수 있습니다.

✚ 여기서 잠깐 **color 매개변수에 지정할 수 있는 색 이름은 어떤 것이 있나요?**

color 매개변수에서 지원하는 색 이름은 'blue', 'green', 'red', 'cyan', 'magenta', 'yellow', 'black', 'white'입니다. 포맷 문자열에 쓸 때는 색 이름의 첫 글자를 사용합니다. 예를 들어 'blue'는 'b' 문자로 씁니다.

이번에는 별 모양 마커와 실선을 사용한 선 그래프를 녹색으로 그려 볼까요?

손코딩

```
plt.plot(count_by_year, '*-g')
plt.title('Books by year')
plt.xlabel('year')
plt.ylabel('number of books')
plt.show()
```

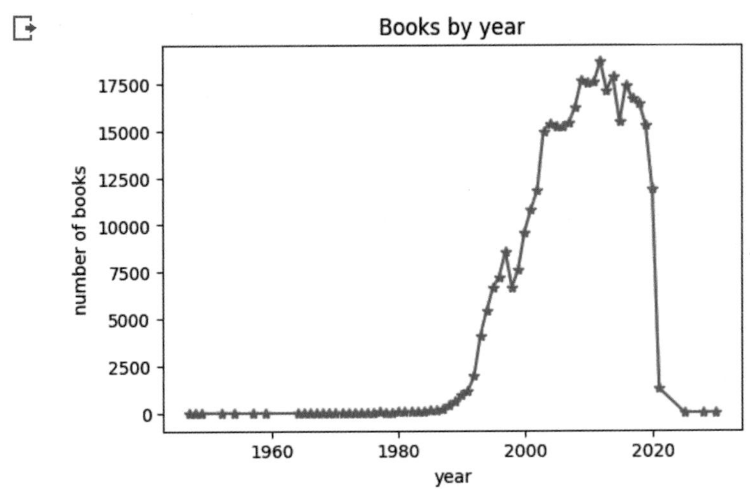

잘 그려졌네요. 앗, 그런데 이사님이 마커 옆에 데이터값을 표시하면 좋겠다고 하는군요. 그래프를 그릴 때 그래프와 값을 같이 표시하는 경우가 많습니다. 이렇게 하면 그래프 추이를 쉽게 가늠할 수 있고 y축을 따라 그래프의 값을 읽는 수고를 덜 수 있겠네요.

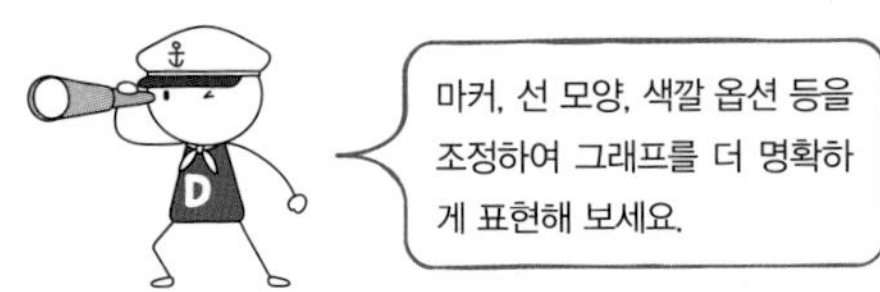

선 그래프 눈금 개수 조절 및 마커에 텍스트 표시하기

앞서 그린 선 그래프는 x축 눈금이 4개만 표시되었습니다. 먼저 눈금 개수를 조금 더 늘려서 그래프를 보기 편하게 만들어 보죠. x축 눈금을 지정할 때는 **xticks() 함수**를 사용하겠습니다.

그래프의 눈금을 틱(tick)이라고도 합니다.

+ 여기서 잠깐 y축의 눈금을 설정하는 함수는 무엇인가요?

예상할 수 있겠지만 y축의 눈금을 지정하려면 **yticks()** 함수를 사용합니다. 또한 서브플롯을 그릴 때 x축과 y축 눈금을 지정하려면 각각 **set_xticks()** 메서드와 **set_yticks()** 메서드를 사용하면 됩니다. 맷플롯립 함수와 서브플롯 메서드 간의 이러한 이름 규칙은 title() 함수와 set_title() 메서드에서도 쉽게 찾아볼 수 있습니다.

1947년부터 2030년까지 10년씩 건너뛰면서 x축의 눈금을 표시하기 위해 xticks() 함수 매개변수에 파이썬 **range() 함수**를 사용하겠습니다. 그다음 연도별 발행 도서 개수를 모두 그래프에 표시하면 너무 많기 때문에 **슬라이스 연산자(:)**를 사용해 다섯 개씩 건너뛰면서 count_by_year의 값을 선택합니다. 시리즈 객체의 **items() 메서드**를 사용하면 인덱스와 값을 감싼 튜플을 얻을 수 있습니다.

그래프에 값을 표시할 때는 **annotate() 함수**를 사용합니다. 첫 번째 매개변수에 그래프에 나타낼 문자열을 지정하고, 두 번째 매개변수에 문자열이 나타날 x, y 좌표를 튜플로 지정합니다. 그럼 선 그래프를 출력해 볼까요?

손코딩

```
plt.plot(count_by_year, '*-g')
plt.title('Books by year')
plt.xlabel('year')
plt.ylabel('number of books')
plt.xticks(range(1947, 2030, 10))
for idx, val in count_by_year[::5].items():
    plt.annotate(val, (idx, val))
plt.show()
```

슬라이스 연산자의 스텝 옵션을 사용합니다.

그래프에 나타낼 문자열

텍스트가 나타날 x, y 좌표

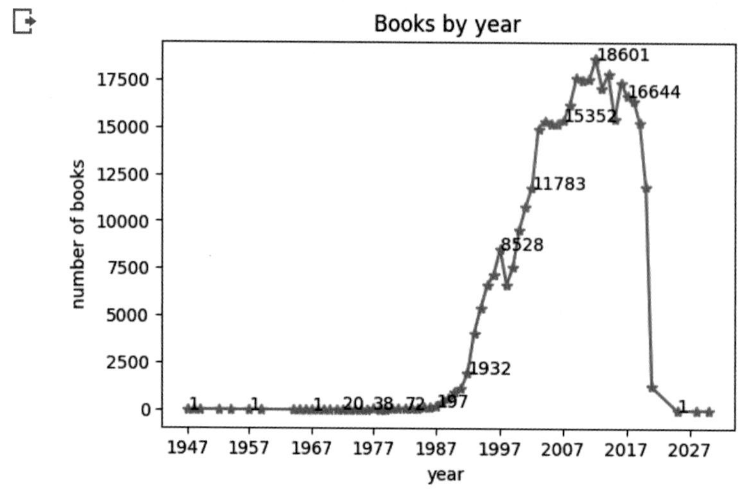

출력된 그래프를 보면 마커 옆에 바로 텍스트가 붙어 있습니다. 텍스트를 마커에서 조금 떼어 놓으려면 텍스트 위치를 조절하는 **xytext 매개변수**를 사용할 수 있습니다.

annotate() 함수는 기본적으로 마커와 동일한 좌표 시스템을 사용합니다. 다음처럼 마커 위치에서 x축은 1만큼, y축으로는 10만큼 떨어지게 지정해 보겠습니다.

손코딩

```
plt.plot(count_by_year, '*-g')
plt.title('Books by year')
plt.xlabel('year')
plt.ylabel('number of books')
plt.xticks(range(1947, 2030, 10))
for idx, val in count_by_year[::5].items():
    plt.annotate(val, (idx, val), xytext=(idx+1, val+10))
plt.show()
```

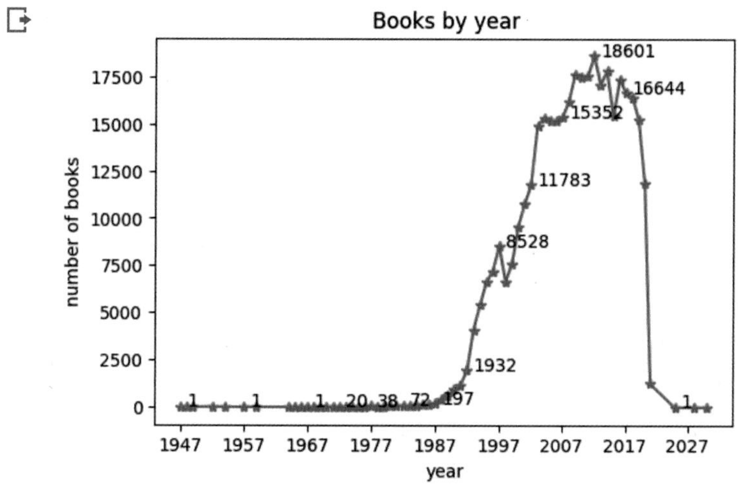

x축으로 1만큼 떨어진 것은 구분이 되지만 y축으로 10만큼 떨어뜨린 것은 거의 차이가 없습니다. 이는 y축의 스케일(0~17500)이 x축보다 훨씬 크기 때문입니다.

따라서 이런 경우에는 상대적인 위치를 포인트나 픽셀 단위로 지정해야 합니다. 다음처럼 xytext 매개변수와 함께 **textcoords 매개변수**를 사용합니다. 여기에서는 textcoords 매개변수에 포인트 단위의 상대 위치를 나타내는 'offset points'를 지정합니다.

손코딩

```
plt.plot(count_by_year, '*-g')
plt.title('Books by year')
plt.xlabel('year')
plt.ylabel('number of books')
plt.xticks(range(1947, 2030, 10))
for idx, val in count_by_year[::5].items():
    plt.annotate(val, (idx, val), xytext=(2, 2), textcoords='offset points')
plt.show()
```

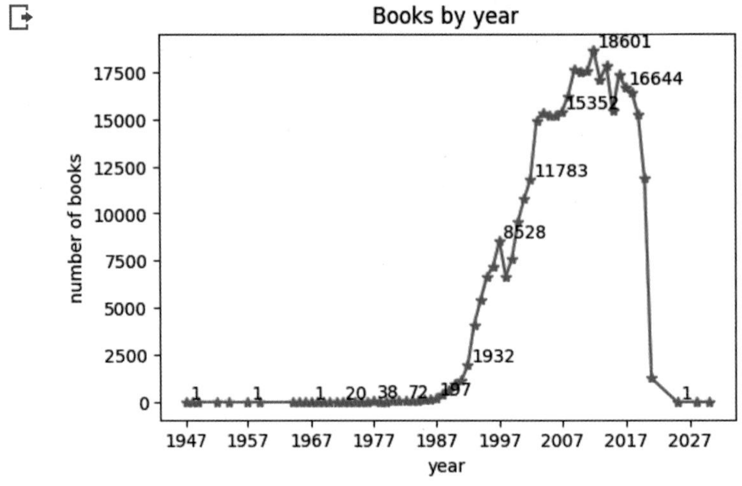

note 1포인트는 1/72 인치를 의미합니다. 만약 픽셀 단위로 지정하려면 textcoords='offset pixels'를 사용할 수 있습니다.

좋습니다. 멋진 그래프를 만들었습니다. 이제 선 그래프와 함께 가장 많이 사용하는 막대 그래프를 그리는 방법을 알아보겠습니다.

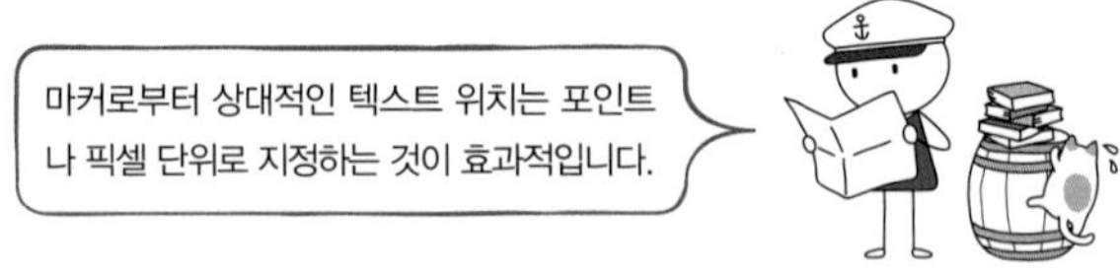

막대 그래프 그리기

맷플롯립에서 **bar() 함수**는 **막대 그래프**를 그립니다. 앞에서 만든 주제별 도서 개수인 count_by_subject를 사용해 막대 그래프를 그려 보겠습니다.

bar() 함수는 plot() 함수와 매우 비슷합니다. x축의 값과 막대 높이에 해당하는 y축의 값을 전달하면 됩니다. 그 외의 제목, 축 이름 등을 표시하는 방법은 동일합니다. 여기서는 annotate() 함수로 y축의 값을 표시할 때 텍스트 위치를 xytext=(0, 2)로 지정하겠습니다. 막대 그래프이므로 y축 방향으로만 2포인트씩 간격을 띄워 보겠습니다.

손코딩

```
plt.bar(count_by_subject.index, count_by_subject.values)
plt.title('Books by subject')
plt.xlabel('subject')
plt.ylabel('number of books')
for idx, val in count_by_subject.items():
    plt.annotate(val, (idx, val), xytext=(0, 2), textcoords='offset points')
plt.show()
```

→ x축에는 인덱스인 주제분류번호, y축에는 도서 개수를 전달합니다.

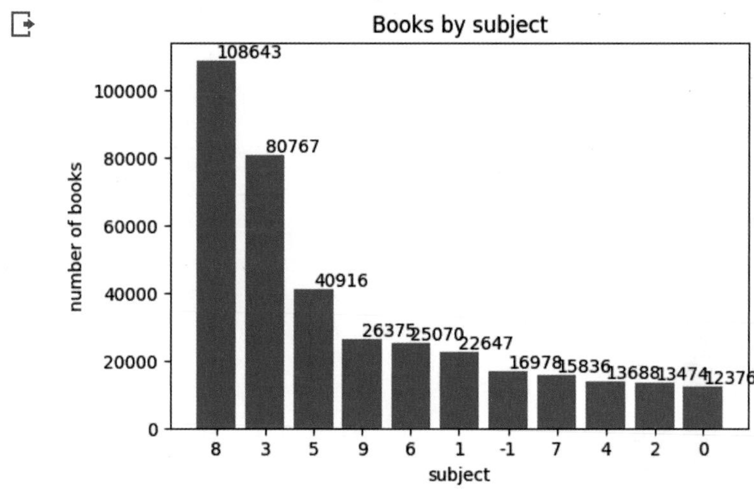

출력된 그래프를 보니 몇 가지 개선할 부분이 보이는군요. 하나하나 바꾸어 보겠습니다.

텍스트 정렬, 막대 조절 및 색상 바꾸기

먼저 텍스트가 막대 중앙에서 시작합니다. 가능하면 텍스트 중앙이 막대의 중앙에 오도록 중앙 정렬하는 것이 좋습니다. 텍스트 위치 조절은 annotate() 함수의 **ha 매개변수**에 'center'를 지정하면 됩니다. 기본값이 'right'이기 때문에 지정하지 않으면 텍스트가 오른쪽으로 정렬되고, 'left'로 지정하면 텍스트가 왼쪽으로 정렬됩니다. 또한 텍스트가 서로 겹치는 경우가 있으므로 **fontsize 매개변수**로 텍스트 크기를 줄여 줍니다. 텍스트 색깔도 **color 매개변수**에 'green'을 지정하여 녹색으로 출력해 보겠습니다.

bar() 함수는 막대의 두께를 조절하는 **width 매개변수**를 제공합니다. 기본값은 0.8입니다. 여기서는 0.7로 지정하여 막대의 두께를 조금 더 줄여 보겠습니다. 그리고 **color 매개변수**에 'blue'를 지정하여 막대 색깔은 파랑으로 출력합니다.

손코딩

```
plt.bar(count_by_subject.index, count_by_subject.values, width=0.7,
        color='blue')
plt.title('Books by subject')
plt.xlabel('subject')
plt.ylabel('number of books')
for idx, val in count_by_subject.items():
    plt.annotate(val, (idx, val), xytext=(0, 2), textcoords='offset points',
                 fontsize=8, ha='center', color='green')
plt.show()
```

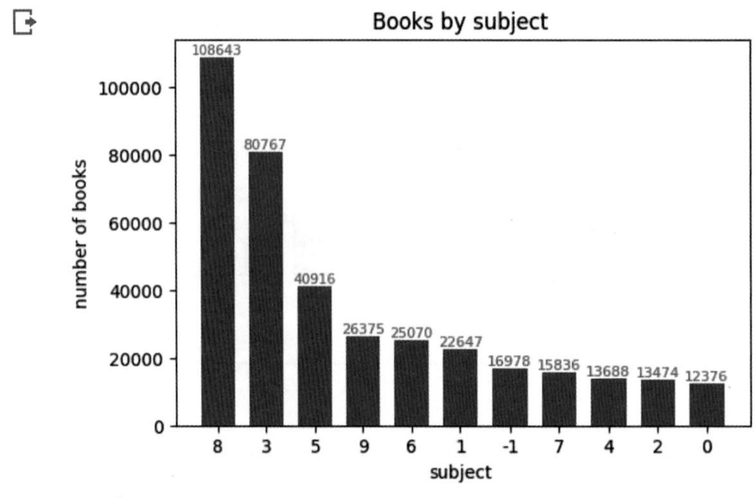

note width 매개변수를 1로 지정하면 막대의 두께가 눈금 간격과 동일해져서 막대 사이에 간격이 사라집니다.

텍스트가 막대 중앙을 기준으로 잘 정렬되었고 막대의 두께도 조금 얇아졌습니다. 또 그래프와 텍스트의 색깔도 바뀌었습니다.

막대 그래프의 텍스트 옵션은 annotate() 함수의 매개변수로, 막대 옵션은 bar() 함수의 매개변수를 활용해 보세요.

가로 막대 그래프 그리기

이번에는 **barh() 함수**를 사용해 같은 데이터를 **가로 막대 그래프**로 그려 보겠습니다. barh() 함수에서 막대의 두께를 나타내는 매개변수는 width가 아니라 **height 매개변수**가 됩니다. 또 x축과 y축의 이름을 바꾸어 써야 합니다.

annotate() 함수에 텍스트 좌표를 쓸 때도 x축과 y축 값이 바뀝니다. 따라서 다음 코드처럼 (idx, val)이 아니라 (val, idx)로 써야 합니다.

손코딩

```
plt.barh(count_by_subject.index, count_by_subject.values, height=0.7,
         color='blue')
plt.title('Books by subject')
plt.xlabel('number of books')
plt.ylabel('subject')
for idx, val in count_by_subject.items():
    plt.annotate(val, (val, idx), xytext=(2, 0), textcoords='offset points',
                 fontsize=8, va='center', color='green')
plt.show()
```

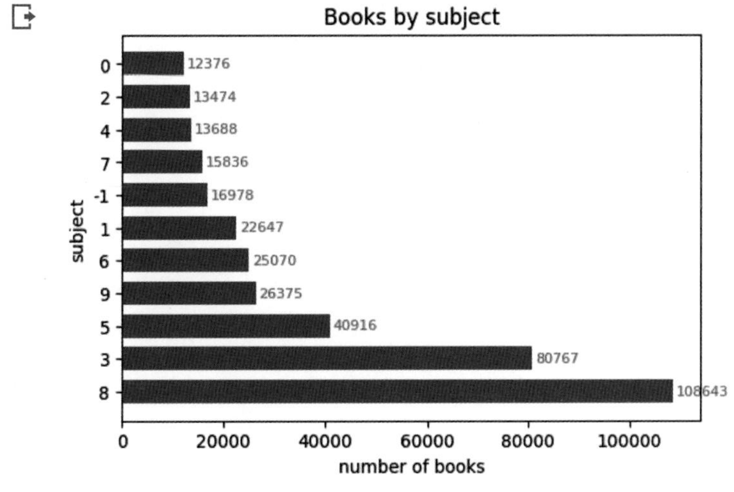

막대 그래프의 텍스트를 막대 중앙에 정렬할 때 ha 매개변수를 사용했다면, 가로 막대 그래프에서는 **va 매개변수**를 사용합니다. 기본값은 'baseline'으로 텍스트 밑면을 막대 중앙에 맞춥니다. 여기서는 텍스트 중앙을 막대 중앙에 정렬하기 위해 'center'로 지정했습니다. 이외에도 위로 정렬하는 'top'과 아래로 정렬하는 'bottom'이 있습니다. 또 xytext 매개변수를 (2, 0)으로 지정하여 x축 방향으로만 2포인트 간격을 두었습니다.

맷플롯립으로 선 그래프와 막대 그래프 그리기 문제 해결 과정

이번 절에서는 남산도서관 대출 데이터에서 선 그래프와 막대 그래프를 그리기 위한 데이터 세트를 만들어 보았습니다. 하나는 연도별 발행 도서의 개수이고 다른 하나는 주제별 도서 개수입니다.

연도별 데이터로는 **선 그래프**를 그렸습니다. 제목과 축 이름을 지정하는 방법, 선 스타일과 마커를 지정하는 방법, 그래프에 텍스트를 표시하는 방법을 알아보았습니다.

주제별 데이터로는 **막대 그래프**를 그렸습니다. 막대 그래프를 그리는 방법은 선 그래프를 그리는 것과 매우 비슷합니다. 추가로 막대의 두께를 조정하거나 텍스트를 막대의 중앙에 정렬하는 방법을 배웠습니다. 마지막으로 **가로 막대 그래프**를 그리는 방법을 알아보았습니다. 가로 막대 그래프를 그릴 때는 축 이름을 바꿔 써야 하고 텍스트의 x, y좌표가 바뀌어야 한다는 것을 기억하세요.

좀 더 알아보기 ① 이미지 출력하고 저장하기

데이터 분석 작업을 하다 보면 이따금 이미지를 로드하여 출력해야 할 일이 생깁니다. 이를 위해 맷플롯립에서 제공하는 몇 가지 함수를 사용해 이미지를 출력하고 저장하는 방법을 알아보겠습니다.

여기서 사용하는 예제 이미지는 깃허브에 포함되어 있습니다. 코랩을 사용하는 경우 다음 코드를 실행하여 깃허브에서 이미지를 다운로드하세요.

```
# 노트북이 코랩에서 실행 중인지 체크합니다.
import sys
if 'google.colab' in sys.modules:
    # 샘플 이미지를 다운로드합니다.
    !wget https://bit.ly/3wrj4xf -O jupiter.png
```

이미지 읽기

맷플롯립에서 이미지를 읽을 때는 **imread() 함수**를 사용합니다. 간단히 파일 이름을 전달하면 이미지를 읽어 넘파이 배열을 반환해 줍니다.

```
img = plt.imread('jupiter.png')
img.shape
```

```
(1561, 1646, 3)
```

이미지를 읽어 반환된 배열의 크기는 각각 이미지의 높이, 너비, 채널을 의미합니다.

이미지 화면에 출력하기

이미지를 배열로 읽은 후 화면에 표시하려면 **imshow() 함수**를 사용합니다.

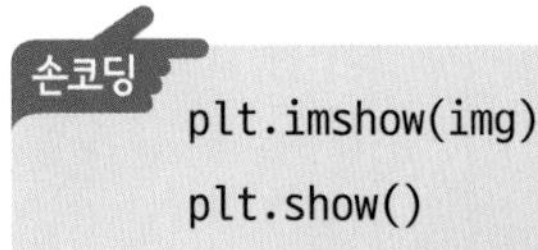

손코딩

```
plt.imshow(img)
plt.show()
```

imshow() 함수는 피겨 크기에 상관없이 기본적으로 원본 이미지의 가로세로 비율을 유지합니다. 따라서 다음처럼 피겨 크기를 직사각형 크기로 설정하더라도 이미지의 가로세로 비율이 동일합니다. 또한 이미지에 표시된 축과 눈금을 출력하지 않으려면 **axis() 함수**를 'off'로 지정하면 됩니다.

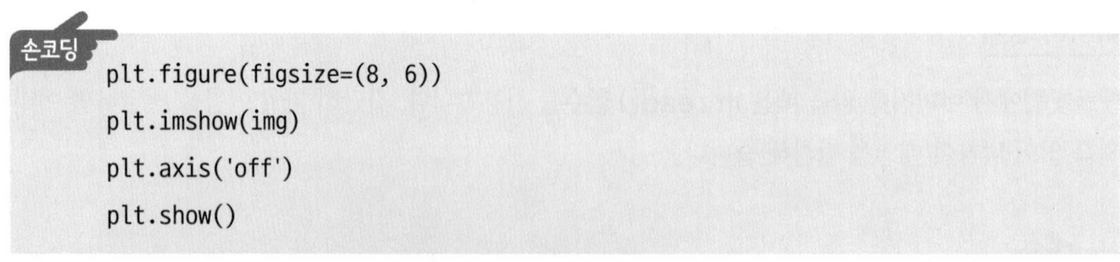

손코딩

```
plt.figure(figsize=(8, 6))
plt.imshow(img)
plt.axis('off')
plt.show()
```

이미지와 같이 표시되었던 축과 눈금이 사라졌습니다.

note 만약 가로세로 비율이 달라지더라도 피겨 크기에 맞추어 이미지를 출력하고 싶다면 imshow() 함수의 **aspect 매개변수**를 'auto'로 설정하면 됩니다.

여기서 잠깐 이미지 처리에 유용한 Pillow 패키지

사실 맷플롯립의 imread() 함수는 파이썬의 Pillow 패키지를 사용하여 이미지를 로드합니다. **Pillow 패키지**는 이미지를 분석하거나 처리할 수 있는 유용한 기능을 제공합니다. 따라서 직접 Pillow 패키지를 사용해도 앞서 imshow() 함수를 사용한 것과 동일한 결과를 얻을 수 있습니다. Pillow 패키지는 맷플롯립을 설치할 때 자동으로 설치되므로 따로 설치할 필요는 없습니다.

```
from PIL import Image

pil_img = Image.open('jupiter.png')
plt.figure(figsize=(8, 6))
plt.imshow(pil_img)
plt.axis('off')
plt.show()
```

pil_img는 Pillow의 이미지 객체입니다. 이를 넘파이 배열로 바꾸려면 간단히 넘파이 array() 함수로 전달만 하면 됩니다.

```
import numpy as np

arr_img = np.array(pil_img)
arr_img.shape
```

```
(1561, 1646, 3)
```
→ imread() 함수를 사용했을 때와 결과가 같습니다.

이미지 저장하기

맷플롯립의 **imsave() 함수**를 사용하여 넘파이 배열로 읽은 이미지를 저장할 수도 있습니다. 이 함수의 첫 번째 매개변수는 저장할 파일 이름이고, 두 번째 매개변수는 이미지가 저장된 넘파이 배열입니다. 편리하게도 이 함수는 파일 이름의 확장자를 사용해 자동으로 이미지를 변환해 줍니다. 따라서 다음처럼 목성 이미지를 JPEG 포맷으로 저장할 수 있습니다.

손코딩
```
plt.imsave('jupiter.jpg', arr_img)
```

코랩의 경우 화면 왼쪽 메뉴의 [파일(🗀)] 아이콘을 클릭하면 나타나는 디렉터리에서 저장된 이미지를 확인할 수 있습니다.

좀 더 알아보기 ❷

그래프를 이미지로 저장하기

맷플롯립의 **savefig() 함수**를 사용하면 그래프를 이미지로 저장할 수 있습니다. 이 함수의 첫 번째 매개변수는 저장할 이미지의 파일 이름입니다. dpi 매개변수에는 그래프를 저장할 때 사용할 DPI를 따로 지정할 수 있습니다. 또는 rcParams['savefig.dpi']로 DPI를 지정할 수 있습니다. 기본값은 'figure'로 피겨에서 설정한 DPI를 따릅니다.

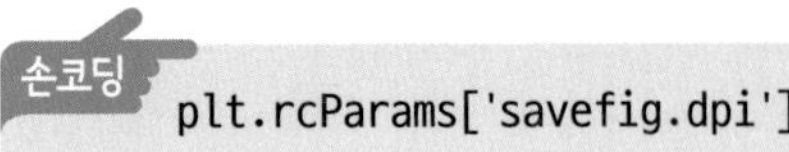

손코딩

```
plt.rcParams['savefig.dpi']
```

```
'figure'
```

마지막에 그린 가로 막대 그래프를 savefig() 함수로 저장해 보겠습니다. show() 함수가 호출되면 피겨 객체가 자동으로 소멸되므로 show() 함수 이전에 savefig()를 호출해야 합니다.

손코딩

```
plt.barh(count_by_subject.index, count_by_subject.values, height=0.7,
         color='blue')
plt.title('Books by subject')
plt.xlabel('number of books')
plt.ylabel('subject')
for idx, val in count_by_subject.items():
    plt.annotate(val, (val, idx), xytext=(2, 0), textcoords='offset points',
                 fontsize=8, va='center', color='green')
plt.savefig('books_by_subject.png') ⟶ show() 함수 이전에 savefig() 함수를 호출합니다.
plt.show()
```

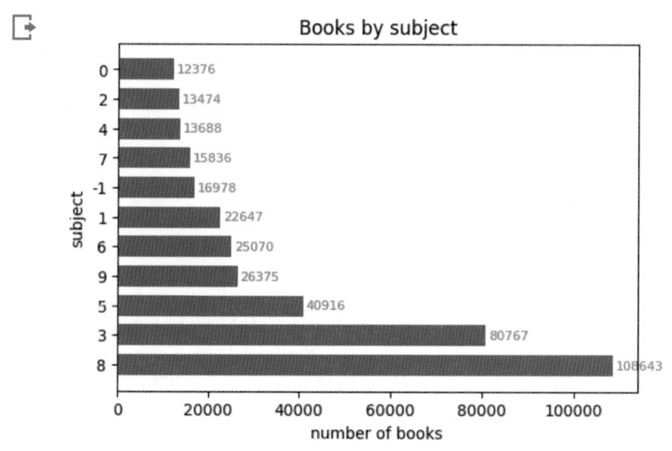

저장된 파일을 불러서 다시 출력해 보죠.

손코딩

```
pil_img = Image.open('books_by_subject.png')

plt.figure(figsize=(8, 6))
plt.imshow(pil_img)
plt.axis('off')
plt.show()
```

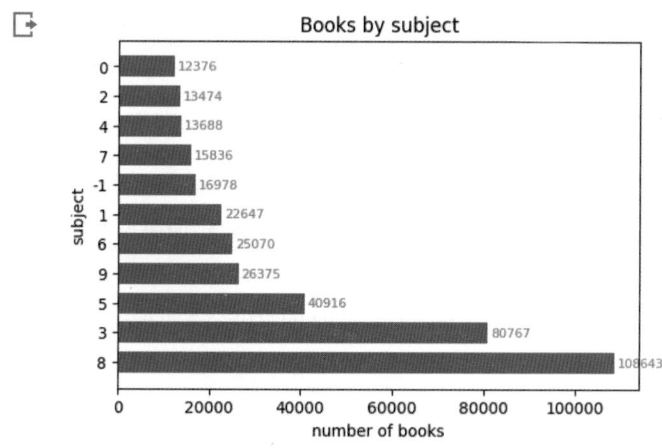

그래프가 파일로 잘 저장되었군요. savefig() 함수의 DPI를 높게 설정하면 인쇄물에 사용하기에 충분한 고해상도 이미지를 얻을 수 있습니다.

마무리

▶ 2가지 키워드로 정리하는 핵심 포인트

- **선 그래프**는 각 데이터 포인트를 직선으로 연결한 그래프입니다. 선의 스타일이나 마커의 모양을 바꾸어 풍부하게 표현할 수 있고 데이터값을 그래프에 텍스트로 쓸 수도 있습니다.
- **막대 그래프**는 데이터 포인트의 크기를 막대 높이로 나타낸 그래프입니다. 전형적으로 x 좌표는 연속적이지 않은 범주형이며 y 좌표는 해당 범주의 값입니다. 가로 막대 그래프는 값이 클수록 막대의 길이가 가로로 길어집니다.

▶ 표로 정리하는 핵심 함수와 메서드

함수/메서드	기능
matplotlib.pyplot.plot()	선 그래프를 그립니다.
matplotlib.pyplot.title()	그래프 제목을 설정합니다.
matplotlib.pyplot.xlabel()	x축 이름을 지정합니다.
matplotlib.pyplot.ylabel()	y축 이름을 지정합니다.
matplotlib.pyplot.xticks()	x축의 눈금 위치와 레이블을 지정합니다.
matplotlib.pyplot.annotate()	지정한 좌표에 텍스트를 출력합니다.
matplotlib.pyplot.bar()	세로 막대 그래프를 그립니다.
matplotlib.pyplot.barh()	가로 막대 그래프를 그립니다.
matplotlib.pyplot.imread()	이미지 파일을 넘파이 배열로 읽어들입니다.
matplotlib.pyplot.imshow()	이미지를 출력합니다.
matplotlib.pyplot.imsave()	넘파이 배열을 이미지 파일로 저장합니다.
matplotlib.pyplot.savefig()	그래프를 이미지로 저장합니다.

▶ 확인 문제

1. 다음 중 올바르게 선 그래프를 그리지 못하는 명령은 무엇인가요?

① plt.plot(['a', 'b', 'c'], [1, 2, 3])
② plt.plot({1:'a', 2:'b', 3:'c'})
③ plt.plot(['a', 'b', 'c'])
④ plt.plot(['a', 'b', 'c'], range(1, 4))

2. 선 그래프의 선 스타일 옵션에 맞게 짝 지어 주세요.

① '-' •		• 파선
② '--' •		• 점선
③ '-.' •		• 쇄선
④ ':' •		• 실선

3. 다음 중 0~4 사이의 x축의 눈금 이름을 'A', 'B', 'C', 'D', 'E'로 올바르게 지정한 것은 무엇인가요?

① plt.xticks(range(0, 5), ['A', 'B', 'C', 'D', 'E'])
② plt.xticks(range(0, 10, 2), ['A', 'B', 'C', 'D', 'E'])
③ plt.xticks(['A', 'B', 'C', 'D', 'E'])
④ plt.xticks({0:'A', 1:'B', 2:'C', 3:'D', 4:'E'})

4. 다음 중 막대 굵기가 0.6인 막대 그래프를 올바르게 그릴 수 있는 것은 무엇인가요?

① plt.bar(x, y, height=0.6)
② plt.bar(x, y, width=0.6)
③ plt.barh(x, y, length=0.6)
④ plt.barh(x, y, width=0.6)

Chapter

06

5장에서는 간단한 데이터를 사용해 맷플롯립의 기본 구성 요소와 선 그래프와 막대 그래프를 그리는 방법을 다루었습니다. 다양하고 복잡한 데이터를 시각화하려면 주어진 데이터를 잘 이해해야 하며 종종 창의적인 아이디어가 필요합니다. 이번 장에서는 조금 더 복잡한 데이터를 그래프에 어떻게 표현할 수 있는지 알아 보겠습니다. 이를 위해 맷플롯립이 제공하는 여러 고급 기능과 새로운 종류의 그래프도 배웁니다.

복잡한 데이터 표현하기

학습목표

- 그래프에 한글을 출력하고 맷플롯립의 객체지향 API를 사용해 그래프를 꾸미는 방법을 알아봅니다.
- 스택 영역 그래프, 스택 막대 그래프, 원 그래프를 그리는 방법을 배웁니다.

06-1 객체지향 API로 그래프 꾸미기

핵심 키워드

객체지향 API | 컬러맵 | 컬러 막대

05-1절에서 여러 개의 서브플롯을 그리면서 맷플롯립의 객체지향 API를 살짝 엿보았습니다. 복잡한 그래프 구조를 표현하려면 객체지향 API 방식을 사용하는 것이 좋습니다. 또한 이 절에서는 그래프에 한글을 출력하는 방법을 알아보고 산점도에 다양한 정보를 담을 수 있도록 개선해 보겠습니다.

시작하기 전에

사장님께서 그래프가 담긴 보고서를 보더니 아주 크게 기뻐하셨습니다. 아마도 그동안 텍스트 보고서를 읽느라 엄청 고생하셨던 것 같네요. 어쩌면 이전 보고서는 제대로 읽지 못했을지도 모르죠. 그런데 그래프가 너무 마음에 든 사장님이 앞으로는 모든 보고서를 그래프로만 만들라고 합니다. 이걸 어쩌죠.

지금까지 맷플롯립을 사용하여 가장 기본적인 그래프를 그리는 방법을 알아보았다면, 이번 절에서는 복잡한 그래프를 표현하기에 좋은 **객체지향 API** 방식을 알아보겠습니다. 그러려면 맷플롯립이 제공하는 다양한 기능을 더 자세히 알아봐야겠네요. 이전 절에서 그렸던 산점도를 개선해 보며 살펴보겠습니다.

pyplot 방식과 객체지향 API 방식

지금까지 맷플롯립으로 기본적인 그래프를 그려 보았습니다. 그런데 사실 그리는 방법이 두 가지입니다. matplotlib.pyplot에 있는 함수를 사용하는 **pyplot 방식**, 명시적으로 피겨 객체와 서브플롯 객체를 만들고 이 객체의 메서드를 사용하는 **객체지향 API** 방식입니다. 그래프를 그려 보며 각각의 방식을 살펴보겠습니다.

먼저 그래프가 잘 보이도록 해상도를 높여 주겠습니다. 맷플롯립의 기본 DPI를 100으로 바꿉니다.

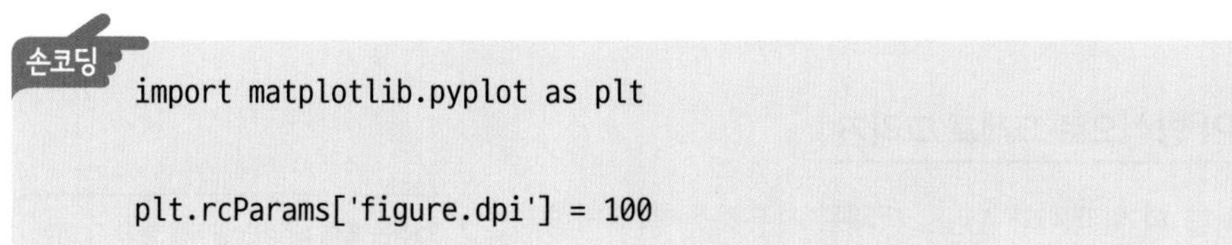

손코딩

```
import matplotlib.pyplot as plt

plt.rcParams['figure.dpi'] = 100
```

pyplot 방식으로 그래프 그리기

matplotlib.pyplot에 있는 함수를 사용하면 함수들이 하나의 피겨 객체에 대한 상태를 공유합니다. 즉, 다음과 같이 간단한 선 그래프를 그리면 plot() 함수와 title() 함수는 동일한 피겨 객체에 적용됩니다. plot() 함수에 리스트 형태로 데이터를 전달하고, title() 함수에는 그래프 제목을 넣어 그려 보겠습니다.

손코딩

```
plt.plot([1, 4, 9, 16])
plt.title('simple line graph')
plt.show()
```

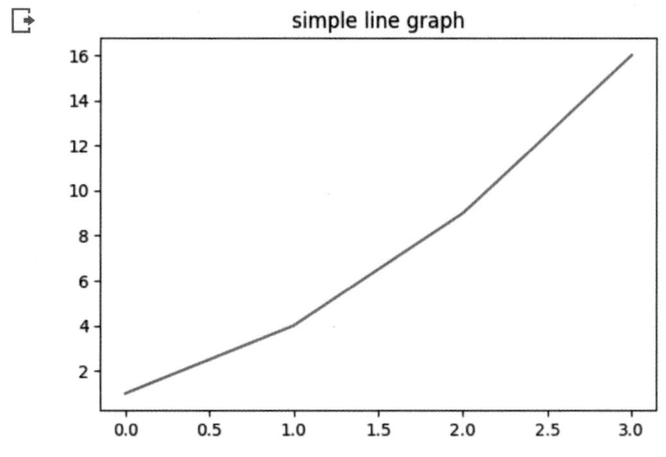

plot() 함수에 전달한 리스트의 인덱스가 x축, 원소가 y축인 선 그래프가 그려집니다. 제목은 그래프 상단에 출력되었네요.

+ 여기서 잠깐 plot() 함수에 하나의 리스트만 전달해도 그래프가 그려지나요?

일반적으로 plot() 함수를 사용할 때 x축과 y축 값을 리스트나 배열로 전달합니다. 만약 하나의 리스트만 전달한다면 plot() 함수는 원소를 y축의 값이라고 인식하고 이 리스트의 인덱스를 x축의 값으로 사용합니다. 따라서 앞의 예의 경우 [1, 4, 9, 16]는 y축 값이며, x축의 값은 [0, 1, 2, 3]이 됩니다.

객체지향 API 방식으로 그래프 그리기

동일한 그래프를 피겨 객체와 Axes 객체를 사용하는 객체지향 API 방식으로 다시 그리면 다음과 같습니다.

fig라는 틀에 ax라는 종이를 놓고 그 위에 그래프를 그린다고 생각해 보세요.

손코딩

```
fig, ax = plt.subplots() ──> 하나의 Axes 객체를 가지는 피겨를 생성합니다.
ax.plot([1, 4, 9, 16])
ax.set_title('simple line graph')
fig.show()
```

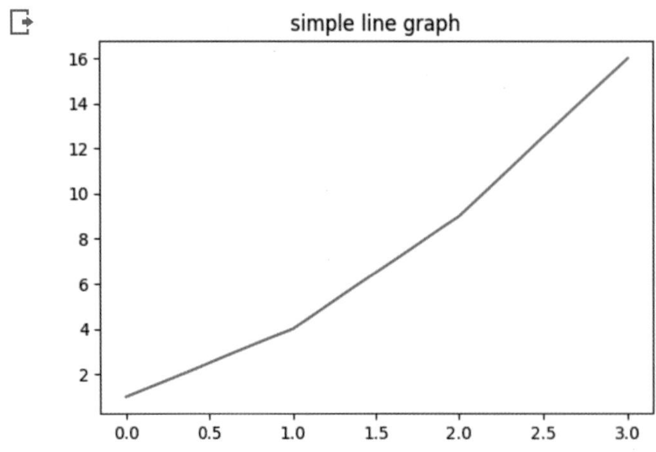

pyplot 방식으로 그렸을 때처럼 똑같이 그려졌습니다. 이처럼 두 가지 방식 중 어떤 것을 사용해도 괜찮습니다. 하지만 복잡한 그래프를 그리는 경우에는 객체지향 방식을 사용하는 것이 좋습니다. 특히 하나의 피겨에 여러 개의 서브플롯을 추가하는 경우가 그렇습니다.

이 책에서는 두 방식을 혼용하여 사용합니다. 간단한 경우에는 pyplot 방식의 함수를 사용하고, 피겨 객체의 설정을 바꾸거나 서브플롯을 추가하는 경우에는 객체지향 API를 사용하겠습니다.

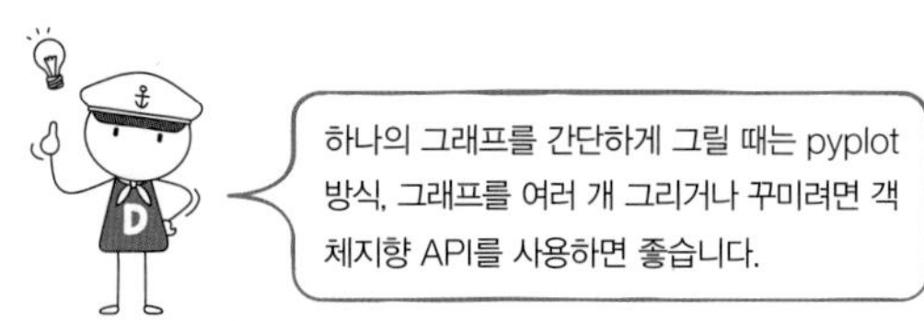

그래프에 한글 출력하기

객체지향 API로 본격적으로 그래프를 꾸며보기 전에 그래프 설정 하나를 더 배우고 넘어가겠습니다. 앞서 그래프를 그릴 때 그래프 제목이나 축 이름을 추가해 보았습니다. 그런데 한글로 작성했을 때 문자가 제대로 출력되지 않아 영문으로만 작성했었죠. 맷플롯립의 기본 폰트가 한글을 지원하지 않기 때문입니다. 이제 한글 텍스트를 제대로 표시하는 방법을 알아보겠습니다.

로컬 컴퓨터에서 주피터 노트북을 사용하는 경우에는 컴퓨터에 '나눔바른고딕' 폰트를 설치해 주세요.

네이버 나눔 글꼴 다운로드

URL https://hangeul.naver.com/font

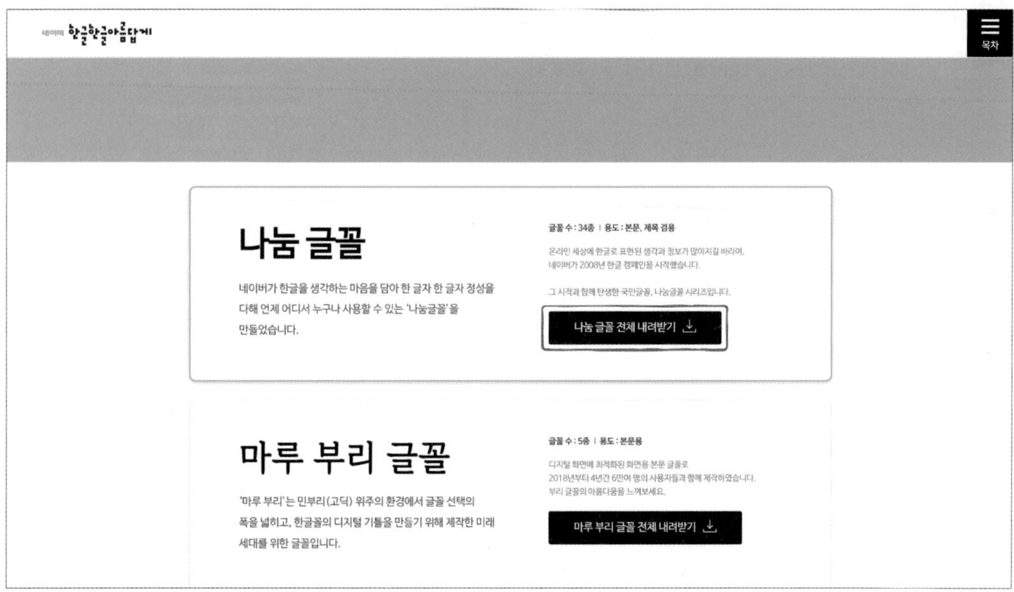

note 다운로드한 후 압축을 풀면 [나눔바른고딕] 폴더가 있습니다. 폴더에 있는 [NanumFontSetup_TTF_BARUNGOTHIC.zip] 압축을 풀어 주세요. ttf 파일을 C:\Windows\Fonts 경로에 드래그 앤 드롭하면 폰트가 설치됩니다.

코랩의 경우에는 다음과 같은 코드를 실행하여 폰트를 설치할 수 있습니다.

손코딩

```
# 노트북이 코랩에서 실행 중인지 체크합니다.
import sys
if 'google.colab' in sys.modules:
    !echo 'debconf debconf/frontend select Noninteractive' | \
    debconf-set-selections
    # 나눔 폰트를 설치합니다.
    !sudo apt-get -qq -y install fonts-nanum
    import matplotlib.font_manager as fm
    font_files = fm.findSystemFonts(fontpaths=
                                    ['/usr/share/fonts/truetype/nanum'])
        for fpath in font_files:
            fm.fontManager.addfont(fpath)
```

나눔 폰트를 설치한 후 다시 맷플롯립을 다시 임포트하고 DPI 기본값을 변경해 주겠습니다.

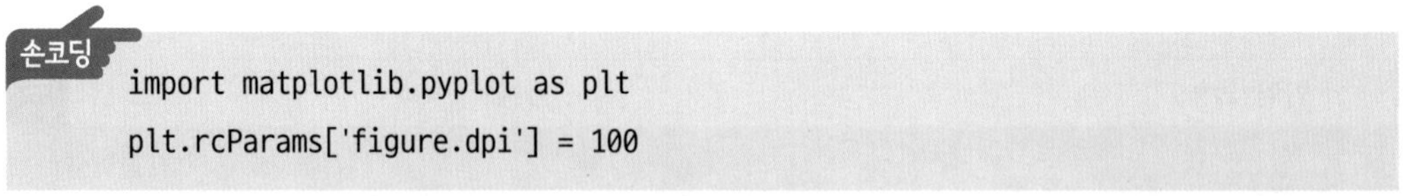

손코딩

```
import matplotlib.pyplot as plt
plt.rcParams['figure.dpi'] = 100
```

폰트 지정하기(1): font.family 속성

맷플롯립의 기본 폰트는 영문 sans-serif 폰트입니다. rcParams 객체의 'font.family' 속성에 저장되어 있습니다.

손코딩

```
plt.rcParams['font.family']
```

```
['sans-serif']
```

기본 폰트를 나눔고딕 폰트를 의미하는 'NanumGothic'으로 바꾸려면 다음과 같이 작성합니다.

```
# 나눔고딕 폰트를 사용합니다.
plt.rcParams['font.family'] = 'NanumGothic'
```

이렇게 rcParams 객체를 사용해 맷플롯립의 기본값을 바꿀 수 있지만, 맷플롯립에서 제공하는 rc() 함수를 사용하여 설정을 바꿀 수도 있습니다.

폰트 지정하기(2): rc() 함수

이번에는 나눔바른고딕 폰트인 'NanumBarunGothic'으로 바꾸어 보겠습니다. **rc() 함수**의 첫 번째 매개변수에는 설정할 그룹을 지정합니다. 'font.family'의 경우 font가 그룹이고 family는 그룹의 하위 속성입니다. 따라서 rc() 함수 첫 번째 매개변수에는 그룹인 'font'를 지정하고 두 번째 매개변수에는 그룹 하위 속성을 지정합니다. 이때 family는 일반 키워드 매개변수처럼 사용하면 됩니다.

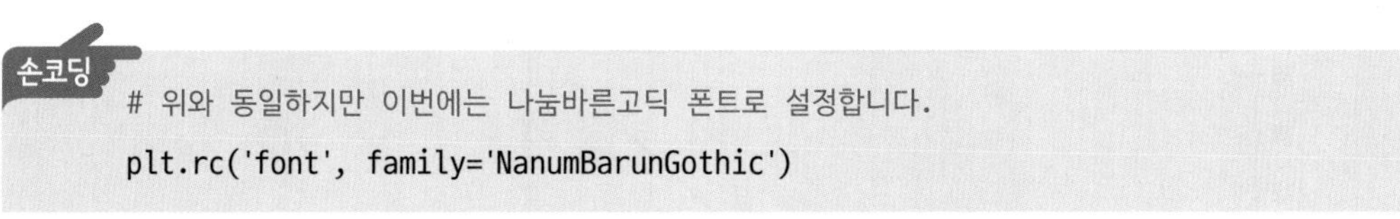

```
# 위와 동일하지만 이번에는 나눔바른고딕 폰트로 설정합니다.
plt.rc('font', family='NanumBarunGothic')
```

rc() 함수를 사용하면 한 그룹 내의 여러 설정을 동시에 지정할 수 있습니다. 예를 들어 폰트 패밀리와 폰트 크기를 다음처럼 동시에 설정할 수 있습니다.

```
plt.rc('font', family='NanumBarunGothic', size=11)
```

바뀐 내용은 rcParams 객체로 다시 확인해 볼 수 있습니다.

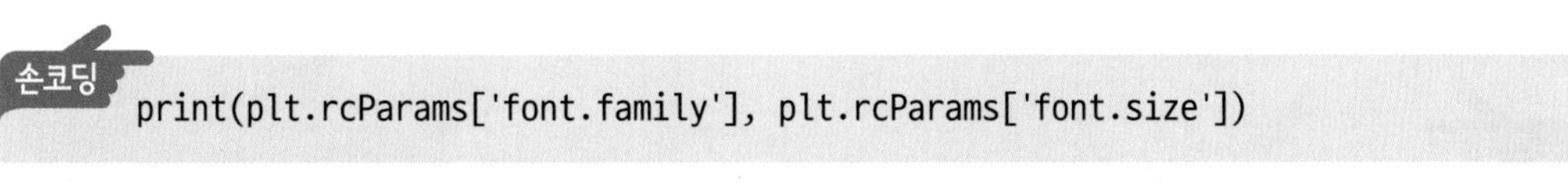

```
print(plt.rcParams['font.family'], plt.rcParams['font.size'])
```

```
['NanumBarunGothic'] 11.0
```

✚ 여기서 잠깐 **맷플롯립에서 사용할 수 있는 폰트의 전체 목록을 알려면 어떻게 해야 하나요?**

맷플롯립은 시스템에 설치된 폰트를 자동으로 감지하여 사용합니다. 다음처럼 findSystemFonts( ) 함수를 사용하면 맷플롯립이 찾은 폰트 목록을 볼 수 있습니다.

```
from matplotlib.font_manager import findSystemFonts

findSystemFonts()
```

좋습니다! 한글 폰트를 설정하는 방법을 알아보았습니다. 이제 앞서 329쪽에서 출력해 본 간단한 그래프를 그려 그래프 제목을 한글로 출력해 보겠습니다.

손코딩

```
plt.plot([1, 4, 9, 16])
plt.title('간단한 선 그래프')
plt.show()
```

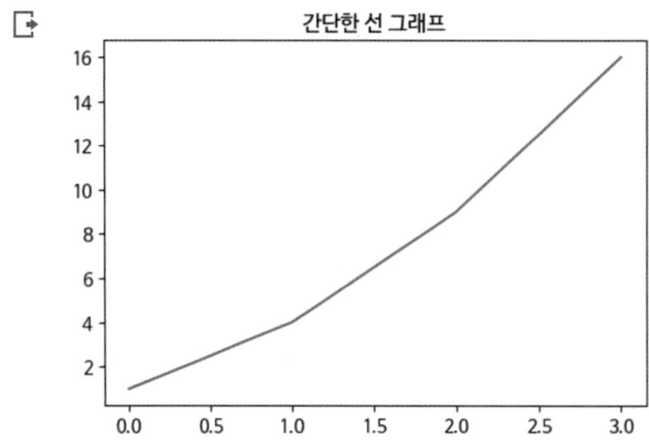

성공입니다! 맷플롯립 그래프에 한글이 깨지지 않고 잘 출력되었네요. 폰트 크기는 다시 기본값 10으로 바꾸어 놓겠습니다.

손코딩

```
plt.rc('font', size=10)
```

이어서 한글 출력을 비롯해 맷플롯립의 여러 기능을 사용해 멋진 산점도를 그려 보겠습니다.

출판사별 발행 도서 개수 산점도 그리기

ns_book7 데이터프레임을 사용해서 출판사별 도서가 어떤 연도에 많이 발행되었는지 산점도를 그려 보겠습니다. ns_book7.csv 파일을 구글 드라이브에서 다운로드하고 판다스 데이터프레임으로 불러 옵니다.

```
import gdown

gdown.download('https://bit.ly/3pK7iuu', 'ns_book7.csv', quiet=False)

import pandas as pd

ns_book7 = pd.read_csv('ns_book7.csv', low_memory=False)
ns_book7.head()
```

	번호	도서명	저자	출판사	발행년도	주제분류번호	도서권수	대출건수	등록일자
0	1	인공지능과 흙	김동훈 지음	민음사	2021	NaN	1	0	2021-03-19
1	2	가짜 행복 권하는 사회	김태형 지음	갈매나무	2021	NaN	1	0	2021-03-19
2	3	나도 한 문장 잘 쓰면 바랄 게 없겠네	김선영 지음	블랙피쉬	2021	NaN	1	0	2021-03-19
3	4	예루살렘 해변	이도 게펜 지음, 임재희 옮김	문학세계사	2021	NaN	1	0	2021-03-19
4	5	김성곤의 중국한시기행: 장강·황하 편	김성곤 지음	김영사	2021	NaN	1	0	2021-03-19

연도를 기준으로 출판사별 발행 도서 개수를 표현해야 하므로 x축에는 '발행년도', y축에는 '출판사'를 표시해야 합니다. 이 데이터에 있는 전체 출판사 수는 2만 개가 넘기 때문에 그래프에 모두 표현하기는 어려우니 발행 도서가 많은 상위 30개 출판사의 데이터 중 일부를 사용하겠습니다.

고유한 출판사 목록 만들기

value_counts() 메서드를 사용해 고유한 출판사 목록을 만듭니다. 이 메서드는 카운트가 높은 순으로 결과를 내림차순 정렬한다는 것을 기억하세요. 상위 30개 출판사를 선택하려면 다음처럼 슬라이스 연산자를 사용할 수 있습니다.

손코딩

```
top30_pubs = ns_book7['출판사'].value_counts()[:30]
top30_pubs
```

마지막 인덱스는 범위에 포함하지 않으므로 가져오려는 인덱스보다 하나 더 크게 지정해야 합니다.

```
문학동네          4410
민음사            3349
김영사            3246
웅진씽크빅        3227
시공사            2685
창비              2469
문학과지성사      2064
위즈덤하우스      1981
학지사            1877
한울              1553
한국학술정보      1496
열린책들          1491
살림출판사        1479
한길사            1460
博英社            1458
커뮤니케이션북스  1445
지식을만드는지식  1390
자음과모음        1364
비룡소            1331
랜덤하우스코리아  1314
넥서스            1310
황금가지          1101
길벗              1094
시그마프레스      1063
현암사            1054
다산북스          1046
집문당            1038
```

```
책세상              1037
한국문화사           1028
북이십일 21세기북스    1026
Name: 출판사, dtype: int64
```

발행 도서 개수 기준으로 상위 30개 출판사 목록을 얻었습니다.

이제 ns_book7 데이터프레임에서 상위 30개 출판사에 해당하는 행을 표시하는 불리언 인덱스를 만들어 보죠. 어떤 행의 출판사가 top30_pubs 목록에 있는 출판사 중 하나에 해당하는지 검사하려면 **isin() 메서드**를 사용할 수 있습니다.

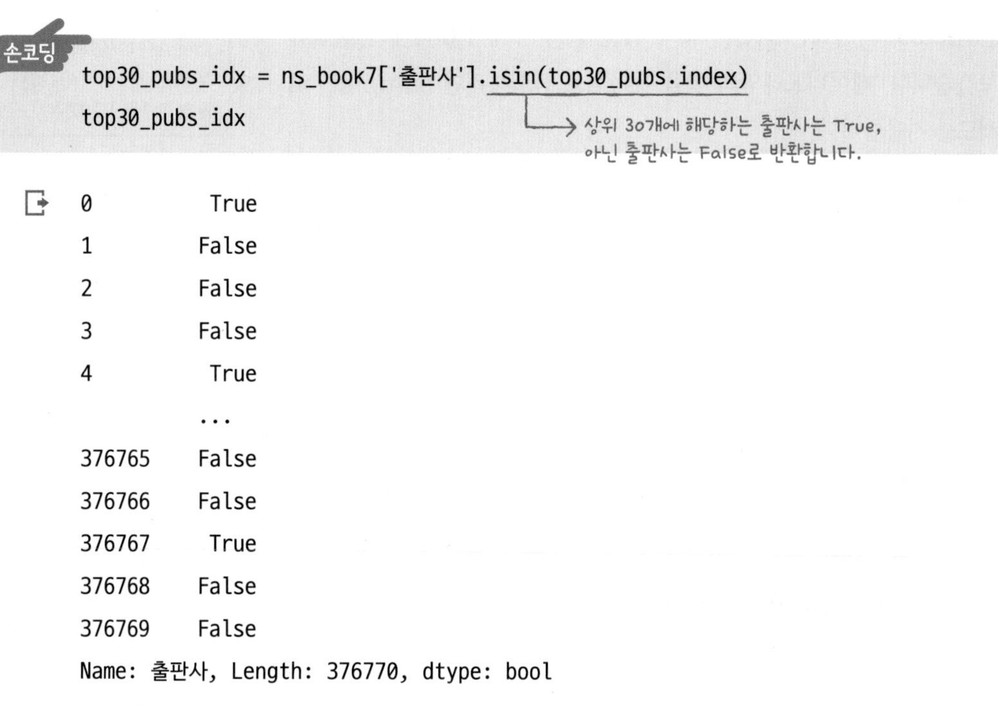


```
top30_pubs_idx = ns_book7['출판사'].isin(top30_pubs.index)
top30_pubs_idx
```

```
0          True
1         False
2         False
3         False
4          True
          ...
376765    False
376766    False
376767     True
376768    False
376769    False
Name: 출판사, Length: 376770, dtype: bool
```

원본 데이터프레임의 행 길이와 동일한 불리언 인덱스를 만들었습니다. 비교하려는 출판사 목록은 top30_pubs 객체의 인덱스에 들어 있기 때문에 isin() 메서드에 top30_pubs.index를 전달했습니다.

isin() 메서드에 값을 전달하면 데이터프레임에서 일치하는 값을 찾아 불리언 배열로 반환합니다.

상위 30개 출판사의 발행 도서 개수가 총 몇 개인지 세어 볼까요? 시리즈 객체에서 sum() 메서드를 호출하면 값을 모두 더합니다. 값이 불리언일 경우 True는 1, False는 0으로 처리되므로 불리언 배열에서 True인 원소의 개수를 헤아리는데 사용할 수 있습니다.

손코딩

```
top30_pubs_idx.sum()
```

```
51886
```

상위 30개 출판사의 데이터가 5만 개가 넘는군요.

산점도로 그리기에는 여전히 많기 때문에 이 중에 1,000개만 선택해 보겠습니다. 데이터프레임의 행을 무작위로 선택하려면 **sample() 메서드**를 사용합니다.

> sample() 메서드의 첫 번째 매개변수에는 무작위로 선택할 행 개수를 지정합니다.

그리고 **random_state 매개변수**에 임의의 숫자를 적습니다. 이 매개변수는 4장에서 본 넘파이의 seed() 함수와 비슷한 역할을 합니다. 따라서 예시와 동일한 값을 전달하면 항상 같은 결과를 얻을 수 있습니다.

손코딩

```
ns_book8 = ns_book7[top30_pubs_idx].sample(1000, random_state=42)
ns_book8.head()
```

	번호	도서명	저자	출판사	발행년도	주제분류번호	도서권수	대출건수	등록일자
141760	155786	제갈량 문집	제갈량 지음; 조영래 옮김	지식을 만드는 지식	2012	808	1	2	2013-04-10
249855	268595	존 레넌을 찾아서	토니 파슨스 지음; 이은정 옮김	시공사	2007	843	1	18	2007-12-14
129347	142802	요리사 & 쇼핑호스트: 생활과학계열·예체능계열	와이즈멘토 글; 김성희 그림	김영사	2013	321.55	1	3	2013-12-09

349194	371975	임정섭의 글쓰기 훈련소	임정섭 지음	다산북스	2017	NaN	1	0	1970-01-01
46734	51748	초한지: 이문열의 史記 이야기	지은이: 이문열	민음사	2017	813.6	1	9	2018-07-02

산점도 그리기

이제 산점도를 그려 보겠습니다. x축에는 '발행년도' 열, y축에는 '출판사' 열을 지정합니다. 조금 크게 그리기 위해 subplots() 함수로 피겨의 크기를 (10, 8)로 지정합니다. 이렇게 하면 자연스럽게 객체지향 API를 사용하게 됩니다.

손코딩

```
fig, ax = plt.subplots(figsize=(10, 8))
ax.scatter(ns_book8['발행년도'], ns_book8['출판사'])
ax.set_title('출판사별 발행 도서')
fig.show()
```

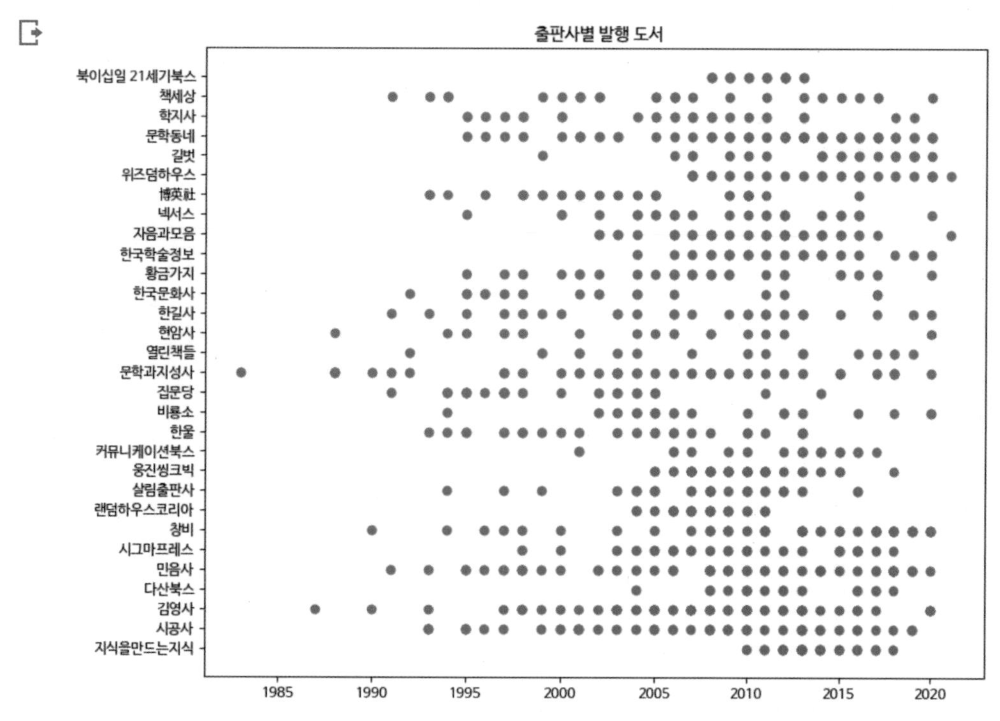

해당 연도에 어떤 출판사의 도서가 발행되었는지 알려 주는 산점도가 출력되었습니다. 그러나 어떤 해에 얼마나 많은 도서가 대출되었는지는 알 수 없으니 이를 개선해 보겠습니다.

값에 따라 마커 크기를 다르게 나타내기

어떤 연도에 도서가 많이 대출되었는지 시각적으로 보이도록 마커의 크기를 조절해 보겠습니다. scatter() 함수는 마커의 크기를 지정할 수 있는 **s 매개변수**를 제공합니다. 선 그래프와 산점도의 마커 크기는 rcParams['lines.markersize']로 지정하며 기본값은 6입니다. s 매개변수의 기본값은 rcParams['lines.markersize']의 제곱을 사용합니다.

s 매개변수 값을 하나의 실수로 바꾸면 산점도의 모든 마커 크기가 동일하게 바뀝니다. 하지만 입력 데이터와 동일한 길이의 배열을 지정하면 각 데이터마다 마커의 크기가 다른 산점도를 그릴 수 있습니다. 예를 들어 다음처럼 '대출건수' 열을 마커 크기로 전달하여 대출건수가 많은 도서를 상대적으로 크게 그릴 수 있습니다.

손코딩

```
fig, ax = plt.subplots(figsize=(10, 8))
ax.scatter(ns_book8['발행년도'], ns_book8['출판사'], s=ns_book8['대출건수'])
ax.set_title('출판사별 발행 도서')
fig.show()
```

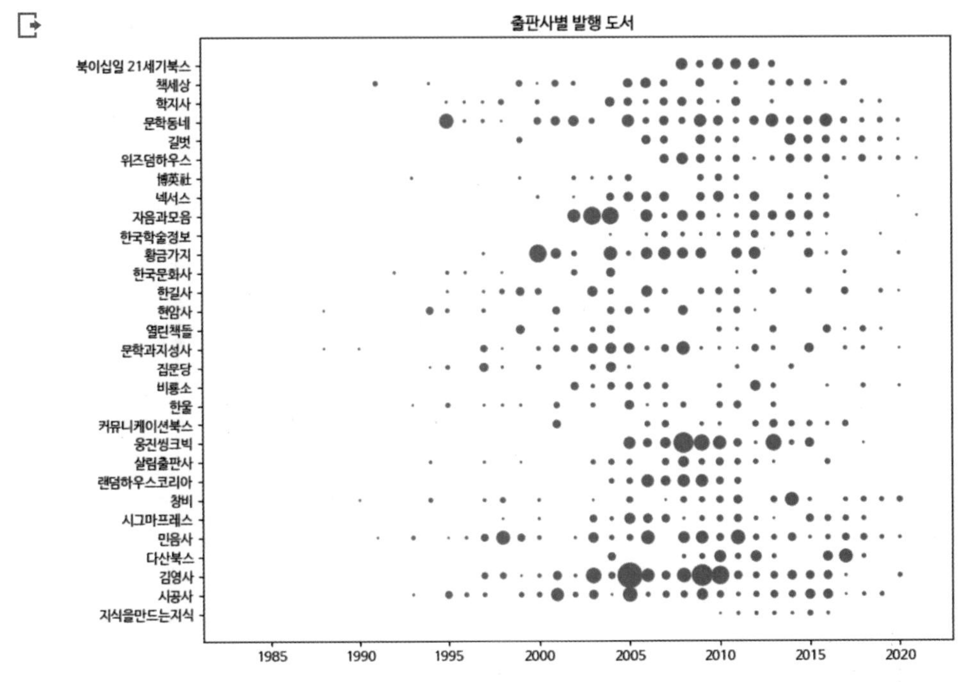

이 산점도는 각 출판사의 연도별 도서 발행 여부뿐만 아니라 얼마나 많은 대출을 기록했는지도 보여줍니다. '자음과모음' 출판사의 경우 2000년대 초반에 발행한 책의 대출건수가 높습니다. '김영사'의 경우 2005년과 2010년에 발행한 도서의 대출건수가 높군요.

scatter() 함수의 s 매개변수에 실수를 전달하면 마커 크기를 조절할 수 있습니다. 입력 데이터와 동일한 길이의 배열을 전달하면 배열에 있는 값에 따라 마커 크기가 바뀝니다.

마커 꾸미기

앞에서 그린 산점도를 조금 더 개선해 보죠. 다양한 매개변수를 활용해 다음과 같이 바꿔 보겠습니다.

❶ **투명도 조절하기**

alpha 매개변수는 마커의 투명도를 결정합니다. 마커의 진하기에 따라 해당 연도에 출간된 도서가 얼마나 많은지 대략 가늠할 수 있습니다. 출간 도서가 많은 경우 마커가 많이 겹치기 때문에 alpha 매개변수를 낮게 설정해도 상대적으로 진하게 나타날 것입니다.

❷ **마커 테두리 색 바꾸기**

edgecolor 매개변수는 마커 테두리의 색을 결정합니다. 이 매개변수의 기본값은 마커의 색을 의미하는 'face'입니다. 마커 테두리를 그리면 여러 개의 마커가 겹칠 때 경계를 구분할 수 있어 유용합니다. 여기서는 검은색을 의미하는 'k'로 지정해 보죠.

❸ **마커 테두리 선 두께 바꾸기**

linewidths 매개변수는 마커 테두리 선의 두께를 결정하며 기본값은 1.5입니다. 여기서는 0.5로 지정하여 조금 더 테두리를 얇게 그리겠습니다.

❹ **산점도 색 바꾸기**

c 매개변수는 산점도의 색을 지정합니다. s 매개변수와 마찬가지로 c 매개변수에 데이터 개수와 동일한 길이의 배열을 전달하면 각 데이터를 다른 색깔로 그릴 수 있습니다. 예를 들어 c 매개변수에 '대출건수' 열을 전달하면 큰 값은 밝은 노랑색, 낮은 값은 진한 녹색으로 그립니다.

추가로 s 매개변수는 대출건수에 2를 곱한 값으로 수정하여 마커의 크기가 눈에 더 잘 띄도록 하겠습니다.

손코딩

```
fig, ax = plt.subplots(figsize=(10, 8))
ax.scatter(ns_book8['발행년도'], ns_book8['출판사'],
           linewidths=0.5, edgecolors='k', alpha=0.3,
           s=ns_book8['대출건수']*2, c=ns_book8['대출건수'])
ax.set_title('출판사별 발행 도서')
fig.show()
```

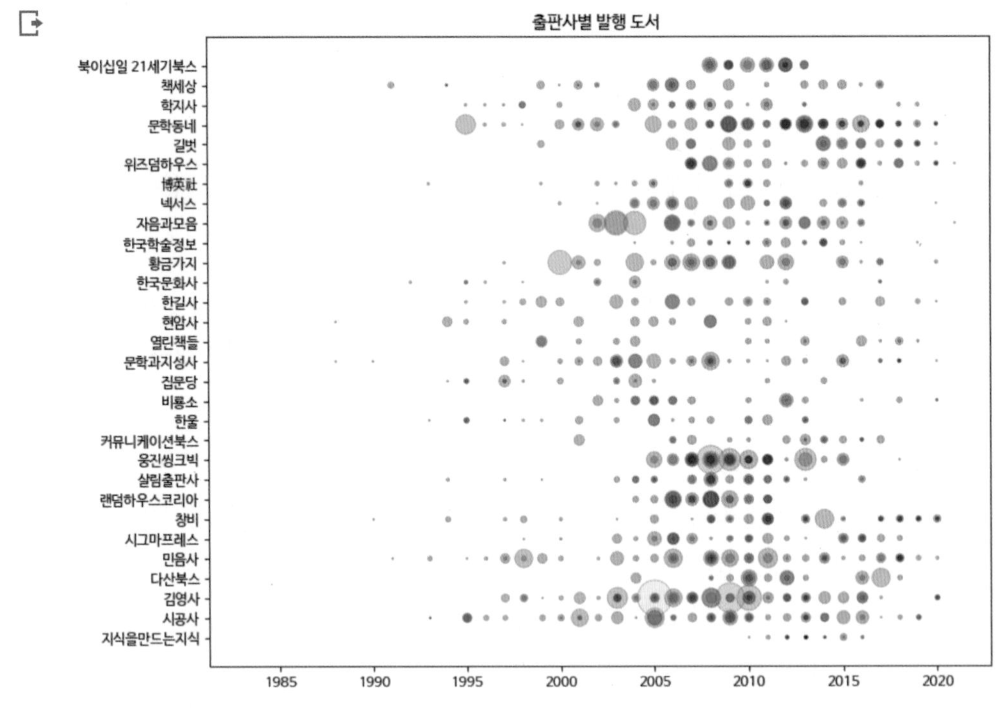

출력된 산점도 그래프는 훨씬 더 많은 정보를 보여줍니다. 예를 들어 '황금가지'에서 발행한 도서 중에 높은 대출건수를 기록한 것은 2000년에 발행한 도서지만, 다른 도서들은 대부분은 2005년 이후에 출간된 도서입니다.

값에 따라 색상 표현하기: 컬러맵

맷플롯립은 **컬러맵**color map을 사용하여 값에 따른 색상을 다르게 표현합니다. 앞서 그린 산점도는 scatter() 함수가 사용하는 기본값인 **viridis** 컬러맵으로 표현되었습니다.

자주 사용하는 컬러맵 중 하나는 **jet** 컬러맵입니다. jet 컬러맵은 낮은 값일수록 짙은 파란색이고, 높은 값으로 갈수록 점차 노란색으로 바뀌었다가 붉은색이 됩니다.

note 이외에도 맷플롯립은 다양한 컬러맵을 제공합니다. 다음 컬러맵 레퍼런스 문서를 참고하세요.

URL https://matplotlib.org/stable/gallery/color/colormap_reference.html

산점도를 jet 컬러맵으로 다시 그려 보겠습니다. 그리고 컬러맵의 색깔이 어떤 대출건수 값에 대응하는지 참조 정보를 제공하는 **컬러 막대**color bar를 그래프 옆에 그려 주겠습니다. 컬러맵은 **cmap 매개변수**로 지정할 수 있고, 컬러 막대는 scatter() 함수가 반환하는 객체를 **colorbar() 메서드**에 전달하면 됩니다.

```
fig, ax = plt.subplots(figsize=(10, 8))
sc = ax.scatter(ns_book8['발행년도'], ns_book8['출판사'],
                linewidths=0.5, edgecolors='k', alpha=0.3,
                s=ns_book8['대출건수']**1.3, c=ns_book8['대출건수'], cmap='jet')
ax.set_title('출판사별 발행 도서')
fig.colorbar(sc)
fig.show()
```

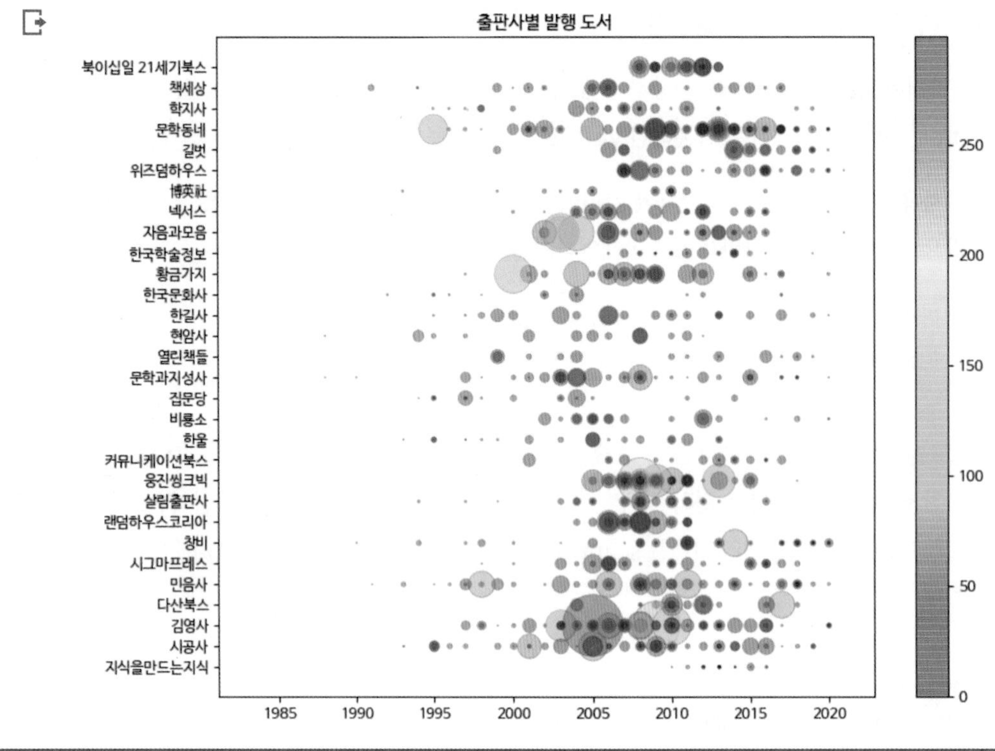

note matplotlib.pyplot을 사용하는 경우에는 매개변수 없이 plt.colorbar( )를 호출하면 자동으로 현재 피겨의 서브플롯에 컬러 막대가 추가됩니다.

컬러 막대가 jet 컬러맵의 컬러 변화를 잘 보여 줍니다. 가장 짙은 빨간색은 가장 큰 대출건수인 299에 맵핑되고, 가장 짙은 파란색은 가장 작은 대출건수인 0에 매핑됩니다. 이 컬러 막대 색깔은 아래에서부터 파란색이 점차 녹색, 노랑, 빨강으로 변합니다.

컬러 막대와 산점도의 마커 색깔과 비교하여 대략적인 대출건수의 값을 가늠할 수 있습니다.

이번에는 s 매개변수에 입력하는 값으로 대출건수에 1.3을 제곱했습니다. 대출건수가 많을수록 마커의 크기가 더욱 커지죠. 앞서 그린 산점도와 비교해 보아도 마커 간의 비율 차이가 커졌습니다. 이렇게 마커 크기를 조절하면 산점도에 부가적인 정보를 포함시킬 수 있습니다. 그러나 마커 크기를 이용하여 데이터를 교묘하게 왜곡시킬 수 있다는 것을 주의해야 합니다. 마커 크기를 사용해 데이터를 표현한다면 어떤 방식으로 그렸는지 정보를 제공하는 것이 좋습니다.

맷플롯립의 다양한 기능으로 그래프 개선하기 문제 해결 과정

이번 절에서는 조금 더 복잡한 그래프를 그리기 위해 맷플롯립의 다양한 기능을 알아보았습니다. 먼저 **pyplot** 방식과 **객체지향 API**의 차이점을 설명하고, 맷플롯립 그래프에서 한글을 출력하기 위한 방법을 살펴보았습니다.

그다음 도서 대출 데이터를 산점도로 나타내 보았습니다. 이 산점도의 x축은 '발행년도' 열이고 y축은 '출판사' 열입니다. 산점도의 한 점은 출판사 어떤 해에 발행한 하나의 도서에 해당합니다. 또한 산점도의 마커의 크기와 컬러맵을 사용하여 도서의 대출건수를 표시해 보았습니다.

어떤가요? 데이터의 특징이 더 잘 보이나요? 이정도면 사장님도 보고서에 만족하시겠죠?

마무리

▶ 3가지 키워드로 정리하는 핵심 포인트

- 맷플롯립의 **객체지향 API**는 명시적으로 피겨 객체와 서브플롯 객체를 만들고 이 객체의 메서드를 사용하여 맷플롯립 그래프를 그리는 방법입니다.
- **컬러맵**은 맷플롯립에서 그래프를 그리는 데 사용하기 위해 사전에 정의한 색상 리스트입니다. 기본 컬러맵은 진녹색에서 노란색으로 변화하는 viridis입니다. 파란색에서 노란색에서 빨간색으로 바뀌는 jet 컬러맵도 많이 사용합니다.
- **컬러 막대**는 데이터 포인트에 적용된 색상의 범위를 보여주는 막대입니다. 보통 그래프의 오른쪽에 나란히 놓이며 색깔이 의미하는 실제 값을 참조하는데 사용됩니다.

▶ 표로 정리하는 핵심 함수와 메서드

함수/메서드	기능
matplotlib.pyplot.rc()	rcParams 객체의 값을 설정합니다.
Figure.colorbar()	그래프에 컬러 막대를 추가합니다.

▶ 확인 문제

1. 다음 중 맷플롯립의 기본 설정을 바꿀 수 있는 함수는 무엇인가요?

① resource()
② rc_params()
③ default()
④ rc()

2. 다음 중 맷플롯립의 폰트 크기를 올바르게 설정한 것은 무엇인가요?

① plt.rcParams['font.size'] = 11
② plt.rcParams('font', size=11)
③ plt.rc('font.size') = 11
④ plt.rc('font', 11)

3. 맷플롯립의 scatter() 메서드에서 마커의 크기를 바꾸는 매개변수는 무엇인가요?

① marker
② s
③ size
④ markersize

4. 맷플롯립의 scatter() 메서드에서 마커의 색을 지정하는 매개변수는 무엇인가요?

① c
② color
③ col
④ cmap

5. 컬러 막대를 추가하기 위한 피겨 객체의 메서드는 무엇인가요?

① color_bar()
② colorbar()
③ col_bar()
④ colbar()

06-2 맷플롯립의 고급 기능 배우기

핵심 키워드

범례 | 피벗 테이블 | 스택 영역 그래프 | 스택 막대 그래프 | 원 그래프

이 절에서는 맷플롯립의 고급 그래프 기능을 사용해 보겠습니다. 그래프에 범례를 추가하고 선 그래프와 막대 그래프를 동시에 여러 개 그리는 방법을 배웁니다. 또한 데이터프레임의 피벗 테이블 기능도 알아보겠습니다.

시작하기 전에

멋진 산점도를 그려서 이사님께 보고했습니다. 혼공분석의 시각화 실력이 날로 늘어나는군요. 이번에는 이사님이 여러 출판사의 선 그래프를 비교하기 좋게 한 페이지에 그려 달라고 하시네요. 하나의 선 그래프를 그리는 방법은 이전 절에서 알아보았는데요. 여러 개를 한꺼번에 어떻게 그릴 수 있을까요?

선 그래프와 막대 그래프는 하나의 피겨에 여러 개를 그릴 수 있습니다. 예를 들어 10개의 출판사 중 어느 출판사가 어떤 연도에 도서를 가장 많이 발행했는지 시각화하고 싶을 수 있습니다. 이럴 때는 각 출판사마다 피겨를 생성하여 그래프를 그리는 것이 아니라 하나의 피겨에 10개의 출판사 그래프를 모두 그리면 데이터를 비교하기 더 쉽습니다.

이번 절에서는 이처럼 하나의 피겨에 여러 개의 그래프를 그려 보고, 데이터가 명확하게 표현되도록 맷플롯립의 고급 기능을 알아보겠습니다. 또한 서브플롯을 활용하여 하나의 피겨에 다양한 그래프를 한 번에 그리는 방법을 알아보겠습니다.

실습 준비하기

본격적으로 학습하기 전에 실습 환경을 설정하고, 필요한 데이터를 다운로드하겠습니다.

먼저 한글 폰트를 설치합니다.

손코딩

```
# 노트북이 코랩에서 실행 중인지 체크합니다.
import sys
if 'google.colab' in sys.modules:
    !echo 'debconf debconf/frontend select Noninteractive' | \
    debconf-set-selections
    # 나눔 폰트를 설치합니다.
    !sudo apt-get -qq -y install fonts-nanum
    import matplotlib.font_manager as fm
    font_files = fm.findSystemFonts(fontpaths=
                                    ['/usr/share/fonts/truetype/nanum'])
        for fpath in font_files:
            fm.fontManager.addfont(fpath)
```

그다음 맷플롯립 폰트의 기본값을 'NanumBarunGothic'으로 설정해 주고, 그래프가 잘 보이도록 해상도 기본값도 100으로 높여 줍니다.

손코딩

```
import matplotlib.pyplot as plt

# 나눔바른고딕 폰트로 설정합니다.
plt.rc('font', family='NanumBarunGothic')

# 그래프 DPI 기본값을 변경합니다.
plt.rcParams['figure.dpi'] = 100
```

그래프를 그릴 데이터인 ns_book7.csv 파일을 구글 드라이브에서 다운로드하고 판다스 데이터프레임으로 불러 옵니다.

손코딩

```
import gdown

gdown.download('https://bit.ly/3pK7iuu', 'ns_book7.csv', quiet=False)

import pandas as pd

ns_book7 = pd.read_csv('ns_book7.csv', low_memory=False)
ns_book7.head()
```

	번호	도서명	저자	출판사	발행년도	주제분류번호	도서권수	대출건수	등록일자
0	1	인공지능과 흙	김동훈 지음	민음사	2021	NaN	1	0	2021-03-19
1	2	가짜 행복 권하는 사회	김태형 지음	갈매나무	2021	NaN	1	0	2021-03-19
2	3	나도 한 문장 잘 쓰면 바랄 게 없겠네	김선영 지음	블랙피쉬	2021	NaN	1	0	2021-03-19
3	4	예루살렘 해변	이도 게펜 지음, 임재희 옮김	문학세계사	2021	NaN	1	0	2021-03-19
4	5	김성곤의 중국한시기행: 장강·황하 편	김성곤 지음	김영사	2021	NaN	1	0	2021-03-19

모두 준비되었나요? 자, 그럼 이사님이 요구한 사항을 그래프 보고서에 반영해 보죠!

하나의 피겨에 여러 개의 선 그래프 그리기

한 피겨에 여러 개의 선 그래프를 그려야 할 때가 있습니다. 예를 들면 회사의 제품별 매출 현황을 비교하고 싶다면 x축을 연/월로 하고 y축을 매출로 합니다. 그리고 각 제품의 매출 데이터를 선 그래프로 표시합니다.

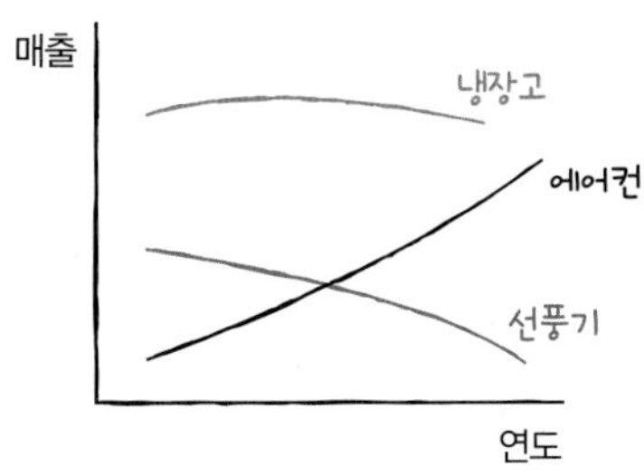

맷플롯립에서 여러 개의 선 그래프를 그리는 방법은 의외로 간단합니다. 선 그래프를 그리는 **plot() 함수**를 여러 번 호출하는 것이 전부입니다. 그래프를 그려 볼까요?

먼저 출판사에 대한 '발행년도'별 '대출건수' 그래프를 그리기 위해 데이터를 바꾸어 보겠습니다. 전체 출판사를 모두 그리는 것은 어렵기 때문에 상위 30위 정도의 고유한 출판사 목록이 있으면 좋겠네요. ns_book7 데이터프레임에서 출판사를 골라 줍니다.

손코딩

```
top30_pubs = ns_book7['출판사'].value_counts()[:30]
top30_pubs_idx = ns_book7['출판사'].isin(top30_pubs.index)
```

→ 상위 30위에 해당하는 출판사는 True로 표시하여 불리언 배열로 반환합니다.

그다음 ns_book7 데이터프레임에서 상위 30위에 해당하는 '출판사', '발행년도', '대출건수' 열만 추출하여 ns_book9를 만들어 줍니다.

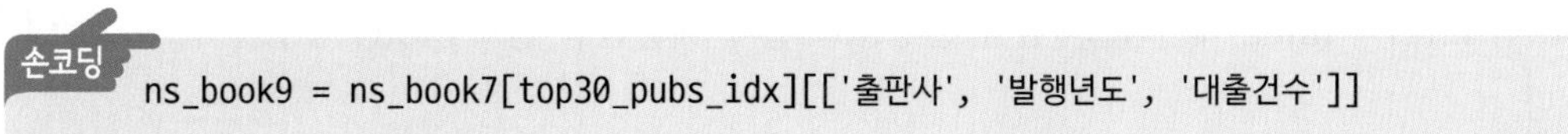

손코딩

```
ns_book9 = ns_book7[top30_pubs_idx][['출판사', '발행년도', '대출건수']]
```

이제 **groupby() 메서드**를 사용해 '출판사'와 '발행년도' 열을 기준으로 행을 모은 후 **sum() 메서드**로 '대출건수' 열의 합을 구해 줍니다.

출판사마다 연도별 대출건수를 나타내기 위해 같은 연도의 대출건수는 합쳐 줍니다.

손코딩

```
ns_book9 = ns_book9.groupby(by=['출판사', '발행년도']).sum()
```

이 데이터프레임의 인덱스는 '출판사'와 '발행년도' 열입니다. 인덱스를 초기화하기 위해 **reset_index() 메서드**를 호출하겠습니다. 그다음 '황금가지'라는 출판사의 데이터를 조금 확인해 보죠.

손코딩
```
ns_book9 = ns_book9.reset_index()
ns_book9[ns_book9['출판사'] == '황금가지'].head()
```

	출판사	발행년도	대출건수
858	황금가지	1995	0
859	황금가지	1996	67
860	황금가지	1997	116
861	황금가지	1998	526
862	황금가지	1999	505

그래프를 그릴 때는 원하는 분석 방향에 적합한 데이터로 가공해야 시각화의 품질을 올릴 수 있습니다.

실행 결과를 보니 연도별로 대출건수가 잘 집계되었습니다.

선 그래프 2개 그리기

이제 2개의 출판사 데이터를 만들어 '발행년도'에 대한 '대출건수' 선 그래프를 그려 보겠습니다. 출판사 별로 각각 데이터프레임을 만듭니다.

손코딩
```
line1 = ns_book9[ns_book9['출판사'] == '황금가지']
line2 = ns_book9[ns_book9['출판사'] == '비룡소']
```

그다음 line1과 line2 데이터프레임의 '발행년도' 열과 '대출건수' 열로 plot() 함수를 두 번 호출합니다.

손코딩
```
fig, ax = plt.subplots(figsize=(8, 6))
ax.plot(line1['발행년도'], line1['대출건수']) ──> '황금가지' 출판사 선 그래프
ax.plot(line2['발행년도'], line2['대출건수']) ──> '비룡소' 출판사 선 그래프
```

```
ax.set_title('연도별 대출건수')
fig.show()
```

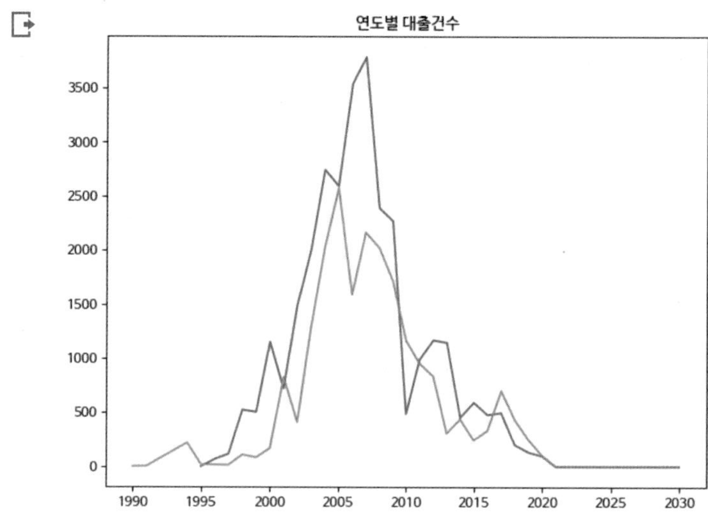

위 그래프에서 파란색이 '황금가지' 출판사의 그래프이고, 붉은색이 '비룡소' 출판사의 그래프입니다. 맷플롯립은 똑똑하게도 plot() 함수를 호출할 때 별도로 색을 지정하지 않아도 자동으로 선 그래프마다 다른 색으로 그립니다. 맷플롯립은 기본적으로 10개의 색을 돌아가며 그래프를 그립니다. 만약 10개 이상의 선을 그리게 되면 처음 색부터 다시 반복해서 사용합니다.

하지만 더 많은 선 그래프를 그린다면 구분하기 쉽지 않을 것 같네요. 이럴 때는 그래프에 **범례**legend를 추가하면 그래프를 이해하는 데 아주 도움이 됩니다. plot() 함수를 호출할 때 각 선 그래프에 **레이블**lable을 추가하고, 마지막에 **legend() 메서드**를 호출하면 범례가 추가됩니다.

손코딩

```
fig, ax = plt.subplots(figsize=(8, 6))
ax.plot(line1['발행년도'], line1['대출건수'], label='황금가지')
ax.plot(line2['발행년도'], line2['대출건수'], label='비룡소')
ax.set_title('연도별 대출건수')
ax.legend()
fig.show()
```

→ 레이블을 추가합니다.
→ 범례를 추가합니다.

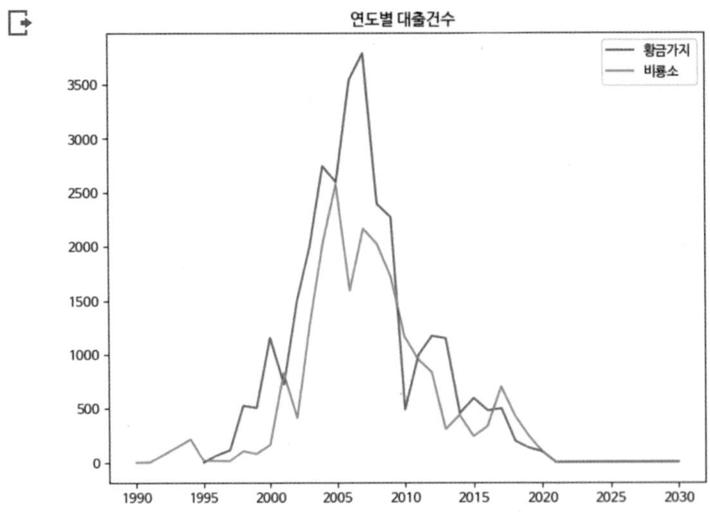

두 선 그래프의 범례가 그래프 오른쪽 위에 나타난 것을 알 수 있습니다.

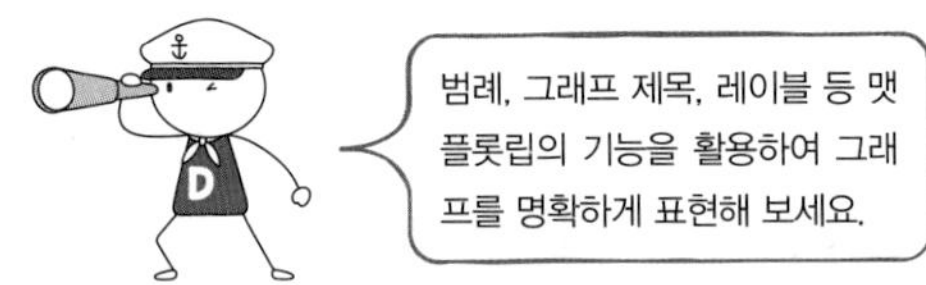

선 그래프 5개 그리기

이번에는 top30_pubs의 인덱스에 있는 상위 5개 출판사의 '발행년도'에 대한 '대출건수' 그래프를 그려 보겠습니다. 아래 코드는 앞에서 했던 것과 동일하지만, 5개 출판사에 대한 데이터프레임을 각각 만들지 않고 대신 for 문과 슬라이스 연산자를 사용해 선 그래프를 그립니다.

손코딩

```
fig, ax = plt.subplots(figsize=(8, 6))
for pub in top30_pubs.index[:5]:
    line = ns_book9[ns_book9['출판사'] == pub] ⟶ 상위 5개 출판사가 선택됩니다.
    ax.plot(line['발행년도'], line['대출건수'], label=pub) ⟶ 5개 출판사에 대한 선 그래프를 그립니다.
ax.set_title('연도별 대출건수')
ax.legend()
ax.set_xlim(1985, 2025) ⟶ 1985부터 2025까지 x축 범위를 선택합니다.
fig.show()
```

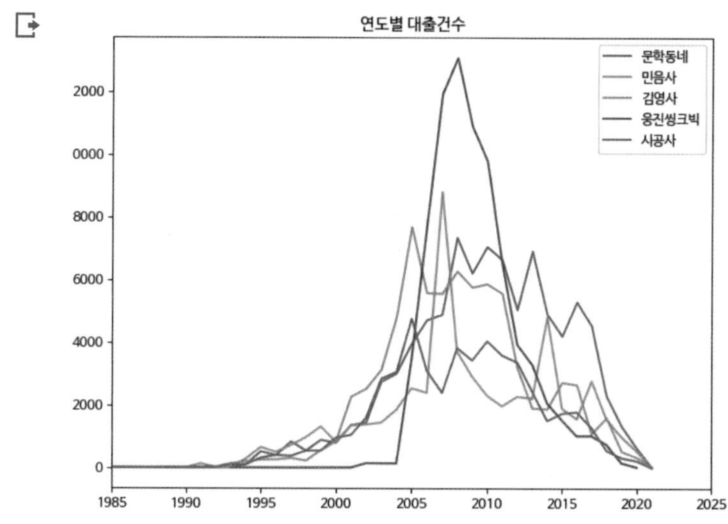

원래 이 그래프는 1970년대부터 시작하기 때문에 연도 범위를 지정하지 않으면 오른쪽으로 많이 치우쳐 있습니다. 이를 피하기 위해 대부분의 대출건수가 발생한 1990년대 이후 데이터가 중점적으로 보이도록 **set_xlim() 메서드**를 사용했습니다. 이 메서드에는 그래프로 출력할 x축의 좌표 범위를 지정합니다. 첫 번째 매개변수는 x축의 최솟값이고 두 번째 매개변수는 x축의 최댓값입니다. 비슷하게 y축의 좌표를 지정하려면 **set_ylim() 메서드**를 사용합니다.

> x축 범위 지정은 set_xlim() 메서드, y축 범위 지정은 set_ylim() 메서드를 사용합니다.

✚ 여기서 잠깐 matplotlib.pyplot을 사용할 때는 xlim(), ylim() 함수를 사용하면 되나요?

맞습니다. plt.xlim(), plt.ylim()처럼 사용하면 됩니다. 이제 pyplot 함수와 객체지향 API 간 차이에 익숙해졌을 것 같네요. 이외에도 320쪽에서 살펴본 axis() 함수를 사용해 x축과 y축의 범위를 동시에 설정할 수 있습니다.

다만 axis() 함수에는 x축의 범위와 y축의 범위를 리스트로 묶어 전달해야 합니다. 예를 들어 '발행년도'는 1985부터 2025까지, '대출건수'는 0부터 13000까지 그리려면 다음과 같이 작성합니다.

```
plt.axis([1985, 2025, 0, 13000])
```

(1985, 2025: x축 / 0, 13000: y축)

이 리스트 값은 순서대로 x축의 최솟값, x축의 최댓값, y축의 최솟값, y축의 최댓값입니다. 또한 이 함수는 객체지향 API에서도 동일한 이름을 사용합니다. 즉 ax.set_axis([1985, 2025, 0, 13000])가 아니라 ax.axis([1985, 2025, 0, 13000]) 처럼 써야 합니다.

범례를 추가했지만, 그래프에서 5개의 출판사를 구분하기 쉽지 않네요. 각 선 그래프가 서로 많이 교차하기 때문입니다. 이런 경우에는 선 그래프보다는 스택 영역 그래프를 그리는 것이 좋습니다.

스택 영역 그래프

스택 영역 그래프stacked area graph는 말그대로 하나의 선 그래프 위에 다른 선 그래프를 차례대로 쌓는 것입니다. 그래프 사이의 간격이 y축의 값이 됩니다. 이해를 도울 수 있도록 그림으로 표현하면 다음과 같습니다.

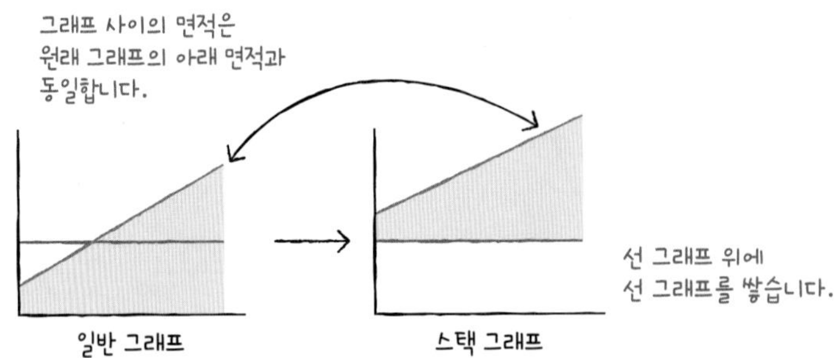

이러한 스택 영역 그래프는 맷플롯립의 **stackplot() 메서드**로 그릴 수 있습니다. 이 메서드는 첫 번째 매개변수에 x축의 값인 '발행년도'를 전달하고, 두 번째 매개변수에는 y축 값을 2차원 배열로 전달해야 합니다.

예를 들어 각 출판사의 연도별 대출건수를 그리려면 y축에 해당하는 2차원 배열은 행이 각 '출판사'에 해당하고 열은 '발행년도'로 구성합니다.

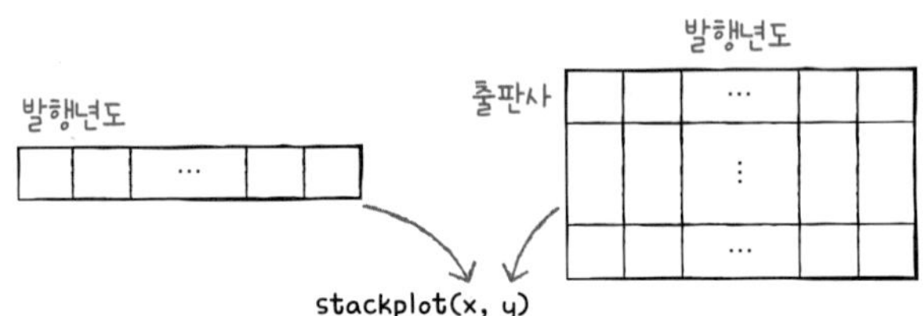

따라서 앞서 만든 ns_book9 데이터프레임에서 '발행년도' 열의 개별 값을 하나의 열로 구성한 후 상위 10개 출판사의 연도별 대출건수를 스택 영역 그래프로 그려 보겠습니다. 단계별로 정리하면 다음과 같습니다.

❶ pivot_table() 메서드로 각 '발행년도' 열의 값을 열로 바꾸기 ⟶ y축에 넣을 2차원 배열을 만듭니다.

❷ '발행년도' 열을 리스트 형태로 바꾸기 ⟶ x축에 넣을 리스트를 만듭니다.

❸ stackplot() 메서드로 스택 영역 그래프 그리기

❶ pivot_table() 메서드로 각 '발행년도' 열의 값을 열로 바꾸기

하나의 열을 2차원 배열로 바꾸는 것처럼 데이터 구조를 바꾸는 방법은 판다스의 **pivot_table()** 메서드로 처리할 수 있습니다. 이 함수는 엑셀의 **피벗 테이블**pivot table과 유사한 기능을 수행합니다.

출판사	발행년도	대출건수
A출판사	2020	10
B출판사	2021	20
A출판사	2021	30
	⋮	

피벗 테이블 →

	2021	2022
A출판사	10	30
B출판사		20

'출판사' 열의 값은 인덱스, '발행년도' 열의 값은 열 이름이 됩니다.

pivot_table() 메서드를 사용하는 방법은 간단합니다. **index 매개변수**와 **columns 매개변수**에 원본 데이터프레임의 열을 지정하면 각 열의 고유한 값이 피벗 테이블로 변환된 데이터프레임의 인덱스와 열이 됩니다.

index 매개변수에는 행 인덱스로 사용할 열 이름, columns 매개변수에는 열 인덱스로 사용할 열 이름을 넣습니다.

여기서는 index 매개변수에 '출판사' 열, columns 매개변수에 '발행년도' 열을 지정해 보죠.

손코딩

```
ns_book10 = ns_book9.pivot_table(index='출판사', columns='발행년도')
ns_book10.head()
```

	대출건수									
발행년도	1947	1974	1975	1976	1977	2018	2019	2020	2021	2030
출판사										
博英社	0	NaN	0	NaN	0	8	NaN	1	NaN	NaN
길벗	NaN	NaN	NaN	NaN	NaN	1004	773	292	12	NaN
김영사	NaN	NaN	NaN	NaN	NaN	1602	533	332	30	NaN
넥서스	NaN	NaN	NaN	NaN	NaN	565	90	15	0	NaN
다산북스	NaN	NaN	NaN	NaN	NaN	773	530	127	13	NaN

5 rows × 50 columns

기대한 대로 '발행년도' 열의 값이 하나의 열이 되었군요. 한 가지 눈 여겨 보아야 할 것은 열이 다단으로 구성되어 있다는 점입니다. 첫 번째 열을 보면 1947이 아니라 ('대출건수', 1947)입니다.

ns_book10의 columns 속성을 확인해 보면 쉽게 알 수 있습니다.

손코딩

```
ns_book10.columns[:10]
```

```
MultiIndex([('대출건수', 1947),
            ('대출건수', 1974),
            ('대출건수', 1975),
            ('대출건수', 1976),
            ('대출건수', 1977),
            ('대출건수', 1978),
            ('대출건수', 1979),
            ('대출건수', 1980),
            ('대출건수', 1981),
            ('대출건수', 1982)],
           names=[None, '발행년도'])
```

❷ '발행년도' 열을 리스트 형태로 바꾸기

이번에는 상위 10개의 출판사 이름과 x축에 놓을 '발행년도' 리스트를 준비해 볼까요? 판다스 인덱스 객체에서 호출할 수 있는 **get_level_values() 메서드**는 다단으로 구성된 열 이름에서 선택한 항목만 가져올 수 있습니다. 따라서 ('대출건수', 1947)로 되어있는 열 이름 중 연도로 구성된 두 번째 항목만 가져올 수 있습니다.

손코딩

```
top10_pubs = top30_pubs.index[:10]
year_cols = ns_book10.columns.get_level_values(1)
```

❸ stackplot() 메서드로 스택 영역 그래프 그리기

x축과 y축에 전달할 값이 준비되었습니다. 이제 stackplot() 메서드에 x축 값에는 year_cols를, y축에는 ns_book10에서 상위 10개 출판사에 해당하는 행을 골라 전달합니다. 범례는 이전과 동일하게 출판사 이름으로 지정합니다. legend() 메서드는 **loc 매개변수**로 범례의 위치를 지정할 수 있습니다.

여기에서는 'upper left'로 지정하여 출력해 보겠습니다.

loc 매개변수의 기본값은 'best'로 최상의 위치를 선택해 출력합니다.

손코딩

```
fig, ax = plt.subplots(figsize=(8, 6))
ax.stackplot(year_cols, ns_book10.loc[top10_pubs].fillna(0),
             labels=top10_pubs)
ax.set_title('연도별 대출건수')
ax.legend(loc='upper left') ⟶ 범례를 왼쪽 상단에 표시합니다.
ax.set_xlim(1985, 2025)
fig.show()
```

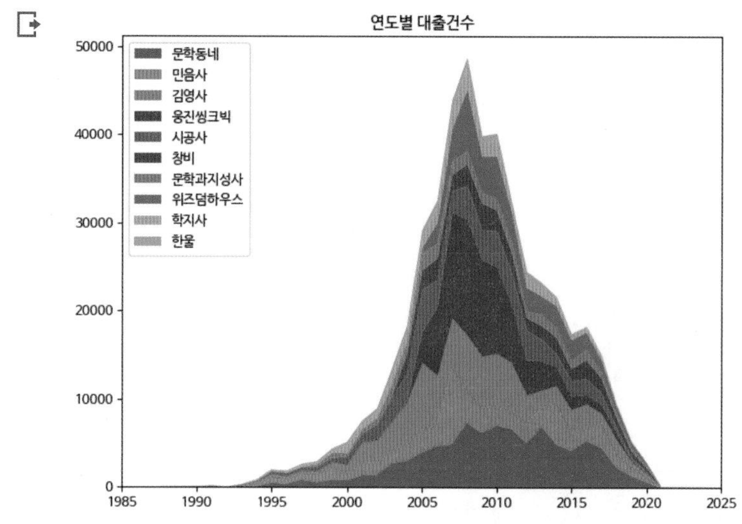

스택 영역 그래프가 성공적으로 출력되었습니다! 2010년 경의 그래프 면적을 보면 '문학동네'와 '웅진씽크빅'의 대출건수가 높다는 것을 쉽게 알 수 있습니다. 그래프 사이의 영역은 자동으로 색칠됩니다. 이 색은 앞서 여러 개의 선 그래프를 그렸을 때와 마찬가지로 10개의 색이 반복됩니다.

+ 여기서 잠깐 데이터프레임을 가져올 때 왜 fillna() 메서드를 사용하나요?

맷플롯립은 판다스 데이터프레임의 누락된 값을 제대로 처리하지 못해 그래프가 이상하게 그려지는 경우가 이따금 있습니다. 이런 현상을 막기 위해 그래프를 그리기 전에 **fillna()** 메서드로 누락된 값을 0으로 채웠습니다. 또는 **pivot_table()** 메서드를 호출할 때 fill_value=0으로 지정하면 피벗 테이블을 만들 때 미리 누락된 값을 0으로 채울 수 있습니다.

지금까지 연도별 대출건수를 선 그래프로 그려 보았습니다. 이번에는 막대 그래프를 사용해 여러 출판사의 데이터를 나타내는 방법을 알아보겠습니다.

하나의 피겨에 여러 개의 막대 그래프 그리기

막대 그래프를 여러 개 그리는 방법도 선 그래프와 비슷하게 **bar() 메서드**를 여러 번 호출하면 됩니다. 352쪽에서 만든 line1과 line2 데이터프레임으로 연이어 bar() 메서드를 호출해 보겠습니다.

손코딩

```
fig, ax = plt.subplots(figsize=(8, 6))
ax.bar(line1['발행년도'], line1['대출건수'], label='황금가지')
ax.bar(line2['발행년도'], line2['대출건수'], label='비룡소')
ax.set_title('연도별 대출건수')
ax.legend()
fig.show()
```

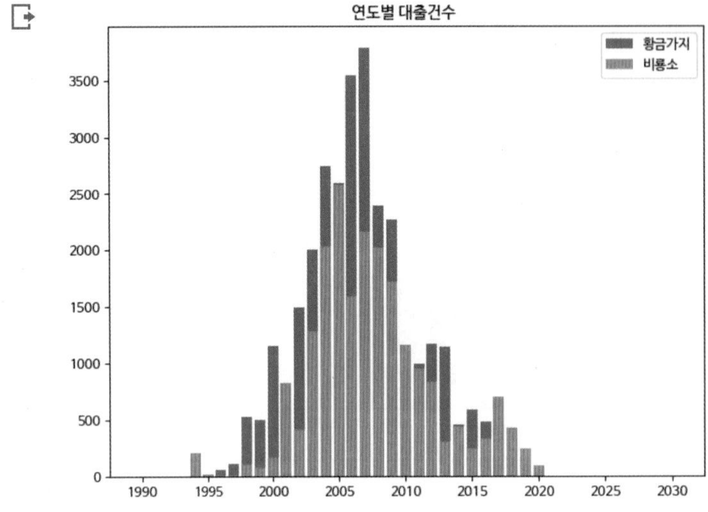

선 그래프와 달리 막대 그래프는 막대에 색이 채워집니다. 그래서 그냥 bar() 메서드를 연이어 호출하면 먼저 그린 막대를 덮어쓰게 되죠. 이런 방식으로는 두 출판사의 대출건수를 올바르게 나타낼 수 없겠네요.

두 출판사의 막대를 나란히 옆으로 그리려면 어떻게 해야 할까요? 막대의 기본 너비인 0.8의 절반인 0.4 너비로 두 막대 그래프를 그린 다음, x축에서 막대 하나 너비인 0.4의 절반씩 떨어지도록 그려야 합니다.

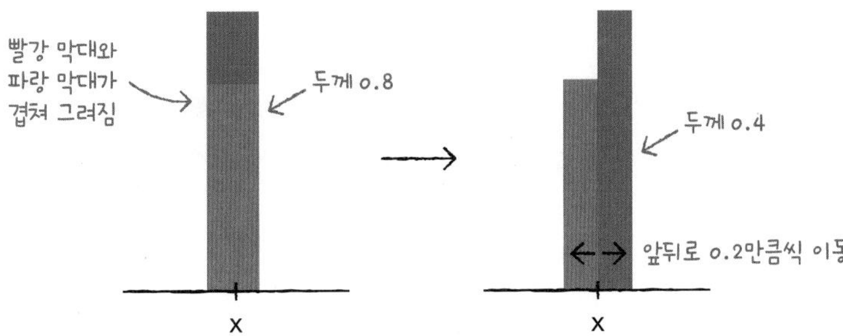

bar() 메서드로 바로 그려 보죠.

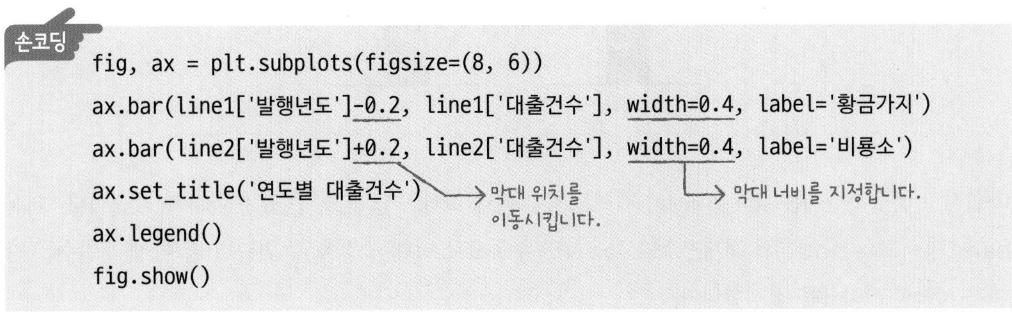


```
fig, ax = plt.subplots(figsize=(8, 6))
ax.bar(line1['발행년도']-0.2, line1['대출건수'], width=0.4, label='황금가지')
ax.bar(line2['발행년도']+0.2, line2['대출건수'], width=0.4, label='비룡소')
ax.set_title('연도별 대출건수')
ax.legend()
fig.show()
```

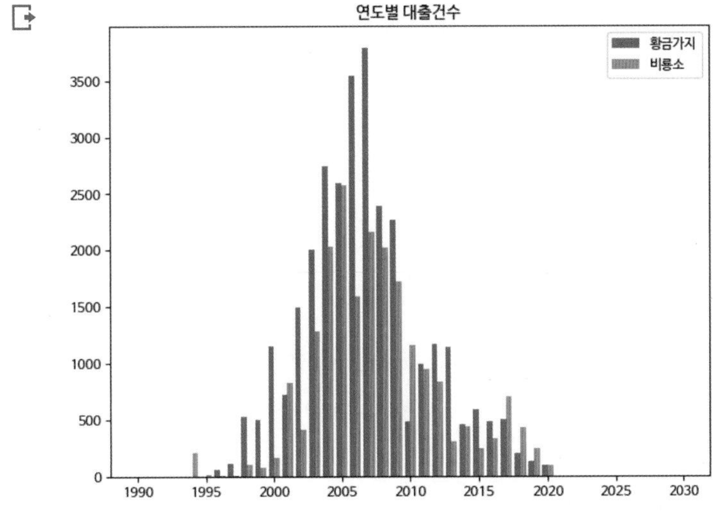

'황금가지' 출판사와 '비룡소' 출판사의 막대가 나란히 놓여 비교하기 좋습니다. 하지만 많은 출판사의 데이터를 그리기는 어려울 것 같네요. 많은 막대를 나란히 놓으려면 막대 두께를 아주 얇게 하거나 그래프의 폭을 많이 넓혀야 하기 때문입니다.

스택 막대 그래프

막대 그래프를 옆으로 나란히 놓지 않고 스택 영역 그래프처럼 위로 쌓을 수도 있습니다. 이런 그래프를 **스택 막대 그래프**stacked bar graph라고 합니다. 위로 쌓아 그리면 여러 개의 막대를 표현하는데 부담이 줄어듭니다.

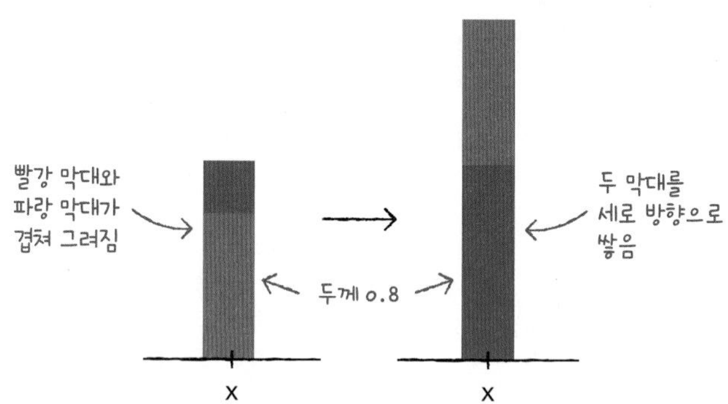

아쉽지만 맷플롯립에는 stackplot() 메서드처럼 막대 그래프를 쌓을 수 있는 함수가 없습니다. 대신 bar() 메서드의 **bottom 매개변수**를 사용하면 수동으로 막대를 쌓을 수 있습니다. 이 매개변수는 막대가 시작할 y 좌표를 결정합니다.

간단한 두 개의 리스트 height1, height2를 만들어 height1 막대 그래프 위에 height2를 쌓아 보겠습니다.

손코딩

```
height1 = [5, 4, 7, 9, 8]
height2 = [3, 2, 4, 1, 2]

plt.bar(range(5), height1, width=0.5)
plt.bar(range(5), height2, bottom=height1, width=0.5)
plt.show()
```

→ height1 막대가 끝나는 위치에서 시작합니다.

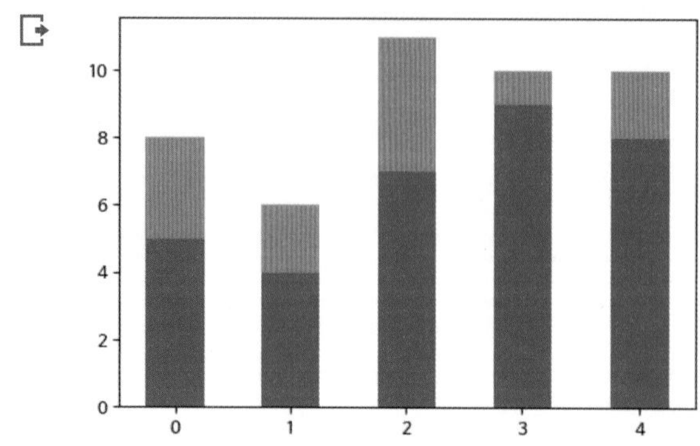

막대 그래프를 잘 쌓았지만 그래프를 그릴 때마다 막대의 시작 위치를 계속 누적하여 보관해야 하기 때문에 조금 번거롭네요.

이번에는 그래프를 그리기 전에 아예 막대의 길이를 누적해 놓고 이 값으로 막대 그래프를 그리는 방법을 살펴보겠습니다. 다음처럼 height1과 height2를 더하여 height3를 만든 후, height3를 먼저 그리고 height1을 그립니다.

손코딩

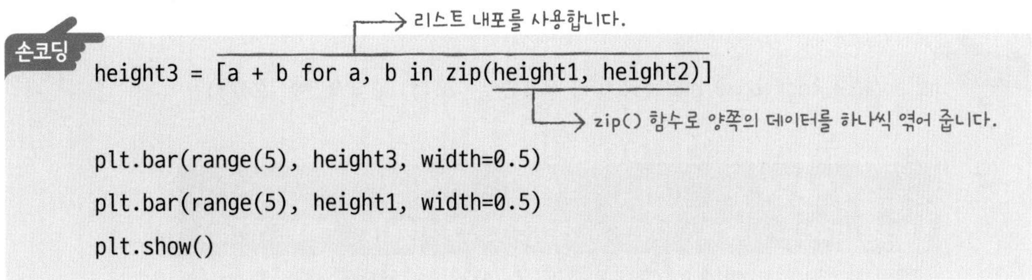


```
height3 = [a + b for a, b in zip(height1, height2)]

plt.bar(range(5), height3, width=0.5)
plt.bar(range(5), height1, width=0.5)
plt.show()
```

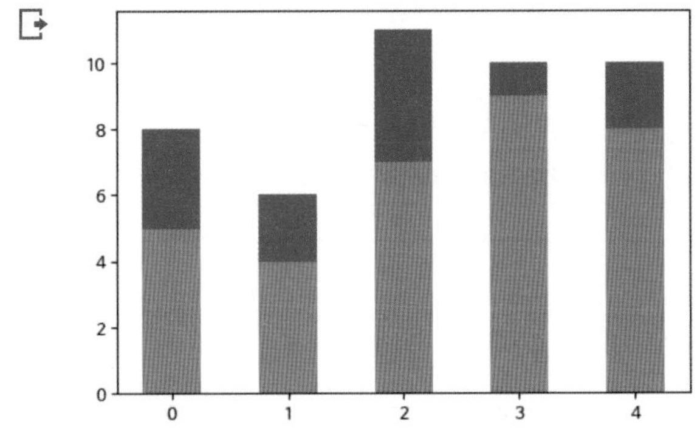

색깔은 바뀌었지만 bottom 매개변수를 사용하지 않고 이전과 동일한 그래프를 그렸습니다. 이처럼 각 출판사의 y축 값을 누적해 놓으면 간단하게 그래프를 그릴 수 있습니다.

스택 영역 그래프를 그릴 때는 stackplot( ) 메서드를 사용하면 되지만, 스택 막대 그래프를 그릴 때는 bar( ) 메서드의 bottom 매개변수에 데이터를 전달하여 막대를 쌓아 올리거나, y축 방향으로 데이터값을 누적하여 그려야 합니다.

데이터값 누적하여 그리기

그럼 357쪽에서 만든 ns_book10 데이터프레임을 스택 막대 그래프로 그려 볼까요? 판다스 데이터프레임의 **cumsum() 메서드**를 사용하면 값을 누적하는 일은 아주 쉽습니다.

사용법을 익히기 위해 먼저 ns_book10 데이터프레임에서 상위 다섯 개의 출판사의 2013~2020년 대출건수를 확인해 보겠습니다. loc 메서드를 사용합니다.

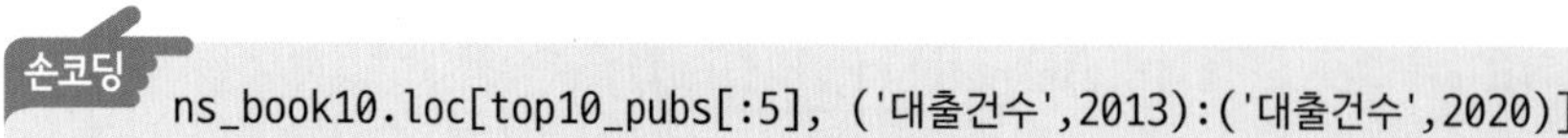

손코딩

```
ns_book10.loc[top10_pubs[:5], ('대출건수',2013):('대출건수',2020)]
```

	대출건수							
발행년도	2013	2014	2015	2016	2017	2018	2019	2020
문학동네	6919.0	4904.0	4201.0	5301.0	4529.0	2306.0	1340.0	645.0
민음사	2219.0	4805.0	1907.0	1571.0	2782.0	1559.0	998.0	552.0
김영사	1905.0	1881.0	2726.0	2647.0	1094.0	1602.0	533.0	332.0
웅진씽크빅	3293.0	2072.0	1529.0	1029.0	1032.0	762.0	159.0	26.0
시공사	2433.0	1512.0	1745.0	1787.0	1287.0	566.0	322.0	221.0

그다음 동일한 데이터프레임에서 cumsum() 메서드를 이어서 호출해 보겠습니다.

손코딩

```
ns_book10.loc[top10_pubs[:5], ('대출건수',2013):('대출건수',2020)].cumsum()
```

	대출건수							
발행년도	2013	2014	2015	2016	2017	2018	2019	2020
문학동네	6919.0	4904.0	4201.0	5301.0	4529.0	2306.0	1340.0	645.0
민음사	9138.0	9709.0	6108.0	6872.0	7311.0	3865.0	2338.0	1197.0
김영사	11043.0	11590.0	8834.0	9519.0	8405.0	5467.0	2871.0	1529.0
웅진씽크빅	14336.0	13662.0	10363.0	10548.0	9437.0	6229.0	3030.0	1555.0
시공사	16769.0	15174.0	12108.0	12335.0	10724.0	6795.0	3352.0	1776.0

발행 연도별 대출건수가 차례대로 누적된 것을 알 수 있습니다. 예를 들어 원래 '민음사'의 2013년 대출건수는 2219지만, '문학동네'의 2013년 대출건수와 합쳐져서 9138이 되었습니다. '김영사'를 확인하면 마찬가지로 9138에 1905가 누적되어 11043인 것을 알 수 있습니다.

cumsum() 메서드는 기본적으로 행을 따라 값을 누적합니다. axis 매개변수를 1로 지정하면 열 방향으로 누적할 수 있습니다.

따라서 ns_book10 데이터프레임 전체에 cumsum() 메서드를 적용하려면 다음과 같이 적을 수 있겠죠?

손코딩

```
ns_book12 = ns_book10.loc[top10_pubs].cumsum()
```

이제 누적 대출건수를 준비했으니 막대 그래프를 쌓는 작업은 간단합니다. 여기서 주의할 점은 가장 큰 막대를 먼저 그려야 한다는 점입니다. 그렇지 않으면 가장 큰 막대가 이전에 그린 막대를 모두 덮어쓰게 됩니다.

파이썬의 **range() 함수**로 ns_book12 데이터프레임 행 개수만큼 인덱스 번호를 만들고, for 문에 **reversed() 함수**를 사용해 인덱스의 역순으로 반복하여 그리면 성공입니다.

손코딩

```
fig, ax = plt.subplots(figsize=(8, 6))
for i in reversed(range(len(ns_book12))):
    bar = ns_book12.iloc[i]      # 행 추출
    label = ns_book12.index[i]   # 출판사 이름 추출
    ax.bar(year_cols, bar, label=label)
ax.set_title('연도별 대출건수')
ax.legend(loc='upper left')
ax.set_xlim(1985, 2025)
fig.show()
```

→ 가장 큰 막대부터 그려야 하므로 누적 합계가 가장 큰 마지막 출판사부터 그립니다.

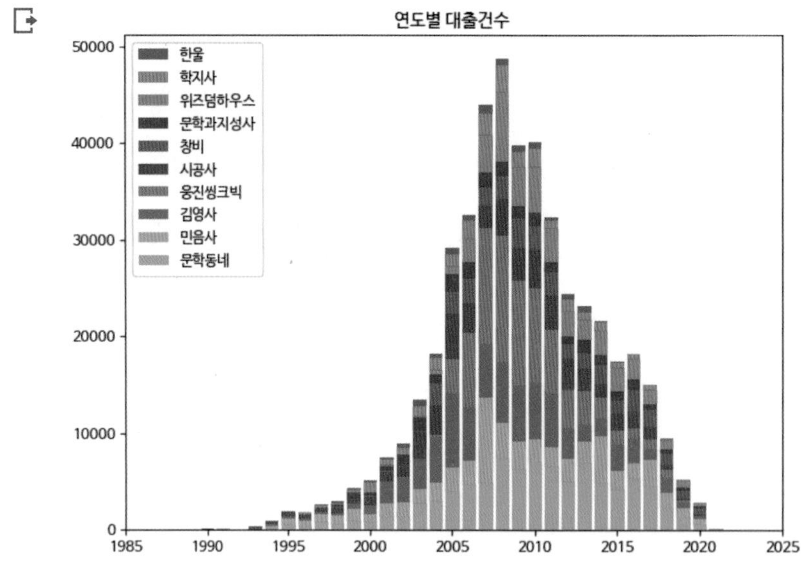

데이터값을 누적하여 막대 그래프를 그릴 때는 가장 큰 막대를 먼저 그려야 합니다. 그렇지 않으면 가장 큰 막대가 이전에 그린 작은 막대를 덮어쓰게 됩니다.

원 그래프 그리기

원 그래프는 전체 데이터에 대한 비율을 원의 부채꼴로 나타낸 그래프입니다. **파이 차트**pie chart라고도 부릅니다. 336쪽에서 value_counts() 메서드로 상위 30개 출판사의 발행 도서 개수를 구한 top30_pubs 시리즈 객체를 사용하였는데요, 이를 원 그래프로 그려 보겠습니다.

먼저 top30_pubs의 값과 인덱스에서 처음 10개만 선택하여 각각 data와 labels 변수에 저장합니다.

손코딩

```
data = top30_pubs[:10]  ⟶ 상위 10개 출판사의 도서 개수를 선택하여 저장합니다.
labels = top30_pubs.index[:10]  ⟶ 상위 10개 출판사의 인덱스를 저장합니다.
```

원 그래프는 맷플롯립의 **pie() 메서드**로 그릴 수 있습니다. 이 메서드의 첫 번째 매개변수에 앞서 정의한 data를 전달하면 자동으로 데이터 전체에 대한 비율을 계산하여 그래프를 그립니다. 부채꼴 모양 위에 표시할 출판사 이름은 **labels 매개변수**에 전달합니다.

손코딩

```python
fig, ax = plt.subplots(figsize=(8, 6))
ax.pie(data, labels=labels)
ax.set_title('출판사 도서 비율')
fig.show()
```

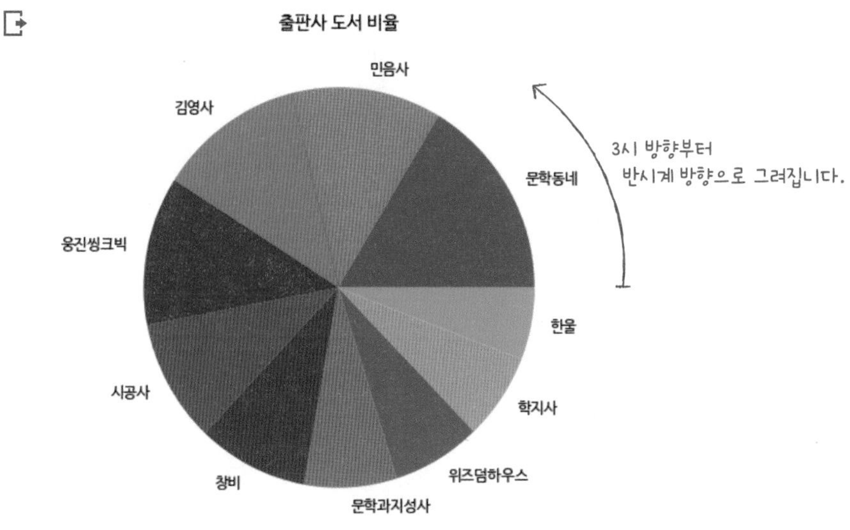

각 출판사의 발행 도서 비율이 자동으로 계산되어 원 그래프가 구성되었습니다. 맷플롯립의 원 그래프는 기본적으로 3시 방향부터 반시계 방향으로 데이터를 그립니다. data 배열에 맨 처음 '문학동네'가 나오고 그다음 '민음사' 데이터입니다. 따라서 원 그래프에서 3시 방향에 '문학동네'가 맨처음 그려지고, 그다음에 반시계 방향으로 '민음사'가 그려집니다.

다행히 data 배열의 값은 크기 순서대로 정렬되어 있습니다. '창비' 출판사가 '문학과지성사' 출판사보다 먼저 등장하는 것을 보고, '창비' 출판사의 값이 더 크다는 것을 알 수 있죠. 하지만 크키 순으로 정렬되어 있지 않은 데이터를 사용했다면 '창비'와 '문학과지성사' 중 어떤 부채꼴이 더 큰지 확실히 말할 수 있을까요?

원 그래프의 단점

선 그래프나 막대 그래프와 달리 원 그래프는 시각적으로 어떤 데이터가 더 큰지 한눈에 구분하기 어렵습니다. 특히 3차원으로 그린 원 그래프는 더욱 그렇습니다. 이런 이유로 원 그래프를 사용할 때는 잘못된 정보를 제공하지 않도록 조심해야 합니다.

다음 그래프를 살펴볼까요? 이 그래프는 **startangle 매개변수**를 90으로 지정하여 12시 방향부터 원 그래프를 그렸습니다. 두 개의 데이터만 있는 경우라면 원 그래프는 데이터의 차이를 명확하게 나타낼 수 있습니다. 하지만 이 역시 더 명확하게 데이터의 비율을 표시하는 것이 어느 쪽 데이터가 얼마나 크고 작은지 비교하기 좋겠죠.

손코딩

```
plt.pie([10,9], labels=['A제품', 'B제품'], startangle=90)
plt.title('제품의 매출 비율')
plt.show()
```

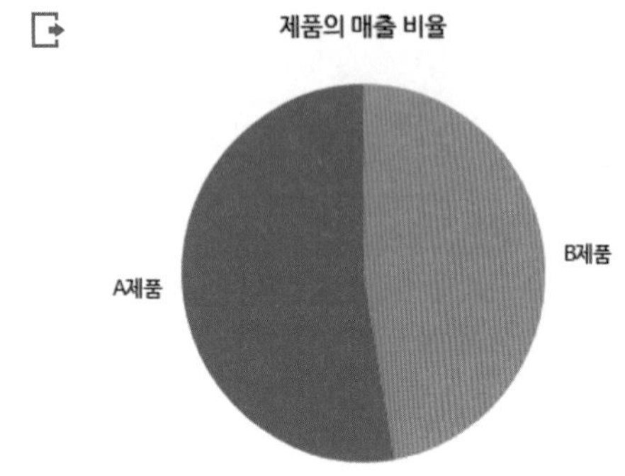

pie() 메서드의 startangle 매개변수는 원 그래프의 시작 위치를 지정할 수 있습니다.

비율 표시하고 부채꼴 강조하기

pie() 메서드의 **autopct 매개변수**에는 파이썬의 % 연산자에 적용할 포맷팅 문자열을 전달할 수 있습니다. 예를 들어 **%d**를 전달하면 각 부채꼴의 비율이 정수로 표시됩니다. 여기에서는 소수점 첫째 자리까지 포함한 실수로 표시해 보죠. 마지막에 퍼센트 기호를 추가하기 위해 % 기호를 한 번 더 쓰겠습니다.

중요한 항목의 경우 해당 부채꼴 조각을 원 그래프에서 조금 떨어뜨려 시각적으로 부각시킬 수 있습니다. 이렇게 하려면 **explode 매개변수**에 떨어뜨리길 원하는 조각의 간격을 반지름의 비율로 지정합니다. 예를 들어 첫 번째 출판사인 '문학동네'만 떼어내려면 첫 번째 항목이 0.1이고 나머지는 모두 0인 파이썬 리스트를 만들어 전달합니다. explode 매개변수에 전달하는 리스트 길이는 data 배열의 길이와 같아야 합니다.

손코딩

```
fig, ax = plt.subplots(figsize=(8, 6))
ax.pie(data, labels=labels, startangle=90,
       autopct='%.1f%%', explode=[0.1]+[0]*9)
ax.set_title('출판사 도서 비율')
fig.show()
```

.1f는 소수점 첫째 자리까지만 표시하라는 의미입니다.

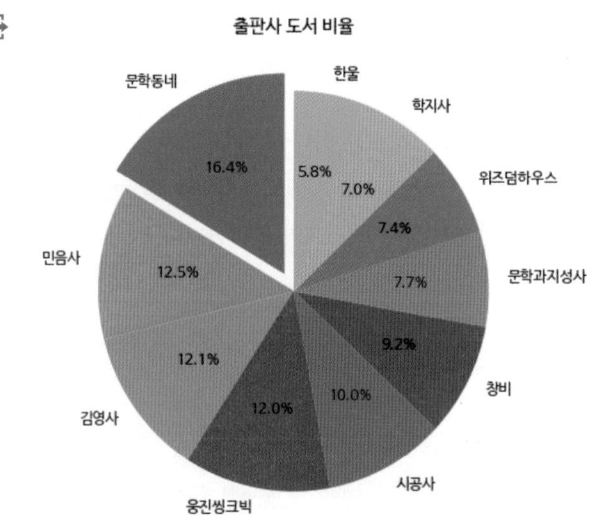

좋습니다. 원 그래프의 각 부채꼴에 비율을 명시하고 가장 중요한 항목을 부각시켜 보았습니다. 이렇게 하면 원 그래프의 단점을 보완하고 시각적으로 미려한 그래프를 제공할 수 있습니다.

여러 종류의 그래프가 있는 서브플롯 그리기

마지막으로 지금까지 그려 보았던 산점도(343쪽), 스택 영역 그래프(359쪽), 스택 막대 그래프(365쪽), 원 그래프(369쪽)를 하나의 피겨에 모두 그려 보겠습니다.

05-1절에서 subplots() 함수로 2개의 서브플롯을 만들어 보았습니다. 비슷하게 4개의 서브플롯을 가로로 나란히 놓으면 화면 폭 때문에 그래프가 아주 작게 그려질 것입니다. 2차원 배열 형태로 4개의 서브플롯을 그리는 것이 좋겠네요.

subplots() 함수의 첫 번째 매개변수와 두 번째 매개변수에는 서브플롯의 행 개수와 열 개수를 지정할 수 있다고 했습니다. 예를 들어 subplots(2, 2)와 같이 쓰면 행이 2개이고 열이 2개인 4개의 서브플롯이 만들어집니다. subplots() 함수에서 반환 받은 Axes 객체를 사용할 때는 2차원 배열처럼 각 격자의 위치를 지정해야 합니다.

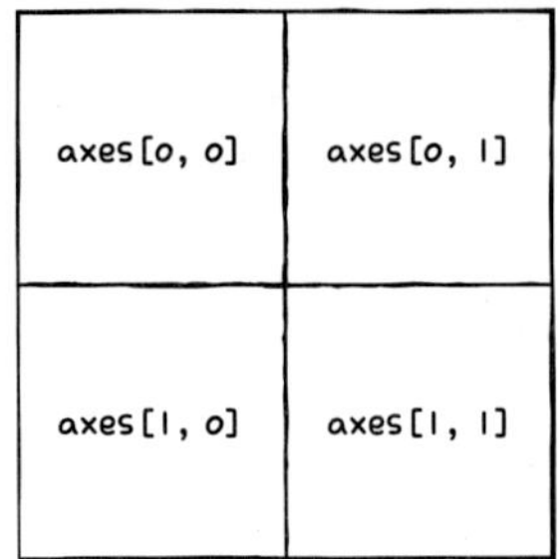

subplots() 함수에 서브플롯의 행 개수와 열 개수를 지정하면 그래프가 2차원 배열처럼 출력됩니다.

2×2 형태의 서브플롯을 만들어 앞에서 그린 4개의 그래프를 하나씩 모두 그려 보겠습니다. 추가로 서브플롯 안에 있는 산점도에 컬러 막대도 넣으려면 colorbar() 메서드의 ax 매개변수에 해당 서브플롯 객체를 지정해 주어야 합니다. 그 외에는 앞에서 작성한 코드와 동일합니다.

손코딩

```
fig, axes = plt.subplots(2, 2, figsize=(20, 16))

# 산점도
ns_book8 = ns_book7[top30_pubs_idx].sample(1000, random_state=42)
sc = axes[0, 0].scatter(ns_book8['발행년도'], ns_book8['출판사'],
                        linewidths=0.5, edgecolors='k', alpha=0.3,
                        s=ns_book8['대출건수'], c=ns_book8['대출건수'],
                        cmap='jet')
axes[0, 0].set_title('출판사별 발행 도서')
fig.colorbar(sc, ax=axes[0, 0])

# 스택 영역 그래프
axes[0, 1].stackplot(year_cols, ns_book10.loc[top10_pubs].fillna(0),
                     labels=top10_pubs)
axes[0, 1].set_title('연도별 대출건수')
axes[0, 1].legend(loc='upper left')
axes[0, 1].set_xlim(1985, 2025)

# 스택 막대 그래프
for i in reversed(range(len(ns_book12))):
    bar = ns_book12.iloc[i]    # 행 추출
```

```python
    label = ns_book12.index[i]   # 출판사 이름 추출
    axes[1, 0].bar(year_cols, bar, label=label)
axes[1, 0].set_title('연도별 대출건수')
axes[1, 0].legend(loc='upper left')
axes[1, 0].set_xlim(1985, 2025)

# 원 그래프
axes[1, 1].pie(data, labels=labels, startangle=90,
               autopct='%.1f%%', explode=[0.1]+[0]*9)
axes[1, 1].set_title('출판사 도서 비율')

fig.savefig('all_in_one.png')
fig.show()
```

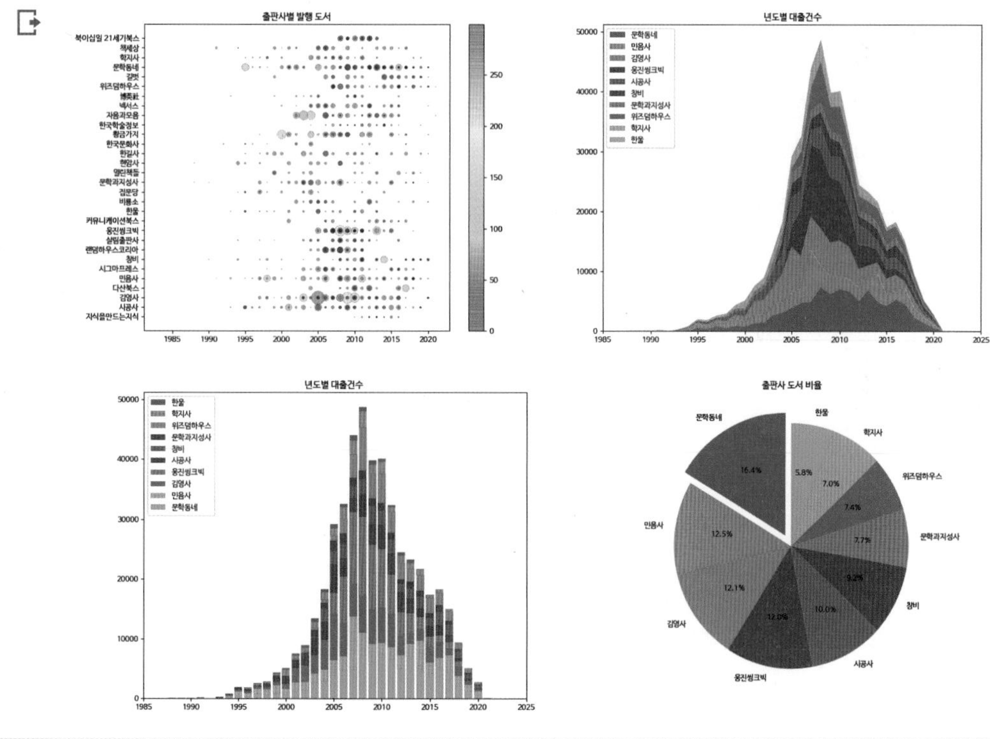

2×2 형태의 서브플롯에 산점도, 스택 영역 그래프, 스택 막대 그래프, 원 그래프가 순서대로 잘 그려졌습니다. 그리고 코드 마지막에 이 그래프를 all_in_one.png 이미지 파일로 저장했습니다.

맷플롯립으로 복잡한 그래프 그리기 문제해결 과정

이번 절에서는 선 그래프를 한 피겨에 중복하여 그리는 방법을 알아보았습니다. 여러 출판사의 선 그래프를 보다 이해하기 쉽도록 맷플롯립의 **stackplot() 메서드**를 사용하여 **스택 영역 그래프**를 그렸습니다. 그래프를 순서대로 쌓기 위해 판다스 데이터프레임의 **pivot_table() 메서드**를 사용해 데이터를 변환하는 방법을 배웠습니다.

같은 데이터로 **스택 막대 그래프**도 그렸습니다. 맷플롯립으로 그릴 때는 수동으로 각 막대의 시작 위치를 지정해야 합니다. 데이터프레임의 **cumsum() 메서드**로 막대 길이를 미리 누적해 놓으면 조금 더 쉽게 스택 막대 그래프를 그릴 수 있습니다.

그리고 맷플롯립의 **pie() 메서드**로 **원 그래프**를 그리는 방법을 살펴보았습니다. 원 그래프의 단점을 보완하기 위해 부채꼴에 비율을 표시하는 방법과 특정 조각을 떼어내어 부각시키는 방법을 배웠습니다. 마지막으로 2×2 서브플롯을 만들어 4개의 그래프를 하나의 피겨에 모두 그려 보았습니다.

이제 데이터를 맷플롯립 그래프로 표현하는 데 자신감이 생겼으리라 생각합니다. 데이터를 그래프로 잘 표현하려면 각 함수에 필요한 데이터 형식과 함수가 제공하는 매개변수 등을 잘 알아야 합니다. 또한 남다른 미적 감각도 필요하죠! 그래프를 통해서 데이터에 있는 어떤 패턴을 찾아냈다면 이를 수치적으로 검증해 보는 것이 좋겠습니다. 다음 장에서 이에 대해 자세히 알아보겠습니다.

좀 더 알아보기 판다스로 여러 개의 그래프 그리기

4장에서 판다스 데이터프레임의 기능을 사용해 산점도와 히스토그램을 그려 보았던 것을 기억하나요? 판다스도 맷플롯립처럼 다양한 그래프 기능을 제공합니다.

스택 영역 그래프 그리기

359쪽에서 그린 스택 영역 그래프를 판다스 데이터프레임이 제공하는 **plot.area() 메서드**를 사용해 다시 그려 보겠습니다.

먼저 ns_book10을 만들었던 것과 비슷하게 ns_book9를 피벗 테이블로 변환하겠습니다. 이번에는 이전과 반대로 index 매개변수에는 '발행년도' 열, columns 매개변수에는 '출판사' 열을 지정합니다. 실행 결과 중에 2000년에서 2005년 사이의 데이터를 확인해 보겠습니다.

손코딩

```
ns_book11 = ns_book9.pivot_table(index='발행년도', columns='출판사',
                                  values='대출건수')
ns_book11.loc[2000:2005]
```

출판사 발행년도	博英社	길벗	김영사	넥서스	다산북스	한국학술정보	한길사	한울	현암사	황금가지
2000	237.0	7.0	854.0	194.0	NaN	36.0	536.0	287.0	274.0	1152.0
2001	267.0	202.0	2269.0	228.0	NaN	3.0	1626.0	305.0	481.0	722.0
2002	458.0	472.0	2525.0	1154.0	NaN	47.0	777.0	450.0	398.0	1493.0
2003	444.0	795.0	3130.0	3069.0	NaN	95.0	1114.0	636.0	471.0	2001.0
2004	630.0	976.0	4804.0	2355.0	212.0	91.0	1318.0	502.0	661.0	2744.0
2005	788.0	2162.0	7684.0	1162.0	509.0	123.0	1461.0	767.0	835.0	2593.0

6 rows × 30 columns

이전과 달리 pivot_table() 메서드의 **values 매개변수**에 집계할 열을 지정했습니다. 이렇게 하면 열 이름이 다단으로 구성되지 않기 때문에 get_level_values() 메서드(358쪽)를 사용할 필요가 없습니다.

✚ 여기서 잠깐 pivot_table() 메서드에서 values 매개변수에 지정한 열을 집계한다는 것이 어떤 뜻이죠?

pivot_table() 메서드와 groupby() 메서드는 값을 집계한다는 점에서 매우 비슷합니다. 하지만 만들어진 결과가 다릅니다. groupby() 메서드는 집계 기준이 되는 열이 모두 행 인덱스로 바뀌지만 pivot_table() 메서드는 집계 기준이 행과 열 인덱스로 나뉩니다.

ns_book9 데이터프레임은 이미 groupby() 메서드로 집계를 한 결과입니다. 출판사마다 '발행년도' 열에 하나의 값만 있으므로 ns_book10을 만들 때 values 매개변수를 사용하지 않아도 괜찮았습니다.

CSV 파일에서 읽은 ns_book7 데이터프레임에 pivot_table() 메서드를 적용해 바로 ns_book11을 만들 수도 있습니다. 이런 경우 ns_book7 데이터프레임에는 '출판사'와 '발행년도' 열을 기준으로 여러 데이터가 있기 때문에 pivot_table() 메서드의 **aggfunc 매개변수**에 집계 방식을 지정해 주어야 합니다. 기본적인 집계 방식은 평균입니다. 값을 모두 더하려면 넘파이 sum() 함수를 지정하면 됩니다.

```
import numpy as np

ns_book11 = ns_book7[top30_pubs_idx].pivot_table(
    index='발행년도', columns='출판사',
    values='대출건수', aggfunc=np.sum)
ns_book11.loc[2000:2005]
```

출판사	博英社	길벗	김영사	넥서스	다산북스	한국학술정보	한길사	한울	현암사	황금가지
발행년도										
2000	237.0	7.0	854.0	194.0	NaN	36.0	536.0	287.0	274.0	1152.0
2001	267.0	202.0	2269.0	228.0	NaN	3.0	1626.0	305.0	481.0	722.0
2002	458.0	472.0	2525.0	1154.0	NaN	47.0	777.0	450.0	398.0	1493.0
2003	444.0	795.0	3130.0	3069.0	NaN	95.0	1114.0	636.0	471.0	2001.0
2004	630.0	976.0	4804.0	2355.0	212.0	91.0	1318.0	502.0	661.0	2744.0
2005	788.0	2162.0	7684.0	1162.0	509.0	123.0	1461.0	767.0	835.0	2593.0

6 rows × 30 columns

행 인덱스가 '발행년도'이고 열 인덱스는 '출판사' 이름으로 된 데이터프레임이 만들어졌습니다. 이제 이 데이터프레임에서 plot.area() 메서드를 호출하여 스택 영역 그래프를 그릴 수 있습니다.

서브플롯을 명시적으로 만든 경우 area() 메서드의 ax 매개변수에 맷플롯립의 Axes 객체를 전달해야 합니다. 또 title 매개변수로 그래프 제목을 지정하고, xlim 매개변수로 x축의 범위를 설정합니다.

손코딩

```
fig, ax = plt.subplots(figsize=(8, 6))
ns_book11[top10_pubs].plot.area(ax=ax, title='연도별 대출건수',
                                xlim=(1985, 2025))
ax.legend(loc='upper left')
fig.show()
```

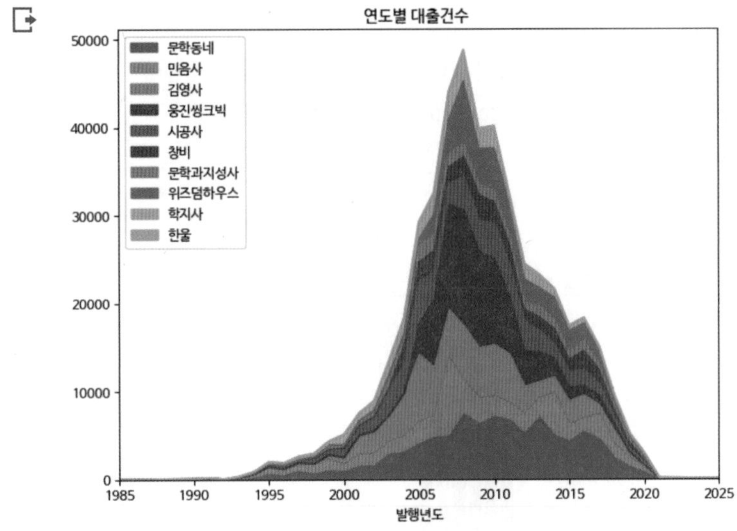

맷플롯립으로 그린 것과 동일한 그래프가 그려졌습니다.

판다스는 편리한 그래프 기능을 제공하지만, 맷플롯립에서 제공하는 모든 기능을 제공하지는 않습니다. 세밀한 제어가 필요하다면 맷플롯립을 사용하는 것이 좋습니다.

스택 막대 그래프 그리기

스택 막대 그래프는 판다스를 사용하면 조금 더 쉽게 그릴 수 있습니다. 이번에는 373쪽에서 선 그래프를 그릴 때 만들었던 ns_book11을 사용해 막대 그래프를 쌓아 보겠습니다.

판다스 데이터프레임에서 제공하는 **plot.bar() 메서드**는 기본적으로 막대를 나란히 출력합니다. 하지만 **stacked 매개변수**를 True로 지정하면 스택 막대 그래프를 그릴 수 있습니다. 게다가 맷플롯립으로 그릴 때처럼 미리 cumsum() 메서드를 호출할 필요도 없습니다.

판다스는 기본적으로 막대의 두께를 0.5로 설정합니다. 맷플롯립과 비슷한 그래프를 그리기 위해 width를 0.8로 지정하면 다음과 같이 스택 막대 그래프가 그려집니다.

note 판다스의 막대 그래프는 이 글을 쓰는 시점에 x축 범위를 지정하는데 버그가 있어 ax.set_xlim() 메서드가 작동하지 않습니다. 따라서 ns_book11 데이터프레임에서 1985~2025 사이의 행만 추출하여 사용합니다.

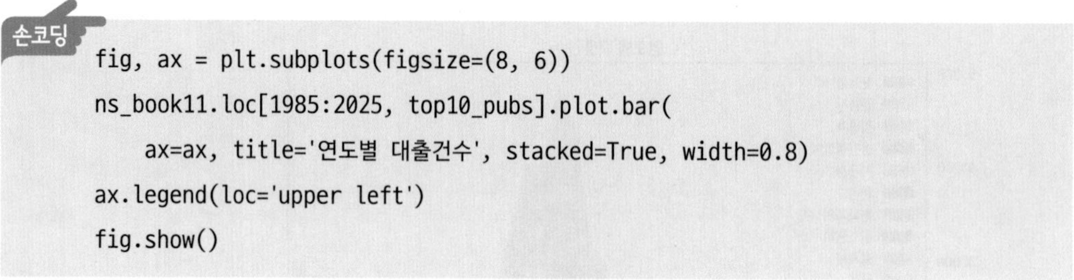

손코딩

```
fig, ax = plt.subplots(figsize=(8, 6))
ns_book11.loc[1985:2025, top10_pubs].plot.bar(
    ax=ax, title='연도별 대출건수', stacked=True, width=0.8)
ax.legend(loc='upper left')
fig.show()
```

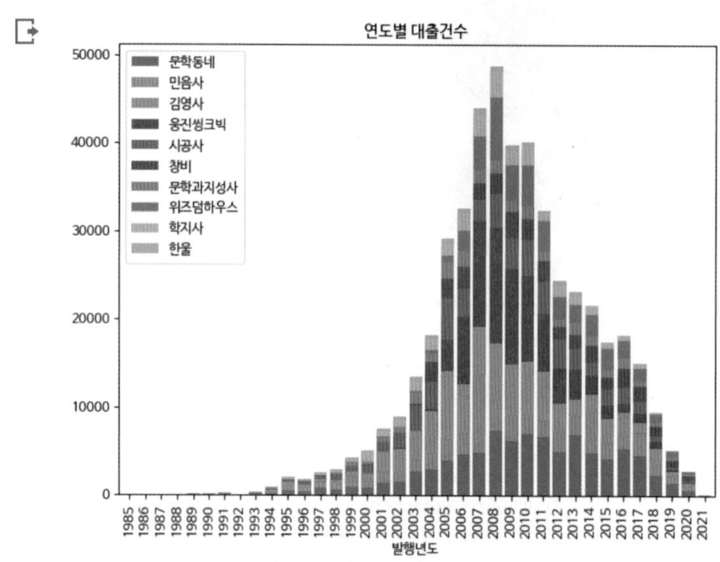

마무리

▶ 5가지 키워드로 정리하는 핵심 포인트

- **범례**는 그래프에 그려진 데이터의 이름과 색상을 요약한 표입니다.
- **피벗 테이블**은 테이블 형태의 데이터를 평균, 합 등의 방식으로 집계하여 만든 요약표입니다.
- **스택 영역 그래프**는 여러 개의 선 그래프를 y축 방향으로 쌓은 그래프입니다. 선 아래로 색상이 채워진 영역 형태로 표현됩니다. 마찬가지로 여러 개의 막대 그래프를 y축 방향으로 쌓으면 **스택 막대 그래프**가 됩니다. 막대 위에 막대가 누적되듯이 표현됩니다.
- **원 그래프**는 데이터의 비율을 부채꼴 모양으로 나타낸 그래프입니다. 다만, 그래프에 비율이 표시되어 있지 않으면 크기를 비교하기 어려우므로 autopct 매개변수를 사용하여 명확하게 비율을 표시해 주는 것이 좋습니다.

▶ 표로 정리하는 핵심 함수와 메서드

함수/메서드	기능
Axes.legend()	그래프에 범례를 추가합니다.
Axes.set_xlim()	x축의 출력 범위를 지정합니다.
DataFrame.pivot_table()	피벗 테이블 기능을 제공합니다.
Axes.stackplot()	스택 영역 그래프를 그립니다.
DataFrame.plot.area()	스택 영역 그래프를 그립니다.
DataFrame.plot.bar()	막대 그래프를 그립니다.
DataFrame.cumsum()	행이나 열 방향으로 누적 합을 계산합니다.
Axes.pie()	원 그래프를 그립니다.

▶ 확인 문제

1. 판다스 데이터프레임으로 스택 막대 그래프를 그리려고 합니다. 다음 중 올바른 명령은 무엇인가요?

① df.plot.bar(stacked=True)
② df.plot.bar(bottom=True)
③ df.plot.stackbar()
④ df.plot.barstack()

2. 맷플롯립의 pie() 메서드에서 비율 값을 그래프에 나타내기 위해 포맷 문자열을 전달할 수 있는 매개변수는 무엇인가요?

① labels
② explode
③ startangle
④ autopct

3. fig, axes = subplots(3, 2) 명령으로 3×2 크기의 서브플롯을 만들었습니다. 두 번째 행의 첫 번째 열의 서브플롯에 그래프를 그리기 위한 명령은 무엇인가요?

① axes[1][0].plot(...)
② axes[2][1].plot(...)
③ axes[1, 0].plot(...)
④ axes[2, 1].plot(...)

hint 1. 판다스 데이터프레임으로 스택 막대 그래프를 그릴 때는 데이터를 미리 누적해 놓지 않아도 그릴 수 있습니다.
3. 서브플롯을 2차원 배열처럼 그리는 방법은 369쪽을 참고하세요.

4. 다음과 같이 왼쪽의 데이터프레임(df)을 피벗 테이블 기능을 사용해 오른쪽과 같이 변환하려고 합니다. 다음 중 올바른 명령은 무엇인가요?

	제품	분류	연식	A/S횟수
0	에어컨	냉방	2022	35
1	선풍기	냉방	2021	20
2	냉장고	주방	2021	13
3	전자렌지	주방	2021	31

➡

분류	냉방	주방
연식		
2021	20	44
2022	35	0

① df.pivot_table(index='연식', columns='분류', values='A/S횟수', aggfunc=np.mean, fill_value=0)

② df.pivot_table(index='연식', columns='분류', values='A/S횟수', aggfunc=np.sum, fill_value=0)

③ df.pivot_table(index='분류', columns='연식', values='A/S횟수', aggfunc=np.mean, fill_value=0)

④ df.pivot_table(index='분류', columns='연식', values='A/S횟수', aggfunc=np.sum, fill_value=0)

hint 4. pivot_table() 메서드의 index 매개변수에는 행 인덱스로 사용할 열 이름, columns 매개변수에는 열 인덱스로 사용할 열 이름을 넣습니다. 또한 values 매개변수에는 집계 대상이 되는 열, aggfunc 매개변수에는 집계 함수를 지정합니다. 기본값은 평균을 계산하는 numpy.mean입니다.

Chapter 07

이 책의 마지막 장입니다. 지금까지 데이터를 수집하고, 탐색하고, 시각화하는 여러 방법을 알아보았습니다. 이 장에서는 이런 기술들을 활용하여 데이터에서 어떠한 의사 결정을 끌어내는 방법과 미래를 예측하는 방법을 알아보겠습니다.

검증하고 예측하기

학습목표

- 통계적 추정에 해당하는 가설검정, 순열검정 등을 배웁니다.
- 머신러닝 모델을 사용해 미래 샘플에 대한 예측을 만드는 방법을 배웁니다.

07-1 통계적으로 추론하기

핵심 키워드

모수검정 표준점수 중심극한정리 신뢰구간 가설검정 순열검정

분석 대상 데이터를 모두 수집하기 어려울 때 샘플 데이터로 전체 데이터에 대한 통계량을 추론하거나 데이터에 대한 가설을 검증할 수 있습니다. 이 절에서는 통계적 추론과 가설을 검증하기 위해 필요한 핵심 개념을 배워 보겠습니다.

시작하기 전에

혼공출판사에서 이번에 알고리즘을 배우는 도서를 출간할 예정입니다. 마케팅팀에서는 파이썬으로 알고리즘을 배우는 도서이니 제목에 '파이썬'이 들어가는 것이 판매에 도움이 된다고 하네요. 이에 반해 편집팀에서는 다른 프로그래밍 언어를 다루는 사람도 충분히 볼 수 있기 때문에 '알고리즘'에 초점을 맞추고 싶어 합니다. 과연 제목에 '파이썬'을 넣으면 도서가 더 잘 팔릴까요?

도서 이름에 '파이썬'을 넣는 게 판매에 도움이 될지 정확히 알기 위해서 이 절에서는 **가설검정** hypothesis test과 **순열검정** permutation test을 배워 보겠습니다. 실제 판매 데이터가 있어야 하지만, 이 책에서는 대출 데이터가 판매 실적과 연관성이 있다고 가정하고 진행하겠습니다.

모수검정이란

통계학에서는 **모집단**population에 대한 파라미터를 추정하는 방법을 **모수검정**parametric test이라고 합니다. 여기서 파라미터는 평균, 분산 등이며 모집단은 관심 대상이 되는 전체 데이터를 의미합니다. 예를 들어 우리나라 청소년의 몸무게 평균을 알고 싶다면 이 경우 모집단은 대한민국의 전체 청소년이 됩니다.

모든 청소년의 몸무게를 조사하여 평균을 구할 수 있겠지만, 현실적으로는 어렵습니다. 따라서 지역이나 연령별로 일부 청소년의 몸무게를 조사한 다음 전체 청소년의 평균 몸무게를 추정하게 됩니다. 이것이 바로 모수검정입니다. 모집단에서 선택한 일부 샘플은 **표본**sample이라고 부릅니다.

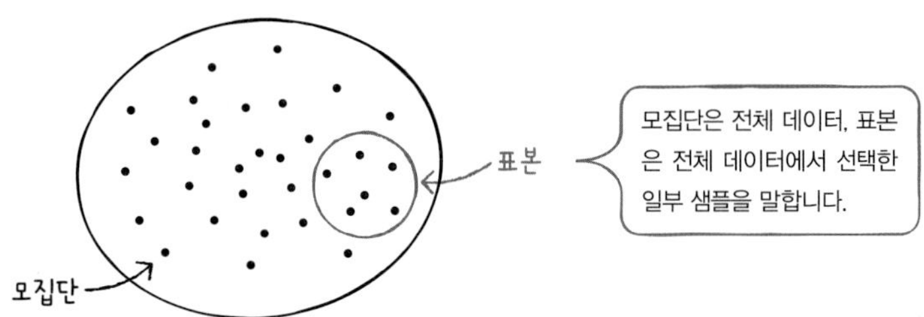

모수검정은 모집단의 데이터에 대해 어떤 가정을 전제로 하고 수행되는 경우가 많습니다. 예를 들어 전체 청소년의 몸무게가 **정규분포**를 따른다고 가정하는 거죠. 실제로 전체 데이터를 알지 못하지만, 자연 세계의 데이터는 정규분포를 따르는 경우가 많기 때문입니다.

정규분포는 평균을 중심으로 대칭인 분포입니다. 종 모양처럼 가운데가 위로 볼록하게 생겼습니다.

표준점수 구하기

데이터가 정규분포를 따른다고 가정하고, 각 값이 평균에서 얼마나 떨어져 있는지 표준편차를 사용해 변환한 점수를 **표준점수**standard score 또는 **z 점수**z score라고 합니다. 가설검정에서는 표준점수가 중요한 역할을 하므로 예시를 바꾸어 조금 자세히 알아보겠습니다.

출생한 아기의 몸무게와 키에 대한 데이터가 있다고 가정해 보겠습니다. 몸무게와 키가 평균으로부터 얼마만큼 떨어져 있는지 나타내려면 몸무게는 1kg, 키는 5cm와 같이 다른 단위를 써야 합니다. 게다가 이런 수치만 보아서는 평균으로부터 몸무게가 더 멀리 떨어져 있는지, 키가 더 멀리 떨어져 있는지 알기 어렵습니다.

그래서 z 점수라는 값을 사용합니다. z 점수는 평균까지 거리를 표준편차로 나눈 것입니다. 식으로 쓰면 오른쪽과 같습니다.

$$z = \frac{x - \mu}{\sigma}$$

μ → 모집단의 평균
σ → 모집단의 표준편차

여기에서 μ는 평균이고, σ는 표준편차입니다. 4장에서 썼던 기호와 조금 달라졌죠. 4장에서는 $\bar{x}$와 s를 사용했습니다. 4장에서 썼던 기호는 표본의 평균과 표준편차에 사용하는 기호입니다. 모집단의 평균과 표준편차는 μ와 σ를 사용합니다.

note 이번 절에서는 모집단과 표본을 구분하기 때문에 기호를 달리하여 사용하겠습니다.

만약 아기의 몸무게와 키에 대한 z 점수가 각각 1과 0.5라면, 아기의 몸무게가 평균에서 1 표준편차만큼 떨어져 있고 키는 0.5 표준편차만큼 떨어져 있다는 의미입니다. 따라서 몸무게가 키에 비해 상대적으로 평균에서 더 멀리 떨어져 있다는 것을 쉽게 알 수 있습니다.

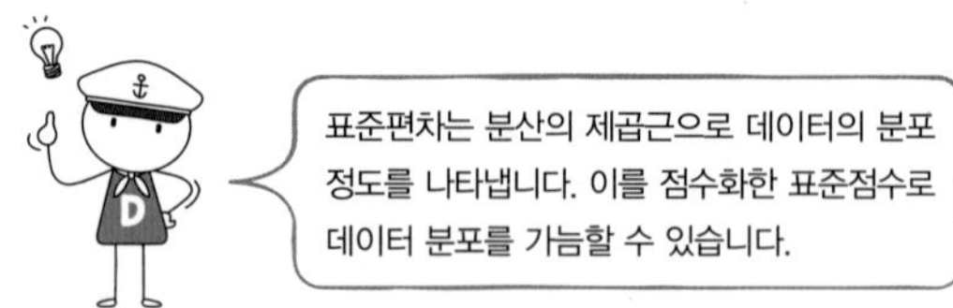

z 점수 구하기

먼저 공식을 사용해 넘파이로 z 점수를 구해 보겠습니다. 다음처럼 다섯 개의 값으로 이루어진 배열 x가 있을 때 숫자 7에 대한 z 점수를 계산하려면, 넘파이로 먼저 표준편차와 평균을 계산한 후 z 점수 공식에 적용할 수 있습니다.

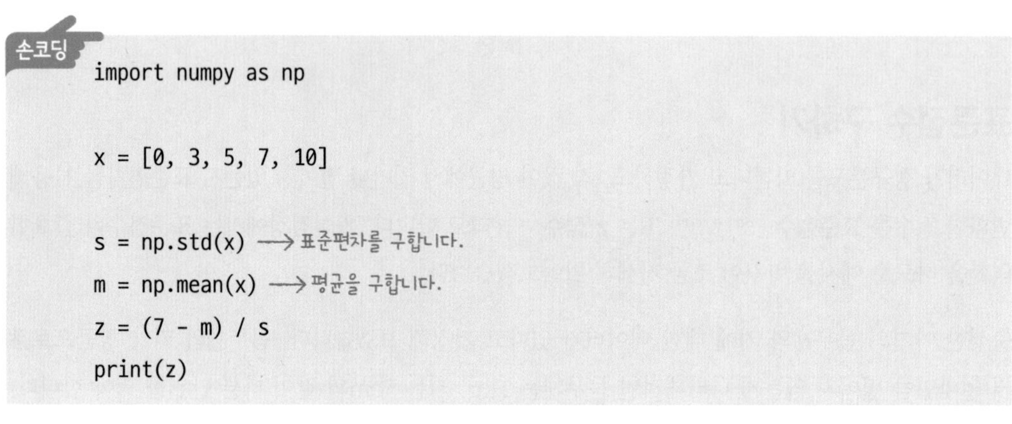

손코딩

```
import numpy as np

x = [0, 3, 5, 7, 10]

s = np.std(x)  --> 표준편차를 구합니다.
m = np.mean(x)  --> 평균을 구합니다.
z = (7 - m) / s
print(z)
```

```
0.5872202195147035
```

z 점수는 많은 수학 및 과학 알고리즘을 제공하는 **사이파이**scipy로 더 편리하게 계산할 수 있습니다. 다음처럼 사이파이의 **stats 모듈**을 임포트한 다음 **zscore() 함수**를 호출하여 배열 x에 대한 모든 z 점수를 계산할 수 있습니다.

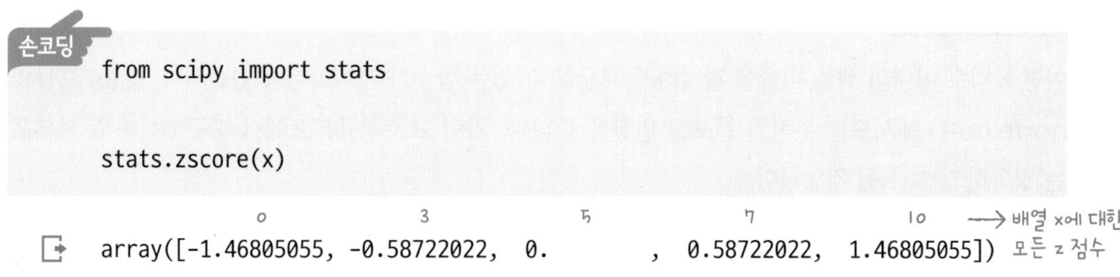


```
from scipy import stats

stats.zscore(x)
```

```
array([-1.46805055, -0.58722022,  0.        ,  0.58722022,  1.46805055])
```

실행 결과를 보면 7에 대한 z 점수가 방금 전 공식을 사용해서 넘파이로 직접 구했을 때와 0.58722022로 동일한 것을 확인할 수 있습니다.

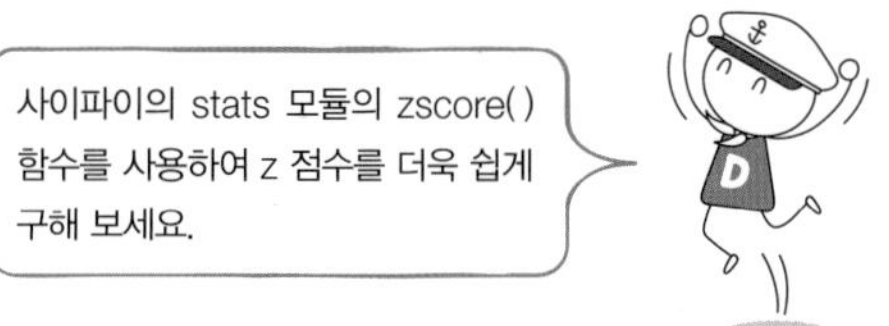

누적분포 이해하기

평균이 0이고 표준편차가 1인 정규분포를 **표준정규분포**라고 합니다. 평균이 0이고 표준편차 1을 z 점수 공식에 대입하면 z = x가 됩니다. 따라서 표준정규분포는 z 점수를 사용해 전체 데이터가 어떻게 분포되어 있는지 나타낼 수 있습니다.

예를 들어 표준정규분포에서 z 점수가 1.0 이내에 위치한 샘플은 전체의 약 68%에 해당합니다. z 점수 2.0 이내에 위치한 샘플은 전체의 약 95%에 해당합니다. 다음 그림을 보면 쉽게 이해할 수 있습니다.

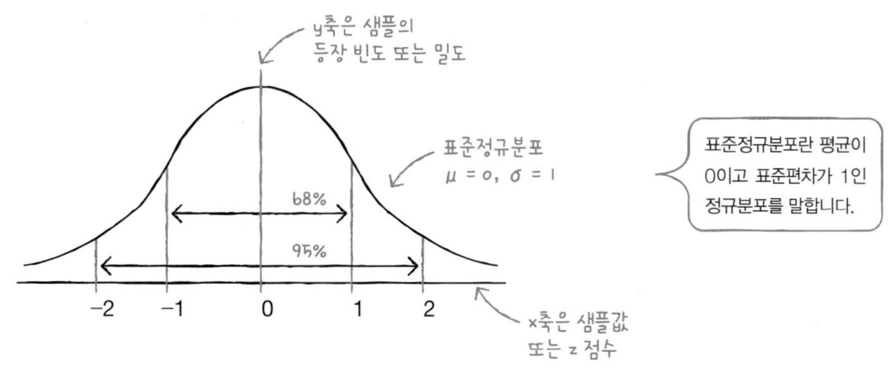

여기서 x축은 샘플값 또는 z 점수, y축은 샘플의 등장 빈도 또는 밀도가 됩니다. 그럼 z 점수 1.5 이내에 있는 샘플의 비율은 얼마나 될까요?

누적분포 구하기

어떤 z 점수 이내의 샘플 비율을 편리하게 계산할 수 있는 함수가 사이파이에 있습니다. stats 모듈의 **norm.cdf() 메서드**는 누적된 분포를 반환해 줍니다. 가령 표준정규분포에서 평균 0까지 누적분포는 정확히 50%가 될 것입니다.

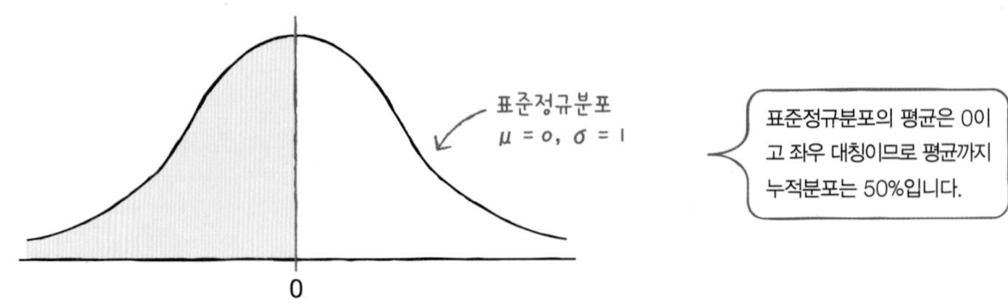

직접 확인해 보죠. norm.cdf() 메서드에 평균 0을 전달하여 0까지의 비율을 구합니다.

손코딩

```
stats.norm.cdf(0)
```

```
0.5
```

기대한 대로 50%를 의미하는 0.5가 출력되었습니다.

만약 z 점수 1 이내의 비율을 구하려면 z 점수 1까지 누적분포에서 z 점수 −1까지 누적분포를 빼면 됩니다. 이 값도 다음처럼 **norm.cdf() 메서드**로 손쉽게 구할 수 있습니다.

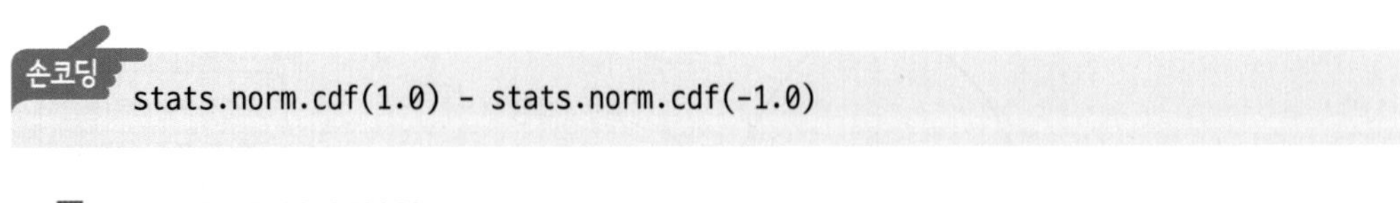

손코딩

```
stats.norm.cdf(1.0) - stats.norm.cdf(-1.0)
```

```
0.6826894921370859
```

약 68%라는 것을 알 수 있네요.

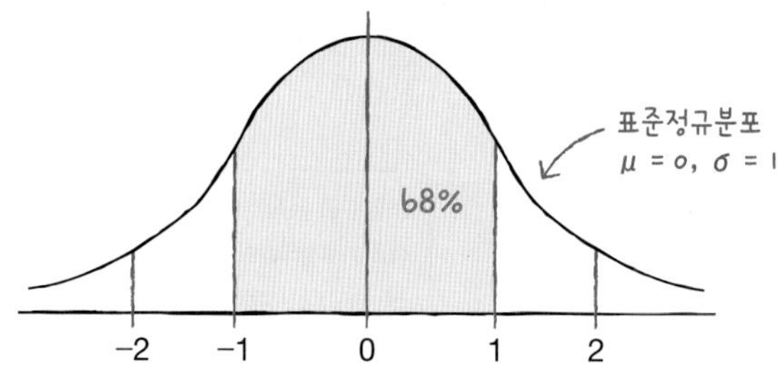

이런 식으로 표준편차 2 이내의 비율도 다음과 같이 간단하게 계산할 수 있습니다.

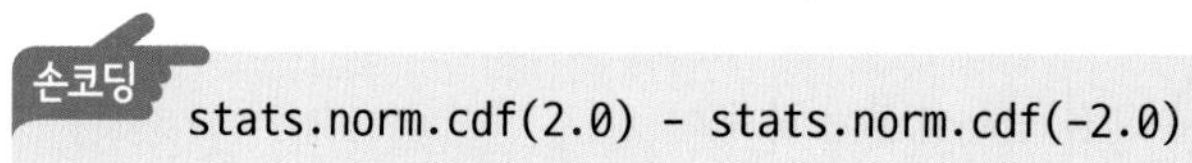


```
stats.norm.cdf(2.0) - stats.norm.cdf(-2.0)
```

```
0.9544997361036416
```

note z 점수 1.5 이내에 있는 샘플의 비율은 여러분이 계산해 보세요.

반대로 전체에서 특정 비율에 해당하는 z 점수를 구하려면 **norm.ppf() 메서드**를 사용합니다.

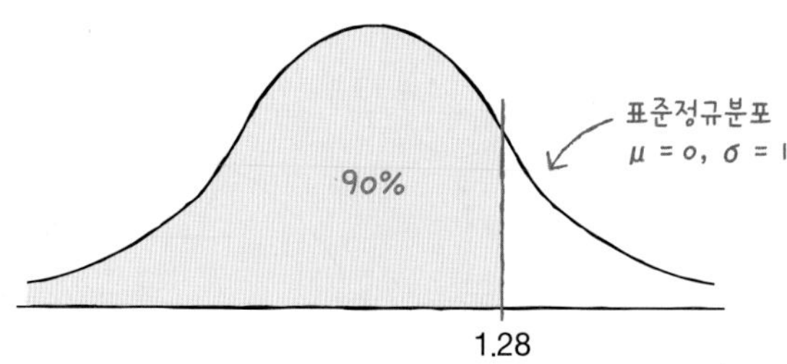

예를 들어 90% 누적분포에 해당하는 z 점수는 다음처럼 얻을 수 있습니다.

```
stats.norm.ppf(0.9)
```

```
1.2815515655446004
```

지금까지 z 점수에 대해 알아보고 이를 사용해 누적분포를 구하는 방법을 알아보았습니다. 이는 모두 정규분포를 토대로 합니다. 하지만 04-2절의 산점도에서 보았듯이 도서관의 대출건수는 작은 대출건수가 매우 많아 정규분포로 보기 어려운데요. 정규분포 특성을 유도할 수 있는 놀라운 방법이 있습니다. 이어서 알아보겠습니다.

z 점수로 누적분포를 구하려면 사이파이의 norm.cdf() 메서드, 누적분포로 z 점수를 구하려면 사이파이의 norm.ppf() 메서드를 사용합니다.

중심극한정리 알아보기

중심극한정리central limit theorem는 '무작위로 샘플을 뽑아 만든 표본의 평균은 정규분포에 가깝다'는 이론입니다. 말이 조금 어렵게 느껴질 수 있으니 그림으로 설명해 보죠.

다음처럼 왼쪽에 모집단이 있을 때 여기서 30개의 샘플을 뽑아 표본을 만듭니다. 그다음 표본의 평균을 계산합니다. 이런 과정을 여러 번 반복해서 1,000개의 평균을 만들어 놓습니다. 그리고 이 1,000개의 평균을 히스토그램으로 그리면 놀랍게도 정규분포를 따릅니다.

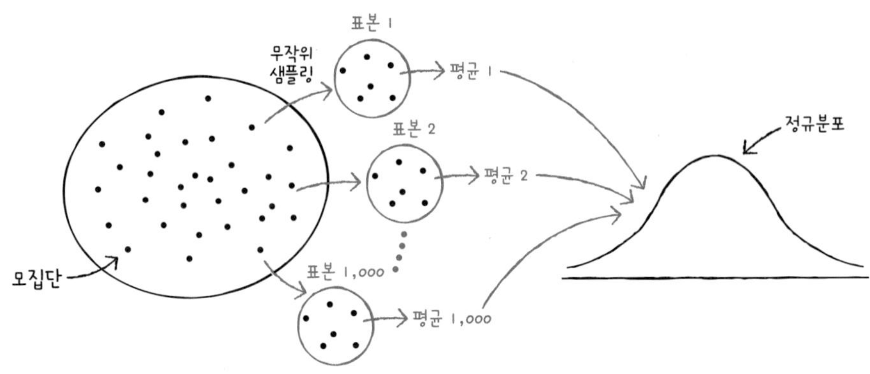

현실에서는 표본을 수집하는 일에 비용이 많이 들 수 있지만, 우리는 파이썬 프로그램을 사용해 이런 과정을 간단히 묘사할 수 있습니다.

그럼 남산도서관 대출 데이터를 사용해 보겠습니다. 이전 장과 마찬가지로 ns_book7.csv 파일을 구글 드라이브에서 다운로드하여 판다스 데이터프레임으로 불러 옵니다.

손코딩

```python
import gdown

gdown.download('https://bit.ly/3pK7iuu', 'ns_book7.csv', quiet=False)

import pandas as pd

ns_book7 = pd.read_csv('ns_book7.csv', low_memory=False)
ns_book7.head()
```

	번호	도서명	저자	출판사	발행년도	주제분류번호	도서권수	대출건수	등록일자
0	1	인공지능과 흙	김동훈 지음	민음사	2021	NaN	1	0	2021-03-19
1	2	가짜 행복 권하는 사회	김태형 지음	갈매나무	2021	NaN	1	0	2021-03-19
2	3	나도 한 문장 잘 쓰면 바랄 게 없겠네	김선영 지음	블랙피쉬	2021	NaN	1	0	2021-03-19
3	4	예루살렘 해변	이도 게펜 지음, 임재희 옮김	문학세계사	2021	NaN	1	0	2021-03-19
4	5	김성곤의 중국한시기행: 장강·황하 편	김성곤 지음	김영사	2021	NaN	1	0	2021-03-19

ns_book7 데이터프레임의 '대출건수' 열로 히스토그램을 그립니다.

손코딩

```python
import matplotlib.pyplot as plt

plt.hist(ns_book7['대출건수'], bins=50)
plt.yscale('log')
plt.show()
```

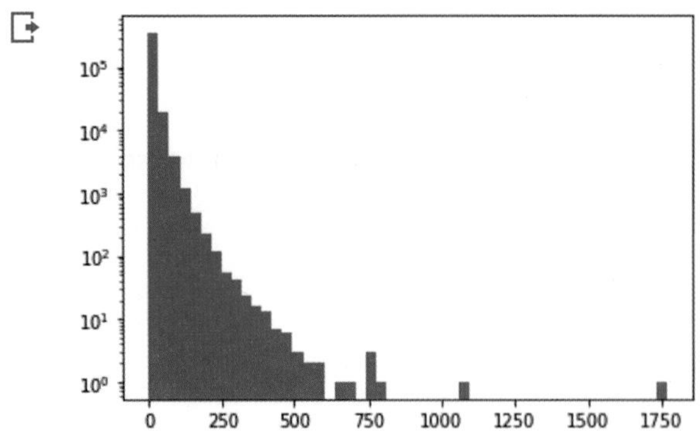

출력된 그래프에서 볼 수 있듯이 '대출건수' 열의 분포는 정규분포와는 상당히 거리가 멀어 보입니다. 하지만 무작위로 샘플링한 표본의 평균을 히스토그램으로 그려 보면 달라집니다.

샘플링하기

먼저 무작위로 1,000개의 표본을 샘플링하여 각 평균을 리스트로 저장해 보겠습니다. 무작위 샘플링을 위해 판다스 데이터프레임의 **sample() 메서드**를 사용합니다.

> 표본을 추출하는 것을 샘플링이라고 합니다.

이 메서드의 첫 번째 매개변수에는 샘플링할 개수를 지정합니다. 그다음 **mean() 메서드**를 연이어 호출하여 샘플링 결과의 평균을 계산합니다. 마지막으로 이 평균을 sample_means 리스트에 추가합니다. 이런 과정을 **for 문**으로 1,000번을 반복합니다.

손코딩

```
np.random.seed(42)
sample_means = []
for _ in range(1000):
    m = ns_book7['대출건수'].sample(30).mean()
    sample_means.append(m)
```

→ 독자 실습과 책의 결과를 일치시키기 위해 유사난수 생성을 위한 초깃값을 지정합니다.

이제 sample_means의 히스토그램을 그려보죠.

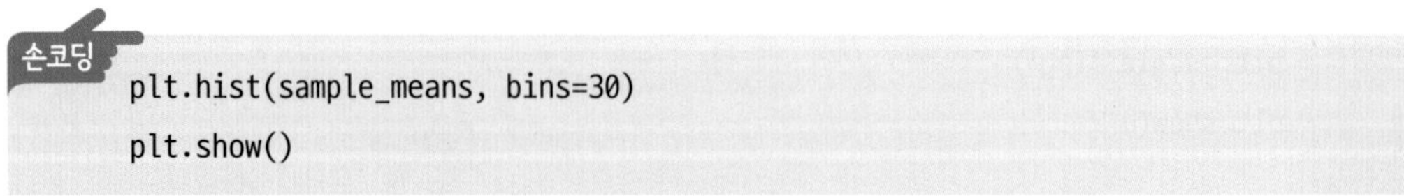

손코딩

```
plt.hist(sample_means, bins=30)
plt.show()
```

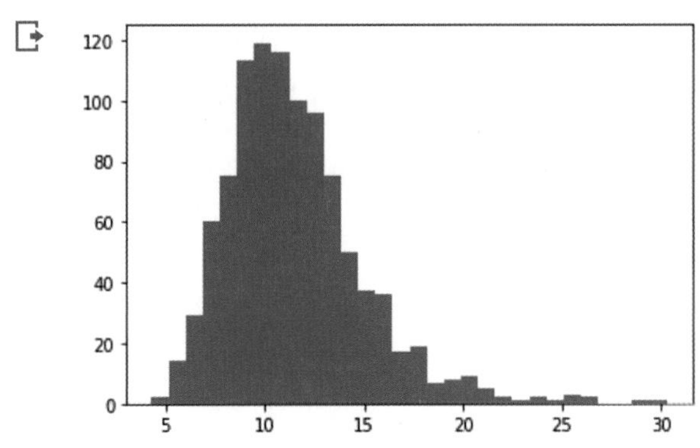

좌우 대칭이 완벽하지는 않지만, 종 모양과 유사한 분포를 형성하고 있습니다. 놀랍군요. 이런 정규분포의 형태라면 앞서 배웠던 z 점수 개념을 접목할 수 있습니다.

샘플링 크기와 정확도

그렇다면 이렇게 무작위로 뽑은 표본의 통계량이 실제 모집단의 통계량과 얼마나 일치할까요? 재미있는 사실은 이 정규분포 형태의 평균이 모집단의 평균과 매우 가깝다는 것입니다. 한번 sample_means 배열의 평균을 확인해 보죠.

손코딩

```
np.mean(sample_means) ⟶ 무작위로 뽑은 표본의 통계량
```

```
11.539900000000001
```

이번에는 ns_book7 데이터프레임에 있는 전체 대출건수의 평균을 확인해 보죠.

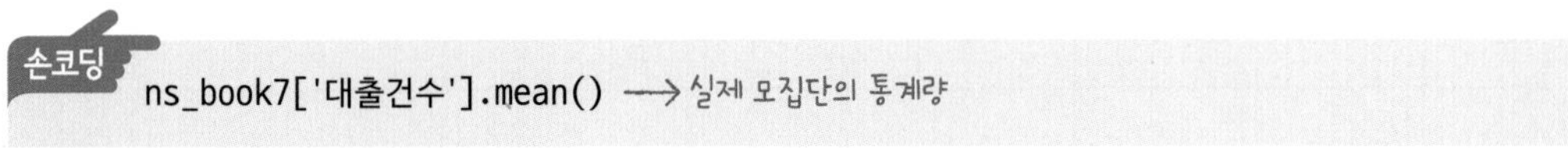

손코딩

```
ns_book7['대출건수'].mean() ⟶ 실제 모집단의 통계량
```

```
11.593438968070707
```

두 평균이 소수점 첫째 자리까지 같습니다!

앞서 샘플링 크기를 30으로 지정했는데요. 일반적으로 중심극한정리를 따르려면 샘플링의 크기가 30보다 클수록 좋습니다. 이번에는 샘플링 크기를 20으로 낮추어 평균을 계산해 보죠.

note 30은 일종의 매직 넘버로 생각할 수 있습니다. 이는 이 절의 뒷부분에서 t-분포를 설명할 때 다시 소개하겠지만, 정규분포가 아니더라도 표본 크기가 30보다 크면 정규분포에 가까워지기 때문입니다.

손코딩

```
np.random.seed(42)
sample_means = []
for _ in range(1000):
    m = ns_book7['대출건수'].sample(20).mean()
    sample_means.append(m)
np.mean(sample_means)
```

```
11.39945
```

표본의 평균이 대출건수 실제 평균에서 더 멀어졌습니다.

다시 샘플링 크기를 40으로 높여서 다시 평균을 구해 보겠습니다.

손코딩

```
np.random.seed(42)
sample_means = []
for _ in range(1000):
    m = ns_book7['대출건수'].sample(40).mean()
    sample_means.append(m)
np.mean(sample_means)
```

```
11.5613
```

확실히 샘플링 크기를 늘리니 대출건수 평균 11.59에 더욱 가까워졌습니다.

또 다른 흥미로운 특징은 표본 평균의 표준편차가 모집단의 표준편차를 표본 크기의 제곱근으로 나눈 것에 가깝다는 것입니다. 식으로 쓰면 오른쪽과 같습니다.

$$s = \frac{\sigma}{\sqrt{n}}$$

표본 평균의 표준편차 ← s
σ → 모집단의 표준편차
$\sqrt{n}$ → 표본에 포함된 샘플 개수

여기에서 n은 표본에 포함된 샘플 개수입니다. 실제로 이 공식이 잘 들어 맞는지 확인해 보죠. 먼저 넘파이 std() 함수로 sample_means의 표준편차를 구합니다.

손코딩

```
np.std(sample_means) ⟶ 표본으로 표준편차를 구했을 때
```

```
3.0355987564235165
```

이번에는 전체 대출건수의 표준편차를 샘플링 개수 40의 제곱근으로 나누어 보겠습니다.

손코딩

```
np.std(ns_book7['대출건수']) / np.sqrt(40) ⟶ 모집단으로 표준편차를 구했을 때
```

```
3.048338251806833
```

아주 비슷하군요. 이렇게 구한 표본 평균의 표준편차는 **표준오차**standard error라고 합니다. 그럼 이런 중심극한정리를 이용하여 파이썬 도서에 대한 대출건수의 평균이 얼마인지 추정할 수 있을까요?

note 사실 모집단이 정규분포를 따르지 않는다면 위 공식이 잘 맞지 않을 수 있습니다. 여기서는 약간의 행운이 따랐네요. 표준오차를 더 자세히 알고 싶다면 다음 문서를 참고하세요. URL https://en.wikipedia.org/wiki/Standard_error#Derivation

모집단의 평균 범위 추정하기: 신뢰구간

우리는 남산도서관의 대출건수를 모집단으로 가정하여 1,000개의 표본을 뽑아 계산한 표본의 평균이 모집단의 평균에 가까워진다는 것을 보았습니다. 하지만 실전에서는 표본을 수집하는 데 시간과 비용이 많이 들기 때문에 이렇게 많은 횟수의 표본을 만들기 어려운 경우가 많습니다. 게다가 모집단에 대한 정보를 구할 수 없는 경우도 많습니다.

만약 딱 하나의 표본이 있다면 모집단의 평균을 추정할 수 있을까요? **신뢰구간**confidence interval은 표본의 파라미터(여기에서는 평균)가 속할 것이라 믿는 모집단의 파라미터 범위입니다.

남산도서관의 파이썬 도서의 대출건수를 사용해 신뢰구간을 어떻게 계산하는지 알아보겠습니다. 먼저 전체 데이터프레임에서 컴퓨터 관련 도서 중 파이썬 도서만 골라냅니다. 컴퓨터 관련 도서는 주제분류번호 003, 004, 005로 시작합니다. 따라서 주제분류번호가 '00'으로 시작하고 도서명에 '파이썬'이 포함된 행을 불리언 배열로 인덱스 python_books_index를 만들어 도서를 추출합니다.

손코딩

```
python_books_index = ns_book7['주제분류번호'].str.startswith('00') & \
                     ns_book7['도서명'].str.contains('파이썬')
python_books = ns_book7[python_books_index]
python_books.head()
```

	번호	도서명	저자	출판사	발행년도	주제분류번호	도서권수	대출건수	등록일자
1040	1060	실전 알고리즘 트레이딩 배우기 (파이썬으로 시작하는 알고리즘 트레이딩의 기초와 실전...	세바스티앙 도나디오. 수라브 고쉬 지음¦이기홍	에이콘출판	2021	004.73	1	1	2021-03-09
1162	1185	파이썬으로 경험하는 빅데이터 분석과 머신러닝	이영호, 이수현 지음	생능출판사	2021	005.135	1	1	2021-03-02
1447	1504	금융 파이썬 쿡북 (금융 데이터 처리와 기술 분석부터 딥러닝 적용까지)	에릭 르윈슨	에이콘출판	2021	005.133	1	2	2021-02-22
1563	1630	프로그래머를 위한 파이썬 (실전 프로젝트로 배우는 소프트웨어 개발의 원리와 정석)	데인 힐라드 지음¦황반석	제이펍	2020	005.133	1	2	2021-02-16
1571	1640	엑셀 × 파이썬 업무 자동화 - 매크로, VBA는 이제 낡았다!	카네히로 카즈미 (지은이), 서수환 (옮긴이)	인사이트	2020	005.53	1	2	2021-02-16

남산도서관 대출 데이터에서 '파이썬'이란 이름을 가진 도서가 추출되었습니다. 그럼 len() 함수를 사용해 도서가 모두 몇 권인지 확인해 보죠.

데이터프레임의 행 개수를 셀 때는 len() 함수를 사용합니다.

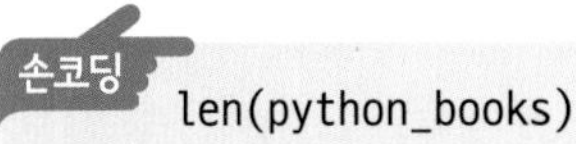

```
len(python_books)
```

```
251
```

총 251권의 도서가 있군요. 파이썬 도서의 대출건수 평균을 계산해 보겠습니다.

손코딩

```
python_mean = np.mean(python_books['대출건수'])
python_mean
```

```
14.749003984063744
```

파이썬 도서의 평균 대출건수는 14회가 넘습니다. 이제 z 점수 공식과 중심극한정리를 연결하여 모집단의 평균 범위를 예측해 보겠습니다.

모집단의 평균을 알 수 없고, 표본의 평균만 알 때 표본의 평균에 대한 z 점수 공식은 다음처럼 쓸 수 있습니다.

$$z = \frac{x - \mu}{s} = \frac{14.75 - \mu}{\sigma/\sqrt{n}}$$

μ는 모집단의 평균이고 s는 표본 평균의 표준편차입니다.

모집단의 평균 μ를 남기고 다른 항을 정리하면 표본의 평균에서 z 점수와 표준오차를 곱한 값을 빼는 식이 완성됩니다.

$$\mu = 14.75 - z\boxed{\frac{\sigma}{\sqrt{n}}}$$

표준오차입니다. 여기에서 σ는 모집단의 표준편차입니다.

남산도서관의 파이썬 대출건수가 표본이라면 우리나라의 모든 도서관의 파이썬 도서 대출건수를 모집단으로 생각할 수 있습니다. 하지만 모든 도서관 데이터는 구하기 힘들죠.

이럴 때 중심극한정리를 적용해 볼 수 있습니다. 모집단의 표준편차가 표본의 표준편차와 비슷하다고 가정하는 것이죠. 따라서 모집단의 표준편차 대신 표본이라 할 수 있는 남산도서관의 파이썬 도서 대출건수로 표준편차를 구한 다음, 표준오차를 계산해 보겠습니다.

손코딩

```
python_std = np.std(python_books['대출건수'])
python_se = python_std / np.sqrt(len(python_books))
python_se
```

python_std → 표본의 표준편차

np.sqrt(len(python_books)) → 표본에 포함된 샘플 개수

```
0.8041612072427442
```

이제 거의 다 되었네요.

마지막으로 표준오차에 곱할 적절한 z 점수를 결정해야 합니다. 여기에서는 이 표본의 평균이 모집단의 평균을 중심으로 95% 이내 구간에 포함된다고 확신하고 싶습니다. 그림으로 나타내면 다음과 같습니다.

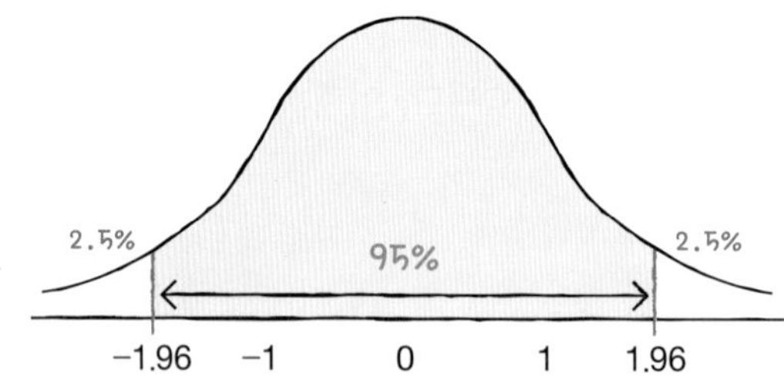

평균을 중심으로 95% 영역을 차지하면 좌우에는 각각 2.5%가 남습니다. 따라서 95% 비율에 해당하는 z 점수를 알려면 **norm.ppf() 메서드**에 각각 0.975와 0.025를 입력하면 됩니다.

손코딩

```
stats.norm.ppf(0.975)
```

```
1.959963984540054
```

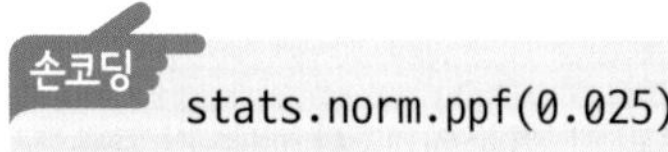

손코딩

```
stats.norm.ppf(0.025)
```

```
-1.9599639845400545
```

정규분포는 대칭이기 때문에 두 z 점수가 부호만 다르고 같은 것을 알 수 있습니다.

이제 앞에서 구한 표준오차 python_se와 z 점수를 곱하여 파이썬 도서의 대출건수 평균인 python_mean 데이터프레임이 속할 범위를 구해 보겠습니다.

```
print(python_mean-1.96*python_se, python_mean+1.96*python_se)
```

```
13.172848017867965 16.325159950259522
```

이 결과를 어떻게 해석할 수 있을까요? 표본의 평균 python_mean과 표준오차 python_se를 바탕으로 '모집단의 평균이 13.2에서 16.3 사이에 놓여 있을 거라 95% 확신한다'고 말합니다. 또는 '95% 신뢰구간에서 파이썬 도서의 모집단 평균이 13.2에서 16.3 사이에 놓여 있다'고 말합니다.

신뢰구간은 이 구간 안에 모집단의 평균이 포함되어 있을 것이라 확신하는 범위를 의미합니다.

지금까지 중심극한정리를 사용해 표본의 평균으로 모집단의 평균을 추정하는 방법을 알아보았습니다. 다음으로 이 이론을 더 확장하여 파이썬 도서와 C++ 도서의 평균에 의미 있는 차이가 있는지 알아보죠.

통계적 의미 확인하기: 가설검정

가설검정은 표본에 대한 정보를 사용해 모집단의 파라미터에 대한 가정을 검정하는 것입니다. 예를 들어 파이썬과 C++ 도서의 평균 대출건수가 같다고 가정했을 때, 파이썬과 C++ 도서의 표본을 각각 추출하여 이 가정이 맞는지 검정할 수 있습니다.

이처럼 파이썬과 C++ 도서의 평균 대출건수가 같다는 가설을 **영가설**null hypothesis 또는 **귀무가설**이라고 부릅니다. 반대로 파이썬과 C++ 도서의 평균 대출건수가 같지 않다는 가설을 **대립가설**alternative hypothesis이라 부릅니다.

- 영가설: 표본 사이에 통계적으로 의미가 없다고 예상되는 가설.

  $H_0: \mu_{python} - \mu_{C++} = 0$ ⟶ 파이썬과 C++ 도서의 평균 대출건수가 같다.

영가설은 H_0, 대립가설은 H_A 기호로 표시합니다.

• 대립가설: 표본 사이에 통계적인 차이가 있다는 가설.

H_A: $\mu_{python} - \mu_{C++} \neq 0$ → 파이썬과 C++ 도서의 평균 대출건수가 같지 않다.

두 모집단의 평균에 대한 z 점수 공식은 다음과 같습니다.

$$z = \frac{(x_1 - x_2) - (\mu_1 - \mu_2)}{\sqrt{\frac{\sigma_1^2}{n_1} + \frac{\sigma_2^2}{n_2}}}$$

note 이 공식의 유도는 이 책의 범위를 넘어서므로 지금은 이런 공식을 사용한다는 정도로만 기억해도 좋습니다.

조금 복잡하지만 하나씩 천천히 살펴보면 이해할 수 있습니다. 아래 첨자 1, 2는 두 개의 모집단을 나타냅니다. x_1과 x_2는 각각 파이썬과 C++ 도서 표본의 평균에 해당합니다. μ_1과 μ_2는 모집단의 평균이므로 알 수 없습니다. n_1과 n_2는 각각 파이썬과 C++ 도서 표본의 크기입니다. σ_1과 σ_2는 두 모집단의 표준편차입니다. 앞서 신뢰구간에 대해 알아보았을 때처럼 모집단의 표준편차는 알지 못하므로 대신 표본의 표준편차를 사용하겠습니다.

영가설의 경우 두 모집단의 평균에 차이가 없을 것이라 가정합니다. 따라서 $\mu_1 - \mu_2 = 0$으로 놓고 z 점수를 계산할 수 있습니다. 이렇게 계산한 z 점수가 일정 수준 이하이면 영가설이 맞는다고 했을 때, 이런 데이터가 관측될 가능성이 매우 낮다는 의미입니다. 따라서 영가설을 기각하고 두 모집단의 평균에 차이가 있다는 대립가설을 채택할 수 있습니다.

z 점수에 대한 이런 기준을 **유의수준**significance level이라고도 말합니다. 일반적으로 많이 사용하는 기준은 정규분포의 양쪽 꼬리 면적을 더해 5%가 되는 지점입니다.

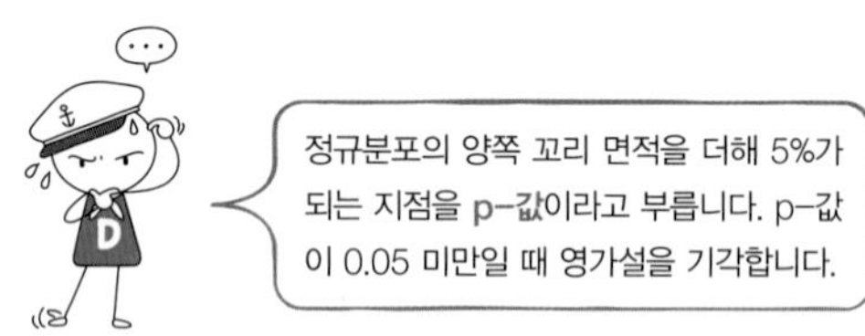

z 점수로 가설 검증하기

그럼 C++ 도서 표본을 추출하여 가설검정 과정을 차례로 밟아 나가 보겠습니다. 먼저 파이썬 도서를 고를 때와 마찬가지로 C++ 도서에 대한 불리언 배열의 인덱스를 만들어 cplus_books 데이터프레임을 만듭니다.

```
cplus_books_index = ns_book7['주제분류번호'].str.startswith('00') & \
                    ns_book7['도서명'].str.contains('C++', regex=False)
cplus_books = ns_book7[cplus_books_index]
cplus_books.head()
```

	번호	도서명	저자	출판사	발행년도	주제분류번호	도서권수	대출건수	등록일자
101	103	C++를 사용한 언리얼 엔진 4 개발 2/e (100여 개의 레시피를 통해 배우는 ...	존 도란. 윌리엄 셰리프.스테판 화이틀 지음¦ 조경빈	에이콘	2020	005.11	1	1	2021-03-15
19754	20779	Game Programming in C++	산자이 마드하브	에이콘 출판	2019	005.133	1	10	2019-11-26
20198	21289	C++ API OpenCV 프로그래밍 - 2nd Edition	김동근	가메 출판사	2016	004.77	1	5	2019-11-05
21630	22950	Visual C++ 영상처리 프로그래밍 =Visual C++ image proces...	황선규 지음	길벗	2015	004.77	1	3	2019-10-22
22461	23859	Functional Programming in C++	이반 추키츠 지음, 김점갑 옮김	에이콘 출판	2019	005.133	1	4	2019-09-26

C++ 도서권수를 확인해 보죠.

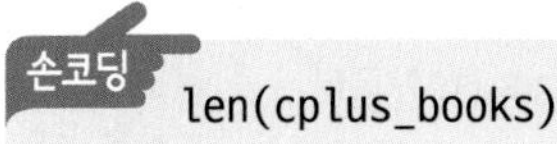

```
len(cplus_books)
```

```
89
```

총 89권이 추출되었습니다.

C++ 도서의 평균 대출건수도 확인해 보겠습니다.

손코딩

```
cplus_mean = np.mean(cplus_books['대출건수'])
cplus_mean
```

```
11.595505617977528
```

앞서 파이썬 도서의 평균 대출건수는 약 14.75였습니다. 두 도서의 평균에 차이가 있네요. 하지만 과연 이 두 표본의 평균 차이에 의미가 있는 것일까요? 아니면 우연의 일치일까요? z 점수에 대한 가설검정 공식으로 확인해 보겠습니다. 이번에는 C++ 도서에 대한 표준오차를 계산해 보겠습니다.

손코딩

```
cplus_se = np.std(cplus_books['대출건수'])/ np.sqrt(len(cplus_books))
cplus_se
```

```
0.9748405650607009
```

가설검정 공식에 이를 대입합니다. 영가설에 따르면 두 모집단의 평균은 같습니다. 따라서 다음과 같이 쓸 수 있습니다.

$$z = \frac{(14.75 - 11.6)}{\sqrt{0.8^2 + 0.97^2}}$$

파이썬 코드로 이 값을 계산합니다.

손코딩

```
(python_mean - cplus_mean) / np.sqrt(python_se**2 + cplus_se**2)
```

```
2.495408195140708
```

이제 계산된 z 점수를 사용해 누적분포를 확인해 보겠습니다.

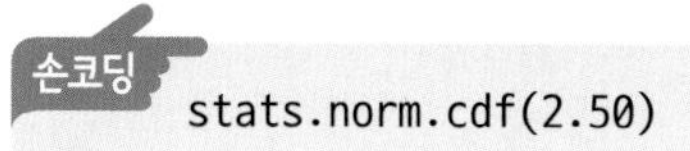

```
stats.norm.cdf(2.50)
```

```
0.9937903346742238
```

2.50에 해당하는 누적분포는 0.994입니다. 따라서 정규분포의 양쪽 끝의 면적은 각각 1 - 0.994 = 0.006이 됩니다. 이를 그림으로 나타내면 다음과 같습니다.

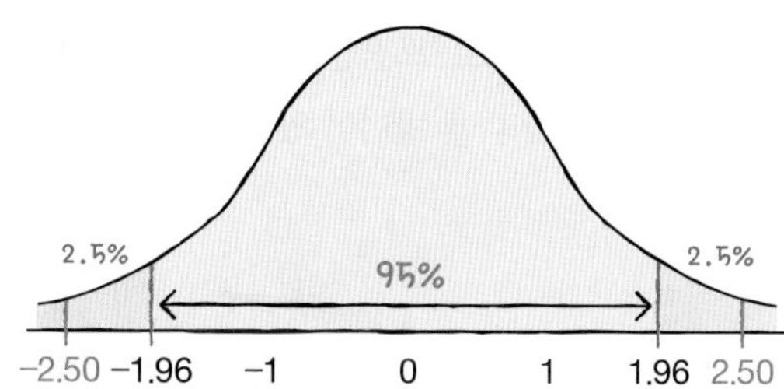

±2.50에 해당하는 양쪽 끝의 면적, 즉 p-값은 (1 - 0.994) * 2 = 0.01로 유의수준에 해당하는 0.05(5%)보다 작습니다. 따라서 영가설을 기각하며 '파이썬과 C++ 도서의 평균에 차이가 있다'는 대립가설이 지지됩니다.

그럼 매번 이런 계산을 직접 수행해야 할까요? 이런 작업을 간단하게 처리해 주는 함수는 없을까요?

t-검정으로 가설 검증하기

사이파이에 두 표본의 평균을 비교하는 **ttest_ind() 함수**가 있습니다. ttest_ind() 함수는 t-분포인 두 표본을 비교하는 **t-검정**t-test을 수행합니다. **t-분포**t-distribution는 정규분포와 비슷하지만, 중앙은 조금 더 낮고 꼬리가 더 두꺼운 분포입니다. 표본의 크기가 30 이하일 때 t-분포를 사용하는 것이 좋으며 표본 크기가 30보다 크면 t-분포는 정규분포와 매우 비슷해집니다. 따라서 이 함수를 사용해 표본 크기에 상관없이 평균을 비교할 수 있습니다.

앞에서 구한 파이썬 도서와 C++ 도서의 데이터를 ttest_ind() 함수에 전달하면 **t 점수**와 **p-값**을 반환합니다.

t 점수는 정규분포의 z 점수에 해당하는 통계치입니다.

손코딩

```python
t, pvalue = stats.ttest_ind(python_books['대출건수'], cplus_books['대출건수'])
print(t, pvalue)
```

→ p-값

```
2.1390005694958574 0.03315179520224784
```

앞에서 공식으로 z 점수를 구한 것과 조금 다르지만 비슷한 값을 얻었습니다. 여기에서도 p-값은 0.03으로 영가설의 기각 기준인 0.05보다 작습니다. 따라서 영가설을 기각하며 두 도서의 대출건수 평균의 차이는 우연이 아니라고 말할 수 있습니다.

ttest_ind() 함수를 사용하면 손쉽게 표본의 평균을 비교할 수 있군요. 하지만 이런 테스트들은 모두 여러 가지 가정을 바탕으로 하는데, 대표적으로 '모집단이 정규분포의 형태를 따른다'고 가정합니다. 하지만 그렇지 않다면 어떻게 해야 할까요? 다른 방법이 있을까요?

z 점수나 t-검정으로 p-값을 구하여 가설을 검증할 때는 모집단이 정규분포의 형태를 따른다고 가정할 때 수행합니다.

정규분포가 아닐 때 가설 검증하기: 순열검정

순열검정permutation test은 모집단의 분포가 정규분포를 따르지 않거나 모집단의 분포를 알 수 없을 때 사용할 수 있는 방법입니다. 모집단의 파라미터를 추정하지 않기 때문에 **비모수검정**nonparametric test 방법 중에 하나입니다.

순열검정 방법은 다음 그림에 잘 나타납니다. 먼저 두 표본의 평균의 차이를 계산한 후 두 표본을 섞고 무작위로 두 그룹으로 나눕니다. 이때 두 그룹은 원래 표본의 크기와 동일하게 만듭니다. 이렇게 나눈 두 그룹에서 다시 평균의 차이를 계산합니다. 이런 과정을 여러 번 반복해서 원래 표본의 평균 차이가 무작위로 나눈 그룹의 평균 차이보다 크거나 작은 경우를 헤아려 p-값을 계산합니다.

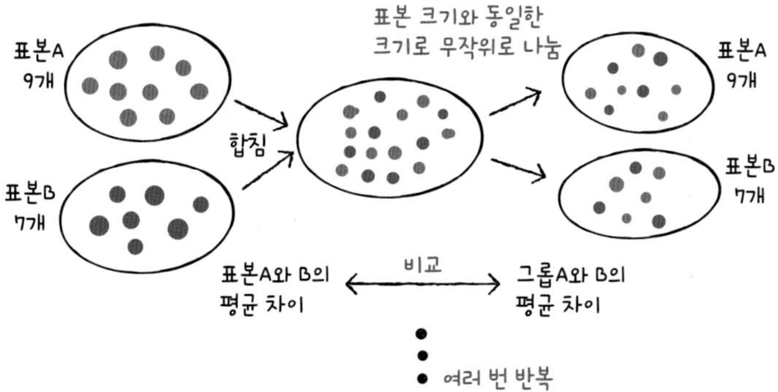

도서 대출건수 평균 비교하기(1): 파이썬 vs C++

순열검정은 파이썬 함수로 구현할 수 있습니다. 먼저 두 개의 배열을 받아 평균을 구하는 statistic() 함수를 만듭니다.

손코딩

```
def statistic(x, y):
    return np.mean(x) - np.mean(y)
```

그다음 순열검정을 실행하는 permutation_test() 함수를 구현하겠습니다. 두 배열을 넘파이 append() 함수로 합친 후 무작위로 추출하기 위해 **permutation() 함수**를 사용합니다. 이 함수는 무작위로 섞인 배열을 만드는데, 여기에서는 전체 배열 길이만큼 랜덤한 인덱스를 만들어 줍니다. 인덱스로 x_, y_ 두 그룹을 나눈 후 그룹 사이의 평균 차이를 계산합니다. 이런 식으로 모두 1,000번의 순열검정을 수행합니다.

손코딩

```
def permutation_test(x, y):
    # 표본의 평균 차이를 계산합니다.
    obs_diff = statistic(x, y)
    # 두 표본을 합칩니다.
    all = np.append(x, y)
    diffs = []
    np.random.seed(42)
    # 순열검정을 1000번 반복합니다.
    for _ in range(1000):
        # 전체 인덱스를 섞습니다.
```

```
        idx = np.random.permutation(len(all))
        # 랜덤하게 두 그룹으로 나눈 다음 평균 차이를 계산합니다.
        x_ = all[idx[:len(x)]]
        y_ = all[idx[len(x):]]
        diffs.append(statistic(x_, y_))
    # 원본 표본보다 작거나 큰 경우의 p-값을 계산합니다.
    less_pvalue = np.sum(diffs < obs_diff)/1000
    greater_pvalue = np.sum(diffs > obs_diff)/1000
    # 둘 중 작은 p-값을 선택해 2를 곱하여 최종 p-값을 반환합니다.
    return obs_diff, np.minimum(less_pvalue, greater_pvalue) * 2
```

표본의 평균 차이보다 큰 경우와 작은 경우의 비율을 계산하여 p-값을 계산합니다. 일반적으로 영가설을 기각하는 것이 목적이므로 둘 중에 작은 값을 선택하고 2를 곱해 양쪽 꼬리에 해당하는 비율을 얻습니다. 이 값이 바로 '영가설이 옳다고 가정했을 때 이런 데이터가 관측될 확률'입니다.

그럼 파이썬 도서와 C++ 도서의 대출건수를 전달하여 순열검정의 결과를 확인해 보죠.

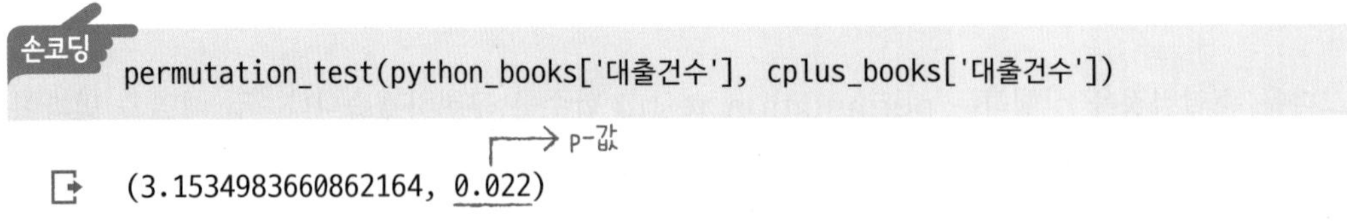

손코딩

```
permutation_test(python_books['대출건수'], cplus_books['대출건수'])
```

```
(3.1534983660862164, 0.022)
```


앞서 가설검정으로 구한 p-값인 0.03과 비슷한 결과를 얻었습니다. 여기에서도 p-값이 5%에 해당하는 유의수준에 미치지 못하기 때문에 영가설을 기각하고 두 도서의 평균 대출건수에는 차이가 있다고 결론을 내릴 수 있습니다.

+ 여기서 잠깐 **사이파이 1.8버전 이상에서 제공하는 순열검정 함수: permutation_test()**

사실 사이파이 1.8 버전 이상일 경우 순열검정을 위한 permutation_test() 함수를 제공합니다. 따라서 이렇게 직접 순열검정 함수를 작성할 필요가 없죠. 예를 들어 다음 명령으로 순열검정을 수행할 수 있습니다.

```
res = stats.permutation_test((python_books['대출건수'], cplus_books['대출건수']),
                             statistic, random_state=42)
print(res.statistic, res.pvalue)
```

이 함수의 첫 번째 매개변수에 두 표본을 튜플로 전달하고, 두 번째 매개변수에 비교할 통계치를 계산하는 함수(이 경우 평균의 차이를 계산하는 statistic( ) 함수)를 전달합니다. 이 함수는 기본적으로 9,999번 순열검정을 수행하며 출력된 결과는 약 3.153 0.0258 정도로 우리가 직접 계산한 값과 매우 비슷합니다.

도서 대출건수 평균 비교하기(2): 파이썬 vs 자바스크립트

마지막으로 파이썬과 자바스크립트 도서에 대한 대출건수 평균도 차이가 있는지 알아볼까요? 먼저 도서 제목에 '자바스크립트' 키워드가 들어간 행을 추출하겠습니다.

손코딩

```
java_books_indx = ns_book7['주제분류번호'].str.startswith('00') & \
                  ns_book7['도서명'].str.contains('자바스크립트')
java_books = ns_book7[java_books_indx]
java_books.head()
```

	번호	도서명	저자	출판사	발행년도	주제분류번호	도서권수	대출건수	등록일자
1030	1049	자바스크립트로 하는 자료 구조와 알고리즘 (핵심 자료 구조 및 알고리즘을 이해하고 ...	<b>배세민</b>	에이콘	2019	005.138	1	1	2021-03-09
2521	2627	프레임워크 없는 프론트엔드 개발 (자바스크립트 프레임워크 뜯어보기)	프란세스코 스트라촐로	에이콘 출판	2021	005.138	1	1	2021-02-08
4989	5330	(ES6로 기초부터 다시 배우는) 자바스크립트 파워북	어포스트 지음	어포스트	2020	005.133	1	4	2020-10-19
4997	5338	모던 자바스크립트 deep dive: 자바스크립트의 기본 개념과 동작 원리	이웅모 지음	위키북스	2020	005.138	1	4	2020-10-19
14028	14759	(자바스크립트와 함께하는) 블록체인 코딩: JavaScript와 node.js로 분산...	Eric Traub 지음; 금창섭, 안휘, 이재준 옮김	홍릉과학출판사	2020	005.1	1	4	2020-04-20

자바스크립트의 도서권수와 평균 대출건수를 확인해 보죠.

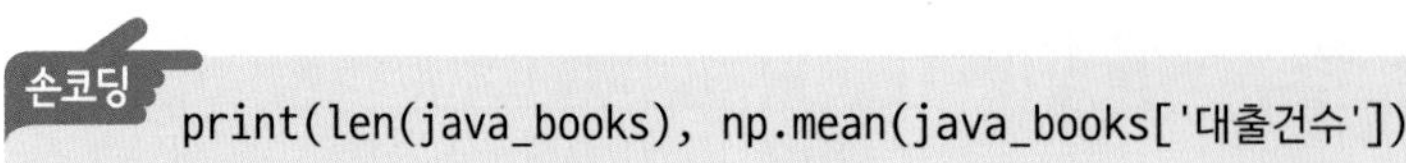

손코딩
```
print(len(java_books), np.mean(java_books['대출건수']))
```

```
105 15.533333333333333
```

파이썬 도서보다 조금 더 평균이 높네요. 의미가 있는 차이인지 순열검정으로 확인해 보겠습니다.

손코딩
```
permutation_test(python_books['대출건수'], java_books['대출건수'])
```

```
(-0.7843293492695889, 0.566)
```

실행 결과를 보면 p-값이 0.05보다 훨씬 큽니다. 따라서 영가설을 기각할 수 없으며 파이썬과 자바스크립트 도서 사이의 평균 대출건수 차이는 큰 의미가 없다고 볼 수 있습니다.

표본 데이터에서 의사 결정 도출하기 문제 해결 과정

이 절에서는 독립적인 두 개의 표본 사이에 유의미한 차이가 있는지 판단하는 과정을 배웠습니다. 이런 통계적인 추정의 근간이 되는 **z 점수**와 **중심극한정리**에 대해 먼저 알아보았습니다. 그다음 **신뢰구간**으로 파이썬 도서의 모집단 평균을 추정해 보았습니다.

이런 지식을 바탕으로 파이썬과 C++ 도서의 평균 대출건수에 대한 **가설검정**을 수행했습니다. **영가설**은 두 도서의 평균 대출건수가 같다는 것이고 **대립가설**은 두 도서의 대출건수가 다르다는 가설입니다. 표본 통계를 바탕으로 계산한 z 점수가 일정한 **유의수준**보다 작다면 영가설을 기각합니다. 이는 두 도서의 평균 대출건수가 같다는 가설 하에서 이런 데이터가 수집될 가능성이 낮다는 의미입니다.

> 일반적인 유의수준은 0.05, 즉 5%입니다.

가설검정은 모집단에 대한 가정을 전제로 하는 **모수검정** 방법입니다. 그러나 실제 데이터 과학 분야에서는 모수검정의 근간이 되는 정규분포를 가정하기 어려운 상황이 종종 발생합니다. 이런 경우에는 표본을 무작위로 섞은 뒤 통계치를 비교하는 **순열검정**을 사용할 수 있습니다. 프로그래밍을 사용하면 반복 샘플링 과정을 손쉽게 수행할 수 있기 때문에 널리 사용합니다.

이 책에는 가설검정과 통계적 추정에 대해 기본적인 지식을 담았습니다. 이에 대한 더 자세한 내용은 다음 도서를 참고하세요.

- 『개발자를 위한 필수 수학』(한빛미디어, 2024)
- 『데이터 과학을 위한 통계』(한빛미디어, 2021)

혼공분석은 남산 도서관의 대출건수를 기반으로 파이썬 도서와 다른 컴퓨터 도서를 비교해 보았습니다. C++보다는 파이썬 도서의 대출건수 평균이 높았습니다. 이 차이는 유의미한 수준이며 가설검정과 순열검정으로 이를 확인했습니다. 하지만 자바스크립트 도서는 파이썬 도서와 평균 대출건수가 비슷했으며 통계적인 차이가 있다고 보기 힘듭니다. 그럼 도서의 이름에 파이썬을 넣어야 할까요? 말아야 할까요? :)

마무리

▶ 6가지 키워드로 정리하는 핵심 포인트

- **모수검정**은 모집단에서 추출한 샘플을 사용해 모집단의 평균이나 분산과 같은 파라미터를 추정하여 가설을 테스트하는 방법입니다.
- **표준점수**는 z 점수라고도 부르며 정규분포 상에서 데이터 포인트가 원점에서부터 얼마나 떨어져 있는지 표준편차의 비율로 나타내는 점수입니다. 표준점수는 데이터 포인트에서 평균을 빼고 표준편차로 나누어 구합니다.
- **중심극한정리**는 동일한 분포에서 무작위로 n개의 샘플을 추출하여 평균을 구할 때 n이 어느 정도 크다면 이 평균이 정규분포에 가까워진다는 개념입니다. 여기서 n은 30 이상입니다.
- **신뢰구간**은 알려지지 않은 모집단의 파라미터를 추정한 범위입니다. 일반적으로 95% 신뢰구간을 널리 사용하며 이따금 90%나 99%의 신뢰구간을 사용합니다.
- **가설검정**은 표본의 통계치를 기반으로 모집단에 대한 가설을 받아들일지 기각할지 결정하는 방법입니다. 영가설은 통계적으로 의미가 없다고 예상되는 가설이며 이에 반대되는 대립가설은 표본 사이에 통계적인 차이가 있다고 보는 가설입니다.
- **순열검정**은 정규분포에 대한 가정을 하지 않고 수행할 수 있는 검정 방법입니다. 두 표본의 데이터를 무작위로 섞어 나눈 다음, 원래 통계량과의 차이를 비교하는 과정을 여러 번 반복하여 수행합니다.

▶ 표로 정리하는 핵심 함수와 메서드

함수/메서드	기능
scipy.stats.zscore()	z 점수를 계산합니다.
scipy.stats.norm.cdf()	정규분포의 누적분포 비율을 계산합니다.
scipy.stats.norm.ppf()	cdf() 메서드와 반대로 분포의 비율을 입력하면 해당 z 점수를 반환합니다.
Series.sample()	데이터프레임에서 무작위로 값을 추출합니다.
scipy.stats.ttest_ind()	두 표본의 평균에 대한 t-검정을 수행합니다.
scipy.stats.permutation_test()	두 표본에 대한 순열검정을 수행합니다.

▶ 확인 문제

1. 정규분포에서 데이터가 원점에서 얼마나 떨어져 있는지 표준편차의 배수로 나타내는 점수는 무엇인가요?

① a 점수 ② p 점수
③ t 점수 ④ z 점수

2. 중심극한정리에서 표본의 평균이 정규분포를 따르기 위해 필요한 최소한의 표본 크기는 얼마인가요?

① 10 ② 30
③ 50 ④ 상관없음

3. 원점을 중심으로 95% 신뢰구간을 얻기 위해 필요한 z 점수 범위는 얼마인가요?

① −1 ~ 1 ② −1.5 ~ 1.5
③ −1.96 ~ 1.96 ④ −2.5 ~ 2.5

4. 사이파이 ttest_ind() 함수를 사용하기 위해 필요한 표본의 크기는 얼마인가요?

① 10 ② 30
③ 50 ④ 상관없음

5. 다음 중 두 샘플의 평균에 대한 가설검정에 대해 잘못 설명한 것은 무엇인가요?

① 영가설은 두 표본의 평균이 0이라는 가설입니다.
② 대립가설은 두 표본의 평균이 다르다는 가설입니다.
③ 일반적으로 p−값이 0.05보다 작으면 영가설을 기각합니다.
④ 순열검정으로 p−값을 계산할 수 있습니다.

hint 4. ttest_ind() 함수는 정규분포와 비슷한 모양의 t−분포에서 t−검정을 수행합니다. 정규분포에 가까워지면 z 점수와 비슷해집니다.

07-2 머신러닝으로 예측하기

핵심 키워드

모델 | 지도 학습 | 비지도 학습 | 훈련 세트 | 테스트 세트 | 결정계수 | 선형 회귀 | 로지스틱 회귀

데이터 분석을 통해 의사 결정을 이끄는 또 다른 방법인 머신러닝을 배워 보겠습니다. 머신러닝은 데이터에서 유용한 패턴을 감지하거나 미래의 성과를 예측할 수 있어 데이터 분석가에게 꼭 필요한 도구 중 하나입니다.

시작하기 전에

혼공분석은 새로 출간한 도서가 잘 팔릴지 많이 궁금합니다. 인기 있는 도서는 대출건수도 높을 거라 가정할 수 있을까요? 그렇다면 남산도서관의 대출 데이터를 사용해서 **머신러닝**으로 대출건수를 예측해 보고 이 방법을 사용해 새로운 책의 대출건수도 예측할 수 있을 것 같습니다. 만약 대출건수가 높다면 판매를 긍정적으로 예상해 볼 수 있죠. 어쩌면 대출건수를 예측하기 어려울 수도 있습니다. 어떤 결과가 나오더라도 영업팀이 전략을 짜는 데 조금 도움이 될지 모르겠네요.

이번 절에서는 새로운 용어가 많이 등장합니다. 처음에는 어리둥절하고 어렵게 느껴질 수 있지만, 여유를 갖고 여러 번 읽다 보면 이해할 수 있습니다. 이런 용어들은 다음 단계로 나아가기 위해 익혀야 하는 개념이므로 꼭 잘 이해하고 넘어가세요.

알아 두면 좋은 머신러닝 용어

'도서권수' 열을 사용해 대출건수를 예측하기 위해 기초적인 머신러닝을 배워 보겠습니다. 하지만 진짜 미래의 어떤 것을 예측한다는 의미는 아닙니다. 샘플 데이터에서 알지 못하는 어떤 값을 예상하는 것이라고 이해해 주세요.

머신러닝은 컴퓨터 프로그램을 사용해 데이터에서 패턴을 학습하는 방법입니다. 학습된 패턴을 사용하여 새로운 데이터에 대해 빠르고 유용한 결정을 내릴 수 있죠. 예를 들어 구글 지메일Gmail의 스팸 메일 감지기는 스팸 메일과 스팸이 아닌 메일로 **훈련**training한 다음, 새로 도착한 메일이 스팸 메일인지 아닌지 예측합니다.

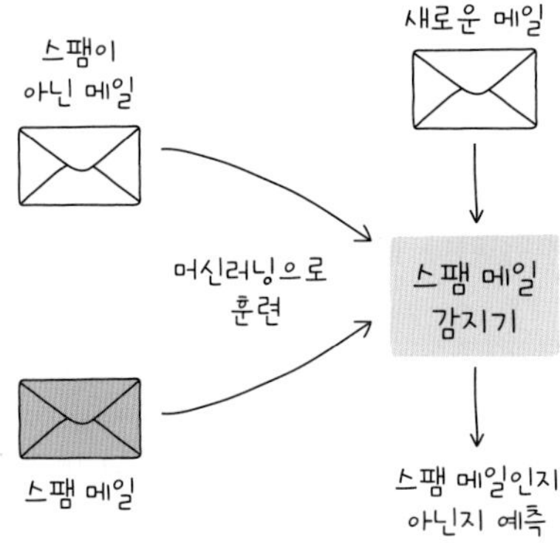

머신러닝은 이제 컴퓨터 과학에서 필수적인 분야입니다. 우리는 이미 많은 머신러닝 알고리즘을 매일 사용하고 있습니다. 웹사이트에 나오는 광고, 뉴스 기사 추천, 핸드폰의 음성 비서 등이 모두 머신러닝을 사용한 서비스입니다.

머신러닝은 더 커다란 **인공지능**artificial intelligence의 하위 분야입니다. 그리고 **지도 학습**supervised learning과 **비지도 학습**unsupervised learning으로 나눕니다. 이를 간단한 벤 다이어그램으로 나타내면 다음과 같습니다.

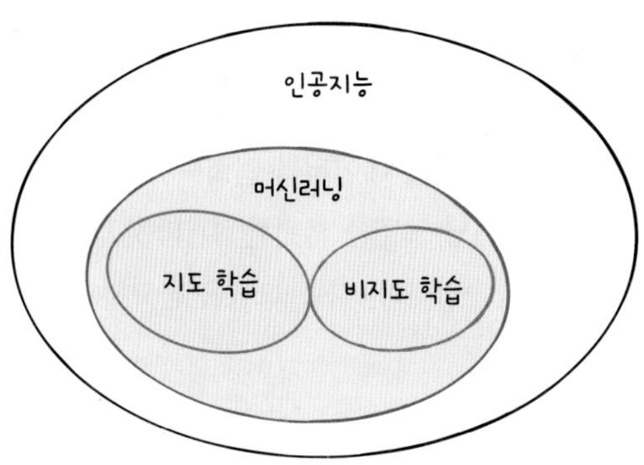

지금까지 이 책을 통해 데이터 분석에 필요한 여러 파이썬 패키지를 배웠습니다. 파이썬은 머신러닝에서도 필수 언어인 만큼 데이터 분석 패키지 외에도 많은 머신러닝 패키지를 사용할 수 있습니다. 파이썬의 대표적인 머신러닝 패키지는 **사이킷런**scikit-learn입니다. 이 절에서는 사이킷런을 사용해 머신러닝 모델을 만들어 보겠습니다.

note 사이킷런은 코랩에 이미 설치되어 있어 바로 사용할 수 있습니다. 만약 자신의 컴퓨터에서 이 절의 코드를 실행하려면 다음처럼 사이킷런을 먼저 설치해 주세요.

```
pip install scikit-learn
```

모델

모델model이란 용어는 때에 따라 추상적으로 또는 구체적으로 사용됩니다. 예를 들어 "이 문제에는 선형 회귀 모델을 사용해 보겠습니다"라고 말할 때, 여기서 모델은 추상적으로 선형 회귀라는 특정 알고리즘을 대변합니다. 구체적으로는 머신러닝으로 학습된 패턴을 저장하는 소프트웨어 객체를 의미하죠. 사이킷런을 사용한다면 사이킷런에 있는 어떤 클래스의 인스턴스 객체가 모델이 됩니다.

선형 회귀는 가장 기본적이면서 다재다능한 머신러닝 알고리즘 중 하나입니다. 앞으로 선형 회귀에 대해 차근차근 배워 보겠습니다.

지도 학습과 비지도 학습

머신러닝 알고리즘은 여러 가지 방법으로 나눌 수 있지만, 사용하는 데이터에 정답이 포함되어 있는지에 따라 지도 학습과 비지도 학습으로 나눌 수 있습니다.

지도 학습supervised learning은 데이터에 있는 각 샘플에 대한 정답을 알고 있는 경우입니다. 예를 들어 도서관에 있는 어떤 도서의 대출건수를 예측한다고 가정해 보죠. 이 문제에 사용할 남산도서관 대출 데이터에는 각 도서 대출건수가 이미 포함되어 있습니다. 즉 정답을 알고 있는 거죠. 이런 정답을 보통 **타깃**target이라고 부릅니다.

타깃을 맞추기 위해 모델이 재료로 사용하는 데이터를 **입력**input이라고 합니다. 이렇게 입력과 타깃이 들어있는 데이터를 사용해 어떤 머신러닝 모델을 훈련한 후, 타깃을 모르는 새로운 입력에 모델을 적용하여 타깃을 예측하는 것이 지도 학습입니다. 다음 그림을 참고하면 이해하기 쉽습니다.

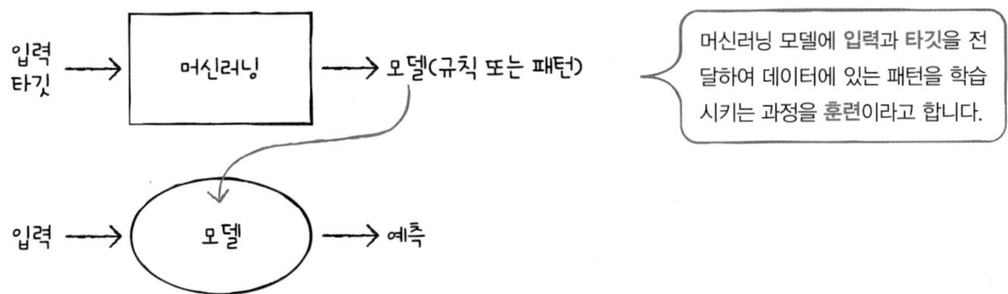

비지도 학습unsupervised learning은 입력 데이터는 있지만 타깃이 없는 경우입니다. 정답 데이터를 모으기 매우 어렵거나 비용이 많이 드는 경우죠. 하지만 이런 데이터에서도 머신러닝으로 의미 있는 패턴을 찾는 방법이 있습니다. 대표적으로 군집 알고리즘clustering algorithm이 이에 속합니다.

note 이 책에서는 비지도 학습을 다루지 않습니다. 대신 이 절의 끝에 제시된 추천 도서를 참고하세요.

머신러닝 알고리즘은 입력 데이터와 타깃이 있을 때 사용하는 지도 학습, 입력 데이터는 있지만 타깃이 없을 때 사용하는 비지도 학습으로 나눌 수 있습니다.

+ 여기서 잠깐 **딥러닝(deep learning)은 지도 학습이나 비지도 학습과는 또 다른 알고리즘인가요?**

머신러닝에는 여러 가지 알고리즘이 있습니다. 그중에 신경망(neural network) 알고리즘을 사용하는 경우를 딥러닝이라고 부릅니다. 즉 딥러닝은 머신러닝의 부분 집합에 해당합니다. 신경망 알고리즘은 다른 머신러닝 알고리즘으로 풀기 어려웠던 문제를 해결할 수 있어 매우 인기가 높습니다.

일부 머신러닝 알고리즘은 지도 학습이나 비지도 학습 한쪽에만 사용할 수 있습니다. 예를 들면 선형 회귀 알고리즘은 지도 학습입니다. 하지만 신경망 알고리즘은 지도 학습이나 비지도 학습에 모두 사용할 수 있습니다.

네! 이제 머신러닝과 지도 학습에 대해 어느 정도 이해했을 것 같네요. 다음으로 모델 훈련에 필요한 훈련 세트와 테스트 세트에 대해 알아보겠습니다.

모델 훈련하기

입력과 타깃으로 머신러닝 모델을 훈련한 다음에는 얼마나 좋은 모델인지 평가할 방법이 필요합니다. 다시 말하면 얼마나 타깃을 잘 맞추는지 평가할 필요가 있습니다. 하지만 모델을 훈련할 때 입력과 타깃을 모두 모델에 전달하기 때문에 나중에 동일한 입력을 모델에게 전달하면 타깃을 모두 맞출 수 있습니다. 모델이 타깃을 몽땅 메모리에 저장해 놓는다면 100% 완벽하게 타깃을 예측할 수 있겠죠.

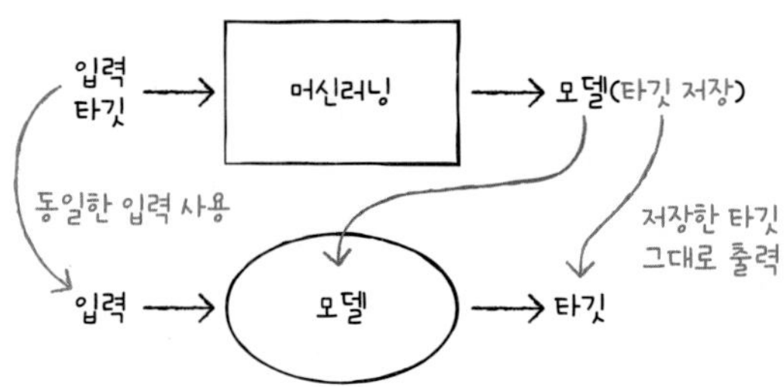

하지만 학교 수업 시간에 학생을 가르칠 때는 문제와 답을 알려 주고 훈련시켜도, 시험을 볼 때는 정답을 알려 주지 않습니다. 정답을 다 알려 준다면 학생들의 실력을 올바르게 평가할 수 없죠. 머신러닝 모델도 마찬가지입니다. 훈련할 때 사용했던 데이터로 모델을 평가하는 것은 바람직하지 않습니다. 새로운 데이터를 사용해 훈련된 모델을 평가해야 합니다. 이를 위해 남산도서관 전체 데이터를 두 개로 나누어 사용하겠습니다.

다음 그림처럼 입력A, 타깃A를 사용해 모델을 훈련하고, 입력B, 타깃B는 모델을 평가할 때 사용하면 모델이 타깃A를 몽땅 외우는 것이 소용이 없을 것입니다. 아마도 데이터에 내재된 유용한 어떤 패턴을 학습하기 위해 노력하겠죠.

이렇게 입력A, 타깃A를 **훈련 세트**training set라 부르고 입력B, 타깃B를 **테스트 세트**test set라고 부릅니다. 일반적으로 훈련 데이터가 테스트 데이터보다 큽니다. 보통 테스트 데이터는 전체 데이터의 20~25% 정도를 사용합니다.

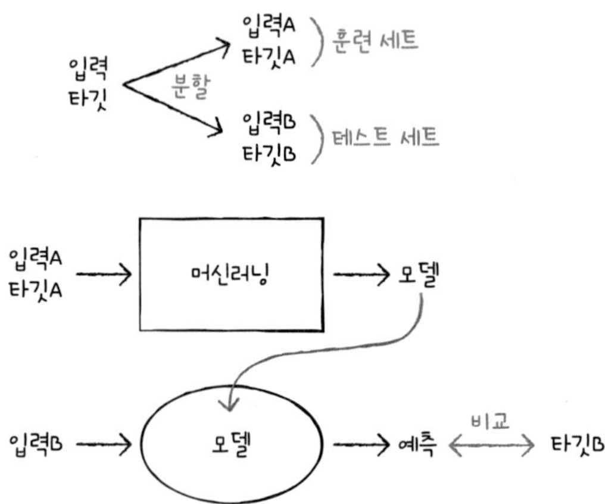

그럼 직접 남산도서관 대출 데이터를 사용해 모델을 훈련해 볼까요?

훈련 세트와 테스트 세트로 나누기

이번 절에서 실습한 데이터는 ns_book7 데이터프레임입니다. 이 데이터의 처음 20%를 덜어내서 테스트 세트로 그냥 사용할 수 있지만, 데이터 첫 부분에 특정 성향을 띠는 샘플들이 몰리면 모델이 데이터 전반에 걸친 패턴을 잘 학습하지 못할 수 있습니다. 그래서 일반적으로는 데이터를 무작위로 섞은 후 샘플을 훈련 세트와 테스트 세트로 나누어야 합니다.

ns_book7 데이터를 다운로드하고 데이터프레임으로 불러 옵니다.

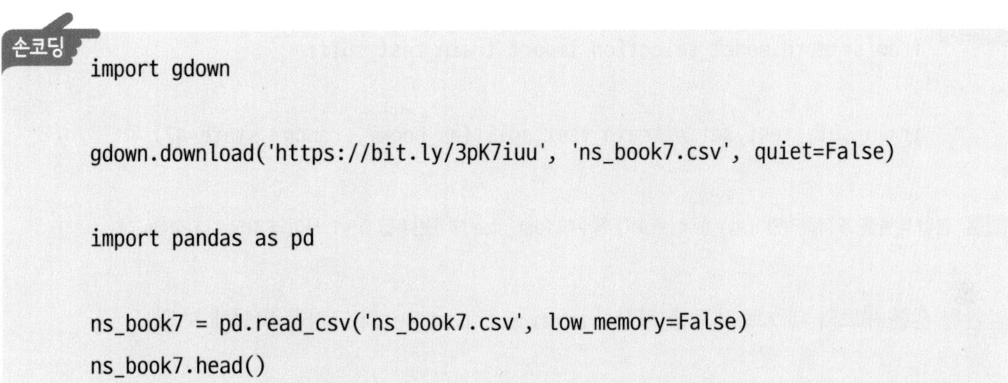

손코딩

```
import gdown

gdown.download('https://bit.ly/3pK7iuu', 'ns_book7.csv', quiet=False)

import pandas as pd

ns_book7 = pd.read_csv('ns_book7.csv', low_memory=False)
ns_book7.head()
```

	번호	도서명	저자	출판사	발행년도	주제분류번호	도서권수	대출건수	등록일자
0	1	인공지능과 흙	김동훈 지음	민음사	2021	NaN	1	0	2021-03-19
1	2	가짜 행복 권하는 사회	김태형 지음	갈매나무	2021	NaN	1	0	2021-03-19
2	3	나도 한 문장 잘 쓰면 바랄 게 없겠네	김선영 지음	블랙피쉬	2021	NaN	1	0	2021-03-19
3	4	예루살렘 해변	이도 게펜 지음, 임재희 옮김	문학세계사	2021	NaN	1	0	2021-03-19
4	5	김성곤의 중국한시기행: 장강·황하 편	김성곤 지음	김영사	2021	NaN	1	0	2021-03-19

사이킷런은 머신러닝 알고리즘 외에도 머신러닝 작업에 필요한 다양한 도구를 제공합니다. 훈련 세트와 테스트 세트로 나누는 작업을 도와주는 함수도 있죠. 다음처럼 train_test_split() 함수를 임포트한 다음 ns_book7 데이터를 훈련 세트와 테스트 세트로 나누어 보겠습니다.

train_test_split() 함수는 기본적으로 입력된 데이터를 무작위로 섞은 후 75%를 훈련 세트로 25%를 테스트 세트로 나눕니다. 이 함수는 분할된 훈련 세트와 테스트 세트를 리스트로 반환하기 때문에 리스트 개수에 맞는 변수를 왼쪽에 나열하여 반환되는 값을 각각 저장할 수 있습니다.

```
from sklearn.model_selection import train_test_split

train_set, test_set = train_test_split(ns_book7, random_state=42)
```

note 분할 비율을 조정하려면 train_test_split() 함수에 test_size 매개변수를 0~1 사이의 값으로 지정합니다.

반환된 훈련 세트와 테스트 세트를 저장한 train_set, test_set의 크기를 확인해 보죠.

```
print(len(train_set), len(test_set))
```

```
282577 94193
```

전체에서 75%가 훈련 세트로, 25%가 테스트 세트로 나누어졌습니다.

이제 사이킷런에 있는 **선형 회귀** 모델을 이 데이터로 훈련해 보겠습니다. 아직은 선형 회귀가 무엇인지 몰라도 괜찮습니다. 지금은 모델을 어떻게 만드는지만 알아보겠습니다. train_set에 있는 '도서권수' 열을 사용해 대출건수를 예측해 보죠.

> '도서권수'는 입력, '대출건수'는 타깃이 됩니다.

+ 여기서 잠깐 어떻게 '도서권수' 열로 대출건수를 예측할 수 있나요?

사실 '도서권수'와 '대출건수' 사이에 많은 관계가 있을 것 같지는 같습니다. 다만 이 절에서는 좋은 예측을 만드는 것보다는 머신러닝을 사용하는 기초적인 방법을 배우는 데 집중하려고 간단한 예제를 만들었습니다. 한 개 이상의 열을 사용하거나 텍스트를 머신러닝에 활용하는 방법은 이 절의 끝에 나오는 추천 도서를 참고해 주세요.

다음처럼 train_set에서 '도서권수' 열과 '대출건수' 열을 각각 X_train와 y_train 변수에 저장하고 크기를 확인해 보죠.

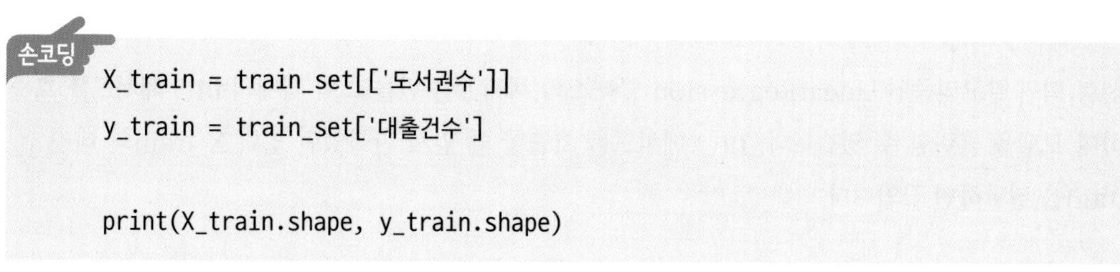

손코딩

```
X_train = train_set[['도서권수']]
y_train = train_set['대출건수']

print(X_train.shape, y_train.shape)
```

```
(282577, 1) (282577,)
```

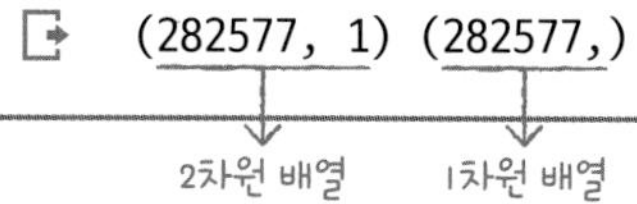

위 코드에서 한 가지 특이한 점은 '도서권수' 열 하나를 리스트로 감싸서 입력 X_train을 만든 점입니다. print() 함수로 X_train와 y_train의 크기를 확인하면 쉽게 이해할 수 있습니다.

열 하나를 선택할 때 리스트로 감싸면 X_train이 282,577개의 행과 1개의 열로 이루어진 데이터프레임이 됩니다. 이를 2차원 배열처럼 생각할 수 있습니다. 반면 y_train는 시리즈 객체, 즉 282,577개 원소를 가진 1차원 배열입니다. 이렇게 데이터를 준비한 이유는 사이킷런이 입력으로는 2차원 배열, 타깃으로는 1차원 배열을 기대하기 때문입니다.

> 사이킷런은 2차원 배열이나 행렬은 대문자로 표시하는 관례가 있습니다. 따라서 변수 X_train의 첫 글자는 대문자로 쓰고 1차원 배열인 y_train은 모두 소문자로 썼습니다.

2차원 배열인 입력은 행 방향으로 샘플이 나열되고 열 방향으로 샘플의 속성이 나열됩니다. 머신러닝에서 이런 속성을 **특성**feature라고도 부릅니다. 다음 그림처럼 데이터프레임을 2차원 배열로 생각하면 하나의 열이 하나의 특성이 됩니다.

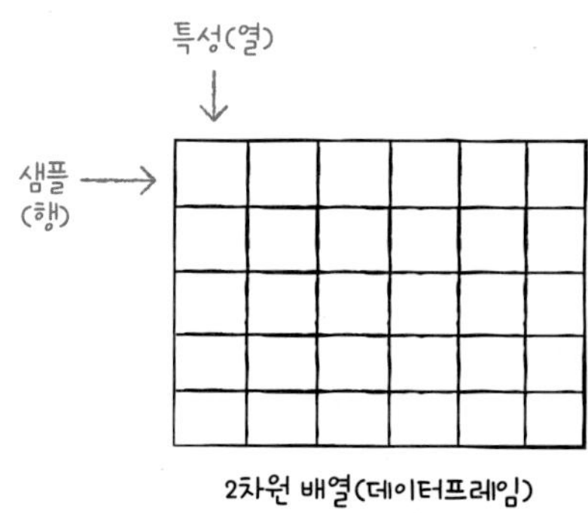

2차원 배열(데이터프레임)

선형 회귀 모델 훈련하기

이제 사이킷런의 **linear_model 모듈** 아래에 있는 **LinearRegression 클래스**를 임포트해서 선형 회귀 모델을 훈련해 보죠. 모델을 훈련하는 방법은 매우 간단합니다.

선형 회귀 알고리즘인 LinearRegression 클래스의 객체 lr을 만들고 이 객체의 **fit() 메서드**를 호출하여 모델을 훈련할 수 있습니다. fit() 메서드를 호출할 때 앞서 만들었던 입력 X_train와 타깃 y_train을 전달하면 끝입니다.

```
from sklearn.linear_model import LinearRegression

lr = LinearRegression()
lr.fit(X_train, y_train)
```

이제 lr 객체는 전달받은 두 가지 데이터를 사용해 모델에 선형 회귀 알고리즘을 훈련시킵니다. 그럼 이제 얼마나 잘 훈련되었는지 어떻게 알 수 있을까요? 훈련된 머신러닝 모델의 평가 방법도 사이킷런에서 제공합니다. 이어서 자세히 알아보겠습니다.

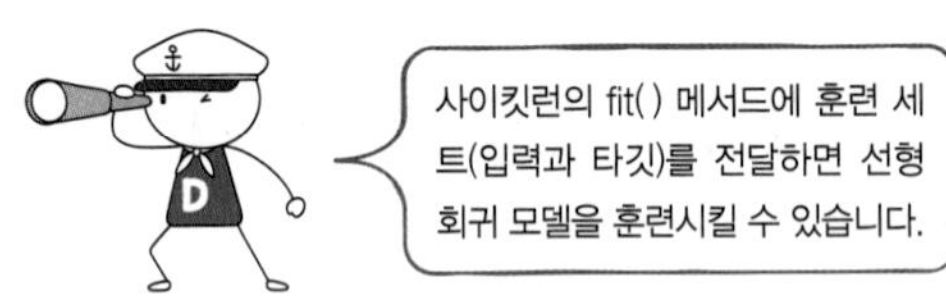

훈련된 모델을 평가하기: 결정계수

기본적으로 사이킷런의 머신러닝 모델은 모두 **score() 메서드**를 제공합니다. 이 메서드를 사용해 훈련된 머신러닝 모델이 얼마나 유용한지를 평가할 수 있습니다. 앞서 만들었던 테스트 세트 test_set를 사용해 다음처럼 X_test와 y_test를 만들어 score() 메서드를 호출해 보겠습니다.

```
X_test = test_set[['도서권수']]
y_test = test_set['대출건수']

lr.score(X_test, y_test)
```

```
0.10025676249337112
```

score() 메서드가 반환하는 이 점수는 보통 0~1 사이의 값을 가집니다. 출력된 점수가 0.1이므로 점수가 그다지 좋지 않군요. 역시 도서권수로 대출건수를 예측하는 것은 어려울 것 같습니다.

이러한 점수를 **결정계수**coefficient of determination라고 부르며 식으로 쓰면 다음과 같습니다.

$$R^2 = 1 - \frac{\left(\text{타깃} - \text{예측}\right)^2}{\left(\text{타깃} - \text{평균}\right)^2}$$

평균은 타깃의 평균을 의미합니다. 예측이 평균에 가까워지면 분모와 분자가 같아져 R^2 점수는 0이 됩니다. 만약 타깃에 정확히 맞는 예측을 하면 분자가 0에 가까워지고 R^2 점수는 1이 됩니다. 드물게 예측이 평균보다 나쁘면 결정계수는 음수가 될 수도 있습니다.

앞서 score() 메서드의 출력은 0.1이므로 평균보다 조금 나은 정도의 예측을 했군요. 따라서 이 모델은 그다지 유용하지 않다고 할 수 있습니다.

> 결정계수가 1에 가까울수록 도서권수와 대출건수간에 관계가 깊다고 볼 수 있습니다.

결정계수를 조금 더 잘 이해하기 위해 재미있는 실험을 하나 해 보죠. '도서권수로 대출건수'를 맞추는 것이 아니라 '대출건수로 대출건수'를 예측하는 모델을 만들어 보면 score() 메서드의 점수가 어떻게 나올까요?

다음처럼 y_train을 입력으로 사용해 모델을 훈련해 보죠. y_train은 시리즈 객체이므로 fit() 메서드의 입력으로 사용하려면 2차원 배열 형태여야 합니다. 따라서 **to_frame() 메서드**를 사용해 데이터프레임으로 만듭니다.

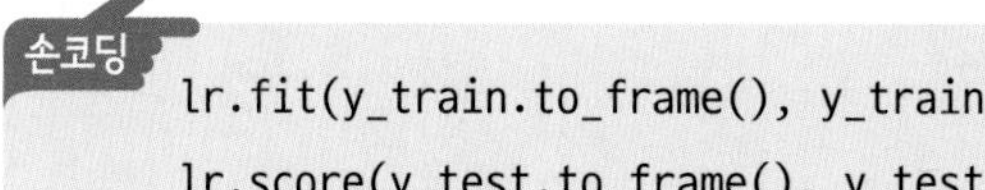


```
lr.fit(y_train.to_frame(), y_train)
lr.score(y_test.to_frame(), y_test)
```

```
1.0
```

결정계수가 1.0이 나왔습니다. y_train을 입력했을 때 y_train를 예측하는 것은 간단할 것입니다. 두 값이 동일하므로 입력 그대로 예측값으로 사용하면 되죠. 이런 패턴이 lr 객체에 저장되어 y_test를 입력했을 때 그대로 y_test를 정확히 예측합니다. 이런 패턴은 선형 회귀모델에 어떻게 저장되는 것일까요? 이제 선형 회귀가 무엇을 학습하는지 조금 자세히 알아보겠습니다.

연속적인 값 예측하기: 선형 회귀

선형 회귀linear regression은 **선형 함수**linear function를 사용해 모델을 만드는 알고리즘입니다. 다음과 같은 간단한 직선의 방정식을 사용할 수 있습니다.

$$y = a \times x + b$$

여기에서 x는 입력이고 y는 타깃입니다. 입력에 **기울기**slope a를 곱하고 y축과 만나는 **절편**intercept b를 더하여 예측을 만드는 것이 바로 선형 회귀 알고리즘입니다. 이 방정식을 다음과 같은 그림으로 나타내면 쉽게 이해할 수 있습니다.

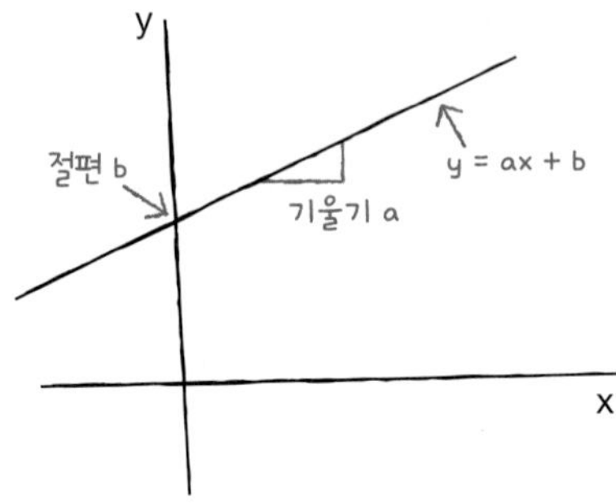

선형 회귀 알고리즘이 fit() 메서드를 호출했을 때 데이터에서 학습한 것이 바로 이 기울기 a와 절편 b입니다.

그럼 앞서 y_train을 입력으로 y_train을 예측한 선형 회귀 모델 lr은 어떤 직선을 학습한 것일까요? lr 객체의 **coef_ 속성**과 **intercept_ 속성**에 학습된 기울기와 절편이 각각 저장되어 있습니다. 이를 확인해 보죠.

손코딩

```
print(lr.coef_, lr.intercept_)
```

```
[1.] -3.907985046680551e-14
```

기울기는 1이고 절편은 0에 가까운 매우 작은 음수입니다. 따라서 이 선형 회귀 모델이 학습한 함수는 $y = 1 \times x + 0$입니다.

이 식의 x에 어떤 값을 입력하더라도 y는 x와 동일한 값이 됩니다. 이제 score() 메서드에 입력과 타깃으로 y_test를 전달했을 때 결정계수가 1이 된 과정을 다음 그림으로 이해할 수 있습니다.

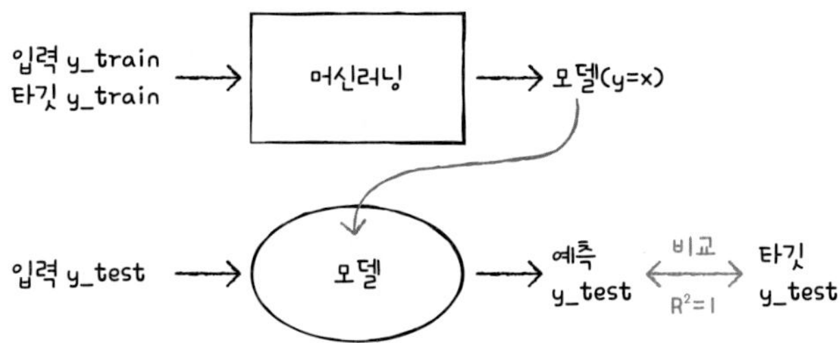

사실 '대출건수로 대출건수'를 예측하는 것은 의미 없는 일입니다. 여기서는 선형 회귀가 무엇을 학습하는지 결정계수가 어떤 의미인지 이해하기 위해 이런 가정을 해 보았습니다.

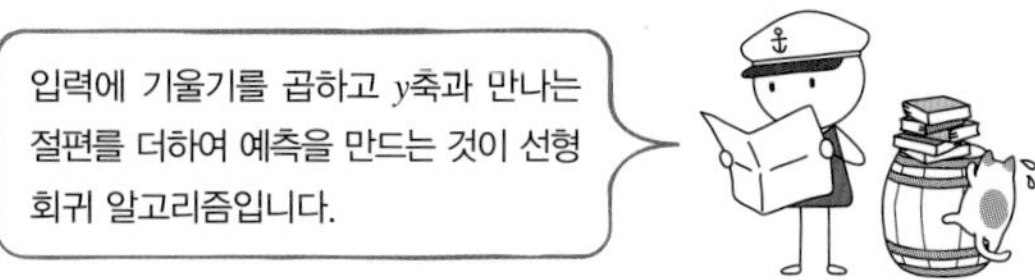

카테고리 예측하기: 로지스틱 회귀

지금까지 우리는 대출건수를 연속적인 실수로 생각하고 모델을 만들었습니다. 하지만 대출건수는 3.5, 4.7 같은 값이 아니고 1, 2, 3 같은 정수이기 때문에 이를 어떤 종류의 카테고리로 볼 수도 있습니다. 전자의 경우를 **회귀**regression이라 하고 후자를 **분류**classification라고 부릅니다. 그럼 이 둘의 차이를 이해하고 분류 모델도 만들어 보겠습니다.

지도 학습 중에서 타깃이 실수인 문제를 회귀라고 합니다. 대표적인 회귀 알고리즘이 앞서 보았던 선형 회귀입니다. 하지만 타깃이 실수가 아니라 어떤 종류의 **카테고리**(범주)인 경우도 있습니다. 예를 들어 이 절을 시작할 때 예를 들었던 스팸 메일 필터링이 그렇습니다. 메일이 스팸 메일인지 아닌지 단 두 가지로 데이터를 구분하죠. 또 다른 예로 어떤 사진을 보고 강아지인지 고양이인지 또는 사람인지 구분해야 한다면 사진 샘플을 세 가지 데이터로 구분합니다. 이처럼 스팸 메일 예시같이 두 개의 카테고리로 구분하는 경우를 **이진 분류**binary classification, 사진 샘플 예시같이 세 개 이상의 카테고리로 구분하는 경우를 **다중 분류**multiclass classification라 부릅니다.

이러한 분류 알고리즘에서는 타깃 카테고리를 **클래스**class라고 부릅니다. 일반적으로 이진 분류의 타깃은 0 또는 1입니다. 0일 때를 **음성 클래스**negative class, 1인 경우를 **양성 클래스**positive class라고 부릅니다. 양성 클래스가 어떤 좋은 클래스를 의미하는 것은 아닙니다. 모델이 찾으려는 대상을 보통 양성 클래스로 놓게 됩니다.

note 스팸 메일 필터링의 경우 스팸 메일이 양성 클래스가 될 수 있습니다.

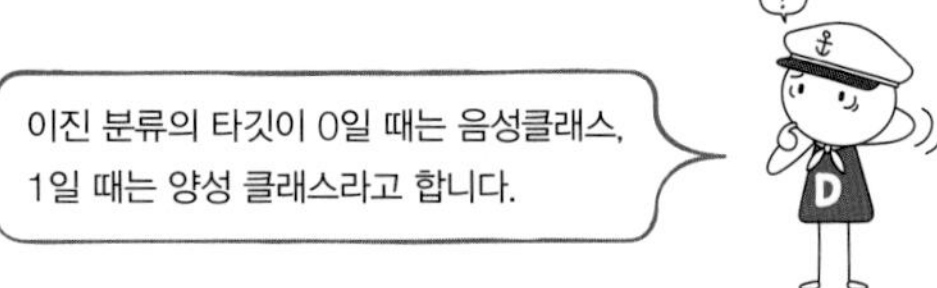

분류 알고리즘 중에 대표적인 알고리즘은 **로지스틱 회귀**logistic regression입니다. 로지스틱 회귀란 이름에서 알 수 있듯이 선형 회귀와 닮은 점이 많습니다. 선형 회귀처럼 선형 함수를 사용하지만, 예측을 만들기 전에 **로지스틱 함수**logistic function를 거치는 과정이 있습니다. 로지스틱 함수를 사용해 연속적인 실수 출력값을 1 또는 0으로 변환하는 것이죠.

$$z = a \times x + b$$

$$y = \frac{1}{1 + e^{-z}}$$

로지스틱 함수를 시그모이드 함수(sigmoid function)라고도 부릅니다.

선형 함수의 결괏값 실수 z를 로지스틱 함수에 통과시키면 y는 0~1 사이의 값이 됩니다. 이때 y가 0.5보다 크면 양성 클래스로 예측하고 0.5보다 작으면 음성 클래스로 예측합니다.

+ 여기서 잠깐 로지스틱 회귀는 여러 개의 클래스가 있는 다중 분류는 수행할 수 없나요?

로지스틱 회귀에 시그모이드 함수 대신에 소프트맥스 함수(softmax function)를 적용하거나 OvR(One versus Rest) 방식으로 여러 개의 이진 분류 모델을 만들어 다중 분류를 수행할 수 있습니다. 사이킷런의 LogisticRegression 클래스는 이진 분류와 다중 분류를 모두 지원합니다.

로지스틱 회귀 모델 훈련하기

로지스틱 회귀도 당연히 사이킷런에서 제공합니다. 하지만 모델을 만들기 전에 먼저 타깃 y_train과 y_test를 이진 분류에 맞게 바꾸어야 합니다. 즉 음성 클래스에 해당하는 0과 양성 클래스에 해당하는 1로 바꾸어야 하죠. 간단하게 전체 대출건수 평균보다 높으면 양성 클래스로 그렇지 않으면 음성 클래스로 만들겠습니다. 따라서 이 문제는 도서권수로 대출건수가 평균보다 높은지 아닌지를 예측하는 이진 분류 문제가 됩니다. 코드는 다음과 같습니다.

손코딩

```
borrow_mean = ns_book7['대출건수'].mean()
y_train_c = y_train > borrow_mean
y_test_c = y_test > borrow_mean
```

→ 대출건수 평균보다 높으면 양성 클래스

사실 y_train_c와 y_test_c는 0, 1이 아니라 False, True로 이루어진 불리언 시리즈 객체지만, 사이킷런은 False, True를 자동으로 0, 1로 인식하므로 또 다른 변환 없이 이 값을 그대로 모델 훈련에 사용할 수 있습니다.

그럼 사이킷런의 linear_model 모듈에 있는 **LogisticRegression 클래스**를 임포트하여 선형 회귀 모델을 훈련했을 때와 마찬가지로 훈련 세트로 fit() 메서드를 호출합니다. 그리고 테스트 세트로 score() 메서드를 호출해 보겠습니다.

손코딩

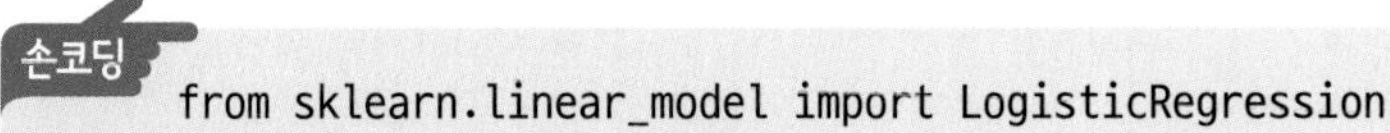

```
from sklearn.linear_model import LogisticRegression

logr = LogisticRegression()
logr.fit(X_train, y_train_c)
logr.score(X_test, y_test_c)
```

```
0.7106154385145393
```

사이킷런의 분류 모델의 경우 score() 메서드가 출력하는 점수는 **정확도**accuracy입니다. 정확도란 입력 데이터 중 정답을 맞힌 비율입니다. 실행 결과를 보면 약 71%를 맞추었습니다. 양성 클래스와 음성 클래스만 있으므로 무작위로 예측하면 50% 정도가 나올 테니 71%면 아주 훌륭하지는 않지만 나름 괜찮은 결과 아닐까요? 하지만 여기에는 숨겨진 다른 문제가 있습니다. y_test_c에 있는 음성 클래스와 양성 클래스 비율이 비슷하지 않다는 것입니다. 실제로 음성 클래스가 훨씬 많은데요, 한번 분포를 확인해 보겠습니다.

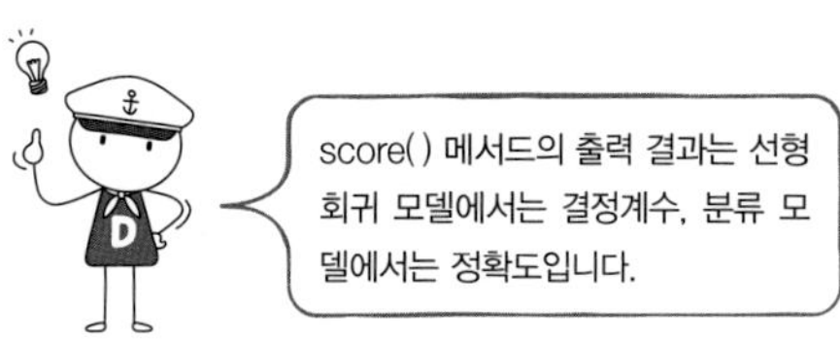

양성 클래스와 음성 클래스 분포 확인하기

시리즈 객체인 y_test_c에서 **value_counts() 메서드**를 호출해 값의 분포를 알아보죠.

손코딩

```
y_test_c.value_counts()  ⟶ 시리즈의 고유한 값의 개수를 세어 반환합니다.
```

```
False    65337
True     28856
Name: 대출건수, dtype: int64
```

음성 클래스가 69% 정도이고 양성 클래스는 31%입니다. X_test에 있는 샘플을 무조건 음성 클래스로 예측해도 69%는 맞추게 되겠군요! 따라서 이런 불균형한 데이터에서는 71%의 정확도가 그다지 높은 값이 아닙니다.

사이킷런은 가장 많은 클래스로 무조건 예측을 수행하는 **더미**dummy 모델을 제공합니다. 회귀일 경우 DummyRegressor 모델이 있으며 무조건 타깃의 평균을 예측합니다. 분류일 경우 **DummyClassifier 모델**이 기본적으로 가장 많은 클래스를 예측으로 출력합니다.

DummyClassifier()를 사용해 score() 메서드의 결과를 확인해 보겠습니다.

손코딩

```
from sklearn.dummy import DummyClassifier

dc = DummyClassifier()
dc.fit(X_train, y_train_c)
dc.score(X_test, y_test_c)
```

```
0.6936502712515792
```

예상대로 69%의 정확도가 출력되었습니다. 이 값이 모델을 만들 때 기준점이 됩니다. 적어도 이 점수보다 낮지 않다면 유용한 모델이라고 말하기 어렵습니다.

머신러닝으로 대출건수를 예측해 보았지만, 아쉽게도 썩 좋은 결과를 얻지는 못했습니다. 이는 데이터 세트에 있는 모든 특성을 사용하지 않았기 때문일 수 있습니다. 또는 이 데이터 세트에 잘 맞는 다른 알고리즘이 있을지도 모릅니다. 이런 주제를 다루려면 더 많은 머신러닝 지식이 필요합니다.

도서권수로 대출건수 예측하기 문제 해결 과정

이 책에서는 데이터 분석으로 의사 결정을 할 때 도움이 되는 아주 기초적인 머신러닝을 배워 보았습니다. 도서권수로 대출건수를 예측해 보기 위해 먼저 머신러닝이 무엇인지 실생활 예시로 살펴본 후, 머신러닝의 두 가지 대표적인 작업인 지도 학습과 비지도 학습의 특성을 알아보았습니다.

지도 학습은 훈련 데이터에 정답을 알고 있는 경우 적용할 수 있으며 가장 널리 사용되는 방법입니다. **비지도 학습**은 정답을 알지 못하는 데이터에 적용하며 데이터 간의 패턴을 찾거나 시각화하는 데 활용한다는 점을 기억하세요.

지도 학습은 훈련된 모델을 공정하게 평가하기 위해 전체 데이터를 훈련 세트와 테스트 세트로 나눕니다. **훈련 세트**로는 모델을 훈련하고 **테스트 세트**로 모델을 평가합니다. 여기에서는 판다스 데이터프레임을 사이킷런의 **train_test_split() 함수**에 전달하여 훈련 세트와 테스트 세트를 3:1의 비율로 나누었습니다.

대출건수를 연속적인 실수로 가정하고 이 값을 예측하기 위해 가장 간단한 회귀 모델인 **선형 회귀**를 적용해 보았습니다. 이 과정에서 사이킷런의 **fit(), score() 메서드**를 사용하는 방법을 알아보고 score() 메서드가 반환하는 **결정계수**에 대해 알아보았습니다. 또한 선형 회귀 모델이 데이터에서 학습한 **가중치**와 **절편**을 확인해 보았습니다.

다음으로 또 다른 지도 학습 방법인 분류에 대해 소개했습니다. **분류**는 회귀와 달리 연속적이지 않은 타깃 값을 가진 문제에 적용합니다. 이를 위해 대출건수를 평균보다 크거나 작은지를 나타내는 불리언 시리즈로 바꾸었습니다. 사이킷런 분류 모델은 True를 양성 클래스로, False를 음성 클래스로 이해하기 때문에 판다스의 불리언 시리즈를 타깃으로 사용할 수 있습니다.

마지막으로 로지스틱 회귀 모델의 결과를 분석하면서 클래스 간의 비율이 균일하지 않으면 모델 성능을 자칫 잘못 해석할 수 있다는 것을 알았습니다. 또한 사이킷런은 상식적인 기준점을 설정하는 데 도움이 되도록 회귀일 경우 평균을 예측하는 DummyRegressor 클래스와 분류일 경우 다수 클래스를 예측하는 DummyClassifier를 제공합니다. 여기에서는 DummyClassifier 모델을 사용해 로지스틱 회귀의 결과가 상식 수준에서 크게 높지 않다는 것을 확인했습니다.

본격적으로 머신러닝에 입문하고 싶다면 『혼자 공부하는 머신러닝+딥러닝』(한빛미디어, 2020)을 살펴보세요. 지도 학습과 비지도 학습에 걸쳐 사이킷런의 다양한 머신러닝 알고리즘과 텐서플로에서 제공하는 대표적인 신경망 알고리즘을 배울 수 있습니다. 텍스트 데이터를 활용하는 방법을 알고 싶다면 『파이썬 라이브러리를 활용한 머신러닝(번역개정2판)』(한빛미디어, 2022)를 추천합니다.

좀 더 알아보기

평균제곱오차와 평균절댓값오차로 모델 평가하기

418쪽에서 선형 회귀 모델로 도서권수로 대출건수를 예측할 때, score() 메서드로 결정계수를 출력해 보았습니다. 훈련된 모델을 평가할 수 있는 다른 측정 방법도 있습니다. 대표적으로 **평균제곱오차** mean squared error와 **평균절댓값오차** mean absolute error입니다. 두 식은 다음과 같습니다.

$$\text{평균제곱오차} = \frac{\sum_{i=1}^{n}\left(\text{타깃} - \text{예측}\right)^2}{n}$$

$$\text{평균절댓값오차} = \frac{\sum_{i=1}^{n}\left|\text{타깃} - \text{예측}\right|}{n}$$

평균제곱오차는 실제 타깃과 모델이 예측한 값 사이의 차이를 제곱한 후 모두 더해 평균을 계산합니다. 제곱을 하므로 두 값의 차이가 클수록 오차가 급격히 커집니다. 평균절댓값오차는 제곱 대신 두 값의 차이에 절댓값을 씌워 평균한 것입니다.

사이킷런은 이 두 가지 측정 방식을 모두 제공합니다. 다음과 같이 fit() 메서드에 '도서권수' 열을 입력으로, '대출건수' 열을 타깃으로 선형 회귀 모델을 다시 훈련해 보세요.

손코딩
```
lr.fit(X_train, y_train)
```

사이킷런 모델의 **predict() 메서드**는 입력 데이터에 대한 예측을 만들어 줍니다. 다음처럼 X_test를 전달하여 테스트 세트에 대한 모델의 예측을 y_pred에 저장하겠습니다.

손코딩
```
y_pred = lr.predict(X_test)
```

그다음 사이킷런의 metrics 모듈 아래에서 mean_squared_error() 함수와 mean_absolute_error() 함수를 임포트하여 사용할 수 있습니다. 여기에서는 **mean_absolute_error() 함수**를 사용해 보죠.

```
from sklearn.metrics import mean_absolute_error

mean_absolute_error(y_test, y_pred)
```

```
10.35809175285386
```

예측이 평균적으로 10이나 차이가 나네요. y_test에 담긴 대출건수 평균을 계산해 보면 11에 가깝습니다. 따라서 예측이 타깃과 10이나 차이 나는 것은 좋은 결과가 아닙니다. score() 메서드 점수가 낮은 것에서도 미루어 짐작할 수 있듯이 도서권수는 대출건수를 예측하는 데 좋은 특성이 아니라는 것을 여기에서도 알 수 있습니다.

마무리

▶ 8가지 키워드로 정리하는 핵심 포인트

- **모델**은 좁은 의미로 머신러닝으로 훈련된 프로그램 객체를 의미합니다. 모델은 데이터에서 유용한 패턴을 학습하고 새로운 데이터에 대한 예측을 만들 수 있습니다.
- **지도 학습**은 머신러닝의 한 종류로 정답(또는 타깃)을 알고 있는 문제에 적용하는 방법입니다. 입력과 타깃으로 모델을 훈련한 다음, 타깃이 없는 새로운 데이터에 적용하여 정답을 예측합니다. 이와 달리 **비지도 학습**은 타깃이 없는 데이터에 적용하는 방법입니다.
- **훈련 세트**는 모델을 훈련하기 위해 사용하는 데이터입니다. **테스트 세트**는 훈련된 모델을 평가하기 위해 사용합니다. 일반적으로 모델을 훈련하기 전에 전체 데이터를 훈련 세트와 테스트 세트로 나누어 사용합니다.
- **결정계수**는 회귀 모델을 평가하는 대표적인 방법입니다. 결정계수는 일반적으로 0~1 사이의 값입니다. 모델의 예측이 타깃의 평균과 비슷하면 0에 가까워지고 예측이 타깃에 정확히 맞으면 1에 가까운 값이 됩니다.
- **선형 회귀**는 가장 간단하고 다재다능한 지도 학습 알고리즘 중 하나입니다. 선형 회귀는 연속적인 타깃에 적용하는 회귀 알고리즘입니다. 사이킷런에서는 LinearRegression 클래스로 회귀 알고리즘을 제공합니다.
- **로지스틱 회귀**는 가장 기본적인 분류 알고리즘입니다. 선형 회귀와 마찬가지로 선형 함수를 사용하여 패턴을 학습하지만, 출력 결과에 로지스틱 함수를 적용하여 0~1 사이의 값으로 압축합니다. 그다음 0.5를 기준으로 이진 분류를 수행합니다.

▶ 표로 정리하는 핵심 함수와 메서드

함수/메서드	기능
sklearn.model_selection.train_test_split()	입력된 데이터를 훈련 세트와 테스트 세트로 나눕니다.
sklearn.linear_model.LinearRegression	선형 회귀를 수행합니다.
LinearRegression.fit()	모델을 훈련합니다
LinearRegression.score()	모델의 성능을 평가합니다.
LinearRegression.predict()	샘플에 대한 예측을 만듭니다.
sklearn.linear_model.LogisticRegression	로지스틱 회귀를 수행합니다.
sklearn.dummy.DummyClassifier	입력값을 고려하는 대신 타깃에서 다수의 클래스를 예측으로 사용합니다.

▶ 확인 문제

1. 다음 중 머신러닝에 대해 잘못 설명한 것은 무엇인가요?

① 머신러닝은 데이터에서 자동으로 규칙(또는 패턴)을 찾습니다.
② 머신러닝은 인공지능과 관련이 없으며 인공지능으로 해결할 수 없는 문제를 풉니다.
③ 파이썬은 데이터 분석뿐만 아니라 머신러닝 분야의 대표 언어입니다.
④ 머신러닝은 타깃의 유무에 따라 지도 학습과 비지도 학습으로 나눌 수 있습니다.

2. 다음 중 선형 회귀를 수행하는 사이킷런 클래스는 무엇인가요?

① LinearRegression
② LogisticRegression
③ DummyRegressor
④ DummyClassifier

3. 사이킷런의 회귀 모델에서 score() 메서드가 반환하는 값은 무엇인가요?

① 결정계수
② 평균제곱오차
③ 평균절댓값오차
④ 정확도

4. 사이킷런의 분류 모델에서 score() 메서드가 반환하는 값은 무엇인가요?

① 결정계수
② 평균제곱오차
③ 평균절댓값오차
④ 정확도

5. 다음 중 로지스틱 회귀에 대해 잘못 설명한 것은 무엇인가요?

① 로지스틱 회귀는 이름이 회귀이지만 분류 모델입니다.
② 로지스틱 회귀는 로지스틱 함수를 사용하여 이진 분류를 수행합니다.
③ 로지스틱 회귀는 타깃이 연속적인 실수일 때 적용할 수 있습니다.
④ 사이킷런의 LogisticRegression 클래스로 로지스틱 회귀를 수행할 수 있습니다.

이 책을 마무리하며...

드디어 책을 모두 완독하셨군요. 정말 축하드립니다. 요즘엔 한 권의 책을 끝까지 읽기 쉽지 않습니다. 주변에는 관심을 끄는 일들이 너무 많고 무엇이든 빨리하라고 독촉하는 분위기에 쫓기는 것 같습니다. 그럼에도 많은 시간을 투자해 이 책을 끝까지 공부했다면 정말 대단한 일이 아닐 수 없습니다. 하지만 이제 시작일 뿐입니다. 앞으로 공부해야 할 것들이 너무 많습니다. 다행인 것은 첫 번째 책을 완주했다면 두 번째 책은 조금 더 쉽게 정복할 수 있다는 거죠. 하루하루 꾸준히 시간을 투자해 공부한다면 머지않아 놀랍게 변화된 자신을 마주하게 되리라 믿습니다. 저는 더 좋은 책으로 다시 또 독자 여러분과 만날 것을 약속드립니다. 감사합니다!

A 한발 더 나아가기: 데이터베이스와 SQL

혼공분석이 남산도서관 대출 데이터를 혼공출판사의 판매 데이터와 비교해 보려고 합니다. 지난달까지 판매 데이터를 부탁하려고 개발팀을 찾았는데요, 개발팀은 혼공분석에게 직접 데이터베이스에 있는 것을 가져가라고 합니다.

생소하고 낯설겠지만, 데이터 분석에 필요한 데이터를 찾기 위해 실무에서 가장 많이 사용되는 것 중 하나가 데이터베이스입니다. 데이터 분석팀이 데이터베이스에 데이터가 어떻게 저장되어 있는지 잘 알고 있고, 접근할 수 있는 권한도 가지고 있는 경우에는 직접 데이터베이스를 다루기도 합니다.

그렇지 않다면 개발팀(혹은 데이터베이스 운영팀)이 데이터를 제공할 것입니다. 예를 들어 개발팀(혹은 데이터베이스 운영팀)이 데이터 분석팀에 데이터를 CSV 파일로 전달할 수 있습니다. 필요하다면 프로그램으로 CSV 파일을 정해진 시간마다 자동으로 만들어 전달하기도 하죠. 데이터가 필요한 시간이 정해져 있지 않고 수시로 필요한데, 데이터 분석팀에 데이터베이스 접근 권한을 주기 어려운 경우에는 API로 제공하기도 합니다.

이 시나리오는 매우 단순한 가정입니다. 데이터베이스에서 직접 데이터를 가져와야 할 필요가 있다면 먼저 데이터베이스가 무엇인지 알아야겠군요! 부록 A에서는 데이터베이스가 무엇인지 알아보고 데이터베이스 종류를 살펴보겠습니다. 그리고 데이터베이스에서 데이터를 가져오고 저장하기 위해 필요한 프로그래밍과 도구를 알아보겠습니다.

데이터베이스란

01-3절에서 남산도서관 대출 데이터를 도서관 정보나루 사이트에서 다운로드했습니다. 그리고 2장에서는 API와 웹 스크래핑을 활용해서 원하는 데이터를 수집했죠. 이처럼 필요한 데이터를 외부에서 구할 수도 있지만, 대부분의 데이터 분석 대상은 회사가 보유하고 있는 데이터입니다. 데이터 분석은 비즈니스 문제를 해결하는 것이 목적이기 때문이죠.

지금 시대의 다양한 기업 활동은 모두 데이터로 변환되어 데이터베이스에 저장됩니다. 따라서 회사 내 데이터베이스는 비즈니스 문제를 해결하기 위해 제일 먼저 찾아보는 대상이 됩니다.

데이터베이스DB; database는 컴퓨터를 사용하여 저장하고 관리하는 데이터의 집합을 말합니다. 데이터베이스도 파일에 저장되지만, CSV처럼 쉽게 읽을 수 있는 텍스트 파일이 아닙니다. 엑셀 파일 내용을 보려면 마이크로소프트 엑셀Microsoft Excel 프로그램이 필요하듯이 데이터베이스 내용을 보려면 **데이터베이스 관리 시스템**DBMS; database management system이라는 별도의 프로그램이 필요합니다.

데이터베이스도 표 형식 데이터이기 때문에 엑셀과 비교하면 이해하는 데 도움이 됩니다. 엑셀에 행과 열로 구성된 여러 개의 **시트**sheet가 있는 것처럼 데이터베이스에는 **레코드**(또는 행)와 **필드**(또는 열)로 구성된 여러 개의 테이블이 있습니다. 책에서는 레코드와 필드 대신 간편하게 행과 열로 부르겠습니다.

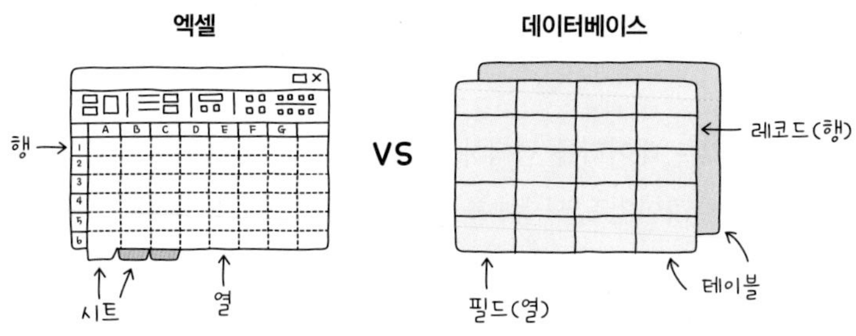

내용	엑셀	데이터베이스
데이터 구조	행과 열로 구성된 여러 개의 시트를 포함.	레코드(행)와 필드(열) 구성된 여러 개의 테이블을 포함.
관리 프로그램	스프레드시트 프로그램. 예시 엑셀, 넘버스(Numbers), 캘크(Calc) 등.	DBMS. 예시 MySQL, MariaDB, PostgreSQL, SQL 서버(SQL Server), 오라클 데이터 베이스 (Oracle Database) 등.

✚ 여기서 잠깐 **엑셀과 데이터베이스가 비슷하다면 굳이 데이터베이스를 사용할 필요가 있나요?**

데이터베이스는 엑셀에 없는 중요한 기능을 다양하게 제공합니다. 예를 들어 동시에 여러 사람이나 프로그램이 데이터베이스를 읽고 쓸 수 있습니다. 이때 모든 데이터가 안전하게 저장되는 것이 보장됩니다. 또 접속 권한을 세밀하게 제어할 수 있기 때문에 부적절한 접근을 막고 데이터를 보호할 수 있습니다.

대신 데이터베이스는 전문가가 필요하고, 일반적으로 비용이 증가합니다. 데이터베이스에 대한 더 자세한 내용은 다음 문서를 참고하세요.

- **위키피디아 데이터베이스 정의** URL https://ko.wikipedia.org/wiki/데이터베이스

조금은 이해되었나요? 이처럼 데이터베이스는 엑셀과 매우 비슷합니다.

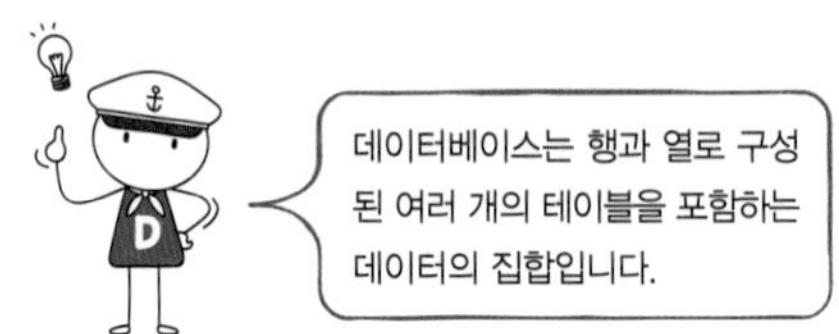

우리는 종종 엑셀 파일과 엑셀 프로그램을 똑 부러지게 구분하지 않고 모두 '엑셀'이라고 부르는 경우가 많습니다. 데이터베이스도 마찬가지입니다. 데이터베이스와 DBMS를 명확히 구분하지 않고 모두 '데이터베이스'라고 부르는 경우가 더 많습니다. 이 책에서는 가능하면 명확히 구분하여 부르겠지만 실전에서는 그렇지 않은 경우가 많다는 점을 기억하세요.

사용자가 데이터베이스에 있는 데이터를 검색하고 조작하기 위해 **그래픽 유저 인터페이스**GUI; Graphic User Interface 도구 또는 GUI 클라이언트GUI client를 사용할 수 있습니다. 하지만 GUI 도구를 사용하면 작업을 자동화하기 어렵습니다. 여기에서는 파이썬으로 데이터베이스를 검색하거나 조작하는 방법을 알아보겠습니다.

DBMS는 친절하게도 각종 프로그래밍 언어를 위한 접속 방법을 제공합니다. 대부분의 DBMS는 파이썬을 지원합니다. 파이썬 프로그램으로 "A 테이블에 있는 첫 번째 행을 보내줘" 같은 요청을 보내면 DBMS는 테이블에서 데이터를 읽어 파이썬 프로그램으로 전송해 줍니다. 그런데 이런 요청 형식이 DBMS마다 다르다면 어떨까요? 생각만 해도 끔찍하군요. DBMS를 바꿀 때마다 모든 프로그램을 수정해야 하니까요.

다행히도 DBMS에 전달하는 메시지는 공통으로 정의되어 있습니다. 이를 **SQL**Structured Query Language이라고 합니다. 눈치챘겠지만 데이터베이스에서 데이터를 가져오려면 SQL을 배워야 한다는 뜻입니다. 너무 걱정하지 마세요. SQL은 간단하고 배우기 쉽습니다. 또 그림을 곁들여 설명하겠습니다.

SQL은 데이터베이스의 데이터를 다룰 수 있습니다.

데이터베이스와 대화하는 SQL

SQL은 DBMS와 대화하는 표준 방법입니다. SQL을 사용해 데이터베이스나 테이블을 만들고 삭제할 수 있습니다. 또 테이블에 데이터를 추가하거나 삭제할 수도 있죠. 물론 테이블에 있는 데이터를 읽을 수도 있습니다.

기본적인 SQL 사용법을 소개하겠습니다. 우선 가장 중요한 두 개의 SQL 문을 배워 보겠습니다. 데이터를 읽는 SQL 문과 데이터를 추가하는 SQL 문입니다.

데이터 읽기: SELECT 문

SELECT 문은 테이블의 데이터를 읽을 때 사용합니다. 예를 들어 table_a란 이름의 가상의 테이블을 상상해 보죠. 이 테이블에 있는 모든 데이터를 읽고 싶다면 다음과 같은 SQL 문을 DBMS에 전달합니다.

```
SELECT * FROM table_a
```

note SQL 문은 소문자로 쓸 수 있습니다. 이 책에서는 SQL 예약어가 눈에 잘 띄도록 대문자로 썼습니다.

여기에서 **SELECT**나 **FROM**은 **SQL 예약어**입니다. 마치 파이썬의 for나 import 같은 거죠. *** 문자**는 SQL에서 모든 열을 나타냅니다. 따라서 이 문장은 table_a로부터(FROM) 모든 열(*)을 선택하라(SELECT)는 명령을 의미합니다.

이렇게 SQL 문으로 DBMS에 데이터를 요청하는 것을 **쿼리**query라고 부릅니다. DBMS가 이 쿼리를 이해하고 데이터베이스에서 데이터를 찾아 반환합니다. 파이썬 프로그램을 사용해 쿼리를 전달하면 딕셔너리나 리스트 형태로 데이터가 반환됩니다.

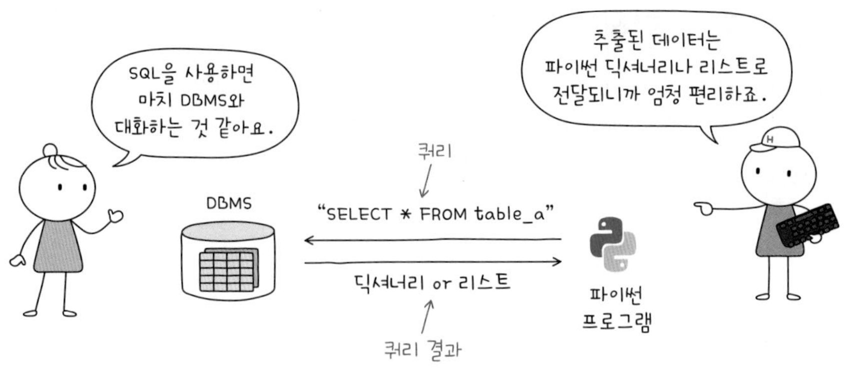

note SQL을 전송하고 데이터를 받는 방법은 기본적으로 파이썬의 클래스나 함수를 호출하는 것과 같습니다.

좋습니다. 그럼 table_b 테이블에서 book_name 열에 있는 데이터만 가져오려면 어떻게 쓰면 될까요? SELECT와 FROM 키워드는 그대로 두고 테이블 이름을 table_a에서 table_b로 바꿉니다. 또 추출 대상 열을 전체(*)가 아니라 book_name 하나로 지정하면 됩니다.

```
SELECT book_name FROM table_b
```

데이터를 추출할 때 어떤 조건을 제시하려면 **WHERE** 절을 SQL 문 끝에 추가합니다. 가상의 테이블 table_c에서 pub_year 열의 값이 2022인 경우에만 book_name 열의 값을 가져오려면 다음과 같이 작성합니다.

```
SELECT book_name FROM table_c WHERE pub_year = 2022
```

조건을 추가합니다.

그림으로 보면 훨씬 이해하기 쉽습니다. table_c 테이블에서 pub_year 열의 값이 2022인 행을 검색한 후 이 행의 book_name 값을 추출합니다.

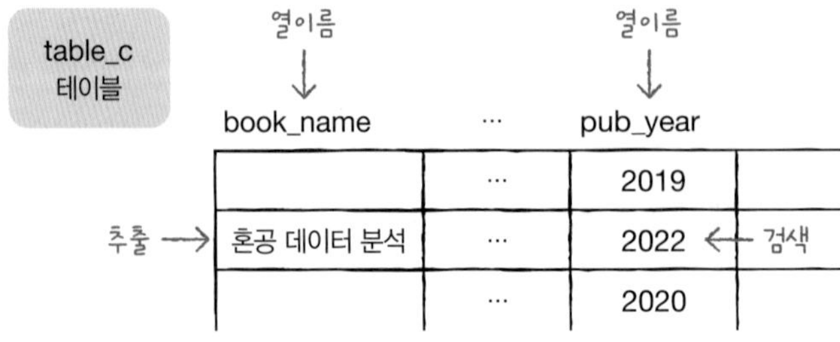

pub_year 열의 값이 2022인 행을 어떤 방식으로 찾는지는 신경 쓰지 않아도 됩니다. 이것이 DBMS를 사용하는 이유 중 하나죠.

note DBMS에는 검색 속도를 높여주는 다양한 옵션이 있습니다. 이런 기능에 관해 설명하는 것은 이 책의 범위가 아니므로 458쪽에서 소개하는 도서를 참고하세요.

네! 이제 데이터를 추출하는 SELECT 문을 어느 정도 이해했을 것입니다. 다음은 데이터를 추가하는 SQL 문을 배워보겠습니다.

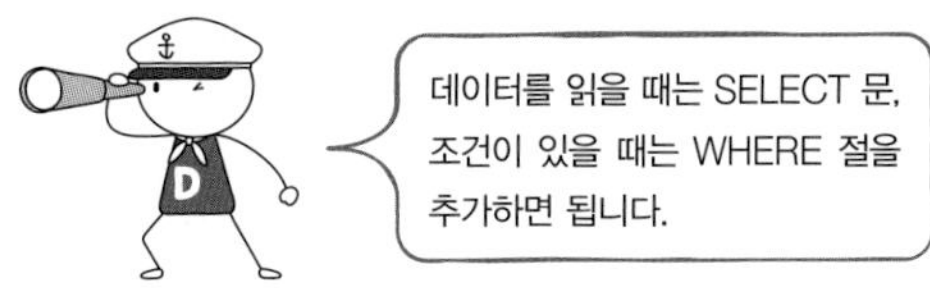

데이터 저장하기: INSERT 문

데이터베이스에서 데이터를 읽을 때는 SELECT 문을 사용합니다. 반대로 데이터를 저장할 때는 **INSERT** 문을 사용합니다. 예를 들어 테이블 table_d가 book_name과 pub_year 두 개의 열을 가진다고 가정해 보죠. 2020년에 출간된 "혼공 머신러닝"을 이 테이블에 추가하려면 다음과 같이 씁니다.

```
INSERT INTO table_d (book_name, pub_year) VALUES ("혼공 머신러닝", 2020)
```

INSERT INTO 다음에 테이블 이름을 쓴 후 저장하려는 열 이름을 나열합니다. 그리고 **VALUES** 절에 추가할 값을 나열합니다. 열 이름과 값은 모두 소괄호로 감싸야 합니다.

값을 나열할 때 문자열은 따옴표로 감쌉니다.

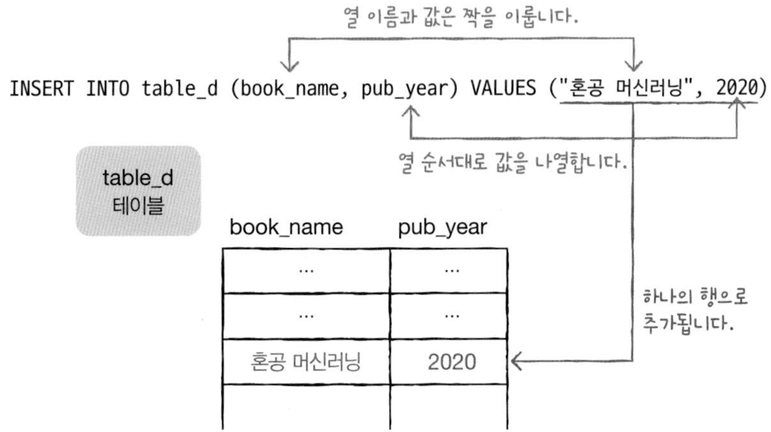

INSERT 문을 사용할 때 주의할 점은 열 이름과 그다음에 나열한 값이 서로 짝을 이룬다는 것입니다. 그래서 열 순서대로 값을 나열해야 합니다. 실수로 다음처럼 열 이름의 순서와 값의 순서를 맞게 쓰지 않았다면 오류가 발생합니다. book_name에는 정수를 입력할 수 없고, pub_year에는 문자열을 입력할 수 없기 때문입니다.

note 열의 데이터 타입(정수, 문자열 등)을 지정하는 방법은 440쪽을 참고하세요.

```
INSERT INTO table_d (book_name, pub_year) VALUES (2020, "혼공 머신러닝")
```

→ 열의 데이터 타입과 값의 데이터 타입이 맞지 않으면 오류가 발생합니다.

그런데 만약 table_d의 열이 대출건수인 borrow_count와 pub_year로 구성되어 있다고 가정해 보죠. 두 열 모두 정수를 입력받기 때문에 순서를 바꾸어 써도 아무런 오류가 발생하지 않습니다. borrow_count가 1이고 pub_year가 2022인 경우 두 값을 바꾸어 INSERT 문을 써 보겠습니다.

```
INSERT INTO table_d (borrow_count, pub_year) VALUES (2022, 1)
```

오류가 발생하지 않고 대출건수에 2022가 들어가고 pub_year에 1이 들어가는군요. 확실히 이건 우리가 원하는 바는 아닙니다.

table_d 테이블

borrow_count	pub_year
...	...
...	...
2022	1

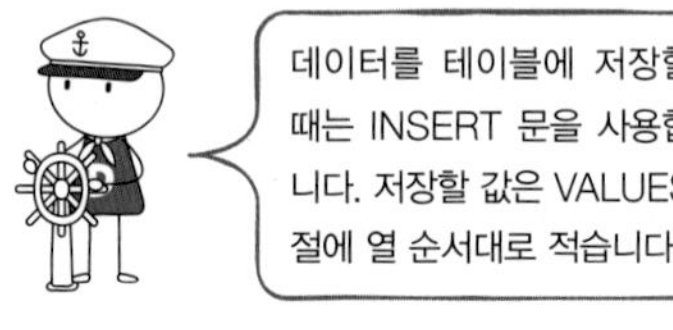

실행 오류가 발생하지 않기 때문에 이런 문제는 발견하기 매우 어렵습니다. 따라서 INSERT 문을 쓸 때는 꼭 열과 값의 나열 순서를 잘 지키도록 유념하세요.

지금까지 가장 기본적인 SQL 문인 SELECT 문과 INSERT 문을 배웠습니다. 사실 이 두 가지 SQL 문에는 더 많은 기능이 있습니다. 또한 이외에도 유용한 SQL 문이 많습니다. SQL과 데이터베이스에 더 자세히 알고 싶다면 458쪽에서 소개하는 책을 참고하세요.

데이터베이스를 자유롭게 다루려면 SQL 학습은 필수입니다.

파이썬에서 SQL 사용하기: SQLite

대표적인 오픈소스 DBMS에는 MySQL, MariaDB가 있습니다. 아쉽게도 이런 DBMS는 컴퓨터에 설치해야 해서 코랩에서 사용할 수가 없습니다. 대신에 별도의 프로그램을 설치할 필요가 없는 DBMS가 있습니다. 이런 데이터베이스는 파이썬과 같은 언어에 내장되어 있다는 의미로 **임베디드 데이터베이스**embedded database라고도 부릅니다. 파이썬에는 가장 대표적인 **SQLite**가 기본으로 포함되어 있습니다.

그럼 파이썬에서 SQLite를 사용해 빈 데이터베이스와 테이블을 만들어 보겠습니다. sqlite3 패키지를 임포트합니다.

```
import sqlite3
```

note sqlite3에서 3은 SQLite 버전 3을 지원한다는 뜻입니다. SQLite 이전 버전은 오래되었고 지금은 거의 사용하지 않습니다. 따라서 대부분의 경우 SQLite 버전을 걱정할 필요는 없습니다.

데이터베이스 연결하기: connect( ) 함수

ns_lib.db라는 이름의 빈 데이터베이스를 만들어 보겠습니다. 파이썬에서 SQLite 데이터베이스를 만드는 방법은 간단합니다. 데이터베이스와 파이썬을 처음 연결할 때 해당 이름의 데이터베이스가 없다면 자동으로 생성해 줍니다. 데이터베이스에 연결하는 **connect( ) 함수**를 사용해 보겠습니다.

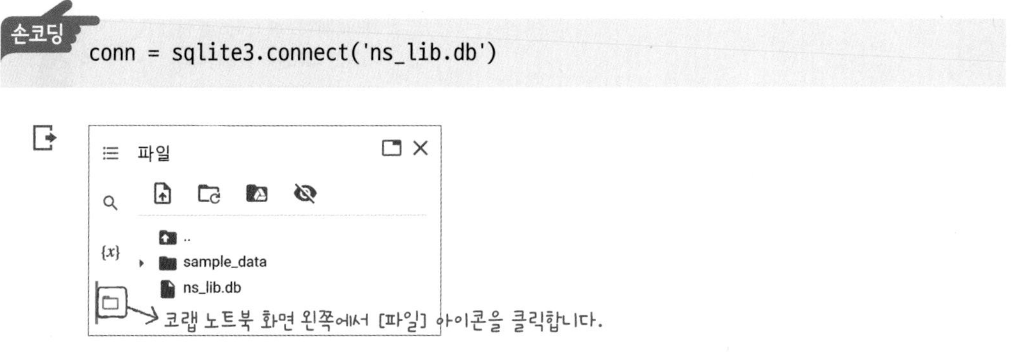


```
conn = sqlite3.connect('ns_lib.db')
```

코드를 실행한 후 코랩 파일 창을 열면 디렉터리에 ns_lib.db 파일이 생성된 것을 볼 수 있습니다.

이 데이터베이스에 74쪽에서 만들었던 남산도서관 데이터를 저장해 보겠습니다. 이 파일도 편의상 구글 드라이브에 미리 올려놓았습니다. gdown 패키지를 사용해 코랩으로 다운로드합니다. 코드 실행이 완료되면 코랩의 파일 브라우저를 열고 ns_202104.csv 파일이 잘 다운로드되었는지 확인합니다.

손코딩

```
import gdown
gdown.download('https://bit.ly/3RhoNho', 'ns_202104.csv', quiet=False)
```

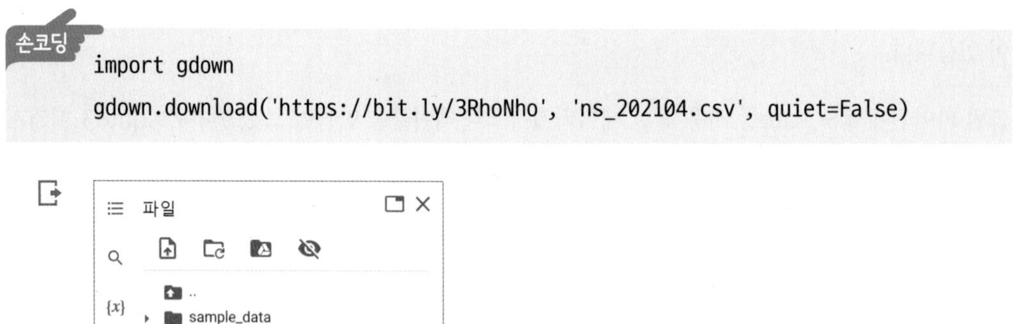

note 파일이 보이지 않는다면 파일 창의 [새로고침()] 아이콘을 클릭해 보세요.

ns_202104.csv 파일은 13개의 열을 가지고 있습니다. 이 중에 도서명, 저자, 대출건수를 데이터베이스에 저장해 보겠습니다. 앞서 데이터베이스는 엑셀 파일과 비슷하고 테이블은 시트와 비슷하다고 설명한 것을 기억하나요? 시트가 없다면 엑셀 파일은 쓸모가 없죠. 마찬가지로 데이터베이스에 데이터를 저장하려면 테이블이 필요합니다.

데이터베이스에 데이터를 저장하려면 테이블이 필요합니다.

테이블 만들기: CREATE TABLE 문

SQL 문을 하나 더 알아보겠습니다. 테이블을 생성하는 **CREATE TABLE** 문입니다. 테이블 이름이 nslib_book인 테이블을 만들어 보겠습니다.

CREATE TABLE 구문 뒤에 테이블 이름을 쓰고, 소괄호 안에 만들고 싶은 열을 나열합니다. 이때 각 열 이름 뒤에는 데이터 타입을 지정해야 합니다. 도서명, 저자는 모두 문자열이므로 **TEXT**로 지정합니다. 대출건수는 정수이므로 **INTEGER**로 지정하면 다음과 같습니다.

```
CREATE TABLE nslib_book (name TEXT, author TEXT, borrow_count INTEGER)
```

name (텍스트) author (텍스트) borrow_count (정수)

nslib_book 테이블

✚ 여기서 잠깐 데이터베이스의 데이터 타입 종류

데이터베이스에서 테이블을 만들기 전에는 어떤 종류의 열을 만들 수 있는지 먼저 공식 문서를 살펴보세요. SQLite에는 몇 개의 데이터 타입이 더 있지만 이 책에서는 사용하지 않습니다. MySQL이나 MariaDB 같은 데이터베이스는 훨씬 더 많은 데이터 타입을 제공합니다.

- **SQLite 공식 문서** URL https://sqlite.org/datatype3.html

SQL 문 실행하기: cursor( ), execute( ) 메서드

SQL 문을 실행하려면 데이터베이스 커넥션connection 객체인 conn으로 커서cursor 객체를 만들어야 합니다. 이 커서 객체의 **execute( ) 메서드**에 SQL 문을 전달하면 됩니다. 다음 코드는 CREATE TABLE 문을 실행하여 테이블을 만듭니다.

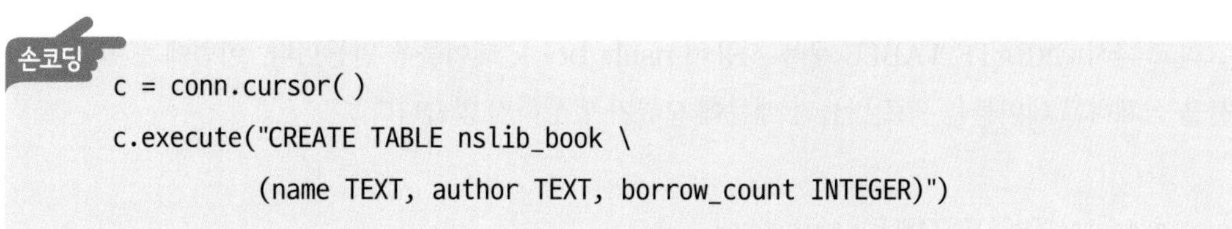

손코딩

```
c = conn.cursor( )
c.execute("CREATE TABLE nslib_book \
          (name TEXT, author TEXT, borrow_count INTEGER)")
```

CREATE TABLE 문을 실행했을 때 다음과 같은 오류가 발생하는 경우가 있습니다.

오류

```
--------------------------------------------------------------------------
OperationalError                          Traceback (most recent call last)
<ipython-input-5-e41a174de78b> in <module>( )
      1 c = conn.cursor( )
----> 2 c.execute(«CREATE TABLE nslib_book           (name TEXT, author TEXT,
borrow_count INTEGER)»)

OperationalError: table nslib_book already exists
```

내용을 보니 nslib_book 테이블이 이미 존재한다는 오류가 발생했군요.

nslib_book 테이블이 없는 경우에만 새 테이블을 만들도록 하려면 CREATE TABLE 구문 뒤에 **IF NOT EXISTS**라는 구문을 추가합니다. 기존 테이블이 있다면 테이블을 새로 만들지 않고, 기존 테이블이 없다면 테이블을 새로 만들기 때문에 오류가 발생하지 않습니다.

기존 테이블이 없는 경우에만 테이블을 만듭니다.

```
c.execute("CREATE TABLE IF NOT EXISTS nslib_book \
        (name TEXT, author TEXT, borrow_count INTEGER)")
```

만약 이미 있는 테이블을 삭제하고 다시 만들고 싶다면 **DROP TABLE** 문을 사용하여 기존 테이블을 삭제합니다.

```
c.execute("DROP TABLE nslib_book")
```

그리고 다시 CREATE TABLE 문을 사용해 nslib_book 테이블을 만듭니다. 이번에는 기존 테이블을 삭제하고 테이블을 새로 만들기 때문에 오류가 발생하지 않습니다.

```
c.execute("CREATE TABLE nslib_book \
        (name TEXT, author TEXT, borrow_count INTEGER)")
```

벌써 SQLite에 대해 여러 가지를 알게 되었네요. 데이터베이스를 만들고 연결하는 connect() 메서드, 커서 객체를 위한 cursor() 메서드, SQL 문을 실행하기 위한 execute() 메서드를 사용해 보았습니다.

그럼 이제 실제 ns_202104.csv 파일의 내용을 nslib_book 테이블에 추가해 볼까요?

CREATE TABLE 문을 사용하여 테이블을 새로 만들 때, 이미 같은 이름의 테이블이 있는지 잘 모를 때는 IF NOT EXISTS 구문을 사용해 보세요.

데이터프레임 데이터를 테이블에 추가하기

다운로드한 ns_202104.csv 파일을 판다스 데이터프레임으로 먼저 읽어 보겠습니다. ns_df 변수에 저장하여 head() 메서드로 처음 다섯 개 행을 출력하면 다음과 같습니다.

손코딩

```
import pandas as pd
ns_df = pd.read_csv('ns_202104.csv', low_memory=False)
ns_df.head( )
```

	번호	도서명	저자	출판사	발행년도	ISBN	도서권수	대출건수	등록일자	Unnamed: 13
0	1	인공지능과 흙	김동훈 지음	민음사	2021	9788937444319	1	0	2021-03-19	NaN
1	2	가짜 행복 권하는 사회	김태형 지음	갈매나무	2021	9791190123969	1	0	2021-03-19	NaN
2	3	나도 한 문장 잘 쓰면 바랄 게 없겠네	김선영 지음	블랙피쉬	2021	9788968332982	1	0	2021-03-19	NaN
3	4	예루살렘 해변	이도 게펜 지음, 임재희 옮김	문학세계사	2021	9788970759906	1	0	2021-03-19	NaN
4	5	김성곤의 중국한시기행: 장강·황하 편	김성곤 지음	김영사	2021	9788934990833	1	0	2021-03-19	NaN

한 행씩 반복 실행하기: for 문과 iterrows() 메서드

ns_df 데이터프레임을 for 문과 iterrows() 메서드로 한 행씩 반복 실행하여 데이터베이스 테이블에 추가해 보겠습니다.

그러려면 반복해서 실행할 SQL 문을 준비해야겠죠? 다음은 테이블에 데이터를 저장하는 SQL 문입니다. **INSERT INTO** 문을 사용하여 440쪽에서 만든 nslib_book 테이블의 도서명(name), 저자(author), 대출건수(borrow_count) 열에 데이터를 넣어 줍니다.

```
INSERT INTO nslib_book (name, author, borrow_count) VALUES ('인공지능과 흙', '김동훈 지음', 0)
```

하지만 이렇게 열 이름으로 문자열을 만들어 execute() 메서드를 호출하는 방식에는 번거로운 점이 있습니다. 만약 저자 이름에 작은따옴표가 들어가 있으면 어떻게 될까요? 예를 들어 'KBS '명견만리' 제작진 지음'처럼 쓰면, 작은따옴표 안에 작은따옴표가 있어서 파이썬에서 올바르지 않은 문자열로 인식하기 때문에 오류가 발생합니다.

이를 해결하려면 문자열 안에 있는 작은따옴표를 특수문자로 인식하도록 **역슬래시(\)** 문자로 **이스케이프**escape 처리해야 합니다.

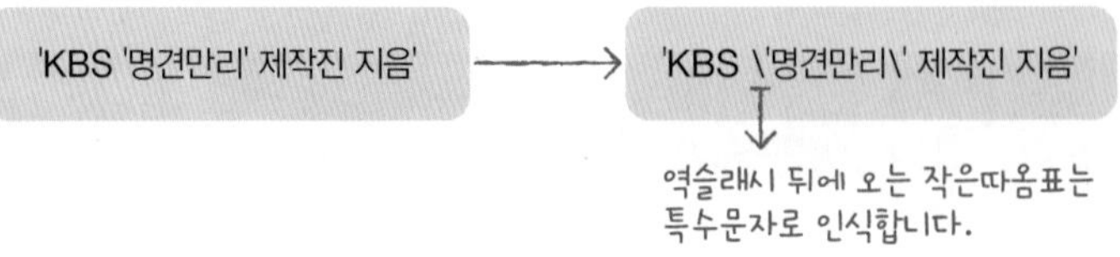

그러나 이스케이프 처리하는 작업은 번거롭고 오류가 발생하기 쉽습니다.

SQLite를 비롯해 대부분의 DBMS는 SQL 문에 문자열을 안전하게 넣어주는 기능을 제공합니다. 앞의 INSERT INTO 문에 다음처럼 문자열과 정수 값을 **execute() 메서드**에 전달합니다.

```
c.execute('INSERT INTO nslib_book (name, author, borrow_count) VALUES (?, ?, ?) ',
('인공지능과 흙', '김동훈 지음', 0) )
```

(첫 번째 매개변수: SQL 문 문자열 — ?, ?, ? 에 1, 2, 3 표시 / 두 번째 매개변수: 튜플 ('인공지능과 흙', '김동훈 지음', 0) — 각 값에 1, 2, 3 표시)

파이썬의 문자열 포맷팅처럼 첫 번째 매개변수에 있는 문자열의 물음표(?) 위치에 두 번째 매개변수로 전달된 튜플의 원소를 순서대로 대입해 줍니다. 이렇게 문자열을 전달하면 '인공지능과 흙' 사이에 따옴표가 있는지를 확인해 수동으로 처리해 줄 필요가 없죠.

✚ 여기서 잠깐 **바깥에 작은따옴표 대신 큰따옴표를 쓰면 되지 않나요?**

네. 맞습니다. "KBS '명견만리' 제작진 지음"과 같이 쓰면 오류가 나지 않죠. 하지만 저자 이름에 큰따옴표가 들어 있다면 동일하게 오류가 발생합니다. 더 위험한 것은 누군가 악의적으로 저자 이름을 교묘하게 조작하여 원래 개발 의도와는 다른 SQL 문을 실행할 수 있다는 점입니다. 이런 해킹을 **SQL 인젝션**(SQL injection) 공격이라고 합니다. 이런 여러 가지 경우를 고려하여 수동으로 문자열을 다루는 것보다 항상 execute( ) 메서드의 두 번째 매개변수로 튜플을 전달하는 것이 안전합니다.

좋습니다. 이제 파이썬의 **for 문**으로 ns_df 데이터프레임을 한 행씩 순환하는 **iterrows( ) 메서드**를 사용해 보겠습니다. iterrows() 메서드는 데이터프레임의 인덱스와 행 객체를 반환합니다.

여기서는 인덱스는 사용하지 않고 row 변수에 저장된 행 데이터만 사용하겠습니다. 파이썬 딕셔너리처럼 원하는 열의 이름을 사용해 해당 값을 참조합니다.

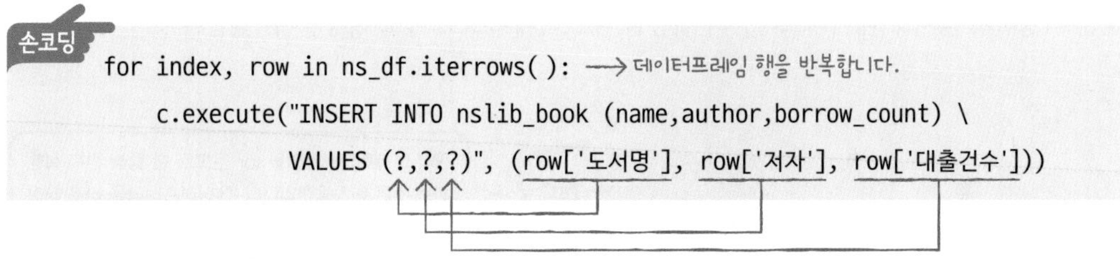


```
for index, row in ns_df.iterrows( ):
    c.execute("INSERT INTO nslib_book (name,author,borrow_count) \
              VALUES (?,?,?)", (row['도서명'], row['저자'], row['대출건수']))
```

앞의 코드를 실행하여 남산도서관 대출 데이터를 데이터베이스 테이블에 저장하는데 얼마나 시간이 걸리나요? 필자가 테스트할 때는 대략 코랩에서 40여 초 정도 걸렸습니다. 전체 데이터가 약 40만 건 정도이므로 초당 1만 건 정도 입력이 되었네요. 굉장히 빠른 속도지만, 데이터가 더 많다면 기다려야 하는 시간도 점점 늘어납니다.

그런데 놀랍게도 실제 데이터를 데이터베이스에 입력하지 않고 ns_df 데이터프레임을 반복하기만 해도 30여 초가 걸립니다! for 문을 반복하는 데만 75%의 시간을 쓰다니 믿기 힘드네요. 다음 코드로 직접 실험해 보세요.

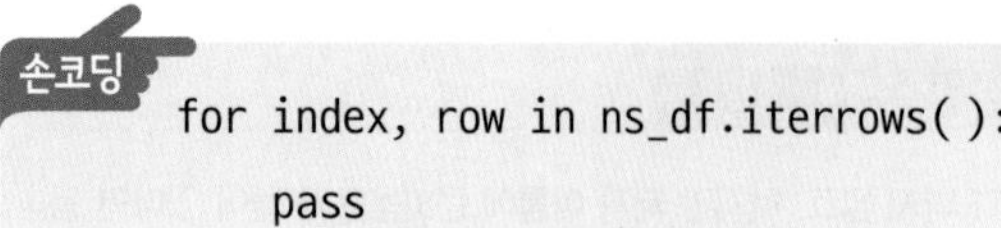

```
for index, row in ns_df.iterrows( ):
    pass
```

note 코드 실행 시간을 정확하게 재는 방법이 있지만, 여기서는 간단히 손목시계로 실행 시간을 잿습니다.

이처럼 판다스 데이터프레임은 한 행씩 순차적으로 처리하는 데 최적화되어 있지 않기 때문에 데이터프레임을 for 문으로 반복하는 것은 아주 비효율적이죠. 이번에는 데이터프레임의 데이터를 데이터베이스에 좀 더 효율적으로 저장하는 방법을 살펴보겠습니다.

SQL 문 없이 데이터프레임 데이터를 테이블에 추가하기: to_sql( ) 메서드

판다스 데이터프레임은 **to_sql( ) 메서드**를 제공합니다. 이 메서드를 사용하면 사용자가 직접 SQL 문을 작성하지 않아도 데이터프레임의 내용을 데이터베이스로 바로 저장할 수 있습니다.

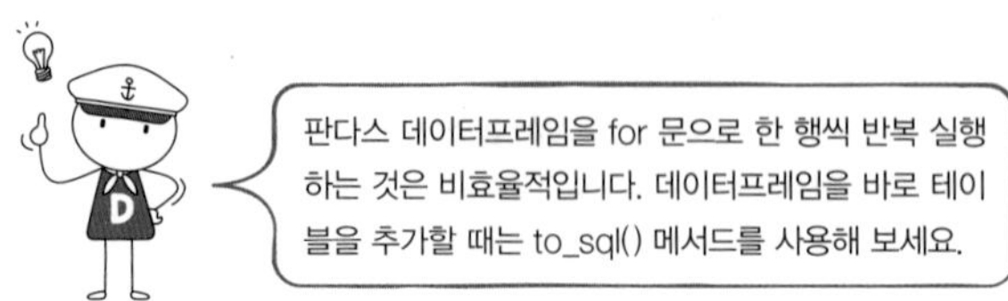

이번에는 ns_df 데이터프레임에서 특정 열만 선택하여 book_df 데이터프레임을 만든 후 이를 데이터베이스에 추가해 보겠습니다. ns_df 데이터프레임에서 '도서명', '저자', '대출건수'를 선택해 새로운 데이터프레임을 만듭니다.

그리고 head() 메서드로 book_df 데이터프레임의 처음 다섯 개의 행을 출력해 보면 다음과 같습니다.

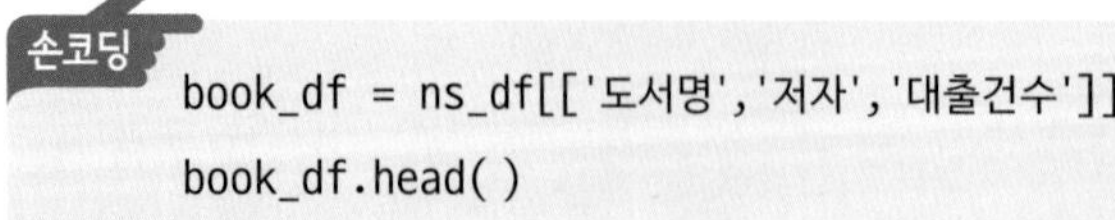

```
book_df = ns_df[['도서명','저자','대출건수']]
book_df.head( )
```

	도서명	저자	대출건수
0	인공지능과 흙	김동훈 지음	0
1	가짜 행복 권하는 사회	김태형 지음	0
2	나도 한 문장 잘 쓰면 바랄 게 없겠네	김선영 지음	0
3	예루살렘 해변	이도 게펜 지음, 임재희 옮김	0
4	김성곤의 중국한시기행: 장강·황하 편	김성곤 지음	0

'도서명', '저자', '대출건수' 3개 열만 출력되었네요. 맨 왼쪽의 열은 행 인덱스입니다.

이 book_df를 데이터베이스 테이블에 추가해 보겠습니다. to_sql() 메서드는 기본적으로 추가할 데이터프레임과 테이블의 열 이름이 같다고 가정합니다. 열 이름이 다르다면 똑같이 맞춰야 합니다. 440쪽에서 nslib_book 테이블의 열 이름을 'name', 'author', 'borrow_count'로 만들었으니 to_sql() 메서드를 사용하기 전에 book_df의 열 이름을 똑같이 바꾸어 주겠습니다.

손코딩

```
book_df.columns = ['name', 'author', 'borrow_count']
book_df.head()
```

→ 데이터프레임의 columns 속성을 사용하면 간단하게 book_df의 열 이름을 바꿀 수 있습니다.

	name	author	borrow_count
0	인공지능과 흙	김동훈 지음	0
1	가짜 행복 권하는 사회	김태형 지음	0
2	나도 한 문장 잘 쓰면 바랄 게 없겠네	김선영 지음	0
3	예루살렘 해변	이도 게펜 지음, 임재희 옮김	0
4	김성곤의 중국한시기행: 장강·황하 편	김성곤 지음	0

이제 to_sql() 메서드를 사용해 보겠습니다. 첫 번째 매개변수는 사용할 데이터베이스 테이블 이름입니다. 두 번째 매개변수는 데이터베이스 커넥션 객체입니다. **if_exists 매개변수**에는 세 가지 옵션 중에서 하나를 지정하여 테이블이 중복될 때 어떻게 동작할 지 정할 수 있습니다.

- 'fail': 기본값입니다. 첫 번째 매개변수에 지정된 테이블이 이미 있으면 오류가 발생합니다.

- 'replace': 테이블을 지우고 새로 만든 다음 데이터를 추가합니다.
- 'append': 기존의 테이블에 데이터를 추가합니다.

여기서는 앞서 for 문으로 반복해서 넣었던 데이터를 지우고 다시 넣기 위해 'replace'로 지정하겠습니다. 마지막으로 **index 매개변수**를 False로 지정하여 데이터프레임의 인덱스는 저장하지 않겠습니다.

손코딩

```
book_df.to_sql('nslib_book', conn, if_exists='replace', index=False)
```

이 코드를 코랩에서 실행하면 수 초 만에 끝납니다. for 문을 사용한 것보다 10배 이상 빠르군요!

지금까지 데이터프레임의 내용을 데이터베이스에 저장하는 기본적인 방법을 알아보았습니다. 이제 테이블에 입력된 내용을 데이터프레임으로 읽는 방법을 알아보죠.

파이썬으로 테이블에서 데이터 읽기

SELECT 문은 테이블 데이터를 읽을 수 있다고 배웠습니다. 이를 파이썬에서 실행하려면 INSERT INTO 문을 실습했던 것처럼 데이터베이스 커서의 execute() 메서드로 실행하려는 SQL 문을 전달합니다.

테이블의 전체 열을 읽어 올 때는 SELECT * FROM table_a와 같이 쓴다고 했었죠. 여기에서 테이블 이름만 바꾸면 nslib_book 테이블의 전체 데이터를 가져올 수 있습니다.

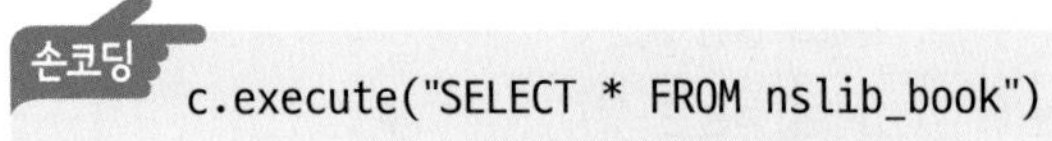

손코딩

```
c.execute("SELECT * FROM nslib_book")
```

그럼 테이블을 잘 가져오나 확인해 볼까요?

fetchone( ), fetchmany( ), fetchall( ) 메서드

SELECT 문으로 가져오는 테이블의 첫 번째 행을 출력하려면 **fetchone( ) 메서드**를 사용합니다.

fetchone() 메서드는 SELECT 문에서 지정한 열 이름 순서대로 데이터가 나열된 파이썬 튜플을 반환합니다. 앞서 * 문자를 사용해 모든 열을 가져오도록 작성했으므로 테이블의 열 순서대로 도서명, 저자, 대출건수가 반환됩니다.

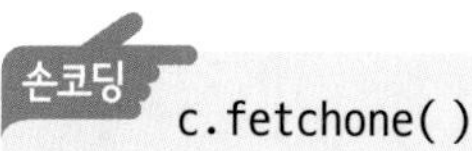

```
c.fetchone( )
```

```
('인공지능과 흙', '김동훈 지음', 0)
```

어렵지 않군요. 그다음 행을 가져오고 싶으면 fetchone() 메서드를 한 번 더 호출합니다.

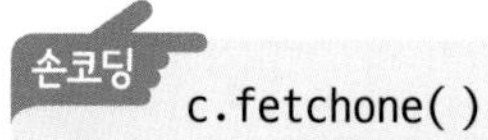

```
c.fetchone( )
```

```
('가짜 행복 권하는 사회', '김태형 지음', 0)
```

만약 1개 이상의 행을 추출하려면 **fetchmany() 메서드**를 사용합니다. 매개변수로 추출하고 싶은 행의 개수를 전달합니다. 행 3개를 출력하면 다음과 같습니다.

손코딩

```
c.fetchmany(3)
```

```
[('나도 한 문장 잘 쓰면 바랄 게 없겠네', '김선영 지음', 0),
 ('예루살렘 해변', '이도 게펜 지음, 임재희 옮김', 0),
 ('김성곤의 중국한시기행 : 장강·황하 편', '김성곤 지음', 0)]
```

모든 행을 출력하려면 **fetchall() 메서드**를 사용합니다. fetchall() 메서드는 fetchmany() 메서드처럼 파이썬 튜플의 리스트를 반환합니다. 각 튜플이 데이터베이스에 있는 하나의 행에 해당하죠. 따라서 다음처럼 all_rows 변수를 판다스 데이터프레임으로 간단하게 만들 수 있습니다.

손코딩

```
all_rows = c.fetchall( )
```

다음처럼 all_rows 변수를 **DataFrame 클래스**에 첫 번째 매개변수로 전달하여 데이터프레임을 만든 후 head() 메서드로 확인해 보겠습니다.

손코딩

```
book_df = pd.DataFrame(all_rows)
book_df.head( )
```

	0	1	2
0	처음 읽는 음식의 세계사	미야자키 마사카츠 지음, 한세희 옮김	0
1	아르센 벵거 자서전 My Life in Red and White	아르센 벵거 지음, 이성모 옮김	0
2	쓰고 달콤한 직업	천운영 지음	0
3	일잘러의 노션 100% 활용법	제레미 강 지음	0
4	타이난 골목 노포 산책	천구이팡 지음, 심혜경 외 옮김	0

열 이름이 지정되어 있지 않아 열 인덱스가 0, 1, 2로 출력됩니다. 이럴 때는 데이터프레임의 columns 속성을 사용해서 열 이름을 지정하면 됩니다.

그러나 조금 더 편리한 방법은 처음부터 데이터베이스에서 바로 데이터프레임으로 읽는 것입니다.

데이터프레임으로 읽기: read_sql_query( ) 함수

read_sql_query( ) 함수는 데이터베이스를 읽어 데이터프레임을 만들 수 있습니다. read_csv() 함수가 CSV 파일로 데이터프레임을 만드는 것과 아주 비슷합니다.

손코딩

```
book_df = pd.read_sql_query("SELECT * FROM nslib_book", conn)
book_df.head( )
```

	name	author	borrow_count
0	인공지능과 흙	김동훈 지음	0
1	가짜 행복 권하는 사회	김태형 지음	0
2	나도 한 문장 잘 쓰면 바랄 게 없겠네	김선영 지음	0

3	예루살렘 해변	이도 게펜 지음, 임재희 옮김	0
4	김성곤의 중국한시기행 : 장강·황하 편	김성곤 지음	0

read_sql_query() 함수를 사용하면 테이블의 열 이름을 데이터프레임의 열 이름으로 자동으로 사용해 줍니다. 앞선 방법보다 훨씬 편리하네요!

테이블을 데이터프레임으로 읽을 때 read_sql_query( ) 함수를 사용하면 편리합니다.

✚ 여기서 잠깐 테이블을 데이터프레임으로 읽어 주는 read_sql_table() 함수

read_sql_query( ) 함수 이외에도 테이블 이름만 전달하면 테이블에 저장된 전체 데이터를 읽어 오는 편리한 **read_sql_table( ) 함수**가 있습니다. read_sql_table( ) 함수로 nslib_book 테이블의 내용을 모두 가져오려면 첫 번째 매개변수에는 읽어 올 테이블 이름, 두 번째 매개변수에는 데이터베이스 종류인 sqlite와 데이터베이스 이름인 ns_lib.db를 ':///' 문자열로 연결하여 넣어 줍니다.

```
book_df = pd.read_sql_table('nslib_book', 'sqlite:///ns_lib.db')
book_df.head( )
```

read_sql_table( ) 함수는 내부적으로 파이썬의 SQL 툴킷 라이브러리인 **SQLAlchemy 패키지**를 사용합니다. SQLAlchemy는 데이터베이스에 접속할 때 URL과 비슷한 구조로 이루어진 접속 정보를 받습니다. 이를 **데이터베이스 URL**이라고 부르는데요. 다음과 같은 구조로 이루어집니다.

```
dialect+driver://username:password@host:port/database
```

- dialect+driver → sqlite
- username:password@host:port → SQLite에서는 필요하지 않음
- database → 데이터베이스 이름

SQLite의 경우 dialect+driver는 sqlite가 되고 username:password@host:port가 필요하지 않습니다. 마지막에 database는 ns_lib.db가되므로 이 예시에서 필요한 데이터베이스 URL은 sqlite:///ns_lib.db가 됩니다. 다행히도 코랩에서는 SQLAlchemy가 이미 설치되어 있기 때문에 read_sql_table( ) 함수를 바로 사용할 수 있습니다.

데이터베이스에서 데이터를 읽는 것은 저장하는 것보다 조금 쉬운 것 같습니다. 이제 데이터를 읽고 쓰는 것에서 한 걸음 더 나아가 SQL 문을 사용해 간단한 통계량을 구하는 방법을 알아보겠습니다.

데이터베이스에서 제공하는 함수로 통계량 구하기

DBMS는 SQL 문과 함께 사용할 수 있는 다양한 통계, 수학 함수를 제공합니다. 그래서 fetchall() 메서드로 전체 데이터를 모두 읽어서 파이썬으로 직접 계산하는 것보다, DBMS가 제공하는 함수를 사용하면 편리하고 속도도 빠릅니다.

예를 들어 ns_lib.db 테이블에 들어 있는 전체 행의 개수는 몇 개일까요? 파이썬 함수로 읽으려면 다음과 같이 테이블 내용을 가져와 만든 book_df 데이터프레임을 사용해야 전체 행의 개수를 계산할 수 있습니다.

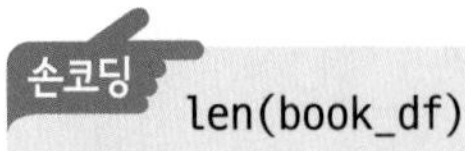


```
len(book_df)
```

```
401682
```

40만 개가 조금 넘는군요.

데이터베이스 함수를 사용하면 테이블을 데이터프레임으로 만들 필요없이 execute() 메서드로 SQL 문을 전달하면 됩니다. 가장 간단한 통계량인 행의 개수, 합계, 평균을 구해 보겠습니다.

행의 개수 세기: count( ) 함수

SQLite에서 행의 개수를 셀 때는 **count( ) 함수**를 사용합니다. 매개변수에 테이블의 열 이름을 넣으면 열에 값이 있는 행의 개수를 헤아립니다. count(*)와 같이 쓰면 테이블에 있는 전체 행의 개수를 반환하죠.

ns_lib.db에 있는 전체 행의 개수를 계산하여 앞의 결과와 동일한지 확인해 보겠습니다.

```
c.execute("SELECT count(*) FROM nslib_book")
c.fetchone( )
```

```
(401682,)
```

파이썬 튜플로 반환된 것을 제외하고는 앞선 결과와 개수가 정확히 일치하네요.

합계 구하기: sum() 함수

이번에는 전체 도서의 대출건수를 모두 더해 보겠습니다. 덧셈은 **sum() 함수**를 사용합니다. 수치를 가진 열에만 적용할 수 있습니다. 대출건수의 합을 구해야 하므로 sum(borrow_count)라고 씁니다. 그 외 다른 SELECT 문은 이전과 동일합니다.

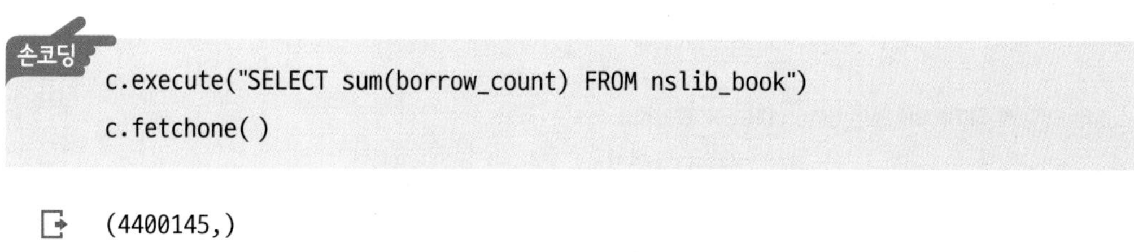

손코딩

```
c.execute("SELECT sum(borrow_count) FROM nslib_book")
c.fetchone( )
```

```
(4400145,)
```

총 대출건수는 4백만 건이 넘네요.

평균 구하기: avg() 함수

전체 도서가 4만 건이 넘으니 대략 도서의 평균 대출건수는 10 안팎일 것 같습니다. 두 숫자를 직접 구해 나눗셈하지 않고 **avg() 함수**를 사용하여 평균을 구할 수 있습니다.

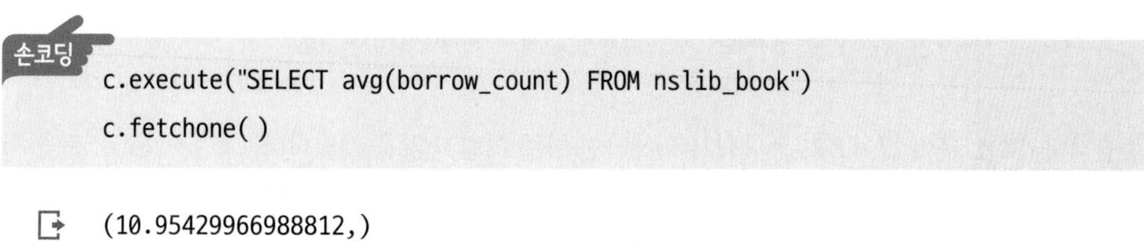

손코딩

```
c.execute("SELECT avg(borrow_count) FROM nslib_book")
c.fetchone( )
```

```
(10.95429966988812,)
```

예상한 것과 비슷하군요. 남산도서관의 도서들은 평균적으로 11번 대출되었습니다.

테이블 데이터 정렬하기

이번엔 조금 더 어려운 문제를 해결해 보죠. 가장 많이 대출된 10개 도서를 순서대로 출력하려면 어떻게 해야 할까요? 이 작업에는 새로운 SQL 문이 필요합니다. 테이블 데이터를 순서대로 정렬하려면 테이블 이름 뒤에 **ORDER BY** 절을 사용합니다.

대출건수를 기준으로 정렬하려면 다음과 같이 씁니다.

```
SELECT * FROM nslib_book ORDER BY borrow_count
```

→ 기본적으로 오름차순 정렬합니다.

기본값은 오름차순입니다. 가장 많은 대출건수를 가진 도서를 찾고 싶다면 역순으로 정렬하는 것이 좋겠죠? 이때는 ORDER BY 절 뒤에 **DESC** 키워드를 사용합니다.

```
SELECT * FROM nslib_book ORDER BY borrow_count DESC
```

→ 내림차순합니다.

10개 도서만 출력하려면 데이터를 가져온 뒤에 fetchmany(10)를 사용할 수 있습니다. 그러나 조금 비효율적입니다. 10개 도서를 출력하려고 전체 도서 데이터를 데이터베이스에서 읽을 필요는 없죠.

아예 데이터베이스에서 10개 도서만 읽으려면 SQL 문 마지막에 **LIMIT** 키워드를 사용합니다.

```
SELECT * FROM nslib_book ORDER BY borrow_count DESC LIMIT 10
```

→ 10개 도서만 불러 옵니다.

좋습니다. SQL 문이 길어졌지만 나눠서 이해하면 아주 어렵지 않을 것입니다. 그럼 이 SQL 문을 사용해 가장 대출건수가 많은 10개의 도서를 확인해 보죠. 어떤 도서가 나올지 궁금하네요!

손코딩

```
c.execute("SELECT * FROM nslib_book ORDER BY borrow_count DESC LIMIT 10")
c.fetchall()
```

```
[('사피엔스 :유인원에서 사이보그까지, 인간 역사의 대0담하고 위대한 질문 ', '유발 하라리 지음 ; 조현욱 옮김', 1468),
 ('해커스 토익:Listening', 'David Cho 지음', 1065),
 ('7년의 밤 :정유정 장편소설 ', '정유정 저', 683),
 ('냉정과 열정사이:Blu', '츠지 히토나리 지음;양억관 옮김', 524),
 ('남한산성:김훈 장편소설', '김훈 지음', 501),
 ('해리포터와 혼혈왕자', '조앤 K. 롤링 지음;최인자 옮김', 451),
```

```
('해커스 토익:Listening', 'David Cho 지음', 440),
('다빈치 코드', '댄 브라운 지음;양선아 옮김', 440),
('신:베르나르 베르베르 장편소설', '베르나르 베르베르 지음;이세욱 옮김', 432),
('경제학 콘서트', '팀 하포드 지음;김명철 옮김', 425)]
```

유발 하라리의 사피엔스가 1,468번 대출되어 1등을 차지했습니다. 언젠가 〈혼자 공부하는 데이터 분석 with 파이썬〉이 대출 순위 1가 되었으면 좋겠네요!

프로그램이나 노트북이 종료되면 데이터베이스 연결이 자동으로 종료되지만, 데이터베이스 사용을 마칠 때 커서와 커넥션 객체를 명시적으로 닫아주는 것이 좋습니다.

손코딩

```
c.close( )
conn.close( )
```

지금까지 데이터베이스에 데이터를 저장하고 추출하는 방법과 간단한 통계량을 계산하기 위한 기술을 배웠습니다. 이를 통해 파이썬 프로그램이 데이터베이스와 통신하는 방법을 이해할 수 있었습니다. 개발팀이 데이터베이스에 저장한 데이터를 가져오는데 큰 어려움이 없을 것 같네요.

데이터베이스 정규화

정규화normalization은 컴퓨터 과학에서 여러 가지 의미로 사용됩니다. 데이터베이스 정규화란 데이터가 가능한 한 중복되지 않도록 여러 테이블에 나누는 과정을 의미합니다.

예를 들어 다음처럼 book 테이블에는 출판사 이름이 중복되어 저장되어 있습니다. 상식적으로 생각해도 한 출판사가 여러 도서를 낼 수 있죠.

book 테이블

도서명	출판사	발행 연도	
혼공 머신러닝	혼공출판사	2020	…
혼공 데이터 분석	혼공출판사	2022	…
⋮	⋮	⋮	⋮

어느 날 '혼공출판사'의 이름을 '혼공미디어'로 바꾸기로 했다고 가정해 보겠습니다. book 테이블에서 '혼공출판사'에 해당하는 모든 도서 출판사 이름을 한꺼번에 '혼공미디어'로 바꾸어야 합니다.

데이터베이스가 정규화되어 있지 않다면 여러 행의 데이터를 바꿀 때 오류가 발생하거나, 공교롭게도 데이터 수정 중에 새로운 '혼공출판사'의 새 도서가 book 테이블에 입력되었을 때 문제가 발생합니다. '혼공출판사'와 '혼공미디어'가 동시에 존재하게 되는 데이터 불일치가 발생하는 것이죠.

이럴 때 다음 그림처럼 전체 출판사 목록을 따로 publisher 테이블로 관리한다면 '혼공출판사'를 '혼공미디어'로 바꾸는 작업이 book 테이블에 영향을 미치지 않습니다.

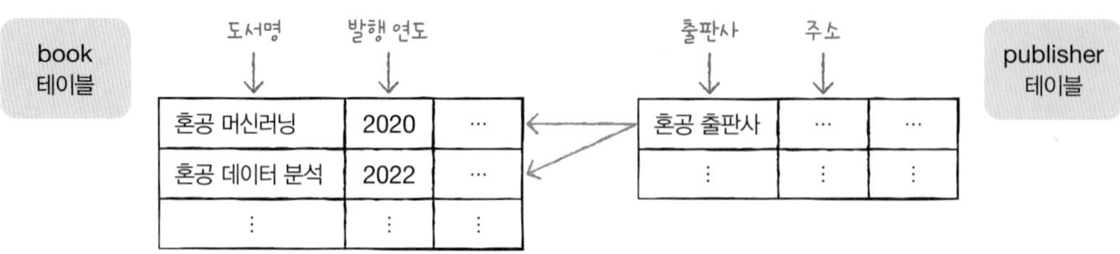

다음 그림처럼 book 테이블의 도서는 여전히 publisher 테이블에 있는 '혼공출판사'에 해당하는 행을 가리키고 있으니까요. 이렇게 데이터 중복을 피해 여러 테이블을 나누어 관리하는 것을 정규화라고 합니다.

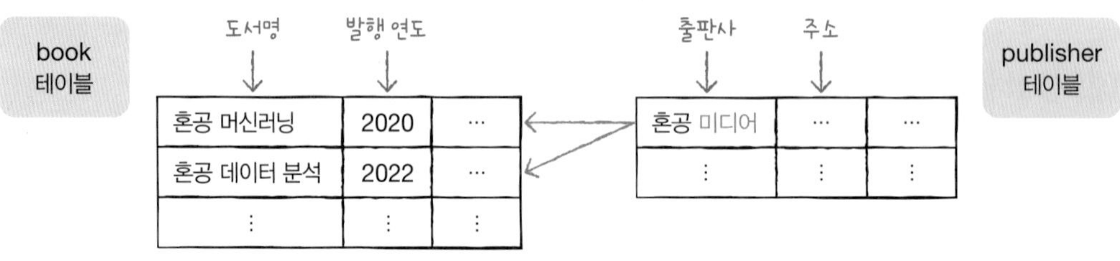

데이터베이스를 정규화하면 이외에도 많은 장점이 있기 때문에 개발자나 데이터베이스 관리자는 정규화에 많은 노력을 쏟습니다. 이런 정규화를 지원하는 데이터베이스가 있는데 이를 **관계형 데이터베이스** 또는 **RDBMS**Relational Database Management System라고 부릅니다. MySQL, MariaDB 등은 물론 SQLite도 관계형 데이터베이스입니다.

하지만 일반적으로 데이터 분석을 할 때는 흩어진 여러 개의 테이블 데이터를 하나로 모아서 진행하는 경우가 많습니다. 개발팀이나 데이터베이스 관리자가 데이터 분석가를 위해 정규화된 테이블의 데이터를 하나의 테이블에 모아서 제공할 수도 있습니다. 또는 데이터를 모아서 읽을 수 있는 SQL 문을 전달해 줄 수도 있죠. 데이터 분석가가 이런 SQL 문을 만들어야 할 때도 있을 것입니다.

✚ 여기서 잠깐 **정규화가 어려운 데이터를 다루기에 좋은 NoSQL**

NoSQL은 최근 인기가 많은 다른 데이터베이스입니다. NoSQL은 이름에서 유추할 수 있듯이 SQL 문을 사용하여 데이터베이스의 데이터를 조작하는 RDBMS와는 달리, SQL 문을 사용하지 않는 데이터베이스를 말합니다. 하지만 SQL 문을 지원하는 일부 NoSQL 데이터베이스도 있기 때문에 조금 더 명확하게 정의하면 관계형이 아닌 **비관계형 데이터베이스**라고 말할 수 있습니다.

데이터 중에는 정규화되기 어려운 데이터도 존재합니다. 예를 들면 이미지, 문서, 오디오 데이터, 매우 큰 용량의 데이터가 그렇습니다. **NoSQL**은 이처럼 정규화가 어려운 비구조적인 데이터를 저장하는데 최적화되어 있으며 대용량 데이터를 다루는데 뛰어난 성능을 냅니다. 이런 이유로 최근에 NoSQL 데이터베이스가 많이 사용됩니다.

대부분의 NoSQL 데이터베이스는 표준적인 SQL 문을 사용하지 않기 때문에 데이터베이스마다 데이터를 저장하고 관리하는 방법이 각기 다릅니다. 하지만 데이터가 정규화되어 있지 않기 때문에 데이터 분석가는 오히려 전체 데이터를 쉽게 얻을 수도 있습니다. 대표적인 NoSQL 데이터베이스에는 Redis, MongoDB, Cassandra가 있습니다.

특히 빅데이터를 처리하기 위해 클라우드 서비스 업체들은 자사에 특화된 NoSQL 서비스를 제공합니다. 대표적으로 아마존 웹서비스의 DynamoDB와 구글 클라우드의 BigTable 등이 있습니다. 아쉽게도 코랩에서 바로 사용할 수 있는 NoSQL 데이터베이스는 아직 없습니다.

note NoSQL 데이터베이스 설치와 사용법에 대한 자세한 내용은 458쪽의 참고 도서를 살펴보세요.

데이터베이스 다루기 문제 해결 과정

부록 A에서는 데이터베이스로 데이터를 저장하고 읽는 방법을 배웠습니다. 전통적으로 데이터베이스는 개발이나 엔지니어링 업무에 속하지만, 데이터 분석가는 데이터를 얻기 위해 데이터베이스에 대한 이해가 필요합니다. 기업들이 생산하는 모든 데이터는 데이터베이스에 저장되기 때문입니다.

이 책에서는 코랩에서 다른 설치가 필요 없이 바로 실습할 수 있는 **SQLite** 데이터베이스를 사용해 보았습니다. 프로그램에서 데이터베이스에 있는 데이터를 조작하기 위해 사용하는 표준 언어는 **SQL**입니다. 데이터를 저장하기 위해서는 **INSERT INTO** 문, 데이터를 읽을 때는 **SELECT** 문을 사용합니다. 테이블을 만들고 삭제할 때는 각각 **CREATE TABLE** 문과 **DROP TABLE** 문을 사용합니다.

판다스 데이터프레임에서 데이터베이스로 데이터를 저장하는 경우에는 **to_sql() 메서드**를 사용하면 속도가 빠릅니다. 데이터프레임을 한 행씩 순환하면서 처리하면 효율적이지 않기 때문입니다. 비슷한 이유로 데이터베이스에 있는 데이터를 판다스 데이터프레임으로 읽으려면 **read_sql_query() 메서드**나 **read_sql_table() 메서드**를 사용하는 것이 좋습니다

대부분의 데이터베이스는 집계와 계산을 위한 여러 함수를 제공합니다. SQLite에서 제공하는 **count() 함수**, **sum() 함수**, **avg() 함수**를 사용해 전체 행의 개수와 대출건수의 합, 평균을 구해

보았습니다. 마지막 예제에서는 대출건수가 가장 높은 10권의 도서를 추출하기 위해 SQL에서 제공하는 정렬 기능을 배웠습니다.

마지막으로 **정규화**는 데이터베이스에 있는 데이터 중복을 최소화하기 위한 방법으로 많이 사용됩니다. 데이터 분석가는 데이터베이스를 다룰 때 정규화되어 있는 데이터베이스 구조를 잘 이해할 필요가 있습니다. 정규화를 지원하는 관계형 데이터베이스(RDBMS) 외에 대량의 비구조적인 데이터를 저장하는데 뛰어난 성능을 내는 비관계형 데이터베이스인 **NoSQL**도 잠깐 살펴보았습니다.

이 부록에는 데이터베이스를 이해하기 위한 최소한의 내용을 담았습니다. 데이터베이스에 대한 자세한 내용은 다음 책을 참고하세요.

- 『혼자 공부하는 SQL』(한빛미디어, 2021)
- 『러닝 SQL』(한빛미디어, 2021)

B 이 책에서 배운 함수와 메서드

01-3 이 도서가 얼마나 인기가 좋을까요?

함수/메서드	매개변수	기능
pandas.read_csv()	**첫 번째 매개변수**: CSV 파일 이름을 지정합니다.	CSV 파일을 읽어 데이터프레임을 만듭니다.
	header **매개변수**: 첫 번째 행을 열 이름으로 사용하거나, 열 이름으로 사용할 행 번호를 지정합니다. 기본값인 'infer'는 첫 번째 행을 열 이름으로 사용합니다. None으로 지정하면 0부터 시작하는 숫자를 열 이름으로 사용합니다.	
	names **매개변수**: 열 이름을 문자열 리스트로 전달하면 header 매개변수를 무시하고 names 값으로 열 이름을 사용합니다. 중복된 열 이름은 지정할 수 없습니다.	
	index_col **매개변수**: 행 인덱스로 사용할 열 번호를 지정합니다. 기본값 None은 정수로 된 행 인덱스를 새로 만듭니다.	
	encoding **매개변수**: 읽을 파일의 인코딩 방식을 지정합니다. 기본값 None은 대부분의 시스템에서 UTF-8을 사용하게 됩니다.	
	low_memory **매개변수**: False로 지정하면 파일을 나누어 읽지 않고 한 번에 읽습니다. 파일을 한 번에 읽으면 열의 데이터 타입을 감지하는데 오류가 발생하지 않습니다.	
	dtype **매개변수**: 열 이름과 데이터 타입 쌍으로 구성된 딕셔너리로 원하는 열마다 데이터 타입을 지정할 수 있습니다.	
DataFrame.head()	**첫 번째 매개변수**: 추출하고 싶은 행 개수를 지정합니다.	데이터프레임에서 처음 다섯 개의 행을 반환합니다.
DataFrame.to_csv()	**첫 번째 매개변수**: CSV 파일 이름을 지정합니다.	데이터프레임을 CSV 파일로 저장합니다.
	index **매개변수**: 행 번호를 저장할지 지정할 수 있습니다.	
	encoding **매개변수**: 읽을 파일의 인코딩 방식을 지정합니다. 기본값은 None으로 UTF-8을 사용합니다.	

02-1 API 사용하기

함수/메서드	매개변수	기능
json.dumps()	첫 번째 매개변수: 변환하려는 파이썬 객체입니다. ensure_ascii 매개변수: 기본값 True는 아스키 문자 외의 문자를 이스케이프 처리합니다. 객체에 담긴 문자를 그대로 출력하려면 False로 지정합니다.	파이썬 객체를 JSON 문자열로 변환합니다.
json.loads()	첫 번째 매개변수: 변환하려는 JSON 문자열입니다.	JSON 문자열을 파이썬 객체로 변환합니다.
pandas.read_json()	첫 번째 매개변수: 변환하려는 JSON 문자열이나 파일 경로입니다.	JSON 문자열을 판다스 시리즈나 데이터프레임으로 변환합니다.
xml.etree.ElementTree.fromstring()	첫 번째 매개변수: 변환하려는 XML 문자열입니다.	XML 문자열을 분석하여 xml.etree.ElementTree.Element 클래스 객체를 반환합니다.
xml.etree.ElementTree.Element.findtext()	첫 번째 매개변수: 찾으려는 태그 이름입니다.	지정한 태그 이름과 맞는 첫 번째 자식 엘리먼트의 텍스트를 반환합니다.
xml.etree.ElementTree.Element.findall()	첫 번째 매개변수: 찾으려는 태그 이름입니다.	지정한 태그 이름과 맞는 모든 자식 엘리먼트를 반환합니다.
requests.get()	첫 번째 매개변수: 호출할 URL입니다.	HTTP GET 방식으로 URL을 호출하고 request.Response 객체를 반환합니다.
requests.Response.json()		응답받은 JSON 문자열을 파이썬 객체로 변환하여 반환합니다.

02-2 웹 스크래핑 사용하기

함수/메서드	매개변수	기능
loc		레이블(이름) 또는 불리언 배열로 데이터프레임의 행과 열을 선택합니다. 정수로 지정하면 인덱스의 레이블로 간주합니다. 불리언 배열로 지정할 경우 배열의 길이는 행 또는 열의 전체 길이와 같아야 합니다.
BeautifulSoup.find()	id 매개변수: 찾으려는 태그의 아이디를 지정할 수 있습니다. attrs 매개변수: 찾으려는 태그의 속성을 딕셔너리로 지정할 수 있습니다. class_ 매개변수: 찾으려는 태그의 class 속성을 지정할 수 있습니다.	현재 태그 아래의 자식 태그 중에서 지정된 이름에 맞는 첫 번째 태그를 찾습니다. 찾은 태그가 없을 경우 None이 반환됩니다.

BeautifulSoup.find_all( )	find( ) 메서드와 동일한 매개변수를 지원합니다.	현재 태그 아래의 자식 태그 중에서 지정된 이름에 맞는 모든 태그를 찾습니다. 뷰티플 수프 객체를 함수처럼 호출할 경우 자동으로 find_all( ) 메서드가 호출됩니다. 찾은 태그가 없을 경우 빈 리스트가 반환됩니다.
BeautifulSoup.get_text( )		태그 안의 텍스트를 반환합니다.
DataFrame.apply( )	첫 번째 매개변수: 행 또는 열에 적용할 함수입니다. axis 매개변수: 0일 때 각 열에 함수를 적용하고 1일 때 각 행에 함수를 적용합니다(기본값 0).	데이터프레임의 행 또는 열에 지정한 함수를 적용합니다.
pandas.merge( )	첫 번째와 두 번째 매개변수: 합칠 데이터프레임이나 시리즈 객체를 전달합니다. on 매개변수: 합칠 기준이 되는 열을 지정합니다. how 매개변수: 합쳐질 방식(inner, left, right, outer)을 지정합니다. left_on과 right_on 매개변수: 합칠 기준이 되는 열 이름이 서로 다를 경우 각기 지정합니다. left_index과 right_index 매개변수: 합칠 기준이 되는 인덱스를 지정합니다. 왼쪽 또는 오른쪽 인덱스를 지정합니다.	데이터프레임이나 시리즈 객체를 합칩니다.

03-1 불필요한 데이터 삭제하기

함수/메서드	매개변수	기능
DataFrame.drop( )	첫 번째 매개변수: 삭제하려는 행 인덱스나 열 이름을 전달합니다. 리스트로 전달하면 여러 개의 행을 삭제할 수 있습니다. axis 매개변수: 삭제할 축을 지정합니다. 기본값은 0으로 행을 삭제합니다. 1로 지정하면 열을 삭제합니다. inplace 매개변수: 기본값은 False이며 삭제 결과를 반환합니다. True로 설정하면 현재 데이터프레임 자체를 바꿉니다.	데이터프레임의 행이나 열을 삭제합니다.
DataFrame.dropna( )	axis 매개변수: 삭제할 축을 지정합니다. 기본값은 0으로 행을 삭제합니다. 1로 지정하면 열을 삭제합니다. how 매개변수: 삭제할 기준을 지정합니다. 기본값은 'any'로 누락된 값이 하나 이상이면 삭제합니다. 'all'로 지정하면 모든 원소가 누락된 행이나 열을 삭제합니다.	누락된 값이 포함된 행이나 열을 삭제합니다.

	thresh 매개변수: 최소한의 누락되지 않은 값의 개수를 지정합니다. thresh 매개변수를 지정하면 how 매개변수에 상관없이 누락되지 않은 값의 개수가 thresh 보다 작은 행과 열을 삭제합니다.	
	subset 매개변수: 삭제할 행과 열 리스트를 지정합니다. 행을 삭제하는 경우에는 열 인덱스를 지정하고 열을 삭제할 때는 행 이름을 지정합니다.	
	inplace 매개변수: 기본값은 False이며 삭제된 결과를 반환합니다. True로 설정하면 현재 데이터프레임 자체를 바꿉니다.	
DataFrame.duplicated()	**subset 매개변수**: 중복 검사를 위해 고려할 열 이름 또는 열 이름의 리스트를 지정합니다. 지정하지 않으면 전체 열을 대상으로 중복을 검사합니다.	중복된 행을 찾아 불리언 값으로 표시한 배열을 반환합니다.
	keep 매개변수: 중복된 행을 표시할 방법을 결정합니다. 기본값 'first'일 때는 처음 등장하는 행을 제외하고 나머지 중복된 행을 True로 표시합니다. 'last'로 지정하면 마지막으로 등장하는 행을 제외하고 나머지 중복된 행을 True로 표시합니다. False로 지정하면 중복된 모든 행을 True로 표시합니다.	
DataFrame.groupby()	**by 매개변수**: 그룹으로 묶을 기준이 되는 열 또는 열 이름의 리스트를 전달합니다.	데이터프레임의 행을 그룹으로 모읍니다.
	dropna 매개변수: 기본값은 True이며 by 매개변수에 지정된 열에 누락된 값이 있는 행을 제외합니다. False로 지정하면 누락된 값도 대상이 됩니다.	
DataFrame.sum()	**axis 매개변수**: 합계를 계산할 축을 지정합니다. 기본값은 0이며 열마다 합계를 계산합니다. 1로 지정하면 행마다 합계를 계산합니다.	행 또는 열을 기준으로 합계를 계산합니다.
	skipna 매개변수: 기본값은 True이며 누락된 값은 제외하고 계산합니다. False로 지정하면 누락된 값이 있는 경우 NaN을 반환합니다.	
DataFrame.set_index()	**첫 번째 매개변수**: 인덱스로 지정할 열 또는 열 리스트를 전달합니다.	지정한 열을 인덱스로 설정합니다.
	drop 매개변수: 기본값은 True이며 인덱스로 지정한 열을 삭제하고 인덱스에 추가합니다. False로 지정하면 열을 삭제하지 않습니다.	
	append 매개변수: 기본값은 False이며 기존의 인덱스에 추가하지 않습니다. True로 지정하면 기존의 인덱스에 새로운 인덱스 열을 추가합니다.	
	inplace 매개변수: 기본값은 False이며 변경된 결과를 반환합니다. True로 설정하면 현재 데이터프레임 자체를 바꿉니다.	

DataFrame.reset_index()	level **매개변수**: 인덱스에서 제거할 열 이름 또는 순서를 지정합니다. 가장 왼쪽의 첫 번째 인덱스의 순서가 0입니다. level 매개변수를 지정하지 않으면 전체 인덱스를 재설정합니다.	데이터프레임의 인덱스를 재설정합니다.
	drop **매개변수**: 기본값은 False이며 인덱스에서 제외된 열을 데이터프레임 열로 이동시킵니다. True로 지정하면 데이터프레임 열로 이동하지 않고 삭제합니다.	
	inplace **매개변수**: 기본값은 False이며 변경된 결과를 반환합니다. True로 설정하면 현재 데이터프레임 자체를 바꿉니다.	
DataFrame.update()	**첫 번째 매개변수**: 업데이트에 사용할 데이터프레임을 지정합니다.	다른 데이터프레임을 사용해 원본 데이터프레임의 값을 업데이트합니다. 다른 데이터프레임에 있는 NaN은 업데이트에서 제외합니다.
	overwrite **매개변수**: 원본 데이터프레임의 업데이트 방식을 지정합니다. 기본값 True일 때는 원본 데이터프레임에 있는 모든 값을 업데이트합니다. False로 지정하면 원본 데이터프레임에 있는 NaN만 업데이트합니다.	
DataFrame.equals()	**첫 번째 매개변수**: 비교하려는 데이터프레임을 전달합니다. 두 데이터프레임이 동일하면 True, 그렇지 않으면 False를 반환합니다.	다른 데이터프레임과 동일한 원소를 가졌는지 비교합니다. 두 데이터프레임이 동일하면 True, 그렇지 않으면 False를 반환합니다.

03-2 잘못된 데이터 수정하기

함수/메서드	매개변수	기능
DataFrame.info()	memory_usage **매개변수**: 기본값은 True이며 열의 데이터 타입과 행 개수로 메모리 사용량을 추정합니다. 'deep'으로 설정하면 실제 메모리 사용량을 계산합니다. False로 지정하면 메모리 사용량을 출력하지 않습니다.	데이터프레임의 요약 정보를 출력합니다.
	show_counts **매개변수**: 기본값은 True이며 누락되지 않은 원소 개수를 출력합니다. False로 지정하면 누락되지 않은 원소 개수를 출력하지 않습니다.	
DataFrame.isna()		누락된 값을 감지하는 메서드로 셀의 값이 None이나 NaN일 경우 True를 반환합니다.
DataFrame.astype()	**첫 번째 매개변수**: 데이터 타입을 지정하면 데이터프레임의 모든 열에 적용됩니다. 딕셔너리를 전달하면 특정 열의 데이터 타입을 바꿀 수 있습니다.	데이터 타입을 지정합니다.

DataFrame.fillna( )	**첫 번째 매개변수**: 전달할 값이 스칼라인 경우 데이터프레임에서 누락된 값을 해당 값으로 채웁니다. {열 이름: 채울 값} 형식의 딕셔너리인 경우 열마다 '채울 값'으로 누락된 값을 채웁니다. 시리즈인 경우 누락된 원소의 인덱스에 해당하는 시리즈 원소 값으로 채웁니다. 데이터프레임인 경우 누락된 원소의 열과 인덱스에 해당하는 데이터프레임 원소로 채웁니다. 첫 번째 매개변수를 지정하지 않으면 method 매개변수로 누락된 값의 앞뒤에 있는 값으로 채웁니다.	데이터프레임에서 누락된 원소의 값을 채웁니다.
	method 매개변수: 'bfill' 또는 'backfill'로 지정하면 누락된 값 이후에 등장하는 유효한 값으로 현재 누락된 값을 채웁니다. 'ffill' 또는 'pad'는 누락된 값 이전에 등장하는 유효한 값으로 현재 누락된 값을 채웁니다. df.fillna(method='ffill')은 df.ffill( )와 동일합니다. df.fillna(method='bfill')은 df.bfill( )와 같습니다.	
	axis 매개변수: method 매개변수와 함께 지정합니다. 기본값 0은 행 방향으로 누락된 값을 채웁니다. 1로 지정하면 열 방향으로 누락된 값을 채웁니다. 이때 method 매개변수가 'bfill'이면 오른쪽 열의 값으로 왼쪽을, ffill'은 왼쪽 열의 값으로 오른쪽 열을 채웁니다.	
	inplace 매개변수: 기본값은 False이며 삭제된 결과를 반환합니다. True로 설정하면 현재 데이터프레임 자체를 바꿉니다.	
DataFrame.replace( )	**첫 번째 매개변수**: 찾을 값이 정수나 문자열, 정규 표현식인 경우 데이터프레임에서 값을 찾아 두 번째 매개변수 값으로 바꿉니다. 정수나 문자열, 정규 표현식의 리스트인 경우 값을 찾아 두 번째 매개변수 값으로 바꿉니다. 만약 첫 번째 매개변수와 동일한 길이의 리스트라면 동일한 위치에 있는 값으로 바꿉니다. {열 이름: 찾을 값} 형식의 딕셔너리인 경우 지정한 열에서 '찾을 값'을 두 번째 매개변수 값으로 바꿉니다. {열 이름: {찾을 값: 새로운 값}} 형식의 딕셔너리라면 지정한 열에서 '찾을 값'을 '새로운 값'으로 바꿉니다.	데이터프레임의 값을 다른 값으로 바꿉니다.
	두번째 매개변수: 찾을 값이 정수나 문자열, 정규 표현식 또는 정규 표현식의 리스트인 경우 대체할 값입니다.	
	inplace 매개변수: 기본값은 False이며 삭제된 결과를 반환합니다. True로 지정하면 현재 데이터프레임 자체를 바꿉니다.	
	regex 매개변수: 기본값은 False이며 정규 표현식을 사용하지 않습니다. True로 지정하면 정규 표현식을 사용할 수 있습니다.	

Series.str.contains()	첫 번째 매개변수: 찾을 문자열 또는 정규 표현식입니다.	시리즈나 인덱스에서 문자열 패턴을 포함하고 있는지 검사합니다.
	case 매개변수: 기본값은 True이며 대소문자를 구분합니다. False로 지정하면(대소문자를 구분하지 않습니다.	
	na 매개변수: 누락된 값을 가진 원소에 채울 값을 지정합니다. 기본 np.nan을 사용합니다.	
	regex 매개변수: 정규 표현식을 사용할지 결정합니다(기본값 True).	
DataFrame.gt()	첫 번째 매개변수: 비교하려는 값입니다. 스칼라, 리스트, 시리즈, 데이터프레임이 가능합니다.	데이터프레임의 원소보다 큰 값을 검사합니다.
	axis 매개변수: 비교하는 방향을 지정합니다. 기본값 1은 열 방향으로 비교합니다. 0으로 지정하면 행 방향으로 비교합니다.	

04-1 통계로 요약하기

함수/메서드	매개변수	기능
DataFrame.describe()	percentile 매개변수: 출력할 분위수를 0~1 사이로 지정합니다(기본값 [0.25, 0.5, 0.75]).	데이터프레임의 기술통계량을 출력합니다.
	include 매개변수: 기술통계 계산에 포함할 데이터 타입을 지정합니다. 기본적으로 수치형에 대한 기술통계를 계산합니다.	
	exclude 매개변수: 기술통계 계산에 제외할 데이터 타입을 지정합니다. 기본적으로 아무것도 제외하지 않습니다.	
Series.mean()		데이터에서 평균을 계산합니다.
numpy.mean()	첫 번째 매개변수: 평균을 계산할 배열 또는 데이터프레임을 전달합니다.	입력된 배열의 평균을 계산합니다.
	axis 매개변수: 0으로 지정하면 행 방향, 1로 지정하면 열 방향으로 평균을 계산합니다.	
Series.median()		데이터에서 중앙값을 찾습니다.
numpy.median()	첫 번째 매개변수: 중앙값을 찾을 배열 또는 데이터프레임입니다.	입력된 배열의 중앙값을 찾습니다.
	axis 매개변수: 0으로 지정하면 행 방향, 1로 지정하면 열 방향으로 중앙값을 계산합니다.	
Series.quantile()	q 매개변수: 계산할 분위수를 0~1 사이로 지정합니다(기본값 0.5). 복수의 분위수를 리스트로 전달할 수 있습니다.	데이터에서 분위수를 계산합니다.
	interpolation 매개변수: 분위수의 보간 방법을 지정합니다. 기본값은 'linear'로 인접한 두 데이터 포인트의 거리에 비례하여 분위수를 계산합니다. 'lower'는 작은 값, 'higher'는 큰 값, 'nearest'는 가까운 값, 'midpoint'는 중간값을 선택합니다.	

numpy.quantile( )	첫 번째 매개변수: 분위수를 찾을 배열 또는 데이터프레임을 전달합니다. axis 매개변수: 0으로 지정하면 행 방향, 1로 지정하면 열 방향으로 분위수를 계산합니다. interpolation 매개변수: 분위수의 보간 방법을 지정합니다. 판다스에서 제공하는 방법을 모두 포함하며 최신 버전의 넘파이에서는 추가 방법도 제공합니다.	입력된 배열의 분위수를 계산합니다.
Series.var( )	ddof 매개변수: 자유도 차감값을 지정합니다(기본값 1).	데이터의 분산을 계산합니다.
numpy.var( )	첫 번째 매개변수: 분산을 계산할 배열 또는 데이터프레임을 전달합니다. axis 매개변수: 0으로 지정하면 행 방향, 1로 지정하면 열 방향으로 분산을 계산합니다. ddof 매개변수: 자유도 차감값을 지정합니다(기본값 0).	입력된 배열의 분산을 계산합니다.
Series.std( )	ddof 매개변수: 자유도 차감값을 지정합니다(기본값 1).	데이터의 표준편차를 계산합니다.
numpy.std( )	첫 번째 매개변수: 표준편차를 계산할 배열 또는 데이터프레임을 전달합니다. axis 매개변수: 0으로 지정하면 행 방향, 1로 지정하면 열 방향으로 표준편차를 계산합니다. ddof 매개변수: 자유도 차감값을 지정합니다(기본값 0).	입력된 배열의 표준편차를 계산합니다.
Series.mode( )	dropna 매개변수: 기본값 True는 기본적으로 누락된 값은 빈도에 포함하지 않습니다. False로 지정하면 누락된 값의 빈도도 카운트합니다.	데이터에서 최빈값을 찾습니다.

04-2 분포 요약하기

함수/메서드	매개변수	기능
Matplotlib.pyplot.scatter( )	첫 번째 매개변수: 데이터의 x 좌표를 전달합니다(파이썬 리스트나 넘파이 배열, 판다스 시리즈 객체). 두 번째 매개변수: y 좌표를 전달합니다(파이썬 리스트나 넘파이 배열, 판다스 시리즈 객체). alpha 매개변수: 점의 투명도를 지정합니다(0~1 사이 실수). 0에 가까울수록 투명하고 1에 가까울수록 불투명합니다.	2차원 평면에 산점도를 그립니다.
Matplotlib.pyplot.hist( )	첫 번째 매개변수: 데이터를 전달합니다(파이썬 리스트, 넘파이 배열, 판다스 시리즈 객체). bins 매개변수: 구간 개수를 결정합니다(기본값 10). log 매개변수: 기본값 False를 True로 바꾸면 로그 스케일로 그립니다.	히스토그램을 그립니다.

Matplotlib.pyplot.boxplot()	첫 번째 매개변수: 데이터를 전달합니다(넘파이 배열, 판다스 시리즈나 데이터프레임 객체). vert 매개변수: 상자의 방향을 결정합니다(기본값은 True는 수직 방향, False는 수평 방향). whis 매개변수: 수염 길이를 결정합니다. 기본값 1.5는 1.5배 IQR까지 수염을 그립니다. 두 개의 백분위수로 구성된 튜플로 지정할 수 있습니다.	상자 수염 그림을 그립니다.
Matplotlib.pyplot.xscale()	첫 번째 매개변수: 'log'로 지정하면 x축을 로그 스케일로 바꿉니다.	x축의 스케일을 지정합니다.
Matplotlib.pyplot.yscale()	첫 번째 매개변수: 'log'로 지정하면 y축을 로그 스케일로 바꿉니다.	y축의 스케일을 지정합니다.
numpy.random.seed()	첫 번째 매개변수: 유사난수 생성을 위한 시드 값을 지정합니다.	원하는 임의의 정수를 입력하면 난수 발생을 동일하게 재현합니다.
numpy.random.randn()	첫 번째 매개변수: 반환될 배열의 차원을 전달합니다.	표준정규분포를 따르는 난수를 생성합니다.

05-1 맷플롯립 기본 요소 알아보기

함수/메서드	매개변수	기능
matplotlib.pyplot.figure()	figsize 매개변수: 피겨의 크기를 (너비, 높이) 형식의 튜플로 지정합니다. 단위는 인치입니다. 기본값은 (6, 4)입니다. dpi 매개변수: 피겨의 DPI를 지정합니다. 기본값은 72입니다.	피겨 객체를 만들어 반환합니다.
matplotlib.pyplot.subplots()	첫 번째 매개변수: 서브플롯 격자의 행 개수를 지정합니다. 두 번째 매개변수: 서브플롯 격자의 열 개수를 지정합니다. figsize 매개변수: 피겨의 크기를 (너비, 높이) 형식의 튜플로 지정합니다. 단위는 인치입니다. 기본값은 (6, 4)입니다.	피겨와 서브플롯을 생성하여 반환합니다.
Axes.set_xscale()	첫 번째 매개변수: 'log'로 지정하면 x축을 로그 스케일로 바꿉니다.	서브플롯의 x축 스케일을 지정합니다.
Axes.set_yscale()	첫 번째 매개변수: 'log'로 지정하면 y축을 로그 스케일로 바꿉니다.	서브플롯의 y축 스케일을 지정합니다.
Axes.set_title()	첫 번째 매개변수: 제목으로 사용할 문자열을 전달합니다.	서브플롯의 제목을 설정합니다.
Axes.set_xlabel()	첫 번째 매개변수: 축 이름으로 사용할 문자열을 전달합니다.	서브플롯의 x축 이름을 지정합니다.
Axes.set_ylabel()	첫 번째 매개변수: 축 이름으로 사용할 문자열을 전달합니다.	서브플롯의 y축 이름을 지정합니다.

05-2 선 그래프와 막대 그래프 그리기

함수/메서드	매개변수	기능
matplotlib.pyplot.plot()	첫 번째 매개변수: x축의 값을 지정합니다.	선 그래프를 그립니다.
	두 번째 매개변수: y축의 값을 지정합니다.	
	세 번째 매개변수: 포맷 문자열. 마커, 선 스타일, 색깔의 조합으로 지정합니다. 예를 들어 'o:y'는 동그라미 마커가 있는 노랑색 점선입니다.	
	marker 매개변수: 마커를 지정합니다.	
	linestyle 매개변수: 선 스타일을 지정합니다. '-'는 실선, '--'는 파선, '-.'는 쇄선, ':'는 점선을 나타냅니다.	
	color 매개변수: 색깔을 지정합니다.	
matplotlib.pyplot.title()	첫 번째 매개변수: 제목으로 사용할 문자열을 전달합니다.	그래프 제목을 설정합니다.
matplotlib.pyplot.xlabel()	첫 번째 매개변수: 축 이름으로 사용할 문자열을 전달합니다.	x축 이름을 지정합니다.
matplotlib.pyplot.ylabel()	첫 번째 매개변수: 축 이름으로 사용할 문자열을 전달합니다.	y축 이름을 지정합니다.
matplotlib.pyplot.xticks()	첫 번째 매개변수: 눈금 위치의 리스트를 전달합니다. 빈 리스트를 전달하면 눈금을 모두 삭제합니다.	x축의 눈금 위치와 레이블을 지정합니다.
	두 번째 매개변수: 눈금에 표시할 레이블을 지정합니다. 이 매개변수를 전달하지 않으면 첫 번째 매개변수를 레이블로 사용합니다.	
matplotlib.pyplot.annotate()	첫 번째 매개변수: 그래프에 표시할 문자열을 전달합니다.	지정한 좌표에 텍스트를 출력합니다.
	두 번째 매개변수: 텍스트가 표시될 데이터 포인트 (x, y)를 튜플로 전달합니다.	
	xytext 매개변수: 텍스트를 표시할 좌표를 지정합니다. 이 매개변수를 지정하지 않으면 두 번째 매개변수의 값을 좌표로 사용합니다.	
	xycoords 매개변수: 두 번째 매개변수의 좌표 시스템을 선택합니다. 기본값은 'data'로 데이터 포인트의 좌표를 사용합니다. 'figure points'는 피겨의 왼쪽 아래에서 시작하는 포인트 단위입니다. 'figure pixels'는 피겨의 왼쪽 아래에서 시작하는 픽셀 단위입니다.	
	textcoords 매개변수: xytext 매개변수의 좌표 시스템을 선택합니다. 기본값은 xycoords 값입니다. 'offset points'는 두 번째 매개변수에서부터 시작하는 포인트 단위입니다. 'offset pixels'는 두 번째 매개변수에서부터 시작하는 픽셀 단위입니다.	

	fontsize 매개변수: 폰트 크기를 지정합니다.	
	ha 매개변수: 수평 방향 정렬을 지정합니다. 기본값은 오른쪽으로 정렬하는 'right'입니다. 그외에 중앙으로 정렬하는 'center', 왼쪽으로 정렬하는 'left'가 있습니다.	
	va 매개변수: 수직 방향 정렬을 지정합니다. 기본값은 알파벳 기준선을 의미하는 'baseline'입니다. 그 외에도 가운데로 정렬하는 'center', 위쪽으로 정렬하는 'top', 아래쪽으로 정렬하는 'bottom'이 있습니다.	
	color 매개변수: 텍스트 색깔을 지정합니다.	
matplotlib.pyplot.bar()	첫 번째 매개변수: 막대 그래프의 x 좌표를 지정합니다. 두 번째 매개변수: 막대의 높이를 지정합니다. width 매개변수: 막대의 두께를 지정합니다. 기본값은 0.8입니다. color 매개변수: 막대 색깔을 지정합니다.	세로 막대 그래프를 그립니다.
matplotlib.pyplot.barh()	첫 번째 매개변수: 가로 막대 그래프의 x 좌표를 지정합니다. 두 번째 매개변수: 가로 막대의 길이를 지정합니다. height 매개변수: 가로 막대의 두께를 지정합니다. 기본값은 0.8입니다. color 매개변수: 막대 색깔을 지정합니다.	가로 막대 그래프를 그립니다.
matplotlib.pyplot.imread()	첫 번째 매개변수: 읽을 이미지 파일 이름입니다.	이미지 파일을 넘파이 배열로 읽어들이고, 넘파이 배열을 반환합니다.
matplotlib.pyplot.imshow()	첫 번째 매개변수: 넘파이 배열 또는 Pillow 이미지 객체입니다. aspect 매개변수: 기본값은 'equal'로 원본 이미지의 가로 세로 비율을 유지합니다. 'auto'로 지정하면 현재 피겨에 맞춰 가로 세로 비율을 조정합니다.	이미지를 출력합니다.
matplotlib.pyplot.imsave()	첫 번째 매개변수: 이미지를 저장할 파일 이름입니다. 두 번째 매개변수: 이미지 데이터가 저장된 배열입니다. 파일 확장자에 따라 이미지 포맷이 자동으로 결정됩니다.	넘파이 배열을 이미지 파일로 저장합니다.
matplotlib.pyplot.savefig()	첫 번째 매개변수: 이미지를 저장할 파일 이름입니다. dpi 매개변수: 이미지를 저장하는데 사용할 DPI를 지정합니다. 기본값은 'figure'로 피겨의 DPI 설정값을 따릅니다.	그래프를 이미지로 저장합니다.

06-1 객체지향 API로 그래프 꾸미기

함수/메서드	매개변수	기능
matplotlib.pyplot.rc()	**첫 번째 매개변수**: 설정 그룹을 입력합니다. 예를 들어 'figure.figsize'의 경우 'figure'가 그룹입니다.	rcParams 객체의 값을 설정합니다.
	각각의 설정 항목을 키워드 매개변수로 지정합니다. 예를 들어 'figure.figsize'의 경우 rc('figure', 'figsize'=(8, 6))처럼 지정할 수 있습니다.	
Figure.colorbar()	**첫 번째 매개변수**: 컬러 막대가 설명하려고 하는 그래프 객체입니다. plt.colorbar()로 호출할 때는 생략할 수 있습니다.	그래프에 컬러 막대를 추가합니다.
	ax **매개변수**: 컬러 막대가 추가될 Axes 객체를 지정합니다.	

06-2 맷플롯립의 고급 기능 배우기

함수/메서드	매개변수	기능
Axes.legend()	loc **매개변수**: 범례의 위치를 지정합니다. 'upper left', 'upper right', 'lower left', 'lower right'는 왼쪽 위부터 시계 방향으로 네 모서리에 해당합니다. 'upper center', 'lower center', 'center left', 'center right'는 중앙에서 위아래 좌우 방향을 의미합니다. 'center'는 그래프의 가운데입니다. 'right'는 'center right'와 같습니다. 기본값은 'best'로 그래프와 가장 겹치지 않는 위치를 선택합니다.	그래프에 범례를 추가합니다.
Axes.set_xlim()	**첫 번째 매개변수**: 그래프에 나타낼 최솟값을 지정합니다.	x축의 출력 범위를 지정합니다.
	두 번째 매개변수: 그래프에 나타낼 최댓값을 지정합니다.	
Axes.set_ylim()	**첫 번째 매개변수**: 그래프에 나타낼 최솟값을 지정합니다.	y축의 출력 범위를 지정합니다.
	두 번째 매개변수: 그래프에 나타낼 최댓값을 지정합니다.	
DataFrame.pivot_table()	index **매개변수**: 피벗 테이블의 인덱스로 그룹 지을 열을 지정합니다.	피벗 테이블 기능을 제공합니다.
	columns **매개변수**: 피벗 테이블의 열로 그룹 지을 열을 지정합니다.	
	values **매개변수**: 집계 대상이 되는 열을 지정합니다.	
	aggfunc **매개변수**: 집계 함수를 지정합니다. 기본값은 평균을 계산하는 numpy.mean입니다.	

Axes.stackplot()	**첫 번째 매개변수**: x축의 값으로 크기가 (N,)인 배열을 지정합니다.	스택 영역 그래프를 그립니다.
	두 번째 매개변수: y축의 값으로 크기가 (M, N)인 배열을 지정합니다.	
	labels 매개변수: 범례를 지정합니다. 일반적으로 (M,) 크기의 리스트입니다.	
DataFrame.plot.area()	**x 매개변수**: x축 좌표를 위한 열을 지정합니다. 지정하지 않으면 인덱스를 사용합니다.	스택 영역 그래프를 그립니다.
	y 매개변수: 그래프로 그릴 열을 지정합니다. 지정하지 않으면 모든 열을 사용합니다.	
	ax 매개변수: 맷플롯립의 Axes 객체를 지정합니다.	
	title 매개변수: 그래프의 제목을 지정합니다.	
	xlim 매개변수: x축의 출력 범위를 지정합니다.	
	ylim 매개변수: y축의 출력 범위를 지정합니다.	
DataFrame.plot.bar()	**x 매개변수**: x축 좌표를 위한 열을 지정합니다. 지정하지 않으면 인덱스를 사용합니다.	막대 그래프를 그립니다.
	y 매개변수: 그래프로 그릴 열을 지정합니다. 지정하지 않으면 모든 열을 사용합니다.	
	stacked 매개변수: True로 지정하면 스택 막대 그래프를 그립니다(기본값 False).	
	ax 매개변수: 맷플롯립의 Axes 객체를 지정합니다.	
	title 매개변수: 그래프의 제목을 지정합니다.	
	width 매개변수: 막대의 두께를 지정합니다.	
DataFrame.cumsum()	**axis 매개변수**: 누적 방향을 지정합니다. 기본값 0은 행을 따라 누적합니다. 1로 지정하면 열을 따라 누적합니다.	행이나 열 방향으로 누적 합을 계산합니다.
Axes.pie()	**첫 번째 매개변수**: 원 그래프로 나타낼 1차원 배열입니다.	원 그래프(파이 차트)를 그립니다.
	labels 매개변수: 범례를 지정합니다. 일반적으로 첫 번째 매개변수와 같은 길이의 리스트입니다.	
	explode 매개변수: 첫 번째 매개변수와 같은 길이의 배열로 부채꼴 조각을 중심에서 떨어뜨릴 간격을 원의 반지름에 대한 비율로 지정합니다.	
	startangle 매개변수: 3시 방향부터 반시계 방향으로 원 그래프를 그리기 시작할 각도를 지정합니다(기본값 0).	
	autopct 매개변수: 부채꼴 안에 비율 값을 표시하기 위한 호출 가능한 함수 또는 % 연산자에 적용할 수 있는 포맷 문자열을 지정할 수 있습니다. 예를 들어 "%.2"을 전달하면 소수점 두 자리 실수로 퍼센트 값을 나타냅니다.	

07-1 통계적으로 추론하기

함수/메서드	매개변수	기능
scipy.stats.zscore()	첫 번째 매개변수: 샘플 데이터를 담은 배열을 전달합니다.	z 점수를 계산합니다.
scipy.stats.norm.cdf()	첫 번째 매개변수: z 점수 또는 z 점수의 배열을 전달합니다.	정규분포의 누적분포 비율을 계산합니다.
	loc 매개변수: 분포의 평균을 지정합니다(기본값).	
	scale 매개변수: 분포의 표준편차를 지정합니다(기본값 1).	
scipy.stats.norm.ppf()	첫 번째 매개변수: 정규분포 왼쪽 끝에서부터 차지할 전체 분포에 대한 비율 또는 비율의 배열을 전달합니다.	cdf() 메서드와 반대로 분포의 비율을 입력하면 해당 z 점수를 반환합니다.
	loc 매개변수: 분포의 평균을 지정합니다(기본값은 0).	
	scale 매개변수: 분포의 표준편차를 지정합니다(기본값 1).	
Series.sample()		데이터프레임에서 무작위로 값을 추출합니다.
scipy.stats.ttest_ind()	첫 번째, 두 번째 매개변수: 두 표본에 대한 배열을 전달합니다.	두 표본의 평균에 대한 t-검정을 수행합니다. t 점수와 p-값을 반환합니다.
scipy.stats.permutation_test()	첫 번째 매개변수: 순열검정을 수행할 표본들을 튜플로 전달합니다.	두 표본에 대한 순열검정을 수행합니다. 표본에 대한 테스트 점수와 p-값을 반환합니다.
	두 번째 매개변수: 가설검정을 위한 통계량를 계산할 함수를 전달합니다.	
	random_state 매개변수: 유사난수를 위한 초깃값을 지정합니다.	

07-2 머신러닝으로 예측하기

함수/메서드	매개변수	기능
sklearn.model_selection.train_test_split()	한 개 이상의 매개변수: 분할하려는 배열을 나열합니다. test_size 매개변수: 테스트 세트로 나눌 비율을 0~1 사이로 정합니다(기본값 0.25). random_state 매개변수: 유사난수를 위한 초깃값을 지정합니다.	입력된 데이터를 훈련 세트와 테스트 세트로 나눕니다. 훈련 세트와 테스트 세트로 나눈 배열을 감싼 리스트를 반환합니다.
sklearn.linear_model.LinearRegression		선형 회귀를 수행합니다.
LinearRegression.fit()	첫 번째 매개변수: 입력에 해당하는 2차원 배열을 전달합니다. 이 배열은 행에 샘플, 열에 특성을 나열합니다. 두 번째 매개변수: 타깃에 해당하는 1차원 배열을 전달합니다.	모델을 훈련합니다.
LinearRegression.score()	첫 번째 매개변수: 입력에 해당하는 2차원 배열을 전달합니다. 이 배열은 행에 샘플, 열에 특성을 나열합니다. 두 번째 매개변수: 타깃에 해당하는 1차원 배열을 전달합니다.	모델의 성능을 평가합니다. 회귀 모델일 경우 결정계수, 분류 모델일 경우 정확도를 반환합니다.
LinearRegression.predict()	첫 번째 매개변수: 입력에 해당하는 2차원 배열을 전달합니다. 이 배열은 행에 샘플, 열에 특성을 나열합니다.	샘플에 대한 예측을 만듭니다. 각 샘플의 예측값이 저장된 1차원 배열을 반환합니다.
sklearn.linear_model.LogisticRegression		로지스틱 회귀를 수행합니다.
sklearn.dummy.DummyClassifier		입력값을 고려하는 대신 타깃에서 다수의 클래스를 예측으로 사용합니다.

A 한발 더 나아가기: 데이터베이스와 SQL

함수/메서드	매개변수	기능
sqlite3.connect()	**첫 번째 매개변수**: 데이터베이스 파일의 경로를 전달합니다. 파일이 없으면 새로 생성합니다.	SQLite 데이터베이스를 연결합니다. 커넥션 객체(sqlite3.Connection)를 반환합니다.
sqlite3.Connection.cursor()		SQL 문을 실행하기 위한 커서 객체(sqlite3.Cursor)를 반환합니다.
sqlite3.Cursor.execute()	**첫 번째 매개변수**: 실행할 SQL 문을 전달합니다.	SQL 문을 실행합니다.
	두 번째 매개변수: 튜플을 제공하면 SQL 문에 있는 물음표(?)를 순서대로 대체합니다.	
Dataframe.iterrows()		데이터프레임 행을 반환하는 제너레이터 함수입니다. 행 인덱스와 시리즈 객체를 튜플로 반환합니다.
Dataframe.to_sql()	**첫 번째 매개변수**: 저장할 데이터베이스 테이블 이름입니다.	데이터프레임의 데이터를 데이터베이스에 저장합니다.
	두 번째 매개변수: 커넥션 객체나 SQLAlchemy의 데이터베이스 URL입니다.	
	if_exists 매개변수: 테이블이 이미 있을 때 동작 방식을 결정합니다. 기본값 'fail'이면 오류를 발생시키고, 'replace'면 테이블을 삭제하고 새로 만들어 데이터를 추가합니다. 'append'면 기존의 테이블에 데이터를 추가합니다.	
	index 매개변수: 기본값은 True로 데이터프레임의 인덱스를 하나의 열로 테이블에 추가합니다.	
	index_label: 테이블에 추가할 인덱스 열의 이름을 지정합니다. 기본값은 None으로 인덱스 열 이름은 index가 됩니다.	
sqlite3.Cursor.fetchone()		SQL 문을 실행한 결과에서 다음 행을 반환합니다. 더 이상 행이 없으면 None이 반환됩니다.
sqlite3.Cursor.fetchmany()	**첫 번째 매개변수**: 반환받을 행의 개수를 지정합니다. 튜플의 리스트로 반환되며 더 이상 행이 없으면 빈 리스트가 반환됩니다.	SQL 문을 실행한 결과에서 여러 개의 행을 반환합니다.
sqlite3.Cursor.fetchall()		SQL 문을 실행한 결과 모두를 반환합니다. 데이터가 없으면 빈 리스트가 반환됩니다.

pandas.DataFrame( )	**첫 번째 매개변수:** 배열, 리스트, 딕셔너리와 같은 데이터를 전달합니다.	판다스 데이터프레임 객체를 만듭니다.
	index **매개변수:** 데이터프레임에 사용할 인덱스를 배열로 지정합니다. 기본값은 0부터 시작하는 정수를 인덱스로 사용합니다.	
	columns **매개변수:** 사용할 열 이름을 배열로 전달합니다. 기본값은 0부터 시작하는 정수를 열 이름으로 사용합니다.	
pandas.read_sql_query( )	**첫 번째 매개변수:** 실행할 SQL 문입니다.	SQL 문을 실행하고 그 결과를 데이터프레임으로 반환합니다.
	두 번째 매개변수: 커넥션 객체나 SQLAlchemy의 데이터베이스 URL입니다.	
	index_col **매개변수:** 데이터프레임 인덱스로 사용할 열 이름을 지정합니다. 기본값은 None입니다.	
pandas.read_sql_table( )	**첫 번째 매개변수:** 읽을 테이블 이름입니다.	데이터베이스 테이블을 데이터프레임으로 읽습니다.
	두 번째 매개변수: SQLAlchemy의 데이터베이스 URL입니다.	
	index_col **매개변수:** 데이터프레임 인덱스로 사용할 열 이름을 지정합니다. 기본값은 None입니다.	

C 에필로그

데이터 분석은 광범위한 분야이고 다양한 방식으로 수행됩니다. 이 책은 파이썬을 활용하여 데이터 분석을 수행하는 데 사용되는 공통분모를 담을 수 있도록 노력했습니다. 모쪼록 책에서 소개한 기술을 익히고 이를 바탕으로 지식을 확장하면서 데이터 분석에 조금 더 가깝게 다가갈 수 있기를 바랍니다.

데이터 분석 도구는 정말 많습니다. 도구를 잘 다루는 것이 데이터 분석의 전부처럼 비춰져서는 안 되겠지만 때로는 큰 차이를 만들기도 합니다. 책에서는 클라우드 기반의 분석 도구를 다루지 못했지만, 대용량 데이터를 다루기 위해 꼭 알아 두는 게 좋습니다. 무엇보다도 분석하려는 비즈니스에 대해 깊이 이해해야 합니다. 마음을 열고 비즈니스 담당자와 대화해 보세요. 단지 궁금한 것뿐만 아니라 미처 몰랐던 중요한 사실을 발견하는 경우가 많습니다.

이 책이 나오기까지 도와주신 모든 분들께 감사드립니다. 베타리더로 참여해 주신 김미수 님, 김민규 님, 김재훈 님, 김종원 님, 김진형 님, 김태웅 님, 김형훈 님, 도윤 님, 박윤아 님, 박종헌 님, 박준영 님, 박지연 님, 배윤성 님, 유승화 님, 이기창 님, 이대광 님, 이동훈 님, 이석곤 님, 이정훈 님, 이종원, 님, 이진규 님, 임혁 님, 전영식 님, 전지민 님, 조여진 님, 조현석 님, 최경산 님, 한재민 님, 홍준용 님, 홍창수 님 감사합니다. 덕분에 무심코 썼던 글을 되새겨보고 올바른 방향으로 고칠 수 있었습니다. 특히 오랜 시간 서투른 글을 반복해 읽고 고쳐가며 좋은 책으로 탈바꿈시켜준 한빛미디어 김선우 대리님께 정말 감사드립니다. 여러분이 이 책을 재미있게 보았다면 모두 편집자의 노력 때문입니다. 표지와 내지를 디자인해 주신 박정화 님, 멋진 삽화를 그려 주신 이진숙 님, 조판을 담당해 주신 김현미 님께도 감사드립니다. 언제나 명랑한 우리 가족 주연이와 진우에게 고맙고 사랑한다는 말을 전합니다.

이 책의 정오표는 블로그에 등록해 놓겠습니다. 책을 보기 전에 꼭 확인해 주세요. 도서의 모든 코드는 깃허브에서 주피터 노트북으로 제공합니다. 또 독자들이 이 책을 완주할 수 있도록 동영상 강의를 유튜브로 제공합니다. 이 책에 관한 이야기라면 무엇이든 환영합니다. 언제든지 블로그나 이메일로 알려 주세요.

- **정오표**: https://bit.ly/hg-da-home
- **코드**: https://bit.ly/hg-da-git
- **동영상 강의**: https://www.youtube.com/@haesun_park

2022년 12월

박해선

확인 문제 정답

01-1 데이터 분석이란

1. ②

디자인 패턴design pattern은 소프트웨어를 개발할 때 자주 발생하는 공통 문제를 해결하기 위한 설계 템플릿 또는 방법론입니다.

2. ④

플라스크flask는 웹 애플리케이션을 제작하기 위한 파이썬 웹 프레임워크web framework 중 하나입니다.

3. 데이터 수집, 데이터 처리, 데이터 정제, 모델링

01-2 구글 코랩과 주피터 노트북

1. ②

구글에서 제공하는 브라우저 기반의 파이썬 실행 환경은 코랩입니다. 주피터 노트북은 코랩과 유사하게 브라우저에서 실행 가능한 대화식 파이썬 실행 환경입니다. 크롬은 구글에서 만든 웹 브라우저, 아나콘다는 파이썬 배포판 중 하나입니다.

2. ③

코랩은 구글 클라우드에서 실행됩니다.

3.

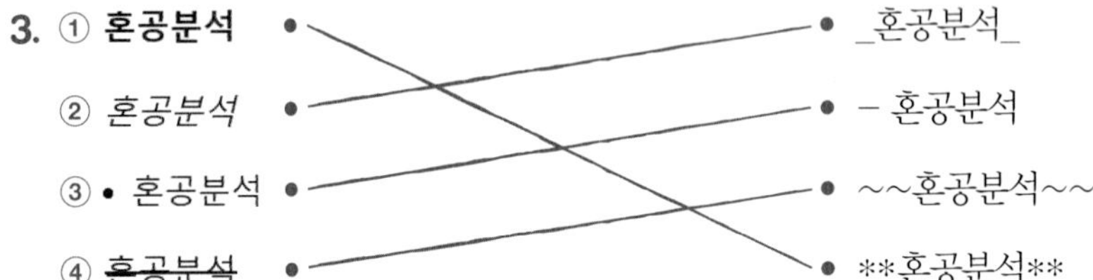

01-3 이 도서가 얼마나 인기가 좋을까요?

1. ③ 유튜브는 구글의 동영상 공유 플랫폼입니다.

2. ①

CSV 파일은 텍스트 파일입니다. open() 함수의 mode='rb'는 바이너리 파일을 열 때 사용합니다. CSV 파일은 한 줄에 하나의 레코드를 저장합니다.

3. ②

JSON은 키와 값의 쌍으로 이루어진 데이터 포맷으로 표 형식으로 나타낼 수 없습니다.

4. ③

header 매개변수의 기본값은 'infer'입니다. names 매개변수에는 열 이름의 리스트를 지정합니다. dtype 매개변수에는 필요한 열의 데이터 타입을 지정합니다.

5. ④

판다스 데이터프레임을 CSV 파일로 저장하는 메서드는 to_csv()입니다.

02-1 API 사용하기

1. ①

API는 운영체제에 국한되지 않습니다. API는 규칙을 정의한 것이므로 라이브러리가 항상 필요한 것은 아닙니다. 또한 파이썬이나 자바 같은 고수준 언어에서 공개 API를 사용할 수 있습니다.

2. ④

HTML은 웹 페이지를 위한 마크업 언어로 일반적인 프로그램 간의 데이터 통신 방법으로는 잘 사용하지 않습니다.

3. ②

파이썬에서 널리 사용하는 HTTP 라이브러리는 requests 패키지입니다.

4. 파이썬 객체를 JSON 문자열로 변환할 때는 json.dumps() 함수, JSON 문자열을 파이썬 객체로 변환할 때는 json.loads() 함수를 사용합니다.

5. ③

fromstring() 함수는 XML 문서를 읽는 xml.etree.ElementTree 모듈의 함수입니다. json_loads() 함수는 JSON 문자열을 파이썬 객체로 변환해주는 json 패키지의 함수입니다. json() 메서드는 requests.get() 메서드로 호출하여 받은 JSON 문자열을 파이썬 객체로 반환합니다.

6. ①

HTTP GET 방식은 웹 브라우저를 포함해 HTTP 프로토콜 규칙을 따라 작성된 파이썬 프로그램에서도 사용할 수 있습니다. 파이썬에서는 requests 패키지를 사용하면 손쉽게 HTTP GET 방식으로 웹 URL을 호출할 수 있습니다.

02-2 웹 스크래핑 사용하기

1. ④

loc 메서드에는 레이블 배열이나 불리언 배열을 전달할 수 있습니다. 또 슬라이스 연산자를 사용할 수 있습니다. 다만 파이썬의 슬라이스 연산자와 다르게 마지막 항목도 포함합니다. 슬라이싱 시작과 끝이 첫 번째 항목과 마지막 항목을 의미할 때는 생략할 수 있습니다. 파이썬의 슬라이스 연산자처럼 스텝을 지정하여 지정한 개수만큼 건너뛰면서 행과 열을 선택합니다.

2. ④

뷰티플수프의 find(), find_all() 메서드에 태그 이름을 지정하여 HTML에서 원하는 태그를 찾을 수 있습니다. find_all() 메서드는 생략 가능합니다. find()와 find_all() 메서드의 id 매개변수를 사용하면 태그의 id 속성을 기준으로 태그를 찾습니다.

3. ①

뷰티플수프의 find()와 find_all() 메서드의 attrs 매개변수에 찾으려는 태그가 가진 속성을 지정할 수 있습니다.

②는 tag.find('div')가 맞습니다. ③는 tag.find(id='header')가 맞습니다. ④는 tag.find(class_='highlight')가 맞습니다.

4. ②

apply() 메서드에 적용한 람다 함수는 df 데이터프레임의 모든 행에 각각 적용되므로 5, 7, 9 가 반환됩니다.

5. ③

df1의 col1과 df2의 col3를 기준으로 두 데이터프레임을 합칩니다. how='outer'로 지정하면 두 열의 값이 다른 행은 별개의 행으로 남습니다.

①과 ②는 공통된 열이 없기 때문에 오류가 발생합니다. ④는 두 열의 값이 같은 행만 합쳐지기 때문에 df3는 다음과 같아집니다.

df3

	col1	col2	col3	col4
0	a	1	a	10
1	b	2	b	20

03-1 불필요한 데이터 삭제하기

1. ①은 지정한 'col2' 열만 삭제합니다. 따라서 정답은 ①입니다.

	col1	col3
0	1	NaN
1	2	NaN
2	3	100.0

②는 NaN이 있는 모든 열을 삭제합니다.

	col1
0	1
1	2
2	3

③은 NaN이 아닌 값이 2개 이상인 열만 남기므로 'col3' 열만 삭제됩니다.

	col1	col2
0	1	a
1	2	NaN
2	3	c

④는 모든 값이 NaN인 열을 삭제하므로 어떤 열도 삭제되지 않습니다.

	col1	col2	col3
0	1	a	NaN
1	2	NaN	NaN
2	3	c	100.0

2. ④

'col3' 열의 합을 계산합니다.

3. ②

'col'3 열에서 100이상인 행은 없습니다.

③과 ④는 모두 세 번째 행을 반환합니다. loc 메서드에 슬라이싱을 사용할 때 마지막 인덱스도 포함된다는 점을 유의하세요.

4. ③

duplicated() 메서드에 keep=False를 지정하면 중복된 행을 모두 True 표시합니다. 따라서 ③은 중복된 행을 모두 제외한 결과를 반환합니다.

①과 ④는 모두 세 번째 행을 제외한 데이터프레임을 반환하고, ②는 첫 번째 행을 제외한 데이터프레임을 반환합니다.

5. ③

데이터프레임에는 group() 메서드가 없습니다.

④에서 매개변수 by를 생략하고 열 이름을 지정할 수 있습니다. ①과 ②는 그룹으로 묶을 열의 순서가 바뀌었지만 'col3' 열의 합계는 동일합니다.

03-2 잘못된 데이터 수정하기

1. ③

①의 df.isna() 메서드는 누락된 원소를 찾아 True와 False로 반환하는 메서드로 값을 대입할 수 없습니다. ②의 loc 메서드는 isna() 메서드가 반환하는 2차원 배열을 인덱스로 받을 수 없습니다. ④는 NaN을 표현하려면 넘파이 np.nan을 사용해야 합니다.

2. ①

②는 df.fillna(method='bfill')의 결과입니다. ③은 df.fillna(method='ffill', axis=1)의 결과입니다. ④는 df.fillna(method='bfill', axis=1)의 결과입니다.

3. ④

①의 결과

	A	B	C	D
0	3.0	2.0	NaN	0
1	3.0	4.0	NaN	1
2	3.0	4.0	NaN	5
3	3.0	3.0	NaN	4

②의 결과

	A	B	C	D
0	3.0	2.0	2.0	0.0
1	3.0	4.0	4.0	1.0
2	NaN	3.0	3.0	5.0
3	NaN	3.0	3.0	4.0

③의 결과

	A	B	C	D
0	2.0	2.0	0.0	0.0
1	3.0	4.0	1.0	1.0
2	3.0	4.0	5.0	5.0
3	3.0	3.0	4.0	4.0

4. ③ 마지막 문자는 숫자가 아닌 문자여야 합니다.

5. ①

②는 df.replace(r'ba.{2}', 'new', regex=True)의 결과입니다. ③은 df.replace(r'ba.', 'new', regex=True)의 결과입니다. ④는 df.replace(r'.{4}', 'new', regex=True)의 결과입니다.

04-1 통계로 요약하기

1. ②

info() 메서드는 데이터프레임의 행과 열의 개수, 누락된 값의 개수, 데이터 타입 등을 제공하지만, 평균을 계산하지는 않습니다.

2. ④

① 중앙값은 데이터를 오름차순으로 정렬한 후 가운데 위치한 값입니다. ② 데이터 개수가 짝수 개일 때는 가운데 위치한 두 개의 값을 평균하여 중앙값을 계산합니다. ③ 데이터 개수와 상관없이 평균을 중심으로 양쪽에 데이터가 동일한 간격으로 퍼져있다면 평균과 중앙값이 같습니다. 예를 들면 [1, 2, 3, 4]는 평균과 중앙값이 같습니다.

3. ①

pd.Series([1, 10, 3, 6, 20]).var() → 56.5

pd.Series([1, 10, 3, 6, 20]).std() → 7.517

4.

```
ns_book7[['출판사','대출건수']].groupby('출판사').mean().sort_values('대출건수',
                                                        ascending=False).head(10)
```

5.

```
target_range = np.array(ns_book7['대출건수'].quantile(q=[0.25,0.75]))
target_bool_idx = (ns_book7['대출건수'] >= target_range[0]) \
& (ns_book7['대출건수'] <= target_range[1])
target_bool_idx.sum()/len(ns_book7)*100
```

04-2 분포 요약하기

1. ① scatter() • — • 산점도

② hist() • — • 히스토그램

③ boxplot() • — • 상자 수염 그림

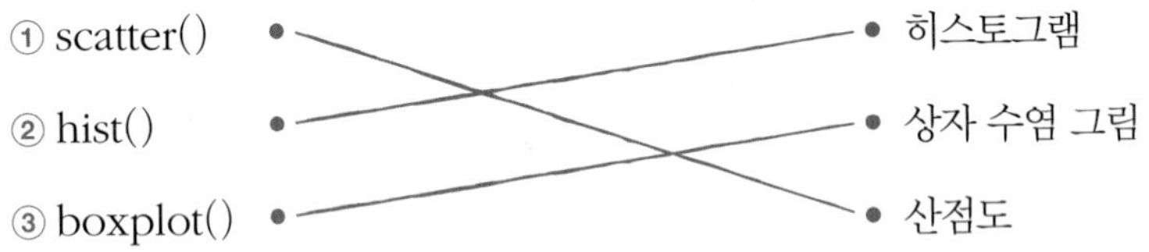

2. ②

3개의 특성을 3차원으로 산점도를 그릴 수는 있지만 그림을 이해하기 어렵습니다. 특성이 4개 이상일 때는 산점도로 그릴 수 없습니다. ① 이상치를 파악하기 좋은 그래프는 상자 수염 그림입니다. ③ 맷플롯립의 scatter() 함수에는 판다스 시리즈 객체도 사용할 수 있습니다. ④ 정규분포인지 확인할 수 있는 그래프는 히스토그램입니다.

3. ④

두 특성 간의 상관관계를 표현할 수 있는 그래프는 산점도입니다.

4. ③

상자 수염 그림에서 이상치는 수염을 그린 후 수염 끝에서 최솟값와 최댓값까지 놓인 데이터를 표시합니다.

① 머신러닝에서의 이상치를 의미합니다. ④ 상자 수염 그림에는 이상치가 포함됩니다.

5.

```
selected_rows = (1980 <= ns_book7['발행년도']) & (ns_book7['발행년도'] <= 2022)
plt.hist(ns_book7.loc[selected_rows, '발행년도'])
plt.show()
```

6.

```
plt.boxplot(ns_book7.loc[selected_rows, '발행년도'])
plt.show()
```

05-1 맷플롯립 기본 요소 알아보기

1. ④

맷플롯립에는 figsize() 메서드가 없습니다.

①, ② figure()와 subplots() 함수의 figsize 매개변수를 사용해 그래프의 크기를 지정할 수 있습니다. ③ 또는 rcParams['figure.figsize'] 기본값을 바꾸어 그래프 크기를 변경할 수 있습니다.

2. ②

맷플롯립의 기본 DPI는 72입니다. 맷플롯립 버전에 따라 기본 DPI가 다를 수 있지만 화면 해상도에 따라 자동으로 설정되지는 않습니다.

3.

```
plt.rcParams['scatter.marker'] = '*'
plt.scatter(ns_book7['도서권수'], ns_book7['대출건수'], alpha=0.1)
plt.show()
```

4. ①

subplots() 함수의 첫 번째 매개변수에 행 개수, 두 번째 매개변수에 열 개수를 지정합니다.

②, ③ subplots() 함수의 첫 번째 매개변수로 튜플을 전달할 수 없습니다.

5. ③

Axis 객체의 set_xlabel() 메서드를 사용하여 x축 이름을 지정할 수 있습니다.

①, ②, ④ Axis 객체에는 xlabel(), label(), set_label() 메서드가 없습니다.

05-2 선 그래프와 막대 그래프 그리기

1. ②

plot() 함수에는 x, y 좌표를 딕셔너리로 지정할 수 없습니다.

① x, y축의 값을 리스트로 전달할 수 있으며 문자열도 데이터로 사용할 수 있습니다. ③ 하나의 리스트만 전달할 경우 x축의 좌표는 range(len(y))로 설정됩니다. ④ x, y축의 값을 파이썬 range() 함수로 지정할 수 있습니다.

2. ① '-' • • 파선
② '--' • • 점선
③ '-.' • • 쇄선
④ ':' • • 실선

3. ①

파이썬 range() 함수로 눈금 위치를 지정할 수 있습니다.

② range(0, 10, 2)로 지정하면 0, 2, 4, 6, 8 눈금에 해당합니다. ③ x축 눈금이 지정되지 않습니다. ④ 눈금은 딕셔너리로 지정할 수 없습니다.

4. ②

세로 막대 그래프에서 막대의 두께를 지정하는 매개변수는 width입니다.

① bar() 함수에는 height 매개변수가 없습니다. ③, ④ barh() 함수에는 length, width 매개변수가 없습니다.

06-1 객체지향 API로 그래프 꾸미기

1. ④

맷플롯립에서 제공하는 설정 업데이트 함수는 rc()입니다.

①, ②, ③ 이런 함수는 맷플롯립에 없습니다.

2. ①

rcParams 객체를 사용하거나 rc() 함수를 사용해 폰트 크기를 바꿀 수 있습니다. plt.rcParams['font.size'] = 11 또는 plt.rc('font', size=11)과 같이 씁니다.

3. ②

마커의 크기를 지정하는 매개변수는 s입니다.

① marker 매개변수는 마커의 종류를 지정합니다. ③, ④ size, markersize는 없는 매개변수입니다.

4. ①

마커의 색을 지정하는 매개변수는 c 입니다.

②, ③ color와 col은 없는 매개변수입니다. ④ cmap은 컬러맵을 지정하는 매개변수입니다.

5. ②

06-2 맷플롯립의 고급 기능 배우기

1. ①

stacked 매개변수를 True로 지정하면 스택 막대 그래프가 그려집니다.

② plot.bar() 메서드에는 bottom 매개변수가 없습니다. ③, ④ stackbar(), barstack()는 없는 메서드입니다.

2. ④

autopct 매개변수에는 % 연산자가 적용되는 포맷 문자열을 전달할 수 있습니다.

① labels 매개변수에는 범례 문자열 리스트를 전달합니다. ② explode 매개변수에는 원 그래프의 각각의 부채꼴 조각을 중심에서 떼어낼 거리를 지정합니다. ③ startangle 매개변수에는 3시 방향부터 반시계 방향으로 원 그래프가 시작될 각도를 지정합니다.

3. ③

axes는 (3, 2) 크기의 배열입니다. 두 번째 행과 첫 번째 열의 서브플롯을 선택하려면 행과 열 인덱스를 1과 0으로 지정합니다.

4. ②

pivot_table() 메서드의 index 매개변수에는 변환된 데이터프레임의 인덱스가 될 열을 지정합니다. columns 매개변수에 지정한 열의 고유한 값이 변환된 데이터프레임의 열이 됩니다. '주방' 가전에 해당하는 '냉장고'와 '전자렌지'의 'A/S횟수'를 더해야 하므로 aggfunc=np.sum으로 지정해야 합니다.

07-1 통계적으로 추론하기

1. ④

z 점수 또는 표준점수는 데이터 포인트와 평균까지 거리를 표준편차로 나누어 계산한 점수입니다.

③ t 점수는 t-분포를 바탕으로 계산된 점수입니다.

2. ②

표본의 크기가 30보다 커지면 평균이 정규분포에 가까워집니다.

3. ③

95% 신뢰구간에 해당하는 z 점수 범위는 −1.96~1.96입니다.

4. ④

ttest_ind() 함수는 t-분포를 바탕으로 t-검정을 수행합니다. 샘플 개수가 30개 이상이면 t-분포가 정규분포에 가까워지므로 z 점수와 비슷해집니다. 따라서 이 함수는 샘플 개수에 상관없이 사용할 수 있습니다.

5. ①

영가설은 두 표본의 평균이 차이가 없고 같다는 가설입니다.

07-2 머신러닝으로 예측하기

1. ②

   머신러닝은 인공지능의 하위 분야로 데이터에서 유용한 패턴을 찾는 방법입니다.

2. ①

   선형 회귀를 수행하는 사이킷런 클래스는 LinearRegression입니다.

3. ①

   사이킷런에서 회귀 모델의 score() 메서드는 결정계수(R^2)를 반환합니다.

4. ④

   사이킷런에서 회귀 모델의 score() 메서드는 정확도를 반환합니다.

5. ③

   로지스틱 회귀는 분류 모델이므로 타깃이 어떤 카테고리(또는 범주)일 때 적용할 수 있습니다.

찾아보기

기호

ㄱ

ㄴ

ㄷ

ㄹ

찾아보기